동아시아의 지역과 인간

동아시아의 지역과 인간

동아시아의 지역과 인간

초판 1쇄 인쇄   2005. 11. 17.
초판 1쇄 발행   2005. 11. 25.
엮은이   윤내현
펴낸이   김경희
펴낸곳   (주)지식산업사
　　　　　서울시 종로구 통의동 35-18
　　　　　전화 (02)734-1978(대) 팩스 (02)720-7900
　　　　　한글문패   지식산업사
　　　　　영문문패   www.jisik.co.kr
　　　　　전자우편   jsp@jisik.co.kr
　　　　　등록번호   1-363
　　　　　등록날짜   1969. 5. 8.

책값은 뒤표지에 있습니다.

ISBN 89-423-2063-5   93910

이 책을 읽고 필자에게 문의하고자 하는 이는
지식산업사 전자우편으로 연락 바랍니다.

동아시아의 지역과 인간

윤내현 엮음

지식산업사

서 문

　학문으로 서로 교류하였던 사람들이 모여서 한 권의 책을 묶기로 했다. 전공이 다르고, 주장하는 바가 다르더라도, 의미 있는 작업이 되리라 생각해서다. 이러한 작업은 새로운 모색을 가능하게 할 것이다. 필자는 오래전부터 이런 작업이 자주 이루어지기를 기대해 왔다. 그러나 그것은 쉽지 않았다.

　그런데 이번 필자의 정년(停年)은 그러한 작업의 기회를 만들어주었다. 필자의 정년을 앞두고, 필자와 가까이 지낸 선·후배, 동료교수님들이 정년기념논문집을 만들어야 하지 않겠느냐는 뜻을 필자에게 물어왔다. 필자는 이를 사양했다. 기념논문집을 만들 만한 일을 한 것이 없고, 세상살이가 너무 번잡한 것이 현실인데, 그런 일로까지 주변 분들에게 폐를 끼치고 싶지 않았기 때문이다.

　그러자 그냥 넘어가기는 서운하니, 이를 계기로 함께 공저(共著)를 한 권 내면 어떻겠느냐는 의견들이 나왔다. 학문의 길을 함께 걸으면서 교류를 가졌던 사람들이 글을 모아 한 권의 책을 묶는다는 것은 의미가 있을 것 같았다. 그래서 필자도 이에 동참하기로 했다. 필자의 정년이 계기가 되었으니, 필자가 책임편집인이 되어 서문을 쓰는 것이 좋겠다는 제안이 있어 이 글을 쓰게 되었다.

6

　책 이름을 《동아시아의 지역과 인간》이라 정하고, 그 범주 안에서 각자 자유의사에 따라 집필한 논문을 모아 정리해 보니, 대체로 다음과 같이 다섯 주제로 나누어 묶을 수 있었다. 1부는 역사 해석의 다양성, 2부는 고대문화의 재발견, 3부는 전통시대의 인간과 사회, 4부는 국가권력과 지역사회, 5부는 동아시아의 상호인식 등이다. 각 주제에 실린 논문의 내용을 요약하면 다음과 같다.

　1부에서는, 윤내현 교수의 〈고구려사는 중국사에 속하는가〉는 최근 중국인들이 고구려사는 중국사에 속한다고 주장하는 이른바 '동북공정'의 문제점을 지적하고, 기본사료를 근거로 한국 상고사 체계의 수정을 제안하고 있다. 리펑(Li Feng, 李峰) 교수의 〈중세 유럽 퓨덜리즘(Feudalism)에 대한 반성과 중국 고대사 분기〉는 중국 학자들이 등한시한 최근 서구의 중세유럽 퓨덜리즘에 대한 비판을 토대로, 중국 고대사 분기에서 봉건론의 문제점을 다루고 있다. 정영훈 교수의 〈한국사 속에서 '단군민족주의'와 그 의의〉는 '단군민족주의' 개념으로 한국정신사와 민족운동사·근대화운동사를 설명하고 있는데, 특히 한말 이후 근대사 속에서 단군민족주의가 대중화하는 과정과, 그것이 민족운동사의 여러 과제에 부응하면서 기여하는 양상을 살펴보고 있다. 이재원 교수의 〈단군신화의 민속학적 연구사 고찰〉은 그간의 단군신화에 대한 민속학적 연구내용을 시대순으로 종합하여 정리하고, 민속학적 연구를 할 때에는 우선 민속학의 개념과 범위에 대한 체계가 선행되어야 한다는 점을 문제점으로 지적하고 있다. 기수연 박사의 〈《사기》의 이민족 기재방식과 〈조선열전〉〉은 《사기》에 보이는 이민족 기재방식을 살펴보고, 〈조선열전〉의 내용을 중심으로 위만의 출자와 동래시기를 확인하고 있다.

　2부에서는, 에드워드 쇼우네시 교수의 〈42년, 43년 오래정(吳逨鼎)의 연대―서주 선왕(宣王) 연대와 관련하여〉는 서주 선왕 42년과 43년에 각각 주조되었음이 분명한 청동기 오래정의 명문에 근거하여, 서주 선왕은 전통적으로 알려진 기원전 827년을 원년으로 하는 기원(紀元) 말고도, 825년을 원년으로 하는 다른 기원도 가지고 있었다고 주장한다. 왕립신(王立中, 왕리신) 교수의 〈동호(東胡) 유적을 찾아서〉는 연(燕) 나라 북쪽 만리장성의 남북 양측 일대를 동주(東周) 시대에 동호의 활동지역으로 보고, 이 지역에서 발굴된 대표적 동호 유적을 고찰하고 있다. 복기대 박사의 〈요서(遼西) 지역 청동기문화와 고조선의 관계〉는 요서 지역의 청동기문화인 하가점 하층문화(夏家店下層文化)와 위영자문화(魏營子文化), 능하문화(凌河文化)는 서로 연관이 있는 문화인데, 이들은 그 문화 양상으로 보아 고조선사 및 한국 상고사와 연결될 수 있다고 주장한다. 김병모 선생의 〈'사'(史)와 '이'(吏)의 구분 ─ 상대 복사(卜辭)의 용례를 중심으로〉는 종래에는 같은 문자의 이형(異形) 또는 변형(變形)으로 보았던 갑골문의 '史'자와 '吏'자를, 갑골문자의 조합원칙을 통해 이 문자들은 같은 문자의 이형이나 변형이 아닌 원래부터 다른 두 개의 문자였음을 밝히고 있다. 하문식 교수의 〈남한강 상류지역의 고인돌 문화 ─ 제천 지역을 중심으로〉는 고조선시대의 문화유적인 고인돌 유적 가운데, 남한강 상류지역을 중심으로 하여 제천 지역에 분포되어 있는 고인돌 유적의 문화성격을 살펴 놓았다. 박선희 교수의 〈비교연구를 통한 신라와 가야 갑옷의 고유양식과 정체성 인식〉은 신라와 가야 갑옷의 특징을 중국과 북방 및 일본의 갑옷과 비교하고, 신라와 가야의 갑옷은 고조선의 것을 계승하여 나라마다 특징적으로 발전시킨 것으로서, 같은 시기의 중국이나 북방지역의 갑옷보다 훨씬 우수했다고 주장하고 있다.

3부에서는, 심재훈 교수의 〈영웅 중심 역사 서술의 그늘 ─ 문공(文公) 패업의 실질적 토대로서 헌공(獻公)의 재발견〉은 진(晉)의 문공보다 앞선 두 통치자 헌공과 혜공(惠公)의 재위기를 구체적으로 분석하여, 이들의 재위기를 문공 패업의 실질적 토대가 된 기간으로 새롭게 자리매김하고 있다. 김경호 박사의 〈한대(漢代) 변경지역의 인구 유입과 사회 변화 ─ 하서(河西) 지역을 중심으로〉는 변경지역으로의 인구 유입과 중원 지역의 인구 유출의 주요 요인, 사민(徙民)의 대상이 된 주요 계층, 그리고 인구 이동에 따른

8

사회질서의 변화 등의 검토를 통해 한 제국 통치 질서의 성격에 대해 접근해 보고자 하였다. 김인숙 박사의 〈중국 전통시대 여주(女主)의 역사－그 이미지와 실제〉는 중국 역사에서 여주의 이미지화 이면에는 실제로 적극적이고 주도적이었던 여성들의 역할이 있었는데, 이러한 여주의 실제 모습을 통해 격변하는 시대에 여성의 역할을 반추해 보고자 하였다. 김영제 교수의 〈송대 전황(錢荒)의 배경－화폐유통과 관련하여〉는 송대 전황은 화폐수요에 비하여 동전의 공급량이 한정되어 있었기 때문에 배분의 우선순위, 계층적 독점, 지역적 편재 등으로 인해 발생하였다고 주장하고 있다. 김보한 박사의 〈‘중재재판’(左博)과 ‘다수의 명령’(多分仰)의 자치적 기능－계약장·치문·압서장을 중심으로〉는 일본의 남북조 내란기에 규슈의 서북쪽 고토열도(五島列島)의 시모마츠우라(下松浦)에서 소영주(小領主)들이 소무(所務)에 관련된 분쟁을 타협하고 조정하기 위해서 치문(置文), 계약장(契約狀), 좌박장(左博狀), 압서장(押書狀) 등의 문서를 만들어 공적 권력의 기능을 대신하는 하나의 독특한 영역을 자치적으로 운영해 나가고 있었음을 확인하고 있다.

　4부에서는, 최희재 교수의 〈청말(淸末) 국가권력과 지역 엘리트－1870～1880년대 관신(官紳)·관상(官商) 관계의 변화를 중심으로〉는, 청말 국가권력과 지방 엘리트 관계 변화의 일면을 1870～1880년대에 초점을 맞추어 살펴보고 있다. 이재령 교수의 〈남경(南京)국민정부시기(1927～1937) 향촌교육운동의 일고찰－정책과 운동의 상이성을 중심으로〉는 남경국민정부시기의 향촌교육을 둘러싼 정부정책과 민간운동의 이론 및 사상적 모색과 실천과정을 서로 관련지어 그 실효성과 상이성을 검토하고 있다. 박명희 교수의 〈중국공산혁명시기의 농촌문제와 농민·토지 관계－중국공산당의 농민정책을 중심으로〉는 전통적인 중국의 농업사회의 구조적 특징을 분석하고 20세기 초 농촌사회의 실태를 파악하여 문제점을 도출하고, 이를 해결하기 위하여 중국공산당에서는 어떤 정책을 사용했는가를 검토하고 있다.

5부에서는, 백영서 교수의 〈제도의 안과 밖을 넘어서 ─ 동아시아 역사교과서와 교육의 재구성〉은 동아시아인이 당면한 역사인식의 갈등을 종식시키기 위해서는 역사교과서와 교육을 재구성하는 작업이 일차적으로 필요한데, 이는 국가의 교육제도 안과 밖의 영역에서 이루어지는 중층적 활동을 유기적으로 연결하는 유연한 발상에서 수행될 수 있을 것이라는 제안을 하고 있다. 김위현 교수의 〈송(宋)·요(遼)의 고구려에 대한 인식〉은 고구려에 대해 중국의 역대왕조는 어떻게 인식하고 있었으며, 특히 송과 요(거란)가 어떤 인식을 가지고 있었는가를 중국 정사를 통해 살펴보고, 고구려사가 중국사에 속할 수 없음을 확인하고 있다. 심기재 교수의 〈메이지 5년 하나부사(花房)의 도한(渡韓) 복명(復命)〉은 하나부사(花房) 일행의 도한 복명서를 분석하여, 메이지 원년(1868)부터 메이지 6년(1873) 정한론정변(征韓論政變) 발생 직전까지의 조일 외교의 과정과 교섭정체의 원인 등을 포괄적으로 살펴보고 있다. 이도상 박사의 〈광개토대왕 비문의 신묘년 기사 속 고구려인의 메시지〉는 광개토태왕 비문의 신묘년 기사 속에 담긴 고구려인들의 역사적 메시지를 살펴보고, 이 메시지가 누구에게 무엇을 전하려 한 것이며, 어떤 내용으로 구성되어 있는가를 확인하고자 하였다. 배영기 교수의 〈상생윤리(相生倫理)의 체계론적 연구〉는 상생과 윤리를 합성하여 현대인의 삶과 신념의 지표로서의 '상생윤리'를 체계화함으로써 상생윤리를 보편적 실천덕목으로 제시하고자 했다.

이 책이 출간될 수 있도록 논문을 제출하고 협조를 아끼지 않은 여러 학자님들께 감사드리며, 무엇보다 멀리 외국에서 원고를 보내준 리펑 컬럼비아대학 교수, 에드워드 쇼우네시 시카고대학 교수, 왕립신 길림대학 교수께 특별히 감사드린다. 그리고 출판시장의 어려운 여건 속에서도 이 책의 출간을 결정하고 좋은 책을 만드는 데 애써주신 지식산업사 김경희 사장님과 편집진에게 감사드린다.

2005년 10월 21일

윤 내 현

차 례

1부

역사 해석의 다양성

고구려사는 중국사에 속하는가

윤 내 현
_단국대 사학전공

1. 머리말

중국인들은 고구려사를 중국사에 포함시켜야 한다고 주장한다. 이러한 주장은 중국정부의 재정지원 아래 오랫동안 연구한 결과이다. 이 사업은 '동북공정'(東北工程)이라는 약칭으로 알려져 있지만 공식 명칭은 '동북변강역사여현상계열연구공정'(東北邊疆歷史與現象系列研究工程)이다.

그들은 자신들의 계획에 따라 이미 많은 연구 결과를 축적해 놓았으므로 군이 한국의 움직임에 반응할 필요가 없다. 동북공정은 그 명칭이 보여주듯 중국 동북지역의 역사를 중국사에 포함시키기 위한 논리를 개발하는 학술사업일 뿐만 아니라, 동북지역, 즉 만주와 연해주 및 한반도 지역에 대한 중국 나름의 정치적 포석이기도 하다. 그 가운데 고구려 역사가 부각되고 있지만 중국의 동북지역에 있었던 고조선, 부여, 읍루, 발해 등의 역사가 모두 그 작업에 포함된다.

중국인들의 동북공정에는 크게 두 가지의 목적이 있다. 첫째는 현재 중국의 동북지역 영토 내에 거주하는 소수민족들로 하여금, 자신들은 오래 전부터 중국에 속해 있었다는 역사의식을 갖도록 하여 중화민족으로서의 단결을 공고히 함으로써 이들의 이탈을 막자는 것이고, 둘째는 중국의 동북지역, 즉 만주와 한반도 및 그 주변지역에 대한 자신들의 연고권을 역사를 통해 확고하게 해두어 미래에 대비하자는 것이다.

여기서 유념해야 할 것은 중국인들의 연고권 주장은 만주에서 그치는 것이 아니라 한반도까지 확장된다는 사실이다. 고구려사가 중국사에 포함됨으로 고구려가 한 때 지배했던 한강 유역 이북은 중국의 영토였다는 논리가 성립되는 것이다. 중국은 기회가 오면 그들의 고토였던 한반도에 직접 영향력을 행사할 수 있는 연고권이 확보되는 것이다.

중국인들이 고구려가 중국사에 포함되어야 한다고 주장하는 가장 핵심되는 내용은 다음 세 가지다. 첫째는 고구려는 오늘날 중국의 영토인 만주에서 건국되었으며, 대부분의 기간 그 중심부인 도읍은 만주에 있었으므로 고구려는 중국의 동북 변방에 있었던 소수민족의 정권이며, 둘째는 한민족은 그 활동영역이 한반도를 벗어난 적이 없기 때문에 만주에서 활동한 고구려 사람들은 한민족에 포함될 수는 없으며, 셋째는 고구려는 서한 무제가 설치한 중국의 행정구역인 한사군(漢四郡) 가운데 하나인 현도군(玄菟郡)의 고구려현(高句麗縣)에서 건국된 나라이므로 중국을 계승한 국가라는 것이다.

이 밖에 고구려는 중국에 조공을 바쳤고, 중국의 책봉을 받았다는 등의 몇 가지 근거를 더 들고 있지만, 이는 부수적인 것에 지나지 않는다. 중국인들은 자신들의 황제를 천자라 부르고, 천하는 자신들의 천자에 의해 통치되어야 한다고 믿었기 때문에, 외국의 통치자를 중국 천자의 명으로 책봉하고, 외국 사신이 가져온 예물을 공물로 표현하는 것이 전통적인 관례로 되어 있다. 따라서 이러한 기록들은 고구려가 중국에 속해 있었다는 논리의 근거로서는 빈약하다.

그러므로 고구려사가 중국사에 속한다는 중국인들 주장의 핵심은 다음과 같이 요약될 수 있다. 즉 한민족의 활동영역은 한반도인데 고구려는 한반도 밖의 만주에서 건국되었고, 그 중심부도 오랜 기간 만주에 있었기 때문에 고구려 사람들은 한민족이 아니며, 고구려는 중국의 행정구역이었던 현도군의 고구려현에서 건국되었으므로 고구려는 중국 역사를 계승한 것으로 보아야 한다는 것이다.

그런데 불행하게도 그 동안 통용된 한국사 체계는 중국인들의 이러한 주장에 빌미를 제공하고 있다. 그간의 한국 학계 통설을 따르면, 한민족은 한반도와 만주를 통합한 적이 없다. 그렇다면 한민족의 활동영역에 만주를 포함시키는 것은 불가능하다. 그리고 일부 한국사 개설서에는 고구려가 현도군의 고구려현 지역에서 건국되었다고 서술되어 있다. 요즈음은 단군조선(고조선)의 영토를 한반도와 만주 전 지역으로 보는 학자들이 있기는 하지만, 청천강 이남지역으로 국한해 보는 견해가 그간 우리 학계의 통설이었고, 지금도 그러한 주장을 하는가 하면, 단군조선의 존재를 인정하지 않은 학자들까지 있다.

단군조선의 영토가 한반도를 벗어나지 못했다면 만주의 거주민을 한민족에 포함시킬 근거가 없다. 민족은 지역을 단위로 한 정치공동체, 문화공동체로서, 일정한 지역의 거주민이 자신들이 그 공동체에 속해 있다는 집단귀속의식을 가짐으로써 형성되는 것인데, 한반도와 만주가 하나로 통합된 적이 없다면 만주 지역 거주민이 한민족에 속한다는 집단귀속의식을 가지고 있었다고 보기 어렵기 때문이다.

따라서 고구려가 한민족의 국가라는 분명한 논리가 성립되기 위해서는 기본적으로 다음 두 가지 사실이 충족되어야 한다. 첫째, 고구려 건국 이전에 한반도와 만주는 하나의 정치공동체나 문화공동체가 이루어져 하나의 민족으로서 이미 한민족을 형성하고 있어야 한다. 둘째, 고구려는 중국의 행정구역인 현도군의 고구려현에서 건국된 것이 아니라 이와 다른 곳에서 건국되었으며, 한민족의 국가였던 단군조선을 계승했어야 한다. 그래야만 고구려는 명실상부한 한민족의 국가로서 한국사에 포함될 수 있는 것이다. 이러한 사실을 밝히기 위해서는 한국 고대사 체계를 근본적으로 재검토할 필요가 있다.

고구려사 귀속문제에 대한 한국 사학계의 연구동향을 보면, 위의 핵심은 외면하고 부수적인 문제에 치중하는 것 같은 인상을 보여주고 있어, 이 글에서는 좀 더 근본적인 문제에 접근하고자 한다.

2. 한국 고대사 체계의 오류

오늘날 통용되는 한국 고대사 체계에는 근본적인 잘못이 있다. 그럼에도 그것을 방치해 놓고 있다. 한국 고대사 체계는 고조선(단군조선)[1]→준왕정권→위만조선→한사군→여러나라→삼국시대 등의 순서로 되어 있다.

대부분의 개설서들은 삼국시대부터 자세하게 서술되어 있으며, 그 이전 단군조선과 위만조선, 한사군, 여러나라에 대해서는 아주 간략하게 소개하고 있을 뿐이다. 그렇기 때문에 한국사는 삼국시대부터 본격적으로 전개되는 것으로 인식하게 된다. 그 이전의 역사는 불확실한 것으로 보는 경향이 있는 것이다. 신화시대라고 인식하는 사람도 있다.

일반적으로 한국사 개설서들은 《삼국유사》(三國遺事) 고조선(古朝鮮)조와 《제왕운기》(帝王韻紀) 전조선기(前朝鮮紀)에 중국의 제요(帝堯)가 즉위한 해인 서기 전 2333년에 단군 왕검이 고조선을 건국했다고 기록된 내용을 소개한 다음, 위만(衛滿)이 고조선 준왕(準王)의 정권을 빼앗아 위만조선을 건국했다고 기술하고 있다.

그런데 고조선의 준왕에 대해서는 자세한 설명이 없다. 고조선의 마지막 왕으로 서술되어 있는 경우가 많다. 따라서 준왕을 단군 왕검의 후손으로 인식하게 된다. 그러나 사료에 따르면 준왕은 단군 왕검의 후손이 아니라 기자(箕子)의 후손이다.[2] 기자는 중국 상(商) 왕실의 후예로서 서주(西周)

---

1) 한국 사학계에서는 '고조선'이라는 명칭을 단군조선과 준왕 정권을 합한 명칭 또는 여기에 위만조선까지를 포괄한 명칭으로 사용하기도 하는데, 이러한 용례들과 혼동을 피하기 위하여 필자는 이 글에서 '단군조선'이라는 명칭을 사용하고자 한다.

2) 《後漢書》東夷列傳 濊傳: "昔武王封箕子於朝鮮…… 其後四十餘世, 至朝鮮侯準."; 《三國志》烏丸鮮卑東夷傳 濊傳: "昔箕子旣適朝鮮…… 其後四十餘世, 朝鮮侯準僭號稱王.";《三國志》烏丸鮮卑東夷傳 韓傳의 주석으로 실린《魏略》: "魏略曰, 昔箕子之後朝鮮侯, 見周衰, 燕自尊爲王, 欲東略地, 朝鮮侯亦自稱爲王, 欲興兵逆擊燕以尊周室…… 及秦幷天下, 使蒙恬築長城, 到遼東. 時朝鮮王否立, 畏秦襲之, 略服屬秦, 不肯朝會, 否死, 其子準立."

초에 조선으로 망명했다고 전해 오는 인물이다. 그러므로 준왕은 중국 혈통이다. 한민족이 세운 단군조선이 어떤 연유로 중국 망명객의 후손에게 정권이 넘어갔는지에 대해서는 아무런 설명 없이 준왕을 등장시키고 있는 것이다. 그렇기 때문에 준왕을 단군 왕검의 후손으로 잘못 인식하는 사람들이 있는 것이다.

준왕 정권을 빼앗아 위만조선을 건국한 위만도 중국의 망명객이다.3) 서한(西漢) 초에 연(燕) 지역으로부터 조선으로 망명한 위만은 준왕의 정권을 빼앗아 위만조선을 건국했다고 《사기》(史記) 조선열전(朝鮮列傳)과 《위략》(魏略) 등에 자세하게 기록되어 있다. 한국 학계에는 위만은 중국에 거주하던 조선 계통 사람일 것으로 보는 견해가 있지만, 그것을 뒷받침할 만한 분명한 사료는 존재하지 않으므로, 중국인들은 이를 받아들이지 않을 것이다.

사료에 위만은 서한의 연 지역에서 조선으로 망명한 인물로 기록되어 있다. 위만이 망명할 때 오랑캐 옷(蠻夷服 또는 胡服)을 입고 상투(魋結)를 틀었다고 했는데,4) 아마도 오랑캐 옷은 조선 옷을 뜻할 것이고, 상투는 조선의 풍속인데, 그가 뒤에 나라를 세우고 국명을 조선이라 한 것 등을 종합해서 생각해 볼 때, 위만은 중국의 연 지역에 살던 조선계였을 가능성이 있다는 것이다. 그러나 만이복(蠻夷服)이나 호복(胡服)이 조선옷이라는 확증이 없고, 추결(魋結)은 남월(南越)에도 있었던 풍속이며,5) 진시황제릉에서 출토된 무사도용(武士陶俑)에서도 확인된다. 그리고 조선이라는 국명은 그 지역 명칭이 원래 조선이었으므로 그렇게 지었다고 본다면, 위의 사실들은 위만을 조선계로 볼 수 있는 근거가 될 수 있을지 의문이다. 아마도

---

3)《史記》朝鮮列傳: "朝鮮王(衛)滿者, 故燕人也.⋯⋯ 燕王盧綰反, 入匈奴, (衛)滿亡命, 聚黨千餘人, 魋結蠻夷服而東走出塞. 渡浿水.";《三國志》烏丸鮮卑東夷傳 韓傳: "侯準旣僭號稱王, 爲燕亡人衛滿所攻奪, 將其左右宮人走入海, 居韓地.";위 韓傳의 주석으로 실린《魏略》: "及綰叛, 入匈奴, 燕人衛滿亡命, 爲胡服, 東度浿水, 詣準降."
4) 위의《史記》朝鮮列傳과《魏略》참조.
5)《史記》南越列傳 참조.

중국인들은 이를 인정하지 않을 것이다.

위만조선 다음에 등장하는 한사군(漢四郡)은 서한의 행정구역이다. 서한 무제(武帝)는 위만조선을 멸망시키고 그 지역에 낙랑군(樂浪郡), 임둔군(臨屯郡), 진번군(眞番郡)을 설치한 후 여세를 몰아 그 주변을 공략한 후 1년 후에 추가로 현도군(玄菟郡)을 설치하였다.6) 한사군은 서한 무제가 위만조선 지역을 그들의 영토에 편입시켜 설치한 행정구역이다. 위만조선 지역이 중국의 영토가 된 것이다. 한국사 개설서에는 만주로부터 한강 유역에 이르는 지역에 한사군이 설치되었던 것으로 되어 있다.

위만조선의 뒤를 이어 여러나라가 등장한다. 그들은 대체로 북만주에 부여, 연해주에 읍루, 남만주와 압록강 유역에 고구려, 함경도에 동옥저, 강원도에 동예, 한반도 남부에 삼한 등이 위치하였다. 이들 가운데 고구려가 북방을 통합하고, 한반도 남쪽에서는 삼한이 신라, 백제, 가야로 분열되었는데, 이 시기를 삼국시대라 부르고 있다. 이와 같은 고대사 체계를 보면 몇 가지 의문이 생긴다.

첫째, 단군조선은 어떤 과정을 거쳐 중국 망명객 기자의 후손인 준왕에게 정권을 넘겨주었을까. 당시 토착세력이 얼마나 미약했으면 중국 망명객인 기자나 그 후손인 준왕이 정권을 차지했을까. 그러한 단군조선은 실제로 존재했을까. 후대에 꾸며낸 이야기는 아닐까. 실제로 있었다 해도 그것을 국가 수준 또는 그와 비슷한 수준의 사회로 볼 수 있을까.

둘째, 현재 통용되는 한국 고대사 체계가 옳다면, 단군조선이 끝난 후 한민족은 중국인들의 지배를 받다가 중국에 통합되었다는 것이 된다. 뿐만 아니라 만약 단군조선이 실존하지 않았다면 한국사는 중국인들의 지배로부터 시작되었다는 것이 된다.

셋째, 한사군의 뒤를 이어 부여·읍루·고구려·동옥저·동예 등의 여

---

6)《史記》朝鮮列傳: "以故遂定朝鮮, 爲四郡.";《漢書》西南夷兩粵朝鮮傳: "故遂定朝鮮, 爲眞番·臨屯·樂浪·玄菟四郡.";《漢書》地理志 下: "樂浪郡, 武帝元封三年開", "玄菟郡, 武帝元封四年開."

러나라가 일어났다면, 한사군은 서한의 행정구역이었으므로 중국인들의 시각에서는 그 나라들은 중국을 계승했다고 주장할 것이다. 더욱이 고구려가 현도군의 고구려현에서 건국되었다면, 고구려는 한사군의 현도군을 계승한 국가였다고 주장할 것이다.

넷째, 만약 단군조선이 존재하지 않았거나, 존재했더라도 좁은 지역을 차지하고 있었던 정치집단이었다면, 한민족은 여러나라시대까지도 민족을 형성했다고 볼 수 없을 것이다.

중국인들은 이러한 논리로 만주와 연해주에 있었던 부여·고구려·읍루·발해 등은 한국사가 될 수 없다고 주장하고 있는 것이다. 오늘날 통용되는 한국 고대사 체계는 중국인들이 그러한 주장을 할 수 있는 빌미를 제공하고 있다. 따라서 중국인들의 주장을 근본적으로 뒤집기 위해서는 그간 통용되어 온 한국 상고사 체계가 역사 사실과 일치하는지부터 검토해 보아야 한다.

여기서 우리가 분명히 알아야 할 중요한 사실은, 현재 통용되는 한국 고대사 체계는 사실과 다르다는 것이다. 잘못 복원된 것이다. 기자와 준왕정권 및 위만조선과 한사군은 한국사의 주류가 아니다. 이들이 위치했던 곳은 단군조선의 서부 변경, 지금의 요서 지역이었다. 이들의 흥망성쇠는 단군조선과 중국의 국경지대에서 일어난 사건으로서, 이들의 등장이 단군조선의 종말을 의미하는 것은 아니다.

한국 상고사 체계가 잘못된 것은 이른바 '기자동래설'(箕子東來說)로 알려진 기자의 조선 이주에 관한 기록을 잘못 해석한 것으로부터 시작되었다. 조선시대 학자들은 기자가 조선으로 망명하여 단군조선의 통치자가 되었던 것으로 인식하고, 기자의 조선 정착은 단군조선의 종말을 의미하는 것으로 받아들였다. 이에 따라 기자와 그 후손 준왕 및 준왕의 정권을 빼앗아 건국된 위만조선과, 위만조선 멸망의 결과로 설치된 한사군은 단군조선의 뒤를 이어 한국 상고사의 주류에 위치하는 것으로 체계화되었다.

그 후 기자동래설을 부인하는 주장이 강하게 대두되어 한국 상고사 체계에서 기자는 삭제되었으나, 그 후손인 준왕과 위만조선 및 한사군은 그대로 남아 있게 되었다. 한국 상고사 체계에서 기자가 삭제되어야 한다면, 그 뒤를 이은 준왕과 위만조선 및 한사군도 마땅히 함께 삭제되어야 한다. 그러나 이에 대한 후속 작업은 이루어지지 않았다.

《삼국유사》 고조선 조에 "나라를 다스리기 1500년 되던 해인 주(周) 무왕(武王) 즉위 기묘년에, 기자(箕子)를 조선에 봉하니 단군은 곧 도읍을 장당경(藏唐京)으로 옮겼다가 후에 아사달(阿斯達)로 돌아와 은거하다가 산신이 되었다"[7]는 기록이 보인다. 기자가 조선으로 망명해 옴으로써 단군조선은 종말을 맞은 것이 아니라, 도읍을 장당경과 아사달로 두 번 옮겼다는 것이다. 기자가 조선에 정착한 후에도 단군조선은 계속 존재하였다고 말하고 있는 것이다.

여러 문헌의 기록을 종합해 보면, 기자와 준왕 및 위만조선과 한사군이 설치되어 있던 시기에도 단군조선은 계속해서 지금의 요동과 한반도 지역을 차지하고 있었다. 위의 《삼국유사》 고조선조 기록과 일치하는 것이다. 그러다가 단군조선은 그 말기에 이르러 중앙 권력이 약화되면서 각 지역의 거수국(渠帥國) 가운데 일부가 독립하여 여러나라가 등장하게 되었다. 부여(동부여)·읍루·고구려·최씨낙랑·동옥저·동예·삼한 등이 그것이다. 그러므로 이들 나라는 한민족이 세운 단군조선을 직접 계승한 나라로서, 한민족의 국가인 것이다. 그간의 한국사 통설은 이러한 사실과는 완전히 다르게 체계화되어 있는 것이다.

고대에 한민족은 중국 계통 사람이나, 중국에 국가권력이나 영토를 완전히 빼앗긴 적이 없다. 단군조선은 기자 일족의 망명, 위만조선의 흥망, 한사군 설치 등으로 서부 영토에 변화가 있었을 뿐이다. 이러한 사실은 준왕정권(기자국)·위만조선·한사군의 위치를 확인해 보면 분명해진다.

---

7) 《三國遺事》 古朝鮮: "御國一千五百年, 周虎(武)王卽位己卯, 封箕子於朝鮮, 壇君乃移於藏唐京, 後還隱於阿斯達, 爲山神."

3. 기자국·위만조선·한사군의 위치

단군조선은 서쪽은 난하(灤河) 유역, 북쪽은 얼구나하(額爾古納河) 유역, 동북쪽은 흑룡강(黑龍江) 유역, 남쪽은 한반도 남부에 이르는 한반도와 만주 전 지역을 그 영토로 삼고 있었다.[8] 그런데 그 말기에 서부 국경인 난하 유역에서는 몇 차례의 정변이 있었다. 그것은 중국에서 망명 온 기자 일족에 의한 정권 수립, 기자의 후손인 준왕의 정권을 탈취한 위만에 의한 위만조선의 건국, 위만조선의 멸망과 한사군의 설치 등이 그것이다.

서기 전 1100년 무렵에 기자 일족은 단군조선의 서부 변경으로 망명하였다. 기자는 원래 중국 상 왕실의 후예로서 기(箕)라는 땅에 봉해졌던 자(子)라는 작위를 가진 제후였다. 그런데 상나라가 주족(周族)에 의해 멸망되자 기자는 조국의 멸망을 부끄럽게 여겨 단군조선으로 망명하였던 것이다.[9] 그가 정착한 곳은 후에 한사군의 낙랑군 조선현이 된 곳으로서,[10] 지금의 난하 유역 갈석산 지역이다.[11] 《대명일통지》(大明一統志)에 "조선성이 영평부 경내에 있는데, 기자가 봉해졌던 곳으로 전해 온다"고 기록되어 있는 것은 이를 분명히 해준다.[12] 명 시대의 영평부는 난하 유역이었다.

---

8) 고조선(단군조선)의 영토에 관한 필자의 견해는 그간 여러 차례 논의된 바 있으므로 여기서는 재론을 피하기로 하고, 다음 글을 참고해 주기 바란다. 윤낸현, 〈고조선의 강역과 국경〉, 《고조선 연구》, 일지사, 1994, 170~306쪽.

9) 《尚書大傳》 殷傳 洪範條: "武王勝殷, 繼公子祿父, 釋箕子之囚, 箕子不忍爲周之釋, 走之朝鮮, 武王聞之, 因以朝鮮封之, 箕子旣受周之封, 不得無臣禮, 故於十三祀來朝, 武王因其朝而問鴻範.";《史記》 宋微子世家: "於是武王乃封箕子於朝鮮而不臣也."

10) 《漢書》 地理志 樂浪郡 朝鮮縣의 주석: "應劭曰, 武王封箕子於朝鮮.";《晉書》 地理志 樂浪郡 朝鮮縣의 주석: "周封箕子地."

11) 《태강지리지》(太康地理志), 《통전》(通典) 등에는 난하 유역 갈석산(碣石山) 지역에 낙랑군(樂浪郡) 수성현(遂城縣)이 있었다고 기록되어 있다. 조선현은 수성현과 더불어 낙랑군에 속해 있었으므로 갈석산에서 멀지 않은 곳에 위치했을 것이다.

12) 《大明一統志》 永平府 古蹟條: "朝鮮城在府境內, 相傳箕子受封之地."

기자 일족은 그곳에 망명정권을 세우고 단군조선의 거수국이 되었던 것이다.13)

그 뒤 서한 초인 서기 전 195년에 위만이 서한에서 기자국으로 망명해 왔다. 위만은 기자의 후손인 준왕에게 서한과의 국경지대에 살게 해주면 그곳에 살면서 서한의 침략을 방어하겠다고 하므로, 준왕은 그를 믿고 박사(博士)로 삼아 국경인 난하 유역에 살도록 하였다. 위만은 그곳에서 토착인들과 중국 망명인들을 규합하여 세력을 형성하였다. 그리고는 준왕에게 사람을 보내어 서한이 쳐들어오니 궁궐을 지키겠다고 거짓 보고를 하고는 무리를 이끌고 들어가 준왕의 정권을 빼앗아 위만조선을 세웠다.14)

준왕의 정권을 탈취한 위만은 요동태수(遼東太守)를 통해 서한의 외신(外臣)이 될 것을 약속하고,15) 단군조선을 침략하여 영토를 확장하였다. 뒤에 한사군의 진번군과 임둔군이 설치될 지역까지 이 시기에 위만조선의 영토에 편입되었는데,16) 동쪽 국경은 지금의 대릉하(大凌河) 유역이었던 것으로 추정된다.17) 이렇게 되어 단군조선과 위만조선은 대릉하를 경계로 하여 동서로 대치하는 상황이 되었던 것이다.

서한 무제는 서기 전 108년에 위만조선은 멸망시키고 그 지역에 낙랑군·진번군·임둔군을 설치하였다. 이어서 여세를 몰아 단군조선 영토를 침략하여 지금의 요하까지 차지한 뒤, 앞의 세 군보다 1년 늦은 서기 전 107년에 요하 서부유역에 현도군을 설치하였다.18)

---

13) 기자국의 성격에 대해서는 윤내현, 〈기자조선, 위만조선, 한사군의 위치〉, 앞의 책, 368~378쪽 참조. 난하 유역보다 다소 동쪽 요서 지역에서 기자와 관계된 청동유물이 출토된 바 있는데, 그 위치나 유물들이 묻혀 있는 정황으로 보아 기자국이 멸망할 때 그 지배층 일부가 도주하면서 숨겨놓은 것으로 추정된다.

14) 위만조선의 건국한 과정에 관해서는 《삼국지》 오환선비동이전(烏丸鮮卑東夷傳) 한전(韓傳)의 주석으로 실린 《위략》에 자세하게 기록되어 있다.

15) 《史記》 朝鮮列傳: "遼東太守卽約滿爲外臣, 保塞外蠻夷, 無使盜邊."

16) 《史記》 朝鮮列傳: "以故滿得兵威財物侵降其旁小邑, 眞番·臨屯皆來服屬, 方數千里."

17) 윤내현, 〈기자조선, 위만조선, 한사군의 위치〉 참조.

18) 위의 글 참조.

이렇게 설치된 낙랑군·진번군·임둔군·현도군 등의 한사군 가운데 진번과 임둔은 서기 전 82년에 폐지되고, 낙랑과 현도 두 개의 군만 남았다가, 현도군은 오래지 않아 서기 전 75년에 고구려와 토착세력의 공격을 받아 난하 상류유역으로 이동하였고, 서기 106년에는 요동군 지역으로 이동하여 그 명칭만 유지하게 되었다. 서기 206년에는 당시 그 지역을 지배하던 공손강(公孫康)이 낙랑군의 남부를 분할하여 대방군(帶方郡)을 설치하였으나, 서기 전 313~315년에 고구려 미천왕의 공격으로 낙랑군·대방군·현도성 등이 모두 격파되어 한사군은 완전히 축출되었다. 고구려는 난하 유역까지 차지함으로써 단군조선의 고토를 완전히 수복하였다.

기자국·위만조선·한사군은 서로 연결된 사건으로서, 난하 유역을 기점으로 하여 지금의 요하 서쪽, 즉 요서 지역에서 일어난 사건이었다. 이것들은 단군조선의 서부 변경에서 일어난 사건으로서, 이 기간에도 단군조선은 지금의 요하 동쪽에 건재하고 있었던 것이다. 단지 서부의 국경에 변화가 있었을 뿐이다.

그럼에도 한국사 개설서들은 기자의 후손인 준왕을 단군조선의 왕으로 서술함으로써, 위만이 단군조선의 정권을 빼앗은 것으로 잘못 인식하도록 만들고 있다. 그 결과 단군조선의 서부 변경에 위치했던 준왕 정권, 위만조선, 한사군 등이 한국사의 주류에 위치하는 오류를 낳게 되었던 것이다.

4. 단군조선과 고구려의 계승관계

단군조선은 많은 거수국을 거느린 국가였다.[19] 이것은 중국의 고대국가가 제후국을 거느리고 있었던 것과 비슷하다. 단군조선이 건국되기 전 각 지역에는 마을연맹체들이 있었고, 이들은 종족을 형성하고 있었다. 단군조

---

19) 윤내현, 〈고조선의 국가구조〉, 앞의 책, 441~474쪽 참조.

선이 건국된 후 이들은 단군조선에 속한 정치집단으로서 거수국이라 불리어졌고, 그 우두머리를 거수(渠帥)라 하였다. 거수국은 대부분 단군조선이 건국되기 전부터 각 지역에 있었던 마을연맹체들이 성장한 것이었지만, 단군조선이 건국된 뒤 필요에 따라 새로 건설된 것도 있었을 것이다.

단군조선은 첫 번째로 출현한 국가였으므로 아직 통치조직이 발달하지 못하였다. 따라서 중앙에서 모든 백성을 직접 지배하지 못하고, 각 지역 마을연맹체의 우두머리를 거수로 삼아 그들로 하여금 자기의 봉지를 다스리도록 하고, 중앙의 단군은 거수들만을 다스렸다. 거수들 사이는 신분이 대등하였으나, 모두가 단군을 그들 공동의 통치자로 받들면서 명령에 복종하고, 동일한 법을 따르며, 정치적 경제적 군사적으로 일정한 의무를 이행하였다.

한국과 중국의 옛 문헌에는 단군조선과 같은 시대에 단군조선의 영토 안에 위치했던 작은 나라 또는 종족들의 명칭이 보인다. 같은 지역에 단군조선과 이들이 독립국으로 겹쳐서 존재할 수는 없기 때문에, 이들은 단군조선의 거수국으로 볼 수밖에 없다. 부여(扶餘), 고죽(孤竹), 고구려(高句麗), 예(濊), 맥(貊), 추(追), 기자국(箕子國), 진번(眞番), 낙랑(樂浪), 임둔(臨屯), 현도(玄菟), 숙신(肅愼), 청구(靑丘), 양이(良夷), 양주(楊州), 발(發), 유(兪), 옥저(沃沮), 진(辰), 비류(沸流), 행인(荇人), 개마(蓋馬), 구다(句茶), 조나(藻那), 주나(朱那), 한(韓; 三韓) 등이 그것이다.[20] 고구려는 단군조선에 속해 있던 거수국 가운데 하나였다. 문헌에 수록되지 않은 거수국이 많이 있을 것이므로, 단군조선에 실제로는 위에 열거한 것보다 훨씬 많은 거수국이 있었을 것이다.

서기 전 1세기에 한반도와 만주에는 여러나라가 건국되었다. 가장 북쪽에 동부여가 있었고, 그 동쪽 연해주 지역에 읍루, 평안북도와 지금의 요동을 포함한 압록강 유역에 고구려, 함경남북도 지역에 동옥저, 강원도 지

---

20) 위와 같음.

역에 동예, 대동강 유역에 최씨낙랑, 한반도 남부에 한(삼한) 등이 그것이다.[21] 한은 신라·백제·가야로 분열되었다.

이들 가운데 건국 연대가 확인되는 나라는 동부여·고구려·신라·백제·가야 등이다. 동부여는 서기 전 59년,[22] 고구려는 서기 전 37년, 신라는 서기 전 57년, 백제는 서기 전 18년, 가야는 서기 42년이다. 한반도와 만주에서 일찍이 건국된 동부여, 고구려, 신라는 모두 건국 연대가 서기 전 1세기 중엽이다. 이 나라들이 독립했다는 것은, 이 시기에 한반도와 만주를 그 영토로 아우르고 있던 단군조선이 붕괴했음을 말해 준다. 그리고 이들 여러나라는 모두 단군조선 영토였던 지역에서 건국되었음도 알게 해준다. 단군조선을 계승한 나라들인 것이다. 고구려도 그 가운데 하나였다.[23]

요즈음 중국은 고구려 역사를 자국의 역사에 편입시키려 하고 있지만, 위에서 본 바와 같이 고구려는 단군조선을 구성하고 있던 한민족 가운데 하나의 종족, 즉 거수국이었는데, 단군조선이 통치력을 잃게 되자 독립한 나라였던 것이다. 그러므로 고구려는 한사군의 현도군에서 세워진 나라가 아니라 단군조선에서 태어난 한민족의 국가인 것이다.

여기서 한 가지 유의해야 할 점이 있다. 그것은 《후한서》(後漢書) 군국지(郡國志)를 보면, 현도군 안에 고구려현(高句麗縣)이 있다는 점이다. 고구려가 한사군의 현도군에서 건국되었다고 주장하는 학자들은, 현도군에 고구려현이라는 명칭이 있는 것을 근거로 삼고 있다. 그러나 그것은 《후한서》의 체제를 바르게 이해하지 못한 데서 오는 잘못이다.

군국지는 동한(東漢; 後漢) 행정구역에 대한 기록으로서, 동한 국내의 지역 명칭이며, 동이열전(東夷列傳)은 동한 동쪽 밖 이민족의 사정을 기록한 것으로서, 다른 나라들에 대한 기록이다. 《후한서》에는 두 개의 성격이 다

---

21) 《後漢書》東夷列傳과 《三國志》烏丸鮮卑東夷傳; 윤내현, 〈열국시대의 시작과 변천〉, 《한국 열국사 연구》, 지식산업사, 1998, 31~55쪽 참조.

22) 윤내현, 〈동부여의 건국과 위치〉, 위의 책, 68쪽.

23) 《帝王韻紀》卷下 〈漢四郡及列國紀〉; 윤내현, 〈열국시대의 시작과 변천〉, 31~55쪽.

른 고구려가 등장하고 있는 것이다. 하나는 군국지에서 현도군 내의 현명(縣名)으로 등장하는 고구려이고, 다른 하나는 동이열전에서 독립국가의 명칭으로 등장하는 고구려이다.

고대에, 중국 안에는 행정구역 명칭으로서 고구려현이 있었는데, 그곳은 지금의 요서 지역이고, 중국 밖에는 고구려라는 독립국이 있었는데, 그곳은 지금의 요동 지역이다. 동한의 고구려현은 요즈음 한국의 군보다 좁은 면적의 행정구역이었는데, 당시 고구려국은 남만주와 한반도 북부를 차지한 넓은 영토를 가진 국가였다. 그리고 이 시기에 고구려는 동한과 여러 차례 전쟁을 하였는데, 동한의 행정구역으로 현도군에 고구려현이 존재하였다는 것은, 고구려현과 고구려국이 동일한 것이 아님을 알게 한다.

한사군이 있었던 곳은 원래 단군조선의 영토였다. 서한은 그곳에 한사군을 설치하면서 고구려 사람들이 살았던 곳을 고구려현이라 명명하였다. 한편 지금의 요동 지역에서는 고구려 사람들이 모여 고구려라는 독립국을 세웠던 것이다. 이렇게 되어 요서에는 고구려현이, 요동에는 고구려국이 같은 명칭을 사용하면서 존재하였던 것이다.

5. 맺음말

고구려가 한국사가 되기 위해서는 다음 사실이 충족되어야 한다. 첫째, 고구려가 건국된 요동 지역은 고구려보다 앞선 단군조선시대에 이미 한민족의 활동지역으로서 단군조선에 속해 있어야 한다. 단군조선의 강역이어야 하는 것이다. 둘째, 그래야만 만주와 한반도의 거주민들이 하나의 국가에 속하여 동일한 정치공동체, 문화공동체를 형성하고, 집단귀속의식을 갖게 되어, 이 지역 거주민 모두가 한민족이 되는 것이다. 셋째, 고구려는 단군조선이 붕괴되면서 단군조선의 백성들이 세운 나라여야 한다. 그래야만 고구려는 한민족의 국가라는 것이 분명해지는 것이다.

고대 문헌의 기록은 이러한 점을 분명히 해준다. 단군조선은 북경에서 가까운 지금의 난하를 서쪽 경계로 하여, 한반도와 만주 전 지역을 그 영토로 하고 있었다. 따라서 한반도와 만주의 거주민들은 단군조선의 백성으로서 한민족을 형성하였다. 그런데 지금의 요서 서부 난하 유역에 기자국(준왕 정권)이 서고, 기자국의 정권을 탈취한 위만이 위만조선을 건국하여 그 영토를 대릉하까지 확장함에 따라, 단군조선의 서부 영토에 다소 변화가 일어났다. 서한이 위만조선을 멸망시키고 지금의 요하 유역까지 차지하여 난하와 요하 사이에 한사군을 설치함에 따라, 단군조선의 서쪽 국경은 지금의 요하가 되었다.

따라서 기자국(준왕정권)·위만조선·한사군 등은 지금의 요서 지역, 즉 단군조선의 서부 변경에서 일어난 사건들이었던 것이다. 이들이 교체되는 기간에도 단군조선은 서쪽 국경에 변화가 일어났을 뿐 요하 동쪽의 만주와 한반도를 그 영토로 하여 건재하고 있었다. 고구려는 단군조선 안의 여러 거수국 가운데 하나였는데, 단군조선 말기에 중앙의 통치력이 약화되자 독립국이 되었다. 그러므로 고구려는 단군조선을 계승한 한민족의 국가 가운데 하나였던 것이다.

그런데도 한국 사학계는 아직도 준왕정권(기자국)·위만조선·한사군 등이 한국 고대사의 주류로서 요하 동쪽의 만주와 한반도를 차지하고 있었던 것으로 체계화하고 있다. 이를 바로잡지 않는 한 한민족의 역사는 중국인들의 통치로부터 시작되었으며, 고구려와 부여, 발해 등 만주에 있었던 나라들은 중국의 변방사이고 한국사에 포함될 수 없다는 중국인들의 주장은 논리적 근거를 갖게 될 것이다.

표 1. 현재 통용되는 한국 고대사 체계

전 2천년기		전 1천년기			1	2	3	4	5	6
-2000	-1000		-1 -200	1	100	200	300	400	500	

고조선
(단군조선)

준왕정권
(기자조선)

위만조선

한사군

삼한 동예 동옥저 고구려 읍루 부여

夏	商	西周	春秋	戰國	秦	西漢	新	東漢	魏 吳 蜀	西晉	五胡 十八國 東晉	南北朝	隋

※ 검은색 부분은 한민족이 중국인의 지배를 받았던 것으로 되어 있는 시기

표 2. 올바른 한국고대사 체계

전 2천년기	전 1천년기	1	2	3	4	5	6	
-2000	-1000　　-1 -200	1　　100　　200　　300　　400　　500　　600						

가야 ▶ 562년

◀━ 고대 ━▶

신라

한 ▶ 300년

백제

대방국 ▶ 300년

최씨낙랑국 ▶ 300년

동예 ▶ 245년 이전

동옥저→ 56년

행인→ 서기 전32년

읍루(연해주)→ 6년 이전

동부여 ▶ 494년

개마 → 26년

구다 → 26년

조나 → 72년

주나 → 74년

해두 → 갈사 → 68년

비류 → 서기 전36년

졸본부여 → 고구려

▶ 935년

▶ 661년

▶ 668년

고조선 〈단군조선〉

기자국
(단군조선의 거수국)

위만조선

중국의 군현
(한사군)

夏	商	西周	春秋	戰國	秦	西漢	新	東漢	魏蜀吳	西晉	五朝 十八國 東晉	南北朝	隋

중세 유럽 퓨덜리즘(Feudalism)에 대한 반성과 중국 고대사 분기

리 펑(Li Feng, 李峰)
_미국 컬럼비아대학 동아시아언어문화학과

1. 머리말

필자는 2001년 3월 시카고에서 열린 미국 아시아학회 53차 연례발표회에서 〈서주(西周) 퓨덜리즘(Feudalism)에 대한 새로운 인식〉이라는 논문을 통해, 학술계에서 유행하고 있는 중국 서주(西周) 시기와 중세 유럽을 비교 연구하는 방법을 새롭게 논한 바 있다. 이 논문은 수정을 거쳐 〈퓨덜리즘(Feudalism)과 서주 시기 중국의 비판〉이라는 제목으로 2003년 6년 《하버드 아시아학 저널》(*Harvard Journal of Asiatic Studies*)에 발표되었다.1) 이 논문을 쓸 당시 필자는 이 문제가 주로 서방 중국학계의 문제로서, 필자가 논문에서 비판한 퓨덜리즘과 중국학자(주로 마르크스주의 사학자)들이 주장하는 다섯 가지 사회형태 가운데 하나인 '봉건주의'는 완전히 다른 것으로 인식했다. 마르크스주의 중국사학자들의 이른바 '서주봉건론'도 당연히 다른 것으로 생각했음은 물론이다. 마르크스주의 학자들이 말하는 '봉건주의'와 '서주봉건론'을 다룬 글을 이전에 접했으면서도 이를 논의의 대상으로 여기지 않았던 것이다.

이 논문을 발표한 뒤에 중국사회과학원 근대사연구소 소속 황민란(黃敏

---

1) Li Feng, "'Feudalism' and Western Zhou China: A Criticism," *Harvard Journal of Asiatic Studies* 63-1, 2003, pp.115～144.

蘭)의 '봉건주의'에 대한 글[2]을 읽고, 최근 중국 학술계에서도 봉건제도에 관한 새로운 토론이 이루어지고 있음을 알았다. 현재 많은 중국학자들은 소련 마르크스주의 학설을 토대로 이루어진 '봉건사회'의 개념에 이미 회의를 느끼고 있고, 중국 역사에서는 유럽 중세와 비슷한 '봉건사회'나 '봉건제도'는 존재하지 않았던 것으로 파악하고 있다.[3] 일부 학자들은 중국 학술계에서 통용되는 '봉건'이라는 용어를 유럽 중세 '퓨덜리즘'(Feudalism)에 대한 잘못된 번역으로 여기며, 중국 역사에서 서주의 정치제도를 묘사하는 용어로 실제로 존재했던 '봉건'과는 완전히 다르다고 주장한다.[4] 나아가 또 다른 일부 학자들은 유럽 중세의 봉건제도가 결코 통일된 하나의 제도가 아니라, 봉건제도 말고도 사실상 비(非)봉건성제도가 병존했을 것으로 파악하기도 한다.[5]

이러한 새로운 논의는 오랫동안 잠재해 온 '봉건' 문제와 관련된 오해를 풀어 없애는 데 아주 유익할 뿐만 아니라, 현재 중국 학술계의 고대사 분기 체계, 즉 '서주봉건론'(西周封建論)이나 '전국봉건론'(戰國封建論), '위진봉건론'(魏晉封建論) 등에 대해 새로운 도전을 제시하고 있다. 이는 더욱이 1930년대의 사회사 대토론 이래 '봉건사회'와 관련된 논쟁을 한 차원 높은 수준으로 끌어올리고 있다는 데 의의가 있다. 따라서 이러한 새로운 토론에서, 마르크스주의 이론 가운데 '퓨덜리즘'이라는 용어의 정의가 정확한지, '퓨덜리즘'의 번역으로 '봉건주의'가 적당한지, '봉건사회'의 경계가 어디인지, 중국 고대사회와 서양 중세와 유사성이 있는지 없는지 등은 이미 더 이상 논의의 대상이 아니다.

오히려 이런 문제들에서 한결음 더 나아가, 과연 퓨덜리즘이 어떤 제도

<hr>

2) 黃敏蘭, 〈近年學術界對'封建'及'封建制度'問題的反思〉, 《史學月刊》 2002-2, 123〜128쪽.

3) 周東啓, 〈中國有封建社會嗎?〉, 《求是學刊》 1993-5, 95〜98쪽; 方兢, 〈走出史學研究的樊篱—論中國歷史上沒有封建社會〉, 《文化中國》 5-2, 1998, 45〜56쪽.

4) 日知, 〈'封建主義'問題—論Feudalism百年來的誤譯〉, 《世界歷史》 1991-6, 30〜41쪽.

5) 黃敏蘭, 〈論歐洲中世紀的封建與非封建制度〉, 《西北大學學報》 1993-3, 121〜127쪽.

인지, 이러한 제도가 역사상 보편성이 있는지 없는지 등이 고려의 대상이 되고 있다. 최근의 논문 몇 편에서 중국과 유럽 중세를 비교하여 이러한 문제를 해결하려는 시도가 눈에 띈다.6) 만약 이러한 문제를 해결하려는 수단이 비교연구에 있다면, 중국 사학계의 봉건에 대한 새로운 접근이 근래 서방 중세사학계에서 일고 있는 퓨덜리즘이라는 고전적 용어에 대한 비판, 반성과 결코 무관하다고 할 수는 없을 것이다. 나아가 이 문제와 서방 중국학계의 이른바 '중국봉건론'(Chinese feudalism), 그 가운데 '서주봉건론'(Western Zhou feudalism)에 대한 연구와도 상당한 관련이 있을 것이다.7)

그러나 필자는 최근 중국 사학계에서 일고 있는 이러한 '봉건' 문제를 둘러싼 논의가, 서방 사학계의 그것과는 완전히 단절된 채 진행되고 있음을 발견한다. 무엇보다 최근 10여 년 동안 서방에서 제기된 퓨덜리즘에 대한 새로운 인식이 거의 반영되지 않고 있는 만큼, 이 문제에 대한 토론이 제한적일 수밖에 없을 것이다.

따라서 이 글은 봉건 또는 퓨덜리즘이라는 문제에 대해 필자 자신이 습득해 온 이해 위주로 전개될 것이다. 이와 함께 퓨덜리즘 문제에 대한 새로운 인식을 토대로, 중국 고대사 분기에 대한 필자 자신의 견해도 피력할 것이다. 물론 중국과 서방 역사의 비교문제나 중국 고대사 분기 문제를 이 한 편의 글에서 명확히 하기란 불가능하다. 그럼에도 필자의 현재 학술활동 범위가 주로 서방의 중국학계여서, 문제를 보는 시각이 한국이나 중국학계의 그것과 다를 수 있으니, 이 글로써 서로에게 참고와 비판의 계기를 마련해 줄 수 있을 것이다.

---

6) 이러한 각도의 연구로 方兢, 앞의 글, 45~56쪽과 黃敏蘭, 앞의 글(1993), 121~127쪽 참조.

7) 여기서 일단 서방 중국학계에서 칭하는 "서주봉건론"과 중국 사학계의 "서주봉건론"이 다른 것임을 지적해야 할 것 같다. 이 문제는 뒤에서 다시 언급하겠다.

2. 유럽 중세학계의 퓨덜리즘에 대한 반성

필자가 〈퓨덜리즘과 서주 시기 중국의 비판〉을 쓰게 된 주요 동기는, 유럽 중세사학계의 퓨덜리즘에 대한 새로운 비판에 대한 충격이었다. 필자는 이러한 비판의 여세가 서방 중국학계의 '중국봉건론', 특히 '서주봉건론'의 토대에 요동을 가져올 것으로 예상했다.(물론 모든 중국학 연구자가 이 문제를 인식하게 된 것은 결코 아니지만) 이 제도의 내원이 유럽 중세에 있으므로 일단 유럽 중세사 연구자들이 이 문제를 어떻게 인식하고 있는지부터 살펴보는 것이 순서일 듯하다.

서방에서 1970년대부터 퓨덜리즘에 대한 체계적 비판을 이끌었던 학자는 조지타운대학 미국 중세학원(Medieval Academy of America)의 엘리자베스 브라운(Elizabeth A. R. Brown)이다. 당시 그녀는 뉴욕의 브루클린 시립대학(Brooklyn College, City University of New York)에서 가르치고 있었다. 그녀가 1974년 발표한 〈구조의 폭압 — 퓨덜리즘과 유럽 중세사가들〉은 발표 이후 서방 중세사학계에서 고전적 저작이 되었다.[8] 브라운은 퓨덜리즘의 어원인 프랑스어의 feu, feud, 또는 feudum은 '봉지'(封地)의 의미로, 중세유럽 특유의 토지 점유방식이었음을 지적했다. 17세기 프랑스와 영국의 일부 변호사들이 최초로 이러한 토지 점유방식을 퓨덜(Feudal)이라는 형용사의 형태로 묘사하기 시작했다. 19세기 초 퓨덜 시스템(Feudal System)이라는 용어가 출현했고, 중엽에 이르러서야 퓨덜리즘이라는 용어가 사용되기 시작하여 이후 유럽 중세 연구의 기본 개념으로 자리 잡았다. 다시 말해 퓨덜리즘이라는 용어는 결코 유럽 중세의 어휘가 아니라, 후대에 만들어진 용어가 이미 일찍이 사라진 사회에 적용된 경우라는 것이다.

---

8) Elizabeth A. R. Brown, "The Tyrrany of Construct: Feudalism and Historians of Medieval Europe," *The American Historical Review* 79-4, 1974, pp.1063~1088.

이뿐만 아니라 퓨덜리즘이 도대체 어떤 개념인지에 대해 서방학자들 사이에도 일치된 인식이 없다. 중세유럽의 퓨덜리즘에 대해 고전적 저작을 남긴 마르크 블로흐는, 퓨덜리즘을 사회형태의 일종으로 보아 아래 여섯 가지 특징을 든 바 있다. 피통치 농민계층; 노예노동 대신 광범위한 토지 임차제도; 전문화된 무사계층의 지고한 권리; 무사계층 내부의 복속과 보호를 위한 유대; 불가피하게 혼란으로 인도되는 권력 분해; 이러한 모든 조건의 와중에 가족과 국가 같은 다른 결합 형태의 잔존(봉건시대 후반부에 국가가 새로운 힘을 획득함).9)

블로흐의 이러한 주장은 비록 많이 알려졌지만 여러 학자들로부터 지지 받지 못하고, 너무 많은 것을 망라한 것으로 인식되어 봉건에 대한 하나의 '정의'로 정립될 수는 없었다. 이런 측면에서 또 다른 고전적 연구인 간쇼프(F. L. Ganshof)의 정의는 다른 선택의 여지를 남겨 주었다. 간쇼프는 퓨덜리즘을 두 자유인(영주와 封臣) 사이에 진행되는 순종과 복무 의무(주로 군사적)를 규정하는 사회제도로 정의했는데, 이들의 관계를 유지하는 중요한 매개체로 영주가 하사하는 부동산인 봉지(封地)를 들고 있다.10) 즉 신속(臣屬)관계와 봉지를 퓨덜리즘의 두 가지 중심 요소로 보고 있는 것이다. 퓨덜리즘에 대한 다른 정의 가운데 조셉 스트레이어와 조지 더비의 주장 역시 지나칠 수 없다. 스트레이어는 퓨덜리즘을 정치 권리를 분배하는 정부 형식과 이에 따르는 군사제도로, 더비는 주권의 와해에 더해진 부속관계의 네트워크로 정의하고 있다.11)

---

9) Marc Bloch, *Feudal Society*, trans. L. A. Manyon(French edition, 1949; London: Routledge & Kegan Paul Ltd., 1961), p.446. 스탈린의 이론이 중국 '봉건주의'에 미친 영향에 대해서는 黃敏蘭, 앞의 글(1993), 121~123쪽 참조.

10) F. L. Ganshof, *Feudalism*, trans. Philip Grierson(1st ed., 1951; New York: Harper & Row, 1964), xvi.

11) Joseph R. Strayer, "Feudalism in Western Europe," in Ruthron Coulborn ed., *Feudalism in History*(Princeton: Princeton University Press, 1956), p.13; George Duby, *La societe aux XI et XII siecles dans la region maconnaise*(Paris, 1953), p.643.

이렇듯 서방학계에서 오랜 기간 동안 퓨덜리즘에 대한 일치된 인식이 결여되어 있었음에도, 이 개념이 계속 사용됨으로써 유럽에 대해 일종의 통일된 인상을 갖게 했지만, 이러한 인상은 실제 상황과는 엄청난 차이가 있다. 중세유럽의 영국과 프랑스, 독일, 이탈리아의 제도는 같지 않았고, 스칸디나비아반도에는 퓨덜리즘이 도입되지 않았을 가능성이 크다.12) 따라서 중세유럽 연구에서 이 개념의 실용성은 아주 제한적일 수밖에 없어서, 이를 유럽 말고 다른 지역에 적용시키기에는 더욱 문제가 있다. 이러한 여러 문제점을 간파한 엘리자베스 브라운은, 앞의 논문에서 퓨덜리즘 문제를 처리하는 가장 좋은 방법은 이를 깨끗이 폐기처분하는 것이라고 강하게 주장한 것이다. 나아가 학생들에게 중세유럽을 가르칠 때도 이 개념을 계속 사용한다면 득보다 실이 더 클 것임을 역설했다.13)

브라운의 신랄한 비판이 있었음에도, 퓨덜리즘은 일반 대중을 위한 개설서에서 중요한 부분을 차지하는 등, 여전히 학자들 사이에서 꾸준히 사용되었다. 그렇지만 1980년대부터 대부분의 중세사 연구자들은 이 문제에 대해 비교적 신중한 태도를 취하면서, 자신들의 연구에서 퓨덜리즘이라는 용어 사용을 피하려 하였다. 일부 학자들은 한편으로는 그 개념을 비판하면서 다른 한편으로는 계속 사용하기도 하였다. 현재 서방 학계에서 이 문제에 대한 보편적인 태도는, 이 개념을 완전히 버려 없앨 필요는 없지만 꼭 써야 하는 경우에는 단지 봉지(fief)라는 상황에서만 사용할 수 있으리라는 것이다.

이러한 회의적인 분위기 속에서 1994년 수잔 레이놀드는 퓨덜리즘에 대해 강력한 공격을 하였다. 그녀는 거작《봉지와 봉신—중세의 증거 재해석》에서 퓨덜리즘의 학설적 기초를 철저히 동요시키면서, 중세유럽의 역사를 완전히 새롭게 서술했다.14) 레이놀즈는 이 책 전체에서 퓨덜리즘이

---

12) Jacques Le Goff, *Medieval Civilization 400–1500*, trans. Julia Barrow(Cambridge, MA: Basil Blackwell, 1988), p.90.

13) Brown, op. cit., p.1088.

라는 개념의 사용을 거부한 반면에 '봉지 – 봉신제도'(Feudo-vassalic institution) 또는 '봉지 – 봉신관계'(Feudo-vassalic relation)라는 용어로써 중세유럽에서 존 재하였던 이러한 봉지와 봉신관계를 중심으로 한 현상을 호칭했다. 그러 나 이 책의 주요 목적은 바로 유럽의 다양한 지역에서 이러한 '봉지 – 봉신 관계'가 도대체 언제, 어느 정도 일종의 제도로 형성되었는지를 보여주려 는 데 있다. 퓨덜리즘이라는 선입견을 배제하고, 레이놀즈는 중세 사료에 반영된 각종 사회와 정치 관계를 직접 분석하여, 영주 – 봉신 관계가 중세 유럽의 인간관계를 지배하는 유일한 원리는 아니었고, 봉지 역시 중세의 여러 토지 점유방식의 하나일 뿐임을 밝혔다. 더욱 중요한 것은, 기왕의 퓨덜리즘에 대한 인식이 정치상의 분열을 전제로 한 것임에 반하여, 그녀 는 '봉지 – 봉신관계'가 중앙집권을 약화시키기보다는 오히려 왕권을 강화 시켰다고 주장한 점이다. 이러한 측면에서 간쇼프가 퓨덜리즘이 8세기 카 롤링거 왕조(Carolingian Dynasty)에서 시작되었다고 주장한 것과는 달리, 레 이놀즈는 '봉지 – 봉신관계'가 12세기가 되어서야 일종의 제도로 형성되었 다고 본다.[15] 레이놀즈의 '봉지 – 봉신관계'에 대해서는 아래에서 구체적으 로 논하기로 하고, 우선 그녀가 퓨덜리즘의 개념에 대해 내린 결론을 살펴 볼 필요가 있다.

16세기 이래로 퓨덜리즘이(라는 학설이) 만들어 낸 것은 우리가 맞닥뜨린 중세의 살아있는 모습을 인식하는 데 도움을 주기는커녕 오히려 우리들이 가지고 있는 중세의 모습이 모두 똑같다고만 알려 주었다. 때문에 우리는 그 러한 (다양한) 모습들을 연구할 필요가 없었다. 다시 말해 퓨덜리즘이 일종 의 보호막을 제공하여 사람들의 머리를 아찔하게 하는 현상들과 중세의 다 양한 살아 있는 모습들을 아주 근시안적으로 볼 수밖에 없도록 했던 것이 다.[16]

---

14) Susan Reynolds, *Fiefs and Vassals: The Medieval Evidence Reinterpreted*(Oxford: Clarendon Press, 1994).

15) Ganshof, op. cit., p.15; Reynolds, op. cit., pp.84~86, 117~119.

레이놀즈의 책이 출간된 이래 다섯 명의 학자가 서평을 써서 논평한 바 있는데, 이들의 관점이 이 문제에 대한 중세학계의 일반 인식을 대표하는 것으로 볼 수 있다.[17] 이러한 논평들이 모두 레이놀즈의 새 학설을 두 손 들고 환영하고 있는 것으로 보건대, 이 책이 내놓은 많은 관점들이 오랜 시간에 걸쳐 학계에서 받아들여질 것임에 틀림없다. 비록 일부 학자들이 그녀의 '봉지－봉신관계' 출현 이전의 유럽 왕권과 정부의 구체적인 형태에 대한 이해에는 의문을 제기했지만,[18] 현재까지 레이놀즈를 비판하며 퓨덜리즘의 학술적 가치를 옹호한 글은 한 편도 나오지 않고 있다. 이로써 최소한 퓨덜리즘이 확실히 문제가 있음이 드러났다. 그러므로 여기서 폴 하이엄스의 논평을 인용함으로써 이 문제를 더욱 명확히 할 수 있을 것이다.

이는 앞으로의 연구 방법과 해설 방면에 커다란 변화를 예시하는 아주 용기 있고 탁월한 책이다.…… 우리들의 (이 책에 대한) 최후 평가는 반드시 축하와 함께 해야 할 것이다. 이 책은 이른바 '봉지－봉신' 관계로만 중세유럽을 나타냈던 이제까지의 신화를 광범위하게 폐기시켰다. 비록 이 이론이 퓨덜(feudal)의 구조와 사상 형태를 견지하는 사화과학자로 대표되는 비역사가들 사이에서 다른 방식으로 계속 유지될지도 모르지만, 새로운 세대의 역사가들은 반드시 이 환상을 투시할 것이다. 최소한 사회와 정치학자들이 중세유럽을 자신들의 도식을 입증하는 수단으로 오용하는 것을 그만두길 희망한다. 레이놀즈의 이 신화 형성과정에 대한 철저한 분석과, 이 신화에 의존하지 않고도 생존할 수 있는 방법 제시는 아주 재미있고 설득력 있다.[19]

---

16) Reynolds, ibid, p.11.

17) Paul R. Hyams, "The End of Feudalism?" *Journal of Interdisciplinary History* 27-4, 1997, pp.655~662; D. J. A. Matthew, "Book Review: Fiefs and Vassals: The Medieval Evidence Reinterpreted," *English Historical Review* 110-439, 1995, pp.1209~1212; Fredric L. Cheyette, "Book Review: Fiefs and Vassals: The Medieval Evidence Reinterpreted," *Speculum* 71-3, 1996, pp.998~1006; Robert C. Stacey, "Law, Landholding, and 'the Feudal Time'," *Journal of British Studies* 35-4, 1996, pp.531~536; Roger Collins, "Book Review: Fiefs and Vassals: The Medieval Evidence Reinterpreted," *History* (UK) 81, 1996, p.100.

18) Matthew, ibid, p.1209; Cheyette, ibid, p.1006.

19) Hyams, op. cit., p.662.

만약 서방 학술계에서 오랫동안 회자되던 퓨덜리즘이 하나의 착오라면, 비교적 정확히 '봉지－봉신제도'라고 부를 수 있는 이러한 제도가 유럽 중세의 거의 절반에 해당하는 기간 동안 결코 존재하지 않았다면, 그 이후에 존재한 제도 또한 유럽사회 전체를 포괄할 수 없다면, 이러한 제도로부터 발전해 나온 일종의 개괄사회 형태의 모델을 다른 사회에 적용하는 것은 착오의 연쇄반응이라 하지 않을 수 없다. 이 문제는 단지 서방의 비마르크스주의 사학의 문제만이 아니다. 이와 함께 18～19세기 유럽의 학술 전통에서 태동한 마르크스주의 사학 역시 그것이 서방에서든 동방에서든 심각한 문제를 야기하였을 것임에 틀림없다. 따라서 마지막으로 이렇게 묻지 않을 수 없다. '이러한 모델을 (마르크스주의든 비마르크스주의든) 수만 리 떨어진 고대 중국에 적용하는 것이 도대체 무슨 의의와 필요성이 있는가' 라고.

3. '서주봉건론'에 대한 비판

필자는 우선 여기서 논하는 '서주봉건론'은 서방 중국학계의 이른바 '서주 봉건주의'(Western Zhou Feudalism)를 지적하는 것이지, 중국 대륙학자들의 이른바 다섯 가지 사회형태 가운데 하나로서 서주봉건론이 아님을 다시 한번 강조해 둔다. 서방학자들은 1930년대부터 퓨덜리즘이라는 용어를 사용하여 중국 역사를 서술하기 시작했다. 이는 당연히 1930년대 중국을 풍미했던 중국 전통사회에 대한 봉건사회와 자본주의사회를 둘러싼 사회사 대논전(社會史大論戰)과는 다른 것이다.[20] 1950년대에 프랑스의 중국학 대

---

20) Marcel Granet, *Chinese Civilization*, trans. Kathleem E. Inns and Mabel R. Brailsford (London: Kegan Paul, Trench, Trunbner, 1930), pp.70～91; C. P. Fitzgerald, *China: A Short Cultural History* (New York: D. Appleton-Cnetury Company, 1938), pp.55～73. 두 학자 모두 fuedal period 또는 feudal age라는 용어를 서주 후기에서 기원전 221년까지를 지칭

가 헨리 마스페로와 마셜 그레네이 역시 주대의 퓨덜리즘과 관련된 글을
남겼다.21) 그러나 이른바 '서주 봉건주의' 이론이 미국 중국학계에서 유행
하게 된 것은, 주로 헐리 크릴과 더크 보드, 허탁운(許倬雲, 쉬조윈) 등과 같
은 주요 학자들의 노력 덕분이었다.22) 무엇보다 크릴과 허탁운이 서방에
서는 드물게 각각 펴낸 서주사 통론의 많은 지면이 서주 퓨덜리즘에 할애
됨으로써, 퓨덜리즘이 서주 시기 정치와 사회관계의 중요한 이론적 틀이
되었다. 당연히 일부 학자들이 이러한 이론에 비판을 가했지만23) 유력하
게 반론을 제기한 논문은 나오지 않았다.

　필자는 '서주 봉건주의'에 대한 비판에서 주로 아래에 언급될 다섯 가지
문제를 지적했다.24) 우선 주왕과 제후들 사이의 관계가 과연 일종의 퓨덜
관계라고 할 수 있는지 여부이다. 서방 중세학계의 새로운 연구성과로 현
재 우리는 중세유럽의 영주 – 봉신관계(Lord-vassal relationship 또는 vassalage)가
도대체 어떤 관계인지에 대해 비교적 명확히 알고 있다. 간단히 말해서 이
른바 바살라지(vassalage)란 두 자유인 사이의 개인적 계약관계로, 두 남자가
맺은 일종의 배타적 '혼인' 관계라고 할 수도 있다. 이 점은 이러한 관계의
체결을 호미지(Homage) 의식으로 칭한 것에서 명확해진다. 이 의식 가운데
봉신은 영주 앞에서 무릎을 꿇고 양손을 영주의 손안에 두었다. 영주가 봉

하기 위해 사용하고 있다.

21) Henri Maspero, "Le regime feodal et la propriete fonciere dans la Chine antique," *Melanges posthumes sur les religions et l'historie de la Chine, III. Etudes historiques* (Paris, 1950), pp.111~146; Marcel Granet, La feodalite chinoise(Paris: H. Aschehoug & Co., 1952), pp.1~32, 187~196.

22) Herrlee Creel, *The Origins of Statecraft in China*, vol. I: *The Western Chou Empire*(Chicago: University of Chicago Press, 1970), pp.317~387; Derk Bodde, "Feudalism in China," in *Essays on Chinese Civilization*(Princeton: Princeton University Press, 1981), pp.85~131; Cho-yun Hsu and Katheryn Linduff, *Western Chou Civilization*(New Haven: Yale University Press, 1988), pp.151~158.

23) Barry B. Blakeley, "On the 'Feudal' Interpretation of Chou China," *Early China* 2, 1976, pp.35~37.

24) Li Feng, op. cit., pp.115~144.

신이 되기를 원하느냐고 묻고 나서, '예'라고 대답한 뒤에 봉신의 두 손이 풀려나고, 영주와 봉신은 서로 입을 맞추었다. 이러한 동작으로 관계 체결이 성립되었음을 표시하고, 봉신은 영주의 '입과 손의 사람'(Man of mouth and hands)으로 변했다. 영주-봉신관계의 다른 큰 특징은 그 평등성에 있다. 이는 물론 봉신이 영주에게 복종해야 했기 때문에 일종의 평등 관계는 아니었지만, 법률단계에서는 일종의 평등관계였다. 만약 영주가 봉신에게 해야 할 의무를 다하지 않았을 때는 봉신이 영주를 법정에 고소할 권리가 있었고, 그들의 관계를 중단시킬 수도 있었다. 이런 측면에서 영주와 봉신 관계는 법리상의 평등관계와 상호 책임상 계약적 불평등 관계의 양면성을 지니고 있었다.

필자는 주왕과 그의 제후 사이에는 이러한 일종의 개인적 친밀관계가 결코 존재하지 않았을 것으로 파악한다. 《상서》(尙書)의 '강고'(康誥)와 '주고'(酒誥), 또는 '의후측궤'(宜侯夨簋)나 '중뢰'(中甒)와 같은 서주 초 분봉을 전하는 문헌에는 주로 '공'(公)적 관계가 많이 언급되어 있다. 특히 '강고'에서 주공은 서두에서만 피분봉자인 봉(封)을 제(弟)로 칭할 뿐, 전편에 나타나는 주요 관심사는 어떻게 나라를 다스리고 징벌을 시행하느냐이다. 이 때 피분봉자에게 요구되는 것은, 서주 국가의 선왕들을 향한 충성에 대한 것이다. '의후측궤'와 '극뢰'(克甒) 명문에서는 또한 분봉의 과정이 단지 조상에 대한 제사의식의 일부분이었음을 더욱 명확히 알 수 있는데, 당시의 왕은 선왕들에게서 유래한 국가권력의 대리인이었다. 따라서 이른바 분봉이란 실제적으로는 주왕과 그 친속 사이의 개인적 관계가 국가화되어 가는 과정에서 나타나는 하나의 의식이었던 것이다.[25] 일부 학자들은 서주 중·후기에 자주 나타나는 책명(冊命)의식을 통해, 주왕과 책명 대상자 사이에 일종의 개인적 계약관계가 이루어진 것으로 파악하기도 한다.[26] 그

---

25) Ibid, pp.118~119.
26) Hsu and Linduff, op. cit., pp.177~179.

러나 필자는 책명의식에서 나타나는 일종의 '공'적 관계를 더욱 중시하는 것이다. 따라서 서주 중·후기의 책명의식은 이미 완전히 관료화되었고, 책명의식 가운데 피책명자의 보증인으로 나타나는 "우자"(右者)와 피책명자 사이의 관계가 주왕과 피책명자 사이의 관계보다 더욱 친밀했음을 지적한 바 있다.[27]

그러므로 주왕과 제후의 관계를 결코 영주-봉신 관계(Lord-vassal relationship)나 군주-속신 관계(Ruler-subject relationship)로 볼 수는 없다. 이는 절대 불평등의 통치와 피통치 관계로, 서주 시기의 어떤 제후가 주왕을 법정에 고소하거나 자신과 주왕 사이의 신속관계를 파기하는 것을 상상할 수조차 없는 것과 마찬가지다. 당연히 그가 주왕을 무너뜨릴 수는 있었겠지만, 이 또한 모든 다른 제후들의 승인 아래에서만 가능했을 것이다. 주왕의 합법성이 대다수의 제후들로부터 부인되지 않는 한 그는 왕의 통치 아래 남아 있을 수밖에 없었다.

레이놀즈는 그녀의 저서에서 위의 두 가지 관계를 명확히 구분했는데, 영주-봉신 관계는 영주와 봉신 사이의 계약관계에 기초한 것으로, 쌍방이 그 계약에 충성함으로써 그 관계가 보증된다. 반면에 군주-속신 관계는 왕국의 통일과 그에 따른 왕권에 기초한 것으로, 전통적 정치도덕과 책임에 따라서 보증 받았다. 만약 한 사람이 왕국의 일원이었다면, 그는 자연히 피통치 속신이 되어, 이러한 관계는 공표될 필요가 없었을 뿐만 아니라 폐기될 수도 없었다. 이러한 두 종류의 관계가 유럽 중세 전시기에 걸쳐 병존했다. 설사 영주-봉신 관계가 퓨덜 흥성기(High Feudal Age)에 성행했다 할지라도, 군주-속신 관계 역시 여전히 당시의 기본 사회관계를 이루고 있었던 것이다.[28]

둘째, 제후국과 봉지(fief)의 차이에 대한 것이다. 봉지는 도대체 어떤 성

---

27) Li Feng, "'Offices' in Bronze Inscriptions and Western Zhou Government Administration," *Early China* 26-27, 2001~2002, pp.29~42.
28) Reynolds, op. cit., p.20, pp.33~35.

격을 지니고 있는가? 이는 일종의 특수한 토지 사용권으로, 유럽 중세 연구자들의 연구에 따르면, 두 가지 특징을 지니고 있었다.

우선, 이는 봉신이 영주에 대해 진행하는 복무 능력을 보증할 목적을 지닌 일종의 수당(stipend)으로, 엄격히 말하면 봉신이 그 땅에서 나는 산물의 실제적 수익자였다. 봉신이 모두 반드시 봉지를 받는 것은 아니었지만, 봉지를 받는 이들은 반드시 봉신이었다. 이러한 관점에서 봉지는 사실상 영주-봉신 관계의 부산물이었다. 봉지를 수여하는 의식을 서임식(Investiture)이라고 불렀는데, 이는 영주-봉신 관계를 맺을 때 행해진 충성맹세(Homage) 의식과는 별개로 거행되었다.

다음으로, 레이놀즈의 새로운 정의에 따르면, 봉지는 (봉신이) 전권을 지닌 토지가 아니라, 영주의 관할 아래 있으면서 봉신이 영주와 계약을 맺을 때 그 권리가 구체적으로 규정되는 토지였다. 봉지는 기본적으로 수당에 상응하는 것이기 때문에 사법권이 없었다. 간쇼프가 명확히 지적한 바와 같이, 퓨덜(Feudal) 관계가 봉신에게 봉지를 수여함과 동시에 그 토지에 대한 실제적인 사법통치권까지 주는 것은 아니었다. 어떤 경우에 일정 토지에 대한 사법권이 봉신이나 영주보다 제삼자에게 있는 경우도 있었다.[29] 나아가 레이놀즈는 결코 봉지가 중세의 유일한 토지 점유방식은 아니었고, 더욱 보편적으로 존재했던 얼로우드(Alod)라는 전권세습토지가 있었음을 밝혔다. 그 밖에 베네피스(Benefice)라고 불렸던 토지도 있었는데, 이는 대신들이 자신들의 관위를 이용하여 자신들의 관리 아래 두었던 토지의 일종이다.[30] 중세 유럽의 토지 점유와 사용형식은 이전에 상상했던 것보다 훨씬 복잡했고, 다른 사람(통상적으로 왕)으로부터 받은 토지가 반드시 봉지는 아니었던 것이다.

우리는 서주의 제후국들이 대부분 주공(周公)의 2차 동정(東征), 즉 무경

---

29) Ganshof, op. cit., pp.156~157.
30) Reynolds, op. cit., pp.92~93, 134~140.

(武庚)의 반란 진압 이후 건립되었음을 알고 있다. 비록 이러한 봉국(封國)들이 실제로 서주 제후들에게 생활자원을 제공했다고 할지라도, 그들이 분봉된 목적은 결코 거기에 있지 않았다. 무엇보다 주 왕실의 필요에 부응하여 동방의 광활한 지역에 거주하던 인구를 다스리는 것이 주목적이었다. 봉국 자체가 서주 국가권력의 구체적 체현이었기 때문에, 제후들은 토지와 함께 대량의 인구를 수여했고, 나아가 그들이 받은 토지에서 정치와 사법통치를 실행할 권리도 부여받았던 것이다. 서주의 제도로 볼 때, 봉국의 사법권은 제후들의 일종 권리였을 뿐만 아니라, 더욱 중요하게는 그들의 서주 국가에 대한 의무이기도 했다. 각각의 봉국은 모두 민사와 경제, 사법, 군사 권력이 일체화된 정치 실체였던 것이다. 따라서 서주의 봉국은 그 분봉된 목적과 향유한 권력 측면에서 유럽 중세의 봉지(fief)와는 완전히 달랐음을 명확히 알 수 있다.

그렇지만 서주 시기 동방의 봉국 이외에 섬서성(陝西省)의 왕기(王畿) 지역에도 상당 규모의 귀족 채읍(采邑)이 존재했다. 책명(冊命) 관직과 함께 수여한 토지인 채읍과 중세 유럽의 봉지는 과연 다른 점이 있었을까? 사실 이는 비교적 복잡한 문제로, 채읍의 영수(領受) 형식과 부대 권력, 사용 기한 등 일련의 문제들이 더 심도 있게 연구될 필요가 있다. 그러나 격백궤(格伯簋)와 구년구위정(九年裘衛鼎), 구위화(裘衛盉) 등의 명문을 통해서 최소한 서주 중기부터 토지의 자유매매와 양도가 이루어졌음을 명확히 알 수 있기 때문에, 필자는 이러한 토지가 중세유럽의 봉지(fief)보다는 얼로우드(Alod), 즉 전권세습토지와 비슷했을 것으로 여기고 있다.[31]

셋째, 공후백자남(公侯伯子男)으로 알려진 오등작(五等爵)과 중세유럽의 비교에 관한 문제인데, 필자는 오등작을 결코 서주의 제도로 보지 않는다. 서주 시기 백(伯)은 단지 장자(長子)를 의미하는 장유(長幼)의 순서에 따른 칭호일 뿐이었다. 서주 금문에서 '백'이 아주 자주 나타나는 이유는, 장자

---

31) Li Feng, op. cit., pp.130~131.

가 정부에서 복무할 기회를 더 많이 가짐으로써, 자신의 청동기를 주조할 기회 또한 더 많이 가졌기 때문이다. '후'는 동방 제후의 통칭으로, 서주 왕기 안에서 나온 금문에는 나타나지 않는다. '자'와 '남'은 서주 금문에서, 주의 분봉체제를 벗어난 남방 부족 수령에 대한 호칭이었다. 다만 '공'만이 작위였을 가능성이 있다. 이러한 다섯 가지 칭위는 서주 정치체계 가운데 각각 특정한 의미를 지녔겠지만, 이들이 하나의 통일된 체계로 이루어진 것은 사실상 동주(東周)시대의 발명이었다.32) 한편 중세유럽의 작칭(爵稱) 또한 각각의 내원을 가지고 있다. 라틴어의 덕스(dux)에서 유래된 듀크(Duke; 통상 公으로 번역)는 원래 군대의 지휘관을 의미했으나, 메로빙거(Merovingian)와 카롤링거시대에 옛 로마의 속주(province)를 다스리던 사람들을 지칭하게 되었다. 카운트(Count)나 얼(Earl; 통상 伯으로 번역)은 옛 로마의 속현(屬縣)을 몇 개 다스리던 군사 지휘관을 칭했다. 행군 중의 지휘관이라는 의미의 마르퀴스(Marquis; 통상 侯로 번역)는 변경의 현을 다스리던 수장의 칭호였다. 이러한 칭위는 봉지－봉신제도가 출현하기 이전에 일찍부터 존재했고, 메로빙거와 카롤링거 국가의 기본 정치체계였지, 결코 퓨덜리즘의 한 부분이 아니었다. 그러므로 이들과 오등작의 유사성 역시 서주시대에 퓨덜리즘이 존재했다는 근거가 될 수 없다.

　넷째, 군사력 방면의 비교 또한 서주와 중세유럽의 차이를 더욱 명확히 알려준다. 유럽에서 실행된 봉지－봉신제도의 중요한 효과는, 전사들을 무장시켜야 하는 영주들의 부담을 줄이고, 활발한 군사력을 보장받는 것이었다. 그러므로 봉지－봉신제도가 실행된 뒤로 유럽의 국왕은 일반적으로 상비군을 가지지 않았고, 겨우 수백 명 정도의 가내 기사를 소유하였을 뿐이다. 전쟁이 나면 국왕은 자신의 봉신을 소환하여 참전시켰고, 봉신들은 자신의 기사를 데리고 전쟁터에 나갔다. 물론 이들이 국왕 군대의 유일

---

32) '오등작' 문제에 대해서는 필자의 "Transmitting Antiquity: The Origin and Paradigmization of the Five Ranks," *Perceptions of Antiquity in China's Civilization*, ed. Dieter Kohn (Monograph of Monumenta Serica; 근간) 참조.

한 구성 성분은 아니었다. 국왕은 군주인 자신의 신분을 이용하여 일반 시민이나 자유농민으로도 대오를 이루었다. 이러한 상황은 외적의 침입을 받았을 때 적지 않게 목격되었지만, 이러한 군대가 결코 고도의 역량을 발휘할 수는 없었다. 유럽의 규정은 봉신이 대오에 들어온 이후 겨우 40일 동안만 복무하게 하였으니, 40일이 계약상 무상복무기간이었다. 40일이 지나면 그들은 언제든지 떠날 수 있어서, 전쟁이 얼마나 긴박하든 상관없이 영주는 그들을 전쟁터로 재촉할 권한이 없었다. 만약 영주가 그들을 계속 복무케 하려면, 기사들에게 수당을 지급하거나, 봉신들에게 더 많은 봉지를 주어야 했다. 봉신들로 하여금 무상으로 기한을 넘겨 복무하도록 하는 권한은 없었던 것이다.

서주 시기의 군사제도에 대해서 아직 많은 부분이 불명확하지만, 최소한 주왕의 손안에 거대한 상비군이 있었음은 분명하다. 이는 바로 금문(金文)에 자주 나타나는 서육사(西六師)와 성주팔사(成周八師)로, 봉지-봉신제도 아래의 군사제도와는 완전히 다르다. 아직까지 육사, 팔사 안의 군대가 일반 민중과 격리된 직업군인이었는지는 알 수 없지만, 《시경》(詩經)에 나오는 〈동산〉(東山) 등의 시를 통해서, 이들의 복무가 상당히 긴 기간이고 무조건적이었음을 알 수 있다.

마지막으로, 오랫동안 학계에서 오해로 남아 있었던 퓨덜리즘을 정부의 조직형태로 보고, 서주의 정부도 마찬가지로 이러한 조직에서 유래했다는 견해에 대한 문제다. 예를 들어 크릴은, 퓨덜리즘을 "군주가 봉신에게 분할 수여한 자신의 영토 일부에 대한 제한된 통치권을 사적으로 위임한 정부체계"로 정의했다.[33] 사실 중세유럽에서 봉지-봉신제도가 나타나기 전에 응집력의 차이는 있었겠지만, 정부 조직이 이미 있었다. 마르크 블로흐(Marc Bloch)는 9세기 카롤링거제국 정치체계 붕괴 이후의 혼란 국면이 이른바 퓨덜리즘의 생성을 재촉했을 것으로 보았다. 레이놀즈 역시 봉지-봉신제도

---

33) Creel, op. cit., p.320.

가 중앙집권(전통적 군주-신속 관계)이 약화된 상황에서의 산물로 파악하지만, 이 제도가 정확히 12세기에 출현한 것으로 보아, 카페왕조(Capetians) 시기에 프랑크 정부의 중건에 실질적인 영향을 미쳤다고 주장한다. 다시 말해서 봉지-봉신제도는 결코 정부 형식은 아니었고, 오히려 기존의 정부조직 기구 위에, 또는 밖에 부가된 하나의 제도일 뿐이었다는 것이다.

의문의 여지없이 서주와 중세유럽의 정치체제 사이에는 유사한 측면이 많았다. 이러한 특성으로, 왕권의 상대적 취약성과, 지방을 토대로 한 상당히 독립적인 정치적 실체의 존재, 특권적 군사 귀족의 존재, 이에 따르는 정치권리의 세습 등을 들 수 있을 것이다. 그러나 봉지-봉신제도는 이러한 유사성보다는 오히려 차이점을 대변한다. 레이놀즈는 중세유럽에서 봉지-봉신제도가 출현한 원인을 (라틴민족과 다른) 게르만 사회의 공공권력 의식의 부재로 귀결시킨다.[34] 이러한 상황 아래에서 그 사회에 오랫동안 존재해 왔던 무사들이, 수령과 개인적 의탁관계를 맺는 것이 보편화되고, 피정복 라틴민족의 전통이 법률화됨에 따라, 10세기 이후 유럽 사회에 새로운 정치권력의 기초가 세워졌다.

중국 서주 시기의 역사와 사회 환경은 이와는 아주 달랐다. 주나라 사람들은 중앙의 지방에 대한 권위를 유지시키기 위하여 혈연관계 및 희성(姬姓) 종족과 비희성(非姬姓) 종족의 혼인관계를 이용했는데, 전체 서주사회는 혈연과 혼인 유대로 편성된 커다란 네트워크라고도 할 수 있을 것이다. 이러한 사회에서 계약성의 개인적 유대가 생겨나 정치관계로까지 발전될 필요성은 전혀 없었을 것이다.

이러한 차이에 대해 중국학자들도 이미 유사한 논의를 전개한 바 있다.[35] 물론 주나라 사람들이 개인간의 계약관계를 전혀 가지지 않았다고

---

34) Reynolds, op. cit., pp.84~88, 117~119.
35) 方, 앞의 글, 47쪽.

할 수는 없을 것이고, 실제로 금문(金文)에는 이러한 사례들이 나타난다. 그러나 이러한 개인적 계약관계가 정치관계로까지 발전하여 정치권력의 새로운 조합이 형성된 것은, 아마 춘추시기의 맹서(盟誓)제도부터가 아닐까 생각된다. 유럽의 역사발전과 마찬가지로 이러한 정치성 맹서제도의 출현 또한 중앙권력과 전통적 혈연종족 유대의 약화라는 사회배경을 토대로 생겨났던 것이다.

4. 중국 고대사 분기 문제에 관하여

중국 고대사 분기 문제에 관한 토론은 오랫동안 마르크스주의 역사학의 범주 속에서 진행되었다. 이는 구체적으로 말해, 이른바 마르크스주의 사회발전의 다섯 단계를 중국 고대사의 분기에 어떻게 적용시키느냐 하는 토론이었다. 이 토론에서 논쟁의 주요 초점이 이른바 서주봉건론과 전국봉건론, 위진봉건론이라는 세 논의에 맞추어져, 봉건 문제의 중요성을 알 수 있다. 마르크스주의 역사학에서 말하는 이러한 봉건은 바로 퓨덜리즘을 그대로 옮긴 것이다. 그렇지만 오랫동안 마르크스주의 학자들은 봉건이 도대체 무엇인지 명확하게 하지 않은 상황에서, 중국에 봉건제도가 있었는지 없었는지를 토론했고, 나아가 중국에 봉건제도의 전제가 있었는지 없었는지에 대한 명확한 이해 없이, 봉건사회가 언제 시작되었는지에 대해 토론했다. 그 결과 여러 의견이 분분하여 70여 년 동안 토론해 오면서도 아직까지 공통된 인식에 이르지 못하였다.

물론 이는 중국만의 문제는 아닐 것이다. 이미 앞에서 봉건, 즉 퓨덜리즘이 서양 중세 역사가들에게도 곤란한 문제였음을 언급한 바 있다. 그렇지만 중국 마르크스주의 역사학자들의 문제는, 그들의 시야가 마르크스의 관점에만 국한되어 있는 점이다. 어떤 이는 중국학자들이 중세유럽의 사료를 일차적으로 다루지 않고, 소련학자들의 개조를 거친 마르크스주의를 통해 유럽 중세의 역사를 보았을 뿐이라고 한다. 이를 토대로 중국 고대 역사의 실제 모습과 비교하려 했던 것이다. 물론 중국학자들이 놓였던 객관적 상황을 고려할 때, 이러한 한계를 인정해야 할지도 모르지만, 마르크스주의에 대한 학술적 맹신 역시 이러한 문제를 불러온 중요한 원인이라 하지 않을 수 없다. 앞에서 서방 중국학계의 서주봉건론을 비판함과 동시에 중세유럽 봉지-봉신제도가 형성된 배경과 성격 등을 살펴보았는데, 이를 토대로 중국 고대사 분기 문제를 검토해 보자.

우선 필자는 중국 고대사 분기 문제의 토론에 대한 전제부터 설명하고자 한다. 사실 중국 고대사 분기 문제에 대한 토론은, 19세기 서방에서 유행하던 동아시아 문명의 정체론(停滯論)에 대한 반작용으로 시작되었다.36) 중국학자든 일본학자든, 중국 고대사 분기 문제를 다룬 동기는, 중국문명이 세계문명 발전의 통일된 법칙에 예외가 아니었음을 설명하기 위한 것이었다. 마찬가지로 중국 고대사 분기 문제는 주로 동방에서 관심을 끌었을 뿐, 서방에서는 논쟁의 대상이 되지 않았다.37) 그렇지만 세계 각국의 문명 발전에 도대체 통일된 규칙이 있는지 없는지는 논증이 필요한 문제다. 사실 마르크스 자신이 인류사회 발전의 통일된 규칙을 주장했는지 여부는 마르크스주의자(Marxists)와 마르크스학자(Marxologists)의 논점을 구분하는 분수령이 되어 왔다. 알리프 더릭(Arif Dirlik)의 관점에 따르면, 마르크스는 《정치경제학비판서설》(政治經濟學批判序說)에서 확실히 아시아적, 고대적, 봉건적, 현대자본주의적 사회의 네 가지 형태를 주장했는데, 의식적으로 이들을 연속성을 띠는 보편적 발전단계로 표명했다고 한다.38)

---

36) 飯島秀行, 〈中國古代國家發生論のための前題〉, 《古代文化》 48-2, 1996, 16쪽. 일본 학자들의 중국 고대사 분기 문제에 대한 개괄적 설명은 谷川道雄, 〈中國史の時代區分問題めぐて-現時點からの省察〉, 《史林》 68-6, 1985, 966~979쪽 참조.

37) Chun-shu Chang, "The Periodization of Chinese History: A Survey of Major Schemes and Hypotheses," 《中央研究員歷史語言研究所集刊》 45-1, 1973, 174~178쪽.

38) Karl Marx, *A Contribution to the Critique of Political Economy*, translation from the second German Edition by N. I. Stones(Chicago: Charles H. Kerr & Company, 1904), pp.11~13.

그러나 다른 한편으로, 마르크스의 다른 저작들을 통해서 그가 일종의 다선적 역사발전 방식을 표명한 충분한 증거도 발견할 수 있다. 이 점은 1857년에서 1858년 동안 마르크스가 준비했던 《정치경제학비판》(政治經濟學批判)과 《자본론》(資本論) 수고(手稿)를 발표하고 나서 더욱 명확해졌다.39) 이 글로써 학자들은 마르크스가 주장했던 아시아적, 노예제, 봉건제가 결코 통일된 체계의 다른 발전단계가 아니라, 인류사회가 원시사회부터 발전해 온 다른 경로였음을 알게 되었다. 더 구체적으로 말하면, 마르크스는 인류사회가 유목생활을 거쳐 정주생활로 진입한 이후 발전시킨 세 가지 다른 형태, 즉, 아시아적, 고대적, 게르만적(또는 중세적) 사회형태에 대해 명확히 서술했다.40) 나아가 그는, 고대의 역사는 토지소유권과 농업을 기초로 한 성시(城市)의 역사로, 아시아의 역사는 도시와 촌락[城鄕]이 구분되지 않는 결합적 역사로, 중세기(게르만시대)의 역사는 촌락에서 시작되어 도시와 촌락이 대립하는 방향으로 발전했음을 주장했다.41)

따라서 더릭은, 비록 마르크스의 저작 가운데 이러한 불명확성이 역사유물주의의 단선적 역사발전 모델을 지지하는 듯하지만, 마찬가지로 이러한 불명확성 때문에 결코 일정한 발전규칙을 강요할 수도 없다고 인정한다. 설사 마르크스가 유럽 사회가 자신이 열거한 네 가지 발전단계를 거쳤음을 주장했다고 하더라도, 이러한 발전은 역사성을 띤 것이지 필연적이지는 않았다는 것이다. 다시 말해 노예제도 자체는 결코 봉건제도로 발전하는 내재적 필요조건이 될 수 없고, 유럽의 이러한 발전은 완전히 유럽의

---

39) 이 수고(手稿)는 1939년부터 1941년 모스크바에서 최초로 발표되었지만 서방 학자들은 거의 알지 못했다. 1953년 베를린에서 독일어 원문이 발표되어 표준 판본이 되었고, 광범위하게 중시되었다. 1965년 뉴욕에서 출판된 영문 발췌본에 이 수고가 추가되었다. Karl Marx, *Pre-Capitalist Economic Formations*, translated by Jack Cohen and introduction by E. J. Hobsbawm(New York: International Publishers, 1965), pp.10~12.

40) Ibid, pp.68~77. 유목사회를 거쳐 정주사회로 전화되었다는 이러한 주장은 틀린 것이다. 현재 대다수의 학자들은 정주 농업사회의 출현이 유목사회보다 빨랐다고 인정하고 있는데, 최근 10년 동안 중국 북방지역의 고고학 성과는 이를 잘 입증해 준다.

41) Ibid, pp.78~79.

특수한 역사 환경에서 비롯된 것이다. 따라서 로마제국 이후 게르만 사회가 출현한 것은 우연일 뿐, 세계의 다른 지역이 이와 같을 이유는 전혀 없다는 것이다.42)

마르크스주의 원리에 따라 세워진 중국역사분기체계, 무엇보다 '봉건'의 설정에 대해서는 이미 두정승(杜正勝)이 날카롭게 비판한 바 있다.43) 한 가지 아주 다행스러운 점은, 중국 대륙의 역사학계에서도 최근 이 문제에 대해 어느 정도의 인식을 가지게 되어, 소장학자들 사이에 다섯 가지 사회형태의 순차적 발전이 결코 인류사회의 보편적 발전법칙이 아니었다는 견해가 주류를 이룬다는 사실이다.44) 예를 들어 최근 편찬된 《중국대통사》(中國大通史)에서는, 스탈린의 다섯 사회형태의 단선적 발전모델이 중국 역사의 분기에 더 이상 차용될 수 없음을 명확히 하고 있다.45) 일부 학자들은 다섯 가지 사회형태론을 폐기하고, 중국의 상황에 따라 중국 고대사 체계를 다시 세울 것을 주장하기도 한다.46) 그러나 또 다른 일군의 학자들은, 이러한 새로운 인식이 결코 사학계의 일반적 이해가 아닐 뿐 아니라, 이 또한 마르크스주의의 지도 아래 마무리되어야 한다고 반박한다.47) 마찬가지로 일부 원로학자들도 마르크스주의를 정확히 취급할 것을 요구하며, 중국에서 역사 연구는 마르크스주의에 입각해서 이루어져야 하는 것으로 파악하고 있다.48) 이렇듯 아직도 일부 학자들이 노예제와 봉건제의 존재를 강조하

---

42) Arif Dirlik, *Revolution and History: The Origins of Marxist Historiography in China, 1919–1937*(Berkeley: University of California Press, 1978), pp.232~244.

43) 杜正勝, 《周代城邦》, 臺北: 聯京出版社, 1979, 1~9쪽. 두정승(杜正勝) 역시 위 책에서 유럽 퓨덜리즘과 중국 역사에서 이른바 "봉건"의 차이점에 대해 논하고 있다.

44) 黃敏蘭, 앞의 글, 123쪽.

45) 曹大衛, 〈關於新編 《中國大通史》的幾點理論思考〉, 《史學理論研究》 1998-3.

46) 葉文憲, 〈關於重搆中國古代史體系的思考〉, 《史學月刊》 2002-2, 5~7쪽.

47) 朱紹侯, 〈中國古史分期討論與中國史研究〉, 《史學月刊》 1998-6, 4쪽.

48) 鄒兆辰·江湄, 〈正確看待馬克思主義史學的歷史發展—訪林甘泉研究員〉, 《史學月刊》 2001-1, 8쪽. 임감천(林甘泉) 역시 역사연구자들이 모두 마르크스주의의 방법론을 따를 필요는 없음을 인정하면서 비(非)마르크스주의 학자들의 연구 역시 존중되어

고 있지만, 분기 문제에서는 과거의 다섯 사회형태를 지양하고 있다.[49]

　여기서 당연히 마르크스와 마르크스주의 역사학을 어떻게 취급할 것인 가에 대한 문제가 제기된다. 우리들은 마르크스주의가 일찍이 중국 역사 연구에 끼친 지대한 공헌을 인정해야만 한다. 마르크스주의를 도입함으로 써 중국의 역사 연구가 단순한 정치사에서 벗어나 내실 있는 사회사 연구 로 발전할 수 있었을 뿐만 아니라, 처음으로 사회경제활동이 역사 연구의 중심 문제로 대두될 수 있었다. 마르크스주의 역사학은 사회 내부에 복잡 하게 뒤섞인 정치 경제 관계를 비롯해, 사회 발전의 동력에 관한 연구에 더 크게 기여했고, 이를 통해 중국 역사학자들의 이론을 사유하는 능력이 배가되었다. 그렇지만 마르크스를 신이 아니라 학자 가운데 하나로 인정 한다면, 그의 유럽 사회와 역사에 대한 인식 또한 당시 학술 수준의 한계 를 지닐 수밖에 없다는 사실도 인정해야 할 것이다. 만약 100년 전의 마르 크스가 현재 서방에서 중세유럽을 연구하는 학자들보다 중세유럽에 대해 더 많은 지식을 가지고 있었다고 본다면, 이는 서방의 지난 100년 동안의 학술 진보를 완전히 부정하는 것으로 큰 문제가 아닐 수 없다. 마르크스 자신의 중국 인식 또한 기본 윤곽이 명확하지 않아, 100년 전 서방 중국학 계가 지닌 한계를 고스란히 보여주고 있다. 만약 마르크스의 안목으로 바 라본 중세유럽을 통해 중국 역사의 발전을 헤아린다면, 이는 더 큰 문제를 낳을 수밖에 없다.

　퓨덜리즘의 문제에 관해서 마르크스는, 현재 레이놀즈가 제기한 바와

　야 한다고 주장하고 있다. 그러나 왜 중국 역사 연구자들이 마르크스주의의 지도를 받아야 하고 다른 지역은 그럴 필요가 없는지에 대해서는 설명하지 않고 있다.
49) 백수이(白壽彛) 주편 《중국통사》(中國通史) 12권의 한 장에 마르크스주의 이론을 이 용하여 중국 역사 분기를 진행함과 동시에 중국 각 지역의 불평형적 발전에 주의를 기울일 것을 강조하고 있다. 그러나 전체 책의 시기 구분은 遠古, 上古, 中古, 近代로 나누고 있다.(《中國通史》第1卷, 上海人民出版社, 1989, 81~89쪽 참조) 주일량(周 一良) 등이 편한 《중국역사통람》(中國歷史通覽, 上海: 東方出版中心, 1994)은 왕조의 이름에 따라 자연스럽게 분기했지만 서주의 노예제도에 대해 다루고 있다.

같은 중세유럽의 복잡성에 대해서는 당연히 알지 못했고, 오히려 이를 중세유럽을 하나로 담을 수 있는 제도로 보아, 이를 통해 중세유럽을 개괄하고자 했다. 스탈린에 이르러 중세유럽의 다른 측면을 발견하며, 지주의 농민에 대한 지세 수탈 방식을 퓨덜리즘의 주요 특징으로 파악하기 시작했다(사실 이러한 지세 수탈 형태는 스탈린이 언급한 노예사회에서 보편적으로 존재했다). 이는 사실 퓨덜리즘이라는 용어에 대한 한층 진일보된 곡해였다. 중국의 마르크스주의 학자들 역시 스탈인의 퓨덜리즘을 계승하여, 반세기 이상 이 개념을 중국 역사에 적용시켜 열심히 논쟁했지만, 어떤 결론에도 이르지 못하였다. 앞에서 이미 언급했듯이, 퓨덜리즘이라는 용어 자체가 후대에 출현했고, 이를 중세유럽에 적용시키는 것도 문제가 있다. 설사 비교적 정확한 용어인 '봉지−봉신제도'를 사용할 수 있다고 해도, 이러한 제도 또한 중세 전체에 걸쳐 존재한 것은 결코 아니었다. 이러한 개념이나 제도들로부터 발전한 사회 모델 자체에 문제가 있으니, 이를 중국 같은 다른 사회에 적용시키는 것은 더욱 큰 문제를 야기한다.

그러므로 중국 사학계에서 반세기 이상 계속된 봉건사회의 시작을, 서주나 전국 시기로 파악해야 하는지에 대한 논쟁은 정말로 불필요하다. 서주 시기에 관한 한 앞에서 이미 명확히 언급한 바 있듯이, 이러한 봉지−봉신제도가 결코 존재하지 않았다. 설사 이러한 제도가 존재했다고 하더라도, 이를 분기의 표준으로 삼을 수 있을지는 여전히 의문으로 남는다.

마찬가지로 노예제도로써 유럽의 고전시기를 포괄하려는 시도 또한 문제가 있는데, 이는 당연히 중국 고대사 분기에서도 마찬가지다. 간단히 말해서 유럽 고전시기에 노예제가 있었음은 의심의 여지가 없다. 예를 들어 현대 서방 고대사회사 연구의 권위자인 모스 핀리는 유명한 저서《고대경제》에서 노예사회라는 명칭을 명확히 사용하며, 기원전 6세기에 고전시기의 아테네와 다른 도시국가에서, 그리고 기원전 3세기에 로마제국의 이탈리아에서, 노예가 다른 형식의 노동력을 효과적으로 대체했음을 주장한 바 있다.[50] 그의 다른 저서에서 핀리는 노예제 경제(slave economy)라는 용어

를 사용하기도 했다.51)

그렇지만 핀리는 이러한 노예제도가 확실히 로마제국의 대외정복 결과로 나타난 것으로서, 역사성을 띤 것으로 파악한다. 이탈리아에서는 이러한 노예사회가 사회 유형의 한 부분을 이루고 있었지만, 로마제국의 다른 피정복지 사회의 생산방식은 결코 노예제가 아니었고, 오히려 자유농민이나 부용노동력에 주로 의존했다. 더욱이 이탈리아에서도 정복활동의 정지로 노예 공급이 고갈되자, 4세기 무렵부터 노예제가 이미 그 의의를 상실하고 있다고 파악한다.52) 다른 연구들에서도 로마제국 농업노동의 주체를 자유민53) 또는 노예와 자유민 사이의 중간 위치로 파악하기도 한다.54)

만약 이탈리아의 노예제가 로마제국의 대외정복 결과로 이루어진 것이라면, 이러한 정복과 피정복을 경험하지 않은 사회에서 이러한 제도가 존재했을 리 없다. 따라서 노예사회가 인류가 필수적으로 거친 단계라는 주장도 문제가 있다. 중국 역사에서 노예사회도 많은 학자들이 주장해 왔지만 그 실제 증거는 없다. 중국 문화대혁명기의 학술계는 은허(殷墟)에서 발굴된 제사갱을 주 자료로, 상대(商代)의 이른바 노예제를 비판했지만, 제사갱에 매장된 희생자들이 과연 전쟁포로인지 노예인지에 대해서는 명확한 논의가 이루어지지 않고 있다. 갑골문의 이른바 "중인협전"(衆人協田) 등과 같은 자료에 나타나는 신분 또한 명확하지 않다.

최근에 로빈 예이츠는 진한(秦漢) 시기 노예의 지위에 대해 상세히 분석하여, 당시 노예의 진정한 의의는, 그들이 다른 사람의 재산이라는 데 있

---

50) M. I. Finley, *The Ancient Economy, update and foreword by Ian Morris*(Berkeley: University of California Press, 1999), p.69,71,79.

51) Ian Morris, "Foreword," in M. I. Finley, *The Ancient Economy*, xxii.

52) M. I. Finley, ibid, pp.85~86.

53) Peter Garnsey and Richard Saller, *The Roman Empire: Economy, Society and Culture*(Berkeley: University of California Press, 1987), p.111.

54) Dominic Rathbone, "The Ancient Economy and Graco-Roman Egypt," in *Ancient Economy*, ed. Water Scheidel and Sitta von Reden(New York: Routledge, 2002), pp.158~159.

는 것이 아니라 그들 자신이 재산을 소유할 수 없다는 데 있음을 주장했
다. 그들이 사회성의 측면에서 "사망"한 사람들이거나, 아니면 사회 밖으
로 배제당한 사람들이라는 것이다. 예이츠는 이러한 노예의 존재를 결코
중국이 노예사회를 가졌다는 증거로 볼 수는 없다고 파악한다.55) 한 사회
안에 노예제도가 존재한 것과 동시에, 임차제나 심지어 자본주의와 같은
다른 제도도 공존할 수 있다. 18~19세기 미국 남부의 노예제도는 그 자본
주의 체제를 이루는 한 부분이었다. 그러므로 이른바 중국의 노예사회는
입증될 수 없을 뿐만 아니라, 심지어 불필요한 구상에 지나지 않는다.

5. 맺음말

중국 역사 분기 문제에서 중국의 마르크스주의 학자들은, 오랫동안 마
르크스가 유럽의 고전시기와 중세 역사를 토대로 세우고, 소련 마르크스
주의 학자들이 개조한 모델, 즉, 원시사회, 노예사회, 봉건사회, 자본주의
사회, 사회주의사회라는 다섯 가지 사회형태 구분을 따라 왔다. 이 가운데
초기 중국 역사 연구와 밀접한 관계를 지니는 것이 노예사회와 봉건사회
라는 두 모델이다. 이러한 모델을 중국 역사라는 이질적인 몸통에 적용시
켰을 때 여러 설이 난무하는 혼란한 국면을 몰고 왔을 것임은 불을 보듯
뻔한 일이다. 이는 중국 역사학계가 오랫동안 짊어진 가장 심각한 근본적
문제라고 할 수도 있을 것이다.

근래에 중국의 많은 학자들은 이러한 다섯 가지 사회형태를 중국 역사
발전에 적용시키는 것이 과연 객관성을 지니는지 의문을 제기하며, 중국
역사의 분기는 당연히 중국 역사 자체의 발전규율에 따라 진행되어야 한

---

55) Robin D. S. Yates, "Slavery in Early China: A Social-Cultural Approach," *Journal of East
Asian Archaeology* 3-1/2, 2001, pp.283-331.

다고 주장하고 있다. 이 글은 이러한 다섯 가지 분기에 담긴 모순이나, 이들과 중국 역사의 실제 발전 사이에 존재하는 모순의 문제를 다룬 것은 아니다. 오히려 엄격히 말해 사학사의 한 문제를 다룬 것이라 할 수 있다. 다시 말해, 유럽 고전시기와 중세 역사에 대한 서방 학자들의 오랜 연구를 통해, 100년 전의 인식과는 아주 다른 역사의 모습이 우리 앞에 면모를 드러내고 있다. 만약 마르크스가 100여 년 전에 고전시기와 중세의 인식을 토대로 세운 사회모델을 중국 고대사회 연구에 적용할 것을 고수한다면, 이는 근본적인 착오라 하지 않을 수 없다. 중국 고대사 분기 문제에 대한 연구는 반드시 중국 역사 발전 그 자체를 출발점으로 하여, 세계의 다른 문명의 분기체계를 참고하면 효과적인 결론에 다다를 수 있을 것이다. 또한 다른 문명과 비교연구를 시도할 때는 반드시 최신 연구상황을 확실히 파악해야 한다.

최근 섭문헌(葉文憲)은 중국 초기 역사 분기에 관한 다양한 새로운 견해를 살펴본 바 있다. 예를 들어 고고학자 엄문명(嚴文明)이 제시한 고국(古國), 왕국(王國), 제국(帝國)의 구분과, 역사학자 허탁운(許倬雲, 쉬조윈)이 제출한 복잡사회(複雜社會), 초기국가(初期國家), 정식국가(正式國家), 제국(帝國)의 구분 등을 주목한 바 있다.56) 당연히 이러한 개념들은 중국 각 시기의 구체적인 자료와 부합하는지 상세한 논증을 거쳐야 할 것이다. 필자 역시 이 문제에 대한 자신의 의견을 가지고 있지만, 이는 다른 글에서 심도 있게 다룰 문제임을 밝혀둔다. 중국 고대사 분기 문제는 오랜 연구과정을 거친 뒤에야 최종 결론을 얻을 수 있으리라 예견한다. 그러나 어떤 구분법이든 현행 마르크스주의 중국 역사 분기체계보다는 합리적일 것이라 확신한다. _심재훈 옮김

---

56) 葉文憲, 앞의 글, 5~11쪽.

한국사 속에서 '단군민족주의'와 그 의의

정 영 훈
_한국학중앙연구원 한국학대학원

1. 머리말

필자는 단군민족주의라는 용어를 한국 정신사와 민족운동사－근대화운
동사－정치사－사상사를 설명하는 주요 개념으로 제기해 왔다. 이 용어는
단군을 민족사의 출발점으로 상정하고, 단군의 자손으로서 정체성 인식에
토대하여, 민족적 통합과 발전을 추구하던 일련의 사상－의식－운동을 가
리킨다. 물론 단군민족주의가 하나의 정치운동 노선으로 표방되거나 주창
되었던 것은 아니다. 이 말은 앞에서 제시한 바와 같은, 한국사 속에 존재
했고 현재도 존재하는 일련의 현상을 지칭하는 용어로서, 한국사의 여러
방면을 해명하는 데 그 설명범위가 매우 크다는 생각이다.[1]

---

[1] '단군민족주의'라는 말은 1980년대 초 서울대 신용하 교수와 한영우 교수가 한말 애
국계몽운동기와 일제 초기의 사회사상과 사학사를 논의하는 과정에서, 그 시기에 존
재했던 유력한 사조로 거론한 바 있다. 그러나 그들은 이 단군민족주의 용어에 대해
개념을 명확히 규정하지 않았고, 그 현상 전반을 세밀히 분석하지 않았다.(신용하,
〈신채호의 애국계몽사상〉,《한국학보》20, 1980; 신용하, 〈신채호의 독사신론의 비
교분석〉,《단재신채호선생탄신100주년기념논집》, 1980; 한영우, 〈1910년대의 민족주
의적 역사서술〉,《한국문화》1; 한영우, 〈한말에 있어서의 신채호의 역사인식〉,《단
재신채호와 민족사관》, 1984 등 참조) 이 용어를 한국정신사와 민족운동사－근대화운
동사－정치사상사를 설명하는 주요 개념으로 본격적으로 사용한 것은 필자라 할 수
있는데, 이 논문에서 펼친 내용과 관련해 더 자세한 논의는 다음의 글을 참고하기 바
란다. 정영훈,《근대기의 단군민족주의와 그 정치사상적 성격에 관한 연구》, 단국대
학교 박사학위논문, 1993; 〈단군과 근대한국민족운동〉,《한국의 정치와 경제》8, 한

  단군민족주의는 한민족이 공동운명체로의 민족의식을 대중적으로 공유해 가면서, 통일과 자주독립을 향하여 역동화하는 과정에 밀접히 결합해 있던 일련의 현상이었다. 한민족은 단군민족주의가 제공한 상징기제를 매개로 해서, '전근대 민족' 상태로부터 '근대적 민족' 단계로 진화하였다 할 수 있다. 일제와 맞서 싸운 저항역량의 상당 부분은 단군민족주의를 매개로 하여 형성되고 결집되었다. 단군민족주의는 민족사회가 사상적 계급적으로 분열된 시기에는 민족적 공동전선과 통일국가에 대한 당위성 및 가능성의 근거가 되었으며, 스스로 통일전선－통일국가로 접근할 수 있는 대안논리를 제공하기도 하였다. 남한에서는 단군의 건국일인 개천절이 국경일이 되고, 그 건국이상인 홍익인간이 교육이념으로 되는 등, 단군민족주의가 국가적 통합기제의 하나로 공식화되기도 하였다. 단군은 분단을 극복할 수 있는 민족적 공동성의 중심에 여전히 자리하고 있다. 최근 북한에서 전개되고 있는 단군상징 강화정책이나 단군민족대단결론 같은 주장은 단군민족주의가 아직 살아 움직이고 있음을 보여주는 것이다.

  이 글은 필자가 그 동안 제기해 온 단군민족주의론의 주요 뼈대를 소개하고 토론의 자료로 제공하는 데에 목적이 있다. 대부분의 내용이 기왕에 다른 곳에서 펼쳐 보인 것들과 중복된다고 할 수 있지만, 필자의 이론이 학계에 아직 많이 알려지지 않은 상태라 생각되므로, 여기서 다소의 중복을 무릅쓴다 해도 일정한 의의는 인정될 수 있지 않을까 생각한다. 여기서 다루려는 내용은 다음의 몇 가지로 요약할 수 있을 것 같다.

  (1) 단군민족주의의 연원에 대한 것이다. 단군민족주의는 근대기에 대중화한 현상이지만 한말 이전의 한국사 속에 오랜 유래를 갖고 있다. 여기서

국정신문화연구원, 1995; 〈근대한국에서의 단군민족주의〉, 《한국민족운동사연구》 29, 한국민족운동사학회, 2001; 〈단군민족주의의 前史〉, 《단군학연구》 8, 단군학회, 2003; 〈민족통일운동과 단군민족주의〉, 《단군학연구》 11, 단군학회, 2004) 이 글은 필자가 한국사 속의 단군민족주의 현상과 관련하여, 그 동안 발표한 관련 논의를 정리했다는 의미를 가진다.

는 한말 이전의 역사 속에서 존재했던 단군민족주의의 전개양상에 대해 살피고자 한다.

(2) 한말-일제기에 대중화되는 과정에 대한 것이다. 한말에 와서 단군민족주의가 대중화되기 시작하여 학술운동과 종교운동 등 여러 방면에서 활성화되어 가는 과정과 그 보급의 주역들에 대해 살피고자 한다.

(3) 한국 민족사의 전개과정에서 단군민족주의가 관여하고 기여한 바를 살피고자 한다. 단군민족주의가 한민족사의 전개과정을 통하여 자주독립과 통일, 민주주의와 평등·복지·정의의 방향으로 지적 사회적 변혁을 추동시킨 동력으로 기여해 왔음을 설명할 것이다.

(4) 해방 후 단군민족주의가 남쪽 국가의 통합기제의 하나로 제도화되는 과정과 그 이후의 추이에 대해 살피고자 한다. 냉전시대를 통하여 단군민족주의가 존재해 온 양상과, 그것을 둘러싸고 있는 환경에 대해 논의하고자 한다.

(5) 단군민족주의가 한민족의 미래과제와 관련하여 가지는 의의에 대해 살피고자 한다. 단군민족주의는 오늘날 여러 가지 측면에서 위축되고 있는 것이 사실이지만, 그러나 그것은 민족적 과제를 도모하는 데 활용가치가 크다는 점을 논의할 것이다.

2. 근대 이전의 단군민족주의

'단군민족주의'가 대중적으로 역동화된 것은 한말에 와서의 일이지만, 그 연원은 한국정신사 속에서 매우 오랜 뿌리를 가지고 있다고 하겠다. 이 같은 의식이 확인되는 가장 오래된 문헌은 13세기 후반에 씌어진 《삼국유사》와 《제왕운기》다. 이들 문헌은 단군의 건국사실을 동국사의 맨 첫머리에 전하고 있는데, 모두 '고기'나 '위서' 및 '본기' 같은 현재는 전하지 않는 사서들을 인용하고 있다. 무엇보다 《삼국유사》에서는 《위서》를 인용하여 "2000년 전에 단군왕검이 있어 아사달에 도읍을 정하고 나라를 세워 국호를 조선이라 했으니 요와 같은 때"라 하여 단군의 건국을 역사적 사실로서 적고 있고,[2] 《제왕운기》에서는 후대의 신라·고구려·옥저·부여·예·맥 등 동방 제족은 모두 단군의 자손이라 적고 있다.[3]

《동국사략》,《동국통감》이래의 조선조 사서들도, 동국사를 적을 때 늘 단군의 건국을 첫머리에 실었다. 물론 사대모화사상(事大慕華思想)이 강화되고 유교적 합리성에 집착하게 되면서, 단군탄생과정에 대한 신화적 요소가 탈락되고 단군건국의 의의 또한 폄하되는 것이 일반적 추세였지만, 하늘의 뜻을 계승한 단군에 의해 민족사[東國史]의 첫머리가 열렸음을 상정하는 데는 차이가 없다 할 것이다. 단군을 동국사를 개창한 실존인물로 보아 왔던 전통은, 평양의 숭령전이나 단군릉, 구월산의 삼성사, 강화도의 참성단과 삼랑성 같은 단군 관련 유적들이 오늘날까지 보존되어 오고, 또 단군이 조선조를 통하여 국가적 제례 대상으로 받들어져 온 배경이 되고 있다.

단군은 우리 민족이 외침(外侵)에 직면하여 위기에 봉착했거나, 민족적으로 진취의 기상이 높을 때마다 민족통합과 민족의식 결집의 구심점으로 강조되어 왔다. 가령 《삼국유사》나 《제왕운기》가 단군의 건국을 동국사의 첫머리에 적던 13세기는 고려가 몽고침입에 시달리던 시기였으며,[4] 고려말·조선초에는 원(元)·명(明)이라는 외세와 갈등하면서 새 정권의 정통성을 확보해 가는 과정에서 다시 단군이 강조된다.[5] 조선 태조 때부터

---

2)《三國遺事》, 紀異 古朝鮮: "魏書云 乃往二千載 有壇君王儉 立都阿斯達 開國號朝鮮 與高同時 古記云 昔有桓因 庶子桓雄 數意天下 貪求人世…… 孕生子 號曰壇君王儉 以唐高卽位五十年庚寅 都平壤城 始稱朝鮮."

3)《帝王韻紀》: "檀君 據朝鮮之域爲王 故尸羅 南北沃沮 東北夫餘 濊與貊 皆檀君之壽也."

4) 곧, 원의 간섭 속에 위기를 절감하던 고려사회에서는 자신들이 신라나 고구려 등 특정 왕조의 계승자가 아니라 단군이라는 민족공동의 시조의 동일한 후손이라는 의식을 가지게 되었으며, 이런 의식이 《삼국유사》,《제왕운기》의 단군 서술로 연결되었던 것이다.(하현강,〈고려시대의 역사계승의식〉,《한국의 역사인식(상)》, 창작과비평사, 1976, 207~211쪽)

논의되어 온 '동방시수명지주'(東方始受命之主),6) '동방시조'(東方始祖),7) '조선시조'(朝鮮始祖)8) 단군에 대한 치제(致祭) 문제는 세종 때(1492)에 단군사(뒷날의 숭령전)가 세워짐으로써 국가적 치제의 대상으로 정착하였다. 널리 알려져 있듯이 조선조 세종 때는 우리 고유문자인 훈민정음이 창제되고, 압록강·두만강 선으로 국토가 확보되는 등 국가적인 진취의 기상이 높던 시절이었다. 임진왜란과 병자호란의 양란을 겪은 직후에는 선가계통의 영향 아래《규원사화》가 저술되어, 사대모화사상을 버리고 환인·환웅·단군 이래의 동이 고유문화와 주체성을 회복해야만 민족적 위기가 극복될 수 있다는 주장이 나왔는데,9) 이 또한 민족의 위기상황과 단군과의 관련성을 시사하는 한 예로서 들 수 있다. 이후 단군은 국가적 정치적 시조로 생각되는 데서 그치지 않고, '동방생민지비조'(東方生民之鼻祖),10) '단군생아청구중'(檀君生我靑邱衆)11) 같은 표현에서 보듯이 민족적 시조로까지 인식이 확대되어 갔다.

그러나 단군숭배가 조선조를 통하여 꾸준히 심화되지는 않았다. 여말·선초에 고조되던 단군숭앙 분위기는 15세기 세종·세조대를 정점으로 하

---

5) 김태영,〈조선초기 사전의 성립에 대하여〉,《역사학보》58, 126~134쪽.

6)《태조실록》권1, 태조1년 8월 庚申條.

7)《태종실록》권23, 태종12년 6월 己未條.

8)《세조실록》권4, 세조2년 7월 戊辰條.

9)《규원사화》는 숙종 2년 북애(北崖)라는 자호만 알려진 은둔지사에 의하여 씌어진 책으로, 환인의 천지창조 이래 환웅(神市氏)시대의 민족적 발전과정과 단군시대 47대 1195년의 역사를 적고 있다. 이 책에서는 양난 후의 위기를 정권과 사직 차원의 위기가 아니라 단군 후예 동이민족의 위기로 파악하였으며, 그 같은 민족적 위기를 타개하기 위해서는 단군 이래의 고유문화와 주체성을 회복하는 것이 급선무라는 취지로 보성론(保性論)을 주장하고 있다. 이《규원사화》에 대해서는 내용이 대종교 계통의 민족주의적 역사인식과 흡사하다 하여, 1920년대에 위작된 것이라 추정하는 이들이 있지만, 필자는 그 같은 판단은 우리 정신사를 사대모화적 유자들의 인식 수준만을 염두에 두고 판단하는 단견의 소치라 보고 있다. 이에 대해서는 정영훈,〈규원사화에 나타난 민족의식〉,《정신문화연구》33, 1987 참조.

10) 홍만종,《순오지》권상.

11) 이는 신채호가《독사신론》(1908)에서 인용한 남효온이 남긴 시의 일부다.

여 16세기 이후엔 점차 쇠퇴하고, 그 대신 기자숭배가 조선 정신계에 고조되어 갔던 것이다.12)

그러나 사대모화사상과 소중화적 자기의식이 지배하는 중세기를 통해서도 단군이라는 역사적 문화적 요소에 집착하는 흐름이 있었다. 그것은 곧 선가(仙家)라 불리는 흐름이다.13) 선가는 환인 · 환웅 · 단군에서 유래되는 신교(神敎)-선교(仙敎)적 고유문화와 고조선으로부터 자신의 문화적 역사적 연원을 찾는 흐름을 가리킨다. 이 선가는 사대모화사상과 소중화의식이 지배하던 중세기를 통하여서도 단군과 동이의 고유한 에토스를 지켜왔으며, 유가나 불가보다 강한 민족의식을 가지고 단군과 민족상고사를 전승하고 다듬어 온 주역이었다. 물론 이들은 집권 유가의 탄압 때문에 대중적 세력을 확보하지는 못하고 보잘것없는 흐름으로 이어져 왔지만, 근대기에 들어 성리학이 적실성과 권위를 상실하면서 대중적으로 부활하게 된다. 그것이 바로 '단군민족주의'였던 것이다.14) 학계에서는 조선조 후기

---

12) 한영우, 〈조선전기 성리학파의 사회경제사상〉,《한국사상대계》2, 성균관대 대동문화연구원, 1976, 53~60쪽 참조. 사대모화사상에 빠진 조선조 유학자들은 조선이 기자(箕子)의 교화로 비로소 문명의 대열에 편입되게 되었다고 보았고, 기자 동래(東來) 이전의 민족적 고유성은 야만으로 간주하였다. 그 같은 인식 속에서는 조선의 본래 고유성은 비하되기 일쑤였다. 그리고 이러한 역사의식 속에서는 조선의 독자성과 자주성을 상징하는 존재인 단군의 위치가 흔들리지 않을 수 없었다.

13) 이 선가는 학계에서는 '도가'(道家)라고도 부르며, 신채호는 '낭가'(郎家)라 칭한 바 있다. 한영우 교수는 이 선가(도가)를, 한국 정신사 속에서 단군인식을 보전하면서 후대로 전해 준 주역으로 지목한 바 있다.(한영우, 〈17세기의 반존화적 도가사학의 성장〉,《한국학보》1) 선가에 대해 논의한 글로는 다음과 같은 것이 있다. 신채호, 〈조선력사상 일천년래 제일대 사건〉; 이능화,《조선도교사》; 차주환,《한국도교사상연구》, 서울대 한국문화연구소, 1978; 한영우, 〈17세기의 반존화적 도가사학의 성장〉; 최삼룡, 〈선인설화로 본 한국 고유선가에 대한 연구〉,《도교와 한국사상》, 한국도교사상연구회, 1987; 도광순, 〈한국의 신선사상,《현대와 종교》6.

14) 필자는 이 선가(仙家)-국학(國學)-대종교(大倧敎)-단군민족주의로 이어져 오는 흐름은 일본에서 신도(神道)-국학(國學)-국수주의로 이어져 오는 흐름과 비교할 수 있다고 본다. 일본에서의 이 흐름은 중국 대륙으로부터 격리된 지리적 여건 때문에 근대에 이르기까지 강하게 잔류하면서 일본 민족 형성의 중심으로 기능한 데 대하여, 한국에서의 그것은 대륙의 정치적 문화적 압력을 강하게 받을 수밖에 없었던 지리적

의 실학을 흔히 근대 한국민족주의의 한 연원으로 지목하고 있지만,[15] 이 선가에 대해서도 같은 정도의 평가가 내려져야 한다고 생각한다.

3. 단군민족주의의 대중화

'단군민족주의'는 한말-애국계몽운동기로 넘어오면서 '단군의 자손' 의식이나 단기 연호와 함께 대중화하기 시작하였다. 우선 그것은 한민족 전체를 '단군의 자손'이라 인식하는 일종의 동조동근의식·혈연공동체의식으로 나타나고 있다. 한말에 들어 한국인은 세계가 민족을 단위로 경쟁하는 현장임을 자각하면서, 스스로의 민족적 아이덴티티에 대해 관심을 갖게 되는데, 근대기 한국인들이 규정한 민족적 정체성은 '단군의 자손'으로의 '배달겨레'라는 것이었다. 이로써 한국인들은 소중화라는 중세기적인 왜소한 자기의식으로부터 벗어나, 중국이나 세계 여타 민족과는 다른, 스스로 자주적 역사와 고유한 문화를 갖고 있는 민족으로의 자기정체의식을 분명히 가지게 되었다. 그리하여 민족적 각성과 침략자들에 대한 투쟁을 촉구하는 각종의 선언문이나 궐기문들은 한결같이 '단군의 자손'을 그 투쟁의 주체로 상정하고 있음을 본다.[16]

여건과 관련하여 중세기로 들어서면서는 사대모화사상에 밀려서 극도로 위축되었고, 한말에 와서 집권유교가 그 통제력과 권위를 상실하게 되면서야 전면에 대두하게 된다. 단군민족주의의 근대적 대중화현상이 그것이다.

15) 천관우, 〈한국민족주의의 역사적 구조〉, 진덕규 편, 《한국의 민족주의》, 현대사상사, 1976, 79쪽.

16) 한말 일제기의 민족운동사 속에서 발표된 각종 선언문들이 그 주체를 지칭하는 방식은 (1) 소중화와 동일시하는 형태, (2) 조선왕조의 신민으로 인식하는 형태, (3) 단군의 자손으로 인식하는 형태, (4) '이천만동포' '삼천리강산' '우리 나라' '우리 국민' 등 기타 중립적 상징으로 대신하는 경우 등으로 구분할 수 있다. 시간이 흐르면서 위의 (1)과 (2)의 형태는 급속히 사라지고 (3)과 (4)의 형태가 일반화되는 것을 관찰할 수 있다. 이에 대해서는 정영훈, 〈한국민족의식의 성장과정 시론〉, 《국민윤리연구》, 국민윤리학회, 1984, 154~161쪽 참조.

'단군의 자손' 의식은 단군으로부터 비롯되는 고유한 정체성에 대한 자부심과 긍지를 함께 담고 있었으며, '반만년' 민족사의 맥락 속에서 자기존재와 행위의 의의를 확인하려는 경향이 있었다. 그리고 단군 이래의 민족적 고유성에 대한 자부심과 정체의식은 단군으로부터 비롯되는 여러 가지 상징의례들을 정착시켰다. 가령 '단기'는 단군 건국으로부터 기산하는 연호로서, 1905년 무렵부터 본격 사용되기 시작하였다.[17] 3·1운동 무렵에는 독립선언서에 발표일자를 표기하면서 단기를 사용한 데서도 알 수 있듯이[18] 일반화되고 있음을 본다. 그리고 개천절은 단군(또는 환웅)의 하강일과 건국일을 기념하는 날로서, 일제기를 통하여 망명동포가 있는 해외 각지에서는 10월 3일이면 개국절, 기원절(紀元節), 개천절이라는 이름으로 축하행사가 열렸는데, 그것은 특정 종교와 관계없이 민족의 제전으로 인식되었다.[19] '단군민족주의'가 대중화되면서 단군이 개국한 땅으로 인식되던

---

17) 《황성신문》은 판형을 개량한 1905년 4월 1일자(1905호)부터 '단군개국' 연기(年紀)를 기자원년·대한개국·광무·서기·음력·일본명치·중국광서와 함께 병기하고 있는데, 이 같은 연기 방식은 《대한매일신보》(1905. 8. 11)나 《만세보》, 《경남일보》, 《예수교회보》, 《공립신보》, 《신한민보》 등 국내외에서 발간되던 다른 신문들도 따르고 있다. 단기 연호는 한말 의병의 격문에서도 사용되었다. 한 예로 1907년 7월 3일자로 '대한제국창의사(大韓帝國倡義士) 김봉기' 명의로 발표된 일련의 격문들은 '단군사천이백사십년 칠월삼일'을 포고일로 적고 있다.[한국정신문화연구원 편, 《근현대사자료총서 8》(한말의병전쟁자료집), 도서출판 선인, 2000, 12·27·183·194·224·235쪽 참조]

18) 삼일운동 기간에 국내외에서 발표된 16종의 독립선언서 가운데에는 7종이 단기(檀紀; 또는 조선건국·단군개국·紀元) 연호를 사용하고 있고, 임시정부의 '대한민국기원'(大韓民國紀元)을 쓴 것이 4종, 서기(西紀)를 쓴 것이 2종으로 나타난다.(3종은 불명; 중앙대학교 한국학연구소, 《한국학》 28, 1983) 그런데 단기를 사용하지 않은 선언문들도 거의 대부분이 '반만년 역사'나 '사천 삼백년의 장구한 역사', '단군여족'(檀君麗族), '신성민족'(神聖民族) 같은 표현들을 구사하고 있어 '단군민족주의'의 영향을 받고 있음을 보여주고 있다.

19) 조동걸, 〈임시정부 수립을 위한 1917년의 대동단결선언〉, 《삼균주의연구논집》 9, 삼균학회, 1987, 26쪽. 상해 임시정부는 수립되던 해부터 국무원 주최로 음력 10월 3일에 '건국기원절축하식'이라는 이름으로 개천절 행사를 개최했으며(《독립신문》 제30호, 1919년 11월 27일자 참조), 단군의 승천일인 3월 15일에도 기념행사가 거행되어왔다.

백두산을 추앙하고 드높이려는 시도도 있었다.

'단군민족주의'는 또한 '단군의 자손'의 역사적 문화적 고유성과 특수성을 찾아내고 연구해서 민족정체성의 중심에 놓고자 하는 운동으로 전개되기도 했다. 한말 일제기의 국학운동, 무엇보다 민족주의사학은 단군으로부터 비롯되는 민족적 정체성과 우수성을 밝히는 데 연구의 중점을 두었다.[20] '단군민족주의'는 단군을 신앙대상으로 삼는 고유종교로 나타나기도 했다. 단군은 조선조를 거치면서도 현세기복을 의탁하는 대상으로 신앙되기도 했지만, 한말에 들어서는 단군교(대종교)라는 이름으로 교단화하였다.[21] 이들 국학과 종교 방면에서의 '단군민족주의'는 근대기 '단군민족주의' 현상의 대표적 양상이자 그 운동의 유력한 주역이기도 하였다. 이들은 단군의 역사와 종교를 보급함으로써 민족성원들의 민족의식과 애국심을 드높이고자 하였다.[22] 대종교가 민족운동사 속에서 수행한 역할을 무엇보

개천절이라는 명칭과 10월 3일이라는 날짜는 기록으로는 단군교-대종교 쪽 기록에서 먼저 보이지만, 앞시대로부터 전래된 모종의 전승에 토대한 것 같다. 대종교는 단군교라는 이름으로 1909년 1월 활동을 시작하면서부터 10월 3일 개천절 대제를 교단의 가장 중요한 행사로 지정했다.(대종교 총본사, 《대종교중광60년사》, 99·160쪽 참조)

20) 1908년에 신채호가 《독사신론》을 내놓으면서부터 시작되어 박은식·안재홍·정인보·장도빈 등으로 이어져 온 민족주의사학(역사민족주의)의 가장 중요한 관심사는, 단군의 자손으로의 민족적 정체성을 학문적으로 밝혀내는 데 있었다 하겠다. 주시경·김두봉·최현배 등이 주도한 '어문민족주의'운동은 관심의 방향을 고유언어의 보존 발전에 두고 있었지만, 그 주요 주동자들이 단군민족주의적 의식을 공유하고 있었던 데다, 고유언어를 보전함으로써 단군의 자손으로의 민족보전을 꾀했다는 점에서 단군민족주의의 한 양상으로 평가할 수 있겠다.

21) 대종교는 1904년 백봉 등이 발표한 〈단군교포명서〉의 취지를 계승하여, 1909년 1월 나철이 서울에서 오기호·이기·김윤식·정훈모 등과 함께 단군교를 포교하기 시작하면서 출발하였다. 1910년에는 일제의 경계심을 완화시키고 고유 종교로의 종교적 성격을 부각시킨다는 차원에서 대종교로 이름을 바꾸었다. 대종교는 단군(단군한배검)을 조화주·교화주·치화주의 삼신일체의 존재로 상정하여 신앙대상으로 삼고 있으며, 단군이 창교한 고유의 종교를 다시 중흥시켰다는 의미에서 '창교' 아닌 '중광'(重光)이라는 말을 사용한다.

22) 한말 '단군민족주의'의 전개양상을 말하면서 또 한 가지 언급해야 할 것은, 그것이 수반하고 있는 국수보전론적 사고다.(한말의 국수보전론적 사고를 잘 언명한 것은 신

다 주목할 필요가 있는데, 대종교의 포교활동은 그 자체 민족운동의 성격을 갖고 있었으며, 일제기에 민족운동 진영에서 활약하였던 지도자들 가운데에는 대종교 교인이거나 대종교와 교유하면서 자신의 민족의식을 심화시켰던 인사들이 많았다.[23]

국학과 단군교를 창도한 주역들은 대개 한말 국권회복을 위한 비밀결사로서 조직(1907)되었던 신민회계 인사들이었다. 민족주의사학과 단군교는 신민회계 인사들의 새로운 민족의식 − 역사의식을 구체화시킨 것이라 할 수 있다.[24] 공화주의를 지향한 최초의 정치결사로 지목되고 있는 신민회 회원들이 '단군민족주의'의 보급에 기여했다는 대목은 한말 '단군민족주의'의 정치적 성격과 관련하여 많은 시사를 주고 있다.

3·1운동은 한말 이래 성장해 온 '단군민족주의'가 그간 축적된 대중적 에너지를 폭발시켰던 일대 사건이라는 의미를 가진다 하겠다. '반만년 유구한 역사'를 가진 '단군배달겨레'의 민족의식과 자긍심은 일제의 식민지 백성이 된 것에 자존심 상했으며, 따라서 '최후의 일인까지' 독립을 쟁취할 때까지 싸울 것을 결의하였던 것이다. 3·1운동 때 발표된 여러 독립선언

채호, 〈국수보전설〉, 《대한매일신보》 1908년 8월 12일자) 그것은 이를테면 민족고유의 정신적 문화적 유산과 정체의식을 보전하고 지켜야만 민족적 생존과 발전이 가능하다는 생각이라고 요약할 수 있다. 이 국수보전론은 고유적 유산으로부터 현재적 삶의 원리와 지침을 찾으려하는 사고방식으로 연결되었다.

23) 대종교인 가운데 상해 임시정부에서 국무위원급 이상으로 활약한 인사만 꼽아도 박은식·신규식·이동녕·이시영·조성환·조완구·윤세용·현천묵·박찬익·황학수 등 10여 명이 넘는다. 국학운동가 가운데 대종교인이거나 대종교와 깊이 교유하였던 인사로는 신채호·박은식·주시경·신규식·조소앙·안재홍·김두봉·이극로·정인보·김교헌·서일·정열모·권덕규·윤세복·최남선·장도빈·이병기·안호상 등을 들 수 있다.

24) 신채호·박은식 등 민족사학 창시자들은 신민회 회원이었고, 단군교(1909)의 핵심멤버들 가운데도 신민회원이 많았다. 신민회가 해산되자 회원의 상당수는 대종교로 흡수되었다. 한영우 교수는 단군교를 "신민회의 새로운 역사인식을 종교 차원으로 극단화시킨 것"이라 평가한 바 있다.(한영우, 〈한말에 있어서의 신채호의 역사인식〉, 《단재신채호선생탄신100주년기념논집》, 165쪽)

서들이 발표날짜를 단기로 적은 것은, 자신의 거사가 가지는 의미를 단군 이래 반만년 민족사의 호흡 속에서 찾고 있음을 드러내려는 것이었다.[25]

4. 한민족 역사 속에서 단군민족주의

앞에서 단군민족주의가 한말에 와서 갑자기 만들어진 것이 아니라 한민족의 역사 속에서 오랜 유래를 갖고 있음을 지적하였다. 특히 단군의 건국을 실재했던 사실로 생각하고 그를 기록해 온 전통이 있었고, 단군의 건국과 그 시기의 문화로부터 자기정체성의 출발점을 찾아온 사상·문화적 흐름들이 존재했다는 것은 중요한 대목이다. 그런데 여기서 하나 더 강조해야 할 것은, 한민족이 오랜 역사를 거치면서 함께해 온 혈연적 문화적 정서적인 동질성이다. 한민족은 혈연적 문화적 동질성 위에, 오랜 기간 단일의 국가 밑에서 공동의 정치생활을 영위해 온 전통과, 잦은 외침에 대한 대응과정에서 확인된 공동운명체험 등의 여러 조건들 덕분에 오래 전부터 민족의 원형을 갖추어 왔다. 그리고 이 같은 외적 동질성에 토대하여 한민족 성원들 사이에는 차별을 뛰어넘어 동포애를 나누고자 하는 욕구가 성장하였으며, 민족적 결속의 필요성에 대한 자각이 커져갔다. 이 같은 요인은 한국사 속에서 단군민족주의가 계승되어 올 수 있었던 기본환경이 되었다.

오랜 한민족의 역사 속에서 단군민족주의는 민족·자주·통일·민주·정의·복지 등의 방향으로 역사를 진전시킨 동력의 하나로 기여해 왔다. 단군민족주의는 한국사 속에서 민족단위의 역사의식을 형성하고 민족이라는 가치를 각성시켜 왔으며, 민족의 정체성과 공동이익 및 입장이라는 과제를 제기하고 촉진해 왔다. 단군민족주의가 한국사의 전개과정에

---

25) 각주 18) 참조.

관여한 여러 국면 가운데 무엇보다 중요한 것은 다음 네 가지다.

첫째로, 한국인의 민족의식을 촉진시킨 주역이었다는 점이다. 특히 한민족이 '전근대 민족'으로부터 '근대적 민족'으로 진화하는 과정에서는 이 단군민족주의가 크게 기여했다. 한민족이 신분과 지역 등 이질성을 뛰어넘어 공동운명체라는 민족적 공속의식을 함께하게 된 것은, 자기들 역사의 출발을 단군이라는 단일의 연원으로까지 소급하고 스스로를 단군의 자손이라 인식하게 되면서부터라 할 수 있다. 한민족이 '근대적 민족'으로 진화 발전하는 데 단군민족주의는 촉진하는 매개체가 되었다.[26] 그리고 이후의 역사 속에서 단군민족주의는 개인이나 계급·지역·문벌·보편주의·세속주의 등 탈민족적 반민족적 지향들과 대결하면서, 민족이 가지는 의의를 강조하고 공동체의식을 각성시키는 주역의 하나로 기여해 왔다.

둘째로, 단군민족주의는 민족자주의 방향으로 역사를 진전시킨 주역의 하나였다. 단군민족주의는 한민족이 중국이나 일본 등 주변 강대민족의 한 부분으로 편입되지 않고 독자적인 민족으로 살아남을 수 있었던 배경에 존재하는 요인의 하나였다.[27] 단군의 독자적 건국 사실은 조선에서는 중국에 대한 자주성을 주장할 수 있는 근거였다.[28] 한말 일제기 동안 민족

---

26) 한민족이 동질적 공동운명의식에 토대한 근대적 민족으로 발전하기 위해서는 동질성의식이 성장해야 하고 우리 의식으로 결합해야 하였다. 이 과제에 기여한 것이 단군의 자손의식이고 단군민족주의였다. 이 '단군의 자손'의식에 따라서 한국인은 중국이나 일본 및 다른 민족과 다른 독자적 정체성을 확보하였으며, 계급과 지역을 뛰어넘은 한 운명체로 결속할 수 있었던 것이다. 한민족은 단군이 있음으로 해서 자신들이 소속된 민족집단과 자기들이 충성을 바쳐야 할 대상을 선명하게 자각하게 되었다. 한민족이 바야흐로 '근대적 민족'으로 발전하게 된 것이다.

27) 단군이 태백산 단목하에 강림하였다는 한 줄의 기록이 없었다면, 한민족은 한민족으로 성립할 수 없었을 것이라던 독립운동가 신규식의 말은(신규식 저 / 민병하 역, 《한국혼》, 박영사, 1975, 38쪽) 사실을 잘 드러내준 정확한 진단이라고 할 수 있다.

28) 하늘에 대한 제사를 주관하는 기관인 소격서가, 제천행사는 제후국인 조선으로서는 유지할 자격이 없다는 유교적 명분론에 밀려 폐지되려 할 때, 그의 존치를 주장하는 논리는, 우리나라는 중국의 책봉으로 시작된 나라가 아니라 단군이 자주적으로 건국한 나라였다는 데서 찾아졌다.(《태종실록》 권31, 16년 6월 辛酉 참조)

의 자주독립을 쟁취하기 위해 투쟁했던 저항에너지의 상당부분은 단군민
족주의의 주도 아래 단군을 매개로 하여 형성되었다. 단군민족주의는 성
원들에게 싸워야 할 주체이자 지켜야 할 대상을 각성시켜 주었으며, 반만
년 자주적 역사의 자긍심을 심어줌으로써 자주독립에 대한 희망과 확신을
부여하였다.[29]

셋째로, 단군민족주의는 통일과 결속의 방향으로 한국사를 이끌어 온
동력의 하나였다. 그것은 역사를 통하여 한민족 내부의 여러 이질적 대립
적 요인들을 극복하는 구심력으로 작동해 왔다 하겠다. 한민족이 계급과
지역과 개별적 이해관계 같은 분열요인들을 초월하여 하나로 통합되어야
한다는 당위성의 근거는 단군 이래 단일민족이라는 데서 찾았고, 그 같은
통합이 가능하다는 가능성의 근거 또한 단군의 자손이라는 동질성 의식－
공동체 의식에서 찾았다. 단군민족주의는 한민족의 민족사 속에서 민족통
합문제가 제기되는 단계마다 관여하고 기여했다. 가령 전근대민족으로의
초기적 통합과제와 관련된 삼한의식 극복과정이나, 근대적 민족 형성과제
와 관련 있는 한말의 가족국가통합론과 3·1운동 무렵의 대동단결론에서,
그리고 통일민족국가를 지향하면서 전개된 1920년대 이후의 좌우합작－
통일전선운동 과정에서, 단군민족주의는 통일의 당위성과 가능성의 근거
로 작용했다.[30]

넷째로, 단군민족주의는 공동체 내부의 질서를 더 민족적이고 정의로운
방향으로 개혁하는 동력으로 작용하기도 했다 하겠다. 단군민족주의는 성

---

29) 무단통치가 자행되는 식민 치하에서 자주독립을 위하여 싸우는 전장의 상황은 신앙
  과도 같은 정신적 지주를 요구하고 있었다. 그런데 이 같은 과제에 대하여 해답을 제
  시해 준 것이 바로 단군민족주의였다. 단군운동이 제시하는 반만년 유구한 역사를 가
  진 위대한 단군의 자손으로서의 민족의식은 한민족 성원에게 무한한 자긍심을 갖게
  하였고, 그 자긍심은 다시 민족 부활에 대한 신념으로 이어졌으며, 그 신념은 우리가
  단결하여 싸워야 하는 이유이자 가능성의 근거가 되어 주었다. 일제기를 거치면서 한
  민족이 조국광복을 위한 투쟁을 줄기차게 전개할 수 있었던 민족적 에너지의 상당
  부분은 단군을 매개로 해서 단군운동의 선도에 따라 조성된 것이었다.

30) 이에 대해서는 정영훈, 앞의 글(2004) 참고.

원들에게 민족이라는 궁극의 가치실체를 각성시켰고, 공동체 의식이라는
윤리규범으로도 나아가게 했다. 모든 사적이고 세속적인 계기들을 견제하
고, 역사와 민족이라는 대국적 공적 가치를 앞세울 것을 촉구하였으며, 개
인과 국가에 대해서는 민족공동체에 봉사해야 한다는 덕목을 강조하였다.
단군민족주의는 홍익인간이라는 고유적 이상에 대해 주의를 환기시켰으
며, 그를 앞세워서 인간주의와 민주·복지·정의·동포애의 방향으로 민
족사를 이끌어 왔다.[31]

5. 단군민족주의의 제도화와 그 이후

단군민족주의는 해방 후 남쪽에서 대한민국정부가 수립되면서 국가의
공식 의례와 정책 속에 편입되어 국가적 통합기제의 한 축으로 자리 잡게
된다. 새 정부에 참여했던 이들은 〈개천절노래〉에서 지적하고 있듯이,[32]
'다시 핀 단목잎'을 '잘 받아 빛내야 한다'는 문제의식을 공유하고 있었으
며, 그 같은 문제의식은 단군민족주의를 국가제도 속에 끌어들이는 선택

---

31) 한말의 단군민족주의는 전제군주의 소수 귀족의 국가를 만민 공산의 국민국가로 바
　꾸려던 국민주의운동과 결합되어 있었다. 그리고 좌우분열시기의 그것은 민주주의에
　덧붙여 평등과 복지까지 강조하는 사회적 민족주의운동과 결합되어 있었다고 하겠있
　다. 단군의 자손의식은 민족성원을 평등한 관계로 상정하며, 국가를 민족의 복지를
　위한 기관으로 생각한다. 한말, 일제 초에 대중화한 단군의 자손의식은 한편으로는
　사대모화와 소중화사상에 토대한 중세기적 자아상을 몰아내었지만, 다른 한편으로는
　왕조의 신민으로서의 봉건적 정치의식까지 축출함으로써 정치의식의 근대화에도 기
　여하였다. 한말에 단기 연호가 사용된 것은 그 같은 탈봉건적 국민주권의식의 발로였
　다. 한편 1930, 1940년대의 좌우합작운동과 통일민족국가수립운동은, 단일민족으로
　의 민족적 공동운명성과 홍익인간이라는 고유적 이념을, 특히 평등과 복지의 방향으
　로 해석하여 통일국가의 지도원리로 삼고자 하였다. 필자는 좌우합작과 통일민족국
　가 건설을 위하여 제시된 조소앙의 삼균주의나 안재홍의 신민족주의이론은 단군민족
　주의적 정치이론이라 규정할 수 있다고 본다.
32) 〈개천절노래〉, 《담원정인보전집》 1, 연세대출판부, 1983, 81쪽.

으로 이어진다. 정부수립 후 국가의 제도의례 속에 자리 잡은 단군민족주의는 (1) 개천절 국경일, (2) 홍익인간 교육이념, (3) 단기 연호 등이 대표적이며,[33] 전국체전 때 성화를 단군의 제천처인 마니산에서 채화하는 것이나, 정부 공인 단군영정을 제작한 것 등도 같은 배경에서 이해할 수 있을 것이다. 단군민족주의가 이같이 국가제도 속으로까지 영입되었던 것은 그것이 대중적으로 수용되어 있었음을 반영하는 것이기도 하다. 단군민족주의는 남쪽의 정치와 사회, 교육, 문화 등 여러 분야에서도 일정한 흔적을 남기게 된다.[34]

그러나 남한에서 단군민족주의는 곧바로 '퇴조'하는 양상을 보인다. 분단이 되고 냉전체제가 고착화되면서 단군민족주의적 정서를 주도하던 정치세력들은 몰락하였고,[35] 남쪽에서 국가제도 속에까지 편입되었던 단군민족주의적 상징들도 유명무실화하는 경향을 보여왔다.[36] 따지고 보면 단군민족주의를 거부하면서 그 퇴조를 강요하는 움직임은, 이미 단군민족주의가 강력한 영향력을 발휘하던 저항투쟁기부터, 사대모화사상과 같은 중세기적 요인이나 일제의 단군말살정책과는 다른 방향에서 잉태되어 왔다

---

33) 단군이 조선을 건국한 날, 또는 지상에 내려와 신시를 연 날로 이해되어 온 개천절은, 1949년 10월 공포된 '국경일에 관한 법률'에 의해 국경일이 되었고, 단군이 건국한 서기 전 2333년부터 기산하는 단기는 '연호에 관한 법률'에 의해 국가의 공식 연호로 되었으며, 홍익인간 교육이념은 1949년 12월 '교육법'이 공포되면서 법제화되었다. 이 가운데 단기 연호는 5·16 후 군사정권에 의해 폐기되었다.
34) 한 예로 '단국'대나 '홍익'대 같은 교명의 대학교가 설립된 것은 단군민족주의가 교육 부문에서 전개된 사례로 들 수 있을 것이다.
35) 단군민족주의 세력 가운데 주류는 이데올로기보다 민족을 앞세우면서 좌우합작과 남북협상을 추진하던 중도파 진영에 참여하고 있었는데, 알다시피 분단이 되고 6·25 전쟁을 거치면서 남북의 대결이 극심해지는 와중에 남과 북에 냉전적 정권이 들어서면서 중도파가 남과 북에서 축출되자 단군민족주의자들도 함께 설 자리를 잃었다.
36) 남쪽에서 '단군민족주의' 퇴조현상을 드러내주는 단적인 예의 하나는 단기 연호의 폐지다. 그리고 그와 함께 단군을 민족적 역사적 시조요 출발점으로 기술한 각종 교과서들이 '비과학적'이라는 이유로 개편되기 시작한 것도 '단군민족주의'의 퇴조를 반영해 주는 사례들이다.

하겠다. 말하자면 민족사회의 서구화·근대화·다양화가 진척되면서 민족 내부에서도 '반(反)단군민족주의'적 세력이 성장하고 있었던 것이다. 단군을 거부하는 대표적인 세 세력은 공산주의와 실증주의자들, 그리고 기독교세력이었던 것 같다. 이들 실증주의 학풍과 공산주의, 그리고 기독교는 건국 이후 한국사회에서 지배적 위치에 군림하게 된 세력들이었다. 실증주의는 남쪽의 사학계를 주도하게 되었고,[37] 공산주의는 분단된 북한을 지배한 통치이데올로기였으며,[38] 기독교는 남한에서 가장 영향력 있는 종교집단으로 성장하였던 것이다.[39] 이들 세력이 현대 한국에서 세력을 확대해 가고 있었다는 것은, 단군민족주의의 입지가 그만큼 제약되고 퇴조해 가고 있었음을 의미하는 것이다.[40]

---

37) 실증주의는 지식과 학문의 보편성을 중시하면서 이데올로기적 편견을 배제한 실증적 근거에만 토대한 역사서술을 강조하였다. 그들에 따르면 단군은 실증적 근거가 희박한 신화에 지나지 않았고, 민족주의사학이 정립한 민족정체성도 비학문적인 국수주의 교설에 지나지 않았다.

38) 공산주의자들은 계급중심적인 유물사관에 토대하여 민족에 영속적 의의를 부여하지 않고, 민족주의도 부르주아계급의 허위의식이라 규정하였다. 그들은 단군국조론 역시 부르주아계급이 노동계급의 계급의식 각성을 방해하기 위하여 만들어낸 반동적 교설일 뿐이라고 여겼다. 이 같은 인식은 1990년대 초까지 북한에서 이어지고 있었다.

39) 초기의 기독교인들은 개화와 자주독립이라는 민족적 과제에 접근하려는 동기에서 입신(入信)하였으므로 민족적 자주성 내지 민족의식과 밀접한 관련이 있는 단군에 대해서도 부정적인 태도를 보이지 않았다. 가령 《예수교회보》 같은 기독교 신문이 단기 연호를 병용한 것이나, 기독교인인 최경환·정교 등이 지은 《대동역사》나 남궁억이 쓴 《죠선니약이》 등이 단군의 건국으로부터 한국사를 시작함으로써 국가적 정통성과 자주성을 확립하고 있는 점 등을 그 사례로 들 수 있을 것이다.(이만열, 〈한말 기독교인의 민족의식 형성과정〉, 《한국사론》 1, 1973, 366~367쪽 참조) 그러나 기독교인의 신앙이 개화-항일-자주의 민족적 지향으로부터 이탈하여 개인적 기복과 구원에만 몰두하게 되면서는 사정이 바뀌는 것 같다. 성경적 교리에 집착하면서 민족적 전통을 거부하는 경향이 심화되어 갔는데, 그 과정에서 조상에 대한 제사가 우상숭배라는 논리로 배척되었고, 단군을 국조 또는 족조로 숭앙하는 것 또한 마찬가지 논리로 배척되었다.

40) '단군민족주의'에 대한 비판은 흔히 보편주의나 세계주의를 자처하는 입장들로부터 제기되었다. 물론 중세기 유자들이 가지고 있던 사대모화사상도 일종의 국제주의적 세계관에 토대하고 있었다. 그리고 마르크시스트들의 '단군민족주의' 비판 또한 계급

분단과 함께 강화된 냉전 또한 단군민족주의의 퇴조에 기여하였다. 광복 후의 정치상황은 민족보다는 친소·공산주의냐 친미·반공주의냐 하는 이념적 동질성을 중시하던 냉전논리의 지배 아래 있었다. 냉전은 명백히 비민족적 가치에 의해 주도되고 있었으며, 그 과정에서 민족적 가치를 우선시하는 단군민족주의는 소외될 수밖에 없었다. 민족의 일부를 적대하고 배척할 것을 요구했던 논리는 민족적 단결과 화합을 촉구하는 단군민족주의의 지향과는 조화될 수 없었으며, 따라서 단군민족주의는 퇴장을 강요받았던 것이다.[41]

냉전과 함께 심화되어 간 정신문화적 대외 종속 또한 단군민족주의를 약화시켰다. 정신문화 부문에서의 서구(미국) 추종 경향이 증대되면서, 전통적이고 민족적인 것은 '시대착오적'인 것과 동일시되어 갔고, 그것은 근대화라는 국가발전과제와도 조화되지 않는 것으로 간주되었다. 이 같은 사고방식은 '단기'를 폐기하고 '서기'를 공식 연호로 채택한 배경이 되고 있다.[42]

단군민족주의의 퇴조현상은 개인이기주의·배금주의·향락주의 같은

이라는 보편가치를 전면에 내세우기 때문에 하나의 보편주의적 사상이었다 할 수 있다. 실증주의나 기독교도 보편주의의 명분을 내걸고 있었다. 이들 여러 보편주의적 사고를 서로 비교한다면, 중세기 유학자들의 그것은 중국을 중심으로 하는 세계를 전제한 보편주의이고, 마르크시즘의 그것은 소련을 사상의 조국으로 삼는 보편주의인데 대하여, 실증주의적 학풍과 기독교 세력은 서구 중심적 보편주의의 입장에 서서 '단군민족주의'를 비판해 왔다 할 수 있다. 이들 세력들은 '단군민족주의'와는 다른 세계관을 가지고 있으며, '단군민족주의'가 강조하는 '단군의 자손'의식과 공동체 관념을 희석시키는 방향으로 작용하였다.

41) 냉전은 '단군민족주의'의 변질을 강요하였다. 냉전의 서릿발 속에 단군민족주의는 이상적 민족국가에 대한 발언권은 포기한 채, 그저 반공운동에만 동원되거나 '국사찾기운동'이나 '단군성전건립운동' 같은 학술문화운동으로만 살아남았다. 그것이 가졌던 '이상적 민족공동체'를 향한 정치적 윤리적 메시지는 탈색되었다.

42) 발전과 서구화를 동일시하는 풍조가 지배하는 곳에서 '단군민족주의'가 힘을 얻을 수는 없었다. '단군민족주의'는 민족적 전통과 주체성을 자기생존과 발전의 기초로 간주하고 있기 때문이다.

'반(反)공동체적' 가치관이 우리 사회 저변에서 확산되어 갔던 것과도 관련이 있다 할 것이다. 단군민족주의는 민족적 통합·결속·자주독립·발전이라는 지표와 함께, 민족사회의 윤리적 정화·재건을 추구하는 지향성도 아울러 가지고 있었다. 단군은 일차적으로는 민족의 동질적 뿌리와 자긍심의 상징이지만, 그것에 따르는 동일혈연·공동운명의 관념은 민족공동체를 개인적 이해에 앞세우는 이타·봉공·민족애의 윤리로 연결되고 있는 것이다. 해방 후 한국 사회에 확산된 '반공동체적' 윤리와 그 추종세력들은 단군을 거북한 존재로 여겼다. 그리고 그 같은 이해관계는 단군민족주의를 거부하는 대열로 합류되었다.

6. 단군민족주의의 현대적 의의

오늘날 단군민족주의는 크게 위축된 양상을 보이고 있다. 새로운 시대여건에 맞는 단군숭앙운동-단군민족주의운동에 대한 모색과 고민이 불충분한 가운데, 단군민족주의에 적대하는 세력과 가치관들의 도전이 심화되고 있다. 단군민족주의에 대해 지나치게 뜨거운 사람부터 지나치게 차가운 사람들까지, 다양한 인식들이 공존하면서 혼선이 생겨나고 있기도 하다.[43] 아직 국가의 제도의례나 공교육 프로그램 속에는 살아있지만, 그러나 그것이 가지는 의의에 대해서는 인식의 편차가 큰 것 같다. 이 같은 인식혼란은 바람직하지 않으며, 단군이 가지는 의의에 대한 균형 있는 고려에 토대한 어떤 정비가 시급한 시점이다. 필자는 한민족이 갖고 있는 미래의 과제들과 관련해서도 단군민족주의는 중요하다고 본다. 그것은 다음의 세 가지 측면에서 논의될 수 있을 것이다.

---

43) 이에 대해서는 정영훈, 〈최근의 단군 관련 인식혼란과 과제〉, 《단군학연구》 7, 단군학회, 2002; 정영훈, 〈단일민족의식의 위기〉, 《정신문화연구》 85, 한국정신문화연구원, 2001 등을 참고할 것.

첫째로, 남북이 하나가 되고 민족이 화합 단결해야 한다는 당위성은 불가피하게 단군을 요청한다는 점을 지적해야 할 것이다. 통일이 되어야 하는 당위성의 가장 중요한 근거는, 우리는 역사 속에서 하나로 살아왔고 앞으로도 그렇게 살아야 한다는 단일민족 공동운명체론에서 찾을 수밖에 없다. 그리고 물론 그 공동운명성의 뿌리에는 단군이라는 공동의 조상이 상정되어 있다. 단군의 자손이 한덩이가 되어 복된 공동체를 이루는 것은 단군민족주의-단군운동에 따르는 오랜 소망이었다. 단군은 한민족이 내부의 다양한 이해관계와 이질성들을 극복하고 동질성을 확대하여 화합과 통일로 나아가야 하는 당위성의 근거이며, 또 그 같은 통일을 이루어낼 수 있는 가능성의 근거이기도 하다.

이 시점에서 주목할 것은, 북한이 최근 들어 자주 단군민족주의적 주장을 내놓고 있다는 점이다. 북한은 1993년 이후 단군실존설을 제기하고, 우리 민족을 '단군민족'이라 지칭하면서, 남북한과 해내외의 단군민족은 반만년 유구한 역사를 공유한 단일민족으로의 자긍심에 토대하여 대단결을 이루자는 주장을 자주 제기하고 있는 것이다.[44] 이 같은 상황변화는 단군 상징이 통일과제와 관련하여 가지는 의의를 확인시켜주는 것 같다. 물론 북한이 단군상징을 강화시켜 가는 배경에 대해서는 정치적 의도와 관련하여 불신의 시각이 존재하는 것이 사실이다. 그러나 필자는 북한이 단군민족론을 주창하고 나선 것은 민족문제를 해결해야 하는 과제와 관련하여 매우 긍정적인 진전이라고 생각한다. 그리고 북이, 단군민족주의가 우리 역사 속에서 추구해 왔던 이상들을 실천하고 구현해 가는 데 앞장섬으로써 남쪽의 단군운동을 자극하고 이끌어 줄 것을 바라마지 않는다.

둘째로, 최근 부각되고 있는 '세계화' 과제와 관련해서도 단군은 그 건강한 추진력을 형성하고 부작용을 견제하는 에너지원이자 안전판으로서 꼭

---

44) 북한은 1993년 10월 사회과학원 명의로 〈단군릉발굴보고〉를 내놓으면서 단군릉 발굴 결과 5011년 전의 것으로 측정된 단군 유골이 출토되었다고 전하고, 이로써 단군이 조선민족의 원시조로서 실재했음이 밝혀졌다고 선언하였다.

필요한 요소라 생각된다. 민족적 주체성을 수반하지 않은 세계화와 개방은 자칫하면 한반도와 한민족을 자기정체성을 결여한 채 방황하는 정신적 미아나 자본주의 강대국의 경제적 문화적 식민지로 전락시킬지도 모른다. 그런데 단군은 그 같은 요구에 부응해서 세계화 국제화시대에 적응하는 개방적 평화적이고 경쟁력 있는 자기정체성을 형성하는 데 기여할 수 있을 것이라 생각한다.

우리는 세계가 전쟁 없는 하나의 공동체로 나아가야 한다는 데 대해서는 이의를 제기하지 않는다. 그러나 우리의 아이덴티티를 먼저 허물 것을 요구한다면, 그 같은 요구의 배후를 의심하고 경계하지 않을 수 없다. 강대민족의 부당한 지배가 사라지고, 세계가 진정한 공동사회로 완성되기까지는, 민족이라는 가치와 단위는 불가피하게 그 존재의의가 강조될 것이다. 그리고 민족이 요청되는 조건 속에서는 국가사회가 건강한 민족의식을 형성해 주기 위한 작업에 인색해서는 안 될 것이다. 우리의 경우, 이 건강한 민족의식을 형성하는 작업에서는 단군과 단군민족주의가 유용할 것이라 본다. 단군은 민족이라는 가치실체를 확인하고 그 일원으로서의 정체성을 정립시키는 과제를 위하여 반만년 민족사가 전승해 준 자산이다.

셋째로, 오늘날 우리 사회가 놓여 있는 윤리적 상황은 단군민족주의를 요구하고 있는 것 같다. 산업화·도시화·민주화·다원화가 진전되면서, 우리 사회는 점점 더 각박하고 타락해 가고 있으며, 이기적 욕망을 앞세우는 반공동체적 가치관들로 오염되어 가고 있다. 우리는 우리 사회의 인간성을 회복하고 좀 더 정의롭고 조화된 공동체를 이룩해야 한다. 진정한 통일은 그 같은 사회 속에서만 가능할 것이기 때문이다. 이 같은 도덕적 문화적 인프라가 보강되지 않는다면, 한국·한민족에게 제2의 도약은 불가능하다고 단언할 수 있다.

이 같은 과제와 관련해서 단군은 우리 사회를 윤리적으로 정화시키고 결속시키는 데 기여할 것이라 생각된다. 단군은 민족성원들로 하여금 민족사 속에서 살아가고 민족공동체 속에서 더불어 살고 있는 자기존재를 확인시켜서, 그들에게 역사의식과 공동체의식을 심어줄 것이고, 서로 사랑하고 헌신하는 공동체윤리를 각성시켜 줄 것이기 때문이다. 이 대목에서 우리는 단군사화가 전하는 홍익인간이라는 고유적 이상은 이 같은 도덕적 사회적 지향을 모두 함축하고 있는 이념임을 상기해 두기로 하자.[45]

물론 오늘날에는, 단군민족론과는 세계관이나 정서를 달리하는 사조들이 다양하게 존재하는 것도 사실이다. 또 단군을 민족적 공동조상으로 상정하는 쪽에서도 그 구체적 인식 내용에서는 혼선이 심해지는 실정이다.[46] 그러나 그러한 환경조건들 속에서도, 필자는 단군이 민족통일이나 국민통합, 윤리건설 같은 한민족의 현재적 과제를 도모하는 데서, 우리가 활용할 수 있는 민족사가 물려준 귀중한 자산의 하나라는 점을 강조하고 싶다. 그것은 적어도 700년 이상의 오랜 기간을 한민족의 정신 내면에 존속해 오면서, 한민족을 '우리'로의 '하나'가 되게 해왔으며, 오늘날에도 한국인의 민족의식 내부에는 이 같은 관념이 강하게 남아 있기 때문이다. 물론 '단군만 있으면 다 된다'는 식의 이야기는 성립되지 않는다. 그렇지만 필자는 그것이 21세기라는 새로운 세기를 열어가는 데 필요한 필요조건의 하나임

---

45) 한민족의 고유문화를 '단군사상'이나 '단군문화' 같은 말로 부르면서, 이들 사상이 가지는 세계사적 의의에 대해 논의하는 사람들도 있다. 연구자들은 단군신화 이래의 고유사상을 삼일철학이나 한사상 같은 말로 이론화하기도 하는데, 연구자들은 이들 고유문화와 사상이 민족정체성 정립에 중요하다는 차원을 넘어서 그가 가지는 보편적 의의를 강조한다. 가령 냉전시대의 단군사상 주창자들은 이들 고유의 사상이 자본주의와 공산주의의 냉전 대립을 극복하여 통일을 이루어낼 수 있는 원리를 제시하고 있다고 주장하였다. 더 나아가 이들 사상이 21세기의 인류문명이 당면하고 있는 한계를 극복할 수 있는 상상력을 제공하고 있다고까지 이야기한다. 한 예로 단군신화 속에 담긴 고유의 세계관을 이론적으로 체계화한 것이 삼일철학인데, 김지하 시인 같은 이는 이 삼일철학에 토대하여 21세기에 요청되는 대안적 인간관으로의 신인간론을 전개하고 있다. 그에 따르면 서양 현대의 모순은 인간이 신과 단절되고 자연과 대립하며 공동체와 결별한 데서부터 생겨났다고 보고, 이 세 요소의 동시 추구를 강조하는 삼일철학 원리야말로 21세기의 인류문명을 '구원'할 수 있는 대안적 세계관이 될 수 있다고 주장한다.

46) 단군과 관련한 인식의 혼란 실태에 대해서는 정영훈, 앞의 글(2002) 참조.

은 분명하다고 생각한다. '우리'를 확인하고 강화하며 정화하는 데에서 단군은 우리가 활용할 수 있는 역사로부터 물려받은 소중한 유산이다.

7. 맺음말

'단군민족주의' 개념은 한국정신사와 민족운동사·근대화운동사를 설명하는 데 매우 유용한 설명능력을 가지고 있다는 생각이다. 이 글에서는 한말 이후 근대사 속에서 단군민족주의가 대중화하는 과정과 그것이 민족운동사의 여러 과제에 부응하면서 기여하는 양상을 살펴보았다. '단군민족주의'는 근대 한국에서 자주독립과 통일, 그리고 민주주의와 평등·정의·복지의 방향으로 지적 사회적 변혁을 유도해온 주요 동력의 하나였다. 한민족이 일제의 가혹한 탄압 속에서도 독립투쟁을 계속할 수 있었던 민족적 에너지의 상당부분은 단군을 매개로 하여 '단군민족주의'에 의하여 조성된 것이라 할 수 있다. '단군민족주의'는 한말－일제 초기에는 민주적 민족국가를 추구하는 정치운동의 일부로 기여하다가, 3·1운동 뒤에는 사상적 계급적 분열을 극복하여 민족적 대동단결을 이끌어내려던 통일전선운동을 견인하였다.

어떤 이는 '단군민족주의'를 '국수주의적'이라 비판하기도 하지만, 국수주의란 용어를 '폐쇄적' '수구적' '배타적' '침략적'이라는 의미에서 사용하는 것이라면, 그 말은 전혀 부적절한 지칭이라 하겠다. 물론 근대기에 전개되었던 '단군민족주의'운동 가운데는 민족적 정체의식과 자긍심이 치열하고 고유성에 대한 집착이 강했던 측면이 없지 않았다. 그러나 그것은 '폐쇄적'이라거나 '배타적'이라고까지 규정될 정도는 아니었다. '단군민족주의'의 그 같은 모습은 어디까지나 민족말살이 추진되던 식민치하에서 독립운동에 필요한 자기실존의 근거를 확보하려던 불가피한 방어행동이었을 뿐이고, 결코 타민족의 존재를 부정하고 대외침략과 팽창을 합리화하는 자기도취(쇼비니즘)나 울트라내셔널리즘으로는 나가지 않았다.

오늘날 '단군민족주의'는 세계관이나 지향을 달리하는 사조들이 다양하게 존재하는 가운데 운신의 폭이 줄어들고 있는 듯한 느낌이다. 다양한 배경 속에서 제기되는 탈민족주의적 사조들은 민족을 무의미한 허구이자 비합리적 신화로 강변하는 과정에서 앞 시기를 통하여 민족정체성의 중요한 근거가 되었던 단군민족주의를 공격하고 있다. 그러나 필자는 21세기에도 민족은 세계정치와 인류운명을 결정하는 중요한 준거개념이 될 것이라 생각하며, 민족의 의미가 살아있는 한 단군과 단군민족주의의 의의도 유효하다고 본다. 그것은 한민족이 민족통일이나 국민통합·민족정체성·윤리건설 같은 현재적 과제를 도모하면서 활용할 수 있는 귀중한 자산이다.

단군민족주의는 적어도 700년 이상의 오랜 기간을 한민족의 정신사 속에서 살아남아오면서 한민족 성원들에게 민족을 확인시켜주었고 '우리'로 '하나'가 되게 하였다. 그것이 민족정체성과 동질성을 구성하기 위해 제시한 역사와 전통과 덕목들은 허구로만 치부될 수 없는 나름대로의 근거와 실체를 갖고 있다. 따라서 합리주의를 강조하는 오늘날까지도 한국인의 민족의식의 내부에는 이 같은 관념이 강하게 잔류하고 있다. 공산권 붕괴 이후 북쪽에서는 단군민족주의를 강하게 끌어들이고 있다. 남과 북을 포함하여 전세계에 흩어져 살고 있는 7600만 한민족 성원들을 하나로 결합하는 일에 단군민족주의가 제대로 기여할 수 있도록, 그를 다듬고 활성화시키는 과제에 정부와 학계와 시민운동 부문이 나서야 할 것이다.

단군신화의 민속학적 연구사 고찰

이 재 원
_한국체육대 교양교직과정부

1. 머리말

바야흐로 역사 전쟁이 시작되었다. 중국이 우리의 고구려사를 왜곡하는데 대해서는 우리 학계는 우선 '고구려재단' 등을 중심으로 대응하고 있으며, 독도와 관련해서는 한층 강경한 자세로 일본과 싸우고 있다. 고구려역사를 중국에 빼앗기면 고조선의 역사마저 자연히 빼앗기게 된다. 무엇보다 5천년 전통의 우리 문화가 뿌리째 흔들리게 된다. 한편 '단군과 고구려가 죽어야 민족사가 산다!'[1]는 주장이 나라 안에서까지 거론되고 있어당혹스럽다.

민족주체성 확립을 위해 박성수는 신채호와 정인보의 견해를 바탕으로 '단군문화론'을[2] 강조하고 있으며, 정부는 한국 민속과 한국 신화를 바탕으로 한 문화콘텐츠 개발사업을 지원하고 있다. 컴퓨터를 통한 새로운 단군문화 창출사업들도 다양하게 시도되고 있다고 한다.(www. myth. culturecontent. com) 북한에서도 '단군릉 개건'과 더불어 또 다른 단군문화를 꾸미고 있다고 한다.

일부 지방에서는 삼신신앙, 산신숭배, 수목신앙, 마을제(강릉단오제 등)

---

1) 조갑제, 〈단군과 고구려가 죽어야 민족사가 산다〉, 《월간조선》, 2002.
2) 박성수, 〈단군문화론〉, 《정신문화연구》 5권 2호, 1992.

등과 관련하여 한층 예술적인 민속문화가 재현되고 있는데, 이들은 내용과 형식에서 단군신화와 밀접한 관련이 있는 것으로 평가된다.(www. danoje. org) 이 같은 전승이 확인되고 있다고 볼 때, 역사적 논증을 벗어나 단군과 단군신화는 오늘날까지 엄연히 살아있다고 할 것이다.

단군에 대한 연구는 한국학의 여러 분야에서 많이 검토되어 왔다. 단군에 대한 연구를 하기 위해서는 각 분야별로 우선 연구사에 대한 고찰부터 면밀히 선행되어야 한다. 연구사 고찰이 미흡하면 자칫 자신의 견해가 최초이거나 가장 독창적이라는 오류를 범하게 된다. 오늘날 단군에 관한 연구가 일부 분야에서 서로 극단에 이르고 있는 원인의 하나는 바로 연구사 고찰 부족이다.

이러한 관점에서 볼 때 단군신화의 민속학적 연구도 10여 편 있으나, 그 수에 비해 내용이 상당히 방대하고 복잡하다. 앞으로 본격적인 민속학적 연구와 문화적 연구를 위해서는 심층적인 연구사 고찰이 선결되어야 하겠다. 그 동안 단군신화의 민속학적 연구사 검토는 단행 논문으로는 없었다. 몇몇 논문 가운데에서 부분적으로 연구사 검토를 서술하였을 뿐이다. 강돈구의 논문3)에서 비교적 많이 서술되었다.

단군신화의 민속학적 속성에 대한 언급은 여러 논문에서 단편적으로 나타나고 있으나, 이 연구사의 대상은 주로 논문의 제목 가운데 '민속학적 연구'라는 핵심어가 있는 단행 논문들이다. 이들 논문들을 편의에 따라, 발표 연대순으로 핵심을 정리하고, 각기 특이한 내용들을 분석한 후, 최종적으로 종합하여 비교 고찰하고자 한다.

---

3) 강돈구, 〈단군신화의 민속학 및 철학·사상 분야의 연구〉, 윤이흠 외, 《단군—그 이해와 자료》, 서울대출판부, 1994, 233~238쪽.

2. 광복 이전의 연구

민속학적 연구논문 10여 편 가운데 이 글에서 집중 고찰한 것은 8편이다. 이 가운데 광복 이전의 자료는 최남선(1928)과 장승두(1938)의 연구 2종이다. 단군신화를 민속학적으로 고찰하기 위해 미리 고려해야 할 것으로, 첫째는 연구대상인 단군신화의 원본 문제, 둘째는 단군신화의 민속학적 속성 문제다. 이 글에서 원본 문제는 연구대상으로 이미 한정한 각 논문에서 서술한 원본 등을 고려하기로 하였고, 민속학적 속성에 대한 선택은 여러 민속학 개론서와 이 글에서 연구대상으로 한 논문들이 공통으로 언급한 내용을 참고하였다.

1) 최남선의 〈민속학상으로 보는 단군왕검〉

육당(六堂)은 서양의 인류학, 종교학, 신화학 이론 등을 원용하여 단군신화를 비교적 합리적으로 해석하려고 노력하였다. 그의 논문과 저서의 내용은 당시로는 매우 앞서가는 안목이었으며, 최초로 종합적 고찰을 한 연구자라 하겠다.

이 글에서는 그의 여러 연구 가운데 1928년에 발표한 〈민속학상으로 보는 단군왕검〉을[4] 중점적으로 살피고자 한다. 그는 단군을 '민속의 제1호'로 구명(究明)할 것을 강조하였다. 단군을 건국의 시조인 개인으로서 강조하기보다 원시사회의 신앙에 근거를 둔 종교적 제사장, 즉 '무군'(巫君)으로 인식하였다. 따라서 그는 단군신화의 내용 가운데 고대 아시아의 샤머니즘적 요소, 주술(呪術), 금기(禁忌), 마을제의 원류가 되는 소도(蘇塗), 토테

---

4) 최남선, 〈민속학상으로 보는 단군왕검〉, 고려대 아세아문제연구소 편, 《육당최남선전집》 2권, 현암사, 1973.

미즘 등을 비교언어학적 비교신화학적 고찰로 입증하려 애썼다. 논문 가운데 중요한 내용들을 다시 항목별로 살펴보기로 하겠다.

(1) 단군신화는 '민속 제1호'

최남선의 연구 가운데 가장 두드러진 내용은, 단군신화를 '민속 제1호'로 다룰 것을 주장하며, 단군의 실존 여부를 떠나 우리 생활 주변에서 확인되는 단군 문화의 실존성을 알림으로써 단군신화의 유구성과 심오함을 인식시키고 있다는 점이다. 그의 논지를 밝히면 다음과 같다.

> 壇君 문제는 文籍의 有無 及 濃淡 如何로써 그 성립이 흔들릴 것이 아니라, 민속상 실증의 有無 及 能否 如何만으로써 그 운명이 좌우될 것입니다. 또 아무리 荒誕하고 怪妄할지라도 민속적 배경이 있기만 하면 그 荒誕하고 怪妄한 중에 그 眞相을 헤치며 實義를 찾으며 正價를 발휘케 할 따름이다.…… 壇君記가 전하는 바를 살펴볼진대 수평적으로는 동시대의 隣在 민족하고 類同을 가졌으며 수직적으로는 시방까지의 국내 민속에 遺風이 전승되어 있음…… 古記籍이 시종일관으로 민속적 색채의 濃厚를 가졌음은 未嘗不 다행중 萬幸의 일입니다.[5]

(2) 주술적 요소

최남선은 단군신화 속에서 여러 주술적 요소를 지적하면서 오늘날 민속과 밀접함을 강조하였다. 그는 이러한 주장을 위하여 서양의 인류학자 타일러(Tyler)와 프레이저(Frazer) 등의 저서를 참고하였다고 하며, 다음과 같이 말하였다.

> 주술적 능력이 우수한 자가 人中의 神이요 神의 특수 관계자처럼 관념되어 점차로 모여드는 敬仰과 커지는 권력이 마침내 그를 주술 본위의 사회

---

5) 위의 글, 332쪽에서 재인용.

통치자이게 하였으며 이것이 사회 규범이 되게 하였다.6)

　　山頂이라 하고, 樹下라 하며, 神壇이라 하고 神市라 하며, 天符라 하고 天王이라 하며, 祈라 하고 願이라 하고, 呪라 하고 假化라 하는 事物과, 풍백이니 우사니 하는 徒衆이 어느 것이 巫祝的 아닌 것이 있습니까? 또 그 '理化'의 조목인 穀, 命, 病, 刑, 善惡 등이 어느 것 하나 그 시대에 있는 무축적 행사 아닌 것이 있습니까?…… '매직'은 당시에 있은 최고 과학이며, '터부우'는 최고 윤리 및 법률이었습니다. 이러한 상태는 어느 나라나 민족의 고대에는 다 마찬가지입니다. 시방이라도 원시적 민족의 생활상은 어디든지 다 마찬가지입니다.7)

(3) 산신 신앙

조선의 민속신앙 가운데 산악 숭배를 유념하면서, 특히 백두산과 단군 신앙과의 관계를 아래와 같이 피력하였다.

　　조선의 古신앙은 산으로써 天을 표상하여, 온갖 종교적 행위를 天인 산에 향하여 설치하므로 어느 지방에든지 이러한 산이 있다. 백두산은 후대의 稱謂이고 본디는 태백산이라 하던 것이다. 《山海經》의 神山 記載 중에 보이는 '君巫所從上下'라는 사실은 필시 이 산에도 적용되는 句語이다. 몽고에서 國祖 天降의 영산을 '不兒罕山'이라 하는데 이는 몽고어로 신을 일컫는 말이요 不兒罕과 不咸은 그 어원이 같다. 즉 白山이란 것은 巫祝의 산―神인 산―天인 산이란 의미입니다. 이것을 뒤집으면 백산의 주인인 환웅과 단군이 어떠한 이임을 대강 짐작할 것입니다.8)

산신에 관한 위의 내용은 다음에 나오는 무당과도 관련되는 서술이라 하겠다.

---

6) 위의 글, 333쪽.
7) 위의 글, 334~335쪽.
8) 위의 글, 335쪽.

(4) 무당(巫堂)과 단군

한국 민속의 원류를 최남선은 고대 아시아의 종교 유형인 샤머니즘과 관련된다고 보았으며,[9] 단군은 조선 고대의 정치적 종교적 지도자이며 사령자(司靈者), 주술자라고 주장하였다. 좀 더 자세한 언급은 아래와 같다.

> 샤만적(薩滿的) 종교는 고금을 통하고 남북을 連하여 조선 및 隣在 민족의 문화적 중추이다.[10]

> 壇君이란 무엇인가? 司靈者, 주술자, 巫醫者, 巫覡 예언자의 類이다.[11]

> 민속학상으로 보는 壇君은 조선 고대의 종교적 사회 統裁者, 곧 神人的 군장입니다. 시방 조선에서 원시적 司靈者를 부르는 말에 가장 보편한 것이 '무당'이요, '당굴'이란 것도 그중에 하나이다. 이같이 언어에 證驗되는 민속적 사실로 증명된다.[12]

단군을 무당으로 볼 때, 오늘날 일반적으로 천하게 보는 관점을 일깨우기 위하여 《원조비사》(元朝秘史), 《마르코폴로의 기행문》, 도손의 《몽고사》 등을 참조하며 비교언어학적 비교민속학적 방법으로 다음과 같이 설명하였다.

> 壇君, '당굴'은 몽고어에 天을 의미하는 '텅걸'이 神을 의미하며 또한 巫를 의미하는 것과 흡사하다. '텅걸'의 古形이 '당굴'일 것은 《漢書》의 당犁와 《論衡》의 탕리(?離)의 表音으로서 잘 알 수 있다. 몽고어의 '텅걸', '당굴'(시방은 텡게리, 탕그리, 테그리) 등으로 表音된다.[13]

---

9) 최남선, 〈샤만교차기〉(薩滿敎箚記), 고려대 아세아문제연구소 편, 《육당최남선전집》 2권, 현암사, 1973, 490쪽에서 재인용.
10) 최남선, 〈민속학상으로 보는 단군왕검〉, 333쪽에서 재인용.
11) 위의 글, 335쪽.
12) 위의 글, 336쪽.
13) 위의 글, 337쪽.

《삼국사기》 신라본기, 신라 고대의 왕호에 차차웅(또는 慈充)을 김대문(金
大問)은 설명하기를 무당이라 하였다.(次次雄方言謂巫也, 世人以巫事鬼神尙
祭祝 故畏敬之 遂稱尊長者爲慈充)

한편 중국의 문헌에 나오는 '천군(天君)과 소도(蘇塗)'를 예로 들면서 다
음과 같이 단군이 무속적 군장임을 거듭 강조하였다.

> 三韓의 옛날 민속에서 巫君이 어떠한 지위를 지녔는지 명확한 문헌으로
> 고찰할 수 있습니다.《삼국지》 중의 魏書에서 馬韓의 민속에 '國邑各一人主
> 祭天神, 名之天君, 又諸國各有別邑, 名之爲蘇塗, 立大木, 懸鈴鼓, 事鬼神'이
> 라 하니 전체가 도무지 무속적으로 생긴 중에도 천군과 소도의 권위가 어떻
> 게 큼을 짐작할 것입니다.…… 여기에 나오는 天君이란 것은 실로 '당굴'이
> 란 국어의 音義 雙表的 對字요, 國傳 壇君입니다. 이것으로서 巫君의 俗이
> 오래도록 한국사회의 규범이었음과 '당굴'의 사실이 天君이란 名으로 일찍부
> 터 支那에 올랐었음을 알게 됩니다.[14]

또한 단군왕검에서 '왕검'(王儉)도 무군(巫君)의 뜻으로서 우랄알타이어
및 일본어와 비교 고찰하면서 단군왕검은 무적(巫的) 군장(君長)을 의미한
다고 했다.[15] 곧 단군(壇君)=天君=神人=王=神君=巫君이라는 등식이 가
능하다는 것이다.

(5) 쑥과 마늘

곰과 호랑이가 굴에서 살다가 쑥과 마늘을 먹고 사람이 된다는 기록은
단군의 역사성을 설명하는 데는 문제가 될지 모르지만, 민속학적 입장에
서는 이러한 구절이야말로 가장 흥미롭고 유익한 사실이라고 하며 다음과
같은 예를 들었다.

---

14) 위의 글, 333~334쪽에서 재인용.
15) 위의 글, 333쪽.

쑥은 중국에서도 고대로부터 백질(百疾)의 구용(灸用)이 되므로 의초(醫草)의 명(名)이 있고(本草), 5월 5일에 쑥으로 인형을 만들어 호상(戶上)에 걸어두면 독기를 떨어낸다는 속신이 있으며(荊楚歲時記), 북방민족에도 예부터 질병에 쑥뜸 하는 풍속이 있다(魏書 烏桓傳). 한편 마늘을 문 위에 달아서 사기(邪氣)를 피함은 일본의 유풍이고 '아이누' 신화에 쑥 인형으로써 역병을 물리쳤다 함이 있으니 주력(呪力) 사상과 밀접한 관계가 있으리라. 쑥과 마늘은 북방민족 사이에 주력 신앙적 설화소로 환웅설화에 가운데 그 자취를 남겼을 것입니다. 이 주술적 물소(物素)와 기백일(忌百日)이라는 '터부'를 합하여 이 일단에는 당시의 민속색이 가장 생신(生新)함을 봅니다.16)

(6) 곰, 호랑이와 토테미즘

최남선은 단군신화 속에서 역사성 거론에 가장 문제가 되는 화소(話素)들을 매우 슬기롭게 해석하였다. 위에서 밝힌 쑥과 마늘의 설명이 그러하고, 여기서 언급하는 곰과 호랑이에 대한 설명 또한 '토테미즘'으로 설명함으로써 설득력을 높였다. 다음의 인용이 바로 그것이다.

'토템'이란 것은 인류의 지역적 혈통적 소집단이 각각 어느 자연물이나 인공물 특히 동식물의 일정한 종속에 대하여 특수 초자연적 관계를 가진 줄 알고(혹은 조상으로, 혹은 수호신으로) 경외(敬畏)하는 것을 말한다. 그 집단의 단위 여하를 따라 부락토템, 씨족토템, 부족토템 등의 차별이 있고 또 특수한 직업, 계급, 성별에 따른 토템도 있다. '토템'=족령(族靈)=족장(族章)이라는 사실과 명칭은 북미 인디언으로부터 알려져 고금(古今) 없이 원시민족 사이에 보편히 행하는 풍습임이 판명되었다. '토템'의 기원은 학설이 많다. 동식물의 숭배, 조령(祖靈) 숭배로서 발생하였다고 하고 혹은 주술적 의례 내지 수호신령의 관념에 기인한다고 하고 지방적인 주요 식물 또는 특수 친화관계 있는 동식물이 '토템'의 기원이라고도 한다. 또 이것을 씨족의 명칭 및 휘호(徽號)에 그 기원을 구(求)한다. 이런 점으로 생각하여 '토테미즘'은 그 본질상 사회조직의 필요에 기원함을 먼저 승인하는 동시에 주술 종교적 관념이 여기 첨가되어서야 비로소 그 발생이 가능하다.…… 환웅설화에 나

---

16) 위의 글, 338~339쪽.

오는 웅호(熊虎)를 '토테미즘'의 일증적(一證迹)으로 보고자 합니다.[17]

이어서 그는 무엇보다 곰 토템에 관하여 여러 논증을 들며 다음과 같이 강조하였다.

> 종족에 있어 숭앙되는 동물은 그 종족의 근변에 사는 것이다. 동북아세아에서는 곰을 신령스러운 동물로 안다. '길리악'과 '아이누'에서는 곰 제사를 성대히 지내므로 배웅교(拜熊敎)의 이름을 얻게 되었다.(薩滿敎箚記 참고) 또 '아이누'에서는 곰을 산주인이라 하여 산속에 사는 '아이누'인은 곰의 자손이라는 신앙이 있으며, '오고로뜨니코프' 교수의 연구를 근거하건대 고대 아시아인은 죽은 이의 혼이 곰으로 환생한다 하여 성심으로 곰을 숭배하고 마침내 신(神)이라 하고 산림의 주인이라 하기에 이르렀다 하니 곰과 북방 민족과의 신앙관계를 이에 짐작할 것이며, 이러한 원시신앙이 환웅설화에 입내(入內)될 인연을 생각할 수 있을 것입니다. 그리하여 '곰'으로 관계를 가지는 거대한 종족이 진역(震域)에 있었음을 인정할 수 있을 것이다.[18]

이상과 같이 최남선은 단군신화를 민속 제1호로 다룰 것을 강조하면서, 특히 주술적 요소, 산신 신앙, 무당과 단군의 어원적 고찰, 쑥과 마늘의 의미, 토테미즘적 요소들을 가지고 민속적 전승을 논증하였다.

2) 장승두의 〈단군전설의 민속학적 고찰〉

1938년에 발표된 장승두의 연구는 일본어로 씌어져 지금까지 밝혀지지 않다가, 이복규의 발굴과 번역으로 세상에 빛을 보게 되었다.[19] 장승두의 연구는 전체적인 내용이 최남선의 것과 비슷하다. 장승두 스스로 최남선

---

17) 위의 글, 339쪽.
18) 위의 글, 340쪽.
19) 장승두 / 이복규 옮김, 〈단군전설의 민속학적 고찰〉, 《구비문학연구》 3, 한국구비문학회, 1996, 635~646쪽.

의 연구 성과를 인용했음을 밝혔을 뿐만 아니라, 비교언어학적 고찰 등은 최남선의 방법과 유사하다. 다만 예를 든 몇몇 내용들이 좀 더 구체적이라는 점에서 일보 전진했다고 하겠다. 중요 내용을 요약하면 다음과 같다.

최남선의 견해와 같이 단군은 조선 및 고대 동아시아 여러 민족의 공통어로 하늘(天), 신(神)을 의미하는 단굴(Tangul) 또는 단골(Tan-gul)을 이두식으로 옮긴 것으로, 제정일치 시대의 국가적 사제자 즉 군장(君長)을 의미하며, 후대에는 무녀의 칭호가 된 것이라고 해석했다. 그러면서 다음과 같은 예를 들었다.

> 몽고어에서는 '天'을 文語로 Tengheri, 구어(口語)로 Tengher라 칭하고, 《몽고어대사전》에도 tang-geri에 神, 天, 空의 세 가지 뜻이 있음을 명시하고 있다. 또 흉노어에서도 '天'은 탱리(Tangre)라 부르고 子를 가리켜 고도(孤塗)라고 하며 위글어에서도 天을 Tengre, 알타이슈어에서는 Tenere, tegri, 야쿠트어에서는 Tanara라고 칭하는 것 모두가 동일 계통임을 나타내는 것이다.[20]

한편 일본의 고대어에서 천(天)을 고(高: Taka)라 하고 Taka는 조선의 Tangul과 동일 계통어에 속한다고 했으며, 《위지》에 나오는 천군(Chungun)이나 등고(登高: Teung-go), 동맹(東盟: Tong-myung), 혹은 탁리(?離: Tagri)라 하는 것도 모두 '단굴'(Tangul)의 차자(借字)에 지나지 않는다 하였는데,[21] 동명(東盟: Tong-myung)에 대한 해석은 다소 무리가 있다고 본다. 음차(音借)로나 다른 용례에서 자연스럽지 못하다. 또 《삼국유사》 고조선 편에 나오는 기록('昔有桓國庶子桓雄') 가운데 '환국'(桓國)을 풀이하면서 '환국'(桓國)을 해석하는 대목에도 다소 문제가 있다.

> '國'의 훈(訓)은 '나라'(Nara)인데 이 Nara는 태양(날: Nar)에서 변한 것이므

---

20) 위의 글, 637쪽에서 재인용.
21) 위의 글, 638쪽.

로 환국은 즉 Hwannar이고,《계림유사》에 '고려 방언에서 天을 한날(Hanar, Hanal)'이라고 되어 있는 것처럼 환국은 '천'(Hanar)을 의미한다.[22]

위의 내용이 바로 그 대목인데 '환국'(桓國)을 독립적으로 해석하면 수긍이 가는 면도 있으나 뒤에 나오는 '서자'(庶子)와 연결이 자연스럽지 못하다. 원본(原本)에 대한 검증에도 물론 문제가 있으나, 그냥 '환인'(桓因)으로 보고 이를 '하느님'에 대한 음차(音借)라고 보는 편이 자연스럽다. 또한 장승두가 강조하고자 하는 숭천(崇天) 사상과도 자연스럽게 연결된다 하겠다. 한편 '신시'(神市)를 '굿'(Gut)으로 보는 견해에도 다소 비약이 있다. 더욱 정밀한 언어학적 고찰이 필요한 부분이다.

장승두는 곰과 호랑이 문제에 대하여 단순히 고대의 토템으로만 해석하지 않고, 전통적으로 내려오는 일반적이고도 구체적인 민속과 연결지었다는 점이 최남선과 차이가 있다. 중국의《후한서》,《위전》,《통전》과 일본의《만엽집》, 이규경의《오주연문장전산고》의 예를 들며, 호랑이가 산군(山君)으로 숭배되어 도당제(都堂祭)를 지낸다는 내용과 곰(Gom)을 '검(Gum)=신(神)'과 연결지어 민속에 있는 '검줄'과 관련짓기도 하였다.

이상과 같이 장승두의 연구는 최남선과 논지 전개에서 비슷하나 논증 자료를 제시하는 데서 좀 더 다양하였다는 차이가 있다. 그러나 부분적으로 확대 해석한 부분은 다소 무리가 있다 하겠다.

3. 광복 이후의 연구

단군신화 연구에서 역사학 측면에서는 광복 전후로 식민사관에 의한 연구 등이 크게 두드러지는 내용이나, 민속학 측면에서는 별 차이가 없다.

---

22) 위의 글, 638쪽.

1) 김지용의 〈단군신화의 민속학적 고찰〉

김지용의 연구(1957)는 논제는 비록 민속학적 연구라고 했으나 고찰의 성과에서는 오히려 문학적 고찰이라고 하여야 적합할 것 같다. 서론에서 "신화 전설은 민속학, 토속학과 서로 연계되어 사회학적 분석에 의해 고대사회를 이해하고 민족생활사 연구에 중대한 의의를 가지는 동시에 문학의 원류를 고찰하는 데도 중요한 공헌을 하고 있다"고 언급하고, 본론에서 민속학적 고찰을 하겠다고 하였다. 그러나 본론에 들어서도 이렇다 할 민속학적 고찰은 두드러지지 않았다.

다만 '서자'(庶子), 환웅을 설명하는 가운데 민속학 대상의 한 분야로 사회구조 변천에 관한 다음과 같은 서술이 참고가 된다 하겠다.

> 중국은 天과 人을 분리시켜 "사람은 하늘에 배합(配合)된다" 하였지만 우리나라는 고대로부터 하늘을 종가(宗家)로 하고 분가(分家)된 나라가 바로 단군조선이라 하였다. 이와 같은 사고방식의 한 형태로서 나타난 것이 上帝 桓因의 庶子 환웅을 이 땅에 하강시켜 神市를 만들게 하고 祭政一致의 시대를 이루게 하였다는 사실이다. 상제의 이야기가 생략되고 남성인 환웅이 祭, 政을 시작했다는 사실은 이미 모계씨족사회를 지나 父家長, 男酋長 사회가 형성되어 가는 것을 말해준다.[23]

> 한편 환웅과 웅녀의 결혼에 대해서도 같은 '개마족'의 남성과 여성의 결혼으로 一夫一妻制의 과정이며,[24] 곰과 호랑이가 같은 굴에서 생활했다는 것도 무질서한 원시시대의 군혼(群婚) 또는 난혼(亂婚) 시대에서 차츰 일부일처제의 결혼 형태로 변화되는 과정이라고 설명하였다. 그러나 신단수가 분화하여 무속의 '신장대'가 되었으며 신시(神市)를 제의를 위한 군중들의 집결지라고 설명한 것은 현실감이 있는 언급이라 하겠다.

---

23) 김지용, 〈단군신화의 민속학적 고찰〉, 《청주대학10주년기념논문집》, 청주대학, 1957, 34쪽.
24) 위의 글, 35쪽.

결국 김지용의 논문은 강돈구의 논문[25])과 같이 문학적 민속학적 사회학적 구분이 불분명한 서술이었고, 논지의 전개가 일관되지 못한 아쉬움이 있었다.

2) 김태곤의 〈무속에서 본 단군신화〉

무속은 민속의 범위에 있다고 보아 이 논문도 포함시켰다. 지금까지 본격적인 무속학적 연구로는 김태곤이 최초라 하겠다. 그는 단군신화가 기록되기 이전의 구비전승(口碑傳承)에 대한 충분한 검토를 강조하면서, 무가(巫歌) 가운데서 성주무가와 단군신화를 대비 고찰(1968)하였다.

그는 단군신화는 구성에서 천신숭배사상이 기본요소가 된다고 하며, 성주무가의 신화적 형태와 일치하는 구성이라고 하였다. 그 내용을 종합적으로 비교한 표는 다음과 같다.

표 1. 단군신화와 성주무가[26])

	단 군 신 화	성 주 무 가
동기	천신 숭배	천신 숭배
진행 (업적)	1. 천신 하강(인간을 위해서) 2. 하강한 천신이 인간 교화 구제 3. 하강한 천신과 웅녀 사이에서 　　단군 출생 - 고조선 개국	1. 천신 하강(인간을 위해서) 2. 하강한 천신이 인간 교화 구제
결말	단군의 산신화 (천신의 환원 좌정)	하강한 천신 - 城主神化 (천신의 환원 좌정)

위 표에 대한 보충 설명을 그의 논문에서 참고하면 이렇다. 단군신화와

---

25) 강돈구, 앞의 글, 235쪽.
26) 김태곤, 〈무속상에서 본 檀君신화〉, 《국어국문학》 41, 1968, 139쪽.

성주무가의 원류는 제천행사에서 주술적 찬가(讚歌)인데, 천신숭배를 중심으로 한 사제(司祭)들에 의해 구전되어 오다가 중간에 찬가 이야기가 유출되어 수정 윤색되고, 여기에 또 다른 설화적 요소가 혼합되었다. 이 과정에서 토테미즘적 사고가 융합 연결된 것이 단군신화이고, 그 원류는 계속 신앙성을 고수하면서 이어온 것이 성주무가라는 것이다.

3) 성순택의 〈단군신화의 민속학적 고찰〉

기존의 연구 성과를 바탕으로 한 성순택의 연구(1968)는 무속의 특성과 조직에 주안점을 두었으며, 현존하는 무속과 비교 고찰한 몇몇 부분이 특이하다. 단군은 무당 가운데에서 능숙하고 연장(年長)의 '큰 무당'이며, 환인, 환웅, 단군은 우리 나라 고대사회의 무사적(巫師的) 통치자의 이명동의(異名同意)라고 해석하면서, 환웅에 대하여 아래와 같이 지방의 민속을 예로 들며 각별한 언급을 하였다.

> 환웅은 신과 인간의 양면성을 지닌 존재로 하늘에서 신단수 아래로 하강하는 서술은 무속사회에서의 신의 강림과 비교할 수 있으며, 영남지방에서 흔히 보는 당수(堂樹) 나무에 내재하는 '골맥이'와 성격이 같다.[27]

한편 단군을 기자속(祈子俗)과 관련지어 다음과 같이 비교한 것 또한 세심한 관찰이었다.

> 웅녀가 신단수 밑에서 아이 낳기를 기원하였다고 하는 것이나, 손녀를 인신(人身)케 하고 신단수와 혼인시켜 '단군'(檀君)을 낳았다고 하는 식의 이야기는, "바위 밑에서 기원하여 아이를 얻었다 하여 아이 이름을 '바위'라고 하고, 큰 고목의 영험에 의해 얻은 자식이라 하여 그 고목을 양부로 삼아 위하

---

27) 성순택, 〈단군신화의 민속학적 고찰〉, 《公山城》 4, 광주교대, 1968, 79~80쪽.

는 것과 같은 관념이다.[28]

이어서 무속과 관련지어 환웅을 제주도 본향당(本鄕堂) 풀이에서 나오는 당맨신방, 또는 단골신방(丹骨神房)과 같이 남자 제사장이라 단정하였다. 그리고 환웅이 무리 3천을 거느리고 태백산에 내려왔다 함은 이 본향당 굿에서 말하는 '부락민'이고, '풍백·우사·운사' 등은 단골신방을 보조하는 '조무'(助巫)일 것이라는 독특한 추정을 하기도 하였다. 다만 이 굿의 참석자 모두가 여성인 것은 사회가 발달함에 따라 무속이 여성의 전유물로 전락했기 때문이라는 매우 합리적인 설명을 하였다.[29]

결론적으로 고대의 무속은 오늘날의 무속과 달리 국가의 운명을 좌우하는 것으로, 올바른 신의(神意)의 전수(傳受)가 무사(巫師)의 가장 큰 직능이며, 이 같은 신정조직(神政組織)은 그대로 국가조직으로 발전할 가능성이 내포되어 있다고 하며, 신정조직을 도표로 나타내었다.[30]

한편 성순택은 이 같은 신정조직에 대한 참고로 요즈음 가장 논란이 되고 있는 《규원사화》(揆園史話)를 예로 들었는데, 민속학적 고찰로는 매우 주목되는 최초의 언급이었다. 앞으로는 《한단고기》와 같은 도가적(道家的) 사서(史書) 등과 관련성을 살필 필요가 있다고 본다.

4) 임동권의 〈단군신화의 민속학적 고찰〉

1971년에 발표된 이 논문은 단군신화 내용 가운데 민속학적 요소가 무엇인지를 구체적으로 밝혔다는 점에서 가장 명쾌하였다고 본다. 이것을 항목별로 열거하면 다음과 같다.

---

28) 위의 글, 80쪽.
29) 위의 글, 81쪽.
30) 위의 글, 85쪽.

> 1) 수관(數觀) － 1(一炷), 3(天符印三箇, 率徒三千, 三百六十餘事, 忌三七日),
>   20(二十枚), 100(百日)
> 2) 신관(神觀) － 자연신 － 산신, 신단, 풍백, 우사, 운사, 산정(山頂)
>   동물신 － 熊, 虎
>   식물신 － 신단수, 쑥(艾), 마늘(蒜)
> 3) 주술(呪術) － 常祈, 願化爲人, 呪願孕, 忌三七日, 忌日光不見百日, 천부
>   인, 三百六十餘事, 穀命病刑善惡
> 4) 기 타 － 壇樹下, 神婚, 山神, 壽千九百八歲[31]

이상과 같이 그는 단군신화의 화소 대부분을 민속학적으로 의미 있는 것으로 보았다. 그래서 그는 단군신화는 그것이 비록 고조선의 개국(開國) 과정을 설명한 역사적 자료라 할지라도 민속학적인 해석이 있어야 완전한 해석이 가능하며, 이러한 작업은 민족사의 과거와 현재를 이해하는 데 필요하며 우리의 풍속사를 밝히는 데 도움이 된다고 하였다.[32]

이제 이들 가운데 우리 민속에서 두루 입증되는 것들을 중심으로 좀 더 살펴보기로 하겠다.

(1) 수(數) － 3, 100과 관련된 민속

'1'과 '20'에 대한 그의 해석은 민속 전반에 걸쳐 일반화하는 데 다소 문제가 있으나 '3'에 대한 다음과 같은 해석은 많은 참고가 된다.

원래 3이란 크다, 많다, 빈번하다는 뜻으로 가장 흔하고 보편적으로 사용되고 있다. 여우가 사람으로 변할 때에 재주를 넘되 3번이며, 행인이 길을 잃었다가 초가를 찾아 대문을 두드릴 때도 3번이며, 부정(不淨)을 쫓을 때도 3번 쫓고, 진언(眞言)을 외울 때에도 3번 되풀이한다. 우리의 일상생활에서 3은 단순한 수가 아니라 생활과 밀착되고 속신화(俗信化)하고 있다. 환웅이 '3천명의 무리를 거느리고'에서 '3천'이란 '많다'는 의미이다. '3천 궁녀'에서 3

---

31) 임동권, 〈단군신화의 민속학적 고찰〉, 《한국민속학논고》, 집문당, 1971, 344쪽.
32) 위의 글, 345쪽.

천이란 궁녀 수가 3천 명이라는 것이 아니라 '많았다'는 뜻이며, '인간의 삼백육십여사(餘事)'란 1년의 360여 일(餘日), 즉 연중 모든 날의 인간사를 주재(主宰)하는 것으로 '모든 것, 전부'의 뜻으로 해석된다.33)

한편 '3·7일'에 대한 다음과 같은 해석과 구체적인 민속사례들은 매우 설득력 있다.

> 3·7일은 7을 3번 한다는 것이니 즉 21일을 뜻한다. 한국인은 3을 좋아했으나 7도 좋아하는 숫자이다. 산후에 산모의 회복과 영아의 발육은 7일을 규준으로 해서 첫7일, 두7일, 삼7일을 기(期)해서 행사를 하기 마련이다. 산육속의 예는 다음과 같다.
> - 7일마다 산신(産神)을 위한다.
> - 산전(産前) 3·7일 전에 원행(遠行) 가족은 3·7일이 지나도록 산실(産室) 출입을 해서는 안 된다.
> - 산후 3·7일 안에 닭알을 깨트리면 불길하다.
> - 3·7일 안에 산실에는 부정(不淨)을 쫓기 위하여 아이 머리맡에 목탄(木炭)을 놓는다.
> - 금(禁)줄은 3·7일 동안 매달아둔다.
> - 3·7일에 수수경단을 만들어 먹으면 아이 병에 예방이 된다.34)

실제에서 위와 같은 사례는 우리 민속에 아직도 생생하게 남아 있는 것으로 단군신화의 오랜 전승을 입증할 수 있다. 다음으로 100에 관한 민속도 설득력 있는 해석이었다. 환웅이 곰과 호랑이에게 쑥과 마늘을 주며 100일을 금기하라고 한 대목을 그는 다음과 같이 풀이하였다.

> 100이란 수는 큰 수요, 많은 수라는 뜻이다. '百'자를 '일백 백'이라 하지만 언어로는 '온, 온 백'이라 했다. '온'은 '온갖, 모든'의 뜻이다. '많은 것'을 표시할 때에 '百'이란 말로 표시하는 일이 많았다. '백가(百家), 백과(百科), 백화

---

33) 위의 글, 348~349쪽.
34) 위의 글, 349쪽.

(百花)……’ 등은 모두 수의 백이 아니라 ‘온갖 모든 것’이라 의미를 내포하고 있다. 단군신화에서 말하는 ‘백일기’(百日忌)도 오래도록 일광을 보지 말고 기도하라는 것으로 해석된다. 요즈음 민간신앙에서 백일제(百日祭)를 지낸다든가 백일기(百日忌)를 지킴으로써 정성을 보이는 예를 찾아볼 수 있으니 많은 나날을 정성을 다 함으로써 신의 뜻을 움직일 수 있다는 데서 백일이 채택된 것으로 믿어진다.[35]

(2) 산 신

단군신화 속에 나오는 신단(神壇)과 산신(山神)에 대한 해석을 민속학적으로 입증한 예는 많았다. 그러나 임동권은 한층 정확한 통계를 바탕으로 우리의 오랜 민속 전승임을 입증하였다.

1936년도 조사에 의하면 마을의 후방의 산에 신단을 마련하고 신수(神樹)를 가지고 있다는 보고가 있다는 보고가 압도적으로 많은 것을 보면 한국의 부락제의 일면을 파악할 수 있다. 한국의 자연신제가 높은 곳, 즉, 산에 신단을 마련해서 제사했던 까닭은 태양신에 접근하려 했던 것으로 생각된다. 산정에 신웅이 하강한 장소가 된 것도 하늘에서 가까웠던 까닭이니 신단을 마련하기에 알맞은 곳이 된다. 부락제가 같은 유형으로 나타나는 것은 우연한 일이 아니요 전승된 민속전통이기 때문이다.[36]

한편 산신의 해석과 이와 관련된 민속의 소개도 매우 설득력 있었다.

원시수렵시대에 사람은 산에서 살았다. 짐승을 잡고 식물을 채취하는 산 생활을 하였으니 산악과 밀접한 관계를 가지고 살았다. 산을 경제적으로 중요시했고 또 산의 유현(幽玄)한 신비로 숭배의 사상이 싹터서 산을 다스리는 산신 관념이 생기고 산신을 숭배하기에 이르렀다. 현대에도 도처에서 산신제를 지내고 있다. 한국인의 민간신앙에서 산악신은 수호신의 일종이다. 산신을 위하면 화를 면하고 복을 얻으리라고 믿었다. 단군은 국민이 숭배하는

---

35) 위의 글, 350쪽.
36) 위의 글, 351쪽.

산신이 됨으로써 영구히 민족을 수호하는 신으로 승화시킨 것이다. 영웅이나 장군이 사후에 신이 된 예는 부일대사(浮日大師)가 대관령 서낭신이 되었고, 임경업 장군이 바다의 서낭신이 되었다. 한민족은 고대부터 영웅, 장군을 수호신으로 숭상하였다.[37]

(3) 주 술(呪術)

임동권도 단군신화에서 주술을 민속학적으로 중요하게 다루었다. 임동권은 곰과 호랑이가 사람이 되기 위해 신웅에게 비는 것은 간절한 소원을 호소하는 축원제 또는 '샤먼 의식' 성격이라고 추측하였다. 또 기자속(祈子俗)은 기록으로는 단군신화가 최초의 기록이나 그 이전에도 있었을 것이며 그 이후에도 다음과 같이 많이 나타난다고 하였다.

> 부여왕 해부루는 늙도록 자식이 없어 '제산천구사'(祭山川求嗣)했으며 함달파(含達婆)는 적국(積國)의 왕녀를 비로 맞았으나 오래도록 아들이 없으므로 기도하고 제사지냈다. 한편 기도하면 아들을 낳는다는 기자암(祈子岩), 신수(神樹), 약천(藥泉), 당(堂), 불사(佛寺)는 전국 도처에 흩어져 있다.[38]

이상으로 임동권의 논문에서 특징 있는 내용들을 살펴보았다. 그가 밝힌 결론의 내용과 같이 단군신화는 현재 우리 민속의 기원을 밝히는 중요한 자료가 된다는 것을 각종 자료로써 명백하게 입증하였다. 다만 우리의 민속이 오랫동안 변화가 없는 것에 대하여는 신라의 삼국통일이 중요한 계기가 되었으며, 우리 민족은 문화적으로 보수적이라는 점을 지적하였다.

5) 김선풍의 〈민속학적으로 본 단군신화의 구조〉

지금까지 연구와 달리 김선풍은 단군신화를 구조적으로 고찰하여 민속

---

37) 위의 글, 352쪽.
38) 위의 글, 259쪽.

학적 특성을 살폈다는 점에 차이가 있다. 그의 구조적 고찰(1987)은 단군신
화를 한국의 다른 신화들과 대립관계에서 살핌으로써 단군신화의 민속학
적 특성을 더욱 명백히 하고 있다. 그의 주장 가운데 두드러진 부분을 찾
아서 요약하면 다음과 같다.

> 설화에서 대립관계의 연구는 그 구성과 형성과정을 찾는 데 큰 도움이 된
> 다. 신화는 남과 여의 접합, 곧 양과 음의 관계에서 이루어진다. 곰은 무왕
> (巫)인 단군을 낳은 무녀(巫女) '곰네'이다. 그렇다면 신웅은 박수무당을 상징
> 한다. 단군을 탄생시킨 박수(男巫)의 뜻을 숨기고 있다. 우리 민족의 서낭당
> 은 당(堂) 이전에 당목(堂木)이 먼저이다. 신체(神體)는 당목이다. 최남선을
> 비롯한 많은 학자들이 단(壇)을 쓴 것은 틀린 것이라고 하나, 그것은 번역을
> 한 선인들의 심중을 그릇 이해한 결과이다. 이때의 단(壇)은 서낭당의 돌무
> 더기를 뜻한다. 단(檀)이 옳다, 단(壇)이 옳다 시비를 가릴 필요가 없다. 어차
> 피 돌무더기 단(壇) 위에는 서낭나무인 박달나무 신목(神木)이 있을 테니 말
> 이다. 그렇다면 단군은 지상의 신, 땅의 신, 군주(君主), 무왕(巫王)으로 해석
> 함이 옳다.39)

천제의 명을 받고 하강한 환웅은 산에다 신시를 건설하고 지상신은 단
군 무왕에게 맡긴다. 단군은 죽은 후에 다시 천신의 지위로 상승, 회귀한
다. 죽어서까지도 산신이 되어 후손들을 위해 음조(陰助)하였다. 이처럼 김
선풍의 견해에는 산신을 강조하는 특성이 있다. 우리 민속신앙에는 고유
한 것으로 산신숭배사상, 모신(母神)숭배사상, 조상숭배사상이 있는데, 단
군 시절에는 수렵신, 생산신, 풍신, 전쟁신, 비신 등이 따로 있었던 것이 아
니라, 산신이 모든 권한을 다 갖고 있었다는 것이다. 산이 많은 한민족에
게는 그래서 산을 모신(母神)으로 숭배하는 전통도 생겨났다. 웅녀, 곧 '곰
네'도 호국신이 되어 웅녀성모로 숭앙을 받았을 것이며, 웅녀는 한국 무당

---

39) 김선풍, 〈민속학적으로 본 단군신화의 구조〉, 《월간 광장》 1987년 10월호, 192~
193쪽.

의 시조가 된다고 했다.[40]

김선풍은 이러한 구조적 고찰을 주몽신화와 수로신화에 대비시켜 유사성이 있음을 주장하였다. 이처럼 한국신화의 민속학적 특성을 일관된 사고의 구조로 보려는 시도는 매우 의미 있는 통찰로 보인다. 다만 부분적인 단정, 특히 웅녀를 한국 무당의 시조로 보는 것 등은 다소 무리가 있어 보인다.

6) 장주근의 〈단군신화의 민속학적 연구〉

장주근의 연구(1988)는 기존의 연구들을 바탕으로 민속학적 고찰을 한다고 하였으나, 내용으로는 몇몇 사항들을 제외하고는 충분한 성과를 거두지 못했고, 논지 전개에서는 초점이 흐려졌다. 다만 다음과 같은 내용이 기존의 연구자들과 차이가 있다.

> 단군은 신이다. 신이란 비재적(非在的) 존재이고 다만 관념적 존재라는 점에서는, 예컨대 삼신할머니나 단군이나 제우스(Jeus)나 여호와(Jehovah)나 천조대신(天照大神)이나 모두 다를 바가 없다. 지금은 남의 신은 비실재적이고 우리 신만이 실재적 존재라고 고집부릴 시대는 아니다. 좀더 정확하게 말한다면 단군이라는 말이 무당을 가리키는 보통명사가 아니라 무당사제단이 신봉하고 제사지내던 시조신의 이름으로 보아야 할 것으로 생각된다.[41]

이어서 '태백산의 신시'에 대하여 현지 탐방을 근거로 한 다음과 같은 비교신화학적 고찰이 주목되었다.

> 천손하강의 성산(聖山) 성격이 일본신화의 경우 한국과 유사하고 한국에의 회고(回顧)의 정을 보이고 있어 여기에 첨가하기로 한다. 녹아도현(鹿兒島

---

40) 위의 글, 194쪽.
41) 장주근, 〈단군신화의 민속학적 연구〉, 《인산(仁山)김원경박사화갑기념논문집》, 1988, 316～317쪽.

縣)의 현지를 찾았을 때, 그 고천수봉(高千穗峯) 옆에 더 높은 산이 있고 'karakunidake'라고 훈독(訓讀)하며 한자로는 분명하게 '한국악'(韓國岳)이라고 쓰인 봉우리 팻말을 보고 놀란 일이 있었다. 이 산 이름 등은 물론 지도에도 '고천수봉(高千穗峯) 1574m', '한국악(韓國岳) 1700m' 등으로 기록되어 있는 것을 나중에 알았고, 지도를 보고 확인할 수가 있었다. 그리고 고사기(古事記) 천손강림 대목을 찾아보니, 천손 니니기가 고천수봉(高千穗峯)에 하강하고 나서 "여기는 한국을 향하고 입사어전(笠沙御前)에 통하며, 아침에 저녁해가 비춰는 길지(吉地)"라 하고 거대한 궁전을 마련하고 좌정(座定)했다고 풍부한 서술을 하고 있었다.42)

위에 밝힌 일본신화의 내용은 단군신화의 "太伯山頂神檀樹下 謂之神市" 내용에 비교되는 것으로, 성스러운 산꼭대기에 신시를 마련하고 신정(神政)을 시작했다는 것이다. 이런 것으로 미루어 단군의 신전(神殿)이 있었고 소름이 끼치도록 정교한 청동기 의기(儀器)를 사용하는 사제단과 그에 상응하는 큰 규모의 신전이 있었을 것이라고 추정했다.43) 결국 단군신화는 단군을 시조신으로 받드는 역대의 무군들이 정치하는 고조선의 문화상을 반영한 것으로 보는 것이다.

장주근의 견해는 지금까지 여러 학자들의 견해와 같이 무속을 근간으로 보는 점은 동일하나, 다만 그 규모를 확대했다는 점과, 단군을 실존 인물로 보지 않는다는 점에서 색다른 점이 있다. 삼한 시대의 '천군'(天君)은 실제 인물일 수밖에 없으나 단군은 실존 인물로 볼 수 없다는 것이다.

신화는 해석하는 이의 견해에 따라 얼마든지 차이는 있을 수 있으나, 문제는 자신이 직접 예를 든 바와 같이 '실존했던 인물이 후세에 신격화되는 경우'를 고려한다면 좀 더 깊은 통찰이 필요하다 하겠다.

---

42) 위의 글, 326~327쪽.
43) 위의 글, 329쪽.

5. 맺음말

지금까지 거론한 단군신화의 민속학적 연구들을 요약하면 다음과 같다.

먼저 최남선은 단군신화를 민속 제1호로 다룰 것을 강조하면서, 무엇보다 주술적 요소, 산신 신앙, 무당과 단군의 어원적 고찰, 쑥과 마늘의 의미, 토테미즘적 요소들을 통해 민속적 전승을 다각도로 논증하였다. 장승두는 최남선과 그 논지 전개가 비슷하나 논증 자료 제시에서 좀 더 다양하였다. 그러나 부분적으로 확대 해석한 부분은 다소 문제가 있었다.

한편 김태곤은 현존하는 '성주무가'와 단군신화를 집중적으로 대비 고찰하였는데, 천신숭배의 주술적 찬가가 구전되어 오는 중간에 수정, 윤색되고, 여기에 또 다른 설화적 요소와 토테미즘적 사고가 융합 영결된 것이 단군신화이고 그 원류 형태로 남은 것이 성주무가라고 했다. 성순택은 단군신화의 체계가 오늘날 무속사회의 체계와 유사함을 구체적으로 입증하였는데, 무엇보다 영남 민속 '골맥이'와 제주도 무속 '본향당풀이' 등과 비교 고찰한 것 등은 매우 설득력 있었다.

다음으로 임동권은 단군신화 속의 민속학적 요소를 한층 구체적으로 열거하면서 오늘날 민속과 대비하며 자세하게 해석하였는데, 비교적 명쾌하였다. 특히 수(數) 3과 100, 그리고 통계를 바탕으로 한 산신숭배 민속과 각종 주술적 사례들의 제시는 매우 설득력 있었다. 이어서 김선풍은 음양사상과 천신, 지신, 산신 숭배를 바탕으로 단군신화의 민속학적 구조화를 시도하여 다른 한국신화와 비교 고찰하였다. 끝으로 장주근은 기존의 여러 학자들의 견해를 정리하는 수준이었으나 단군을 역대의 무군(巫君)들이 받드는 시조신(始祖神)으로 본 점이 특이하였다.

종합적으로 다시 요약하면, 단군신화의 민속학적 연구는 태평양전쟁과 6·25동란 기간을 제외하면, 평균 10년에 한 번씩 발표되었다. 이들을 가지고 종합해 보면 단군신화의 민속학적 성격은 대체로 오늘날의 민속에서도 두루 나타나고 있음이 입증되었는데, 무엇보다 무속에서 많이 나타나고 있다.

한편 연구자들의 성과를 개관하면, 대체로 일제시대 발표된 최남선 연구의 성과를 벗어나지 못하였다. 다만 김태곤의 무가와 관련한 연구, 임동권의 단군신화의 민속학적 요소 분석 등은 주목되는 성과였다.

지금까지 단군신화의 민속학적 연구에서, 단군신화의 원본은 《삼국유사》 속의 단군신화가 주 대상이었고, 단군신화 속의 민속학적 속성은 무속(무당, 굿, 무가 등), 주술, 산신, 신단수(당목, 골맥이 등), 토템 등이었다. 이러한 속성 등을 중심으로 이 글의 내용을 요약하면 표 2와 같다.

표 2. 단군신화의 민속학적 속성

	연구자	민속학적 속성						기타
		단군(무속)	주술	산신	신단수	서자	토템	
1	최남선 (1928)	무속적 군장(샤머니즘, 당골, 天君)	祈願, 呪 쑥, 마늘	백두산	○	○	동북아시아 토템과 관련	금기
2	장승두 (1938)	제정일치 군장	○	山君=虎			곰=검=神	
3	김지용 (1957)	제정일치 군장		수호신	신장대	宗家-分家	1부1처제	수(3) 상징
4	김태곤 (1968)	제정일치 군장	성주무가	산신-성주신	○		○	천신숭배
5	성순택 (1968)	제정일치 군장	祈子俗	○	堂樹 골맥이	비교신화 고찰	○	洞祭
6	임동권 (1971)	○	祈子俗	○	○		○	수-3,100, 금기
7	김선풍 (1987)	단군=무왕 웅녀=巫祖		산신(종합 권능자)	○			地神= 단군
8	장주근 (1988)	시조신	○	○	○			

* 이 글에서는 자세하게 서술을 하지 않았으나, 원래 논문에서 연구자가 언급한 내용이면 ○표 처리.

이 표로써 오늘날의 민속 가운데에는 단군신화와 관련된 내용이 많이 전승되고 있다는 주장이 지배적임을 확인할 수 있다. 위에서 거론한 속성 말고도 기타에서 밝힌 바와 같은 속성들도 있다. 앞으로 3부인, 풍백, 우사, 운사, 수(數) 상징, 각종 의례 등과 관련된 여러 속성들을 포함한 총체적인 민속학적 고찰이 필요하다고 본다.

《사기》의 이민족 기재방식과 〈조선열전〉

기 수 연
_단국대 석주선기념박물관

1. 머리말

선진(先秦)시대 이래로 중국 사서에는 중국 주변에 존재했던 이민족들에 관한 기록이 전해지고 있다. 이러한 중국 정사(正史) 속에 들어 있는 이민족열전(異民族列傳)은 중국 주변에 존재했던 이민족의 실상을 구체적으로 이해하는 데 커다란 기여를 하였다.

중국 정사에서 이민족열전 입전(立傳)의 효시는 사마천(司馬遷)의 《사기》(史記)다. 사마천은 중국의 전설적인 시조로 일컬어지는 황제(黃帝)로부터 자신이 살았던 한 무제(漢武帝) 때까지의 중국 역사를 묶어서 《사기》를 저술하였다. 사마천은 《사기》의 체제를 본기(本紀), 세가(世家), 열전(列傳), 서(書), 표(表)로 구성된 기전체(紀傳體) 형식을 취하면서, 열전 부분에 이민족열전을 입전하였다. 이러한 사실은 사마천이 살았던 한 무제 때에 한 제국의 국력이 대외적으로 크게 팽창하면서 주변의 이민족을 복속시킨 사실과도 관련이 있다.[1]

중국인들의 주변 민족에 대한 인식의 바탕에는 늘 중화주의적인 관점이 강하게 내포되어 있으며,[2] 중국 정사에 보이는 이민족에 관한 기록 또한

---

1) 高柄翊, 〈中國正史의 外國列傳 − 朝鮮傳을 중심으로〉, 《東亞交涉史의 硏究》, 서울대학교출판부, 1970, 21쪽.
2) 安部建夫, 〈中國人の天下觀念〉, 《元代史の硏究》, 東京: 創文社, 昭和47(1972); 金翰

중국인들의 화이론적인 인식이 강하게 내포되어 있다. 중국인들은 스스로를 천하의 중심에서 높은 문명을 발달시킨 유일한 존재로 인식하였으며, 주변 이민족들은 중국 천자의 덕(德)으로 교화시켜야 하는 오랑캐 정도로 이해했다. 따라서 이민족의 역사를 기록할 때도 이민족의 입장에서 관찰하고 이해하는 것이 아니라 중국 중심의 입장에서 중국과의 관련성을 무리하게 연결시키거나, 중국과 관련된 부분만 기록하는 결과를 낳기도 하였다.

사마천은 《사기》의 체제를 철저하게 중국 천자를 중심으로 한 중국적 세계질서, 즉 천하사상(天下思想)의 기초 위에서 구성하였다. 《사기》에서 처음 시도된 기전체라는 역사 서술방식이 중국 천자를 천하의 정점에 놓는 세계인식과 역사인식에서 비롯된 방법임은 널리 알려진 사실이다. 《사기》의 이민족열전 또한 철저하게 중국 중심적 입장에서 중국의 세계질서에 포함된 영역만을 서술하였다. 사마천은 중국의 세계질서의 영향 아래 있다고 판단한 중국 주변에 있는 이민족에 대한 기록들, 즉 권110 〈흉노열전〉(匈奴列傳), 권113 〈남월열전〉(南越列傳), 권114 〈동월열전〉(東越列傳), 권115 〈조선열전〉(朝鮮列傳), 권116 〈서남이열전〉(西南夷列傳), 권123 〈대완열전〉(大宛列傳)을 열전에 포함시켰다. 사마천이 기전체라는 체재를 구상하면서 한 제국이 성립되기까지 의를 위하여 목숨을 바친 많은 충신에 관한 내용을 열전 부분에 기록했음은 잘 알려진 사실이다. 이러한 열전 부분에 이민족 관련 내용을 포함시킨 것은 중국 주변에 있는 이민족을 중국 황제의 신하와 같은 존재로 인식했음을 보여주는 것이며, 실제로 《사기》에 포함된 이민족들은 '외신'(外臣)이라는 명칭으로 불리어졌다. 이 글에서

___

奎, 〈'中國' 槪念을 통해서 본 古代中國人의 世界觀〉, 《全海宗博士華甲紀念論叢》, 일조각, 1979; 〈'四夷' 槪念을 통해서 본 古代中國人의 世界觀〉, 《釜山女大論文集》 10, 1981; 《古代中國的 世界秩序》(제1장 世界槪念의 분석을 통해서 본 漢代 中國人의 世界觀), 일조각, 1982; 尹乃鉉·金翰奎·金忠烈·劉仁善·全海宗, 《中國의 天下思想》, 민음사, 1988; 李成珪, 〈中華思想과 民族主義〉, 《哲學》 37, 1992 등을 참조.

는 중국 정사 최초로 이민족열전을 입전한 《사기》 이민족열전의 기재방식을 살펴보고, 〈조선열전〉의 내용 가운데에서 위만(衛滿)의 출자(出自)와 동래(東來)시기 문제를 살펴보도록 하겠다.

2. 《사기》의 이민족 기재방식

《사기》는 중국 정사 가운데 주변 이민족에 대한 기록을 하나의 '전'(傳)으로 성립시켜, 이후 중국 정사 서술의 준칙을 마련한 최초의 역사서이다. 중국 주변에 존재했던 이민족들이 고대시기 자신들 스스로의 역사를 기록한 문헌을 가지고 있지 못한 상황에서, 이들 문헌들이 주변 이민족의 역사를 연구하는 데 커다란 공헌을 한 것이 사실이다. 특히 주변 이민족을 점차 복속시키면서 중국이 팽창되던 한 무제시기에 《사기》의 이민족열전이 편찬되었다는 사실은 《사기》의 사료로서의 가치를 높여주는 부분이다.

《사기》의 관심은 철저하게 중국과 관계된 지역, 즉 속국(屬國), 외신(外臣) 등으로 규정된 중국적 세계질서에 편입해 있는 지역이었다.[3] 따라서 장건의 서역 파견 이후 서역 지역의 사정을 서술한 〈대완열전〉(大宛列傳)과 흉노 문제를 다룬 〈흉노열전〉(匈奴列傳)을 제외하면, 대부분의 이민족열전은 이민족의 시원이나 내부사정에 대한 상태 서술은 소략하고 중국과 직접 관련이 있는 부분만 기술되어 있다.[4]

사마천은 이민족열전의 가장 앞부분에 〈흉노열전〉을 배치하면서, 당우(唐虞) 이전 시기부터 한 무제 때까지 각 시기마다 흉노의 역사적인 상황을 기록하였다. 중국인들에게 흉노의 존재는 하은주(夏殷周) 이래로 환란과 재해를 끼치는 근원으로[5] 인식되었으며,[6] 한 초기 고조(高祖)가 백등산

---

3) 윤내현, 《고조선연구》, 일지사, 1994, 24쪽.
4) 高柄翊, 앞의 글, 7~9쪽.
5) 《史記》 卷130 〈太史公自序〉.

에서 수치를 당한 이후 흉노는 중국인에게 두려움과 필연적으로 넘어서야
할 숙명과 같은 존재였다.7) 따라서 흉노에 대한 이해는 한 제국의 존폐와
도 관련된 중요한 문제였으며, 이러한 필요성이 〈흉노열전〉을 이민족열전
가운데 가장 앞부분에 배치하고 흉노들의 역사적인 상황을 구체적으로 서
술하게 된 주요한 원인이 되었을 것이다. 사마천 개인에게도 흉노는 '이릉
(李陵)의 화(禍)' 사건을 가져온 불행의 근원이기도 했다. 사마천은 〈흉노열
전〉에서 이릉이 중과부적인 상태에서 흉노에게 사로잡히게 되는 과정을
많은 병사와 지원을 받았음에도 결국 실패하는 이광리와 대비시키면서 담
담히 기술하고 있다.

〈흉노열전〉 다음으로는 흉노 정벌에 공을 세운 인물인 위청과 곽거병
에 관한 내용을 기록한 〈위장군표기열전〉을, 그 다음인 112권에서는 주변
이민족 문제에 대해 서로 다른 의견으로 대립했던 공손홍과 주보언의 내
용을 담은 〈평진후주보열전〉을 입전하였다.8) 주보언은 한나라의 대흉노
정책을 비판하는 상소를 올려 승진을 거듭하다가 결국은 공손홍의 계략으
로 죽임을 당하는 인물이다. 사마천이 〈흉노열전〉에서 무제 이전 시기의
흉노 관련 내용을 많은 부분 기술할 수 있었던 것은 그가 20세를 전후해

---

6) 중국인들이 "진망자호"(秦亡者胡)라는 인식을 갖고 있을 정도로 절대권력을 행사했
   던 진시황을 무너뜨린 것이 결국은 북방의 흉노 대비를 위한 만리장성의 축조가 원인
   이 되었다는 것은 주지의 사실이다.

7) 한 초의 흉노 관계에 대해서는 彭年, 〈從'白登之圍'到'馬邑之謀' ─論高惠文景四代
   漢朝與匈奴關係〉, 《四川師院學報》(社科版) 1985-3(復印報刊資料先秦·秦漢史, 中國
   人民大學書報資料中心, 1985-11에 재수록); 林 幹, 〈匈奴的盛衰及其與中原的關係
   (上)〉, 《匈奴通史 第五章》, 人民出版社, 1989 등을 참조. 또한 흉노 인식과 관련하여
   森 熊男, 〈賈誼の三表·五餌政策について〉, 《硏究集錄》(岡山大學) 68, 1984; 伊瀨仙
   太郎, 〈賈誼の匈奴觀〉, 《立正史學》 44, 1978 등을 참고.

8) 이후에 편찬된 《한서》, 《후한서》 등의 사서들이 이민족열전을 한곳에 모아 기재한
   것에 반해 《사기》에서는 〈흉노열전〉과 남월, 동월, 조선, 서남이열전 사이에 〈위장군
   표기열전〉과 〈평진후주보열전〉을 삽입하고, 권123에 가서야 〈대완열전〉을 기록하였
   다. 이것은 《한서》의 기재방식과는 차이를 보이는 것으로 《사기》는 흉노 문제와 관
   련된 인물들을 함께 모아서 다룬 후 다른 이민족열전을 기록한 것으로 보인다.

북방 일대를 답사하면서 얻은 자료들이 커다란 도움이 되었을 것이다.9)

〈대완열전〉에서는 장건의 서역 파견으로 알게 된 대완국과 관련된 내용을 정리하였으며,10) 그 밖에도 서이(西夷)와 남이(南夷) 관련 기록으로 구성된 〈서남이열전〉을 입전하였다. 남이는 오늘날 귀주(貴州) 일대, 서이는 현재 사천성 서부, 운남 및 감숙성 동남 지구를 포괄한 지역이다. 이들 이민족열전에 포함시킨 흉노, 서남이, 조선, 남월, 동월 등의 지역을 사마천은 직접 답사하였으며, 서남이 지역에는 사신으로 파견되기도 하였다.11) 이와 같이 한 무제 때에 일어난 장건의 서역 파견과 새롭게 개척된 변경지역의 군현 설치가 이민족열전을 기술할 수 있는 기초적인 계기를 제공했을 것이다. 조선 지역에는 한 무제 원봉 3~4년에 낙랑, 임둔, 진번, 현도 등의 한사군이, 서남이 지역에는 건위군, 장각군, 월수군, 익주군, 무도군, 침려군, 문산군 등의 7군이, 대완 지역에는 하서4군이 설치되었으며, 남월 지역은 한 무제 때에 내속까지 추진했던 지역으로, 원정 5년에 군대를 출병시켜 담이, 주애 등 9군을 설치하였다. 반면 흉노 지역에는 상곡, 어양, 요서, 요동, 우북평 등의 5군을 설치하였다. 이러한 군현의 설치로 이들 지역들은 중국의 지방행정구역에 속하게 되었으나, 이들 이민족 지역에 세워진 군현은 중국 내지에 세워진 군현과는 여러 가지 면에서 다른 특징을 가지고 있었다.

진한대에 이르러 중국적인 세계관이 확대되고 화이관이 자리 잡으면서 중국인들은 그 주변의 이민족을 일반적으로 만이(蠻夷), 이적(夷狄) 등으로 지칭하였다. 즉 중국 주변의 이민족들은 중국과 멀리 떨어져 있어 습속이

---

9) 후지타 가쓰히사 / 주혜란 옮김, 《사기를 탄생시킨 사마천의 여행》, 이른아침, 2004, 157쪽.

10) 《사기》 〈대완열전〉의 내용은 《한서》의 장건과 이광리전에 대부분 편입된 반면, 《한서》 〈서역전〉은 《사기》 〈대완열전〉과는 다른 새로운 내용을 첨가하였다.

11) 사마천이 아버지 뒤를 이어 태사령 직에 오르기 전에 여러 지역을 순방하면서 그 지방에 전해져 오는 전설과 사적 등을 살폈다. 이러한 작업은 사마천이 개인이 갖고 있는 한계를 뛰어넘어 《사기》라는 대 역사서를 편찬하는 데 중요한 밑거름이 되었다.

다르고 중화(中和)의 기(氣)가 생겨나지도 못하며 예의로서 교화할 수도 없는 이적으로 인식되었던 것이다.

> ① 점차 眞番과 朝鮮의 蠻夷 및 옛 燕, 齊의 망명자를 복속시켜 거느리고 왕이 되었으며 王險에 도읍하였다.[12]
>
> ② 遼東太守는 곧 滿을 外臣으로 삼을 것을 약속하여 국경밖에 있는 蠻夷를 지켜 변경을 노략질하지 못하게 하는 한편 모든 蠻夷의 군장들이 천자를 뵙고자하면 막지 않도록 하였다.[13]
>
> ③ 太史公이 말하기를 越나라는 비록 蠻夷의 나라이기는 하지만 그의 선조가 아마도 일찍 이 백성들에게 커다란 공덕이 있었던 것이다.[14]
>
> ④ 이들은 모두 파(巴), 촉(蜀)의 서남쪽 바깥에 있는 蠻夷들이다.[15]

위의 인용문들은 《사기》 편찬 당시 중국인들이 갖고 있던 '이'(夷)에 대한 인식을 엿볼 수 있는 기록들이다. ①, ②는 〈조선열전〉의 기록으로, 이것이 위만조선에 관한 것임은 알려진 사실이다. 그런데 여기서 주목되는 것은 위만조선이 만이로 인식되지 않고 있다는 점이다. 반면에 ①의 "진번 조선의 만이"라는 구절을 유의해 보면, 위만이 망명하기 이전의 조선 지역은 '만이'로 인식되고 있음을 알 수 있다. 이러한 점은 ②의 기록에서 더욱 분명해진다. 위만조선은 중국적 세계질서 속에서 외신(外臣)[16]체제에 편입

---

12)《史記》卷115〈朝鮮列傳〉: "滿亡命, 聚黨千餘人, 魋結蠻夷服, 而東走出塞, 渡浿水, 居秦故空地上下鄣. 稍役屬眞番・朝鮮蠻夷, 及故燕・齊亡命者, 王之, 都王險."

13)《史記》卷115〈朝鮮列傳〉: "遼東太守卽約滿爲外臣, 保塞外蠻夷無使盜邊. 諸蠻夷君長欲入見天子, 勿得禁止."

14)《史記》卷114〈東越列傳〉: "太史公曰,……越雖蠻夷, 其先豈嘗有大功德於民哉 何其久也!"

15)《史記》卷116〈西南夷列傳〉: "此皆巴蜀西南外蠻夷也."

16) 외신(外臣)은 중국의 세계질서 속에 있는 존재였으나 이적(夷狄)은 중국 천자의 신하에서 제외된 존재였다. 이에 대해서는 《백호통》(白虎通)의 다음 기록을 참조할 수 있다. "왕 된 자가 신하로 여기지 않는 것은 세 부류가 있으니 무엇을 말하는가? 세 왕(黃帝・堯・舜)의 후예, 처의 부모, 이적 등이다. 이적이란 중국과 멀리 떨어져 있어 습속이 다르고 중화(中和)의 기가 생겨나지도 못하고 예의로서 교화할 수도 없다. 그

된 존재였으며[17] 만이들을 통솔하고 관할하는 역할을 부여받은 존재였다.[18] 반면 ①의 진번이나 조선, ②의 위만조선 주변의 종족들은 '만이'로 칭해지고 있으며, ③, ④의 동월(東越)이나 중국 서남쪽의 파, 촉 주변에 있던 염방(冉駹), 백마(白馬)와 같은 씨족도 '만이'로 칭하고 있다. 즉 중국 동북지역뿐만 아니라 남쪽에 위치한 월나라, 서남쪽으로는 파, 촉 주변의 씨족까지 중국 주변의 이민족은 모두 '만이'로 칭했음을 알 수 있다.

《사기》에 보이는 '만이'는 '중국 주변의 오랑캐'란 일반적인 의미로 사용되었으며, 선진시기와 달리 종족적 문화적 지리적인 개념이라기보다 정치적인 성격이 강했다.[19] 즉 황제의 직접적인 지배범위가 어디까지인가 하는 것이 '중국'과 '이적'을 가름하는 중요한 기준이 되었던 것이다. 따라서 '만이'는 중국 황제의 법과 덕이 미치지 못하는 지역이기 때문에 신하로 인식되지 못하였다.

이 같은 '만이'라는 명칭은 선진시대의 문헌에서는 《상서》(尙書)에 단한 차례 기록되었을 뿐이지만 《사기》에서는 17회로 급격히 늘어난다.[20] 이것은 중화사상이 정립되면서 중국인들의 화이관에 따라 주변에 있는 이민족을 비하해서 '이적'이나 '만이'로 표현했기 때문이다. 이상의 내용을 종합해 보면, 《사기》 이민족열전에 기록된 나라들은 처음에는 '만이'로 지칭되는 존재였으나 외신(外臣)의 범주에 포함되면서 주변의 '만이'를 보호하고 안정시키는 존재로 인식이 변화됨을 알 수 있다.

중국인들이 주변 이민족을 이적, 만이 등으로 지칭한 것은 자신들의 세

러므로 신하로 여기지 않는 까닭이다.(《白虎通》 卷2 〈王者不臣〉: "王者所以不臣三, 何曰? 謂三王之後, 妻之父母, 夷狄也.…… 夷狄者與中國絶域異俗. 非中和氣所生, 非禮義所能化, 故不臣也")

17) 이 같은 내용은 《사기》〈태사공자서〉의 기록에서도 확인할 수 있다.(《史記》 卷130 〈太史公自序〉: "燕丹散亂遼間, 滿收其亡民, 厥聚海東, 以集眞藩, 葆塞爲外臣.")

18) 井上秀雄, 〈《史記》,《漢書》の東夷王者觀〉,《朝鮮學報》103, 1982.

19) 金翰奎, 앞의 글(1982), 13쪽.

20) 金翰奎, 앞의 책, 392쪽.

계와는 다른 존재로 인식했기 때문이다. 그러나 한 무제 때에 이르러 중국이 안정되면서 주변의 이민족들에 대한 복속과 정벌론이 대두하기 시작했다. 따라서 이들 지역에는 중국의 직접 지배를 받는 군현이 설치되었고, 중국은 이들에게 일정한 의무와 권리를 부여함으로써 '외신' 또는 '속국'으로 관계가 변하였다.

① 遼東太守는 곧 滿을 外臣으로 삼을 것을 약속하여 국경 밖에 있는 蠻夷를 지켜 변경을 노략질하지 못하게 하는 한편 모든 蠻夷의 군장들이 천자를 뵙고자 하면 막지 않도록 하였다.[21]

② 衛滿은 도망하는 백성을 거두어 海東에 집결시키고 진번을 병합하고 변방을 방위하여 漢나라의 外臣이 되었다.[22]

③ 한나라가 이미 중원을 평정하였을 때 조타는 양월을 안정시키고 속국을 보호하여 그들로 하여금 한나라에 공물을 바치게 하였다.[23]

④ 승상의 長史인 임창이 말하기를 흉노는 새로 패해서 곤란한 처지에 있는 만큼 마땅히 外臣으로 삼아 변경에서 조회를 하도록 하는 것이 좋을 것입니다.[24]

⑥ 蠻夷들은 한나라의 재물을 탐내는 것이 습관처럼 되어 있으니, 만약 지금 이때에 후한 물건을 오손에게 주고 점점 더 동쪽으로 가까이 불러들여 그 전 혼야왕의 땅에 살게 하고 한나라와 형제의 의를 맺게 하면 오손은 형편상 한나라를 따를 것입니다. 이렇게만 된다면 匈奴의 오른팔을 끊는 것이 됩니다. 오손과의 연합이 성립되면 그 서쪽의 대하 등을 모두 끌어들여 外臣으로 만들 수 있을 것입니다.[25]

---

21)《史記》卷115〈朝鮮列傳〉:"遼東太守卽約滿爲外臣, 保塞外蠻夷無使盜邊. 諸蠻夷君長欲入見天子, 勿得禁止."

22)《史記》卷130〈太史公自序〉:"燕丹散亂遼間, 滿收其亡民, 厥聚海東, 以集眞藩, 葆塞爲外臣."

23)《史記》卷130〈太史公自序〉:"漢旣平中國, 而佗能集楊越以保南藩."

24)《史記》卷110〈匈奴列傳〉:"天子下其議, 或言和親, 或言遂臣之. 丞相長史任敞曰: 匈奴新破, 困, 宜可使爲外臣, 朝請於邊."

25)《史記》卷123〈大宛列傳〉:"蠻夷俗貪漢財物, 今誠以此時而厚幣賂烏孫, 招以益東, 居故渾邪之地, 與漢結昆弟, 其勢宜聽, 聽則是斷匈奴右臂也. 旣連烏孫, 自其西大夏之屬皆可招來而爲外臣."

외신(外臣)은 진·한대의 기본적인 주변 민족 지배방식으로, 주변 민족의 군주를 황제에게 내속(內屬)시키는 방법이었다.[26] ①, ④에서 볼 때 외신의 기본적인 임무는 국경 밖의 수비와 주변 이민족 등이 한나라에 조회하는 것을 막지 않는, 즉 한나라의 권위를 인정하며 변경에서 조회하도록 하는 것이었다. 위의 기록들을 살펴볼 때, 《사기》 이민족열전에 실린 나라들은 한의 속국이나 외신과 같은 존재였다. 이것은 중국적인 세계관의 실현은 물론, 외신의 중요한 역할 가운데 하나가 주변에 있는 속국들을 관리하여 조공과 공물의 유입을 원활하게 하는 것이었기 때문에 경제적으로도 중요한 의미를 지녔다.

그러나 '외신'이라는 표현 또한 중화사상에서 나온 것으로, 외신의 관계는 형식상 인수를 주고받은 의례적인 관계였을 뿐 실질적인 상하나 주종관계를 표현한 것은 아니었다. 그것은 다음의 사료로써 확인할 수 있다.

> 남월왕은 黃屋(황제가 타는 수레)을 타고 左纛을 장식하고 있으며, 땅은 동서로 만 여 리나 됩니다. 명목상으로는 外臣이지만 실제로는 하나의 州의 군주입니다.[27]

위의 기록은 남월(南越)에 관한 내용으로 '외신'이라는 명칭이 다분히 명목상의 것이었을 뿐, 실제로 이들 이민족들은 한나라에 대해 하나의 독자적인 세력을 구축하고 있었음을 알 수 있다. 따라서 이민족의 입장에서 사료를 취할 때는 중국 문헌들이 철저하게 중화주의적인 바탕 위에서 서술

---

26) 이와 관련하여 小林 聰, 〈漢時代における中國周邊民族の內屬について〉, 《東方學》 82, 1991, 4쪽에서는 내속(內屬)을 새외민족(塞外民族) 군장의 '내신'화를 의미한다고 지적하고 있다. 또한 栗原朋信은 한대 국제관계의 구조에 대해서 내신(군현 지역의 제후), 외신(중국 왕조에 복속한 주변 여러 나라의 군장)이라는 동심원적 질서를 상정하고 있다(〈漢の內臣·外臣と客臣〉, 《秦漢史の研究》, 吉川弘文館, 1960). 工藤元男은 내신과 외신의 중간적 존재로서 속국이 위치한다는 견해를 펴고 있다.(〈睡虎地秦墓竹簡の屬邦律をめぐって〉, 《東洋史研究》 43-1, 1984)

27) 《史記》 卷116 〈西南夷列傳〉: "南越王黃屋左纛, 地東西萬餘里, 名爲外臣, 實一州主也."

되었다는 사실을 간과해서는 안 될 것이다. 사마천이 전무후무한 위대한 역사가인 것은 사실이지만, 그도 역시 중화사상으로부터 완전히 자유로울 수는 없었다.

중국 역사가들의 공통적인 관심은 주변 이민족에 대한 중국 천자의 통치를 정당화시키고 강조하는 것이었기에, 주변 이민족의 연원을 끊임없이 중국에서 찾았다. 그러한 점은 《사기》도 예외가 아니며, 오히려 중국이 팽창정책을 구가하던 시기에 씌어진 《사기》에서 그러한 점을 발견하기란 어렵지 않다.

① 匈奴의 선조는 하후씨의 후예로 淳維라고 불렀다.28)
② 월나라가 대대로 公侯가 될 수 있었던 것은 禹임금님이 남긴 공덕 때문인 것을 알겠다.29)
③ 〈禹本紀〉에는 河水는 곤륜산에서 나온다. 곤륜산은 그 높이가 2,500여 리이며, 해와 달이 서로 피해 숨으며 그 빛을 발한다.…… 이제 장건이 大夏의 사신으로 간 후에야 河水의 원류를 밝혀낼 수 있게 되었다.30)

위의 기록들은 《사기》 이민족열전에 있는 기록들로서 ①은 흉노의 선조를 하후씨에서 찾고 있으며, ②에서는 월나라를 우임금과 연결시키고 있다. ③에서는 서역 지방이 〈우본기〉에서 말한 황하의 원류라는 의미로 우시기에 이미 서역 지역을 황하의 원류로 인지하고 있었음을 시사하고 있다. 이와 같이 《사기》 이민족열전은 중국의 변방지역에 새로운 군현들이 설치되면서 이들에 대한 관심이 높아지게 되자 현실적인 필요성에서 입전된 것으로 보인다.

---

28) 《史記》 卷110 〈匈奴列傳〉: "匈奴, 其先祖夏后氏之苗裔也 曰淳維."
29) 《史記》 卷114 〈東越列傳〉: "由此知越世世爲公侯矣. 蓋禹之餘烈也."
30) 《史記》 卷123 〈大宛列傳〉: "禹本紀言 河出崑崙. 崑崙其高二千五百餘里, 日月所相避隱爲光明也. 其上有醴泉 瑤池. 今自張騫使大夏之後也, 窮河源, 惡睹本紀所謂崑崙者乎 故言九州山川, 尙書近之矣. 至禹本紀 山海經所有怪物, 余不敢言之也."

3. 〈조선열전〉의 입전 배경과 특징

《사기》〈조선열전〉은 열전 가운데 115번째에 입전되어 있으며, 위만조선과 서한(西漢)의 전쟁, 한사군의 설치 과정을 중점적으로 다루고 있다. 사마천의 출생시기에 대해서는 논란이 있으나,[31) 위만조선이 멸망하고 한사군이 설치되던 기원전 107년에 태사령(太史令)이 되고, 그 3년 뒤인 기원전 104년에 《사기》 편찬에 착수했던 것으로 알려져 있다. 따라서 기원전 108년에 발생한 한사군의 설치는 사마천 생존 당시의 사건이다. 이러한 점에서 《사기》〈조선열전〉은 위만조선에 대한 가장 신뢰할 수 있는 기록이라고 할 수 있으며, 그 뒤 편찬된 《한서》(漢書), 《위략》(魏略), 《삼국지》(三國志), 《후한서》(後漢書) 등에 보이는 위만조선 관련 내용의 기초 자료가 되었음은 주지의 사실이다. 사마천은 이민족열전을 군현을 설치한 순서로 배치한 것으로 보이는데, 한사군의 설치시기는 원봉(元封) 3년으로 다른 지역보다 늦기 때문에 동월(東越)과 남월(南越), 즉 양월열전 다음으로 〈조선열전〉을 배치하였다.

이전 사서에서 조선 관련 기록은 매우 부분적이고 단편적이었던 것에 반해,[32) 《사기》에서 하나의 전(傳)으로 〈조선열전〉을 입전하였다는 사실은, 한사군의 설치를 계기로 당시 중국인들의 조선 관련 지식의 양이 증가하였음을 반영한 것이라고 할 수 있다.

〈조선열전〉의 내용은 (위)만이 조선에 망명한 후 손자 우거에 이르기까지의 상황, 서한과 조선의 전쟁 과정, 전쟁의 결과 등 크게 세 부분으로 구성되어 있다.[33) 《사기》의 한(韓)민족 관련 기록인 〈조선열전〉 역시 첫 부

---

31) 사마천의 출생연도에 대해서는 아직 정설이 없으며, 현재 기원전 145년(史記索隱說)과 기원전 135년 설로 나누어져 있다.
32) 중국 문헌에서 조선 관련 기록이 처음 나타나는 것은 《관자》〈경중갑〉편이다.
33) 그 외에 《사기》의 〈흉노열전〉과 〈무제본기〉(武帝本紀), 〈율서〉(律書), 〈봉선서〉(封

분을 "조선왕 만(滿)은 옛 연(燕)나라 사람이다"[34]고 시작할 정도로 열전의 내용은 중국과 관련된 내용만을 중점적으로 서술하였다. 따라서 위만조선의 위치나 영역 등 위만조선 자체의 정보를 알려주는 기록은 매우 부족하다. 이러한《사기》의 구성과 내용에 대해 당대 중국인들의 현실적인 관심의 반영으로 보는 시각이 강하지만,[35] 이보다는 당시 사마천이 접할 수 있었던 이민족 관련 자료가 매우 제한적이었음을 시사하는 것이다.[36]

그런데《사기》의 다른 전에서는 창해군(滄海郡)과 관련된 조선, 기자조선, 예맥조선 등 서로 구분되는 세 조선에 대해서 기록하고 있음에도,〈조선열전〉에서는 이들에 대해서 전혀 언급하지 않고 있음이 주목된다. 다른 전에 보이는 조선 관련 기록을 살펴보면 다음과 같다.

① 여기에 武王은 箕子를 朝鮮에 봉하고 신하로 삼지 않았다.[37]
② 彭吳는 朝鮮을 멸망시키고 滄海郡을 설치하였다.[38]
③ 이때에 西南夷와 교통하였고 동쪽으로는 滄海郡을 설치하였다.[39]

위에서 보듯이 ①의〈송미자세가〉(宋微子世家)에서는 "기자를 조선에 봉하였다"고 기록을 하였음에도〈조선열전〉에서 기자에 대해 전혀 언급하지 않은 것은 여러 가지 추측이 가능하다.[40] 한국 학계에서는 일반적으

禪書) 등에 부분적으로 조선 관련 기록이 보인다.

34)《史記》卷115〈朝鮮列傳〉: "朝鮮王滿者, 故燕人也."

35) 高柄翊, 앞의 글, 7~9쪽.

36) 반고(班固)에 따르면 사마천이《사기》를 편찬하는 데 참고한 문헌으로는《좌전》(左傳),《국어》(國語),《세본》(世本),《전국책》(戰國策),《초한춘추》(楚漢春秋)와 경전(經傳) 등으로 알려져 있다.(《史記集解》序: "班固有言曰 司馬遷據左氏 國語, 采世本 戰國策, 述楚漢春秋, 接其後事, 訖于天漢) 그러나 이들 문헌 가운데 조선 관련 기록은 거의 없다.

37)《史記》卷38〈宋微子世家〉: "於是 武王乃封箕子於朝鮮而不臣".

38)《史記》卷30〈平準書〉: "彭吳賈滅朝鮮, 置滄海之郡, 則燕齊之閒靡然發動."

39)《史記》卷112〈平津侯主父列傳〉: "元朔三年, 張歐免, 以弘爲御史大夫. 是時通西南夷, 東置滄海."

40) 윤내현은 한국고대사에 나타나는 조선의 개념과 종류에 대해, 한국고대사에는 고조

로 〈조선열전〉에 기자의 동래 사실이 전하지 않는다는 점을 근거로 기자
조선의 존재를 부정하고 있다.[41] 이에 대해 중국 학자들은 기자는 미자,
비간과 더불어 은나라 말기의 현인이었고, 이러한 역사적 사건이 조선과
의 관련성보다 더욱더 중요하기 때문에 〈송미자세가〉에서만 다루었다고
주장한다. 또한 세가에서 다룬 것은 열전 부분에서 다루지 않는 것이 사마
천의 서술방식의 특징이었다고 주장한다.[42] 그러나 사마천이 위만조선에
관한 내용은 '하나의 전'으로 기록한 반면, 고대 중국인들이 현인으로 인식
했던 기자조선 관련 내용은 부분적으로만 언급한 점 역시《사기》의 관심
이 철저하게 중국 중심적이었음을 보여주는 것이다. 즉 사마천은 위만조
선은 중국(漢)의 외신으로 생각했지만, 기자는 중국의 신하가 아니었으
며,[43] 중국의 세계질서에서 벗어난 존재로 인식했기 때문에 제외시킨 것
이다.[44] 윤내현은 〈송미자세가〉의 "기자를 신하로 삼지 않았다"는 기록에
주목하여, 위만조선은 외신이었기 때문에 〈조선열전〉에 기록했지만 기자

선, 기자조선, 위만조선, 낙랑군 조선현이 있으며, 이들은 위치나 개념, 성격에서 커다
란 차이를 보이기 때문에 서로 구분해서 불러야 한다고 주장한다.(윤내현, 〈고대 조
선의 지리와 개념〉,《고조선연구》, 1994, 40~60쪽)

41) 학계에서는, 기자 동래설에 관한 견해는 3세기 이전의 사서인《논어》(論語)와《죽서
기년》(竹書紀年)에 기자에 관한 내용만 있을 뿐 조선에 갔다는 기록이 없으며, 고고
학적으로 기자의 동래 사실이 뒷받침되지 않는다는 점 때문에 20세기 초 이래 부정
해 왔다. 이병도는 기자조선설을 부정하는 입장에서 '한씨조선설'을 주장하였으며(李
丙燾, 〈箕子朝鮮의 正體와 所謂 箕子八條敎에 대한 新考察〉,《한국고대사연구》, 박
영사, 1976), 한국 민족의 기원을 종족의 이동이라는 입장에서 바라보면서 기자조선
을 이해한 견해(千寬宇, 〈箕子考〉,《東方學志》 15, 1974)가 제기되기도 하였다. 또한
윤내현은 기자 집단의 동쪽으로의 이동은 인정하였지만, 기자국은 고조선을 대체한
것이 아니라, 고조선의 변방에 위치한 소국이었을 뿐 한국사와는 관계없는 것으로,
따라서 한국사에서 기자조선시대를 설정할 수는 없다고 보았다.(尹乃鉉, 〈箕子新
考〉,《韓國史研究》 41, 1983)

42) 楊昭全·孫玉梅,《中朝邊界史》, 吉林人民文史出版社, 1993, 8~22쪽.

43)《史記》 卷38 〈宋微子世家〉: "武王旣克殷, 訪問箕子…… 於是武王乃封箕子於朝鮮.
而不臣也."

44) 윤내현, 앞의 책, 24쪽.

는 중국의 신하가 아니었기 때문에 〈조선열전〉에 기록하지 않았다는 견해를 제기하였다.[45)]

②, ③은 창해군(滄海郡)과 관련된 조선에 대한 기록이다. 창해군의 설치 시기는 기원전 128년으로 《사기》〈조선열전〉의 기록과 약 반세기 정도의 시간밖에 차이가 나지 않으며, 《사기》가 편찬된 무제대에 일어난 사건이다. 그런데도 사마천이 〈조선열전〉에서 창해군 관련 내용을 전혀 언급하지 않은 것은, 〈조선열전〉의 기록이 조선 지역에 대한 커다란 관심이나 지식을 가지고 기술하였다기보다는, 전국시대(戰國時代)부터 전해 내려오는 자료와 전쟁자료 등을 토대로 기계적으로 기술하였음을 의미하는 것이다.[46)]

따라서 〈조선열전〉의 기록 가운데 사마천 당시의 조선과 서한의 전쟁 관계 기록은 종군기자의 일지를 연상하게 할 만큼 자세하고 세밀하지만, 그 밖의 내용은 상대적으로 매우 미비함을 알 수 있다. 특히 앞부분에 기록된 연나라 관련 기사나 위만 시기의 기사는, 다른 사서의 내용과 비교해 봤을 때 차이를 보인다.

> 처음 燕나라의 전성기로부터 일찍이 진번과 조선을 복속시키고 관리를 두어 국경에 성과 요새를 쌓았다.[47)]

위의 기록에 보이는 연나라의 전성기는, 전국시대 연나라가 다른 나라들과 연합하여 제나라의 수도인 임치까지 점령했던 연나라 소왕 시기(B.C.

---

45) 위의 책, 18~28쪽.

46) 사실 〈조선열전〉을 기술할 수 있었던 직접적인 계기는 위만조선 지역에 설치된 한 사군 때문일 것이다. 서한과 조선의 전쟁이 끝난 후 전쟁에 대한 논공행상을 통해 좌장군 순체는 기시를 당했고, 누선장군 양복은 좌천을 당했다. 이러한 전쟁 관련 기록도 〈조선열전〉의 작성에 중요한 자료가 되었을 것이다.

47) 《史記》 卷115 〈朝鮮列傳〉: "朝鮮王滿者, 故燕人也. 自始全燕時嘗略屬眞番 朝鮮, 爲置吏, 築鄣塞."

311~279)로 보는 것이 일반적이다. 따라서 위의 기록은 연나라가 소왕 때에 진번과 조선을 복속시킨 내용이다. 이 문제와 관련해서《삼국지》에 인용된《위략》(魏略)의 내용을 살펴볼 필요가 있다.

> 朝鮮侯도 역시 스스로 왕호를 칭하고 군사를 일으켜 연나라를 공격하여 주 왕실을 받들려 하였는데 그의 대부 예가 간하므로 중지하였다.…… 그 뒤에 자손이 점점 교만하고 포악해지자 연은 장군 진개를 파견하여 조선의 서쪽지방을 침공하고 2천여 리의 땅을 빼앗아 만번한에 이르는 지역을 경계로 삼았다. 마침내 조선의 세력은 약화되었다.[48)

위의 내용은 조선과 연나라와의 관계를 좀 더 구체적으로 알려준다. 연나라 장수 진개가 조선의 서북방 2천여 리를 탈취하였다는 내용은, 〈조선열전〉의 연나라가 조선을 복속시켰다는 것에 대응하는 내용이다. 당시의 여러 정황을 고려해 볼 때《사기》의 기록은 진개(秦開)가 조선의 서방 2천여 리를 탈취한 사건을 조선을 복속시킨 것으로 부풀려서 과장되게 기록한 것으로 생각된다.[49)

이것은 위만 관련 부분도 마찬가지다. "만은 옛 연나라 사람이다"[50)는 위만의 출자(出自)에 대한 언급이[51) 진나라에 멸망한 연나라의 후손이라는

---

48) 《三國志》卷30〈東夷傳〉'韓傳': "《魏略》曰 昔箕子之後朝鮮侯, 見周衰, 燕自尊爲王, 欲東略地, 朝鮮侯亦自稱爲王, 欲興兵逆擊燕以尊周室. 其大夫禮諫之, 乃止. 使禮西說燕, 燕止之, 不攻. 後子孫稍驕虐, 燕乃遣將秦開攻其西方, 取地二千餘里, 至滿番汗爲界, 朝鮮遂弱."

49) 〈조선열전〉에서는 진개(秦開)에 관한 언급은 없는 반면, 〈흉노열전〉에서 진개가 동호의 땅 천여 리를 빼앗은 것으로 기록하고 있다.(《史記》卷110〈匈奴列傳〉: "其後燕有賢將秦開, 爲質於胡, 胡甚信之. 歸而襲破走東胡, 東胡卻千餘里.") 이것은 연나라가 같은 시기에 조선과 동호(東胡) 시기에 조선을 복속시켰다고만 언급한 것에 대해, 《사기》의 저자가 동호와 조선에 대한 구별이 분명하지 않았기 때문이 아닐까 하는 추측을 낳게 한다.

50) 《사기》〈조선열전〉의 내용을 대부분 전재한《한서》에서는 단순히 '연나라 사람'(燕人)이라고만 표현하였다.

51) 《史記》卷115〈朝鮮列傳〉: "朝鮮王滿者, 故燕人也."

표현인지, 아니면 단순히 한 시기에 연 지역에 거주했다는 의미인지는 분명하지 않다. 그러나 남월왕 조타와 같이 다른 이민족왕들은 출생장소를 구체적으로 명시한 반면, 위만에 대해서는 단순히 옛 연나라 사람이라고만 한 것은, 다른 인물들에 비해 위만에 대한 지식이 부족했음을 반영하는 것이다. 이러한 점은 후대의 사서인《삼국지》와《후한서》,《위략》등의 기록에서는 '위'라는 성을 붙여서 '위만'으로 기록하고 있는 데 반해,《사기》에서는 단순히 '만'이라고 되어 있는 것에서도 짐작할 수 있다.

위만의 출자에 대해서도 위만이 조선인 출신일 것이라는 견해[52]가 오랫동안 꾸준히 제기되었고[53] 일반적으로 받아들여지고 있다.[54] 이에 대한 주요한 근거는 〈조선열전〉에서 ① 위만이 망명 당시 상투를 하고 만이의 옷을 입었다는 사실, ② 위만이 조선에 들어오자 조선의 왕궁에 출입하면서 준왕의 신임을 받고 중책을 맡은 사실, ③ 왕이 된 후 조선이라는 국호를 계속적으로 사용하고 조선의 관제를 계속 사용했다는 점, ④ 위만조선이 한(漢) 세력과 계속적인 적대관계를 유지하였고, 결국 한 무제에게 멸망을 당했다는 점, ⑤ 위만이 정변을 일으킬 때 진번조선 사람들이 위만을 지지하고 합류했다는 점 등이다. 사실 위만은 중국사에서 그다지 잘 알려진 인물이 아닌데다가, 망명동기도 불확실하며, 더구나 망명 당시에 오랑캐 복장에 상투머리를 하고 있었다는 점에 주목해 만이 원래 조선 출신이었을 것이라는 견해가 일찍이 제기되었다. 그러나 추결(魋結)은 단순히 동북방에 있었던 종족들만의 풍습은 아니었다.

서남이의 군장은 열명을 헤아렸는데 그 중 夜郎의 세력이 가장 컸다. 그

---

52) 리지린, 〈진개와 위만〉,《력사과학》1962-5, 102~104쪽.

53) 李丙燾,《韓國古代史硏究》, 박영사, 1959, 119~122쪽 ; 리지린, 앞의 글, 102~104쪽.

54) 위만을 기원전 3세기 초 연나라 진개의 침공으로 고조선의 서부지역을 빼앗겼을 때 철수하지 않고 본래의 거주지에 남아 있던 잔류민의 후손으로 보는 견해도 있다.(박득준 편,《고조선의 력사개관》, 사회과학출판사, 1999, 107쪽)

서쪽에는 靡莫의 무리가 열 명을 헤아렸는데 그 중 滇의 세력이 가장 컸다. 전으로부터 그 북쪽에도 군장이 열 명을 헤아렸는데 그 중 邛都의 세력이 가장 컸다. 이들은 모두 魋結을 하고 밭을 경작하면서 작은 도시와 촌락을 이루었다.55)

위의 기록으로 볼 때, 흔히 북상투로 해석하는 추결은 당시 서남지역에 거주했던 군장들 사이에 유행하던 풍습이었음을 알 수 있다. 또한 남월왕 위타(尉他)가 육가(陸賈)를 만날 때 추결을 했다는 기록56)과 연관시켜 볼 때, 추결은 동북지역보다는 서남쪽 이민족들이 즐겨하는 풍습이었던 것으로 생각된다. 또한 위만이 망명할 때의 복장으로 알려진 '만이복'(蠻夷服)도 《사기》에서만 '만이복'으로 기록되었을 뿐 《한서》나 《위략》에서는 단순히 '호복'(胡服)으로 기록하였다. 호복은 일반적으로 북방족, 즉 흉노 계통의 종족들이 흔히 입던 옷이다. 따라서 '추결'과 '만이복'을 가지고 위만이 고조선 사람이었을 것이라고 주장하는 것은 근거가 미약하다.

위만이 조선에 들어오자마자 준왕의 신임을 받고 중책을 맡았다는 견해에 대해서는 당시 조선의 형세를 살피는 것이 필요하다. 〈조선열전〉에서도 확인할 수 있듯이, 조선과 역대 중국왕조는 계속 대치상태에 있었으며, 당시에도 위만조선은 한나라와 적대관계에 있었다. 또한 위만의 이동을 '망명'으로 표현한 것에서도 유추할 수 있듯이, 위만은 한나라와 대치관계에 있던 조선에 정치적인 망명을 한 것이고, 조선으로서는 한나라의 내부 사정에 밝은 위만을 끌어들이기 위해 유화적인 제스처를 취했을 것으로 생각된다. 위만은 또한 단순히 혼자서 망명한 것이 아니었다.

① 연왕 노관이 한나라를 배반하고 흉노로 들어가자 만도 망명하였다. 무

---

55) 《史記》 卷116 〈西南夷列傳〉: "西南夷君長以什數, 夜郎最大, 其西靡莫之屬以什數, 滇最大自滇以北君長以什數, 邛都最大皆魋結, 耕田, 有邑聚."
56) 《史記》 卷76 〈陸賈列傳〉: "及高祖時, 中國初定, 尉他平南越, 因王之. 高祖使陸賈賜尉他印爲南越王. 陸生至, 尉他魋結箕倨見陸生."

리 천여 인을 모아 상투와 오랑캐의 복장을 하고 동쪽으로 도망하
여…… 점차 진번과 조선 만이 및 옛 연제의 망명자를 복속시켜 거느
리고 왕검에서 도읍하였다.57)

② 그 후 20년이 지나 진승과 항우가 기병하여 천하가 어지러워지자 燕·
齊·趙의 백성들이 괴로움을 견디다 못해 점점 준에게 망명함으로 준
은 이들을 서부지역에 거주하게 하였다.…… 衛滿은 서쪽 변방에 거주
하도록 해주면 중국의 망명자를 거두어 조선의 번병이 되겠다고 준을
설득하였다.

위의 기록에서 보듯이 위만은 무리 천여 명을 모아서 망명하였으며, 이
미 조선 지역에는 연·제·조 지역의 망명자들이 상당 부분 거주하고 있
었다. 따라서 위만은 커다란 군사력과 규합세력을 가지고 조선으로 정치
적인 망명을 한 것이며, 조선으로서는 한의 내부사정에 밝고 커다란 세력
까지 가진 위만을 끌어들이기 위해 유화적인 제스처를 취했을 것으로 짐
작된다. 또한 흉노로 망명한 노관 역시 흉노로부터 동호왕(東胡王)으로 봉
해진 것을 볼 때,58) 조선에서 위만을 신임하고 중책을 맡긴 것은 자연스러
운 일이며, 망명 전에 조선과 망명 여부를 타진했을 가능성이 높다.

따라서 이상의 내용을 종합해 볼 때, 위만을 연나라 사람으로 보는 것이
자연스러운 해석이라고 생각된다. 그러나 《사기》에서는 위만이 옛 연나라
사람이라고만 언급하고 있을 뿐, 연나라에서 어떠한 위치에 있었으며, 어
떠한 역할을 한 인물인지에 대한 구체적인 내용은 찾아볼 수 없다. 또한
위만의 망명시기에 대해서도 〈조선열전〉의 기록은 다른 사서와 차이를
보인다.

① 연왕 노관이 한나라를 배반하고 흉노로 들어가자 만도 망명하였다. 무

---

57) 《史記》 卷115 〈朝鮮列傳〉: "燕王盧綰反 入匈奴 滿亡命.

58) 《史記》 卷93 〈盧綰列傳〉: "漢十二年…… 四月, 高祖崩, 盧綰遂將其衆亡入匈奴, 匈
奴以爲東胡盧王."

리 천여 인을 모아 추결 만이의 복장을 하고 동쪽으로 도망하여……
점차 진번과 조선만이 및 옛 연제의 망명자를 복속시켜 거느리고 왕검
에서 도읍하였다.[59)]

② 연나라 太子 丹이 진나라에 쫓겨 요동으로 달아난 틈을 이용하여 위
만은 그 유민들을 수습하여 海東으로 데리고 가서 진번들의 땅을 안정
시키고 한나라 황실의 외번을 지키는 외신이 되었다. 朝鮮列傳 제55를
지었다.[60)]

③ 진섭이 기의하여 천하가 붕괴하자 연인 盧綰은 조선으로 도망하여 그
나라의 왕이 되었다.[61)]

④ 그 뒤 40여 세를 지나 朝鮮侯 준이 참람되이 왕이라 일컬었다. 陳勝
등이 起兵하여 온 천하가 진나라에 반기를 드니 燕·齊·趙지역의 백
성 수만 인이 조선으로 피난하였다. 연나라 사람 衛滿이 북상투에 오랑
캐옷을 입고 와서 왕이 되었다.[62)]

위의 ①은 《사기》〈조선열전〉의 기록으로, 위만의 망명이 노관의 흉노
로의 망명과 비슷한 시기에 일어났으며, 노관의 반란사건과 관련이 있음
을 시사하고 있다. 일반적으로 노관은 한 초에 항우 군대의 식량보급로를
차단하여 공을 세운 인물로[63)] 알려져 있으며, 노관의 반란 직후면 기원전
195년에 해당된다. 그러나 《사기》〈노관열전〉(盧綰列傳)에서는 노관의 반
란과 망명과정을 다루면서도 위만에 대해서는 전혀 언급이 없다는 점이
주목된다. 반면 ②의 〈태사공자서〉에서는 연나라 태자 단의 요동 망명이
위만이 세력을 형성하는 데 결정적인 계기가 된 것처럼 기록하고 있다. 연
나라 태자 단은 형가를 시켜 진시황을 암살하려다 실패한 인물로, 단이 요

---

59) 《史記》卷115〈朝鮮列傳〉: "燕王盧綰反 入匈奴 滿亡命."
60) 《史記》卷130〈太史公自序〉: "燕丹散亂遼間, 滿收其亡民, 厥聚海東 以集眞番 塞爲
   外臣."
61) 《後漢書》卷85〈東夷列傳〉: "陳涉起兵 天下崩壞 燕人衛滿避地朝鮮 因王其國."
62) 《三國志》魏書 卷30〈東夷傳〉'濊傳': "昔箕子旣適朝鮮, 作八條之敎以敎之, 無門
   戶之閉而民不爲盜. 其後四十餘世, 朝鮮侯準僭號稱王. 陳勝等起, 天下叛秦, 燕齊趙
   民避地朝鮮數萬口. 燕人滿, 魋結夷服, 復來王之."
63) 《史記》卷93〈盧綰列傳〉.

동으로 망명했던 시기는 구체적으로 알려져 있지 않으나, 단의 생졸연대
가 기원전 226년인 것을 볼 때, 대충 같은 시기로 여겨진다. 따라서 〈조선
열전〉과 〈태사공자서〉의 기록은 약 30년의 차이를 보이는 것이다.

　반면 ③과 ④의 《후한서》와 《삼국지》의 기록에서는 위만의 망명을 진
섭의 기의와 연결시키고 있다. 이 기록에 따르면 위만의 조선 망명시기는
대략 기원전 208년 무렵으로 추정된다. 특히 《후한서》의 기록은 100여 년
뒤에 한사군이 설치되었다고 서술하고 있어서, 한사군의 설치시기와 정확
히 맞아 떨어진다.

　《사기》〈조선열전〉의 기록처럼 위만의 조선 망명이 노관의 흉노 망명
과 함께 이루어졌다면, 위만이 옛 연나라 유민들을 규합하여 정권을 탈취
하기까지는 시간이 매우 부족하다. 따라서 위의 기록들을 종합해 보면, 위
만은 진나라의 진승과 오광의 봉기가 일어났던 기원전 209년 무렵에 반진
세력들을 이끌고 조선으로 망명한 뒤, 이들을 규합하여 준의 정권을 빼앗
은 것으로 봄이 타당할 것이다.[64]

　〈조선열전〉에서 노관과 위만을 같이 서술한 것은, 이들이 모두 동북방
에 있는 이민족들에게 망명한 인물들이기 때문에 비슷한 사례로서 함께
소개하고 있는 것이 아닌가 여겨진다.

4. 맺음말

　이상에서 《사기》에 보이는 이민족 기재방식과, 〈조선열전〉의 내용을
중심으로 위만의 출자(出自)와 동래(東來)시기에 대해 살펴보았다. 《사기》
의 이민족열전은 한 무제 때에 이르러 중국적 세계질서가 구축되면서 그

---

64) 위만의 조선 망명 후 세력을 형성하는 과정은 《삼국지》〈한전〉에 인용된 《위략》의
　　내용으로 좀 더 구체적으로 이해할 수 있다.

영향력 안에 포함된 지역, 즉 변경지역에 새롭게 설치된 변군(邊郡)지역을 중심으로 기술해 놓은 것이다. 사마천은 이들 변군지역들을 중화사상에 입각해 '외신'(外臣)으로 규정하면서 열전 부분에 포함시켰다. 이러한《사기》의 이민족열전들이 이민족을 연구하는 데에 매우 유용한 자료를 제공하는 것은 사실이다. 그러나 이들 중국 사서에 기술되어 있는 이민족 관계 기록들이 철저하게 중국 중심적으로 기록되어 있다는 점을 유의해야 한다.

《사기》권 115에 들어 있는 〈조선열전〉의 기록 또한 중국과 관련된 부분, 즉 서한(西漢)과 조선의 전쟁과정과 한사군의 설치과정에 대해서만 중점적으로 기록되었다. 따라서 서한과 조선의 전쟁과정에 대한 내용은 매우 상세하게 기록되었지만, 위만의 동래시기와 동래과정 등의 내용은 미비함을 알 수 있다.

2부

고대문화의 재발견

42년, 43년 오래정(吳逨鼎)의 연대

─서주 선왕(宣王) 연대와 관련하여─

에드워드 쇼우네시(Edward L. Shaughnessy)

_ 미국 시카고대학 동아시아언어문명학과

2003년 초 섬서성(陝西省) 미현(眉縣) 양가촌(楊家村)의 청동기 교장갱(窖藏坑)에서 발견된 27점 청동기와 명문은 서주사(西周史) 연구의 여러 문제들에 대해 아주 귀중한 자료를 제공한다. 이들 가운데 42년과 43년 오래정(吳逨鼎) 두 점은 많은 연구자들이 관심을 가지고 있는 서주의 연대 문제에 대해 결정적인 증거로 부각되고 있다.

이 정 두 점이 모두 서주 후기 선왕(宣王) 재위기에 제작되었을 것이라는 사실은 대체로 이론의 여지가 없는 듯하다. 그렇지만 문제는 그 명문들에 기재된 연력(年曆)이 어떤 식으로 이해하든 현재까지 공인된 선왕 시기의 연력과 완전히 일치하지 않는다는 사실이다. 이러한 상황 속에서 이 문제를 해결하기 위한 방편으로 단지 세 가지 가능성이 떠오를 뿐이다. 첫째, 두 점 정의 명문 모두에 착오가 있을 수 있다는 점이다. 그렇지만 두 명문에 기재된 연력이 상호 일치할 뿐만 아니라, 서주 후기의 연력이 완비된 일군의 청동기 명문과도 일치하기 때문에 이러한 가능성은 그다지 크지 않다.

둘째, 월분(月份)이나 월상(月相) 또는 간지(干支) 기재 등을 포함한 우리들의 서주 청동기 명문 연력 이해에 근본적인 착오가 있을 수도 있다는 점이다. 그러나 서주 역법에 대해 이렇게 오랜 기간 동안 연구를 해왔음에도 정말 이러한 근본적인 오해가 존재한다면, 우리들은 영원히 청동기 명문에 나오는 연력 기록을 이용하여 어떤 합리적인 연대체계도 끌어낼 수 없을지도 모른다. 사실 필자는 서주 월상에 관한 견해들 가운데 왕국유(王國維)의 '4분설'이 여전히 가장 설득력을 지닌 것으로 믿고 있다.[1] 근래에 발견된 오호정(吳虎鼎)의 명문에도 이미 기생패(旣生霸)가 초열하루에 포괄되어[2] 4분설과 일치하지만, 다른 설들과 전혀 맞지 않는다. 아래에서 두 점 오래정(吳逨鼎)의 월상(月相) 기재 또한 이와 완전히 일치함을 논증할 수 있을 것이다.

셋째, 우리들의 선왕 연력 이해에 어떤 오해가 있을 수도 있다는 점이다. 필자는 이 글에서 이러한 가능성에 대해 논증하려고 하는데, 이를 통해 위의 두 가지 가능성보다는 세 번째 가능성이 더 설득력을 지님을 알게 될 것이다.

이 문제를 설명하기 위해 우선 42년과 43년 정(鼎) 명문의 연력 기재부터 살펴보자. 42년 정의 연력은 "四十又二年, 五月, 旣生霸, 乙卯"로 기재되어 있다. 왕국유의 '4분설'에 따르면 기생패는 한 달의 초여드레에서 보름(望日)까지의 두 번째 월상이다. 따라서 명문의 을묘(乙卯, 60갑자의 간지 순환에서 52번째 날로 아래에 [52]로 표시)는 당연히 초여드레에서 보름까지의 8일 사이에 포함되어야 한다. 다시 말해 우리는 이 기재를 통해 그 달의 초하루(朔日)가 을묘[52]에서 15일 전인 신축(辛丑, [38])에서 8일 전인 무신

---

1) 서주 월상(月相)에 대한 논의는 4분설(四分說)과 정점설(定點說)로 맞서고 있지만, 현재 4분설이 더 많은 지지를 얻고 있다. 유계익(劉啓益)이 강력히 주장하는 정점설은 금문에 나타나는 네 가지 월상, 즉, 초길(初吉), 기생패(旣生霸), 기망(旣望), 기사패(旣死霸)를 각각 음력 초하루, 초이틀이나 초사흘, 열엿새, 그믐과 일치하는 것으로 파악한다. 그러나 왕국유(王國維)의 4분설에서는 네 가지 월상이 각각 관찰 가능한 달의 한 분기를 이루는 것으로 파악한다. 따라서 초길은 음력 초하루에서 이레나 여드레의 상현(上弦)까지, 기생패는 여드레나 아흐레부터 보름까지, 기망은 16일에서 22~23일인 하현(下弦)까지, 기사패는 23~24일부터 그믐까지를 칭하는 표시로 이해하고 있다.(역자)

2) 李學勤,〈吳虎鼎考釋 — 夏商周斷代工程考古學筆記〉,《考古與文物》 1998-3.

(戊申, [45])의 범위 안에 들어있음을 알 수 있다. 따라서 42년 5월 초하루의 가능한 범위를 42/5: 38-45로 표시할 수 있을 것이다.

중국 고대의 연력은 달이 나타났다(朔) 사라지는(晦) 모습에 근거하여 정해졌기 때문에, 초하루에서 그믐까지의 한 달 평균시간이 29.5일이었다. 따라서 두 달이 통상 59일을 포괄할 수 있어서 30일의 큰 달(大月)과 29일의 작은 달(小月)이 번갈아가며 연속되었다. 이렇게 큰 달과 작은 달로 나누어지는 59일이 60갑자의 간지 순환보다 하루가 적었기 때문에 우리들은 간단한 방법으로 각 달의 초하루 범위를 추산할 수 있다. 예를 들어 42년 정의 연력, 즉 42/5: 38-45를 얻은 이후에 42년 7월의 초하루 범위를 42/7: 37-44로, 9월은 42/9: 36-43 등으로 추정할 수 있다.

위의 추산 방법을 토대로 작성한 아래의 표는 42년 5월에서 43년 5월까지의 초하루 범위를 개략적으로 보여준다.

	1	2	3	4	5	6	7	8	9	10	11	12
四十二				38-45		37-44		36-43		35-42		
四十三	43-41		33-40		32-39							

43년 5월이 30일의 큰 달일 가능성이 있고 29일의 작은 달일 수도 있기 때문에, 그 해 6월 초하루의 범위를 다른 달의 범위보다 하루 더 잡으면 43/6: 1-9가 된다.

이제 43년 정 명문의 연력 기재 "四十又三年, 六月, 旣生霸, 丁亥"를 살펴보자. 정해(丁亥)는 60갑자의 간지 순환에서 24번째 날에 해당하므로 위의 추산 방법을 이용하여 이 해 6월 초하룻날의 범위를 정해(丁亥, [24]) 전의 15번째 날인 계유(癸酉, [10])에서 정해 전의 8번째 날인 경진(庚辰, [17]) 사이의 범위로 정할 수 있다. 이를 43/6: 10-17로 표기할 수 있을 것이다. 이 범위는 앞에서 42년 정 명문의 연력을 토대로 추산한 43년 6월 초하루의 범위 43/6:1-9와 하루 차이가 난다고 해도 전혀 겹치지 않는다.

그렇지만 이는 초보적인 분석의 결과로, 이를 토대로 42년과 43년 두 정의 명문에 나타나는 연력이 서로 통하지 않는다고 미리 예단해서는 안 될 것이다.

이러한 측면에서 한 가지 중요한 사실은 달이 나타났다 사라지는 한 주기가 29.5일보다 조금 길기 때문에(정확히 29.53일), 중국 고대 역법에서 통상적으로 15개월 정도마다 한 차례 큰 달을 끼워 넣었다는 점이다. 이것이 이른바 '연속된 큰 달' 즉, 연대월(連大月)이다. 위의 명문들에 나타나는 42년 5월에서 43년 6월까지는 14개월 차이가 있기 때문에 무리 없이 이 기간 동안에도 한 차례 '연속된 큰 달'이 있었을 것으로 추정할 수 있다. 이렇듯 '연속된 큰 달'에 근거하여 위의 표에 제시된 연력을 조정하여 아래 표와 같이 분석해 보자.('연속된 큰 달'을 임의로 42년 5월에서 7월 사이에 두었다)

	1	2	3	4	5	6	7	8	9	10	11	12
四十二					38-45		38-45		37-44		36-43	
四十三	35-42		34-41		33-40	2-10						

위의 표에서 나타나듯이 42년 5월 기생패 을묘[52]로부터 순차적으로 계산하면 다음해 6월 초하루의 범위를 43/6: 2-10으로 추산할 수 있을 것이다. 이 결과는 43년 정의 연력에서 얻은 43/6: 10-17의 초하루 범위와 하루가 겹치는 데 그 날짜는 [10]일 즉, 계유이다. 이 결과는 아주 중요하다.

왕국유의 4분설에 따르면 하나의 연력 기재가 통상적으로 위에서 분석한 것과 마찬가지로 단지 8일의 범위만 제공할 뿐이고, 5년마다 역법이 합치되는 경우가 나타난다. 그러나 42, 43년 오래정의 경우는 현재 두 명문의 연력 모두 겹치는 유일한 날짜인 [10]일이 있으므로 8일의 범위를 하루로 줄일 수 있다. 나아가 42년 5월 초하루는 무신(戊申, [45])으로 43년 6월 초하루는 계유[10]로 확정할 수 있다. 만약 그렇지 않다면 두 연력의 기재가 서로 불일치하는 것으로 볼 수밖에 없다.(예를 들어 42년 5월 초하루가 丁未

[44]나 그 이전이라면 43년 6월 丁亥[24]가 반드시 같은 달 16일 이후가 되어 이미 四分月相 가운데 既望[16-22/23일]의 기간에 포함되므로 명문의 월상인 기생패[8/9-15일]와 들어맞지 않는다)

두 정 명문의 연력 기재에 근거하여 42년과 43년의 연력을 복원한 이후 그 절대연대를 얻기 위해 매달 초하루(月朔)가 간지순환 주기와 함께 체계적으로 정리된 동작빈(董作賓)의 《중국연력총보》(中國年曆總譜)와 장배유(張培瑜)의 《중국선진사역표》(中國先秦史曆表)를 참고할 수 있다. 이러한 역보를 이용하기 전에 우선 이들의 사용처와 결점을 먼저 설명할 필요가 있다.

무엇보다 현재 우리는 서주시대의 확실한 윤월제(閏月制)와 큰 달과 작은 달의 순서를 정확히 알 수 없기 때문에, 어떤 역보(曆譜)도 당시의 실제 연력을 정확히 복원하기는 불가능하다는 사실을 알아야 한다. 이들 역보는 실제 상황과 적게는 하루, 길게는 한 달까지 차이가 있을 가능성이 크다.(《중국선진사역표》는 비록 가장 선진적인 천문학 자료에 의거하여 만들어졌음에도 이러한 문제가 상당히 심각하여, 큰 달이 세 번 연속된 경우가 많고, 어떤 경우는 네 번 연속된 경우도 있지만, 중국의 전통 역법에 이러한 경우는 아마 존재하지 않았을 것이다)

그렇지만 이러한 역보를 융통성 있게 이용한다면 신뢰할 만한 정보를 얻을 수 있을 것이다. 윤월제 문제를 피하기 위해서는 역보에 지정된 특정 달 말고 그 앞뒤한 달도 참고해야 한다. 마찬가지로 30일의 큰 달과 29일의 작은 달, 연속된 큰 달 문제를 피하기 위해 역보에 지정된 초하루뿐만 아니라 그 앞뒤한 날짜도 고려해야 할 것이다.

이미 앞에서 두 정 명문의 연력 기재를 통해 42년 5월 초하루는 무신(戊申, [45]), 43년 6월 초하루는 계유[10]임을 알 수 있었다. 공인된 주 선왕 원년이 기원전 827년이므로 재위 42년은 기원전 786년, 43년은 785년이어야 한다. 이를 토대로 《중국선진사역표》를 참고하면, 786년 5월 초하루는 임술(壬戌, [59])이이서 같은 달에 을묘(乙卯, [52])일이 포함되지 않음을 알 수 있다. 이를 윤월제로 바꾸어도3) 그 초하루가 임진(壬辰, [29])이나 신묘(辛卯, [28])가 되어 을묘[52]는 같은 달 24일이나 25일이므로 역시 기생패[8/9-15]의 기재와 맞지 않는다.

785년 6월 초하루는 을묘[52]일로 같은 달에 정해[24]일이 있을 수가 없다. 윤월제로 바꾸어 본다 하더라도 그 초하루가 을유[22]나 갑신[21]이 되므로 정해[24]는 같은 달 초사흘이나 나흘이 되어 기생패의 월상과 역시 맞지 않는다. 이러한 사실은 많은 학자들이 이미 주목한 바 있다.

그렇지만 기원전 786년이나 785년보다 2년 늦은 784년과 783년을 재검토하면 두 정 명문의 연력과 완전히 일치하는 연력을 발견할 수 있을 것이다. 《중국선진사역표》에 따르면 기원전 784년 5월 초하루는 기묘[16]로 같은 달에 을묘[52]가 포함되지 않는다. 그러나 이 달을 윤월제로 바꾸면 경술[47]이나 기유[46]가 초하루로 되어 앞에서 필자가 추산한 초하룻날인 무신(戊申, [45])과 하루 차이밖에 나지 않는다. 여기서 큰 달과 작은 달, 또는 연속된 큰 달의 순서를 다시 바꾸면 하루가 빠져서 무신[45]이 5월 초하루로 될 수 있다.

783년의 경우는 더욱 맞아떨어진다. 《중국선진사역표》에 따르면 이 해 6월 초하루는 계묘[40]로 같은 달에 정해[24]가 역시 들어 있지 않다. 그러나 윤월제로 바꾸면 갑신[11]이나 계유[10]가 6월 초하루로 되어(사실 《중국연력총보》는 계유[10]를 이 달 초하루로 지정하고 있다) 위의 분석과 거의 일치한다.

여기서 한 가지 반드시 강조해야 할 사실은, 이렇게 완벽할 정도로 거의 차이나지 않은 결과가 아주 드물다는 점이다. 일반적 월상 기재가 5년마다 모두 합치되는 것과 달리, 이러한 경우는 최대 31년 만에 한 차례 나타날 뿐이다.

---

3) 윤월제(閏月制)로 바꾼다는 것은 같은 해의 앞선 달에 윤달이 끼어 있을 것을 가정하는 것이다. 따라서 30일이나 29일이 더해지는 것을 의미한다.(역자)

그렇다면 필자는 충분히 납득할 만한 이유로 두 오래정에 기록된 "四十又二年五月旣生霸乙卯"와 "四十又三年六月旣生霸丁亥"의 연력 기재가 각각 기원전 784년과 783년과 일치하는 것으로 믿는다. 여기서 남는 유일한 문제는 이 두 해가 전통적으로 알려진 선왕 원년인 기원전 827년과 일치하지 않고 이보다 2년 늦은 825년을 원년으로 해야 맞는다는 점이다.

그러나 미현(眉縣)의 오래정에 반영된 이러한 연력 상황은 결코 처음 나타나는 현상은 아니다. 필자와 데이비드 니비슨(David S. Nivison)은 최근 10여 년 동안 발표한 연력 관계 논문에서, 상당수의 청동기 명문과 전통 문헌을 토대로 주 선왕이 기원전 827년을 원년으로 하는 기원 이외에, 825년을 원년으로 하는 다른 기원도 가지고 있었음을 주장했다.4) 지금 이 글에서는 이 모든 근거를 제시하는 번거로움 대신 두 점의 청동기와 《사기》의 한 세가(世家) 기록을 토대로 이 문제를 설명하려고 한다. 그러나 현재 이미 9점의 청동기 명문(미현의 오래정 두 점과 十七年此鼎, 二十六年番匊生壺, 二十八年魢盤, 三十一年駒夨從鼎, 三十二年大祝追鼎, 三十三年伯龢父盨, 三十七年善夫山鼎)에 나타나는 연력이 이와 서로 부합됨을 밝혀둔다.

우선 명문 증거부터 살펴보자. 서주 후기의 표준 기물인 선부산정(善夫山鼎)은 선왕 시기에 주조되었음이 의문의 여지없이 받아들여지고 있다. 그러나 그 명문의 연력 기재 "三十又七年, 正月, 初吉, 庚戌"와 827년을 원년으로 하는 37년인 기원전 791년과는 완전히 맞지 않는다. 《중국선진사역표》에 따르면 그 해 정월 초하루는 계사(癸巳, [30])여서 경술(庚戌, [47])은 같은 달의 18일에 해당하므로 초길(初吉, [1-7/8일])의 기간에 포함되지

---

4) 夏含夷, 〈此鼎銘文與西周晚期年代考〉, 《大陸雜誌》80-4, 1990. 이 논문은 주봉한(朱鳳瀚)과 장영명(張榮明)이 엮은 《서주제왕연대연구》(西周諸王年代研究; 貴州人民出版社, 1998)에도 실려 있다. 이 책에는 또한 필자의 〈서주제왕연대고〉(西周諸王年代考)와 니비슨(David Nivison, 倪德衛)의 〈극상 이후 서주제왕연력〉(克商以後西周諸王年曆)도 포함되어 있다. 그 밖에 필자와 니비슨이 같이 쓴 글(〈晉侯的世系及其對中國古代的意義〉, 《中國史研究》2002-1)과 필자의 글(〈上博新獲大祝追鼎對西周斷代研究的意義〉, 《文物》2003-5) 참고.

않는다. 이보다 2년 뒤인 789년을 《중국선진사역표》에 근거하여 다시 검토하면 정월 초하루가 신해(辛亥, [48])여서 경술보다 하루 늦다.

그러나 앞에서 이미 언급했듯이 《중국선진사역표》에는 790년 10월에서 789년 2월까지 4번의 연속된 큰 달이 배열되어 있어 고대의 실제 역법 상황과 맞지 않았을 가능성이 크다. 만약 이러한 네 번의 큰 달(30일) 가운데 한 번 작은 달(29일)이 끼어 있었다면, 하루가 빠져서 789년 정월 초하루는 반드시 경술[47]이 되므로 당연히 초길(初吉)의 범위에 들어온다. 실제로 동작빈의 《중국연력총보》(中國年曆總譜)는 같은 달의 초하루를 경술[47]로 잡고 있다.

2002년 상해박물관(上海博物館)은 새로 수집한 대축추정(大祝追鼎)을 공개했다. 진패분(陳佩芬)은 이 기물을 소개하면서 "정의 기형과 문양이 서주 후기에 속한다." 그러나 "(명문의) 월상이나 간지(干支; 三十又二年八月初吉 辛巳)에 따라 살펴보면 여왕(厲王) 32년 8월 초하루인 갑신[21]과 선왕 32년 8월 초하루인 무오[55]와 모두 맞지 않는다"고 언급한 바 있다.[5] 진패분의 여왕 32년과 선왕 32년은 《중국선진사역표》의 연력에 근거한 것으로, 각각 기원전 846년과 796년에 해당한다.

그렇지만 기원전 825년을 원년으로 하는 32년인 794년을 검토해 보면 연력의 상황과 명문의 연력 기재가 정확히 일치함을 알 수 있다. 《중국선진사역표》에 따르면, 794년 8월 초하루는 정미[44]로 같은 달에 신사(辛巳, [18])가 들어올 수 없다. 그러나 윤월제(閏月制)로 바꾼 후의 8월 초하루는 정축[14]이나 병자[13]로, 신사[18]가 초닷새나 초엿새가 되므로 초길과 일치한다.

이제 문헌 증거를 살펴보자. 《사기》에서는 통상 선왕 원년을 여왕이 체(彘)로 망명한 뒤 15년으로 잡아 기원전 827년에 상당하는 것으로 알려져 있지만, 반드시 그렇지만은 않은 예외도 있다. 아래에 인용될 〈진기세

---

5) 陳佩芬, 〈新獲兩周靑銅器〉, 《上海博物館集刊》 8, 2002, 133쪽.

가〉(陳杞世家)는 이러한 예외를 여실히 보여준다.

> (陳) 幽公 12년 주 厲王이 彘로 망명했다.
> 23년 幽公이 사망하고 아들 釐公 孝가 등극했다.
> 釐公 6년 周 宣王이 즉위했다.

　　진(陳) 유공(幽公) 12년은 여왕이 체로 망명한 해이므로 기원전 842년에 해당하여, 그 23년은 기원전 831년으로 추산될 수 있다. 유공이 기원전 831년 사망한 다음 해, 즉 기원전 830년 아들 이공(釐公)이 등극했을 것이므로, 이공 6년도 마찬가지로 기원전 825년으로 추산된다. 〈진기세가〉는 아주 명확히 주 선왕이 이 해에 즉위했음을 기록하고 있는 것이다.

　　그러나 주 선왕이 기원전 825년에 즉위했음을 전하는 《사기》〈진기세가〉를 인용한다고 해서, 결코 《사기》의 더 많은 〈세가〉에 나타나는 827년 즉위를 부인할 수는 없다. 이는 단지 선왕이 두 가지 다른 기원을 사용했을 가능성을 설명하는 증거로 이용할 수 있을 뿐이다.

　　만약 〈진기세가〉에만 이러한 기재가 나타난다면 대체로 이를 어떤 착오로 여길 수 있을 것이다. 그렇지만 현재 일련의 선왕시대 청동기들에 같은 현상이 반영되어 있다. 특히 이 글에서 살펴본 42년과 43년 오래정 명문의 연력 기재와 기원전 825년 이후 42년과 43의 연력이 거의 완벽하게 맞아떨어지는 사실은, 이러한 증거들을 불합리한 것으로만 치부할 수 없게 한다. 이러한 현상에 주목하면서 이제 마지막으로 그 까닭을 설명할 것이다.

　　필자의 스승 데이비드 니비슨은 이러한 현상에 대한 나름대로의 해석을 내놓은 바 있다. 즉, 한 국왕이 붕어하면 그 다음 해에 계승자가 초보적으로 왕위를 이어받고, 그 재위 3년에 이르러 부친에 대한 3년 복상(服喪)을 마친 뒤에야 비로소 정식으로 즉위하여 새로운 원년을 선포했으리라는 것이다. 이는 비교적 합리적 해석으로, 일부 전통 문헌도 이를 뒷받침한다. (《春秋》文公 9년의 《公羊傳》에 "천자는 삼년 연후에 왕을 칭했다"고 기록되

어 있다)

그렇지만 선왕 재위 증거를 바탕으로 해서 볼 때 선왕은 재위 19년(기원전 809년)에 이르러서야 후자의 825년 기원을 사용하기 시작했다. 18년까지의 적지 않은 청동기들(三年頌鼎, 五年兮甲盤, 十二年虢季子白盤, 十六年克鐘, 十八年吳虎鼎 등)이 모두 827년 원년의 연력과 서로 일치한다. 왜 19년(또는 다른 해)에 이르러서야 기원을 바꾸었는지 현재까지는 하나의 수수께끼라고 할 수밖에 없다.

비록 수수께끼로 남아 있지만 이러한 수수께끼가 가끔 더욱 깊은 연구를 이끌어 완전히 새로운 역사학의 진보가 일어나는 것이다. 이후 동료 학자들이 더 많은 문헌자료를 검토하여 더욱 합리적 해석을 내놓기를 희망한다. _심재훈 옮김

동호(東胡) 유적을 찾아서

왕 립 신(王立新)

_중국 길림대학 고고학과/변강고고연구중심

《사기》(史記)의 기록에 따르면 동호(東胡)는 동주(東周)시기에 연(燕)나라 동북지역에서 활동했던 이민족이다. 연나라는 그 북쪽, 즉 연과 동호 사이에 장성을 건설하는데, 주요 원인은 이 이민족의 남하 침략을 경계하고 새로 획득한 영토를 보호하기 위함이었다. 지리적 위치로 보아도 연나라 북쪽 만리장성의 남·북 양쪽 일대는 동호유적을 찾는 데 중요한 지점이다. 이 지역에 대해서는 지금까지 많은 조사들이 이루어졌다. 대표적인 예를 알아보면 다음과 같다.

연나라 북쪽 장성에 걸쳐 있는 노로아호산(努魯兒虎山) 서쪽 적봉지구에서 1930년대에 일본인들이 홍산후(紅山後) 석곽묘군을 발견하였다. 이때 일본학자 하마다 고사쿠(濱田耕作) 등이 이 유적을 '적봉(赤峰) 제2기 문화'로 명명하고 그 민족을 동호로 지칭하였다.[1]

1958년 이일우(李逸友)는 내몽고(內蒙古) 적봉(赤峰) 영성(寧城) 남산근(南山根)에서 발견한 청동기들을 발표하면서, 이 또한 동호의 유적으로 간주하였다.[2]

---

1) 東亞考古學會, 《赤峰紅山后－熱河省赤峰紅山后先史遺蹟》, 雄山閣出版株式會社, 1938.
2) 李逸友, 〈內蒙古昭烏達盟出土的銅器調査〉, 《考古》 1959-6.

1960년 하가점(夏家店)유적이 정식으로 발굴됨에 따라 하가점 상층문화의 개념이 확정되면서, 과거 일본학자들에 의해서 발굴된 적봉 홍산후 석곽묘군들과 남산근의 청동기 유적이 모두 이 문화에 속하게 되었다. 발굴자는 또한 이 문화의 민족과 '동호', '산융족'(山戎族) 사이의 연계 가능성도 함께 언급였다.[3]

노노아호산 동쪽의 대·소릉하 유역과 관련하여, 1960년 주귀(朱貴)는 조양(朝陽) 십이대영자(十二台營子)유적 발굴조사 과정에서 발견한 청동단검묘(靑銅短劍墓)에 대하여, 이 유형의 검과 무덤 양식을 가진 민족은 동호의 일족이라는 의견을 피력한 바 있다.[4] 그 뒤 이 학설은《신중국의 고고수확》(新中國的考古收穫)에서도 이어짐을 볼 수 있다.[5]

1978년에 오은(烏恩)은 조양 등지에서 발견한 곡인청동단검(曲刃靑銅短劍)유적이 (ⅢA형) 하가점 상층문화에 속한다는 관점을 제시하면서, 그 범위는 하가점 상층문화의 동쪽 경계가 부신(阜新)·조양 지구에 이른다는 주장을 하였다.[6]

1980년대 초에 근풍의(靳楓毅)는 대릉하 중·하류 및 소릉하 유역의 청동단검묘를 '십이대영자 유형'으로 분류하고, 하가점 상층문화의 일부로 보았다.[7] 이 관점은 하가점 상층문화의 부족이 동호에 속한다는 학설을 지지하고 있다. 이후에 발표한 논문에서 근풍의는 이 문제에 대하여 더욱 심도 있는 연구를 진행하였다.[8] 이를 계기로 한때 광의의 하가점 상층문

---

3) 劉觀民·徐光冀,〈內蒙古東部地區靑銅時代的兩種文化〉,《內蒙古文物考古》
   1981-1; 中國科學院考古研究所內蒙古工作隊,〈赤峰藥王店·夏家店遺蹟發掘報告〉,
   《考古學報》1974-1.
4) 朱貴,〈遼寧朝陽十二台營子靑銅短劍墓〉,《考古學報》1960-1.
5) 中國科學院考古研究所,《新中國的考古收穫》, 文物出版社, 1961.
6) 烏恩,〈關于我國北方的靑銅短劍〉,《考古》1978-5.
7) 靳楓毅,〈論中國東北地區含曲刃靑銅短劍的文化遺存(上, 下)〉,《考古學報》1982-4,
   1983-1.
8) 靳楓毅,〈夏家店上層文化及其族屬問題〉,《考古學報》1987-2; 靳楓毅,〈夏家店上層
   文化及其族屬問題的探討〉,《北京文物與考古(第二輯)》, 燕山出版社, 1991.

화 부족이 동호에 속한다는 주장이 고고학계에서 주류를 이루었다.

노로이호산 동·서 양쪽에서 발견된 곡인청동단검유적이 고고학계의 새로운 문제로 떠오른 것은 1980년 임운(林沄)의《중국 동북계 동검 초론》(中國東北系銅劍初論) 논문이 발표되면서부터다. 임운은 이 글에서 그는 "열하산지(熱河山地; 하가점 상층문화의 주요 분포지대)를 동북계 청동검의 주요 분포지로는 볼 수 없다. 이것이 바로 동북계 청동검이 하가점 상층문화에 속한다는 관점이 틀렸다는 것을 증명하고 있다"고 주장하였다.9) 이것은 실제로 대·소릉하 유역에서 청동단검묘장유적을 하가점 상층문화와 구별 지은 대표 논문이 되었다.

1987년에 주영강(朱永剛)는《하가점 상층문화의 초보연구》(夏家店上層文化的初步研究)라는 논문에서 이와 비슷한 관점을 제기하였다.10) 이러한 의견은 점점 더 많은 연구자들의 동의를 얻었다. 현재 많은 학자들이 대·소릉하 유역이 위영자(魏營子) 유형의 청동문화유적보다 후기에 속한다고 보고 있으며, 이미 '능하 유형'이라는 새 호칭으로 부르고 있다.11) 일부 학자들은 이를 '능하문화'로 지칭하며, 더는 하가점 상층문화의 한 부분으로 보고 있지 않다.12)

이 두 문화가 속하는 부족에 관해서는 임운이 1980년에 발표한 글에서 동북계 청동검의 주요 분포지역 내의 문화 부족이 동호만 있는 것은 아니라고 언급한 바 있다. 이는 자연히 '능하 유형'을 포함하고 있음이다. 1992년의 논문에서 그는 더 나아가 하가점 상층문화의 동호설을 반박하고 있다. 그 구체적 이유는 세 가지이다.

첫째는, 하가점 상층문화 유적 가운데에서 그 문화가 춘추시대 중기 이

---

9) 林沄,〈中國東北系銅劍初論〉,《考古學報》 1980-2;〈中國東北系銅劍初論〉,《林沄學術文集》, 中國大百科全書出版社(同 林沄, 1980).
10) 朱永剛,〈夏家店上層文化的初步研究〉,《考古學文化論集(一)》, 文物出版社, 1987.
11) 王成生,〈概述近年遼寧新見靑銅短劍〉,《遼海文物學刊》 1991-1.
12) 卜箕大,《遼西地區靑銅時代文化》, 吉林大學 邊疆考古硏究中心 博士學位論文, 1998.

후까지 이어졌다는 어떤 근거도 아직 발견된 바 없으며, 이는 문헌 기록에 따른 동호의 활동기간과 상당히 큰 차이가 있다는 것이다.

둘째는, 하가점 상층문화는 동아시아 인종이 주가 된 것으로 동호의 후손인 선비(鮮卑), 거란족(契丹族)과는 연관성이 없는 것으로 확인된 바 있다는 것이다.

셋째는, 문화의 성격으로 보건대 하가점 상층문화는 농업을 생업으로 하여, 동호의 후손인 오환·선비의 생활방식과 습속과는 많은 차이가 있다는 것이다.[13] 1992년 소국전(邵國田)은 내몽고 적봉시 오한기(敖漢旗) 철장구(鐵匠溝) 전국시대 무덤의 조사자료를 보고하면서, 결론 가운데에서 A지구의 무덤이 시기적으로 하가점 상층문화 후기부터 전국시대 연(燕) 문화 이전에 이르는 새로운 유적이라고 주장하였다.[14]

1998년 곽치중(郭治中)은 내몽고 적봉시 오한기 수천묘지(水泉墓地)의 새로운 발견을 발표하면서, 적봉 지역 하가점 상층문화 이후로 이어지는 또 하나의 새로운 문화 유형인 수천(水泉)문화를 제기하였다.[15] 이 두 유적의 발견은 요서지구(努魯爾虎山 서쪽의 적봉지구)의 하가점 상층문화 이후의 문화가 있었음을 증명하였다. 이 두 유적은 하가점 상층문화와 다를 뿐만 아니라 문헌에 나타나는 동호와도 다름을 알 수 있었다.

철장구 유적과 수천문화의 분포지역과 연대는 동호가 활동했던 것과 맞아떨어진다. 이 두 유적이 있는 적봉지구는 연나라의 5군 가운데 우북평(右北平)과 요서군(遼西郡)의 일부분에 속한다고 볼 수 있다. 이 지역에는 연의 북쪽 장성이 있는데, 이를 경계로 남북으로 나누어진다. 즉 이 장성은 동호족을 방비하기 위해 만든 것임을 알 수 있다. 시기로 볼 때 이 두

---

13) 林沄, 〈東胡與山戎的考古探索〉, 《環渤海考古國際學術討論會論文集》, 知識出版社, 1995.

14) 邵國田, 〈敖漢旗鐵匠溝戰國墓地調查簡報〉, 《內蒙古文物考古》 1992-1·2.

15) 郭治中, 〈水泉墓地及相關問題之探索〉, 《中國考古學跨世紀的回顧與前瞻》, 科學出版社, 2000.

유적의 연대는 모두 춘추시대 말기에서 전국시대 전기에 해당한다. 바로 연이 북쪽의 동호를 공격하기 이전 시기다. 그러므로 이 두 유적은 자연히 동호유적 찾는 데 중요한 연구대상 지역이 된다.

동호 부족에 관한 문헌 기록을 살펴보면 다음과 같다. 동호의 생활습속과 관계된 부분은 문헌에 직접 기록된 것이 거의 없다. 다만 몇몇 기록에 "동호는 중원의 문헌에 의해 '호'(胡)라고 불렸고, 동호가 흉노의 동쪽에 살았다"(在匈奴東;《史記 · 匈奴列傳》 색인의 服虔의 말을 인용)는 기록이 전해지고 있다. 더욱 중요한 것은 동호가 호인(胡人)과 같은 경제 형태를 갖추고 있었다는 것이다. "가축 중 말 · 소 · 양을 많이 키웠다."(其畜之所多, 則馬, 牛, 羊) "그 습속이 가축과 연계되며 사냥을 생업으로 삼았다."(其俗寬 則隨畜, 因射獵禽獸爲生業;《史記 · 匈奴列傳》) 이런 문헌 기록은 동호의 후예인 오환 · 선비의 생활습속을 보면 더욱 설득력을 갖는다.

철장구(鐵匠溝)유적 가운데 이미 훼손된 상태의 3기 무덤에서 매장습속, 부장품의 배치만으로는 희생제물이 있었는지 알 길이 없고, 경제 형태도 드러나지 않는다. 수천묘지 북쪽지구의 무덤은 지금껏 발견된 수천문화유적 가운데 자료가 가장 많은 유적 가운데 하나다. 보고서에 바탕 하면, 짐승을 껴묻은 무덤은 전체 무덤의 30퍼센트에 이르고, 제물로는 돼지가 제일 많고, 적은 수의 개 · 말 · 소가 발견되었다고 한다. 가축 구성의 특징으로 보아 정착생활을 하며, 가축을 사육하는 부족에 적합하며, 넓은 행동반경을 가진 유목부족과는 맞지 않으므로, 동호가 갖고 있는 경제 형태와는 들어맞지 않는다는 결론이 나온다. 그러므로 현재 철장구유적과 수천문화의 부족과 동호를 연결하는 주장은 적합하지 않다. 그렇다면 동호족의 유적은 아직도 계속 탐사되어야만 한다. 2002년에 발견된 내몽고 적봉시 임서현(林西縣) 정구자(井溝子)유적 서부지구 묘는 적봉지구에서 동호유적을 찾는 데에 하나의 새로운 실마리가 될 것이다.

정구자유적은 내몽고 적봉시 임서현 정점향(井店鄕) 오포토촌(敖包吐村) 정구자 마을에서 북쪽으로 약 400미터 가량 떨어진 언덕에 위치해 있다.

이곳은 서랍목륜하(西拉木淪河) 상류의 북쪽 기슭에 위치하며, 대흥안령산맥(大興安嶺山脈)의 남단에 속한다. 이 유적은 1989년 적봉시 문화재 지표조사 때에 발견되었다. 1998년 임서현문물관리소의 왕강(王剛) 소장은 유적 안에 있던 훼손된 무덤 1기를 보고하여 연구자들을 주목하게 하였다.[16]

2002년 5월 길림대학 변강고고연구소(邊疆考古研究中心)는 그 유적을 다시 조사하였는데, 조사하면서 유적의 중부지구에 많은 무덤들이 농민들에 의해 파손된 것을 발견하였다. 사람 뼈는 지표에 드러나 있었고, 도굴된 곳도 있었다. 그러므로 조사단은 이 유적의 중요성을 상급기관에 알리고, 관계기관의 동의를 얻어 내몽고 문물고고연구소와 길림대학 변강고고연구소가 공동으로 이 무덤들에 대한 구제발굴을 진행하였다.[17]

지표조사와 시굴에 따르면, 발견된 유적범위내의 묘지는 동·서 두 구역으로 나뉜다. 우리의 발굴 위치는 서쪽의 무덤들이 속한 유적의 중부였으며, 발굴면적은 650평방미터, 무덤 31기, 수혈 3개를 발굴 조사하였다. 그 가운데 3개의 수혈은 하가점 상층문화 시기에 속하였으나 31기의 무덤은 일종의 새로운 문화유형을 나타내었다.

이번 발굴에서 21호 무덤이 하가점 상층문화의 2호 구덩이와 겹쳐 있는 층위 관계를 확인하였다. 하가점 상층문화 시기 것으로 보이는 무덤과 그 외의 무덤은 근본적으로 차이가 남을 볼 수 있다.

적봉 홍산후(紅山後)유적부터 남산근(南山根)유적[18] 하가점, 소흑석구(小黑石溝),[19] 용두산(龍頭山)[20] 등 유적의 발견까지 볼 때, 하가점 상층문화무

---

16) 王剛, 〈林西縣井溝子夏家店上層文化墓葬〉, 《內蒙古文物考古》 1998-1.

17) 吉林大學邊疆考古研究中心·內蒙古文物考古研究所, 〈2002年內蒙古林西縣井溝子遺蹟西區墓葬發掘紀要〉, 《考古與文物》 2004-1.

18) 中國科學院考古研究所內蒙古工作隊, 〈寧城南山根遺蹟發掘報告〉, 《考古學報》 1975-1; 中國社會科學院考古研究所東北工作隊, 〈內蒙古寧城縣南山根102號石槨墓〉, 《考古》 1981-4 ; 遼寧省昭烏達盟文物工作站·中國科學院考古研究所東北工作隊, 〈寧城縣南山根的石槨墓〉, 《考古學報》 1973-2.

19) 項春松, 李義遼寧省昭烏達盟文物工作站·中國科學院考古研究所東北工作隊, 〈寧城縣南山根的石槨墓〉, 《考古學報》 1973-2.

덤에서는 석제 부장품이 많이 발견되었고, 앙신장과 단인장이 가장 많았
다. 2인 합장이 간혹 발견되었으나 여러 사람을 함께 묻은 무덤은 없었다.
순장을 한 흔적은 상대적으로 적었다.[21] 껴묻거리는 질그릇의 비율이 높
았는데, 단지·손잡이접시·바리·주전자·세가랑이솥 등이 많이 발견되
었다.(그림 1) 청동기는 공병식단검(銎柄式短劍), 치병도(齒柄刀), 공수부(空
首斧)가, 골각기로는 단정골촉(短鋌骨鏃)이 대표적이다.(그림 2)

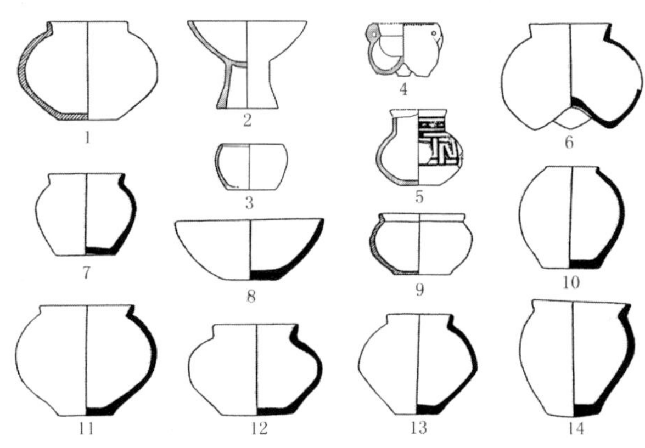

그림 1. 하가점 상층문화 무덤 출토 陶器

1, 7, 9~14: 罐(1: 夏家店M14:1, 9: 夏家店M7:1, 나머지 紅山後 石槨墓 出土) 2: 豆(大泡子墓
地) 3: 鉢(南山根M3：18) 4, 6: 鬲(4: 大泡子墓地; 6.紅山後 石槨墓) 5: 壺(大泡子 墓地) 8: 碗
(紅山後 石槨墓)

---

20) 內蒙古自治區文物考古研究所·克什克騰旗博物館,〈內蒙古克什克騰旗龍山頭遺蹟
   第一·二次發掘簡報〉,《考古》1991-8 ; 齊曉光,〈內蒙古克什克騰旗龍山頭遺蹟發掘
   的主要收穫〉,《內蒙古東部地區考古學文化研究文集》, 海洋出版社, 1991.
21) 하가점 상층문화에 속한 내몽고 적봉시 오한기 주가지(周家地)유적에서 석관묘가
   발견되지 않고, 합장묘가 일정한 비율로 존재하고 있다. 동물을 껴묻었는데 개·소·
   말머리·말발굽 등이 있다. 이 무덤에서 껴묻힌 단경관(短莖罐)과 장정골촉(長鋌骨
   鏃) 등은 이 유적 유물의 한 특징이다. 이런 매장 습관은 하가점 상층문화의 다른 유
   적과는 차이가 있다. 즉 비록 하가점 상층문화로 분류는 되고 있지만 전형적인 하가
   점 상층문화와는 다른 것을 볼 수 있다. 앞으로 깊은 연구가 필요하다.(中國社會科學
   院 考古研究所 內蒙古工作隊,〈內蒙古敖漢旗周家地墓地發掘簡報〉,《考古》1984-5)

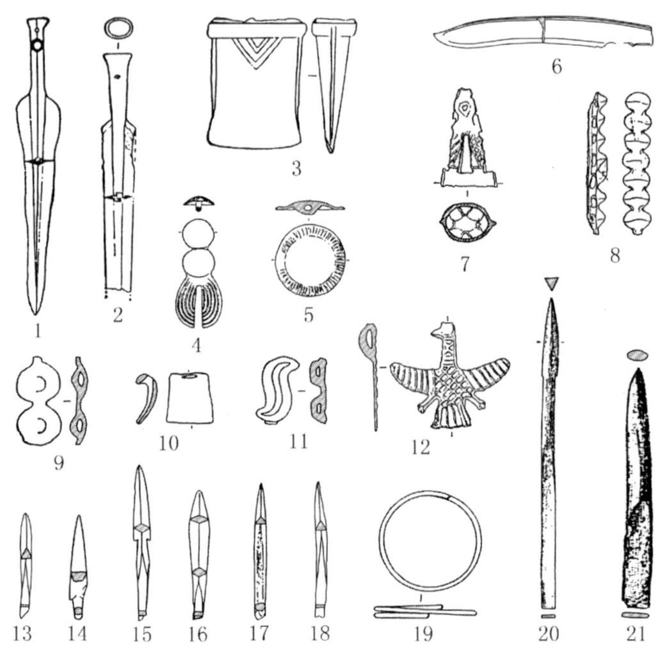

그림 2. 하가점 상층문화 무덤에서 출토된 청동기, 골기(骨器)와 방기(蚌器)

1, 2: 鑾柄式短劍 (1: 大泡子墓, 2.龍頭山 Ⅱ M1 ： 15); 3: 空首斧 (龍頭山 Ⅱ M1 ： 6); 4: 雙尾銅飾 (夏家店M11:1); 5: 銅泡 (夏家店 M17:2); 6: 齒柄刀 (南山根 M3:7); 7: 鈴形飾 (南山根 M4:41); 8, 9: 聯珠形銅飾 (8:南山根 M4:36, 9: 龍頭山 Ⅱ M1:17); 10: 箕形蚌飾 (南山根 M5:2); 11: S形銅飾 (龍頭山 Ⅱ M1:11); 12 ： 銅鳥形飾 (南山根 M4:28); 13〜18, 20, 21: 骨鏃 (3〜18: 紅山後 石槨墓, 20, 21: 夏家店M12:3, M12:1); 19:스프링식 귀고리 (紅山後 石槨墓)

이에 반하여 정구자(井溝子)유적 서부지구 무덤에서는 석재 부장품이 없었으며,22) 2인 이상 합장묘가 홑무덤보다 많았고, 순장이 보편적이었다. 부장품으로는 질그릇이 많이 출토된 무덤의 비율이 높았는데, 크기가 큰 민무늬 사질 홍갈색 또는 회갈색 항아리나 소면협사홍갈도(素面夾砂紅褐

---

22) 1998년 왕강(王剛)이 보고한 석관묘를 토대로 현재 조사해 본 결과, 정구자유적 동 부지구에서는 이미 파괴된 2기의 석관묘 가운데 1기를 보고하였다.

陶)가 주로 출토되었다. 이 밖에 소량의 세가랑이솥·바리·주전자 등이 발견되었는데, 손잡이접시는 없었다.(그림 3)

한 유적에서 발견된 질그릇이라도 문화에 따라 모습의 차이가 있었다. 예를 들어 정구자유적에서 발견되는 세가랑이솥과 하가점 상층문화에서 자주 보이는 세가랑이솥(그림 4)의 형태는 큰 차이가 나는 것을 볼 수 있다. 단지의 아가리 부분을 볼 때도 하가점 상층문화에서 유행했던 외반은 발견되지 않았다.

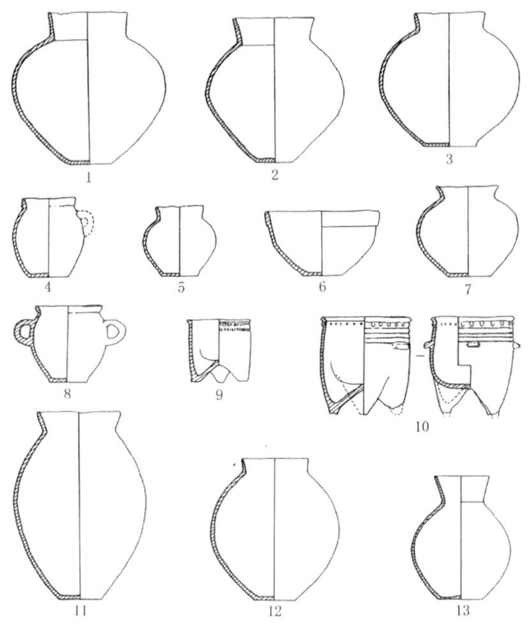

그림 3. 정구자유적 서부지구 무덤에서 출토된 토기

1: 귀 없는 夾砂罐 A型 (M13:2); 2: 귀 없는 夾砂罐 B型 (M15:2); 3: 귀 없는 夾砂罐 C型 (M27:1); 4: 單耳罐 (M13:39); 5, 6: 귀 없는 夾砂罐 D型 (5, M9:1; 6, M2:2); 7:귀 없는 夾砂罐 E型 (M13:3); 8: 雙耳罐 (M10:2); 9: B型鬲 (M25:1); 10: A型鬲 (M19:3); 11: 귀 없는 夾砂罐 F型 (M5:20); 12: 泥質罐 (M19:5); 13: 泥質壺 (M13:40) (위에 陶器分類案 同 發掘簡報)

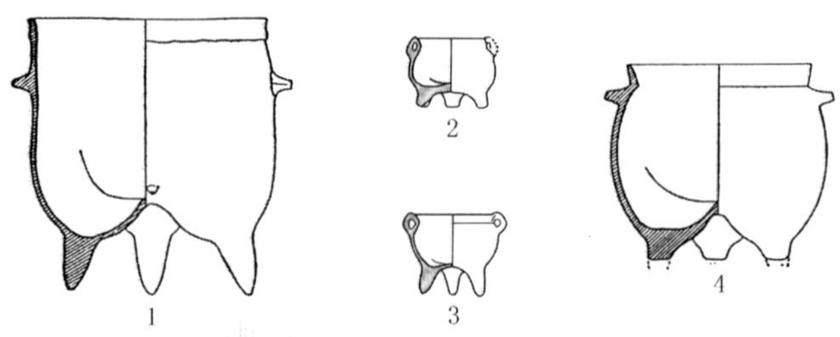

그림 4. 하가점 상층문화에 속한 도격(陶鬲) 형태
1~4: 하가점유적 출토1: T3⑤:11; 2: T7①:2; 3: H5:15, 4: T1②:7)

정구자 서부지구 묘에서는 또한 소형 청동기와 골각기, 패각기가 많이 출토되었다.(그림 5) 청동기로는 원철격편경직인단검(圓凹格扁莖直刃短劍), 설형동추식(舌形銅墜飾), 변체조수형식(變體鳥首形飾)이, 골각기로는 북(梭) 또는 방형 단추(骨扣), 재갈(鑣), 활고자(弓弭), 긴슴베화살촉(長鋌骨鏃) 등이 출토되었다. 그러나 하가점 상층문화의 특성을 지닌 유물은 눈에 띄지 않았다. 이런 차이는 정구자 서부지구 무덤을 하가점 상층문화와는 다른 새로운 유형 가운데 하나로 규정하게 해준다.

그러나 이 두 문화는 일정 부분 비슷한 요소가 있다. 예를 들어 정구자 유적의 무이류협사관(无耳類夾砂罐)는 A, B, C, D 네 형으로 분류할 수 있다. 이들은 모두 직령(直領), 외첩진도발(外疊唇陶鉢)의 특징을 지니고 있는데, 간혹 도격의 복부 부분에 손잡이를 단 제작기법도 눈에 띈다. 청동기 중에서는 스프링식 귀고리, 영형식(鈴形飾), 연주형식(聯珠形飾), 동포(銅泡), 치병동도(齒柄銅刀), 편경요격식단검(扁莖凹格式短劍), 기형방식(箕形蚌飾) 등이 하가점 상층문화의 기물들과 유사하다.

같은 시기의 철장구유적과 비교할 때 두 유적 출토유물 사이의 유사성이 비교적 많이 발견된다. 정구자 A형, B형 사질항아리(夾砂罐), M2:2 발(鉢)과 M13:40 니질회도호(泥質灰陶壺)의 제작형태는 오한기 철장구 AM3:1관, AM1:1관(발굴보고서에는 瓮이라고 한다)과 흡사하다, AM2:3발(발굴보고

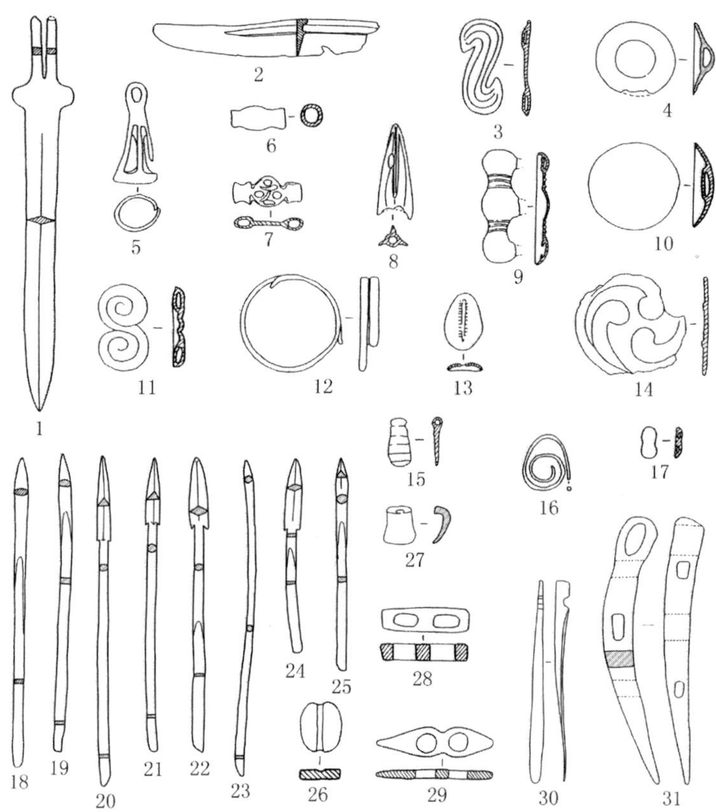

그림 5. 정구자유적 서부지구 무덤에서 출토된 청동기, 骨器와 蚌器

1: 短劍 (M3:6); 2: 銅刀 (M5:13); 3: 變體鳥形飾 (M6:1); 4, 10: 銅泡 (M15:12, M5:4); 5: 鈴形飾 (M3:46); 6: 管狀飾 (M20:10); 7: 變體鳥首形飾 (M25:10~4); 8: 銅鏃 (M26:200; 9, 17: 聯珠形飾 M31:7, M17:6); 11: S形卷云紋銅飾 (M13:33); 12, 16: 귀고리 (M3:57-1, M31:22); 13: 銅貝飾 M7:11); 14: 渦紋銅飾 (M5:10); 15: 舌形銅墜飾 (M8:2); 18~25: 骨鏃 (M10:4, M26:13, M3:23, M3:25, M3:54, M3:26, M26:8, M26:7); 26.貝形蚌飾 (M3:15-1); 27.箕形蚌飾 (M21:25-1); 28, 29: 骨扣 (M3:10, M3:59); 30: 弓弭 (M3:38); 31: 骨鑣 (M3:58)

서에는 碗이라고 한다)과 AM2:2호 두 무덤에서는 또한 그 양식이 동일한
변체조수형동식(變體鳥首形銅飾; 발굴보고서에는 鳥紋飾이라고 한다), 와문

동식(渦紋銅飾; 발굴보고서에는 渦紋圓形牌飾이라고 한다), 원형동포(圓形銅泡), 스프링식 귀고리, 가늘고 긴 나팔형, 수고나팔형령형식(瘦高喇叭形鈴形飾), 유공삼익동촉(有銎三翼銅鏃), S형권운문동식(S形卷云紋銅飾; 발굴보고서에는 連鎖卷云紋條形飾) 등의 장식품들도 출토되었다.

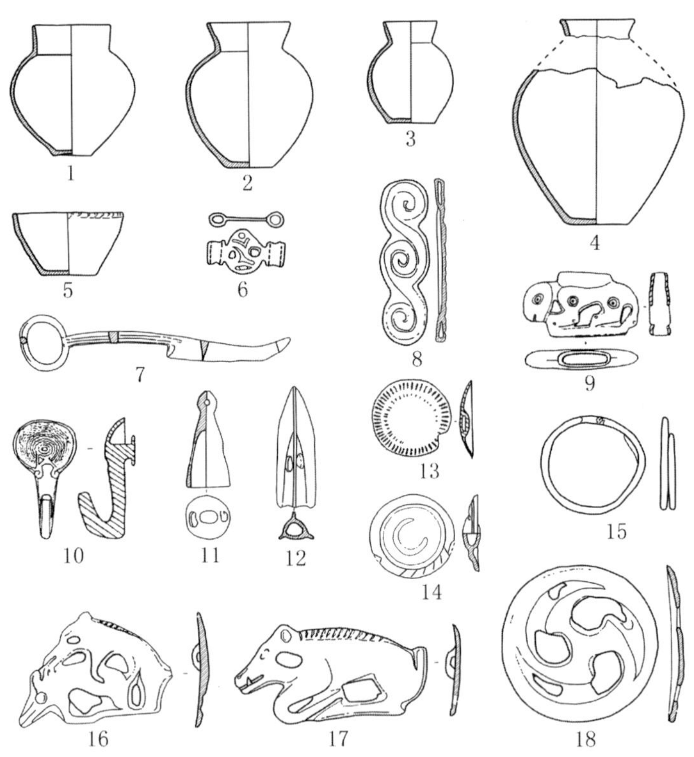

그림 6. 철장구 A지구 무덤에서 출토된 유물

1, 2, 4: 罐 (AM3:1, AM2:1, AM1:1); 3, 5: 壺 (3, AM2:2; 5, AM2:3); 6: 變體鳥首形飾 (AM2:11), 7: 環首銅刀 (AM1:2); 8: S形卷云紋銅飾 (AM1:17); 9: 虎形飾 (AM1:11); 10: 帶鉤 (AM1:29); 11: 鈴形飾 (AM2:6); 12: 銅鏃 (A區 採集); 13, 14: 銅泡 (AM3:2, AM1:22), 15: 귀고리 (AM2:27); 16:매돼지 교구 牌飾 (AM1:9); 17: 매 돼지形牌飾 (AM1:6); 18: 渦汶銅飾 (AM1:15)

철장구유적 A지구의 3기 무덤들은 이미 훼손된 상태였고, 묘들은 거의
가 토갱수혈묘(土坑竪穴墓)이며, 방향은 서북에서 동남으로 나 있다. 매장
형태는 단독매장과 2인 합장 두 종류로 나눌 수 있으며, 이러한 특징은 정
구자 서부지구 무덤들과 매우 흡사하다. 그러나 철장구유적 A지구 무덤에
서는 야저형패식(野猪形牌飾), 호형동식(虎形銅飾), 환수도(環首刀), 대구(帶
鉤) 등이 정구자유적 서부지구에서는 발견되지 않았던 유물들이 발견되었
고, 희생제물 존재 여부는 확실하지 않다. 그러므로 둘이 같은 문화에 속
하는가 하지 않는가의 문제는 앞으로 더 많은 연구가 있어야 할 것이다.

수천무덤군의 북쪽지구의 무덤과 비교할 때 두 지역은 관련이 있음을
볼 수 있다. 예를 들어 사질갈색토기(夾砂褐陶)의 단이관(單耳罐), 쌍이관(雙
耳罐) 및 원형동포(圓形銅泡), 동사권곡(銅絲卷曲)으로 만들어진 귀고리 등
이 두 곳의 무덤에서 고루 발견되었다. 무덤의 방향도 비교적 유사하다.
그러나 둘의 차이 또한 매우 두드러진다. 수천 북쪽지구 무덤의 경우, 목
재 장례도구들이 많이 발견되고 단인앙신직지장(單人仰身直肢葬)이 주류이
며, 돼지의 머리나 발굽을 제물로 사용한 경우가 많고, 제물은 대부분 매
장토 속에서 발견되었다. 부장 토기류는 비교적 크기가 작은 단이관, 쌍이
관, 첩진고복관(疊唇鼓腹罐), 단파배(單把杯)가 주류를 이루고 있다.(그림 7)

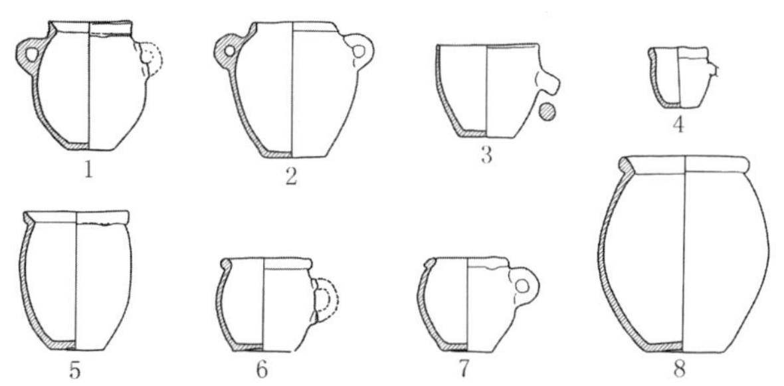

그림 7. 수천묘지 북쪽지구 무덤에서 출토된 토기
1, 2: 雙耳罐 (M79:1, M73:1); 3, 4: 單把杯 (M22:2, M3:2),; 5, 8: 疊唇鼓腹罐 (M76:1, M8:1),
6, 7: 單耳罐 (M75:1, M36:3)

정구자유적 서부지구의 모든 무덤에서는 매장도구 흔적이 발견되지 않고 있다. 2인 이상 합장묘가 대부분이며, 희생제물은 말·소·양이 주류를 이루고 있으며, 돼지는 보이지 않는다. 희생제물은 무덤 안, 그리고 무덤무지에서 발견되었다. 부장 토기는 대형 무이사관(无耳砂罐)이 대부분이며, 사족통복격(四足筒腹鬲)이 출토되었다. 수천유적의 골각기와 각종 재료 장식품의 풍부함은 정구자유적에 못지않다. 이런 면으로 볼 때 둘은 서로 다른 성질의 고고문화 유적이 분명하다. 지금까지 연구에 따르면 수천문화의 유적은 단지 노합하(老哈河) 유역과 대릉하 상류 일대에 드문드문 분포되어 있다. 정구자유적 서부지구 무덤의 발견은 하가점 상층문화의 쇠퇴 이후 서랍목륜하(西拉木淪河) 유역의 청동기문화가 공백기로 남아 있었던 것만은 아니었음을 증명하였다. 정구자유적 서부지구 무덤은 당연히 하나의 새로운 문화 유형으로 보아야 하며 임시로 '정구자 유형'이라 부르기로 한다.

정구자 유형은 연대와 지역상으로 동호와 연관관계 조건에 부합할 뿐만 아니라 무덤에서 드러나는 경제 형태를 보아도 동호와 밀접한 관계가 있음이 나타난다.

정구자유적 서부지구 무덤의 희생제물 이용은 매우 보편적으로 이루어지고 있으며, 훼손이 비교적 적은 후기의 28기 묘 가운데 25기에서 희생제물로 사용된 뼈들이 발견되고 있는데, 전체 무덤에서 그 비율이 89.29퍼센트에 이른다. 제물로 사용된 가축은 방목에 적합한 말·소·양·당나귀·노새가 주로 발견되었는데, 무엇보다 말이 제일 많이 출토되었다. 그 외에 개 종류도 눈에 띄며 돼지는 보이지 않는다. 무덤 속에서 농업용 도구나 농산물은 출토되지 않았다. 이것은 당시의 경제생활에서 목축업이 큰 비중을 차지했음을 나타낸다. 이 밖에 가공되지 않은 사슴·노루·여우 같은 야생동물 뼈와 배각무치방(背角无齒蚌), 담수라(淡水螺) 같은 패각류들이 소량 발견되었다. 또한 대량의 골촉(骨鏃)이 발견되어 어업과 수렵이 주민 경제생활의 중요 보충수단 가운데 하나였을 가능성을 보여 준다.

정구자유형 무덤에서 나타나는 경제 형태의 특징은, 적봉지구보다 빠른 고고문화와 비교할 때 차이가 있으며, 같은 시기에 속하는 수천문화와도 다르다. 이렇게 볼 때 적봉지구에서 연대가 확정된 것 가운데 가장 빠른 시기에는 목축업이 주요 경제수단이었으며, 어업과 수렵이 그를 보충했던 일종의 새로운 경제 형태를 이루었음을 알 수 있다.

춘추전국시대, 중국 북방 장성 일대와 그 동부지역에서는 무덤에 희생제물을 이용하는 풍속이 보편적이었다. 그러나 각 지역에서 희생제물이 발견된 무덤의 비율, 희생제물의 종류, 수량 및 그 부위와 배치 위치 등에서는 차이가 있다. 뿐만 아니라 각 지역마다 목축업의 유형과 그 발달 정도 또한 각기 다르다. 정구자 유형 무덤의 희생제물 특징을 부근의 하북성(河北省) 북쪽 산지(山地), 군도산(軍都山), 이수구문(梨樹溝門)유적으로 대표되는 문화 유형,23) 대·소릉하 유역을 중심으로 분포했던 능하문화 말기,24) 눈강(嫩江) 유역의 평양(平洋)유적으로 대표되는 한서(漢書)2기문화25)

---

23) 현재까지 발표된 자료로 볼 때 하북성 북부 지역에 동주시기의 '산융'무덤 가운데에서 동물 부장의 경우가 각기 다르다. 부장 비율이 높은 유적은(玉皇廟유적) 60% 정도 되고, 낮은 유적은(虎什哈砲台山 유적) 14% 정도다. 껴묻힌 동물 종류로 보며 개·소·양이 가장 많다.(軍都山유적의 3기 무덤에서는 개·양·소 순서였다. 일부 무덤에서 말을 껴묻었다. 梨樹門溝유적의 경우는 1993년에 발굴 조사된 30여 기 무덤에서 부장된 동물 가운데 소가 가장 많았다. 그 다음으로는 개였다. 말을 부장한 경우는 머리나 다리, 발굽을 하였다) 이 지역의 경제 형태가 목축업이지만 동물의 종류로 통해서 볼 때 먼 거리를 다니면서 유목하기는 어려웠을 것으로 보인다.(灤平縣博物館, 〈河北省灤平縣梨樹溝門山戎墓地 清理簡報〉,《考古與文物》1995-5; 北京市文物研究所山戎文化考古隊,〈北京延慶軍都山東周山戎部落墓地發掘紀略〉,《文物》1989-8; 河北省文物研究所·承德地區文化局·灤平縣文物管理所,〈灤平縣虎什哈砲台山山戎墓地的發現〉,《文物資料叢刊(7)》, 文物出版社, 1983)
24) 능하문화의 경제 형태는 무덤의 부장품으로 볼 때 농업이 발달하지 않는 것을 볼 수 있다. 수천유적 무덤의 부장품을 볼 때 돼지가 가장 많은 것을 볼 수 있다.(王立新, 〈遼西區夏至戰國時期文化格局和經濟形態的演進〉,《考古學報》2004-2)
25) 평양전창(平洋博廠)유적에서 발견된 97기 무덤 가운데 40기에서 동물을 껴묻은 것을 볼 수 있다. 껴묻은 동물의 종류는 개·말·양·돼지·소·양과 다른 짐승들 그리고 물고기 등도 있다. 출토된 생산도구와 무기로 볼 때 대부분이 어로와 수렵 등의 경제활동과 관련성이 있다. 이에 따라서 당시 이 지역은 목축과 어렵이 다 존재하고

와 비교할 때 그 차이는 분명하게 드러난다. 이 밖에 다른 문화와 비교해 볼 때도 정구자 유형의 독특함은 분명하게 드러난다. 즉 무덤의 유물로 볼 때 정구자 유형의 주인공들은 방목을 하였을 가능성이 매우 높다.

이러한 경제적 특성을 고려해 볼 때 정구자 유형을 동호로 보는 것이 가장 합당함이 분명해진다. 주목할 만한 것은 정구자 유형의 주민들이 유목민 계통이며 일정한 유동성을 갖춘 방목생활을 했으리란 점이다. 그러나 이 점이 정구자 유형의 주민들이 정착생활을 하지 않았다는 것을 증명하는 것은 아니다.

정구자유적 서부지구의 무덤에서 부장 토기가 발견된 무덤은 21기로 정리된 묘들(31기) 가운데 67.74퍼센트를 차지하여 꽤 높은 비율을 나타내고 있다. 이것은 토기가 일상생활의 중요 용품이었음을 나타낸다. 부장 토기는 큰 협사관(夾砂罐; A, B, F형)의 수량이 제일 많고, 이런 유형의 관은 구연부(口沿部)가 작고 배 부분은 큰 경우가 많아서 식품의 저장과 가공용도로 쓰인 것으로, 장거리 운반용으로 이용 가능성은 거의 없음을 보여준다. 현재 출토된 토기들은 분류가 가능할 정도의 양은 된다.

이곳 무덤군은 임시나 단기 매장지가 아니라 일정한 간격을 두고 존재했음을 나타낸다. 이상의 정황으로 보건대 정구자유적 서부지구 무덤은 하나의 비교적 안정적인 정착생활의 거점으로 봐야 맞다.

인종학적 연구 성과에 따르면, 정구자 서부지구 무덤에서 발견된 인골은 머리뼈가 낮고 얼굴이 넓으며, 얼굴이 비교적 평평한 북아시아 몽고인종의 특징을 나타낸다. 이미 알려진 선비, 거란인의 인종 특징과 매우 가깝다. 연구자는 이를 동북지구에서 현재까지 발견된 가장 빠른 고시베리아 유형의 주민으로 보고 있다. 이 주민들은 그 전에 동북지구에 분포해

있다고 봐야 할 것이다. 아직은 그 경제 형태를 명확하게 알 수 없지만, 단순히 유목 생활의 경제형태를 규명하면 맞지 않다.(黑龍江省文物考古硏究所, 《平洋墓葬》, 文物出版社, 1990; 潘玲·林沄,〈平洋墓葬的年代與文化性質〉,《邊疆考古硏究(第一輯)》, 科學出版社, 2002)

있던 주민들과 인종학적으로 큰 차이를 보인다.[26] 종합하여 분석하건대, 이 인종군의 주요 민족은 훨씬 북쪽의 몽고고원 출신일 가능성이 크다.

  정구자 유형 주민의 인종학적 특징과 문헌 기록상 동호족의 후예인 선비, 거란의 인종학적 특징이 유사하고, 연대·지역·경제형태마저도 학자들이 생각해 온 동호와 부합한다면, 이를 동호족의 일부로 보아야 마땅하다. 이런 면에서 정구자 서부지구 무덤의 발견은 동호유적 탐사의 새로운 실마리 가운데 하나일 뿐이다. 이 실마리를 따라 더 많은 연구가 진행되어야 할 것이다. _복기대 옮김

---

26) 정구자유적 서부지구 무덤에 출토된 인골을 길림대학 변강고고연구소 주홍(朱泓) 교수와 장전초(張全超) 박사가 체질인류학으로 분석하고 감정하고 있다.(보고서 아직 미간)

요서(遼西) 지역의 청동기문화와 고조선의 관계

복 기 대

_ 단국대 석주선기념박물관

1. 머리말

한국 상고사를 연구하는 데서 그 큰 줄기를 어떻게 잡을 것인가에 대하여 학자들은 많은 고민을 해왔다. 이러한 고민을 갖게 된 배경에는 무엇보다도 '단일민족'이라는 깨뜨리기 어려운 통념이 있었다. 이 통념을 넘어서거나 넘어서려고 노력하는 자체가 비난의 대상이 되었던 것이다. 그러므로 대부분의 학자들은 한민족을 설정하여 그 민족이 유사 이래 이 나라의 역사 주체가 되었던 것으로 인식하거나, 아니면 그렇도록 연구를 진행해왔던 것이 사실이다. 그러나 최근 들어 새로운 학문 연구방법과 그 동안의 자료들에 대한 새로운 해석, 그리고 새로운 자료들은 '단일민족'이라는 통념을 넘어서 다양한 종족들이 함께 어우러져 고유한 역사를 발전시켰다는 증거를 여러 곳에서 드러내고 있음을 볼 수 있다.

그러므로 필자는 '다양'이라는 표현에 속한다고 볼 수 있는 중국 요서(遼西) 지역의 청동기문화와 우리 상고사와 어떠한 관계가 있는지에 대하여 이 글에서 간단히 제시하고자 한다.

한국 학계에서 고조선을 연구하는 학설에는 크게 세 가지 관점이 있다. 고조선 건국에 관한 것은 '단기기원설'(檀紀起源說)[1]과 '조선왕기원설'(朝

---

1) 이 개념은 단군(檀君)기원설을 말하는데, 《삼국유사》(三國遺事)나 《동국통감》(東國

鮮王起源說),[2] '기자기원설'(箕子起源說)로[3] 나누어 볼 수가 있고, 영토적으로는 '만주(滿洲)중심설'[4]과 한반도 내에 '평양(平壤)중심설'로[5] 나누어 볼 수 있다. 이 견해들 가운데 시대적으로 '조선왕기원설'과 '평양중심설'은 이미 국내외에 많은 연구가 이루어져 주류학설로 자리 잡고 있고,[6] 기자기원설은 그 논리 근거의 빈약으로 현재는 주로 연구사적인 면에서만 검토되고 있다. 그러므로 이 글에서는 '단기기원설'과 '만주중심설'을 중심으로 논지를 전개해 나가고자 한다.

2. 남만주 지역 청동기시대 문화 개괄

일반적으로 고고학에서는 청동기시대에 들어서면서 국가단계에 접어드는 것으로 인식한다. 그러므로 청동기시대 문화에 주안점을 두어야 할 것이다.

通鑑)에 기록된 기원전 2333년의 고조선 건국에 관한 견해이다.

2) 이 개념은 중국 사서(史書)인 《삼국지》(三國志) 〈한전〉(韓傳)의 주석인 《위략》(魏略)의 기록을 근거로 하여 고조선의 개국시기로 보는 것을 말한다.

3) 기자기원설은 한국 학자보다는 주로 중국 학자들이 주장하는 학설이다. 근거는 25사에 나와 있는 기자 관련 기사를 근거로 하는 것이다. 그러나 한국의 연구자들은 대부분이 이 학설을 부정하는 것이 현실이다.

4) 이른바 '만주중심설'은 전통시대부터 주장되었던 학설로 현재까지도 계속 이어지고 있다. 보편적으로 이 설을 주장하는 것에 대하여 민족주의 내지는 국수주의로 평가를 하는 경우가 종종 있다.

5) 이 설도 마찬가지로 전통시대부터 꾸준하게 제기되어온 견해이다. 같은 '평양중심설'이라 하더라도 두 가지로 나눌 수 있다. 하나는 평양 지역에서 기원하여 서북쪽, 즉 만주 지역으로 확장해 나갔다는 견해이고, 다른 하나는 평양 지역에서 기원하여 같은 지역에서 와해된 것으로 보는 것이다. 후자의 경우는 일본 식민지시대에 더 확고하게 고착된 결과인데, 현재 한국 사학계의 주류를 이루고 있는 학설이기도 하다.

6) 이 견해는 일본 식민지시대에 괄목할 만한 연구 결과들이 나왔다. 그 후 한국 학계에서도 많이 연구가 되었다. 그러므로 이 견해들에 대해서는 기존의 연구 성과를 참조하기 바란다.

만주 지역은 문화적인 측면에서 크게 두 지역으로 나누어진다. 이 지역의 구분은 '요하'(遼河)라는 강을 경계로 하여 강의 동쪽을 '요동', 서쪽을 '요서'라 부른다. 이 개념에 따라서 현대에도 고대 문화를 연구하는 데에서 요서와 요동으로 나누어 연구를 진행한다.

1) 요동 지역의 청동기시대 문화

요동 지역의 지형적인 특징은 심양지구를 제외하고는 대부분이 가파른 산들이 많은 산지형이다.

이 지역의 신석기시대 문화는 심양 지역의 신락하층문화 편복자 유형, 요동반도의 쌍타자1기문화, 소주산하층문화, 천산 일대의 후와 유형 등의 통형관을 대표로 하는 신석기문화에 이어 청동기문화들이 발전한다. 현재 신석기시대 문화와 청동기시대 문화를 비교해 볼 때, 서로 직접적인 관련성이 뚜렷하게 나타나지 않고 있는 상황이다.

이 지역의 청동기시대 문화의 공통적인 특색은 고인돌과 민무늬 계열의 질그릇문화이다. 고인돌은 요동 지역뿐만 아니라 요동반도, 그리고 길림 지역까지 넓게 분포되어 있음을 알 수 있다. 이 고인돌이 하나의 문화권을 이루고 있는지, 아니면 다른 문화권에서 특수한 문화현상인 고인돌문화만을 받아들인 것인지는 아직 확인이 되지 않았다. 질그릇은 청동기시대 초기에는 대부분이 민무늬 계열의 붉은 계통의 그릇이다. 이 그릇들은 후기로 들면서 점차 변화하는 것을 볼 수 있다. 이와 같은 정의에 포함되는 문화들을 알아보면 다음과 같다.

첫째, 요동 산지로 불릴 수 있는 본계·무순·단동 일대에서 발달한 문화이다. 이 지역은 높은 산과 계곡을 중심으로 문화가 발전하는 것을 볼 수 있다. 특히 동굴 속에 많은 문화 흔적이 남아 있다. 이 문화는 '마성자(馬城子)문화'라고 부른다.7) 지금까지 연구된 상황을 볼 때 큰 권력체가 탄생할 수 있었던 기반은 갖추어지지 않은 것으로 볼 수 있는 문화이다.

둘째, 요동반도 남쪽에서 발달한 문화인 '쌍타자(雙砣子)문화'이다.8) 이 문화는 요동반도 남쪽에서 발달한 문화인데, '쌍타자2기'부터 청동기시대 문화로 볼 수 있다. 지역적으로 요동반도 남단에 위치한 문화이며, 문화요소가 산동반도 쪽과 관련이 깊은 것을 볼 수 있다.

셋째, 심양시 부근을 중심으로 발전한 문화는 '고태산(高台山)문화'이다.9) 이 문화는 분포지역이 넓지는 않으나 문화의 특성상 요동산지문화와 이른바 '삼족기(三足器)문화'가 결합된 문화다. 이 문화가 결속된 이후의 문화현상이 아직 뚜렷하게 나타나지 않고 있다.

넷째, 위의 첫째, 둘째, 셋째 문화들이 와해되면서 나타나는 문화들은 이른바 '석관묘'를 중심으로 이루어지는 문화들이다. 이 문화들에서 나타나는 공통적인 현상은 민무늬 계열의 호리병, 단지, 청동기로는 비파형동검이 발달한 것을 볼 수 있다.

요동지역의 문화들을 총괄하여 보면, 어느 한 지역 또는 한 문화에 중심을 두고 서로 연결시킬 수 있는 문화들이 아니다. 지형상 산지라는 특수성 때문인지는 몰라도 각 지역마다 문화의 차이가 뚜렷함을 볼 수 있다.

2) 요서 지역의 청동기시대 문화

요서 지역은 행정구역으로는 요녕성(遼寧省) 서부 지역과 내몽고 동남부 지역을 말한다. 이 두 지역의 중간 부분에 노노아호산(努魯兒虎山)이라는 산맥이 남북으로 길게 뻗어 있다. 이 산맥을 경계로 하여 서쪽은 해발 600미터 이상의 고원지대이면서 초원지대이고, 동쪽은 200미터 정도의 구릉

---

7) 遼寧省文物考古硏究所·本溪市博物館,《馬城子－太子河上游洞穴遺存》, 文物出版社, 1994.

8) 中國社會科學院考古硏究所,《雙砣子與崗上－遼東史前文化的發現和崗上》, 科學出版社, 1996.

9) 복기대,〈高台山文化에 대하여〉,《백산학보》65호(2003. 4), 백산학회 참조.

성 평원지대이다. 또한 이 산맥을 기준으로 하여 동서의 문화현상들이 전혀 다르게 나타나는 것을 볼 수 있다.

요서 지역에서 청동기문화가 시작된 것은 기원전 24세기를 전후한 시기다. 이 청동기문화가 성립되기 전까지는 전기 신석기문화인 흥륭와(興隆洼)문화,10) 조보구(趙寶溝)문화,11) 중기 신석기문화인 홍산(紅山)문화,12) 그리고 후기 신석기문화인 소하연(小河沿)문화를13) 거치면서 청동기시대 문화가 열렸다.

요서 지역의 청동기시대 문화는 '하가점(夏家店) 하층문화', '위영자문화', '하가점 상층문화', '능하문화'다.14) 이 문화 가운데 하가점 하층문화가 초기 청동기문화고, 위영자문화나 하가점 상층문화는 중기 청동기문화며, 능하문화는 후기 청동기문화다. 이들 문화 가운데 순서에 따라 초기 청동기문화부터 알아보기로 한다.

(1) 하가점 하층문화의 특징

요서 지역에서 가장 이른 시기의 청동기시대 문화는 하가점 하층문화다. 이 문화의 분포 범위를 살펴보면, 동으로는 의무려산(醫巫閭山)에 다다르고, 서로는 칠로도산(七老圖山)에 이른다. 남으로는 연산산맥(燕山山脈)에 이르고, 북으로는 서랍목륜하(西拉木倫河) 유역에 이른다. 이는 매우 드넓은 지역으로 현재 행정구역으로 내몽고 동부지역인 적봉시(赤峰市)와 요녕성 서부지역인 전체 요서 지역을 포함하는 넓은 지역이다.

---

10) 中國社會科學院考古硏究所內蒙古工作隊,〈內蒙古敖漢旗興隆洼遺址發掘簡報〉,《考古》1985-10期.

11) 中國社會科學院考古硏究所,《敖漢趙寶溝－新石器時代聚落》, 中國田野考古報告集, 中國大百科全書出版社, 1997.

12) 蘇秉琦,〈遼西古文化古城古國〉,《華人·龍的傳人·中國人》, 遼寧大學出版社, 1994.

13) 遼寧省博物館等,〈遼寧敖漢旗小河沿三種原始文化的發現〉,《文物》1977-12期.

14) 복기대,《遼西지역의 청동기시대 문화연구》, 백산자료원, 2002 참조.

이 문화의 특징을 간단히 알아보면 다음과 같다.

① 유 지(遺址)

유지는 집, 무덤, 성(城) 등이 조사되었다.

집 - 집은 움집, 반움집, 지상식으로 나누어 볼 수 있다. 지상식 가운데 어떤 집은 돌로 담을 쌓고, 실내를 전후로 나누어 사용한 집도 있었고, 또 어떤 집은 이중으로 담을 쌓아 견고하게 만든 것도 있었다. 움집에는 벽감을 둔집이 있다.

무덤 - 무덤은 일반적으로 움무덤인데, 움의 깊이가 깊은 편이다. 어떤 무덤은 움을 파고 나무로 묘실을 만든 것도 있었다. 큰 무덤에는 무덤 안에 벽감(壁龕)을 만들어 벽감 안에 껴묻거리를 묻었다. 또 어떤 무덤에는 무덤을 덮은 흙 속에 껴묻거리를 묻은 무덤도 있었다. 큰 무덤일수록 껴묻거리가 화려했고 수량도 많았다.

성 - 조사된 성(城)은 토성도 있고 돌과 흙을 같이 이용한 혼축성도 있었다. 이들 성이 자리한 지역은 거의가 뒤에 산을 등지고 앞으로는 물을 바라보며, 양옆으로는 외부에서 접근하기 어려운 계곡이 흐르는 지역이었다. 큰 것은 약 3만 평 정도이고 작은 것은 몇 천 평 정도의 것도 있는데,15) 중요한 것은 큰 성을 주위로 작은 성이나 또는 성보다는 규모가 작지만 집단적으로 거주했던 형태의 거주지들이 모여 있다는 것이다. 이러한 현상은 이 문화를 연구하는 데 매우 중요한 자료가 될 것으로 보인다.

② 유 물

발견된 유물은 질그릇, 청동기, 옥기, 돌연장, 점뼈 등이 있다.

질그릇은 세가랑이솥, 세발솥, 그리고 존(尊) 등이 많이 발견되었다. 한 특수한 예로 무덤에 껴묻거리로 묻힌 기물들 가운데 '채회도'(彩繪陶)가 많

---

15) 徐光冀, 〈赤峰英金河, 陰河流域之石城遺址〉, 《中國考古學硏究》, 文物出版社, 1986.

이 발견되었다. 이 그릇들의 특징은 이 문화와 다른 문화를 구별하는 데 근거가 되는 동시에 고유한 특징을 반영하고 있다.

채회도의 무늬는 여러 가지가 골고루 나타나는 것을 볼 수 있는데, 특징적인 것은 기본 바탕이 기하무늬들이 많았다. 채회도는 중원(中原) 지역에서는 발견이 되지 않았고, 요동반도의 쌍타자(雙坨子) 2기문화와 산동반도의 악석(岳石)문화에서 약간 발견되었다. 이 채회도에서는 붉은색·검은색·흰색·주황색 등이 주로 사용되었다.

돌연장으로는 농사를 지을 때 사용되었을 것으로 보이는 어깨삽·돌호미·돌칼 등이 많이 발견되었다.

귀중품으로 보이는 옥기가 많이 발견되었는데, 도끼·고리·새 모양 등 여러 가지였다. 만든 특징은 대칭법을 사용하여 만든 것이 특징이다. 점을 치는 관습이 있었는데, 주로 짐승의 어깨뼈를 사용하였고, 이것을 그슬려 길흉을 판단하였다.

청동기는 많이 발견된 것은 아니지만 주로 작은 기물들이 발견되었다. 한 예이지만 큰 꺽창이 발견되었는데, 합범(合範)을 사용하여 만들었다.

유적과 기물에 대한 연구뿐만 아니라 당시 사람들에 대한 체질인류학 방면도 병행하여 연구되었는데, '고동북(古東北) 유형'과 '고화북(古華北) 유형'으로 나타났다. 이 두 종족 가운데 '고동북 유형'이 더 많은 비율을 차지하는 것으로 밝혀졌는데, 이 문화 이후에도 이 지역의 인종 구성은 '고동북 유형'이 주류를 차지한 것으로 한 연구에서 밝혀졌다.[16] 이는 매우 중요한 연구 결과로, 앞으로 중국 동북사 연구에 시사하는 바가 크다고 하겠다.

이 문화의 한 가지 중요한 점을 지적해야 할 필요가 있다. 바로 유적의 분포관계이다. 왜냐하면 아무리 청동기시대에 진입했다 하더라도 유적의 밀집도는 문화 형성에 매우 중요한 역할을 하기 때문이다. 그러므로 유적

---

16) 朱泓, 〈중국 동북지구의 종족〉, 《박물관기요》 13, 단국대 중앙박물관, 1998.

지의 밀집도는 매우 중요한 의미를 부여한다고 보아야 할 것이다.

예를 보면, 적봉시 오한기(敖漢旗)에서 조사된 하가점 하층문화의 유적 수는 약 2,200여 개로 집계되었다.[17] 이 밖에도 최근에 적봉시 반지전하(半支箭河) 중류지역에 분포하는 하가점 하층문화 유적을 조사한 결과 140개에 이르는 유적이 발견되었다.[18]

이러한 문화유적의 분포 밀집도와 또한 위에서 말한 바와 같이 약 70개에 달하는 하가점 하층문화의 성은 대형 집단 문화가 이루어질 수 있는 기본조건을 구비하고 있는 것으로 봐야 할 것이다.

이 문화에 대한 학자들의 견해를 간략하게 종합하면 다음과 같다. 이를 위해 우선 한국과 중국학계를 나누어서 알아봐야 할 것이다.

한국학계에서 이 문화에 대한 관심을 갖기 시작한 학자는 윤내현이다. 윤내현은 그의 일련의 고조선 연구에서 하가점 하층문화에 대한 중요성을 계속하여 강조해 왔고, 최근의 한 저서에서는 고조선문화와 관계가 깊음을 다시 한번 강조하였다.[19]

한창균은 이 문화를 고조선 초기문화로 인식하였는데, 그의 주장은 고고학적인 자료검토가 우선되어 주목해 보아야 할 것이다.[20]

복기대는 이 문화에 대하여 고조선이나 어떤 구체적인 민족에 대하여 거론하지 않았지만, 중국 동북지역의 요서 지역은 독자적인 청동기문화이며 결코 중원지역의 문화와는 친연성이 크지 않음을 강조하고 있다.[21] 또

---

17) 오한기(敖漢旗)의 면적은 1만 8천 평방킬로미터로 남한 면적의 1/5만한 크기다.[《文物工作十年》(1979~1989), 文物出版社, 1990, 52쪽 참조]
18) 中國社會科學院考古硏究所·內蒙古自治區文物考古硏究所·吉林大學邊疆考古硏究所, 《半支箭河中游先秦時期遺址》, 科學出版社, 2002 참조.
19) 윤내현은 여러 저작이 있지만, 최근 고조선 연구를 집대성한 연구결과가 출판되었기 때문에 여기서는 그 책을 인용함을 밝혀둔다.(《고조선연구》, 일지사, 1994.)
20) 한창균, 〈고조선의 성립배경과 발전단계 시론〉, 《국사관논총》, 국사편찬위원회, 1992.
21) 복기대, 〈하가점 하층문화의 기원과 사회성격에 관한 시론〉, 《한국상고사학보》 19, 1995; 王立新·卜箕大, 〈하가점 하층문화에 관한 몇 가지 문제〉, 《박물관기요》 13, 단국대 중앙박물관, 1998; 王立新·卜箕大, 〈對夏家店下層文化源流及其他文化的再

한 최근의 한 논문에서는 한국상고사와 매우 밀접한 관계임을 지적하였다.22)

송호정은 이 문화를 후대의 기록을 추적하여 융적(戎狄), 또는 융호(戎胡)의 선조들로 보았다.23)

다음으로 중국 학계의 시각은 어떠한가 알아보자. 이 문화가 알려진 것은 1960년으로 내몽고 적봉시 하가점 마을에서 한 고대 유적이 발굴되면서부터였다. 이 문화는 기원전 24세기 무렵에 시작되어 기원전 15세기 전후에 무너진 문화이다. 이 문화는 시기적으로 중원지역의 청동기 개시 문화인 이리두(二里頭)문화보다 빠르게 나타났다. 이 문화의 기원과 주류에 대한 인식은 3단계를 거쳐 변화를 가져왔다.

1단계 - 1960년대부터 1980년대 초반까지다. 이 시기는 주로 자료가 축적되는 시기다. 인식의 초기 단계로 이른바 중원문화의 아류로 보는 시각이 주류를 이루었다. 이렇게 인식된 근거는 하가점 하층문화에서 세발솥·세가랑이솥·시루솥 등 삼족기들이 많이 나왔는데, 이 당시 이 삼족기들은 중원문화의 상징으로 생각하였기 때문이었다.

2단계 - 1980년대 중반부터 1990년대 무렵까지다. 이 시기는 발견된 초기부터 축적된 자료와 더불어 당지의 신석기문화와 연관시켜 연구한 결과들이 나오기 시작하는 것을 볼 수 있다. 연구 결과 이 지역의 선대문화인 후기 신석기의 홍산문화의 요소와 중원문화가 결합되어 발전한 문화로 인식되었다.

3단계 - 1990년대 이후다. 이 시기에 들어서는 전체 요서 지역의 고대문화를 고려하여 하가점 하층문화를 해석하는 경향으로 바뀌었다. 즉 이 지역의 선대문화였던 후기 신석기문화 홍산문화와 소하연문화의 요소들을

認識〉,《靑果集》第2號, 中國 吉林大學 考古學界, 1998; 복기대, 앞의 책.

22) 복기대, 〈中國 遼西지역 청동기시대문화의 역사적 이해〉,《단군학연구》5, 단군학회, 2001.

23) 송호정,《한국고대사 속의 고조선사》, 푸른역사, 2003, 109쪽.

이어받고, 이웃 문화의 일부 요소를 흡수 발전시키는 교류가 활발하였던 문화로 보게 된 것이다. 즉 3단계에서는 이 지역 후기 신석기문화를 이어받고 일부 주변 문화요소를 받아들여 발전시키면서, 동시에 주변 문화권에 영향을 준 것으로 이해하는 경향이 일어나기 시작한 것이다.

한 예로 곽대순(郭大順)은 하가점 하층문화와 주변 문화권과의 교류 관계를 고찰하는 과정에서 이리강(二里岡)문화의 가장 중요한 유물 가운데 하나인 청동기 문양의 일부는 하가점 하층문화의 영향을 받은 것으로 보았다.[24] 이렇게 인식의 변화를 가져오게 된 직접적인 동기는, 처음 발견 이래로 지금까지 누적된 이 문화에 관한 자료와 동시에 주변 지역의 다른 문화들을 비교 연구한 결과다. 그러므로 이러한 결과는 매우 신빙성 있는 인식이라고 봐야 할 것이다.

(2) 위영자문화와 하가점 상층문화

하가점 하층문화가 와해되고 나서 그 분포지에는 새로이 두 문화가 형성된다. 하가점 하층문화는 비록 같은 문화권이라 하더라도 지역에 따라 조금씩 차이를 보이는데, 그 기준점이 노노아호(魯奴兒虎)산맥이다. 이 산맥을 기준으로 하여 동쪽은 '동구(東區) 유형', 서쪽은 '서구(西區) 유형'으로 발전하였다. 그러다가 이 문화가 와해되면서 동구 유형 자리에는 '위영자문화'가, 서구 유형 자리에는 '하가점 상층문화'가 발전한다.[25] 이 두 문화 가운데 위영자문화는 이 문화를 중심으로 하가점 하층문화를 계승하고, 문화요소를 볼 때 능하문화에 영향을 준 것이 증명되었다. 하지만 이 문화의 전체적인 모습이 아직 드러나지 않은 상태이다. 최근에 들어 이 문화의 상한과 하한이 새로이 밝혀지면서 종래에 인식되던 하가점 하층문화 → (위영자 유형) → 하가점 상층문화라는 인식체계에서 하가점 하층문화 →

---

24) 郭大順, 〈요하유역 신석기시대 및 초기청동기유적에 대한 해석〉,《박물관기요》 15, 단국대 석주선기념박물관, 2000.
25) 복기대, 앞의 책, 이 책의 3장과 4장 참조.

위영자문화 → 능하문화라는 인식체계로 바뀐 것이다. 이러한 인식체계는 요서 지역의 고대문화를 해석하는 데 새로운 방향설정이 필요하게 되었음을 말해 준다.

하가점 상층문화는 앞서 말한 대로 하가점 하층문화의 서구 유형에서 발전한 것이다. 이 문화에 대한 인식은 하가점 하층문화 → (위영자 유형) → 하가점 상층문화였는데, 최근 들어 하가점 하층문화 → 하가점 상층문화로 인식하게 되었다. 이 문화의 민족이 어느 민족인가 하는 것은 많은 견해들이 있는데, 최근에는 산융으로 보는 것이 큰 흐름이다. 필자 역시 이와 같은 견해를 제기한 적이 있으므로 이 글의 흐름과는 큰 관계가 없는 것으로 보아 구체적인 내용은 생략한다.

(3) 능하문화와 관계

이 위영자문화를 이어 발전하는 문화가 '능하문화'다.[26] 이 문화는 한국 학계에 '비파형 동검(銅劍)문화'로 더 잘 알려진 문화이다.

능하문화의 분포지를 정리해 보면 다음과 같다. 동으로는 의무려산(醫巫閭山)에 다다르고, 서로는 노노아호산맥(魯奴兒虎山脈)에 다다른다. 남으로는 난하(灤河) 하류와 발해에 이르며, 북으로는 서랍목륜하(西拉木倫河) 남쪽 유역까지 이른다.

이 문화의 특징을 정리해 보면 다음과 같다.

① 유 적

성이 발견되었는데,[27] 토성이었고 규모는 크지 않았다. 성이 자리한 지역은 뒤로는 산을 의지하고 앞으로는 하천을 바라보는 이 지역의 전통적인 자리 선택하는 방법을 볼 수 있다.

---

26) 위의 책, 제5장 凌河文化 참조.
27) 朱永剛·王立新, 〈遼寧錦西邰集屯三座古城址紀略及相關問題〉, 《北方文物》1997-2.

무덤은 돌덧널무덤·돌널무덤·움무덤 등이 골고루 발견되었다. 껴묻거리가 있는 무덤도 있고 없는 무덤도 있다. 껴묻거리의 한 특징은 무덤을 덮은 흙층에 껴묻거리를 묻는 무덤도 있었다는 것이다. 이 방법은 이 지역 초기 청동기문화인 하가점 하층문화에서 보이는 전통적인 껴묻거리 매장 풍습의 하나이다.

② 유 물

질그릇은 기본적으로 작은 단지와 호리병 계열, 그리고 바리 등이 가장 많이 발견되고 민무늬가 많으며, 부분적으로 끈무늬가 있었다. 주의를 해야 할 것은 삼족기는 거의 보이지 않는다는 점이다.

청동기는 비파형 동검, 여러 꼭지 잔줄무늬 거울, 작은칼, 청동갑편, 수레부속, 화살촉, 청동단추, 창 등이 발견되었다. 이 지역에서 발견된 비파형 동검은 유형학적으로 볼 때, 초기 양식부터 후기 양식까지 골고루 발견되는 것을 볼 수 있다. 그러나 중원지역이나 노노아호산 서쪽에서 많이 보이는 청동용기들은 거의 보이지 않았다.

이 문화 연대는 기원전 9세기 중엽에 시작하여 기원전 5세기 초반에 와해되는 문화이다. 그렇다면 능하문화는 어떤 문화와 친연관계를 갖는가 하는 것이 문제다. 능하문화는 요서 지역의 청동기문화 전통을 이어 받으며, 이웃 문화의 요소를 흡수하여 발전된 문화이다. 특히 요하 동쪽지역의 문화와는 매우 친연관계가 많다는 것을 알 수 있다. 몇 예를 들어보면, 비파형 동검, 잔줄무늬 거울, 부채형 도끼, 약간 변형된 호리병, 단지 모양의 질그릇 등은 매우 친연관계가 높은 것으로 볼 수 있다. 이렇게 볼 때 전체 동북지역 가운데, 요하 동쪽을 포함한 노노아호산 동쪽의 이 시기 문화는 종합적인 문화요소를 볼 때 지역에 따라 조금씩 차이를 보이고 있기는 하지만, 크게 볼 때는 공통분모를 갖는 문화권으로 보는 것이 타당하리라 본다.

여기서 이 문화에 대한 한국과 중국 학자들의 견해를 살펴보기로 한다.

이 문화는 한국 학계에서 하가점 상층문화로 알려진 문화로 대표적인 유물은 비파형 동검이다. 한국 학계에서 이 지역의 고고학적인 연구 성과를 처음 소개하고 연구하기 시작한 것은 김원룡이다.

김원룡은 1961년에 중국 요녕성 조양현 십이대영자무덤에서 발견된 유물들에 대하여 청동기는 비중국계인 오르도스식 북방청동기문화로 보았으며, 이 유물의 주인공들은 동호계로 보았다.[28]

김정배는 한민족의 주체 구성원은 예맥족으로 보았고,[29] 조양지역에서 발견되는 비파형 동검을 대표로 하는 문화를 예맥1기문화로 분류하였다.[30]

김정학은 이 지역을 중심으로 하여 당시 주변 지역의 고고학적인 자료를 비교 검토해 가면서 요서 지역의 문화적 특수성을 파악하였다. 그는 구체적으로 조양지구 십이대영자무덤군의 연대를 요서 지역 전기 청동기문화로 분류하며 '조양문화'라고 불렀다. 그는 이 무덤 계통의 민족을 조선족으로 보았고, 이 문화를 고조선을 '맹주국'으로 하는 연맹국가의 중심지 가운데 한 곳으로 추측하였다.[31]

한창균은 요서 지역의 후기 신석기문화 및 청동기문화를 여러 방면으로 분석한 결과, 이 지역의 고대문화는 고조선과 깊은 관련이 있음을 주장하고 이 문화시기를 고조선 3기에 편입시켰다.[32]

윤내현은 이 지역의 문화에 대하여 언급하였는데, 먼저 문헌을 종합적으로 검토하고 고고학적인 자료를 방증 자료로 삼아 이 문화가 고조선 중·후기에 속하는 문화로 보았다.[33]

이형구는 비파형 동검을 '발해 연안식 청동단검'이라 부르고, 그 검의 분포지가 고조선 강역과 일치한다는 견해를 제시하였다.[34]

---

28) 김원룡, 〈十二台營子의 靑銅短劍墓〉, 《역사학보》 1961년 12기.

29) 김정배, 《한국민족문화의 기원》, 고려대학교출판부, 1973.

30) 위의 책, 149쪽.

31) 김정학, 〈고조선의 기원과 국가형성〉, 《한국상고사연구》, 범우사, 1990.

32) 한창균, 앞의 글.

33) 주 19)와 같음.

복기대는 이 문화를 중원문화권이나 북방 계통의 문화권에 속하는 문화가 아니고 이 지역의 독자적인 문화인데, 일부 중원이나 북방 청동기문화의 영향을 받은 것으로 보았다. 그러면서 문화의 친연관계는 요동문화권과 가까운 관계임을 주장하였다.35)

송호정은 중국 동북지역 문화의 권역을 요하 동쪽과 서쪽으로 구별하여, 요서 지역은 하가점 상층문화 지역으로 구별하고 민족은 산융 계통으로 보았다.36)

하문식은 조양 지역을 중심으로 한 요서 지역의 비파형 동검문화를 고조선과 밀접한 관계가 있다는 견해를 제시하였다.37) 위에서 알아본 것은 1960년대부터 최근까지 한국 학계의 요서 지역 능하문화시기 연구에 대한 간단한 연구사적 정리였다.

다음으로 중국 학계의 입장은 어떠한가를 알아보자.

주귀(朱貴)는 비파형 동검의 연대는 춘추 후기 또는 전국시대로 보았고, 민족은 동호일 것으로 추측하였다.38) 주귀의 학설은 한국 학자들에게 큰 영향을 주었는데, 특히 김원룡에게 영향을 주었다.

오은(烏恩)은 중국 동북지역에서 발견된 비파형 동검을 지역적인 문화권으로 구별하면서, 요서 지역에 발견된 이 검과 함께 발견된 유물들을 하가점 상층문화에 편입시켰다.39) 이것을 기점으로 하여 요서 지역 비파형 동검을 대표로 하는 문화를 하가점 상층문화에 편입시키는 공식이 등장하게

---

34) 이형구, 《한국 고대문화의 기원》, 까치, 1991, 130쪽.
35) 복기대, 〈기원전 12, 11~7, 6세기의 중국 遼西지역의 고대문화에 관하여〉, 《박물관 기요》 12, 단국대 중앙박물관, 1997; 〈魏營子文化의 최근 성과와 해석〉, 《선사와 고대》 11, 한국고대학회, 1998.
36) 송호정, 앞의 책.
37) 하문식, 〈遼西지역, 초기 고조선의 활동무대〉, 《역사탐험》, 월간중앙 2003년 10월호 참조.
38) 朱貴, 〈遼寧朝陽十二台營子青銅短劍墓〉, 《考古學報》 1960-1.
39) 烏恩, 〈關于我國北方的青銅短劍〉, 《考古》 1978-5.

되었다.

임운(林澐)은 요서 지역 가운데 노노아호산 동쪽의 조양지역 일대의 비파형 동검을 대표로 하는 문화는 결코 하가점 상층문화에 속하지 않으며, 이 문화의 주인공은 예맥·고조선 계통이라는 주장을 제기하였다.[40]

근풍의(靳楓毅)는 이 지역의 하가점 상층문화와 관련된 논문을 발표하였는데, 다른 학자들에 비하여 좀 더 구체적으로 하가점 상층문화의 전체적인 특징을 파악하고, 다시 지방마다의 특징을 구분하였다. 그는 문화구계론에 따라 조양지역을 '십이대영자유형'으로 구분하였고, 민족은 동호 문화임을 주장하였다.[41] 이 근풍의의 견해는 한국 학계에 큰 영향을 주었다.

적덕방(翟德芳)이나 주영강(朱永剛) 등도 계속하여 노노아호산 동쪽 조양지역의 이 시대문화를 하가점 상층문화에 귀속시켜서는 안 된다는 점을 강조하였다. 주영강은 단지 고고학적인 구분에서 하가점 상층문화 귀속에 반대하였지만,[42] 적덕방은 구체적으로 비파형 동검의 문화 특징과 민족문제에서 임운과 같은 조선이나 예맥 계통임을 주장하였다.[43]

위에서 본 바와 같이 이 문화에 대한 이해는 다음과 같이 진행되고 있음을 볼 수 있다. 처음 이 지역의 문화가 발견되었을 때는 북방계 문화로 보는 것이 대부분이었으나, 자료가 누적되면서 점점 이 지역의 문화로 보는 것을 알 수 있다. 즉 일부 학자들은 동호나 산융 계통의 문화로 보지만 그 주류적인 이해는 고조선과 연결시키고 있음을 알 수 있다.

---

40) 林澐, 〈東北系銅劍初論〉, 《考古學報》 1980-1.

41) 靳楓毅, 〈論中國東北地區含曲刃靑銅短劍的文化遺存〉(상, 하), 《考古學報》 1982-4, 1983-1.

42) 朱永剛, 〈夏家店上層文化初步硏究〉, 蘇秉琦 主編, 《考古學文化論輯》, 文物出版社, 1987.

43) 翟德芳, 〈中國北方地區靑銅短劍分群硏究〉, 《考古學報》 1988-3.

3. 요서 지역 청동기문화권과 주변 지역의 관계

앞에서 본 바와 같이 요서 지역의 청동기시대 문화에 대한 견해는 시대마다 다름을 알 수 있다. 그러나 전체적인 흐름은 발견 초기와는 다르게 그 지역의 특징과 독립적인 문화임을 강조하고 있는 것이다. 이 흐름의 줄기를 보면, 과거와는 달리 만주 지역의 고대문화의 전통을 형성하거나 또는 고조선과 밀접한 관계가 있다는 것으로 이해하는 것이다.

이는 한국 학자들뿐만 아니라 일부지만 중국 학자들도 주장하고 있는 견해들이다. 그렇다면 이 문화들을 어떻게 해석해야 할 것인가 하는 문제가 남는다. 왜 이런 견해들이 제기되고 있는가 하는 점이다. 그 근거로는 다음을 들 수 있다.

요서 지역과 중원 지역의 같은 시기 문화를 비교해 보아야 할 것이다. 하가점 하층문화시기는 중국 역사 편년을 볼 때 하·상 시기다. 지금까지 연구된 결과를 볼 때, 하나라의 문화는 이리두(二里頭) 지역을 중심으로 하여 황하 중류지역에 주로 분포함을 알 수 있다.44) 그러면서 주변 지역과 교류가 있었던 것으로 밝혀지고 있다.

그 뒤 상나라 때에는 그 문화권이 좀 더 넓어져서 문화의 흔적이 동북으로 현재 산서성(山西省) 지역까지 넓어진 것을 알 수 있다.45) 그렇지만 문화교류는 요서 지역까지 이루어질 수 있었던 정도로 보아야 할 것이다. 그러므로 하가점 하층문화가 하나라나 상나라와 종속관계는 아님을 볼 수 있다.

능하문화시기는 중국 역사에서 서주 중·후기시대부터라고 볼 수 있다. 이 시기에 서주는 태항산(太行山)을 넘어 현재 북경(北京) 지역까지 그 세

---

44) 鄒衡,〈試論夏文化〉,《夏商周考古學論文集》, 文物出版社, 1980.
45) 鄭杰祥,《商代地理槪論》, 中州古籍出版社, 1994.

력판도를 넓히는 것을 볼 수 있다.46) 그러나 연산산맥(燕山山脈) 북쪽으로
는 아직 세력범위를 넓히지 못하였다. 그 뒤 춘추전국시대에 들어와 제(齊)
나라가 연산 북쪽으로 진출하였고,47) 연의 진개(秦開)가 요서 지역을 공격
한 사실이48) 있다. 이러한 사실은 문헌 기록으로 볼 때 중국 세력이 연산
을 넘은 기록이다.

이 두 전쟁 기록은 요서 지역의 문화 변화와도 맞물리는 것인데, 제나라
의 연산 북쪽 공격은 하가점 상층문화의 와해와 비슷한 시기로 추정되며,
진개의 요서 지역 공격은 능하문화의 와해와 상관관계가 있다. 무엇보다
진개의 동정은 추정연대와 이 연대에 따르는 고고학적 변화 양상이 뚜렷
하게 나타난다. 즉 요서 지역에서 기원전 5세기 전후한 시기에 연나라 문
화 요소가 갑작스레 나타나는 시기와 일치하는 것이다. 이를 시작으로
진·한 시기를 이어가면서 중원세력들의 영향이 요서 지역에서 꾸준히 나
타나고 있는 것이다.

4. 맺음말

앞에서 필자는 '단기기원설'과 '만주중심설'을 근거로 하여 만주 지역의
고대문화를 알아보았는데, 여기에 부합되는 문화는 하가점 하층문화와 능
하문화다.

이 두 문화는 시대적으로 전후 문화이지만, 문화 내용에서는 계승관계
가 있는 문화들이다. 이 계승관계는 두 문화 사이에 위영자문화라는 중간
단계의 문화가 있다. 이 문화를 매개로 하가점 하층문화와 능하문화가 연

---

46) 北京市文物硏究所,《琉璃河西周燕國墓地》(1973～1977), 文物出版社, 1995.

47)《春秋》: "齊人伐山戎";《管子》封禪編: "齊桓公北伐山戎過古竹."

48)《三國志》卷30〈烏丸鮮卑東夷傳〉《魏略》: "燕乃遣將秦開攻其西方, 取地二千餘里,
至滿番汗爲界, 朝鮮遂弱."

결되고 있음을 알 수 있다. 무엇보다 능하문화 요소는 요서 지역뿐만 아니라 한반도 지역까지도 문화 양상이 연결되어 있다. 그렇다면 능하문화를 고조선사와 연결시킬 수 있다고 본다. 이렇게 볼 때 하가점 하층문화도 마찬가지로 한국 상고사와 충분히 연결시킬 수 있는 근거가 되는 것이다. 왜냐하면 두 문화는 서로 계승관계에 있기 때문이다.

이것은 필자의 새로운 주장이라기보다는 한국 학계에서 꾸준히 제기되고 있는 것이다. 단지 주류적인 입장에서 접근되지 않았을 뿐이다. 뿐만 아니라 중국 학계에서도 적어도 이 두 문화에 관해서는 중원문화권의 방계문화나 아류로 인식하지 않는 것이 최근의 조류이다.

앞에서 알아본 것을 정리해 보면, 한국 사서(史書) 가운데《삼국유사》(三國遺事)나《동국통감》(東國通鑑)에 전하는 사실과 들어맞음을 알 수 있었다. 그러므로 필자는 반드시 요서 지역의 고대문화를 한국 상고사의 중요한 한 갈래로 더 적극적으로 연구해 볼 충분한 가치가 있다고 생각한다.

'사'(史)와 '이'(吏)의 구분
─ 상대 복사(卜辭)의 용례를 중심으로 ─

김 병 모
_단국대 사학과

1. 머리말

상대(商代) 복사(卜辭)[1]에는 '𤔲'와 '𤔲'의 두 글자가 있다. 그리고 이들이 모양(形)에서 서로 구분된 것임은 쉽게 알 수 있다. 그럼에도 지금까지 대부분의 학자들은 같은 글자의 이형(異形) 또는 간화(簡化)된 형으로 보고 있다. 이러한 판단은 한자가 그림으로부터 점차 문자로 발전하였다는 논리를 근거로 한 것이다. 즉 그림이 문자화되면서 유사형태가 나타나게 마련이고, 또 복잡한 형태가 자연스럽게 간화되는 과정도 있게 된다고 본 것이다.

현재 중국에서 한자 기원과 관련하여 분명하게 할 수 있는 상한은 상대(商代)이다. 그리고 상대 복사에 쓰인 문자를 보면, 한자가 사물의 모양을 염두에 두고 만들어진 것이 있음을 쉽게 확인할 수 있다. 또 상대 문자가 완벽한 문자체계를 갖추지 못하여 형태에서 차츰 보완되어 가는 상태에 있었음도 살필 수 있다. 그러므로 한자가 그림에서 점차 문자로 변화하였을 것이라는 가정 아래 '𤔲'와 '𤔲'의 두 글자도 그와 같은 과정을 거쳤을 것으로 보려는 앞의 견해는 일면 일리가 있어 보인다.

그러나 상대 문자를 세세히 살펴보면 이러한 가정을 근본적으로 의심케

---

[1] 복사란 점복 등에 관련된 내용을 주로 뼈에 기록한 것이다.

하는 요인들이 있다. 그 요인의 하나로서 상대 문자는 제1기에 이미 문자로서 체계를 갖추어 약속된 형태를 철저히 지켜 썼다는 점이다. 즉 그림에서 점차 문자로 발전해 간 과정을 확인할 수 있는 실례가 실제로는 나타나지 않는다는 점이다. 그러므로 '史'가 무엇을 본뜬 것인지조차도 상대 문자 단계에서는 이미 알 수가 없다. 본뜬 모양에 대해 학자마다 다른 추측을 내어놓게 된 것은 바로 이러한 상황에서 비롯된 것이다.

뿐만 아니라 상대 문자가 가정과는 상반되게 점차 복잡한 형으로 발전하였음도[2] 앞의 인식을 의심케 하는 요인의 하나다. 상대 문자가 문자로의 점진적인 성립과정을 보여주지 않고, 이미 모든 부호가 약속된 형태를 철저히 지켜 쓴 단계였다면, '史'와 '吏'의 자형에 대한 접근도 달리할 수밖에 없다.

상대 복사의 '史'와 '吏'는 한 글자의 이형 또는 간화된 형태가 아니라 서로 다른 글자라는 것이 필자의 생각이다. 이들을 다른 글자로 본 견해는 이미 진몽가(陳夢家)가 《은허복사종술》(殷墟卜辭綜述)에서 내어놓은 적이 있다. 즉 '史'를 '사'(史)로, '吏'를 '이'(吏)로 구분하여 취급하였다. 그러나 구분의 근거를 전혀 제시하지 않았기 때문에 지금까지 진몽가의 견해는 적극 받아들여지지 않고 있다. 그럼에도 진몽가가 부호의 모양이 다른 것에 착안하여 '史'와 '吏'를 서로 다른 글자로 구분한 점은 중요한 성과라고 하겠다.

'史'와 '吏'가 서로 다른 두 글자라는 사실을 입증하는 데 가장 큰 어려움은 바로 한자를 어떻게 이해해야 하는가에 있다. 따라서 필자는 《설문해자》(說文解字)의 육서설(六書說) 및 당란(唐蘭), 요효수(姚孝遂), 동작빈(董作賓) 등의 한자를 대하는 기본 인식에 대해 이 글에 앞서 선행 검토하지 않을 수 없었다. 나아가 상대 문자가 부호들의 조합으로 이루어졌고, 이 조합을 기초로 지금의 형태로 발전한 것에 착안하여 조합에 어떤 원칙이

---

2) 董作賓, 《甲骨文斷代硏究例》, 臺北: 中央硏究院歷史語言硏究所, 1983, 2쪽 참조.

있었는가를 분석하는 데 주력하였다. 그 결과 상대 한자의 부호체계는 적
어도 홀로 쓰이는 부호와 다른 부호와 조합해서만 쓰이는 두 가지로 나누
어져 있고, 이 원칙 아래서 발전하였음을 확인할 수 있었다. 즉 비록 완벽
한 문자체계를 갖추지는 못하였지만, 이미 약속된 부호들의 조합으로 문
자가 성립되었음은 최소한 확인할 수 있었다.[3]

　‘史’를 ‘丨＋ㅂ＋又’의 조합으로, ‘吏’를 ‘丫＋ㅂ＋又’의 조합으로 보고 각
부호의 차이를 검토함으로써 이 두 글자를 구분하려고 한 시도는 바로 이
러한 이해를 바탕으로 한 것이다.

2. ‘史’와 ‘吏’의 모양에 관한 기존 해석

　상대 복사에서 ‘史’와 ‘吏’는 ‘史’, ‘吏’, ‘大史’, ‘大吏’, ‘我史’, ‘我吏’ 등으
로 나타난다. ‘史’는 ‘史’자로 보는 데 어려움이 없다. 특히 상대 복사가 출
토되기 이전에도 충분히 찾아볼 수 있었기 때문에, 이에 관한 논의는 이미
오래되었다. 그러나 ‘吏’는 상대 복사에서만 나타나기 때문에 ‘吏’에 관한
논의, 또는 ‘史’와 ‘吏’의 관련성에 관한 논의는 상대 복사 발견 이후에 비
로소 가능해졌다.

　《설문해자》는 ‘史’에 대하여 ‘又’와 ‘中’의 합성으로 보고, ‘中’과 ‘又’를
그 뜻으로 하고 있다.[4] 상대 복사가 발견되기 이전 단옥재(段玉裁)는 《설
문해자주》(說文解字注)에서 ‘가운데 중(中)’자의 ‘口’은 실은 ‘口’이 아니라
‘ㅂ’이라고 지적하였다. ‘史’자의 주(注)에서는 이러한 언급을 하지 않았지
만 이는 ‘史’의 경우에도 ‘口’이 아니라 ‘ㅂ’이 되어야 함을 간접적으로 피
력한 것이라고 하겠다.

---

3) 金炳模, 〈漢字起原에 관한 접근방법의 일고찰〉, 《史學志》 35, 단국사학회, 2002.
4) 《說文解字》 3下: “史, 記事者也. 從又持中. 中, 正也.”

  그 뒤 상대 복사가 발견되면서 단옥재의 지적과 같이 상대 복사의 '史'는 '中+又'가 아니라 '屮+又'임이 확인되었다. 단옥재의 이러한 지적에도 이후 많은 학자들은 여전히 '史'를 '中'과 연관지어 분석하였다.

  오대징(吳大澂)은 《설문고주보》(說文古籀補)에서 '가운데 中'자는 고문(古文)에서 '中'의 형태가 아니라 '屮'였기 때문에 '史'의 '屮'은 '卌', 즉 간책(簡冊)의 상형(象形)인 '卌'의 생략형일 것으로 추측하였다. 나아가 《설문해자》의 "史, 記事者也"를 근거로 '史'는 손에 '간'(簡)을 쥐고 있는 것을 의미한다고 하였다.5)

  그러나 상대의 복사와 주대(周代) 청동기의 명문(銘文)에서는 오대징이 지적한 바와 같이 '史'에 '卌'과 '卌'의 형태로 쓴 예가 없으며, '史'의 '屮'이 책(冊)을 상형한 것이라고 볼 수 있는 근거 또한 없다. 따라서 노간(勞幹)은 오대징이 '史'의 '屮'이 '가운데 中'자와 다르다고 지적한 점은 옳지만, '史'의 '屮'을 다시 간책과 연관시킨 것은 근거가 없는 것이라고 비판하였던 것이다.6)

  나진옥(羅振玉)과 왕국유(王國維) 등은 상대 복사를 근거로 '史'와 '中'의 관련성을 좀 더 상세하게 살폈다. 나진옥은 상대 복사에서 '中正'의 '中'은 '中'의 형태로 쓰였고, '伯仲'의 '仲'이 '中'의 형태로 쓰였음으로 '史'의 '屮'은 이들과는 뚜렷하게 구분된다고 하였다.7) 그러나 나진옥 또한 뚜렷한 근거가 없는 상태에서 '史'의 '屮'을 '冊'의 상형일 것으로 추측하였다.8) 왕국유도 상대 복사에서 '史'의 '屮'과 '中'은 형태에서 아무 관련이 없다고 하였으면서도9) 뚜렷한 근거 없이 '中'이 원래는 '屮'의 형태로 쓰였을

---

5) 吳大澂, 《說文古籀補》: "史記事者, 象手執簡形, 古文中作屮無作中者, 推其意蓋以中當作卌, 卽卌之省形, 卌爲簡冊本字, 持中卽執簡冊之象也."

6) 勞幹, 〈史字的結構及史官的原始職務〉, 《大陸雜誌》 14-3, 1957.(《中國史學史論文選集》, 華世出版社, 1976, 33쪽 참조)

7) 羅振玉, 《殷虛書契考釋》: "卜辭凡中正字, 皆作屮從日從乚; 伯仲字作中, 無斿形; 史字所從之中作屮; 三形判然不淆混."

8) 위의 책: "屮象冊形, 史事等字從之, 非中正字."

것이라고 추측하고, 결국 '史'의 '⊕'을 '中'과 연관시켰다. 즉 '中'은 산(筭)을 담는 그릇 '성산지기'(盛筭之器)라고 하고, 고대에 산은 간(簡)과 같이 있었으므로 '史'는 '簡'과 연관지을 수 있을 것으로 보았던 것이다.[10] 나진옥과 왕국유가 상대 복사를 통하여 '史'의 '⊕'이 '中'과 관련이 없음을 정확하게 지적하였으면서도 '史'를 다시 '中'과 연결시켜 분석하고자 한 것은, 결국 뜻(義)를 가지고 모양(形)을 이해한 것이다.

마서윤(馬敍倫)은 '史'의 '⊕'은 '聿(=筆)'을 거꾸로 한 것이기 때문에 '史'는 '筆'을 들고 있는 모양을 상형한 것이라고 하여 왕국유의 해석은 잘못이라고 하였다.[11] 호정함(胡淀咸)은 상대 복사에서 '聿'과 '中', '⊕'을 비교하면, 마서륜의 주장 또한 억측일 뿐이라고 하였다.[12]

이상의 연구는 '사'(史)와 관련된 연구에 집중된 것이지만 실제 상대 복사에 나타난 '史'의 쓰임을 적극 검토하여 내어놓은 견해는 아니며, 무엇보다 '史'와 '吏'의 관련성을 논의한 것은 아니다. 처음으로 '史'와 '吏'를 서로 관련지어 다룬 사람은 진몽가이다.

진몽가는 《은허복사종술》에서 자형(字形)에 대하여 구체적으로 설명하지 않았지만 '史'를 '史'로, '吏'를 '吏'로 구분하였다. 즉 '北史'는 '北史'로, '我吏'는 '我吏'로 다르게 해석하였다.[13] 지금까지 '史'와 '吏'를 구분하려는 진몽가의 견해는 적극 받아들여지지 않고 있지만 진몽가가 부호의 모

---

9) 왕국유는 상대 복사에서 '中正'의 '中'은 '⊕' 또는 '⧆', '伯仲'의 '仲'은 '中', '史'는 '史'로 쓰였다고 지적하고 있다.(王國維, 〈釋史〉, 《觀堂集林》, 臺北: 河洛圖書出版社, 1975, 263쪽 참조)

10) 위의 글, 264~265쪽 참조.

11) 왕귀민은 1979년 자신의 논문 〈說卩史〉를 통해 마서륜이 《中國文字之源流與研究方法之新傾向》에서 이러한 견해를 피력하였음을 밝히고 있다.(王貴民, 〈說卩史〉, 《甲骨探史錄》, 北京: 三聯書店, 1982, 324쪽 참조)

12) 胡淀咸, 〈釋史〉, 《中國古代史論叢》 1, 1981, 212쪽: "馬敍倫謂'史'字所從之'中'是'筆'之訛, 更是臆說. 甲骨文字'筆'字作'𦘔', 和'史'字所從之'⊕'或'中'迥不相同."

13) 이런 견해는 1950년대에 발표되었다.(陳夢家, 《殷墟卜辭綜述》, 北京: 中華書局, 1992, 520쪽 참조)

양이 다른 것에 근거하여 '☯'와 '☯'를 다른 글자로 구분한 것은 매우 중요하다고 하겠다.

이후 대군인(戴君仁)은 〈석사〉(釋史)에서 '☯'의 '中'은 '冊' 또는 이와 유사한 것의 상형이라고 하였다.14) 그러나 이러한 추측도 후대의 '史'의 직무를 근거로 해석하고자 한 것이며, 따라서 심강백(沈剛伯)은 〈설사〉(說史)에서 후대의 직무로서 글자의 형을 해석하려는 것은 근거가 없다고 반론을 제기하였던 것이다.15)

왕귀민(王貴民)과 호정함은 '☯'와 '☯'의 자형에 대하여 비교적 상세하게 설명하였으나, 결국 '☯'와 '☯'를 구분하지 않고 모두 '史'자로만 보았다. 두 글자의 형이 다른 것에 대하여 왕귀민은 시기에 따라 그 작풍(作風)을 달리한 것이라며, '史'와 '事'를 구별하기 위한 것은 아니라고 하였고,16) 호정함은 '☯'는 '☯'의 생략형이라고 하였다.17) 두 사람은 자형의 차이를 지적하였으면서도 결국 '☯'를 '☯'의 원형으로 보았던 것이다.

나아가 '☯'의 '中'에 대하여 왕귀민은 '전렵공구'(田獵工具)의 상형이라며 '☯'를 '事'의 의미로 해석하고,18) 史를 '冊'과 연관지은 견해들은 잘못이라고 하였다.19) 이와 달리 호정함은 '☯'의 '中'은 '땅을 찌르는 물건'이고, 따라서 '☯'는 손으로 물건을 쥐고 땅을 찌른 것의 상형이라고 하여,

---

14) 戴君仁, 〈釋史〉, 《臺灣大學文史哲學報》 12, 1963.

15) 심강백은 원고(遠古)시기에 문자를 처음 만들었던 사람이 《설문해자》의 해석처럼 진보된 생각을 갖고 문자를 만들었을 까닭도 없고, 왕국유의 견해와 같이 활을 쏠 때 사용했던 기물을 상형하여 '史'자로 삼았을 까닭도 없다고 하였다.(沈剛伯, 〈說史〉, 《大陸雜誌》 17-11, 1958)

16) 왕귀민, 앞의 글, 337쪽 참조.

17) 호정함, 앞의 글, 212쪽 참조.

18) 왕귀민은 'Y'은 짐승을 잡을 때 사용하는 '叉'를 나타낸다고 하였다.(왕귀민, 앞의 글, 327~328쪽 참조)

19) 왕귀민은 史를 冊과 연관지어 생각할 경우, '☯'의 '中'은 '冊'의 변형으로 볼 수 있는 여지가 있지만, '☯'의 '中'은 '冊'과 관련성을 찾기가 어렵다고 지적한다. 따라서 史를 '掌書之官'과 연관지어 생각한 견해는 잘못이라고 하였다.(위의 글, 325쪽 참조)

왕귀민과 같이 ‘事’의 의미로 보았다.[20] 왕귀민과 호정함이 왕국유와 마서
륜 등의 견해를 잘못이라고 지적한 것이 옳다고 말하기는 어렵다. 그러나
상대 복사의 쓰임을 직접 살핌으로써 추론의 근거를 찾고자 하였고, ‘◆’
의 존재를 인정한 것은 커다란 수확이라고 하지 않을 수 없다. 다만 왕귀
민이 ‘◆’를 ‘◇’의 원형으로 본 것은 여전히 다시 생각할 여지를 남기고
있다. 뒤에서 살펴보겠지만 하나의 복판(卜版)에서 ‘◇’와 ‘◆’를 구분하여
쓴 용례를 소홀히하고 있기 때문이다. 여호(黎虎)도 ‘◇’와 ‘◆’를 ‘史’자로
본 상태에서 ‘◆’로서 ‘史’의 모양과 뜻을 설명하였다. 다만 ‘◆’의 ‘Y’를
사자(使者)가 지닌 깃발의 상형으로 추측하고, ‘使’의 의미로 해석해야 옳
다고 하였다.[21]

　‘◇’와 ‘◆’에 대한 이상의 연구들이 나름대로의 성과를 보여주고 있지
만, 결국 모양(形)의 해석에서 《설문해자》의 범주를 벗어나지 않는다고 하
겠다.

3. ‘부호’로서 ‘◇’와 ‘◆’의 구분

　지금까지 ‘◇’와 ‘◆’에 대한 모양(形)의 분석은 대부분 ‘◇’와 ‘◆’를 구
분하지 않은 것이었다. 자형의 차이는 파악하고 있지만 결국 같은 글자로
보려는 것이 일반적 견해였고, 부호의 모양이 다른 것에 근거하여 이들을
구분해 가려는 구체적인 접근은 없었다.

　이 장에는 ‘◇’와 ‘◆’를 구성하는 부호 가운데 ‘丨’과 ‘Y’의 차이는 물
론 ‘ㅂ’과 ‘ㄷ’의 차이에도 주목하여 이들이 서로 다른 부호로서 쓰인 것임
을 밝히고자 한다.

---

20) 호정함, 앞의 글, 212~213쪽 참조.
21) 黎虎, 〈殷代外交制度初探〉, 《先秦・秦漢史》 1989-3, 34쪽.

1) '凵'과 '口'의 구분

기존 연구는 '史'의 '凵'에 대하여 '口'과 분명한 구분을 하지 않았다. 구분한 경우라도 본뜬 모양에 관심을 두게 됨으로써 결국 부호로서 '凵' 자체에 대한 이해는 소홀히 하였다.

그러나 상대 문자는 약속된 부호를 철저히 지켜 쓰고자 하였기 때문에 설혹 처음에 사물 모양을 본떠 문자를 만들었다고 할지라도 이미 그러한 개념 아래에서 문자가 운용된 단계는 아니었다고 볼 수 있다. 그러므로 '凵'과 '口'가 구별된 부호였다는 점을 밝히는 것은 '史'자의 해석 그 자체로써도 의미를 갖겠지만 과거 한자를 대하는 기본인식을 다시 생각하게 한다는 점에서도 의미가 있다.

부호 '凵'에 대하여《은허갑골각사류찬》22)은 '口'로 석문(釋文)을 하였다. 이는 이 부호가 후대에 '口'의 형태로 변화하였기 때문이다. 그러나 상대 복사에는 '凵'과 달리 '口'의 부호가 동시에 쓰였고, '口'은 일부를 제외하고는23) 그 형태가 그대로 유지되었다. 결국 후대에 이르러 이들 두 부호가 모두 '口'의 모양을 취하게 된 셈이다. 상대 복사에서 '祝'으로 씌어진 '祝'과 '呂'으로 씌어진 '呂'은 이러한 변화를 잘 보여주는 예이다.

상대에 '凵'과 '口'이 각각 어떠한 의미로 구분되어 쓰였는지 단정하기는 쉽지 않지만 서로 다른 부호였다는 점만은 분명히 할 수 있다. 한 문장에 '凵'과 '口'를 각각 다른 문자로 표기하고 있기 때문이다.24) 따라서《은허갑골각사류찬》이 이들 복문의 '凵'과 '口'를 모두 '口'로 석문한 것은 합당한 견해라고 볼 수는 없다.

이러한 태도는 다른 석문에서도 드러내고 있다. 예컨대 '向'25)와 '向'26)

---

22) 姚孝遂·肖丁,《殷墟甲骨刻辭類纂》全3冊, 北京: 中華書局, 1989.

23) 상대 복사에서 天干地支의 '丁'을 표기할 때도 '口'의 형태로 하였다. 이들은 뒤에 '口'으로 변화하지 않고 '丁'의 형태로 바뀌었다.

24)《갑골문합집》21731편, 21740편, 27884편 등 참조.

에 대하여 《은허갑골각사유찬》〈자형총표〉에서는 ‘𠃊’을 ‘宮’으로 보았으면서도 실제 복사의 석문에서는 ‘𠃊’을 ‘宮’이라고 하였고,[27] ‘𠁶’에 대해서도 〈자형총표〉에서는 ‘宮’으로 보았으면서도 실제 복사의 석문에서는 원문 그대로 ‘𠁶’로 표기해 두었다.[28] 이는 이들 두 부호가 후대에 ‘口’의 형태로 바뀌었지만 상대 당시에는 분명 다르게 사용되었다는 점을 홀시할 수 없었던 점에서 비롯된 것이라고 하겠다.

이 밖에도 상대 복사에는 ‘凵’과 ‘口’를 서로 결합시켜서 하나의 글자를 만든 용례가 있다. 바로 ‘呂’[29]이란 글자다. 이에 대하여 《은허갑골각사류찬》은 ‘呂’로 석문하지 않고, 원문과 같이 ‘呂’을 그대로 써 두었다. 이는 두 개의 ‘口’를 조합하여 만든 ‘吕’[30]의 용례가 있고, 이것을 ‘呂’로 석문하였기 때문에 앞에서와 같이 ‘呂’에 대하여는 그대로 표기해 두지 않을 수 없었던 것이다.

《은허갑골각사류찬》이 한대 《설문해자》와는 다른 ‘부수표’(部首表)를 새로 마련하면서 ‘凵’과 ‘口’를 서로 다른 부호로 하였으면서도 이들을 어떻게 다룰 것인가에 대하여 여전히 그 태도를 분명히 하지 못하였던 것이다. 그 이유가 무엇인지 여기서 되묻지 않을 수 없다.

2) ‘丨’와 ‘丫’의 구분

앞서 살펴본 바와 같이 많은 학자들이 ‘丫’의 존재를 인정한 것은 커다란 수확이 아닐 수 없다. 그러나 이들은 ‘丫’을 ‘丨’의 원형으로 이해하여 그 이전의 연구와 마찬가지로 ‘史’와 ‘史’를 구분하려 하지 않았다. ‘史’를

---

25) 《갑골문합집》 29155편 참조.
26) 《갑골문합집》 20306편 참조.
27) 姚孝遂·肖丁, 앞의 책, 751쪽.
28) 위의 책, 753쪽.
29) 《갑골문합집》 13543편 참조.
30) 《갑골문합집》 3823편 참조.

가지고 '𡿨'를 이해하려는 차이만을 갖고 있을 뿐이다. 이는 한자의 기원이 그림으로부터 문자로 변화하였다는 '상형설'을 염두에 둔 접근에서 비롯된 것이다. 따라서 '𡿨'와 '𡿨'의 이해에서 'ㅣ'과 'Y'의 차이를 정확하게 인식하기보다는 'Y'가 본뜬 사물이 무엇인가 하는 것에 집착하였던 것이다.

그러나 그러한 접근으로써는 앞서 'ㅂ'과 'ㄷ'의 인식에서 보여준 바와 같이 그 태도를 분명히 하기가 어렵다. 특히 상대 복사가 아무리 복잡한 모양이라도 약속된 바를 철저히 지켜 쓰려고 하였다면 'ㅣ'와 'Y'에 대하여도 마땅히 그 부호형태의 차이에 주목했어야만 했다.

상대 복사에는 '𡿨'[31]과 '𡿨'[32] 등의 용례에서 확인할 수 있듯이 'ㅣ'와 'Y' 또한 한 개의 '又'와 쓰여 각각의 글자를 만들어 쓰고 있다.《은허갑골각사류찬》은 전자는 '攴'로 석문하였고, 후자는 원문 그대로 표기하였다. '𡿨'와 '𡿨'에서 'ㅣ'와 'Y'의 차이를 인정하지 않으려고 하였으면서도 여기서는 그 입장을 분명히 하지 않은 것이다.

'ㅣ'와 'Y'을 구분하여 쓴 용례는 '𡿨'[33], '𡿨'[34] 등과 같이 두 개의 '又'와 조합된 경우에서도 확인된다. 이들의 석문에서《은허갑골각사류찬》은 모두 원문 그대로 표기해 두었다. 이는 상대 문자의 면모를 세세히 살필 경우 유사부호를 상형설에 근거하여 경솔하게 처리할 수 없음을 간접적으로 드러낸 것이다.

상대 복사에서 'ㅣ'과 'Y'은 다른 부호와 조합해서만 나타나고 홀로 쓰인 경우는 아직 나타나지 않고 있다.[35] 이는 이들이 단독으로는 음을 갖지

---

31)《갑골문합집》22536편, 英1330편 참조.
32)《갑골문합집》英655甲正편 참조.
33)《갑골문합집》9336편 참조.
34)《갑골문합집》4553편 참조.
35) 상대 복사에서 'ㅣ'은 상대 복사에서 숫자 '十'과 같은 모양이어서 그 구별이 쉽지 않다. 그러나 숫자 '十'의 'ㅣ'은 뒤에 '↑'으로 바뀌지만, 문자로서 씌어진 'ㅣ'은 '↑'으로 바뀌지 않았다. 이는 숫자 '十'의 'ㅣ'과 글자의 'ㅣ'이 서로 다른 부호였다는 사

못하는 부호였을 가능성을 시사하는 것이며, 조합원칙에서 볼 때 다른 부호 앞에 위치하여서만 쓰였음을 드러내는 것이다.

이와 연관하여 ‘𠂤’의 용례에 대하여 언급하지 않을 수 없다. ‘又’가 오히려 ‘丫’의 앞에 위치한 모양으로 되어 있기 때문이다. 이러한 현상은 글자의 방향을 바꾸어 쓰는 경우에 나타나는 것으로, 상대 복사에서는 종종 나타나고 있다. 예컨대 《갑골문합집》 19978편은 ‘女’자를 ‘𡛷’과 ‘𡚽’의 두 형태로 쓰고 있다. 이는 긍정문과 부정문을 복판 좌우에 배치하여 표기할 때 방향을 바꾼 것이다. 《갑골문합집》 93정편에서 ‘隹’자를 ‘𩾔’과 ‘𨾫’으로 표기한 것도 같은 실례이고, 이 복판의 ‘𤕩’과 ‘𤕬’도 마찬가지의 경우다. 이러한 경우, 둘 가운데 하나는 좌우 배치라는 상황에서 방향을 바꾸어 쓴 것이므로 둘 가운데 하나가 원래 글자가 된다. 예를 들어 ‘女’는 ‘𡚽’이 원래 글자고, ‘隹’자는 ‘𩾔’이 원래 글자인 것이다. 이러한 방식의 표기는 ‘𤕩’, ‘𤕬’와 같이 두 개의 부호가 좌우에서 조합된 상황에서도 마찬가지다. 이 경우 ‘𤕩’이 원래 글자다. 이러한 이해를 바탕으로 할 경우 ‘𠂤’에서 홀로 쓰일 수 없는 부호 ‘丫’이 ‘又’의 뒤에 쓰인 연유를 충분히 이해할 수 있을 것이다.

이상의 검토로써 ‘ㅂ’과 ‘ㅁ’, ‘丫’과 ‘丨’은 어느 한쪽의 간화 혹은 분화로 이루어진 것이 아니라 처음부터 서로 다른 부호였다는 점을 분명히 할 수 있다. 나아가 ‘𡥂’와 ‘𡥀’ 또한 처음부터 구분된 글자였다는 점을 충분히 짐작할 수 있게 된다. 이들이 하나의 복판에서 구분되어 쓰였음을 보여주는 구체적 사례분석은 다음 장에서 다루었다.

실을 드러내주는 것이다.

4. 복사 용례에서 '𩵋'와 '𩷏'의 구분

　'𩵋'와 '𩷏'를 분명히 구별하여 썼음을 증명하는 중요한 단서는 《갑골문합집》 9472편이다. 이들은 각각 하나의 복판에서 '𩵋'와 '𩷏'를 분명히 구별하여 쓰고 있기 때문이다.36) 이 복판의 내용은 다음과 같다.(그림 1, 그림 2 참조)

(앞면)

1-2) 丁未卜𧻟貞𦲷 𫝀𤽎弗其受祐　　　　1-1) 丁未卜𧻟貞𦲷 𫝀𤽎受祐

2-2) 其有𠙴　　　　　　　　　　　　　　2-1) 貞𦲷 𫝀𤽎亡

3-2) 貞方弗𤉡我𩵋　　　　　　　　　　　3-1) 貞方其𢦏我𩷏
方이 '我𩵋'를 해치지 않겠습니까?37)　　　方이 '我𩷏'를 해치겠습니까?

4-2) 파손　　　　　　　　　　　　　　　4-1) 往西多𢀛其以伐

5-2) 貞我𩵋弗其𢦏方　　　　　　　　　　5-1) 貞我𩵋其𢦏方
'我𩵋'가 方을 해지지 않겠습니까?　　　'我𩵋'가 方을 해치겠습니까?

6-2) 貞我𩷏亡其工　　　　　　　　　　　6-1) 貞我𩷏工
'我𩷏'가 工(貢)이 없도록 할까요?　　　'我𩷏'가 工(貢)을 할까요?

7-2) 勿令尹作大田　　　　　　　　　　　7-1) 令尹作大田
尹에게 大田을 만들게 하지 말 것인가?　尹에게 大田을 만들게 할 것인가?

---

36) 하나의 복판에서, 이들 두 글자를 구분하여 쓴 또 다른 실례로서 《갑골문합집》 6834편을 들 수 있다.

37) '𤉡'에 대하여 여호(黎虎)는 '傷'의 의미로 파악하고 있다.(호정함, 앞의 글, 34쪽 참조)

그림 1. 《갑골문합집》 9472편 앞면

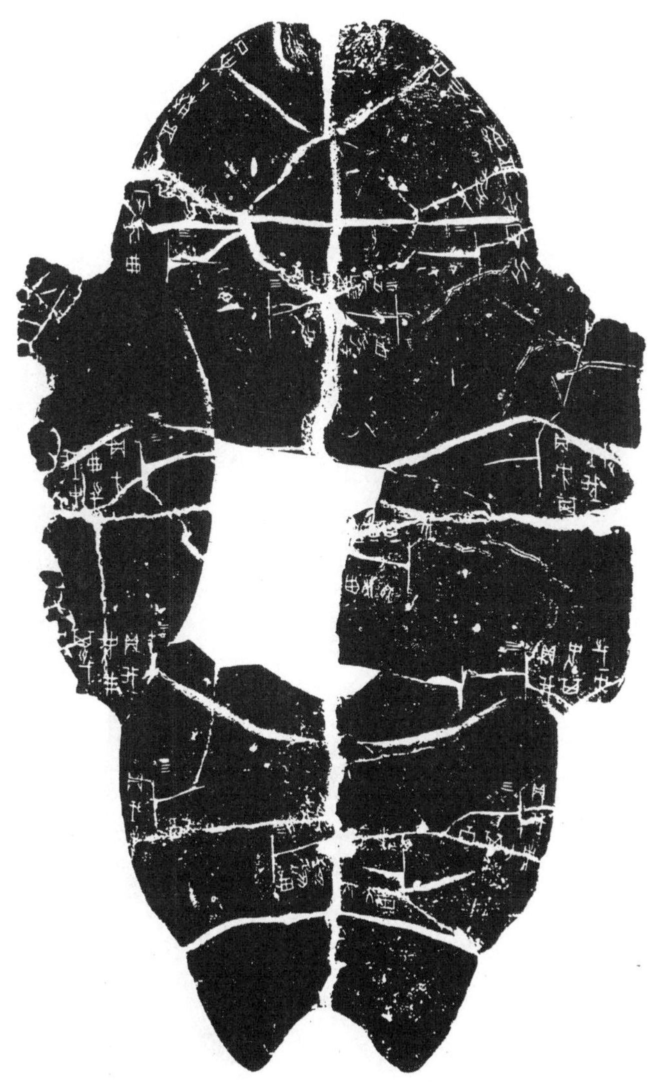

그림 2. 《갑골문합집》 9472편 뒷면

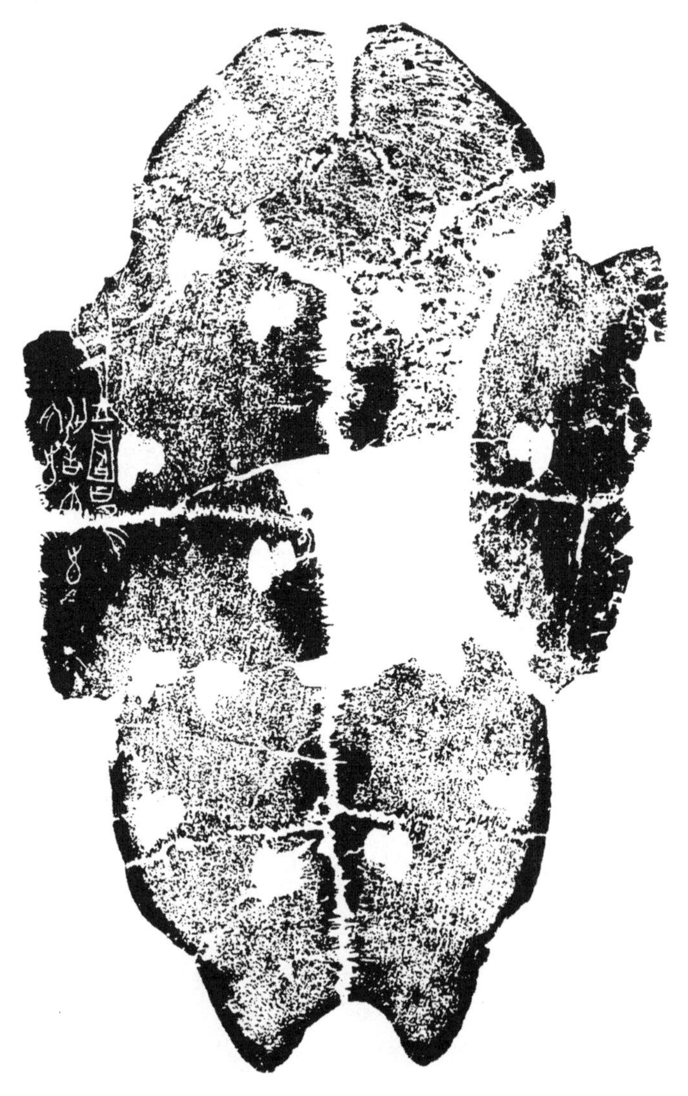

(뒷면)

8-2) 王□曰惟□舌惟往不往   8-1) …… 以 ……

　이 복판의 해석은 '史'과 '叓'를 제외하고는 기본적으로《은허갑골각사모석총집》(殷墟甲骨刻辭摹釋總集)[38]의 석문을 따른 것이다. 앞면과 뒷면에서 확인되는 복사 문장은 15개이다. 앞면 맨 위의 1-1)과 1-2)에서만 복을 친 날과 정인(貞人)을 밝혔고, 나머지 복사는 이를 쓰지 않았다. 다만 같은 날 친 복사에서는 간지를 쓰지 않은 것으로 보아 이들은 모두 정미일(丁未日)에 친 복일 가능성이 크다.

　이 가운데 '史'와 '叓'가 관련된 복문은 3-1)과 3-2), 5-1)과 5-2), 6-1)과 6-2)이다. 이들 복문에서는 '史'와 '叓'를 분명히 구별하여 썼음에도,《은허갑골각사모석총집》은 이들을 모두 '史'자로 하였다. 그러나 이들을 '史'와 '叓'로 구분하여 나머지 복사와 연계하여 생각한다면 다음과 같은 분석이 가능해질 것이다.

　5-1)과 5-2)는 '我史'에 관한 것으로 '我史'가 방(方)을 해칠 것인지 아닌지를 물은 것이다. 6-1)과 6-2)는 '我叓'에 관한 것으로 '我叓'가 공(工; 貢)을 할 것인가 아니면 공(工; 貢)을 없앨 것인가를 물은 것이다. 이것으로 본다면 '我史'는 방(方)을 해치는 것과 관련된 일을 물은 것이고, '我叓'는 공(工; 貢)을 하는 것과 관련된 일을 물은 것이다.

　3-1)과 3-2)는 앞의 두 물음과 달리 '我叓'와 '我史'에 관하여 물은 것으로서, 3-1)은 방이 '我叓'를 해칠 것인지를, 3-2)는 '我史'를 해칠 것인지를 물은 것이다. 3-1)과 3-2)의 경우 긍정문과 부정문에서 '史'와 '叓'를 달리한 것이 보기 드문 예이기 때문에 '史'와 '叓'를 다른 글자로 보기가 어려울 것으로 생각할 수 있지만, "癸酉卜王貞自今癸酉至于乙酉邑人<u>其見方印</u>, <u>不其見方執</u> 一月"[39]과 같이 한 문장에서도 긍정문은 '其見方印'으로 부정문은

---

38) 姚孝遂·肖丁,《殷墟甲骨刻辭摹釋總集》, 北京: 中華書局, 1988.
39)《갑골문합집》799편 참조.

‘不其見方執’으로 하여 그 대상을 달리 하여 물은 용례를 충분히 찾아볼 수가 있다. “壬午……爭貞其來印, 不其來執 四月”[40]의 ‘其來印’과 ‘不其來執’도 이러한 쓰임을 보여주는 좋은 실례다.[41]

方이 ‘我✦’를 해칠 것인지 아니면 ‘我✦’를 해칠 것인지를 구분하여 물었다는 것은 ‘我✦’와 ‘我✦’ 가운데서 누구를 보낼 것인가를 물은 것으로서, 이는 자형은 물론 我✦’와 ‘我✦’의 직무가 달랐음을 나타내주는 것이다.

5. 맺음말

상대 복사에 ‘✦’와 ‘✦’ 두 글자가 있다. 이들은 분명 모양에서 다르지만 대부분의 연구자들은 한 글자의 이형으로 보거나 변화된 형으로 보았다. 진몽가가 이를 서로 다른 글자로 간주하였으나 충분한 근거를 제시하지 못하여 이후의 논의에서는 이들을 한 글자로 보고, 사용된 실례에서 복사 내용의 앞뒤를 살펴 ‘史·使·事·吏’ 등의 의미로 해석하는 혼란을 가져왔다.

이 글은 이러한 혼란을 해결할 수 있는 근거로서, 상대 당시 두 글자가 형에서 정확하게 구분하여 쓰였음을 구체적으로 밝혀보고자 하였다.

그 결과 첫째, ‘史’의 ‘ㅂ’은 약속된 부호로서 ‘口’와는 분명하게 구분된 것임을 확인할 수 있었다. 선행연구자 대부분이 이에 대한 구분을 정확하게 하지 않거나, 구분을 하더라도 다시 상형설에 얽매여 본뜬 모양에 관심을 두게 됨으로써, 결국 약속부호로서의 분명한 인식으로 나아가지 못하였던 한계들을 지적할 수 있었다. 둘째, 상대 문자의 여러 쓰임으로 살펴볼 때 ‘丨’과 ‘丫’ 또한 적어도 상대에는 구분된 부호로 쓰였다는 점을 분명히 알 수 있었다. 나아가 이러한 결과는 ‘✦’를 ‘丨+ㅂ+又’의 조합으로,

---

40) 《갑골문합집》 800편 참조.
41) 《갑골문합집》 799편과 《갑골문합집》 800편의 석문은 《은허갑골각사모석총집》의 석문을 따랐다.

'史'를 'Ⲩ+ㅂ+又'의 조합으로 이해할 수 있는 여지를 마련해 주었다. 셋째 '史'과 '史'가 하나의 복판에서 구분되어 쓰인 용례를 확인함으로써 각각의 직무 또한 상대에 분명하게 구분되어 있음을 확인할 수 있었다.

이 글에서는 글자 모양에 근거한 두 글자의 구분에 한정하였기 때문에 그 직무와 관련된 연구는 깊이 있게 다루지 못하였다. 그렇다고 할지라도 두 글자를 하나의 글자로 보고, 복사의 앞뒤 내용을 살펴 '史·使·事·吏' 등으로 편의에 따라 해석해 온 기존 연구를 되새긴다면, 이 연구가 갖는 의의를 충분히 찾을 수 있다고 하겠다.

남한강 상류지역의 고인돌 문화
- 제천 지역을 중심으로 -

하 문 식
_세종대 역사학과

1. 머리말

한강의 본류인 남한강은 태백 검용소에서 발원하여 여러 샛강을 거느리고 흐르다가, 오대천과 합해진 다음 동강이 된다. 이 동강은 강원 지역의 평창강, 주천강과 모여 남한강의 주된 물줄기를 이룬다.

이 물줄기는 단양 지역에 이르러 단양강이 되고, 이어 제천 지역으로 흘러든다. 제천 지역에서는 높은다리내·모라내·고명천·산곡천·덕산천 등 상당히 많은 물줄기들과 합해져 수산·청풍·한수를 가로질러 흐르며, 주변에는 부분적으로 충적대지가 발달하였다. 그런데 1980년대에 건설된 충주댐의 직접적인 영향으로 상당히 넓은 지역이 물 속에 잠기게 되어 주변의 변화가 많이 일어났다.

제천 지역은 한반도의 중심에 위치한 충청북도의 북동쪽에 자리하며 지리적으로 중부와 남부, 동부와 서부를 이어주는 역할을 한다. 석회암이 발달한 이 지역은 남한강이 가로질러 흐르면서 여러 물줄기가 있고, 그 가장자리에는 구릉지대가 넓게 형성되어 있어 선사시대부터 사람들이 터전을 잡고 살기에 아주 좋은 조건을 갖추고 있다. 이러한 좋은 조건 때문에 제천 지역에는 많은 선사시대 유적들이 분포하고 있다.[1]

---

1) 이융조, 〈제천의 문화유적 - 선사유적〉, 《堤川市誌》上, 2004, 603~643쪽.

제천 지역의 고인돌 유적에 대한 조사와 연구는 청풍면을 중심으로 일제 강점기부터 시작되었다.[2]

광복 이후에는 1962년 국립박물관에서 청풍면 황석리의 고인돌 유적을 발굴하였다.[3] 모두 18기의 고인돌이 조사되었는데, 13호 고인돌에서는 거의 완전한 사람뼈가 찾아져 고인돌의 성격을 이해하는 데 하나의 기준이 되었다.

그 이후에는 1982~1983년 충주댐 수몰지역 문화유적 조사 때 남한강 유역의 황석리·광의리·계산리·방흥리·양평리·진목리·함암리 고인돌 유적이 발굴되어[4] 남한강 상류지역의 고인돌 문화를 이해하는 데 큰 도움이 되었다. 또 2000년 여름철에는 충주댐 수몰지역 안에 위치하였지만, 충주댐 수몰지역 문화유적 조사 때 지표·발굴 조사가 이루어지지 않았던 능강리 유적이 조사되었는데, 이곳에서는 고인돌과 같은 시기의 집터가 발굴되어 그 중요성이 알려졌다.[5] 그리고 2001년에는 금성초등학교 안에 있는 파괴된 고인돌 유적이 조사되었다.[6]

여기에서는 남한강 상류지역을 중심으로 한 제천 지역의 고인돌에 대한 성격을 살펴보고자 한다.

2. 유적 개관

제천 지역의 고인돌 유적은 지금까지 모두 16곳이 조사되었으며, 그 가운데 11곳은 발굴조사가 되었다.

---

2) 三上次男,《滿鮮原始墳墓の硏究》, 1961, 46~47쪽.
3) 김재원·윤무병,《韓國支石墓硏究》, 1967, 99~135쪽.
4) 충북대학교 박물관 엮음,《忠州댐 水沒地域 文化遺蹟 發掘調査 綜合報告書(Ⅰ)》, 1984 참조.(이하《忠州댐 綜合報告書》로 줄임)
5) 최정필·하문식·황보경,《堤川 綾江里》, 2001 참조.
6) 최정필·하문식·황보경·최민정,《堤川 九龍里》, 2002 참조.

여기에서는 각 유적을 중심으로 그 성격을 간단히 소개하고자 한다.

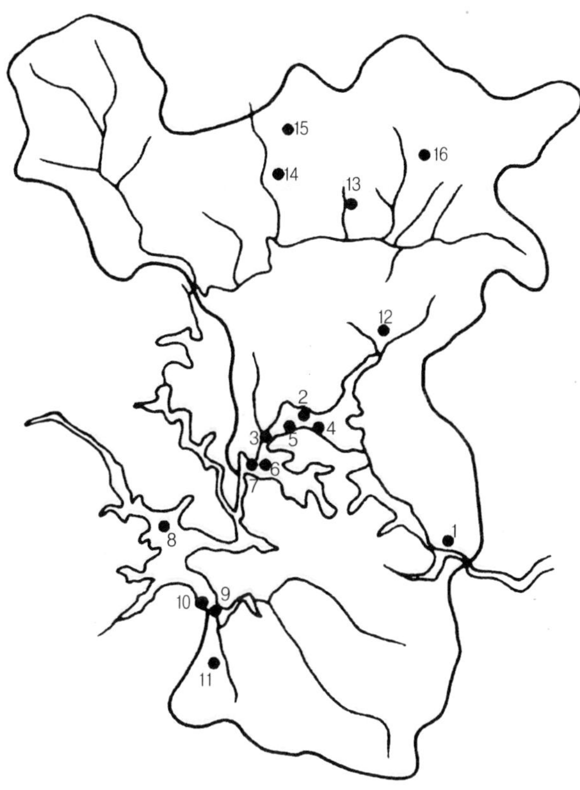

제천 지역 고인돌 유적 위치도

1. 제천 능강리유적

이 유적은 수산면 능강리에 위치하며, 2000년 세종대학교 박물관에서 2
기를 발굴하였다.[7]

---

7) 최정필·하문식·황보경, 앞의 책 참조.

고인돌은 충주댐 쪽으로 뻗어 내린 작은 산줄기의 능선 끝 부분에 자리
하며, 충주댐이 담수되면 물에 잠기고 갈수기 때만 잠깐 드러나는 유적이
다. 고인돌 바로 옆에서는 비슷한 시기의 민무늬토기시대 집터가 3채 발굴
되었다.

1호 고인돌은 발굴 조사 전에 충주댐의 물의 영향으로 무덤방의 일부가
파손된 상태였다.

덮개돌의 재질은 흑운모 화강암이었으며, 크기는 350 × 200~220 × 62~66
센티미터쯤 되었다. 발굴조사 결과 4개의 굄돌이 있는 바둑판식 고인돌로
밝혀졌으며, 무덤방은 바닥돌이 깔린 돌덧널이었다. 껴묻거리는 여러 가지
의 화살촉과 갈돌, 그리고 민무늬토기 조각이 찾아졌다.

이 고인돌은 남한강 상류지역에서 발굴된 바둑판식으로 고인돌의 형식
에 따른 시기 문제와 분포 · 전파 관계를 이해하는 데 중요하다.[8]

그리고 고인돌의 연대는 바로 옆의 집터에서 나온 숯을 방사성탄소 연
대측정한 결과 기원전 10세기를 전후한 시기로 밝혀져 이와 비슷한 것으
로 여겨진다.

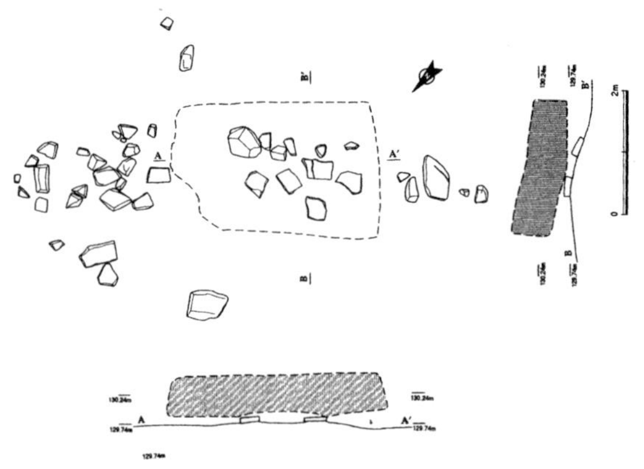

그림 1. 제천 능강리 1호 고인돌의 평 · 단면도

8) 하문식 · 권기윤, 〈제천 능강리유적의 조사와 성과〉, 《奈堤文化》 12, 2000, 177~178쪽.

2. 제천 황석리유적

청풍면 황석리의 남한강 옆 충적대지 위(1300m 범위)에 2줄로 46기의 고인돌이 있었다. 이곳에서는 국립박물관이 1962년 두 차례에 걸쳐 18기를, 1982~1983년에는 충주댐 수몰지역 발굴조사의 일환으로 충북대학교에서 8기의 고인돌을 발굴하였다.[9]

2호 고인돌은 덮개돌이 180×160×30센티미터, 크기가 120×50센티미터쯤 되는 무덤방 둘레에 돌을 쌓았다. 이곳에서 간돌검 조각, 불에 탄 화살촉, 대사리 조개가 나왔다. 동쪽에 바닥과 뚜껑이 없는 작은 돌널이 있었다.[10]

13호 고인돌의 덮개돌 크기는 130×80×12센티미터며, 무덤방은 판자돌로 만들어져 있었다. 무덤방의 크기는 180×60×30센티미터로 덮개돌보다 더 크며, 뚜껑돌은 없고 바닥은 판자돌을 깔았다. 묻힌 사람의 머리 방향은 남쪽이고 옆으로 바로 펴묻기를 하였으며, 뼈로 보아 키가 174센티미터고 30대 초반의 남자였다. 유물로는 간돌검이 나왔으며, 뼈부스러기를 방사성 탄소 연대측정을 한 결과 2360±370bp[11]가 나왔다.

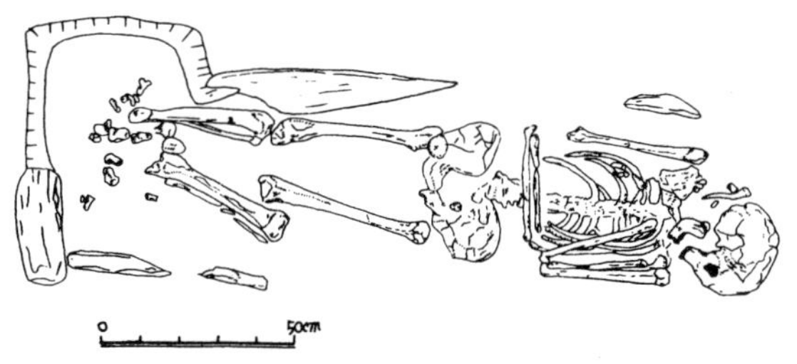

그림 2. 제천 황석리 13호 고인돌 출토 사람뼈

---

9) 김재원·윤무병, 앞의 책, 99~135쪽; 이융조·신숙정·우종윤, 〈堤原 黃石里 B地區 遺蹟發掘調査報告〉,《忠州댐 綜合報告書(Ⅰ)》, 1984, 391~464쪽.

10) 이런 예는 황석리 C호 고인돌을 비롯하여 진주 대평리 어은 2호, 장성 덕재리, 춘천 대곡리 1호, 연탄 두무리 금교동 5호, 황주 침촌리 극성동 고인돌에서도 조사되었다.

11) 강형태·추연식·나경임, 〈放射性炭素年代測定과 高精密補正方法〉,《韓國考古學報》 30, 1993, 42쪽.

C호 고인돌의 덮개돌은 180×100×30센티미터다. 무덤방은 돌널이고 크기는 135×50×40센티미터며 옆에 돌을 쌓았다. 서쪽 1.5미터 거리에 작은 돌널이 있다. 무덤방의 긴 방향이 강 흐름과 나란하며, 껴묻거리는 붉은 간토기와 목이 긴 민무늬토기다.

충6호 고인돌은 덮개돌이 탄질 편암으로 260×160×25센티미터며, 북쪽에 12개의 구멍이 있다. 무덤방의 긴 쪽은 강물 흐름과 나란하고, 네 벽은 판자돌을 잇대어 만들었다. 그리고 긴 벽 쪽에서 30센티미터쯤 떨어져 판자돌을 세워 받침돌 구실을 하도록 한 특이한 구조가 찾아졌다.[12] 무덤방은 195×60×30센티미터며, 바닥은 판자돌을 깔았다. 바로펴묻기를 하였고, 20살이 채 안 된 남자의 아래턱뼈·이·정강이뼈·위팔뼈와 사슴 위팔뼈가 나왔다.

충7호 고인돌은 덮개돌이 석회질 쉐일로 크기가 120×120×20센티미터며, 돌널인 무덤방은 165×45×25센티미터다. 편평한 편암 조각을 잇대어 세워 네 벽을 만들고 길쭉한 석회질 쉐일과 할석 6개를 가로질러놓아 뚜껑돌을 만들었다. 무덤방의 긴 방향은 강물 흐름과 나란하며, 20대 후반에서 30대 초반의 키 145~150센티미터쯤 되는 완전한 남자뼈가 나왔다. 유물로는 턱과 가슴둘레에서 곱은옥·대롱옥이, 머리 쪽 위에서 소과(科)의 뼈가 찾아졌으며, 머리뼈 주위에는 붉은 흙이 뿌려져 있었다.

---

12) 발굴 보고자는 이렇게 특이한 구조를 하나의 유형으로 설정하여 '황석리 Ⅰ식'이라고 한다. 그리고 충13호 고인돌과 같은 구조는 '황석리 Ⅱ식'으로 구분하고 있다.(이융조·신숙정·우종윤, 앞의 글, 1984, 414쪽) 하지만 황석리 고인돌 유적에서 나타나는 이러한 구조는 무덤방의 구조 변화에 따른 요인, 유적이 위치한 지역의 지반 문제(특히 황석리의 경우 모래질 찰흙) 등 복합적인 문제를 고려해야 할 것으로 여겨진다.(하문식, 〈靑銅器時代의 中原文化〉,《先史文化》2, 1994, 127쪽) 이와 관련하여 최근 경기 남부의 황구지천 주변인 오산 외삼미동, 화성 병점리, 화성 수기리 고인돌에서는 '황석리 Ⅱ식'과 같은 구조가 덮개돌 바로 밑의 지상에서 조사되고 있어 주목된다.[하문식, 〈오산 외삼미동 고인돌〉,《비지정문화재 조사보고서》, 경기도, 2000, 330~332쪽; 〈경기지역 고인돌과 보존 현황〉,《세계거석문화와 고인돌》, 2004, 137쪽; 우장문,《경기지역의 고인돌문화 연구》(경기대 박사학위논문), 2004, 261~262쪽]

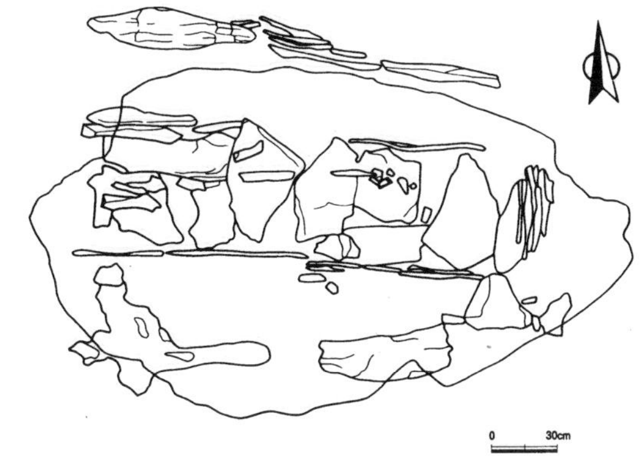

그림 3. 제천 황석리 6호 고인돌 평면도

충13호 고인돌은 덮개돌이 석회질 편암으로 134×109×10센티미터며, 무덤방의 긴 벽은 서로 한 개의 판판하고 긴 돌을 세워 놓지 않고 뉘여 놓았다. 바닥은 맨바닥이었고 크기는 104×28×25센티미터로 매우 작아 어린 아이의 무덤일 가능성이 많으며, 뼛조각과 붉은 간토기조각이 나왔다.

충16호 고인돌은 450×203×50센티미터인 덮개돌이 운모편암이며, 덮개돌을 떼어낼 때 생긴 구멍이 3개 있었다. 무덤방의 크기는 365×100센티미터며, 덮개돌의 무게를 지탱하지 못하여 남쪽으로 쓰러졌다. 무덤방의 긴 방향은 강물 흐름과 나란하며, 가운데를 가로질러 세운 칸막이 돌이 두 곳 있고, 여러 가지 생김새의 붉은 간토기와 가지무늬토기 조각이 나왔다.

충17호 고인돌의 덮개돌은 석회질 편암으로 380×130×45센티미터 크기며, 무덤방의 짜임새는 충13호와 거의 같다. 무덤방의 크기는 181×45×25센티미터로 바로펴묻기를 하였던 것 같고, 뚜껑돌은 판자돌이었으며, 다 덮지 못하였다. 바닥은 머리와 등 부분에만 판자돌을 깔아 놓았다. 머리뼈로 보아 묻힌 사람은 30살쯤 되는 남자이며, 무덤방 안에서 간돌검, 돼지 이빨이, 밖에서는 덜된 돌도끼와 민무늬토기 조각이 나왔다.

3. 제천 방흥리유적

청풍면 방흥리에 있는데 1983년 충주댐 수몰지역 조사 때 발굴되었다.[13)]

덮개돌은 편마암으로 265×260×25센티미터고 구멍이 3개 있었다. 형식은 개석식 고인돌로 무덤방은 330×156센티미터고, 긴 방향이 강물 흐름과 나란하다. 그리고 무덤방의 위쪽에 작은 강돌이 깔려 있고 껴묻거리는 붉은 간토기 조각, 민무늬토기 조각, 간돌검 조각, 갈판이 찾아졌다.

4. 제천 광의리유적

청풍면 광의리에 있으며, 충주댐 수몰지역으로 발굴조사되었다.[14)]

덮개돌이 없어진 탁자식 고인돌인데 민무늬토기 시대의 집터를 파괴하고 만들었다. 이러한 예는 파주 옥석리·교하리·당하리, 제천 계산리, 인산 주암리에서 찾아볼 수 있다.[15)]

굄돌은 남쪽과 북쪽에 있고, 남쪽에는 강돌로 된 쐐기돌이 3개 있어 무덤을 만들 때 이용된 축조 기술을 알 수 있었다. 무덤방의 긴 방향은 남북쪽이고, 크기는 150×175센티미터로 바로펴묻기를 하였던 것 같다.

5. 제천 계산리유적

청풍면 계산리에 있으며, 이곳에는 민무늬토기시대의 집터를 비롯하여 많은 유적이 있다.[16)]

1호 고인돌의 덮개돌 재질은 점판암이고, 크기는 112×108×35센티미터로

---

13) 이융조, 〈堤原 芳興里遺蹟 發掘調査報告〉, 《忠州댐 綜合報告書(Ⅰ)》, 1984, 465~477쪽.

14) 황용훈, 〈堤原 廣儀里 A地區 支石墓 및 住居址 發掘調査報告〉, 위의 책, 340~342쪽.

15) 하문식, 〈금강과 남한강 유역의 고인돌문화 비교 연구〉, 《孫寶基博士停年紀念考古人類學論叢》, 1988, 534쪽.

16) 황용훈, 〈堤原 鷄山里 B·C地區 支石墓 發掘調査報告〉, 《忠州댐 綜合報告書(Ⅰ)》, 1984ㄴ, 353~374.쪽

상당히 작은 편이며, 개석식이다. 무덤방은 크기가 120×65센티미터며, 묻기는 구덩이를 만들어 주검을 묻은 다음 슴베 있는 화살촉을 주검 위에 얹고 덮개돌을 놓았다.

2호 고인돌은 덮개돌이 부서졌고, 무덤방의 크기는 210×100센티미터다. 묻기는 구덩이에 주검과 화살촉, 간돌칼, 민무늬토기조각의 껴묻거리를 넣은 다음 흙으로 덮고, 그 위에 자갈돌과 모난돌을 깔고 덮개돌을 얹었다.

3호는 민무늬토기시대의 집터를 파괴하고 만들었는데, 덮개돌은 없고, 무덤방은 170×80센티미터 크기의 구덩이다. 긴 방향이 강물의 흐름과 나란하며, 무덤방의 흙은 유기물질이 섞인 담갈색이다.

6. 제천 양평리유적

청풍면 양평리에 2기의 고인돌이 있었는데, 충주댐 수몰지역 조사 때 발굴되었다.[17] 고인돌의 옆에서는 빗살무늬토기의 전통이 남아 있는 민무늬토기시대의 집터가 찾아졌다.

1호 고인돌의 덮개돌은 석회규산염암을 재질로 이용하였으며 깨어졌다. 무덤방은 200×100센티미터며, 50×40센티미터 되는 뚜껑돌이 찾아졌다. 머리뼈조각·허벅지뼈 등 사람뼈가 나왔는데, 묻힌 사람은 18살에서 35살쯤으로 보이고 동쪽 끝에서 대팻날이 나왔다.

한편 2호 고인돌에서 나온 붉은 간토기를 과학적으로 분석한[18] 결과 석영이 장석에 비하여 많이 섞여 있으며, X선 회절분석으로 붉은 칠은 석회장석임이 밝혀졌다.

7. 제천 진목리유적

청풍면 진목리에 있는 유적으로 8기의 고인돌이 산의 경사를 따라 한

---

17) 최몽룡, 〈堤原 陽坪里 D地區 遺蹟 發掘調査報告〉, 위의 책, 375~389쪽.
18) 최몽룡·신숙정, 〈韓國 考古學에 있어서 土器의 科學分析에 대한 檢討〉,《韓國上古史學報》1, 1988, 13~14쪽.

줄로 강 옆 대지에 자리 잡고 있으며, 1기는 밭 가운데 있었다.[19)]

1호 고인돌의 덮개돌은 편마암을 재질로 이용하였는데, 60~100센티미터 되는 마름모꼴이다. 그리고 덮개돌의 긴 방향은 산줄기와 강물의 흐름과 나란하다. 무덤방은 돌을 깐 다음 흙을 덮었으며, 북동쪽에 돌덧널이 있었는데, 크기는 120×43×12센티미터고, 바닥은 강돌을 깐 다음 산돌을 놓았다.

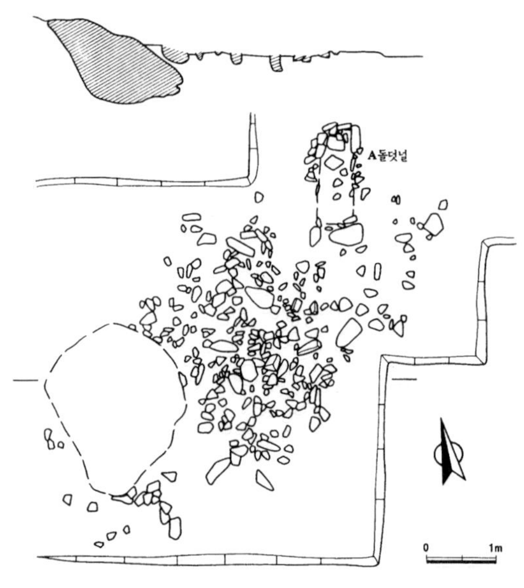

그림 4. 제천 진목리 1호 고인돌 평·단면도

2호의 덮개돌은 편마암이고 크기는 275×218×75센티미터며, '장수바위', '검은돌'이라 부른다. 무덤방은 1호의 돌 깐 것이 이어지고 있는데, 이런 예는 제천 함암리, 황주 천진동에서 볼 수 있다. 서쪽에 130×40×17센티미

---

19) 김병모·김명진, 〈堤原 眞木里 A·B地區遺蹟 發掘調査報告〉, 《忠州댐 綜合報告書(Ⅰ)》, 1984., 479~528쪽.

터의 돌덧널이 있으며, 바닥은 산돌을 깔았다.

3호는 덮개돌이 회색 석영반암으로 크기가 180×136×35센티미터며, 170×70센티미터 되는 무덤방이 있었는데, 바닥은 1호보다 낮아 진목리유적에서 제일 먼저 만들어진 고인돌로 해석된다.

진목리 고인돌유적에서는 껴묻거리가 찾아지지 않았으며, 4기의 고인돌은 덮개돌 밑의 깔린 돌이 이어져 있었는데, 높이에 따라 다르므로 시간적인 차이를 두고 만든 가족무덤으로 해석된다.[20] 이러한 예는 대구 대봉동 2지구 4호 고인돌과 나주 보산리 고인돌에서 찾아볼 수 있다.

8. 제천 함암리유적

한수면 함암리에 있던 유적으로 충주댐 수몰지역 조사 때 발굴되었다.[21]

이곳에서는 강을 따라 한 줄로 있던 9기의 고인돌이 조사되었으며, 마을 사람들이 이 고인돌을 '칠성바위'라고 불렀다. 발굴조사 결과 타날문토기와 쇠똥이 나와 고인돌의 하한 연대를 밝히는 데 중요한 유적이다.[22]

1호는 덮개돌이 거북 모양이고, 재질은 편마암으로 크기가 205×162센티미터다. 무덤방은 크기가 80×70센티미터고 강자갈을 깔았는데 2호까지 이어진다. 껴묻거리는 민무늬토기, 구멍무늬토기, 붉은 간토기, 타날문토기 조각이다.

5호의 덮개돌은 크기가 275×100×75센티미터다. 무덤방은 205×85센티미터며, 덮개돌 밑에 강돌을 깔았는데, 이 속에서 많은 토기와 석기 조각들이 나와 제의(祭儀)가 있었던 것으로 해석된다. 껴묻거리는 여러 토기조각들과 구멍 파인 돌, 말이빨, 쇠똥, 간석기이고, 민무늬토기와 타날문 토기가 3대 1 비율로 나왔다.

---

20) 하문식, 앞의 글(1988), 536쪽.

21) 이동복, 〈堤原咸岩里地區遺蹟 發掘調査報告〉, 《忠州댐 綜合報告書(Ⅱ)》, 1984, 143~
    198쪽.

22) 하문식, 〈한국 청동기시대 묘제에 관한 한 고찰〉, 《박물관기요》 6, 1990, 43쪽.

그림 5. 제천 함암리 4호 고인돌 평단면도

8호 고인돌은 덮개돌이 190×120×62센티미터 크기다. 무덤방은 점판암의 판자돌을 가지고 만든 돌널이었는데, 크기는 140×55센티미터다. 긴 방향은 강물의 흐름과 나란하지만 덮개돌의 방향과는 반대였다. 유물은 여러 토기조각과 쓰임새가 밝혀지지 않은 간돌, 구멍파인 돌이 나왔다.

9. 제천 호운리유적

한수면 호운리에 위치한 유적으로 1980년 충주댐 수몰지역 조사 때 찾아졌다.[23]

고인돌은 마을 북쪽 끝(제천천의 상류쪽)의 충적대지인 담배밭 한가운데에 위치하였다. 덮개돌의 크기는 200×146×63센티미터며, 긴 방향은 남북쪽이었다.

---

23) 충북대학교 박물관 엮음,《忠州댐 水沒地域 文化財 地表調査報告書》, 1980, 41~42쪽.

10. 제천 성암리유적

한수면 성암리에 자리하며, 1980년 충주댐 수몰지역 지표조사 때 발견되었다.[24]

285×150미터의 범위에서 7기의 고인돌이 찾아졌으며, 일부는 1972년 대홍수 때 묻힌 것으로 밝혀졌다.

덮개돌의 긴 방향은 강물 흐름과 나란한 것으로 보고되었으며, 비교적 보존이 잘 된 상태였다. 그러나 발굴조사가 실시되지 못하고 수몰되었다.

11. 제천 송계리유적

한수면 송계리 덕주골의 민가 옆에 있는 유적이다.[25]

고인돌이 있는 곳은 성황당으로 이용되던 얕은 야산의 끝자락이다. 칠성바위라고 불러지면서 아들 낳기를 기원하는 이 고인돌은, 굄돌이 무너져 덮개돌이 한쪽으로 쓰러진 상태이다.

덮개돌의 재질은 흑운모 화강암이며, 크기는 235×153×60센티미터다. 덮개돌의 서쪽 가장자리에는 채석 때 생긴 쐐기자국이 뚜렷하게 남아 있다. 그리고 덮개돌의 남쪽과 북동쪽에는 지름 5~13센티미터, 깊이 1.0~4.5센티미터 되는 구멍이 7개 파여 있었다.

이 고인돌은 덮개돌과 굄돌이 찾아진 점으로 보아 파괴된 탁자식 고인돌일 가능성이 많다.

12. 제천 구룡리유적

금성면 구룡리 금성초등학교의 운동장 가장자리 옆에 자리한다.

마을 사람들에 따르면 1960년대 초까지 학교 운동장에 여러 기의 고인돌과 선돌이 있었지만, 그 후 학교를 확장하고 정비할 때 파괴되었다고 한

---

24) 위의 책, 21쪽.
25) 최근영·이호영·최몽룡·지병목, 〈堤川 寒水面 松溪里 先史遺蹟 調査報告〉, 《史學硏究》 54, 1997, 233~274쪽.

다. 세종대 박물관에서는 2001년 고인돌의 정확한 위치 파악과 유적 성격을 밝히기 위하여 발굴조사를 한 결과, 3기의 고인돌을 찾았다.[26]

1호 고인돌은 묻혀 있었는데, 조사 결과 제자리인 것으로 밝혀졌다.

덮개돌의 재질은 화강암질 편마암이었고, 놓인 긴 방향은 북동-남서쪽이었다. 그리고 크기는 262×54~184×45센티미터며 평면 생김새는 삼각형이다. 무덤방은 막돌을 가지고 만든 돌덧널이었으며, 크기는 190×40×50센티미터쯤 된다. 쌓은 방법을 보면 위쪽으로 올라갈수록 점차 좁아지며, 바닥에는 넙적한 돌을 깔아 놓았다. 한편 무덤방 주위의 가장자리에는 막돌을 가지고 돌깔림을 하여 놓았는데, 이것은 무덤방의 보호와 관련이 있는 것으로 판단된다.

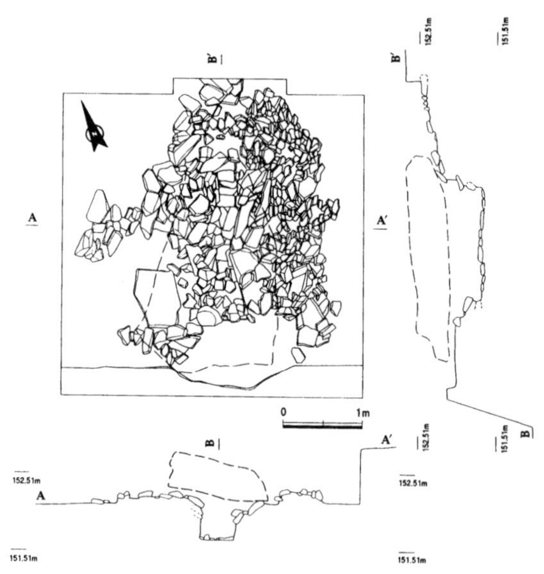

그림 6. 제천 구룡리 1호 고인돌 평·단면도

---

26) 최정필·하문식·황보경·최민정, 앞의 책.

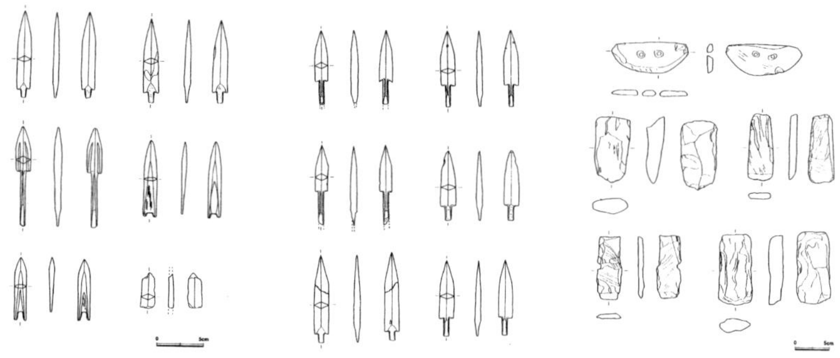

그림 7. 제천 구룡리 1호 고인돌 출토 석기류

껴묻거리는 민무늬토기와 붉은 간토기, 그리고 반달돌칼, 돌도끼, 3각 만입형과 슴베가 긴 화살촉, 돌끌 등이 발견되었다. 그리고 고인돌 출토 숯을 방사성탄소 연대 측정한 결과 2830±40 bp(28, 다시 계산하기 1126~896 BC)로 밝혀졌다.

13. 제천 왕암동유적

왕암동 아랫소새 동네의 한가운데에 위치하며, 왕암지방 산업단지 건설에 따른 지표조사 과정에서 찾아졌다.[27] 마을 사람들은 이 고인돌을 '복바위'라고 부른다.

화강암질 편마암을 재질로 이용한 덮개돌은 크기가 342×223×113센티미터며, 평면 생김새는 긴 네모꼴이다. 놓인 긴 방향은 북동쪽 30도이고, 덮개돌 윗면에는 27개의 구멍이 파여 있는데, 가운데에 큰 구멍이 있고, 그 옆에 작은 구멍들이 있으며 대부분 서쪽에 치우쳐 있다. 크기는 지름 3.5~10센티미터, 깊이 0.5~3.0센티미터다.

---

27) 이융조 · 권학수 · 강경숙 · 임동철,《堤川旺岩地方産業團地 文化遺蹟地表調査報告書》, 1996, 26쪽.

14. 제천 명도리유적

봉양읍 명도리에 위치하며, 1990년 충북대학교에서 발굴조사하였다.[28]

고인돌은 얕은 산기슭에 자리하고 있었는데, 덮개돌의 재질은 화강편마암으로 가장자리를 많이 손질하여 거북 모양을 하고 있다. 덮개돌의 크기는 164×106×60~54센티미터로 비교적 작은 편에 속하며, 놓인 긴 방향은 남북쪽이다. 덮개돌 위에는 지름 3센티미터, 깊이 3센티미터쯤 되는 원통 모양의 구멍이 2개 있다.

무덤방은 돌을 쌓아 만든 돌덧널이며, 크기는 170×50×44~49센티미터다. 긴 방향은 유적 앞의 작은 물줄기와 나란하여 주목된다. 한편 무덤방의 동쪽 벽은 덮개돌과 수평을 이루기 위하여 높낮이가 다른 것으로 조사되어 주목된다.

15. 제천 학산리유적

봉양읍 학산리에 위치하며, 1990년 중앙고속도로 문화유적 발굴조사의 일환으로 충북대학교에서 조사하였다.[29]

덮개돌은 화강편마암을 재질로 이용하였고, 크기는 240×170×64센티미터며, 가장자리에는 손질한 흔적이 뚜렷하게 관찰된다. 무덤방은 발굴조사가 실시되기 전에 파괴된 것으로 보인다.

16. 제천 광암유적

송학면 도화리 광암마을 입구의 버스정류장 옆에 위치한다.[30]

덮개돌의 크기는 480×250×80센티미터로 비교적 큰 편에 속하며, 평면

---

28) 이융조·이윤석, 〈堤原 明道里 고인돌 發掘調査報告〉, 《中央高速道路 文化遺蹟 發掘調査報告書(忠北地域)》, 1991ㄱ, 9~33쪽.

29) 이융조·이윤석, 〈堤原 鶴山里 고인돌 發掘調査報告〉, 위의 책, 1991ㄴ, 35~54쪽.

30) 하문식, 〈사. 충청북도〉, 《한국 지석묘(고인돌)유적 종합조사 연구》, 1999, 1040쪽; 충북대학교박물관·제천시, 《義林池》, 2000, 101~102쪽.

생김새는 타원형이다. 화강암질 편마암을 재질로 이용한 덮개돌의 긴 방
향은 동서쪽이며, 이 방향은 고인돌 앞쪽(마을의 남쪽)으로 흐르는 작은 물
줄기와 나란하다. 덮개돌의 위면에는 지름 3~8센티미터, 깊이 1~3센티미
터 되는 8개의 구멍이 있다.

3. 제천 지역 고인돌의 성격

앞에서 간단히 설명한 59기 고인돌을 중심으로 남한강 상류에 자리하는
제천 지역 고인돌의 성격을 살펴보고자 한다.

제천 지역의 고인돌 유적에 대한 조사는 대부분 충주댐 수몰지역에 대
한 조사의 일환으로 실시된 것이기 때문에 남한강 유역 쪽에 치우쳐졌다.
그래서 이 지역의 고인돌 성격은 주로 남한강과 같은 큰 강 유역에 분포한
유적이 그 대상이다.

1) 분포와 입지조건

이 지역의 고인돌 유적은 남한강 유역을 중심으로 분포하고 있으며, 청
풍 지역의 고인돌은 일찍부터 관련 연구자들의 관심을 끌어왔다.

이곳의 고인돌 유적에 대한 조사와 연구 결과를 보면, 분포는 물줄기와
밀접한 관계가 있는 것으로 밝혀지고 있다. 특히 황석리유적을 비롯한 남
한강 유역 언저리의 평지나 구릉지대에는 거의 대부분 고인돌이 자리하고
있음을 알 수 있다. 고인돌의 입지는 이것을 축조한 당시 사람들의 활동
영역과 밀접한 관련이 있는 것이므로 당시 사람들의 생활범위를 이해할
수 있는 중요한 자료다.[31]

---

31) 하문식, 《古朝鮮地域의 고인돌 研究》, 1999, 170~173쪽.

고인돌 유적의 조사 정황을 보면, 비교적 높다란 구릉지대나 산마루 또는 산기슭에 있는 고인돌은 무엇보다 주변이 훤히 보이는 곳을 의도적으로 골라서 축조한 것이므로, 주변 지역과의 조망 문제가 먼저 고려되었을 가능성이 많다. 또한 평지나 낮은 구릉지대에 있는 고인돌은 대부분 유적 가까이에 물줄기가 있어 서로의 관련성을 짐작해 볼 수 있다.

고인돌이 자리한 지역의 입지 조건은 자연지세에 따라 평지나 구릉, 산기슭이나 산마루 등으로 크게 구분하여 볼 수 있다.

여기에서는 제천 지역에서 조사된 59기의 고인돌을 이러한 지세 조건의 구분에 따라 입지상태를 분석해 보고자 한다.

표 1. 지세에 따른 고인돌 분포

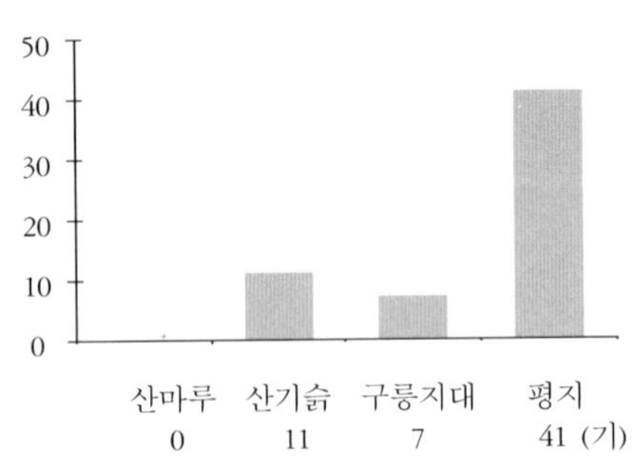

위에 나타난 것처럼 남한강 상류의 제천 지역 고인돌 분포 관계를 보면 산마루에는 고인돌이 없는 것으로 나타났고, 산기슭에 11기, 구릉지대에 7기, 평지에서 41기가 조사되었다. 이 가운데 평지에 가장 많은 고인돌이 있는 것으로 밝혀졌는데, 이것은 특히 남한강의 언저리에 위치한 황석리 유적에서 많은 고인돌이 조사되었기 때문이다.

또한 지세 조건으로 볼 때 비교적 낮은 지역으로 볼 수 있는 강줄기 바로 옆의 평지나 조금 도드라진 지형인 대지(臺地)의 구릉지대에 대부분인 48기의 고인돌이 위치하고 있었다. 이러한 지세에 많은 고인돌이 위치하고 있는 것은 고인돌을 축조한 당시 사람들의 생활환경과 밀접한 관계가 있는 것으로 여겨진다. 이런 점에서 남한강 상류지역에서 고인돌을 축조한 사람들의 살림터는 강 옆의 평지나 구릉지대가 1차적인 터전이 되었을 것이다.[32] 실제로 이 지역에서 고인돌과 같은 시기의 집터가 능강리·계산리·광의리·양평리 유적에서 발굴 조사되어 이 문제에 관하여 시사하는 점이 많다.

한편 이것은 고인돌을 축조한 사람들의 생활공간(catchment area)을 이해할 수 있는 자료이기도 하다.[33] 무엇보다 고인돌 축조와 같은 대규모의 노동력이 필요한 역사(役事)에는 축조에 따른 노동력 문제가 제일 먼저 고려되었을 것이고 이것은 곧 생활공간과 비교적 가까운 곳을 선택하여 당시 사람들의 살림터 옆에 무덤을 만들 공간을 1차적으로 골랐을 것이다.

그리고 고인돌이 분포하는 입지조건과 고인돌 형식과의 상관관계에서는 뚜렷하게 찾아지는 특징이 없는 것으로 밝혀졌다. 이것은 이 지역의 고인돌이 거의 대부분 개석식인 점이 하나의 변수가 될 수도 있지만, 형식에 관계없이 산기슭이나 구릉, 평지에 분포하는 것으로 나타났다.

다음은 유적에 따른 고인돌의 밀집 정도를 살펴보면, 분석대상이 된 17곳의 유적 가운데 가장 집중적인 분포를 하고 있는 곳은 황석리유적이다. 이곳에는 남한강을 따라 형성된 낮은 충적대지 위에 강물 흐름과 같은 방향으로 46기가 분포하고 있는 것으로 보고되었다.

그리고 고인돌 유적의 밀집 정도에서 한 유적에 1기만 있는 곳은 11곳(64.7%)이고, 나머지 6곳(35.3%)은 1기 이상 있는 곳으로 밝혀져, 남한강 상류의 제천 지역 고인돌 분포는 대부분 한 곳에 여러 기가 있는 것보다 1기만 있는 경우가 훨씬 많은 것으로 나타났다. 고인돌 유적의 이러한 밀집 정도를 좀 더 자세히 나누어 보면, 한 유적에 1기만 있는 경우가 11곳으로

---

32) Renfrew, C., "Before Civilization", 1979, pp.132~143.
33) Flannery, K. V., "The Early Mesoamerican Village", 1976 참조.

가장 많고, 그 다음은 2~5기가 3곳, 6~10기가 2곳, 16기 이상이 1곳 등으로 분석되었다.

표 2. 고인돌의 밀집 분포 정도

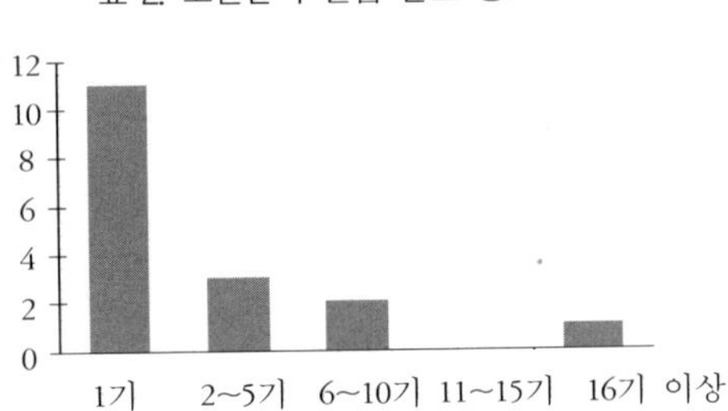

이와 같이 고인돌이 한 지역에 여러 기가 떼를 이룬다는 것은 고인돌을 축조한 당시 사람들이 축조할 때 이미 자리를 골랐다는 사실을 밝혀주는 것으로 여겨진다.[34] 무엇보다 이 지역의 고인돌 유적 가운데 대부분이 유적 주변의 자연 지세와 밀접한 관련이 있는 것으로 밝혀졌다는 것은, 고인돌의 기능과 장제 등 축조에 대한 여러 의미를 시사하고 있다.

또한 고인돌의 기능을 무덤으로 해석할 때, 고인돌이 한 곳에 떼를 지어서 분포하는 정황은 어떤 특정 집단만이 축조하였다고 해석하기보다, 당시 사회에 보편적으로 널리 유행한 가족무덤과 같은 공동무덤의 성격이 강한 것으로 여겨진다.[35] 이런 점에서 고인돌의 축조에는 공동체 나름의 집단적인 참여가 이루어진 것이 아닐까 판단되며,[36] 고인돌 사회를 이해하는 데 참고가 된다.

---

34) 김재원·윤무병, 앞의 책(1967), 10·78쪽; 이융조, 《한국의 선사문화―그 분석 연구》, 1981, 333쪽; 지건길, 〈支石墓社會의 復元에 관한 一考察〉, 《梨大史學研究》 13·14, 1983, 4~5쪽; 박희현, 〈한국의 고인돌 문화에 대한 한 고찰〉, 《韓國史研究》 46, 1984, 11쪽.

35) 王洪峰, 〈石棚墓葬研究〉, 《青果集》, 1993, 252~253쪽.

36) 서어비스, E. R./ 신형식 옮김, 《原始時代의 社會組織》, 1986, 28~33쪽; Renfrew, C., op. cit., 1979, 152~159쪽.

2) 형식과 구조

지금까지 고인돌의 조사와 연구에서 상당히 많은 관심의 대상은 형식과 구조에 대한 것이다. 고인돌의 구조는 그 형식에 따라서 약간의 차이는 있지만, 덮개돌의 채석과 운반, 그리고 축조에 대한 1차적인 문제에서부터 무덤방의 구조에 대한 특징이나 속성까지 고인돌의 성격을 잘 반영하고 있다.

이처럼 고인돌 축조에 따른 구조 문제는 당시 사람들이 가지고 있던 건축 방법이나 도량형과 밀접한 관련이 있을 것이다.[37] 이것은 발굴조사 때부터 많은 관심을 가지고 조사가 이루어져야만 축조에 따른 자료가 얻어져 좀 더 심층적인 연구가 될 것으로 여겨진다.

(1) 고인돌의 형식

고인돌의 형식에 대한 일반적인 분류기준은 1차적으로 지상에 드러난 모습에 따라 분류를 하고, 그 다음은 무덤방의 구조에서 나타나는 속성에 따라서 나누었다.

그런데 고인돌의 이러한 형식 분류는 무덤방의 속성을 통일된 기준에 따라 체계적으로 분류하여야만 객관적인 연구 성과를 얻을 수 있다. 그러나 지금까지 이루어진 대부분의 형식 분류는 연구자마다 나누는 기준이 주관적으로 적용된 것이 많았다.[38]

그러므로 여기에서는 형식 분류를 단순화하면서, 앞으로 좀 더 심화된 연구가 이루어질 때까지 잠정적인 의미에서, 크게 고인돌의 외형적인 모습에 따라 탁자식과 개석식, 그리고 바둑판식으로 분류하고자 한다. 이렇게 형식을 단순화시키면 탁자식 고인돌은 대부분 지상에 드러나고 넙적한

---

37) 김원룡, 《한국의 고분》, 1974, 44쪽.
38) 하문식, 앞의 책(1999), 179~180쪽.

돌로 만들어져 그 양식이 간단하지만, 개석식이나 바둑판 고인돌은 무덤 방이 지하에 있고 그 모습이 여러 가지다.

남한강 상류의 제천 지역에서 조사된 59기의 고인돌을 형식 분류하면 다음과 같다.

고인돌 형식	고인돌 기수
탁 자 식	2
바둑판식	2
개 석 식	55
계	59

위의 표에 나타난 자료를 보면 개석식이 55기(93.2%)로 거의 대부분을 차지하고, 탁자식과 바둑판식은 2기씩 조사되었다. 이 지역에 이처럼 개석식 고인돌이 많은 것은 다른 지역과 비교하여 볼 때 크게 다르지 않다.

또 한 유적에 고인돌의 형식이 섞여 있는 경우도 있다. 능강리와 진목리 유적은 바둑판식과 개석식이 함께 있는 것으로 밝혀졌다. 이렇게 한 유적에 서로 다른 형식의 고인돌이 축조된 것은, 축조한 배경에 대한 여러 사실을 알려주는 것으로, 축조 시기나 축조 주체 등은 물론 형식 변화의 다양성 문제까지도 밝힐 수 있어 다른 자료와 앞으로 비교 연구가 이루어져야 할 것이다.[39]

(2) 고인돌의 구조

여기에서는 고인돌의 상징적인 의미를 나타내는 덮개돌과 무덤방을 대

---

39) 이융조·하문식·윤용현, 〈중원지방에서 새로이 찾은 고인돌유적(Ⅰ)〉, 《湖西文化研究》 7, 1988, 62~63쪽; 최정필·하문식·황보경·이경준·유용수·최민정, 《연천지역 고인돌 조사보고서》, 2001, 210~211쪽.

상으로 몇 가지 특성과 속성 관계를 파악하여 고인돌의 구조에 대해 살펴
보고자 한다.

① 덮개돌

고인돌 사회의 사람들은 덮개돌의 마련과 운반 등 축조에 따른 노동력
문제를 고려하여 덮개돌을 제일 중요하게 여겼을 것이다.[40]

남한강 상류의 제천 지역 고인돌 가운데 지금까지 조사 보고된 자료의
덮개돌 크기나 돌감 등을 통하여 크기에 따른 몇 가지 속성 관계, 돌감, 놓
인 긴 방향 등을 살펴보도록 하겠다.

이 지역에서 조사된 고인돌 가운데 덮개돌의 크기를 알 수 있는 것은 53
기이며, 그것을 구분하여 보면 다음과 같다.

덮개돌의 길이가 201~250센티미터인 것이 13기(24.5%)로 가장 많으며,
그 다음은 151~200센티미터와 150센티미터 미만이 서로 11기(20.8%)다. 이
와 같이 덮개돌의 길이가 100~250센티미터 사이에 35기가 있어, 전체 분
석자료의 66.0퍼센트를 차지한다. 그리고 251~300센티미터는 9기며, 300센
티미터 이상이 9기다.

이러한 덮개돌의 길이(크기)는 고인돌의 축조 과정인 운반에 따른 노동
력 문제와, 큰 바위에서 덮개돌을 떼어낼 때 필요한 기술 문제가 고려되어
결정되었을 것으로 해석되어, 고인돌 사회의 기술 발전 단계를 살펴볼 수
있다.[41]

다음으로 덮개돌의 길이와 너비의 상관관계를 살펴보기 위하여 서로의
분포 관계를 나타내면 다음과 같다.(표 3)

이 분포 관계에서 보면 이 지역 고인돌의 덮개돌 길이와 너비는 1대 1
에서 2대 1 사이 범위에 주로 분포를 하고 있으면서, 특히 1.5대 1의 중심

---

40) 하문식, 앞의 책(1999), 180~181쪽.
41) 하문식, 앞의 글(1999), 1021~1022쪽.

표 3. 덮개돌의 길이와 너비 관계

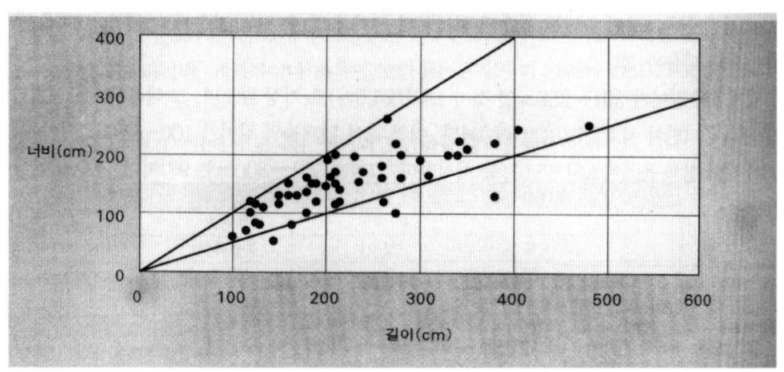

축을 사이에 두고 밀집되어 있음을 알 수 있다. 이와 같이 길이와 너비가 일정한 비율을 이루고 있다는 것은, 당시 사람들이 의도적으로 덮개돌의 크기를 결정하여 마련하였을 가능성이 많다는 것을 시사한다.

그리고 이 지역에서 조사된 고인돌의 덮개돌 크기를 가지고 외형적인 형태를 분석하여 보았다. 분석 대상이 된 고인돌은 48기며, 이 고인돌의 길이·너비·두께를 기준으로 막대기 모양(rod-shape), 원반 모양(discoidal), 길쭉한 모양(blade-shape), 등방 모양(equant)의 형태별로 구분하였다. 형태별 구분은 징(Zingg T. H.)에 의하여 연구된 사각 다이아그램에 표시하여 보았다.(표 4)

이 사각 다이아그램을 분석한 결과, 원반 모양이 제일 많고, 그 밖에 길쭉한 모양과 막대기 모양이 있었으며, 등방 모양은 제일 적었다. 이런 점에서 볼 때 덮개돌의 외형은 일정한 꼴이 정하여졌다기보다는 다양한 형태가 나타나는 것으로 밝혀졌는데, 이것은 덮개돌의 재질과 관련이 있는 것 같다.

덮개돌이 놓인 긴 방향은 조사된 자료가 제한적이지만, 이것을 자세히 검토하여 보면 절대적으로 정하여진 어떤 방향에 따라서 놓인 것은 아니고, 유적 주변의 자연 지세인 산줄기나 물흐름과 나란한 것으로 밝혀져 관심을 끈다. 이러한 사실은 고인돌 사회의 사람들이 축조 당시에 전통적으

표 4. 덮개돌의 형태 분석

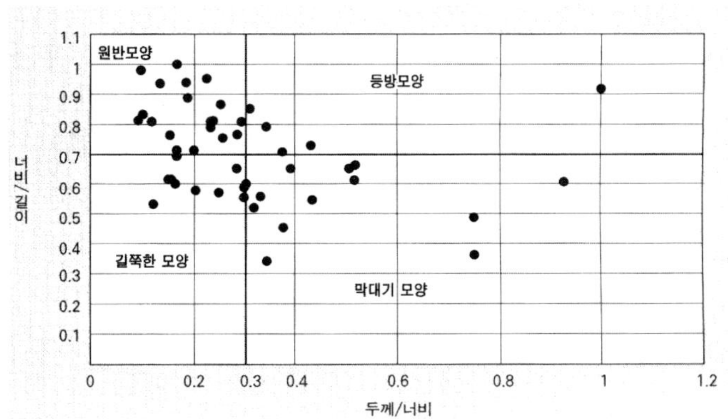

로 내려오는 어떤 절대적인 방위 개념을 가지고 있었다기보다는, 고인돌 축조와 같은 역사를 할 때는 주변의 자연 지세를 고려하여 방위를 정하였던 것으로 이해된다. 자연 지세에 따른 방위 개념은 당시 사람들이 일상 생활에서 자연에 크게 의존하였기 때문에 자연숭배 사상과도 관련이 있을 것 같다.[42)

지금까지 조사된 고인돌의 덮개돌 돌감[材質]은 대부분 화강암이나 편마암인데, 그 이유는 먼저 곳곳에 널리 퍼져 있는 암석들이라 구하기 쉬웠을 것이고, 다음은 큰 바위에서 떼어내기 쉬운 이유 때문에 이런 암석들이 많이 쓰였던 것으로 해석된다. 무엇보다 편마암은 편리(片理)가 져 납작하게 떨어지는 성격을 지니고 있어 큰 바위에서 떼어내기 쉽다. 이런 점에서 덮개돌의 돌감은 일정하게 정하여진 것이 아니고, 고인돌 주변의 지질과 깊은 관계가 있으면서 유적 부근에서 비교적 쉽게 구할 수 있는 암질을 선택하였던 것 같다.

한편 남한강 상류의 제천 지역 고인돌에서는 석회규산염암, 탄질 편암,

---

42) 지건길, 앞의 글(1983), 5~6쪽; 이은봉, 《韓國古代宗敎思想》, 1984, 215~218쪽.

석회질 쉐일 등을 덮개돌에 이용하였는데, 이것은 이곳의 지질이 석회암 지대이므로 이러한 암질을 골라서 쓴 것으로 이해된다.[43]

그리고 황석리나 진목리 고인돌처럼 같은 유적 안에서 덮개돌이 돌감이 다른 경우가 있다. 이것은 덮개돌을 옮겨 온 채석장이 다르기 때문이라고 생각되며, 이 같은 사실은 같은 고인돌 유적 안에서 서로 다른 형식이 있는 것과 함께 주목된다.

② 무덤방

고인돌의 무덤방 가운데 황석리유적에서 특이한 구조가 조사되었다.

황석리 고인돌의 충6호는 무덤방의 4벽을 판자돌로 잇대어 만들고, 긴 벽 쪽에서 일정한 사이를 두고(30㎝쯤 떨어져) 판자돌을 세워 받침돌 역할을 하는 보호벽의 구조가 있다. 또 충13호·충17호는 돌방의 긴 벽이 서로 1개의 판판한 긴 돌을 세우지 않고 뉘어 놓아 무덤방이 쓰러지지 않고 보다 튼튼하게 유지되도록 하였다.[44]

이러한 고인돌의 무덤방은 지금까지 다른 지역에서 보고된 예가 없으며, 아마 황석리유적이 강가에 위치하고 있으므로 고운 흙에 싸여 지반이 약하기 때문에 무덤방의 벽을 이루는 돌을 쌓거나 세웠다면 대부분 무거운 덮개돌을 지탱하지 못하고 파괴되었을 것이다. 그러므로 이곳에서 이런 독특한 구조가 찾아지는 것은 지반 문제와 깊은 관련이 있을 것으로 여겨지며, 고인돌 사회의 사람들이 구조 기능적인 면에서 지형적인 특수성을 고려하였던 것으로 해석된다.[45]

또한 무덤방의 벽을 튼튼하게 하기 위하여 밖에 쌓은 경우가 있는데, 이는 황석리유적처럼 자리한 곳의 지질과 무덤방의 짜임새가 서로 관련이 있는 것으로 해석된다. 이런 예가 찾아진 곳의 무덤방 짜임새는 모두 돌널

---

43) 하문식, 앞의 글(1999), 1023쪽.
44) 이융조·신숙정·우종윤, 앞의 글(1984), 94~398쪽.
45) 하문식, 〈한국 청동기시대 묘제에 관한 한 연구〉, 《박물관연구》 6, 1990, 37~38쪽.

인데, 황석리 C호와 광의리 고인돌에서 찾아졌다.

한편 무덤방(으뜸방)의 옆에 딸린 널(덧널)이 있는 경우가 진목리 1·2·4호, 황석리 2·C·충6·충16호에서 찾아졌다. 이것은 크게 칸막이를 하여 이루어진 것과 무덤방에서 일정하게 떨어진 거리에 있는 딸린 방으로 나누어지는데, 앞의 것은 하나의 덮개돌 밑에 2개 이상의 무덤방이 있는 것이고, 뒤의 것은 무덤방에 딸린 것으로 고인돌 사회의 사람들이 지녔던 내세관을 이해할 수 있는 하나의 자료인데,[46] 묻힌 사람의 신분이 서로 다르다는 견해도 있다.[47]

3) 묻 기

고인돌에서 주검이 놓이는 방향, 묻힌 사람과 껴묻거리와의 관계를 살펴보면, 고인돌이 만들어질 때 널리 퍼져 있던 기본적인 믿음을 알 수 있다.

남한강 상류의 제천 지역에서 발굴 조사된 고인돌의 무덤방 방향은 일정하게 정하여져 만들어졌다기보다 고인돌이 자리한 곳 옆의 산줄기와 강물 등의 주변 지세에 따라 방향이 정하여졌다.

산줄기와 강물을 따라 나란히 자리한 유적은 진목리유적뿐이고, 나머지는 대부분 강물의 흐름과 나란히 놓여 있다. 특히 함암리 8호는 덮개돌과 무덤방의 긴 방향이 서로 다른데도 무덤방이 강물의 흐름과 나란함을 보여주는데,[48] 이것으로 미루어 물이 고인돌 사회 사람들의 믿음이나 생활에 중요한 구실을 하였던 것 같다.[49]

그리고 무덤방이 강물의 흐름과 나란하게 놓인 경우에 머리 방향은 상

---

46) 하문식, 앞의 글(1988), 548~549쪽; 이영문, 《全南地方 支石墓社會의 研究》, 1993. 273쪽.

47) 김병모, 《韓國人의 발자취》, 1985, 63~65쪽.

48) 이동복, 앞의 글(1984), 150~151쪽.

49) 손진태(〈朝鮮 Dolmen에 關한 調査研究〉, 《朝鮮 民族文化의 研究》, 1948, 32쪽)의 연구 이후 거의 대부분 물의 중요성을 강조하고 있다.

류에 자리하는 것이 일반적인데, 함암리 5호 고인돌의 무덤방은 하류 쪽에 머리가 놓여 있어 주목된다.[50] 이는 묻힌 사람이 죽은 이유와 관련 있는 것으로 생각되는데, 껴묻거리나 무덤방의 짜임새에서 두드러지는 사실이 나타나지 않아 뚜렷한 실마리가 찾아지지는 않지만, 편안한 죽음이 아니고 밖에서 죽었거나 예기치 않게 갑자기 죽었던 것이 아닌가 해석된다.[51]

고인돌 사회에서도 많은 노동력에 기대어 고인돌을 축조하였으므로 공동체 속에서 그에 따른 의식이 있었을 것이다.[52] 무엇보다 힘든 일을 마친 다음 고인돌 축조에 동원된 사람들을 위한 향응이 있었을 것인데, 이런 풍습은 인도 앗삼 지방에서 오늘날까지도 행하여지고 있다.[53]

고인돌 유적에서의 이러한 제의(祭儀) 흔적은 무덤방 곁에서 나오는 많은 토기조각들이나 제물로 쓰였던 것으로 여겨지는 짐승뼈 등으로 알 수 있다. 조사된 자료가 제한적이지만 토기를 의도적으로 깨뜨려 뿌린 것은 당시 장례의식의 한 단면을 알려 주는 것이며, 황석리 1·2호와 함암리 고인돌에서 이런 것이 찾아지고 있다. 무엇보다 토기를 의도적으로 깨뜨려 무덤방 주위에 뿌린 것은, 고인돌 사회의 사람들이 죽음의 공포(위협)로부터 벗어나기 위하여 무덤방에 묻힌 사람의 죽음을 사회적으로 공인시키는 행위로 해석하기도 한다.[54]

한편 무덤방의 안팎에서 나오는 껴묻거리의 성격이 서로 다른 경우가 있는데, 황석리 충17호의 안에서는 간돌검과 돼지이빨이, 밖에서는 덜된 돌도끼와 민무늬토기조각이 나왔다. 이것은 고인돌 사회의 사람들이 가졌던 믿음과 관련이 있으며, 무덤방을 집으로 여겨 묻힌 사람의 영생을 바라는 뜻이 담겨 있는 것으로 해석된다.

---

50) 이동복, 앞의 글(1984), 161쪽.
51) 하문식, 앞의 글(1988), 559쪽.
52) 방선주, 〈韓國 巨石制의 諸問題〉, 《사학연구》 20, 1968, 67~68쪽; 이융조, 〈한국 고인돌사회와 그 의식〉, 《동방학지》 23·24, 1980, 304쪽.
53) Heine-Geldern, R./이광규 옮김, 〈메가릿트 문제〉, 《문화재》 4, 1969, 145쪽.
54) 이상길, 〈支石墓의 葬送儀禮〉, 《古文化》 45, 1994, 95~113쪽.

사람뼈는 고인돌이 있는 곳의 토양과 환경 때문에 완전한 것은 드물고 뼛조각들도 나온 곳이 몇 되지 않는다. 황석리유적에서 많은 사람뼈가 나왔다. 그 가운데 13호·충7호에서는 거의 완전한 사람뼈가, 12호·충6호·충13호·충17호에서는 조각들이 찾아졌고, 이 밖에 양평리 고인돌에서도 뼛조각들이 나왔다.[55]

고인돌을 만드는 과정인 묻는 방법을 이해하는 것은 고인돌 사회를 해석하고, 그들이 갖고 있던 죽음에 대한 습속을 연구하여 당시 사회를 복원하는 데 좋은 자료가 되고 있다.

묻는 방법은 무덤방의 크기와 그 과정에 따라 바로펴묻기·굽혀묻기·두벌묻기·화장 등으로 나누어진다.

무덤방의 크기에 따른 묻기 방법은 다음과 같이 추정해 볼 수 있다.[56]

어른을 기준으로 바로펴묻기는 무덤방의 크기가 길이 160센티미터, 너비 50센티미터 이상이며, 굽혀묻기는 길이 100~160센티미터, 너비 50센티미터 안팎 또는 길이 100센티미터 안팎, 너비 50센티미터 이상이면 가능할 것 같다. 그리고 두벌묻기는 주검을 일정 기간 임시로 묻은 다음 뼈만 골라 다시 묻기를 하기 때문에 무덤방의 너비보다는 길이가 더 중요하였던 것 같으며, 무덤방 크기는 길이 150센티미터, 너비 30센티미터쯤이면 될 것 같다.

이 지역에서 조사된 고인돌 가운데 무덤방에 묻는 과정은 황석리 고인돌 이외에 거의 보고된 것은 없다. 그러므로 무덤방의 크기와 조사된 사람뼈에 따라 묻기를 유추해 볼 수밖에 없다. 이 지역의 고인돌에서 널리 쓰인 주검을 묻는 방법는 바로펴묻기였고, 다른 장례 습속의 영향으로 굽혀묻기나 두벌묻기, 그리고 화장이 드물게 있었던 것으로 여겨진다.

화장은 황석리 2호 고인돌의 불에 탄 화살촉에서 그 가능성을 찾아볼

---

55) 하문식,《우리나라 고인돌문화의 연구》, 1985, 71쪽 참조.
56) 이영문, 앞의 책(1993)의 선행 연구를 참고하였다.

수 있으며, 다른 지역의 고인돌에서도 최근 화장에 대한 자료가 많이 찾아
지고 있으므로 서로 비교해 볼 수 있다.[57]

그리고 황석리 충13호, 함암리 4호에 묻힌 사람은 어린이로 해석되어 무
덤방의 크기에 따라 고인돌에 묻힌 사람을 해석하는 데 주의를 기울여야
함을 알 수 있다.

황석리·양평리의 고인돌에서는 붉은 색을 띤 붉은 간토기가 무덤방에
서 찾아졌다. 이것은 붉은 색의 의미가 장례의식에 중요하게 쓰였음을 알
려주는 자료로서, 선사시대의 죽음에 대하여 지녔던 사유의 한 모습으로
이해되고, 영생을 바라는 뜻과[58] 살아있는 사람이 죽은 사람으로부터 예
기치 않게 받게 될 위협에서 멀리해 주는 의미를 가진 것으로 해석된다.[59]

이 밖에도 꺼묻거리 가운데 일부러 부러뜨려 묻은 것이 함암리 5·6호,
황석리 2호·충27호에서 나왔다. 이것은 죽음의 의미를 상징적으로 나타
내는 것이다.

그리고 고인돌이 자리잡은 곳을 살펴보면, 좁은 지역 안에 몇 기씩 떼를
지어 있는 것을 볼 수 있다. 이러한 경우 고인돌이 무덤이기 때문에 일정
하게 차지하는 무덤의 넓이가 있을 것이므로, 묻힌 사람들은 서로 가까운
핏줄이거나 한집안의 식구로 해석되는데, 덮개돌 밑의 깔린 돌이 서로 이
어지는 것을 보면, 한 떼 안에 묻힌 사람들은 가족으로 여겨지고, 고인돌
에 가족무덤이 있었던 것 같다. 남한강 상류의 제천 지역 고인돌에서 가족
공동무덤으로 해석되는 곳은 황석리·함암리·진목리가 있다.

4) 꺼묻거리

상당히 일찍부터 고인돌에 대한 조사와 연구가 많이 되었지만, 아직까

---

57) 하문식, 〈고인돌의 장제에 대한 연구(Ⅰ)〉, 《백산학보》 51, 1998. 5~33쪽.
58) 이융조, 앞의 글(1980), 293~294쪽.
59) 이은봉, 앞의 책(1984), 219쪽.

지도 고인돌의 성격과 기능에 대하여 뚜렷하게 밝혀지지 않았는데, 이것은 고인돌 유적에서 나오는 유물이 적은 것도 하나의 이유라고 여겨진다.

무덤은 일반적으로 보수성과 전통성이 깊게 깔려 있으므로 문화 환경이 변화되어도 새로운 유물들이 거의 나오지 않으며, 껴묻거리가 나오는 것을 보면 덮개돌의 크기나 무덤방의 짜임새에 따라서 크게 다르지는 않고, 유적이 자리한 지역에 따라 차이가 나타나는 것 같다.

고인돌의 조사에서 찾아지는 껴묻거리는 대부분 토기와 간석기이고, 가끔 꾸미개와 짐승뼈 등이 있다. 지금까지 남한강 상류지역의 고인돌에서 청동기는 발견되지 않았다.

토기는 민무늬토기·붉은 간토기·구멍무늬토기·타날문토기가 나왔다.

민무늬토기와 붉은 간토기는 여러 곳에서 발견되었는데, 황석리유적에서는 여러 종류의 붉은 간토기가 찾아졌다. 그 종류는 목이 긴 항아리, 밑이 둥근 것, 납작한 것, 대접, 보시기와 같이 여러 가지인데, 이것은 당시 사람들이 발달시켰던 토기로 해석된다. 이렇게 붉은 간토기가 무덤에서 나오는 것은 그들의 사고관을 알려주는 것으로, 붉은 색이 피를 나타내므로 장례의식에 이용한 것 같다.

한편 황석리유적에서 나온 붉은 간토기를 가지고 몇 가지 과학적인 분석을 한 결과, 가지무늬토기도 있음이 밝혀졌다.[60]

석기는 주로 간돌검과 화살촉, 그리고 반달돌칼이 나왔다. 간돌검은 모두 자루 있는 것이 나왔는데, 황석리에서는 슴베 모양이 있는 것이 나와 주목된다. 화살촉은 여러 종류가 있으며, 반달돌칼은 뗀 것과 간 것이 모두 찾아졌다. 한편 만들다가 그만 둔 덜된 것이 껴묻기 되었는데, 이것은 묻힌 사람과 관련이 있어 보인다.

그런데 대부분 서북지역의 청동기시대 유적에서 나오는 바퀴날도끼가

---

60) 이융조·신숙정, 〈제원 황석리유적 출토의 붉은간토기와 가지무늬 토기의 고찰〉, 《三佛金元龍敎授停年退任紀念論叢(Ⅰ) 考古學篇》, 1987, 297∼328쪽.

황석리 고인돌에서 나와 주목된다.

곱은옥과 대롱옥, 그리고 천하석의 장식돌이 남한강 유역의 고인돌 유적에서 나왔는데, 이것은 옥이 나오는 원산지와 관련이 있는 것으로 여겨지며, 짐승뼈와 조개껍질은 황석리와 함암리 고인돌에서만 나왔다.

짐승뼈는 사슴·소과·돼지·말인데, 이것은 상징-제의 동물로서 고인돌 사회에서 무덤을 만들 때 제의행사가 있었음을 시사하며,[61] 묻힌 사람이 내세에서 영생하라는 믿음에서 먹을거리로 짐승을 잡아 무덤 안에 넣었던 것으로도 볼 수 있다.[62] 사슴뼈가 나온 곳은 황석리 충6호, 소뼈는 황석리 충7·충27호이고, 돼지뼈는 황석리 충17호에서, 말 이빨은 함암리 5호에서 나왔다. 이러한 짐승 가운데 사슴은 성질이 온순하고 떼를 지어 다니는 것으로 일찍부터 사람들의 좋은 먹이였고, 바위그림이나 청동 유물에도 새겨져 있어 옛 살림살이에 중요하였던 것 같다.

다슬기와 조개껍질은 황석리 2호와 9호에서 나왔는데, 이는 그때의 장례의식을 알 수 있는 좋은 자료이며, 연탄 송신동 22호 고인돌에서도 출토되었다.

5) 연 대

고인돌의 연대 문제는 연구가 시작된 시점부터 지금까지 여러 가지 의견이 제시되고 있으나 뚜렷하게 통일된 연구 성과는 없다. 무엇보다 상당한 견해 차이를 보이는 이유는 절대연대 측정 자료가 부족하고, 또한 고인돌에서 출토되는 꺼묻거리 등에서 지역성이 강하게 나타나고 있으므로, 절대적인 기준 설정에 문제가 많기 때문이다.

제천 지역의 고인돌 가운데 절대연대 측정이 이루어진 것은 황석리유적

---

61) 이융조·우종윤, 〈황석리 고인돌문화의 묻기 방법에 관한 한 고찰〉, 《박물관기요》 4, 1988, 5~20쪽.
62) 하문식, 앞의 글(1988), 559쪽.

과 구룡리유적이 있다.

황석리 고인돌에서는 방사성탄소 연대측정 결과 2360±370 bp(다시 계산하기: cal B.C.1300~400A.D.)로 밝혀졌고,[63] 구룡리유적은 2830±40 bp(다시 계산하기 2δ, 1126~896 B.C.)로 나와, 이 지역의 고인돌 연대 설정에 하나의 기준이 되고 있다. 그리고 최근 발굴조사가 실시된 능강리 고인돌은 바로 옆에서 찾아진 집터의 연대 측정값이 기원전 10세기를 전후한 시기에 해당하는 것으로 밝혀져, 이 지역의 고인돌 연대에 참고자료가 된다.

그런데 함암리 고인돌에서는 초기 철기시대의 타날문 토기와 쇠똥[鐵滓]이 출토되어 이 지역의 고인돌 하한 연대를 설정하는 데 기준이 되고 있다.

이처럼 이 지역의 고인돌 연대는 현재 절대연대 측정이 된 것이 적고, 연대의 기준을 설정할 만큼 뚜렷한 성격을 지닌 껴묻거리가 발굴조사에서 찾아진 것도 적어 어려움이 많으며, 앞으로의 조사와 연구에 대한 기대가 높다.

4. 맺음말

남한강 상류의 제천 지역 고인돌에 대한 조사는 충주댐 수몰지역 조사 때 거의 대부분 이루어진 것이고, 그 이후 능강리·구룡리 고인돌에 대한 발굴이 있었다.

여기에서는 지금까지 밝혀진 이 지역의 고인돌 성격에 대한 몇 가지를 정리하고자 한다.

1) 제천 지역에서 조사된 59기의 고인돌에 대한 분포와 입지조건을 분석한 결과, 물줄기와 밀접한 관계가 있는 것으로 알려졌으며, 무엇보다 남

---

63) 강형태·추연식·나경임, 앞의 글(1993), 42쪽.

한강 유역의 평지나 구릉지대에는 대부분 고인돌이 있는 것으로 밝혀졌다.

2) 고인돌의 형식은 탁자식과 개석식, 그리고 바둑판식이 모두 분포하는 것으로 나타났는데, 거의 대부분 개석식(93.2%) 고인돌이었다.

3) 고인돌의 무덤방 구조를 보면, 황석리유적에서 유적의 지반 문제인 지형적인 특수성이 고려되어 특이구조가 찾아졌다. 황석리유적에서 조사된 무덤방의 보호벽 구실을 하는 받침돌 구조와 판판한 긴 돌을 뉘어 놓은 것은, 앞으로 다른 지역의 자료와 비교 검토가 필요한 것으로 판단된다.

4) 묻기를 보면, 무덤방이 대부분 산줄기와 강물 등 주변 지세와 나란한 것으로 밝혀졌다. 그리고 함암리 고인돌의 무덤방 경우, 묻힌 사람의 머리가 강 하류 쪽인 점, 무덤방의 긴 방향이 덮개돌과 다른 쪽인 점이 특이한 점이다.

5) 이 지역의 고인돌에서는 토기와 석기, 그리고 꾸미개 등이 찾아졌으며, 청동기는 아직까지 발견되지 않았다. 무엇보다 황석리 고인돌에서는 여러 종류의 발달된 붉은 간토기가 찾아졌다. 이 지역 고인돌의 연대는 절대연대 측정된 자료가 적고, 연대 기준을 설정할 만큼 뚜렷한 성격을 지닌 유물도 없어 어려움이 많다. 하지만 황석리와 구룡리 고인돌의 절대연대 측정 결과 기원전 10세기 무렵에 고인돌이 축조되고 있었던 것으로 밝혀졌다.

비교연구를 통한 신라와 가야 갑옷의
고유양식과 정체성 인식

박 선 희
_상명대 사학전공

1. 머리말

이 글은 신라와 가야의 갑옷이 고조선 갑옷의 특징을 그대로 이어 생산
되었음을 밝히는 데 목적이 있다. 일반적으로 고대 한국의 갑옷은 사국시
대[1] 초기부터 생산되었다고 보고 있다. 또한 사국시대 초기부터 생산된
우리나라 갑옷의 원류는 주로 북방 유목민의 무장형태에 있다고 주장되거
나,[2] 중국 문물과 밀접한 연관을 가질 것으로 보는가 하면,[3] 북방 계통의
무장 모습을 기본으로 하고, 중국 계통의 무장방법을 들여와 복합적으로

---

1) 그 동안 학계에서는 가야가 존재했던 대부분의 기간을 삼국시대라고 이름 지어 고
   구려·백제·신라가 그 시대의 주역이었던 것으로 인식했으나, 지금은 이미 '임나일
   본부'설을 주장한 일본인들의 주장이 잘못이었음이 밝혀지고, 가야의 실체도 밝혀졌
   으므로, 이 시기는 당연히 사국시대라고 칭해야 할 것이다.(윤내현, 《한국 열국사 연
   구》, 지식산업사, 1998, 240~268쪽)
2) 石田英一郎·江上波夫·岡正雄·八幡一郎, 〈朝鮮半島との關係〉, 《日本民族の起
   源》, 平凡社, 1969, 104~116쪽 ; 駒井和愛, 〈スキタイの社會と文化－武器〉, 《考古學概
   說》, 講談社, 1972, 380~381쪽 ; 增田精一, 〈武器·武裝－騎馬戰鬪と札甲〉, 《考古學
   講座》 5 原史文化 下, 雄山閣, 284~285쪽 ; 增田精一, 〈馬面と馬甲〉, 《國家の起源》,
   角川新書, 1966, 106~107쪽 ; 이은창, 《한국복식의 역사》 고대편, 교양국사총서,
   1978, 127쪽 ; 전주농, 〈고구려시기의 무기와 무장(II)〉, 《문화유산》 1, 사회과학원출판
   사, 1959, 53~68쪽.
3) 金榮珉, 〈嶺南地域 板甲에 대한 一考察〉, 《古文化》 46, 한국대학박물관협회, 1995,
   124쪽.

형성되었을 것으로 보기도 했다.[4] 더구나 일본 학계에서는 일본에서 출토된 갑주(甲胄)들이 자신들의 문화적 소산이며, 나아가 한반도 남부 고분에서 출토된 갑주 또한 일본에서 만들어진 것이라고 주장한다.[5] 이 같은 견해들은 일본 학계의 통설로 되어 있으며, 이를 '임나일본부'(任那日本府)설을 방증하려는 하나의 근거로 삼고 있다.[6]

그러나 필자는 한민족이 이미 여러 나라 시대보다 앞선 고조선 시대에 뼈갑옷과 청동갑옷, 그리고 철갑옷을 생산했으며, 이들 갑옷의 생산 시작 연대가 모두 중국이나 북방지역보다 훨씬 앞선다는 것을 밝힌 바 있다.[7]

사국시대 초기부터 생산된 것으로 인식해 온 갑옷은 주로 청동갑옷과 철갑옷을 가리킨다. 그러나 청동갑옷의 경우, 고조선은 중국보다 훨씬 앞선 기원전 20세기 무렵부터 청동장식단추로 구성된 갑옷을 생산했으며, 청동장식단추를 사용한 청동투구를 만들어 중국의 수면문식(獸面紋飾)과 수비(獸鼻)의 모습을 한 투구와 구별되었다. 이후 중국보다 앞서 청동갑편과 청동장식단추를 함께 사용한 청동갑옷을 생산했다. 지금까지 출토된 청동갑편으로서 가장 이른 것은 춘추시대로 분류되는 유적에서 장방형의 청동갑편이 청동장식단추와 함께 출토되었고, 중국의 경우 이보다 늦은 전국 말기에서 서한 초기의 유적에서 청동갑편이 출토되었다.

철갑옷의 경우 기원전 3세기 무렵으로, 평양시 낙랑구역 정백동 유적에서 비늘 모양의 철갑편이 발굴되었기 때문에, 고조선에서 적어도 기원전 3세기 이전부터 어린갑의 철갑옷을 생산했음을 알 수 있다. 이후 중국의 서한 중기에 해당하는 고조선의 유적에서 갑옷의 구성물이었던 철갑편과 철

---

4) 李殷昌, 〈三國時代武具〉, 《韓國の考古學》, 河出書房, 1972, 229~237쪽; 宋桂鉉·金舜圭, 〈古代의 軍服飾〉, 《韓國의 軍服飾發達史 1》, 국방군사연구소, 1997, 1~156쪽.

5) 末永雅雄, 〈增補 日本上代の甲胄〉, 創元社, 1981; 野上丈助, 〈甲胄製作技法と系譜をめぐる問題點(上)〉, 《考古學研究》 第21卷 第4號, 1975; 末永雅雄·伊東信雄, 《挂甲の系譜》, 雄山閣, 1979.

6) 穴澤和光·馬目順一, 〈南部朝鮮出土の鐵製鋲留甲胄〉, 《朝鮮學報》 78, 1976.

7) 박선희, 《한국고대복식》, 지식산업사, 2002, 547~612쪽.

장식단추가 함께 출토되었다. 지금까지 출토된 자료에 따르면, 고조선에서 어린갑이 생산된 시기는 중국에서 어린갑이 생산된 서한 초기보다 훨씬 이르다.

이 같은 사실들은 지금까지의 발굴자료로 볼 수 있듯이, 고조선 지역의 청동기문화 시작연대가 중국보다 약 300~400년 정도 앞서고, 고조선 지역과 문화적으로 관련이 있는 시베리아의 카라수크문화보다 약 1,300년 정도 앞선다는 점[8]을 확인시켜준다. 또한 고조선의 청동합금기술이 중국이나 북방지역보다 앞서 발달했기 때문에, 청동장식단추와 청동갑편의 성분분석 결과에서 고조선의 것이 중국이나 북방지역의 것보다 수준이 높고 성분내용이 다양한 특성을 보여주었다. 고조선 후기에 이르면 철기가 사용되기 시작했다. 중국은 철기문화의 시작 연대를 춘추 후기인 대략 기원전 8~6세기 무렵으로 보고 있다.[9] 그러나 고조선의 철기 시작 연대는, 평양 지역의 강동군 송석리 1호 무덤에서 기원전 12세기에 해당하는 철기들이 출토됨에 따라, 중국보다 무려 4~6세기 정도나 앞서는 것으로 밝혀졌다.[10]

---

8) 윤내현, 《고조선연구》, 일지사, 1994, 29쪽.

9) 中國鋼鐵學院·中國冶金簡史編寫小組, 〈中國冶金簡史〉, 科學出版社, 1978, 44쪽; 黃展岳, 〈關于中國開始冶鐵和使用鐵器的問題〉, 《文物》 1976-8, 62~70쪽.

10) 중국은 철기의 시작 연대를 대략 기원전 6세기 무렵으로 보고 있다. 김원룡은 한국의 철기시대 시작 연대를 기원전 3세기로 보고 있으나(金元龍, 《韓國考古學槪說》 3판, 일지사, 1986, 101~103쪽), 황기덕과 김섭연은 길림성 소달구(騷達溝)유적 돌곽무덤에서 출토된 철기에 대한 분석에 근거하여 기원전 8~7세기 또는 그 이전으로 소급해 보아야 한다고 주장했다(황기덕·김섭연, 〈우리나라 고대 야금기술〉, 《고고민속론문집》, 과학백과사전출판사, 1983, 172쪽). 윤내현은 중국의 전국시대에 해당하는 요령성 지역의 유적에서 보편적으로 출토되는 철기의 제조 기술 수준이 황하 중류유역과 동등하고, 철제 농구가 많이 출토되고 있다는 점에 근거하여 철기가 보편화되기 까지는 오랜 기간을 필요로 할 뿐만 아니라, 황하 중류유역과 기술 수준이 동등하다면 그 시작 연대도 비슷할 것으로 보고, 한국의 철기 시작 연대는 기원전 8세기보다 앞설 것으로 보고 있다.[윤내현, 앞의 책(1994), 108쪽] 이 같은 주장들을 더 확실히 해줄 수 있는 유물이 기원전 12세기 무렵의 무덤인 강동군 송석리 문선당 1호 돌판무덤에서 출토되었다. 이 유적에서는 순도가 높은 철로 만든 쇠거울이 출토되었는데, 그것의 절대연도

고조선에서는 기원전 6세기 무렵 거의 모든 지역에서 이미 주철을 생산하기 시작했으나, 중국은 서한시대에 이르러 주철 제조기술이 비교적 발전하게 되며, 위진남북조시대에 와서야 고조선의 수준에 이른다. 이는 고조선의 철갑편과 중국의 철갑편에 대한 성분 분석과 비교[11]를 거쳐 확인할 수 있다. 이 같은 내용들은 한국 갑옷의 원류를 북방 유목민의 무장형태에 있다거나, 북방 계통의 무장 모습을 기본으로 하고 중국 계통의 무장방법을 들여와 복합적으로 형성되었다는 등의 견해가 잘못된 것임을 밝혀주는 중요한 근거들이다.

따라서 이 글에서는 고조선 갑옷에 대하여 분석된 여러 내용들을 토대로, 이를 계승해 발전시킨 가야와 신라 갑옷의 특징을 중국과 북방지역의 것과 비교해 보고자 한다. 이런 작업을 함으로써 여러 나라 시대 갑옷의 기원에 대한 종래의 잘못된 견해는 수정될 것이다. 아울러 일본의 갑옷 생산이 한반도의 영향으로부터 이루어졌음을 밝힘으로써, 한반도 남부 고분

는 기원전 3104년 이어서(조선기술발전사편찬위원회,《조선기술발전사》, 과학백과사전종합출판사, 1997, 42~43쪽; 강승남,〈고조선시기의 청동 및 철 가공기술〉,《조선고고연구》1995년 제2호, 사회과학원 고고학연구소, 24쪽), 한국의 철기 시작 연대가 기원전 12세기 이전으로 거슬러 올라갈 수 있음을 입증해 주었다. 이 유적의 발굴 결과는 윤내현·황기덕·김섭연의 주장을 확실하게 뒷받침해 주고 있으며, 고조선의 철기 시작 연대가 중국보다 무려 4세기 정도나 앞섰음을 알게 해준다.

11) 중국은 전국 초기까지 생철이 그대로 생산되어 제철제강 수준은 거의 발달되지 않았다. 생철에서 주철로의 기술발전은 전국 중·후기에 와서야 보편적으로 이루어지지만, 연강기술은 여전히 초기 단계에 속하여 강철제품이 농기구 등에 사용되지는 못했다. 그러나 고조선은 같은 시기인 기원전 6세기 무렵에 거의 모든 지역에서 이미 주철을 생산하기 시작했고, 주철로부터 연철·선철·강철을 만들어 무기와 공구 및 농기구 등에 널리 사용했다. 중국은 서한시대에 와서야 주철 생산기술이 비교적 발달하지만, 그 수준은 여전히 고조선에 미치지 못했다. 철은 탄소 성분의 함유량의 정도에 따라 굳기와 세기가 달라지는데, 고조선 후기에 해당하는 서한에 이르기까지 철기제품의 탄소함유량이 적절하지 못한 것으로 보아 철기제품이 용도에 맞게 제조되지는 못했음을 알 수 있다. 이후 동한 중기에 이르러 제철 제강 기술이 비교적 발달하여 양진남북조시대에 와서야 고조선의 수준에 이른다. 중국보다 앞선 이와 같은 고조선의 제철제강 기술은 갑옷의 용품에도 그대로 이용되었을 것이다.(박선희, 앞의 책, 547~612쪽 참조)

에서 출토된 갑주가 일본에서 만들어진 것이라고 주장하는 일본 학계의 통설 또한 수정될 것이다.

2. 신라 갑옷의 고유양식

신라가 건국된 경주 지역은 고조선시대에는 고조선의 거수국인 한(韓)에 속해 있었다. 그런데 기원전 1세기 무렵에 고조선이 붕괴되자 한은 독립국이 되었고, 진왕이 독립국의 국왕으로서 한의 전 지역을 통치하게 되었다. 그러나 고조선이 붕괴된 뒤 한이 독립국이 되었으나 사회 혼란이 계속되므로 경주 지역 사람들은 새로운 통치조직의 필요성을 느끼고 신라를 건국했던 것이다.

신라는 고조선의 거수국이었던 한의 진한 지역에서 건국되었고, 가야는 한의 변한 지역에서 건국되었으므로, 신라와 가야는 모두 한의 사회수준을 계승한 나라였는데, 한은 고조선을 계승한 나라 가운데 하나로서 상당히 발달한 국가단계의 사회였다. 고조선의 여러 거수국 가운데 한의 진한과 마한, 변한은 방패(楯)와 큰 방패(櫓)를 잘 사용했다.[12]

한은 고조선의 거수국시기에 북쪽 경계는 지금의 청천강 하류유역과 대동강 상류유역이었고, 진국(辰國)은 단군의 직할국으로서 지금의 요하 유역으로부터 청천강 유역에 이르는 지역을 차지하고 있어, 한과 진국은 청천강 하류와 대동강 상류를 경계로 하여 남북으로 접하고 있었다. 한은 고

---

12) 《晉書》卷97〈列傳〉馬韓. "활·방패·창·큰 방패를 잘 쓰며……(善用弓楯矛櫓)";《晉書》卷97〈列傳〉辰韓. "그 풍속은 마한과 비슷하며, 병기도 역시 마한과 비슷하다.(其風俗可類馬韓, 兵器亦與之同)";《三國志》卷30〈烏丸鮮卑東夷傳〉弁辰傳. "(弁辰)의 나라에서는 철이 생산되는데 한·예·왜인들이 모두 와서 사간다. 모든 시장에서의 매매는 철로 이루어져서 마치 중국에서 돈을 쓰는 것과 같으며 또 두 군에도 공급했다.……步戰을 잘하며 兵仗器는 馬韓과 같다.(國出鐵, 韓·濊·倭皆從取之. 諸市買皆用鐵, 如中國用錢, 又以供給二郡……便步戰, 兵仗與馬韓同)"

조선의 거수국으로서 단군의 통솔을 받았지만, 때에 따라서는 진국의 통치자인 비왕(裨王)의 지시를 받기도 했다. 따라서 한은 고조선의 중앙문화를 많이 받아들였다.[13]

이 같은 상황이었기에 신라와 가야의 갑옷은 고조선의 갑옷 생산양식을 거의 그대로 이었을 것으로 생각된다. 진한과 마한에서 사용한 방패와 큰 방패도 고조선의 그것을 이었을 것이다. 더욱이 진한과 변한에서는 철이 생산되어 마한과 동예[14] 및 왜(倭)에 수출했고, 모든 무역에서 철을 화폐로 사용했음은[15] 철의 생산이 풍부했음을 의미하는데, 이 같은 풍부한 철의 생산은 갑옷과 무기생산을 더욱 활발하게 했을 것이다.

신라는 진골·6두품·5두품·4두품뿐만이 아니라 일반 평민들도 차기(車騎)와 기물(器物) 및 가옥에 이르기까지 금, 은, 유석(鍮石), 철, 동, 납(鑞) 등을 사용한 것으로[16] 보아, 철뿐만이 아니라 금·은·유석·동·납의

---

13) 윤내현, 앞의 책(1998), 512~526쪽 참조.

14) 고조선시대에 고조선의 거수국인 예(濊)는 지금의 난하(灤河) 유역에 있었으나 열국시대에는 그 일족이 지금의 강원도로 이동하여 동예를 건국했다. 이 동예를 예라고도 불렀다.[윤내현, 앞의 책(1994), 451~454쪽; 윤내현, 앞의 책(1998), 327~354쪽 참조]

15) 《後漢書》 卷85 〈東夷列傳〉 韓傳: "(辰韓)에서는 철이 생산되는데 예·왜·마한이 모두 와서 사간다. 모든 무역에서 철을 화폐로 사용한다.(國出鐵, 濊·倭·馬韓並從市之. 凡諸(貨)貿易, 皆以鐵爲貨)"; 《三國志》 卷30 〈烏丸鮮卑東夷傳〉 弁辰傳: "(弁辰)의 나라에서는 철이 생산되는데 한·예·왜인들이 모두 와서 사간다. 시장에서의 모든 매매는 철로 이루어져서 마치 중국에서 돈을 쓰는 것과 같으며 또 두 군에도 공급했다.(國出鐵, 韓·濊·倭皆從取之. 諸市買皆用鐵, 如中國用錢, 又以供給二郡)"

16) 《三國史記》 卷33 〈雜志〉 車騎條: "진골은……고리는 금·은·유석을 금하며 말방울도 금·은·유석을 금했다. 6두품은……고리는 유석·동·철을 쓴다.……진골은……자갈과 등자는 금·유석을 쓰거나 도금을 하거나 구슬을 다는 것을 금하며……6두품은……자갈과 등자는 금·은·유석을 쓰거나 도금·도은을 하거나 구슬 다는 것을 금하며……6두품여자는……자갈과 등자는 금·은·유석을 쓰거나 도금·도은을 하거나 구슬 다는 것을 금하며……5두품은……자갈과 등자는 금·은·유석을 금하고 도금·도은을 하거나 새겨넣지 못하며,……5두품여자는……자갈과 등자는 금·은·유석을 금하고…….(眞骨……環禁金銀鍮石, 步搖亦禁金銀鍮石. 六頭品……環用鍮銅鐵.……眞骨……銜鐙禁金鍮石鍍金綴玉,……六頭品……銜鐙禁金銀鍮石及鍍金銀綴玉,……六頭品女……銜鐙禁禁金銀鍮石及鍍金銀綴玉,……五頭品……銜鐙禁金銀鍮

생산이 많았음을 알 수 있다. 신라는 법흥왕 때 6부 사람들의 복색에서 존
비를 구별하는 제도를 처음으로 규정했는데, 이전에는 우리의 습속에 의
했다고 한 것[17]으로 보아 계층의 큰 구분 없이 금·은·유석·철·동·
납 등을 복식·거마·기물·가옥 등에 사용했던 것으로 생각된다. 따라서
갑옷의 경우에도 철과 유석 및 동 등을 자유롭게 재료로 사용했을 것이다.
신라 사람들이 즐겨 사용한 유석은 바로 금과 같은 색이 나는 황동을 가리
키는 것으로,[18] 고구려와 백제가 만든 명광개 또는 금갑이 바로 이 황동으
로 만든 갑옷으로 금빛을 띠었던 것이다. 《삼국사기》의 기록에 유석이 금
과 은 다음으로 나열되고, 동이나 철 및 납보다 앞에 나열된 것으로 보아
신라인들은 유석을 귀중한 금속재료로 삼았음을 알 수 있다. 또한 신라인
들은 도금과 도은(鍍銀) 기술이 매우 발달하여, 금관뿐 아니라 갑옷에도 이
용되었을 것으로 생각된다. 그 실제 예로 경주 황남리 109호 고분[19]과 금
관고분[20]을 비롯한 신라 고분들에서 철과 유석으로 만든 갑편이 출토되었

石,……五頭品女……銜鐙禁金銀鍮石,……四頭品女至百姓女……銜鐙禁金銀鍮
石……)”;《三國史記》卷33〈雜志〉器用條: “4두품에서 백성들에 이르기까지 금·
은·유석과 붉은 바탕에 돋음을 한 칠그릇의 사용을 금하며…….(四頭品至百姓, 禁金
銀鍮石朱裏平文物……)”;《三國史記》卷33〈雜志〉屋舍條: “진골은 금·은·유석과
채색으로 장식하지 못하며……6두품은……금·은·유석·백랍과 채색으로 장식하지
못하며……5두품은……금·은·유석·동·랍과 채색으로 장식하지 못하며……4두품
에서 백성에 이르기까지……금·은·유석·동·납으로 장식하지 못하며……(眞
骨……不飾以金銀鍮石五彩……六頭品……不飾以金銀鍮石白鑞五彩……五頭品……
不以金銀鍮石銅鑞五彩爲飾……四頭品至百姓……不以金銀鍮石銅鑞爲飾……)”

17)《三國史記》卷33〈雜志〉色服條: “신라 초기의 의복제도는 그 색깔을 상고할 수
　　없다. 23대 법흥왕에 이르러 처음으로 6부 사람들의 복색에서 존비를 구별하는 제도
　　를 규정했는데 그때까지는 아직 동방 습속에 의거했다.(新羅之初, 衣服之制, 不可考
　　色. 至第二十三葉法興王, 始定六部人服色尊卑之制, 猶是夷俗)”

18)《演繁露》: “黃銀者, 果何物也. 世有鍮石者, 質實爲銅, 而色如黃金, 特差淡耳, 黃銀
　　殆鍮石也. 鍮金屬也, 而附石爲字者, 爲其不皆天然自生, 亦有用盧甘石煮鍊而成者,
　　故兼擧兩物而合爲之名也.”;《本草綱目》金石部: “赤銅下李時珍曰, ‘赤銅爲用最多,
　　人以爐甘石鍊爲黃銅, 其色如金’.”

19) 齋藤忠,〈慶州皇南里第109號墳〉,《昭和9年度古蹟調査報告》第1冊, 1937; 李熙濬,
　　〈慶州 皇南洞 第109號墳의 構造 再檢討〉,《三佛金元龍敎授停年退任紀念論叢》, 1987.

다. 황남리 109호 고분에서 출토된 것은 철로 만든 여섯 가지 종류의 장방형의 것으로 약 440여 개가 나왔는데, 가장 큰 것은 길이 17센티미터, 너비 약 8센티미터며, 가장 작은 것은 길이 약 4센티미터, 너비 약 3센티미터의 것이었다.(그림 1)

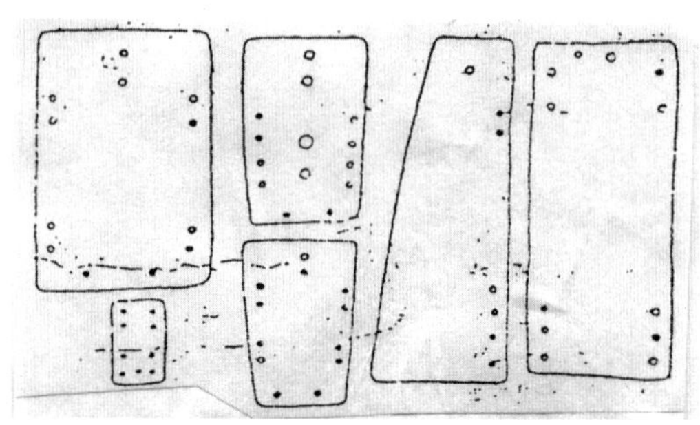

그림 1. 황남리 109호 무덤에서 출토된 갑편

이 찰갑들과 함께 갑옷의 경개(頸鎧)로 인정되는 찰갑의 부분도 출토되었다. 황오동 54호 고분과[21] 황오리 14호 고분[22]에서 나온 것도 이와 같은 형태의 찰갑들이다. 금관고분에서는 크고 작은 두 종류의 긴 장방형의 찰갑 조각들이 출토되었다. 큰 것은 길이 약 26센티미터, 너비 약 3센티미터의 금동으로 만든 것으로(그림 2) 29개가 나왔다. 그 가운데 네 개에는 상, 중, 하 세 개소에 작은 띠고리(鉸具)가 붙어 있어 양 옆에서 채우게 되어 있었다. 작은 것은 철판에 금동을 씌운 것인데, 약 30개가 출토되었다. 황남리 109호 고분과 황오리 고분 및 금관 고분에서 출토된 찰갑들이 장방형인 점으로 보아 고조선 갑옷의 양식을 그대로 계승했음을 알 수 있다.

---

20) 濱田耕作·梅原末治,〈慶州金冠塚と其遺物〉,《古蹟調查報告》第3冊, 1924; 朝鮮總督府,〈慶州金冠塚と其遺寶〉,《古蹟調查特別報告 第3冊》, 似玉堂, 1924.
21) 有光敎一,〈皇吾里第54號墳甲塚〉,《古蹟調查槪報 慶州古墳昭和八年》, 1934.
22) 齋藤忠,〈慶州皇南里第109號墳皇吾里第14號墳調查報告〉,《昭和九年度古蹟調查報告》1, 1937.

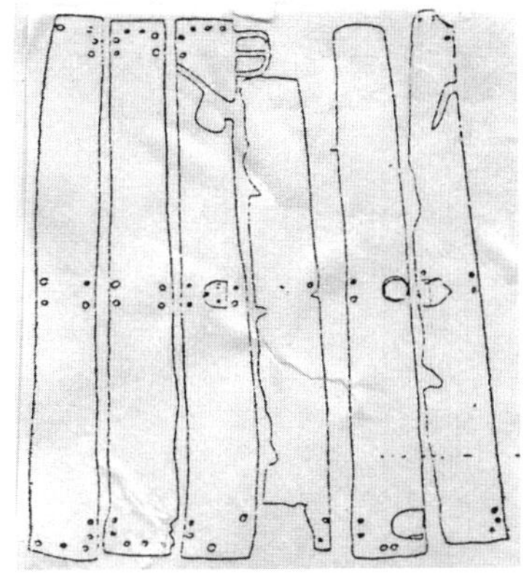

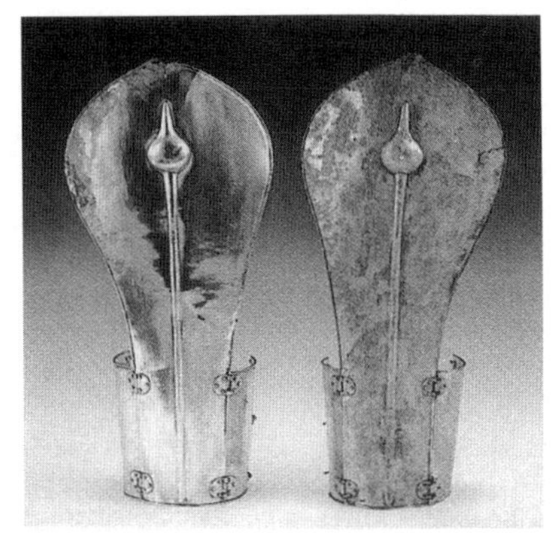

그림 2. 금관묘에서 출토된 갑편   그림 3. 황남대총에서 출토된 은제 정강이가리개

또한 보병의 경우 무릎과 다리를 보호하는 경갑(脛甲)을 사용했다. 그 예로 황남동 98호분 남분[23]에서는 은제 경갑이 출토되었고(그림 3), 금관고분, 천마총(황남동 155호분),[24] 달서면 34호 고분에서 금동제 경갑이 출토되었다. 이 갑편들은 길이 약 40센티미터인데, 금동의 얇은 판으로 만들었으며, 윗부분은 보주 모양으로 되고 아래로 내려오면서 좁아졌다. 아랫부분의 좌우에는 각각 한 개씩의 네모난 판을 쇠장식으로 잇대어 붙이고, 이것을 다리의 뒷부분에 돌려 맞닿게 하여 쇠고리로 고정시킬 수 있게 했다. 이 같은 다리 부분을 보호하는 갑편의 연결부분이 작고 둥근 단추형 철징으로 연결된 것과 같이, 고구려·백제·신라·가야의 찰갑은 대체로 찰갑들을 작고 둥근 단추형의 철징으로 고정시키는 방법을 사용했다. 이는 고조선시대의 기술을 이은 것으로 갑옷이 해체될 염려가 없도록 한 것이라 생각된다.

---

23) 金正基 外,《慶州皇南洞 98號古墳(南墳)發掘略報告》, 1976; 金正基 外,《皇南大塚(北墳)》, 1985.
24) 金正基 外,《天馬塚》, 1974.

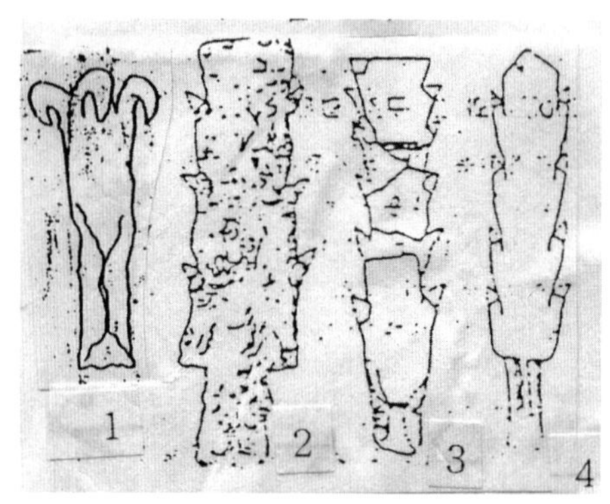

그림 4. ① 동태자유적 출토, ② 달서면 50호묘 출토, ③ 금령총 출토,
④ 황남리 82호묘 출토 가시 돋친 무기들

이 같은 찰갑에 대항하기 위한 무기가 고구려와[25] 신라와[26] 가야[27]에서 만든 창과 같은 모습의 가시 돋친 무기들(그림 4)일 것으로 생각된다. 《삼국사기》의 〈귀산전〉에 백제군을 무찌르고 전진하던 신라군이 힘이 지쳐서 물러갈 때 백제군의 복병이 갑자기 뛰어나와서 대열의 맨 뒤에 있던 신라장군 무은(武殷)을 걸어서 끌어내렸다는 기록이 있다.[28] 이 기록으로부터 가시 돋친 무기가 고구려와 신라나 가야뿐만 아니라 백제에도 있었음을 알 수 있다.

---

25) 耿鐵華, 〈高句麗兵器初論〉, 《中國考古集成》 東北卷, 1992, 243쪽.

26) 박진욱은 이 무기를 가시 돋친 무기라 부르고 그림에 보이는 형태와 같이 1) 가시가 앞으로 향한 것, 2) 가시가 뒤로 향한 것, 3) 가시가 둥근 것, 4) 가시가 돋친 낫으로 분류했다. 이들은 1)의 경우는 경주 황남리 제109호 무덤 제2곽과 제82호 무덤 동쪽 주곽, 경북 달성군 달서면 제50호 무덤 제2석곽, 경주 금령총에서 출토되었다. 2)의 경우는 경북 달성군 달서면 제37호 무덤과 59호 무덤, 경주 식리총(飾履塚), 경주 황오리(皇吾里) 무덤 남곽과 황오리 제14호 무덤 제2곽에서 출토되었다. 3)의 경우는 황오리 무덤 북곽, 황남리 제109호 무덤 제3곽과 제82호 무덤 서쪽 주곽에서 출토되었다. 4)의 경우는 금령무덤에서 출토되었다.(박진욱, 〈신라의 가시 돋친 무기에 대한 약간의 고찰〉, 《고고민속》 1963-3, 21~32쪽 참조)

27) 李賢珠, 〈有刺利器에 대해서〉, 《東萊 福泉洞古墳群》 2, 부산대, 1990, 87~97쪽.

28) 《三國史記》 卷45 〈列傳〉 貴山傳: "伏猝出, 鉤而下之."

3. 가야 갑옷의 고유양식

신라를 건국한 핵심세력이 고조선시대부터 경주를 중심으로 경상북도 지역에 살고 있었던 토착인들이었던 것과 마찬가지로, 가야 역시 지금의 김해를 중심으로 한 경상남도 지역의 토착인들이 건국했던 것으로 그들은 가야를 건국하기 훨씬 전부터 정치세력을 형성하고 있었다. 신라의 건국과 마찬가지로 고조선이 붕괴되고 한이 독립했으나 통치질서가 확립되지 못하여 사회가 어지럽자 그들은 가야국을 세워 독립했던 것이다.[29]

가야에서 갑옷과 투구를 생산했음을 알려주는 문헌자료를 보면,《삼국유사》〈가락국기〉(駕洛國記)에 다음과 같이 갑옷을 입고 투구를 쓴 가야 무사의 모습이 설명되고 있다.

> 그들이 처음 왔을 때는 몸에 갑옷을 입고 투구를 쓰고 활에 화살을 당긴 한 용사가 사당 안에서 나오더니…….[30]

이 같은 가야의 갑옷과 투구의 모습을 실제 출토유물에서 확인해 보자. 김해 지역 출토 개마무인상 토기에 보이는 말은 마갑으로 무장되어 있고 기사는 단갑과 투구로 무장했으며, 방패로 앞을 보호했다.[31] 개마무인상 토기에 보이는 투구는 경주 금령총[32]의 기마인물상 토기의 무장 모습과 같은 철제변모(鐵製弁帽)형 투구이다. 금령총에서 출토된 기마 인물상 토기는(그림 5) 단갑의 웃옷과 찰갑으로 된 바지를 착용하고 철제변모로 추정되는 투구를 쓴 모습이다. 이 기마인물상의 단갑은 앞에 서술한 덕흥리

29) 윤내현, 앞의 책(1998), 242~268쪽.
30)《三國遺事》卷2〈駕洛國記〉: "初之來也, 有躬擐甲冑, 張弓挾矢, 猛士一人從廟中出."
31) 李殷昌,〈新羅馬刻土製品과 伽倻鎧馬武人像土器〉,《新羅伽倻文化》11, 8~11쪽.
32) 梅原末治,〈慶州金鈴塚飾履塚發掘調查報告〉,《大正十三年度古蹟調查報告》, 1932.

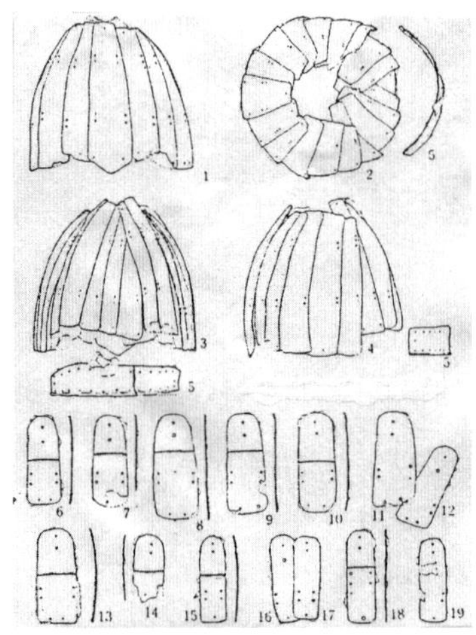

그림 5. 금령총에서 출토된 기마도용(↑)
그림 6. 김해 예안리 150호 무덤에서 출토된
　　　 철투구편(→)

고분벽화 행렬도에서 보이는 기마인물상이 입은 단갑과 같은 양식으로 생
각된다. 이는 중국의 남북조시대 단갑의 양식과는 전혀 다른 것으로, 고조
선 갑옷의 양식을 그대로 계승하여 더 발전시킨 모습이라 하겠다. 이 같은
고구려와 신라 및 가야의 기마인물상이 입은 같은 양식의 단갑을 뒷받침
하는 다음과 같은 유물이 출토되었다.

4세기 무렵에 속하는 김해 예안리 150호 고분에서 철제투구를 구성했던
긴 장방형이나 윗면이 둥근 장방형의 철갑편들이 출토되었다.(그림 6)[33] 가
야는 42년에 독립국으로 출범하여 400년 무렵까지는 지금의 김해 지역에
있었던 금관가야가 대가야로서 가야 전체를 통치했다. 그러므로 예안리
150호 고분은 금관가야의 유물이라 할 수 있다. 따라서 가야에서는 기마인
물상에서 보이는 철제 변모형 투구뿐만 아니라 예안리 150호 고분에서 출
토된 찰갑편을 연결하여 만든 투구도 사용했음을 알 수 있다. 이와 같은

---

33) 申敬澈,〈金海禮安里古墳群第4次發掘調査報告〉,《韓國考古學年報》 8, 1980, 154～
　　162쪽.

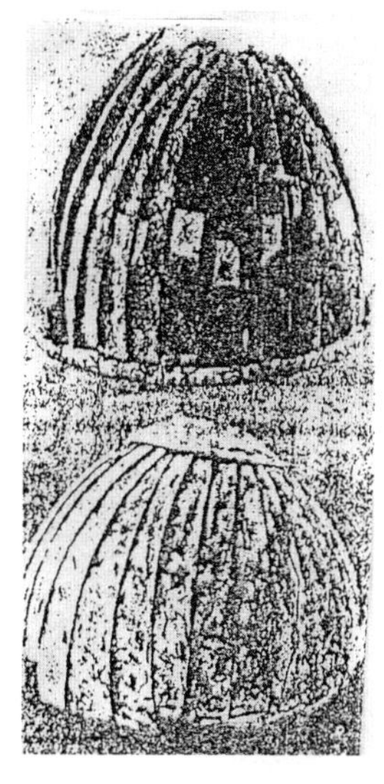

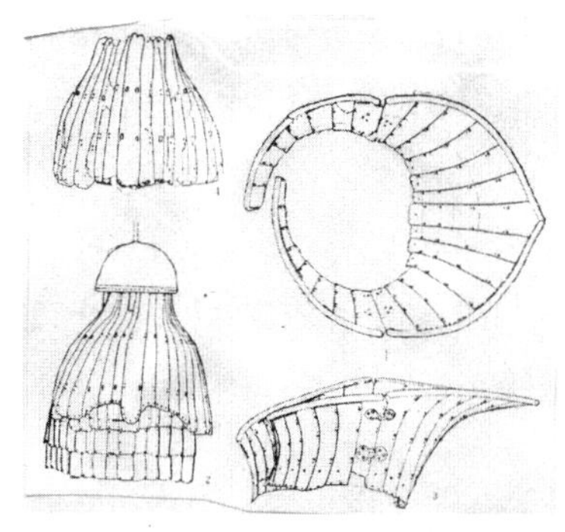

그림 7. 고이산성유적에서 출토된 투구(←)
그림 8. 복천동 10·11호 무덤에서 출토된
        갑주와 경갑(↑)

양식의 투구는 안악 2호 고분벽화에 보이는 무사가 쓰고 있는데, 그 실제
유물이 요녕성 무순시 고이산성유적(그림 7)[34]과 조양시(朝陽市) 십이태향
(十二台鄉) 전력(磚歷) 88M1묘에서 경갑과 함께 출토되었다.[35]

  5세기 중엽에 속하는 동래구 복천동 10호와 11호 고분에서 출토된 투구
와 경갑, 단갑(그림 8),[36] 5세기 후반기에 속하는 경상북도 고령 지산동 32
호 고분에서 출토된 투구(그림 9),[37] 부산시 시립박물관에 소장된 단갑(短
甲; 그림 10)은 찰갑편의 크기는 서로 다르지만 모두 긴 장방형을 공통적인

---

34) 徐家國·孫力,〈遼寧撫順高爾山城發掘簡報〉,《中國考古集成》東北卷 兩晋至隋唐
    (二), 1992, 298~310쪽.

35) 遼寧省文物考古研究所·朝陽市博物館,〈朝陽十二台鄉磚歷88M1發掘簡報〉,《文
    物》 1977-11, 19~32쪽.

36) 申敬澈,〈釜山市福泉洞古墳群遺跡一次發掘調査槪要와 意義〉,《釜山直轄市立博物
    館年報》3, 1981; 鄭澄元·申敬澈,〈東萊福泉洞古墳群I〉,《釜山大學校博物館遺跡
    調査報告》5, 1983.

37) 金鐘徹,〈高靈池山洞古墳群〉,《啓明大學校博物館遺跡調査報告》1, 1982.

특징으로 하고 있다. 그 밖에 경상남도 부산시 동래 연산리에서 출토된 단
갑(그림 11)과 서기 5세기 후반에 속하는 전라북도 함양 상백리무덤에서 출
토된 단갑(그림 12)[38]들은 삼각형이나 장방형, 방형의 갑편들을 연결하여
만들었다. 이들은 위에 서술한 긴 장방형의 갑편으로 연결한 단갑과 비교
할 때 연결 갑편의 형태는 서로 다르지만 작고 둥근 단추형 철징으로 이음
새를 처리한 점을 공통되는 특징으로 한다.

　이 같은 이음새의 처리방식을 가지고 고구려로부터 새로운 기술방법이
한반도 남부에 들어온 것으로 보는 견해가 있으나,[39] 이는 고조선의 청동
장식단추와 철장식단추의 기법을 그대로 계승하여 이은 것이다. 또한 동
래·고령·함양·부산은 가야가 차지했던 영역으로서[40] 가야의 유물이므

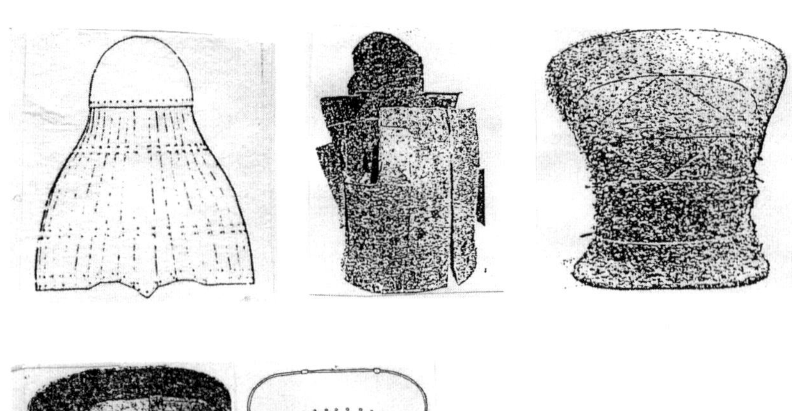

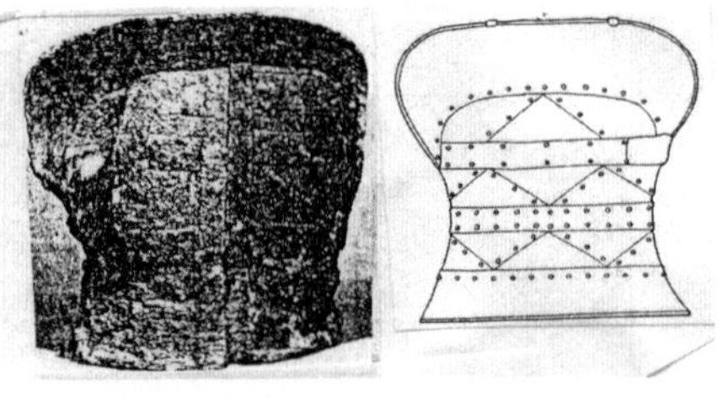

그림 9. 고령 지산동 32호 무덤에서 출토된
　　　　철투구(↘)
그림 10. 부산시립박물관 소장 단갑(↑)
그림 11. 동래구 연산리에서 출토된 단갑(↗)
그림 12. 함양 상백리에서 출토된 단갑(←)

---

38) 金東鎬, 〈咸陽上栢里古墳群發掘調査報告〉, 《東亞大學校博物館 1972年度古蹟調査
　　報告》, 1972.
39) 〈古代 韓國甲冑斷想〉, 281~282쪽.
40) 윤내현, 앞의 책(1998), 259~268쪽.

로, 단갑의 전체적인 형태가 같은 특징을 갖는 것은 당연한 것이다.

1988년부터 1991년까지 발굴된 1세기 무렵으로 추정되는 경상남도 의창군 동면 다호리유적에서는 칠기 찰갑편이 출토되어,[41] 신라에 못지않게 가야의 갑옷 생산이 가야의 건국 이전부터 매우 발달한 기초 위에서 이어져왔음을 알게 해준다.

또한 5세기 후반에 속하는 부산시 연산동 고분에서 출토되었다고 전하는 철투구(그림 13)[42]와, 출토지 미상인 숭실대학교 박물관 소장 철투구(그림 14)와, 고려대학교 박물관 소장 철투구(그림 15)는 공통점을 갖는다.

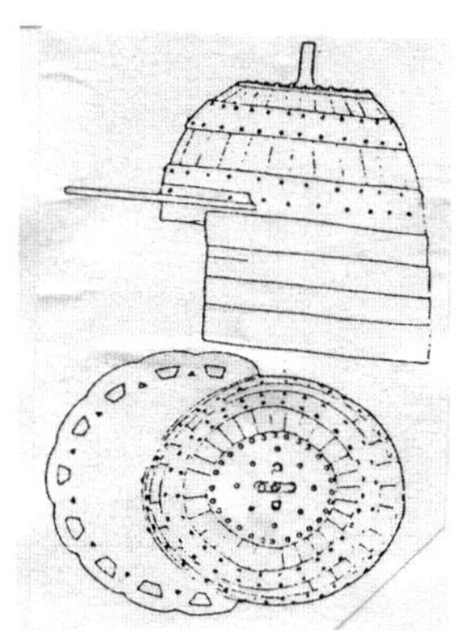

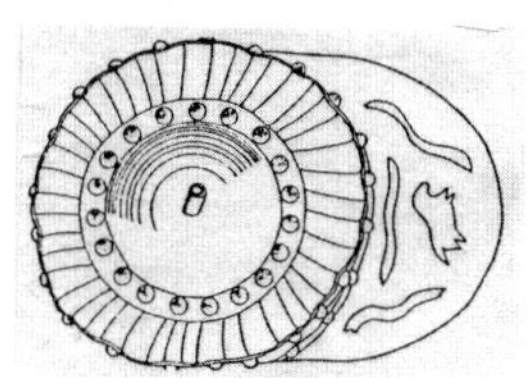

그림 13. 연산동고분에서 출토된 철투구(↘)
그림 14. 숭실대학교 박물관 소장 철투구(↑)
그림 15. 고려대학교 박물관 소장 철투구(↗)

즉 그림에서와 같이 모두 챙이 있고 투구를 구성한 찰갑의 형태가 모두 장방형의 모습이며, 투구의 찰갑과 찰갑의 연결 부분을 위에 서술한 단갑의 경우와 마찬가지로 작고 둥근 장식단추형 철징을 이용하여 장식효과도 함께 하고 있다. 이 같은 장식단추형의 철징을 사용하는 연결기법은 중국

41) 李建茂 등,〈義昌 茶戶里遺蹟 發掘進展報告(I)〉,《考古學誌》1, 한국고고미술연구소, 1989, 5~174쪽;〈昌原 茶戶里遺跡 發掘進展報告(II)〉,《考古學誌》3, 1981, 5~111쪽;〈昌原 茶戶里遺跡 發掘進展報告(III)〉,《考古學誌》5, 1994, 5~113쪽.
42) 穴澤和光·馬目順一,〈南部朝鮮出土の鐵製鋲留甲冑〉,《朝鮮學報》76, 1975.

이나 북방지역에 없는 고조선 청동투구만이 갖는 특징인데, 고조선 시대
에 만들어진 청동투구의 형식을 그대로 이은 것으로서, 고조선의 청동투
구보다 많은 청동장식단추를 사용하여 장식효과를 높였다. 숭실대학교 박
물관 소장 철투구와 고려대학교 박물관 소장 철투구는 한반도의 남부에서
발견되었다는 점과 그 형태로 보아 신라나 가야의 유물로 추정된다.

고구려의 경우 쌍영총 연도 동벽의 기마무사도의 경우와 삼실총의 기마
무장의 경우 쌍각(雙角) 철투구를 썼으나, 약수리고분, 감신총, 안악 3호분,
안악 2호분 벽화에 보이는 무사들은 모두 챙이 없는 철투구와 같은 모습
의 투구를 쓰고 있다. 고구려의 철투구는 숭실대학교 박물관 소장 철투구
나 고려대학교 박물관 소장 철투구와 형태는 거의 같은 모습을 하고 있으
나 앞부분에 챙이 없다는 점이 다르다.

또한 5세기 중엽에 속하는 동래구 복천동 10호·11호 고분에서 출토된
투구와,[43] 5세기 후기에 속하는 경상북도 고령 지산동 32호 고분에서 출토
된 투구[44]의 경우, 그 모습이 긴 장방형의 찰갑으로 구성되어 있어 다른
투구들보다 비교적 긴 형태이며, 윗부분을 둥글게 마무리 했다. 이 둥근
정부(頂部)의 철제복발(鐵製伏鉢)을 북방적인 요소로 보고[45] 몽고발형(蒙古
鉢形) 투구라 부르면서 이것을 고구려가 받은 몽골의 영향으로 보는 견해
가 있다.[46]

그러나 북방지역에서는 이 같은 둥근 정부의 철제복발을 하거나 긴 장
방형의 찰갑을 연결하여 만든 투구를 사용하지 않았다. 이는 지난날 일부
학자들이 고구려의 갑옷과 투구가 북방지역의 영향을 받았을 것이라는 선
입관을 갖고 있었기 때문에 얻은 결론인 것이다. 오히려 신라나 가야의 투

---

43) 申敬澈, 〈釜山市福泉洞古墳群遺跡一次發掘調査槪要와 意義〉, 《釜山直轄市立博物
館年報》 3, 1981; 鄭澄元·申敬澈, 〈東萊福泉洞古墳群〉, 《釜山大學校博物館遺跡調
査報告》 5, 1983.
44) 金鐘徹, 〈高靈池山洞古墳群〉, 《啓明大學校博物館遺跡調査報告》 1, 1982.
45) 〈古代 韓國甲胄斷想〉, 282쪽.
46) 末永雅雄, 《日本上代の甲胄》, 創元社, 1944.

구는 고구려 투구와 같은 모습을 하고 있으면서 단지 정부의 마무리 모습에서 변형을 보일 뿐이다. 고구려·신라·가야유적에서 이 투구들과 함께 발견된 경갑의 경우도 투구를 구성한 찰갑과 같은 모양의 찰갑으로 연결하여 만들어졌고, 여미는 부분은 신라고분에서 발견된 정갱이 대기와 같은 모습으로 마무리 했다. 이 같은 경갑은 중국이나 북방지역에서는 사용하지 않았다.

또한 경주 인왕동 고분에서 마갑(馬甲)을 덮은 마각화(馬刻畵) 토제품과47) 합천(陜川) 옥전고분군(玉田古墳群)에서 마갑이 출토되어,48) 고구려 고분벽화에 보이는 찰갑 기마 무장이 낙동강 유역의 신라와 가야 지역에도 있었음을 알게 해준다. 따라서 한반도 남쪽 지역에서 출토된 갑옷편과 부속물들은, 그 구성 찰갑의 형태가 고조선의 장방형을 그대로 계승하고 있고, 전체 모습에서 고구려 갑옷의 모습과 같은 모습으로 나타나 고조선의 양식을 계승했던 것으로 판단된다.

이 같은 한반도의 갑옷 생산기술은 일본의 초기 갑옷 생산에 깊은 영향을 주게 된다. 일본에서 4세기49)와 5세기 무렵에 만들어진 철갑옷과 철투구들은 신라와 가야의 갑옷과 같은 모습들을 하고 있다. 이에 대하여 일본 학자들은 일본 갑옷은 도래한 대륙 공인(工人)의 제작기술을 응용하여,50) 도래한 대륙의 공인과 한반도 남부에서 귀화해 온 기술자들과 기술교류에 의해,51) 또는 일본의 공인과 조선과 중국에서 도래한 공인을 통합한 공인

---

47) 이은창, 앞의 책, 137쪽.

48) 경상대학교 박물관, 〈합천 옥전고분 1차 발굴조사개보〉, 1986; 〈합천 옥전고분군Ⅰ- 목곽묘〉, 1988; 〈합천 옥전고분군 Ⅱ-M3호분〉, 1990; 〈합천 옥전고분군Ⅲ-M1·M2 호분〉, 1992; 〈합천 옥전고분군Ⅳ-M4·M6·M7호분〉, 1993.

49) 小野山節, 〈古墳時代の裝身具と武器〉, 《日本原始美術大系 5》, 講談社, 1978, 81~82쪽, 圖35.

50) 北野耕平, 〈中期古墳の副葬品とその技術史的意義-鐵製甲冑における新技術の出現〉, 《武具》, 學生社, 1991, 75~95쪽.

51) 野上仗助, 〈古墳時代における甲冑の變遷とその技術史的意義〉, 《武具》, 學生社, 1991, 97~137쪽.

조직에 의하여,[52] 모두 일본에서 만들어졌다는 견해를 갖는다. 또는 연산동과 상백리에서 출토된 갑주를 일본의 것으로 단정하고 일본이 한반도 남부를 경영했다는 방증 자료로 삼기도 한다.[53] 중국 학자들은 4·5세기 일본의 갑옷은 중국의 영향을 받은 한반도의 기술을 이은 것이라고 주장한다.[54]

그러나 앞에서 밝혀졌듯이 고구려 갑옷의 다양한 특징들은 북방지역의 것, 또는 북방지역의 영향을 받은 중국의 갑옷과는 다른 모습을 보여주는 것으로서, 부여의 갑옷과 마찬가지로 고조선 갑옷의 특징을 계승했던 것이다. 또한 고구려 개마의 생산시기가 중국이나 북방지역보다 약 2세기 정도 앞선다는 점 등은, 일본의 고분에서 출토된 갑옷과 투구들이 신라나 가야로부터의 수입품이거나 한반도로부터 영향을 받아서 만들어졌다는 것을 알게 해준다.

일본의 고분에서는 고조선의 유적에서 발견되는 것과 같은 청동제 갑편은 출토되지 않는다. 1872년 오사카부(大阪府)에 위치한 인덕릉(仁德陵)이라 전하는 다이센고분(大山古墳)에서 금과 같은 청동으로 만든 단갑(短甲)이 발굴되었으나, 어떠한 이유에서인지 다시 매장되었고 모습만을 그려서 남겼다.[55] 중국 학자 양홍(楊泓)은 이 인덕릉에서 출토된 갑옷의 형태와 화려한 미관으로 보아 일본이 철갑옷을 사용하기 이전 단계의 생산된 청동 갑옷을 보여주는 것으로서 볼 수 없다고 했다.[56]

이 같은 일본의 갑옷 생산 상황은 한반도와 만주에서는 기원전 2600~2500년 무렵에 청동기문화가 출현했고, 기원전 13세기 무렵에는 철기문화

---

52) 小林謙一, 〈甲冑製作技術の變遷と工人の系統〉, 《武具》, 學生社, 1991, 149~198쪽.

53) 穴澤和光·馬目順一, 〈南部朝鮮出土の鐵製鋲留甲冑〉, 《朝鮮學報》 76, 1975, 235~269쪽.

54) 楊 泓, 〈日本古墳時代甲冑及其和中國甲冑的關係〉, 《考古》 1985-1, 61~77쪽; 楊 泓, 〈中國古代馬具的發展和對外影響〉, 《文物》 1984-9, 45~54쪽.

55) 末永雅雄, 《增補 日本上代の甲冑》, 木耳社, 1981, 81~82쪽, 圖35.

56) 楊 泓, 〈日本古墳時代甲冑及其和中國甲冑的關係〉, 《考古》 1985-1, 61쪽.

가 출현했으나, 일본열도에는 기원전 300년 무렵에 그간 한민족이 이루어
놓은 청동기문화와 철기문화가 한꺼번에 전달되는 현상이 일어났기 때문
이다. 일본열도에는 이 야요이(彌生)문화의 뒤를 이어 4세기 무렵에 고분문
화가 출현하는데, 이 문화는 한반도의 가야 지역에서 건너간 것이었다. 4
세기부터 철정(鐵鋌)이 가야 지역에서 일본열도로 전달되어 이것을 이용한
본격적인 철기 생산을 할 수 있게 되었다. 5세기 전반기에 철제 마구류 등
이 만들어졌고, 5세기 후반에 철제의 갑주가 제조되었는데, 이 같은 제조
기술들은 한반도의 가야에서 건너간 것이었다.[57]

그러므로 인덕릉에서 발견된 단갑의 재질이 금과 같은 청동이라 했는
바, 이는 앞에서 언급한 신라 사람들이 즐겨 사용한 유석(鍮石), 즉 황동(黃
銅)을 가리키는 것이라 생각되며, 신라나 가야로부터의 수입품일 것으로
생각된다. 또한 나라현(奈良縣) 고조시(五條市) 묘총(猫塚) 고분 출토 철투구
(그림 16), 치바현(千葉縣) 기사라주시(木更津市) 출토 철투구(그림 17),[58] 시
가현(滋賀縣) 신카이(新開) 고분, 오사카부(大阪府)의 칠관(七觀) 고분[59]에서
출토된 단갑과 사이다마현(埼玉縣) 고라마초이(兒玉町) 쿠노산(生野山) 고분
군에서 출토된 단갑(그림 18)[60] 등은 가야의 유적인 동래 복천동 10호와 11
호 고분의 유물과 거의 일치하며, 나라 지방의 초기 다카마쓰(高塚)고분은
입지조건·내부구조·장법 등에서 한반도의 가야 고분과 비슷한 양상을
띠고 있다.[61] 이 같은 사실들은 이 유적과 유물의 주인공들이 한반도의 가
야계였음을 말해 주는 것으로,[62] 일본에서 출토되는 갑주들은 한반도로부

---

57) 윤내현, 앞의 책(1998), 453~497쪽 참조.

58) 東京國立博物館,《日本古美術展》, 1964, 그림 205·266.

59) 網干善敎,《五條猫塚古墳》(奈良縣史跡名勝天然記念物調査報告, 1962) ; 西田弘·
   鈴木博司·金關恕,《新開古墳》, 滋賀縣史跡調査報告 第12冊, 1961 ; 樋口隆康·岡
   崎敬·宮川徙,〈和泉國七觀古蹟調査報告〉,《古代學研究》27, 1961.

60) 大阪城天守閣特別事業委員會,《甲·胄の世界 — 大阪城天守閣收藏甲胄展》, 大阪城
   天守閣, 1998, 1쪽.

61) 尹石曉,〈伽倻의 倭地進出에 대한 一研究〉,《百濟·新羅·伽倻史 研究》, 백산자료
   원, 1995, 302쪽.

그림 16. 나라현 고조시 묘총고분에서 출토된 철투구(↘) / 그림 17. 치바현 기사라주시에서
출토된 철투구(↑) / 그림 18. 사이다마현 고라마초이쿠노산에서 출토된 단갑(↗)

터의 수입품이거나 한반도에서 일본열도로 이주한 가야인들이 한민족의
발달한 문화를 그곳에 전달했던 결과라고 생각된다.

4. 맺음말

지금까지 가야와 신라 갑옷의 특징을 그 생산시기와 형태를 중심으로
중국과 북방 및 일본의 갑옷과 비교하여 살펴보았다.

신라와 가야는 모두 한(韓)의 사회수준을 계승한 나라인데, 한은 고조선
을 계승한 나라 가운데 하나로서 상당히 발달한 국가단계의 사회였다. 한
은 고조선의 문화를 많이 계승했다. 따라서 신라와 가야의 갑옷은 고조선
의 갑옷 양식을 거의 그대로 이었던 것으로 생각된다. 더욱이 진한과 변한
에서는 철의 생산이 풍부하여 갑옷과 무기의 생산을 더욱 활발하게 했을
것이다.

신라는 갑옷을 생산하는 데 철과 유석(鍮石)을 사용했다. 유석은 바로 황
동(黃銅)을 가리키는 것으로, 고구려와 백제가 만든 명광개(明光鎧) 또는 금

---

62) 윤내현, 앞의 책(1998), 482~483쪽.

갑(金甲)이 바로 이 황동으로 만든 갑옷이다. 그 실제 예로 신라 무덤들에서 철과 유석으로 만든 갑편이 출토되었는데, 갑편들이 장방형인 점으로 보아 고조선 갑옷의 형태를 그대로 계승한 것으로 보인다.

또한 보병의 경우, 무릎과 다리를 보호하는 경갑(脛甲)을 사용했다. 이 같은 다리 부분을 보호하는 경갑의 연결부분이 쇠못으로 연결된 것은, 고구려와 백제 및 신라에서 찰갑을 대체로 철징을 박는 방법으로 고정시킨 것과 같은 것으로서 고조선의 기술을 이은 것이다. 이 같은 해체되기 어려운 찰갑에 대항하기 위한 무기가 고구려와 신라 및 백제에서 만든 여러 형태의 창과 같은 모습을 한 가시 돋친 무기인 것이다.

가야에서는 철제 변모형 투구뿐만 아니라 찰갑편을 연결하여 만든 투구도 사용했다. 4세기 무렵에 속하는 금관가야의 유물로 추정되는 김해 예안리 150호 고분에서는 철제투구를 구성했던 긴 장방형과 윗면이 둥근 장방형의 철갑편들이 출토되었다. 이 같은 양식의 투구는 안악 2호분 고분벽화에 보이는 무사가 쓰고 있는 것과 같은 것으로, 그 실제 유물이 고구려유적인 요녕성 무순시 고이산성유적에서 출토되어, 가야 또한 고구려와 같은 기술을 이었음을 알게 한다. 5세기 중엽과 5세기 후반에 속하는 동래·고령·함양 지역의 가야 무덤에서 출토된 단갑들은 갑편의 형태가 서로 다를 뿐 단갑 전체의 형태는 서로 같다. 가야는 칠기(漆器) 찰갑편을 사용한 갑옷도 생산했는데, 이는 가야의 갑옷 생산이 가야의 건국 이전부터 매우 발달한 기초 위에서 이어졌음을 알게 해준다.

5세기 후반에 속하는 부산시 연산동 무덤에서 출토되었다고 전하는 철투구와 출토지가 미상인 숭실대학교 박물관 소장 철투구 및 고려대학교 박물관 소장 철투구는 다음과 같은 공통점을 갖는다. 투구를 구성한 찰갑의 형태가 모두 장방형이고, 투구의 찰갑과 찰갑의 연결부분을 청동장식단추로 하여 장식효과도 함께 하고 있다. 이 같은 청동장식단추의 장식은 중국이나 북방지역에 없는 고조선 청동투구만이 갖는 특징이다. 이로 보아 가야 투구는 고조선 시대에 만들어진 청동투구의 형식을 그대로 이은 것이면서도 고조선의 청동투구보다 더욱 많은 장식효과를 내도록 했다.

또한 5세기 중엽에 속하는 동래구 복천동 10호·11호 무덤에서 출토된 투구와 5세기 후반에 속하는 경상북도 고령 지산동 32호 무덤에서 출토된 투구의 경우, 그 모습이 긴 장방형의 찰갑으로 구성되어 다른 투구의 경우보다 비교적 긴 형태이면서 윗부분을 둥글게 마무리 했다. 이 정부(頂部)가 둥근 철제복발(鐵製伏鉢)을 일본 학자들은 북방적인 요소로 보고 몽고발형(蒙古鉢形) 투구라 부르며, 고구려가 받은 몽골의 영향이 이어진 것으로 보고 있다.

그러나 북방지역의 경우 정부를 둥글게 철제복발를 하거나 긴 장방형의 찰갑을 연결하여 만든 투구를 사용하지 않았다. 이는 일본 학자들과 한국 학자들이 고구려의 갑옷과 투구가 북방지역의 영향을 받았을 것이라는 선입관을 가지고 있기 때문에 그렇게 설명한 것이다. 이러한 투구들은 고구려 투구와 같은 모습을 한 것이며, 정부의 마무리 부분만 변형된 것이다.

이 투구들과 함께 발견된 경갑(脛甲)의 경우도 투구를 구성한 찰갑과 같은 모양의 찰갑으로 연결하여 만들었고, 여미는 부분은 신라무덤에서 발견된 경갑과 같은 모습으로 마무리 했다. 이 같은 경갑은 중국이나 북방지역에서는 사용하지 않았다.

또한 경주 인왕동 고분에서 마갑(馬甲)을 덮은 마각화(馬刻畵) 토제품이 출토되어, 고구려 고분벽화에 보이는 찰갑 기마 무장이 낙동강 유역의 신라와 가야 지역에도 있었음을 알 수 있다. 따라서 이 한반도 남쪽 지역에서 출토된 갑옷편과 그 부속물들은 그 구성 찰갑의 형태가 고조선의 장방형을 그대로 계승하고 있고, 전체 모습에서 고구려 갑옷의 모습과 같은 것으로 나타나 고조선의 양식을 계승했음을 알게 해준다.

이 같은 신라와 가야의 갑옷은 일본의 초기 갑옷 생산에 깊은 영향을 주어 일본의 4세기와 5세기 무렵에 만들어진 철갑옷과 철투구들은 신라와 가야의 갑옷과 같은 모습들이다. 이에 대하여 일본 학자들은 일본 갑옷 생산이 도래한 대륙의 공인으로부터 제작기술을 응용하여, 또는 도래한 대류의 공인과 한반도 남부에서 온 귀화한 기술자들과 기술교류를 했을 것이라는 견해를 갖기도 하고, 일본의 공인과 조선과 중국에서 도래한 공인을 통합한 공인조직에 의하여 모두 일본에서 만들어졌을 것이라는 견해를 갖는다. 더구나 연산동과 상백리에서 출토한 갑주를 일본의 것으로 단정하여, 일본의 한반도 남부 경영을 방증하는 자료로 삼기도 한다.

중국 학자들은 4·5세기 일본의 갑옷 생산이 중국의 영향을 받은 한반도의 기술을 이은 것이라고 주장한다. 그러나 고구려 갑옷의 다양한 특징들은 북방지역의 것, 또는 북방지역의 영향을 받은 중국의 갑옷과 다른 모습으로, 부여의 갑옷과 마찬가지로 고조선 갑옷의 특징을 계승했던 것이다. 또한 고구려 말갑옷의 생산시기가 중국이나 북방지역보다 적어도 2세기 정도 앞섰다는 점 등은 일본의 고분에서 출토된 갑옷과 투구들은 신라와 가야로부터의 수입품이거나 한민족에 의해서 만들어진 것으로 해석하도록 만든다.

이상의 고찰로서 신라와 가야의 갑옷은 고조선의 갑옷을 계승하여 나라마다 다소 특징적으로 발전했으며, 같은 시기의 중국이나 북방지역의 갑옷보다 훨씬 우수했음을 확인했다. 여러 나라 시대의 신라와 가야 등의 대외 활동은 이 같은 주변국보다 뛰어난 무구와 무력의 우월성이 그 기반이 되었을 것으로 생각된다.

3부

전통시대의 인간과 사회

영웅 중심 역사 서술의 그늘

- 문공(文公) 패업의 실질적 토대로서 헌공(獻公)의 재발견-

심 재 훈
_ 단국대 교양학부

1. 머리말

필자는 '진국(晉國)의 초기발전'이라는 주제로 학위 논문을 썼다.[1] 1990년대 초 산서성(山西省) 서남부 천마(天馬)-곡촌(曲村)의 진후묘지(晉侯墓地) 발굴이 동기가 된 이 학위 논문은, 서주(西周) 초 진(晉)의 분봉(分封; 약 B.C. 1040)[2]에서 문공(文公)의 패업(霸業; 632)에 이르기까지 상당히 긴 기간의 역사를 다룬 것이다. 처음 진에 관한 연구에 착수하여 자료들을 모으면서, 전통시대에서 현대에 이르기까지 진에 관한 연구의 상당 부분을 문공이라는 영웅적 인물이 차지하는 것을 발견하고 의아하게 생각한 적이 있었다.[3]

이 글에서 주로 다룰 인물인 헌공(獻公; 676~651)의 둘째 아들 문공(文公; 重耳, 636~628)은 그 극적인 삶으로 유명하다. 문공은 헌공의 첩 여희(驪姬)가 주도한 권력투쟁의 와중에 비주(非周) 세력인 적지(狄地)로 망명하여 12년 동안 머무른 뒤, 다시 7년 동안 제(齊)와 조(曹), 송(宋), 초(楚) 등 열국을 유랑하다가, 자신보다 먼저 군위(君位)에 오른 아우 혜공(惠公; 夷吾, 650~637)이 죽자, 진(秦) 목공(穆公; 659~621)의 도움으로 조카 회공(懷公)

---

1) Jae-hoon Shim, "The Early Development of the State of Jin: From Its Enfeoffment to the Hegemony of Wen Gong(r. 636~628 B.C.)," Ph.D. Dissertation, The University of Chicago, 1998.
2) 이하 모든 연대에서 특별히 표기하지 않는 한 B.C.는 생략한다.
3) 진 문공에 관한 연구사는 Jae-hoon Shim, op. cit., pp.3~7 참고.

을 몰아내고 진(晉)의 통치자가 되었다. 극적인 반전으로 636년 군위를 차지한 다음 바로 진(晉)의 개혁에 착수하여 결국은 제 환공(桓公; 685~643)에 뒤이은 춘추시대 두 번째 패자가 되었다.

그렇지만 문공이 복국(復國)에 성공한 뒤 겨우 4년 만인 632년, 성복(城濮)에서 남쪽의 강국 초(楚)를 격파하고 당대의 가장 강력한 군주로 우뚝 선 사실은, 그의 뛰어난 카리스마와 19년 동안의 망명생활을 함께 했던 자범(子犯; 孤偃)이나 조최(趙衰) 같은 충신의 역할을 고려한다 하더라도 불가사의한 일로 여겨질 따름이다. 더욱이 문공에 앞서 재위했던 아우 혜공(夷吾, 650~637)의 재위기가 진(晉)이 쇠퇴한 시기로 간주되고 있기 때문에,4) 문공이 겨우 4년 만에 급격히 개혁에 성공하여 최강국의 면모를 갖추었다는 기존의 이해는 논리적 모순에서 자유로울 수 없을 것이다.

물론 이러한 불가사의가 그의 극적인 삶의 궤적과 함께 문공을 영웅의 반열로 끌어올렸을 것이고, 필자 또한 이러한 문공의 모습을 전적으로 부인하지는 않는다. 그러나 문공의 영웅적 모습에 주요 토대를 마련해 준《좌전》(左傳)과《국어》(國語),《사기》(史記) 등의 이야기가 허구의 성격을 배제할 수 없는 창작의 과정을 거쳤을 것이라는 주장이 제기되는 것을 보면,5) 이미 영웅화되어 버린 텍스트 속 문공의 모습에서 '영웅 만들기'의 흔적을 발견할 수 있을지도 모른다. 영웅 중심 사관이 동서양, 고금을 막론하고 역사 서술에 긍정적이든 부정적이든 지대한 영향을 미쳐왔음을 부정할 수 없기에,6) 문공의 진면모에 덧붙여졌을지도 모르는 문학성을 띤 영웅적 모습

---

4) 李隆獻,《晉文公復國定覇考》, 臺北: 國立臺灣大學出版委員會, 1988, 204~205쪽; 李盟存·常金倉,《晉國史綱要》, 太原: 山西人民出版社, 1988, 31~32쪽

5) Jeffrey Walter Bissell, "Literary Studies of Historical Texts: Early Narrative Accounts of Chong'er, Duke Wen of Jin," Ph.D. Dissertation, The University of Wisconsin, Madison, 1996, 2장 참고.

6) 이러한 측면에서 로웬(James W. Loewen)의 *Lies My Teacher Told Me: Everything Your American History Textbook Got Wrong*(New York: Simon & Schuster, 1995)은 주목을 끈다. 특히 1장 "Handicapped by History: The Process of Hero-making"은 20세기 미국사의 두 인물인 우드로 윌슨과 헬런 켈러의 영웅화(heroification) 과정과 숨겨진 진면모에 대해

을 걸어낼 수 있다면 그 패업의 불가사의를 논리적으로 설명할 수 있을 것이다.

이러한 문공에 대한 영웅적 서술의 모순은, 한편으로 문공이 언급된 많은 전국시대나 후대의 자료를 면밀하게 비교 검토함으로써 문헌학적 측면에서 고찰될 수 있을 것이다. 그러나 다른 한편으로 문공의 영웅적 모습에 가려 주목받지 못했을 수도 있는 앞선 인물이나 시대에 대한 분석 또한 짧은 기간에 패자의 반열에 오른 문공의 불가사의와 그에 따른 논리적 모순을 설명해줄 수 있을지도 모른다.

이러한 측면에서 필자는 그 동안 부각되지 않았던 문공보다 앞선 두 통치자의 재위기 — 특히 헌공 — 를 문공 패업의 실질적 토대로 여기고, 이를 구체적으로 분석하려 한다. 새로움을 향한 발상의 전환과 그 실행력을 역사를 이끌어 온 주요 동력에 포함시킬 수 있다면, 이 글에서 주로 다룰 헌공이라는 인물은 그 아들 문공 못지않은 영웅의 반열에 올라서기에 손색이 없을지도 모른다. 그러나 이 글의 주목적이 문공 패업의 불가사의에 대한 논리적 구명에 있는 이상, 또 다른 '영웅 만들기'의 우려에서는 어느 정도 자유로울 수 있으리라 기대한다. 이 글에서 필자는 헌공의 주요 업적을 크게 세 가지 측면에서 살펴보면서, 진(晉)이 문공 재위기에 최강대국으로 군림할 수 있었던 배경을 밝힐 것이다.

2. 헌공의 등극과 공족(公族)의 제거

극상(克商) 직후 무왕(武王) 사후 성왕(成王)의 섭정을 맡은 주공(周公)은, 이른바 삼감(三監)의 난이라는 광범위한 반주(反周) 반란에 직면하여, 산서

다루고 있다. 최근 국내에서도 나폴레옹과 잔 다르크 등 서양 근세 인물들의 영웅화 과정과 그 전승을 다룬 연구가 출간되었다.(박지향 외, 《영웅 만들기—신화와 역사의 갈림길》, 휴머니스트, 2005)

성 일대의 소요를 진압하고, 성왕의 동생 당숙(唐叔) 우(虞)를 당(唐; 2대 제
후 燮부터 晉)에 봉했다. 뒤에서 상세히 언급되겠지만, 서주시대 진(晉)은
주와 밀접한 관계를 유지하면서 발전한 것으로 보인다. 특히 771년 주의
동천(東遷) 당시 진(晉) 문후(文侯; 780~746)가 주 왕실을 보좌함으로써 역
사의 전면에 등장했다. 그러나 주의 측근세력으로서의 한계 때문에 동방
의 제나 남방의 초와 달리 일찍이 지역 국가로 성장할 수는 없었다. 더욱
이 문후 사후 진은 익(翼)의 종실과 곡옥(曲沃) 소종(小宗) 사이에 67년 동안
극렬한 내란에 휩싸이게 된다. 장기간의 권력투쟁 내내 우세를 점한 곡옥
소종은, 678년 무공이 급기야 이왕(釐王)의 승인을 받음으로써 진의 군위를
찬탈하게 된다. 이 67년 동안의 내전에서 승리한 곡옥 소종의 진은 주 왕
실의 강한 영향 아래 있었던 이전의 진과는 달리 아주 개혁적인 모습을 보
여준다.7) 하지만 무공은 진의 통치자로 공인받은 지 2년 만에 사망하고,
무공의 개혁성을 이어받은 아들 헌공이 즉위했다.

헌공의 다양한 업적 가운데 가장 먼저 거론되는 것이 바로 많은 학자들
이 주목해온 강력한 공족(公族)들의 제거다.8) 《좌전》(左傳)에 따르면, 헌공
6년(B.C. 671) 곡옥 소종의 첫 번째 두 통치자였던 환숙(桓叔)과 장백(莊伯)
의 후예들이 공실(公室)을 핍박했다고 한다.9) 수잔 웰드가 지적했듯이, 곡
옥 소종의 승리와 함께 환숙과 장백의 후예들이 더욱 강해짐에 따라 권력
분점을 요구한 것이다.10) 그렇지만 헌공은 이러한 공족들의 요구에 단호

---

7) 곡옥 소종의 진 제후위 찬탈과 그 의의에 대해서는 沈載勳, 〈曲沃小宗과 上郭村墓
   地－春秋 初 晉國의 새로운 發展〉, 《中國史硏究》 33, 2004, 1~30쪽 참고.

8) 洪安全, 《春秋的晉國》, 臺北: 嘉新水尼公司文化基金會, 1972, 45쪽; 李隆獻, 앞의
   책, 39~30쪽; 李盟存·常金倉, 앞의 책, 21~22쪽; Cho-yun Hsu, "The Spring and
   Autumn Period," *The Cambridge History of Ancient China: From the Origins of Civilizations to
   221 B.C.*, ed. by Michael Loewe and Edward Shaughnessy, Cambridge: Cambridge
   University Press, 1999, pp.558~559.

9) 《春秋左傳正義》, 十三經注疏, 中華書局, 1980, 10.1779쪽.

10) Susan Weld, "Covenant in Jin's Walled Cities: The Discoveries at Houma and Wenxian,"
    Ph.D. Dissertation, Harvard University, 1990, p.146.

하게 대처했다. 아마 자신들(曲沃 小宗)과 진 종실의 권력투쟁 경험이 헌공에게 미래에 다시 나타날지도 모르는 다른 공족과의 상쟁에 대한 경고로 작용했을 것이다.

헌공이 문제의 소지가 있는 공족들을 제거하는 데는 2년이 걸렸다. 이를 위해 당시 헌공이 공족이 아닌 사위(士蔿) 같은 유능한 귀족에 의존한 것은 주목할 만하다. 《좌전》에는 사위가 우선 공족들끼리 반목하게 하고 결국에는 그들을 고립시키면서 성공적으로 제거한 과정이 나타나 있다.11) 이후 그는 669년 진의 대사공(大司工)이 되어 강(絳)에 진의 새로운 도읍 건설을 주관했다.12) 사실 곡옥 소종 찬탈 이후 진 통치자들의 비공족(非公族)에 대한 선호는 677년 무공의 순(荀) 정복에서 이미 예견되었다. 《고본죽서기년》(古本竹書紀年)에 따르면, 무공은 정복지 순을 공족이 아닌 자신의 대부(大夫)이자 나중에 순숙(荀叔)이라 불리게 된 원씨암(原氏黯)에게 하사했다고 한다.13)

헌공 재위 초기에 문제 있는 공족들을 제거한 것은 진의 역사에서 최소한 두 가지 측면에서 아주 중요한 의미를 지닌다. 한편으로 헌공이 다른 공족들과 권력을 분점할 필요가 없어졌다는 사실은, 진이 중앙집권에 성공했음을 의미한다. 이렇듯 중앙집권화로 자신의 권위를 극대화함으로써 헌공은 뒤에서 자세히 살펴볼 영토 확장의 토대를 마련했고, 비로소 지역국가로 성장해 나갈 수 있었다. 다른 한편으로는 통치자와 혈연관계가 없는 유력 귀족들이, 이어지는 진의 역사에서 주역으로 등장하게 되어, 혈연보다는 능력이 우선하는 새로운 정치질서를 창출할 수 있었다. 춘추시대

---

11) 《春秋左傳正義》, 10.1779~1780쪽. 《사기》에는 헌공 9년 공족들이 괵국(虢國)으로 도망간 사실이 기록되어 있다.(《史記》, 中華書局, 1959, 39.1641쪽)
12) 《春秋左傳正義》, 10.1780쪽. 진의 종실이 있던 익(翼)의 위치와 마찬가지로 강(絳)의 위치도 이견이 있다. 그러나 이 두 도읍 모두 오늘날 산서성 서남부의 곡옥-익성(翼城) 지역에 위치했음은 분명하다.(北京大學歷史系考古專業山西實習組,〈翼城曲沃考古勘察記〉,《考古學硏究》1, 1992, 216~223쪽; Weld, op. cit., pp.143~152)
13) 《古本竹書紀年輯校》,《王國維遺書》12, 上海古籍出版社, 1983, 11下쪽.

에 대부분의 다른 국가에서는 공족이 지속적으로 중요한 위치를 차지하고 있었기 때문에, 이는 헌공 시기 진의 부상과 관련하여 주목받을 만한 현상이었다.[14)]

3. 융적(戎狄)과 관계 개선

헌공대에 나타난 또 다른 급격한 변화는 융적(戎狄)과 같은 비주(非周) 세력과의 관계 변화에서 찾을 수 있다. 사실 진(晉)의 초기 역사에 관심을 가진 대부분의 학자들은 서주 초 진의 봉건 당시부터 진과 융적 사이의 밀접한 관계에 주목해왔다. 따라서 허탁운(許倬雲; 쉬조윈) 같은 학자는 진이 주와 융적 사이에서 혼성적인 문화를 발전시켜왔을 것으로까지 가정하고 있다.[15)]

그러나 필자는 앞서 발표한 몇 편의 글에서, 서주시대 진과 융적의 관계에 대해서 이와는 다른 견해를 피력한 바 있다. 우선 상말주초(商末周初) 산서성 서남부의 세력관계를 분석함으로써 진(晉)의 봉건이 융적과의 관계보다는 당시 산서성 서남부에 남아 있던 친상반주(親商反周) 세력을 견제하기 위한 것임을 주장했다.[16)] 더욱이 천마(天馬)-곡촌(曲村)의 서주시대 진

---

14) 베리 블레컬리의 춘추시대 다양한 혈족들의 관직 분포에 관한 방대한 통계적 연구는 중원의 국가들에서 공족들이 반드시 주요한 직책을 독차지한 것은 아니었음을 보여준다. 그러나 춘추시대 초기(722~679)를 제외한 다른 모든 시기에 비공족들이 중요한 관직을 압도적으로 차지했던 진(晉)의 경우는 다른 나라들의 경우와 상당히 다르다.(Barry B. Blakeley, "Functional Disparities in the Socio-Political Traditions of Spring and Autumn China," *Journal of the Economic and Social History of the Orient* Vol. 22, Part I, 1979, pp. 81~90)

15) Cho-yun Hsu and Katherine Linduff, *Western Chou Civilization*, New Haven: Yale University Press, 1988, pp.192~194.

16) 沈載勳, 〈商末周初 山西省의 세력판도를 통해 본 晉國 봉건의 새로운 이해〉, 《東洋史學研究》 66, 1999, 1~35쪽.

후묘지(晉侯墓地) 발굴로 드러난 진 지배층의 물질문화는, 섬서성 주 중심지 문화의 일부로 명명될 수 있을 정도로 아주 이질적인 요소를 보여주지 않는다.17) 이 묘지에서 출토된 진후소편종(晉侯蘇編鐘) 명문은 서주 후기 진의 제후 소(蘇)가 여왕(厲王)을 보좌하여 현재의 산동성에 위치한 이족(夷族)을 공략한 생생한 기록을 담고 있어서, 당시 주와 진의 밀접한 관계를 보여준다.18) 뒤에서 다시 언급되겠지만, 서주시대에 산서성 서남부에 분봉된 제후국들이 모두 주와 동성인 희성(姬姓)이었다는 사실 또한 주가 진을 포함한 당시 산서성 서남부 일대의 여러 나라를 장악하고 있었음을 보여준다.

한편 갑골문에 융적의 용례가 거의 나타나지 않는 것과는 달리, 서주 금문에는 주의 적으로서 융이 상당히 광범위한 지역에서 존재했던 것으로 나타난다.19) 따라서 주의 측근세력으로서 진은 서주시대 산서성이나 다른 지역에 존재했을 주의 적, 융의 침략을 방어하는 일선에 있었을 것이고, 따라서 당시 진과 융의 관계 또한 적대적일 수밖에 없었을 것이다.

그러나 주 왕실 동천 이후 진과 비주 세력의 관계는 새로운 국면을 맞이한다. 춘추 초부터 등장하기 시작하는 새로운 비주 세력 적(狄)의 등장뿐만 아니라, 왕실 세력의 약화가 이러한 관계에 영향을 미쳤을 것이기 때문이다. 더욱이 67년 동안의 내전을 주도하며 서주 이래의 봉건질서를 파괴한 곡옥 소종의 진 제후 자리 찬탈로, 진의 대외관계도 서주 이래의 방식을 고수할 필요는 없게 되었으리라는 추론을 가능하게 한다.

비록 현재 이용 가능한 문헌 기록들에서 내전이 끝날 당시까지 진과 비주 세력 사이의 관계 변화를 암시하는 내용은 나타나지 않지만, 헌공과 비주 세력의 혼인 관계를 전하는 기록이 남아 있어 이 문제의 일단을 파악하

---

17) 沈載勳, 〈北趙 晉侯墓地의 年代와 性格 試論〉, 《中國史硏究》 22, 2003, 32~40쪽.
18) 沈載勳, 〈晉侯蘇編鐘 銘文과 西周 後期 晉國의 發展〉, 《中國史硏究》 10, 2000, 1~48쪽.
19) 沈載勳, 〈《周書》의 戎殷과 西周 金文의 戎〉, 《東洋史學硏究》 92, 2005, 1~36쪽.

는 귀중한 자료를 제공해 준다. 통치가의 혼인 관계가 춘추시대 여러 나라 사이의 정치에 중요한 역할을 담당했음은 알려진 사실이다.[20] 《좌전》 장공 28년에는 헌공의 혼인 관계를 아래와 같이 비교적 상세히 전하고 있다.

> 晉 獻公은 賈에서 부인을 맞이했으나 자식이 없었다. 뒤에 (부친 武公의 姜인) 齊姜과 정을 통해[21] 秦 穆公의 부인과 太子 申生을 낳았다. 또한 그는 戎의 두 여인과 혼인했다. 大戎의 孤姬가 重耳를 낳았고,[22] 小戎의 여식이 夷吾를 낳았다. 晉이 驪戎을 정벌했을 때 驪戎의 족장이 그의 딸 驪姬를 獻公에게 바쳤다. 그들이 돌아온 후에 驪姬가 奚齊를 낳았고 그 동생이 卓子를 낳았다. 驪姬가 獻公의 총애를 받게 되었다.……[23]

이 인용문은 헌공이 처음에 가(賈)와 제(齊) 출신 부인을 두었다가 융의 여인들과 혼인한 내용을 전하고 있어서, 헌공대에 진 통치가의 혼인 상대가 중원의 제후국에서 비주 세력으로 변모한 일단을 잘 보여준다. 사실 헌공 이전 진 통치가의 혼인 관계를 전해 주는 기록은 많지 않다. 《좌전》 환공(桓公) 2년에 서주 후기 선왕 시기에 재위했던 진 목후(穆侯; 811~785)의 부인 강씨(姜氏)가 구(仇; 후에 文侯)와 성사(成師; 후에 桓叔)를 출산한 내용이 담겨 있고,[24] 같은 내용을 전하는 〈진세가〉(晉世家)에는 목후가 재위 4년에 제로부터 부인 강씨를 맞이했음이 기록되어 있다.[25] 또한 춘추시대

---

20) 춘추시대의 혼인과 그 역사적 의의에 대해서는 Melvin Thatcher, "Marriage and Ruling elite in the Spring and Autumn Period," ed. by Rubie S Watson and Patricia Buckley Ebrey, *Marriage and Inequality in Chinese Society*, Berkeley: University of California Press, 1991, pp.25~57 참고.

21) 이 부분의 해석은 이론의 여지가 있지만 제강(齊姜)을 무공(武公)의 첩으로 파악한 두예(杜預)의 주석을 따른 것이다.

22) 사마천은 중이의 모친이 적(狄)에서 온 것으로 파악하여 중이가 여희에 의해 기도된 권력투쟁의 와중에 적지(狄地)로 망명했음을 전하고 있다.(《史記》 39.1641, 1656쪽)

23) 《春秋左傳正義》 10.1781쪽.

24) 《春秋左傳正義》 5.1734쪽.

25) 《史記》 39.1637쪽.

초기 진의 청동기인 진강정(晉姜鼎) 명문은 진 문후(文侯; 780~746)의 부인 진강이 문후의 명을 받들어 번탕원(繁湯原)을 정벌하고 동(銅)을 취득한 내용을 전해 준다.[26] 이 명문에 나타난 문후의 부인도 강씨이기 때문에, 문후도 그 부친 목후와 마찬가지로 부인을 강씨 성의 제나라에서 맞이했음을 추론할 수 있다. 비록 앞 인용문의 내용보다 빠른 진 통치가의 혼인과 관련된 기록은 이 두 경우에 지나지 않지만, 여기서 진이 어느 제후국보다 주 왕실과 밀접한 관계를 유지했다는 사실을 감안할 필요가 있다. 따라서 다른 많은 희성(姬姓)의 나라들과 마찬가지로, 진 또한 서주시대와 춘추 초까지 제와 같은 강씨 성의 나라와 혼인 관계를 맺어왔을 가능성이 크다.[27]

더욱이 앞 인용문에는 헌공의 부친인 무공도 제에서 부인을 맞이했고, 헌공 또한 진과 인접한 희씨 성 제후국인 가(賈)에서 부인을 맞이한 것으로 나타나,[28] 당시까지 진과 비주 세력 사이의 혼인 관계가 흔치 않은 일이었음을 암시한다. 이와 관련하여 《국어》〈진어(晉語) 1〉에는 헌공의 점복을 주관하던 관리인 사소(史蘇)가, 헌공이 여희(驪姬)와 혼인하면 진 조정에 초래할 아주 나쁜 조짐을 예측한 언설이 담겨 있다.[29] 헌공의 주요 신하였던 이극(李克)과 곽언(郭偃), 사위(士蔿)의 대화에서 사소는 이 혼인을 하상주(夏商周)의 마지막 세 왕, 즉, 걸(桀)과 제신(帝辛), 유왕(幽王)의 혼인에 비유하고 있다. 전래 문헌에 이들의 잘못된 혼인이 세 왕조의 멸망을 초래한 것으로 나타남은 알려진 사실이다. 세 명의 신하 모두 사소가 표명

---

26) 진강정 명문에 대해서는 沈載勳,〈戎生編鐘과 晉姜鼎 銘文 및 그 歷史的 意義〉,《東洋史學硏究》87, 2004, 10~15쪽 참고.
27) 다나카 유미코(田中柚美子) 역시 《좌전》에 나타나는 진의 가장 빈번한 혼인 상대로 제를 들고 있다.(田中柚美子,〈晉と戎狄―獻公の婚姻關係を中心として〉,《國學院雜誌》3, 1975, 24~25쪽)
28) 가(賈)에 대해서는 뒤에서 다시 언급될 것이다. 위의 희성 제후국 사이의 결혼은 동성불혼원칙에 위배되는 듯하다. 그러나 멜빈 태처는 《좌전》에서 동성끼리의 결혼을 15회 찾아내고 있어서, 당시 반드시 동성불혼원칙이 지켜졌던 것 같지는 않다.(Melvin Thatcher, op. cit., p.38)
29) 《國語》, 上海古籍出版社, 1988, 7.252~264쪽.

했던 우려에 동감을 표시하고 있는 점은, 이들 모두가 헌공이 비주 세력과 혼인하는 것을 강력히 반대하고 있었음을 암시한다. 어떤 이는 《국어》의 이 언설을 후대의 허구로 간주할지도 모르지만, 《좌전》 희공(僖公) 4년에도 비슷한 이야기가 언급되어 있어[30] 이를 허구로 치부할 수만은 없을 것이다.

따라서 헌공 자신의 초기 혼인을 비롯한 이전 진 통치가의 혼인 상대가 대부분 강씨 성 위주의 중원 국가였다는 사실, 그리고 헌공이 여융(驪戎)과 통혼하는 것을 신하들이 강력하게 반대하는 데에서 헌공이 비주 세력과 혼인 관계를 맺은 최초의 진 통치자였음을 추정할 수 있을 것이다. 이러한 헌공의 새로운 혼인 관계는 정략적 차원에서 이루어진 것으로, 진의 비주 세력에 대한 중대한 정책적 변화와 함께 했을 것임에 틀림없다.

〈진세가〉에 따르면 헌공은 자신의 재위 5년에 여융을 정벌했다고 한다.[31] 앞의 인용문에는 헌공의 대융(大戎), 소융(小戎)과의 혼인 관계가 여희와의 관계보다 빨랐던 것으로 암시되어 있지만, 다나카 유미코(田中柚美子)는 중이(重耳)가 대융(《사기》에는 狄) 지역으로 망명한 시점에서 거꾸로 계산하여 이 두 혼인이 거의 같은 해에 이루어진 것으로 추정하고 있다.[32] 헌공은 재위 16년이 되어서야 다음 장에서 살펴볼 산서성 서남부의 희씨 성 제후국들에 대한 정벌을 시작했기 때문에, 이 공세에 앞서 우선 비주 세력과 새로운 관계를 정립하려 했던 것으로 보인다. 융과 적을 자신들의 적으로만 간주했던 주왕들과는 달리, 곡옥 소종의 찬탈 이래로 주의 속박에서 자유로워진 헌공은 반드시 그들을 적대시할 필요가 없었고, 실제로 그는 이러한 새로운 혼인 관계로써 비주 세력과 관계 개선을 시도했던 것이다.

《좌전》에 나타나는 주요 나라들이 융적과 같은 비주 세력과 혼인 관계

---

30) 《春秋左傳正義》 12.1793쪽.
31) 《史記》 39.1640쪽.
32) 田中柚美子, 앞의 글, 26쪽.

를 맺은 사례를 찾기가 아주 어렵기 때문에,33) 헌공과 융족의 새로운 혼인 관계는 구래의 혼인 질서를 깬 파격적인 것이었다. 물론 635년 양왕(襄王)이 적(狄)의 군사력에 의존하여 정(鄭)을 공략하기 위하여 적의 여인을 후로 삼은 것과 같은 아주 이례적인 경우가 있기는 하다. 그러나 《국어》와 《좌전》에 모두 기록된 이 혼인에 대한 양왕의 신하 부진(富辰)의 강력한 간언은, 주의 신하들이 비주족과 통혼하는 것을 수용하기가 얼마나 어려웠는지 여실히 보여준다. 무엇보다도 부진이, 예로부터 주 왕실과 통혼한 강씨와 임씨(任氏)를 적의 여인으로 대체한 것이 예법에 맞지 않는다고 강조한 점은 주목할 만하다. 양왕은 그 다음해에 이 적의 후를 폐할 수밖에 없었다.34)

그렇지만 헌공은 이러한 파격적인 혼인 정책에 의존하여 여러 비주 세력과 관계 개선만 추구한 것은 아니었다. 전래 문헌에는 헌공이 여러 차례 적을 공격한 것으로도 나타난다. 즉, 《국어》는 적사(翟柤)에 대한 헌공의 우려 때문에 극숙호(郤叔虎)가 이를 공격한 것을 전하고,35) 《국어》와 《좌전》에는 또한 헌공 17년(660) 태자 신생(申生)이 동산고락씨(東山皐落氏)를 정벌한 것으로 기록되어 있는데, 《국어》에서는 동산고락씨를 적(狄)으로 적어놓고 있다.36) 헌공 25년(652)에는 이극(李克)이 군사를 이끌고 채상(采桑)에서37) 적을 격파한 반면에, 같은 해 여름 적이 진에 대한 보복을 감행한 것이 기록되어 있다.38)

---

33) 山田統, 〈左傳所見の通婚關係をず中心として見たる宗周制度〉, 《山田統著作集》, 東京: 明治書院, 68~104쪽, 특히 103쪽의 표 12.

34) 《國語》2.48~53쪽; 《春秋左傳正義》15.1818쪽.

35) 《國語》7.266쪽. 적(翟)은 적(狄)과 통용된다. 이 정벌의 연대는 나타나지 않는다.

36) 《國語》7.277~283쪽; 《春秋左傳正義》11.1788쪽. 양백준(楊伯峻)은 동산고락씨(東山皐落氏)를 오늘날 원곡(垣曲) 동남쪽의 고락진(皐落鎭)으로 위치 비정하고 있다. (《春秋左傳注》, 268쪽)

37) 양백준은 《일통지》(一統志)에 의거하여 채상(采桑)을 오늘날 향녕현(鄕寧縣) 서쪽으로 비정한다.(楊伯峻, 《春秋左傳注》, 中華書局, 1982, 322쪽)

38) 《春秋左傳正義》13.1799쪽. 〈진세가〉에는 적(狄)이 진을 공격한 것이 중이(重耳)의

이렇듯 혼인뿐만 아니라 정벌을 함께 시도한 것에서 볼 때, 헌공은 산서성에 광범위하게 분포한 여러 융적의 무리들과 관계하면서 화전(和戰) 양면, 즉, 당근과 채찍의 전략에 의존했던 것으로 보인다. 이러한 양면정책은 그 아들 문공에게도 이어졌다. 중이(重耳)가 적지(狄地)에 망명해 있을 때에, 적의 일지(一支)인 장구여(廧咎如) 출신 계외(季隗)와 혼인하여 두 명의 아들을 두었음은 알려진 사실이다. 17년의 유랑 끝에 제위에 오른 뒤 문공은 적 출신 부인을 진으로 불러들였다.[39] 635년 두 번째 반란을 일으켜 양왕을 곤경에 빠뜨린 왕자 대(帶)를 진압하기 위한 공격에서도 문공은 초중(草中)의 융과 여토(麗土)의 적의 영역을 지름길로 효과적으로 활용했다.[40] 이렇듯 융적과 우호 관계를 유지했음에도 《좌전》은 문공 재위 5년과 8년에 적의 공략을 막기 위하여 삼행(三行)과 오군(五軍)이라는 군대를 증설했다고 기록되어 있다.[41]

이러한 융적에 대한 화전 양면정책은 대부분의 진 통치자들에게 계승되었다.[42] 특히 경공대(景公代; 599~581)에 여러 적족과 우호 관계를 유지하면서 진은 산서성 동남부의 노(潞)와 갑씨(甲氏), 유우(留吁), 탁신(鐸辰) 등 다양한 적적(赤狄) 세력을 정벌했다.[43] 이러한 융적과의 이중 관계와 관련

망명 때문일 것으로 언급되어 있다.(《史記》 39.1648쪽)

39) 《春秋左傳正義》 15.1817쪽. 중이가 계외(季隗)와 혼인할 당시 중이의 최측근 조최(趙衰) 역시 계외의 자매 숙외(叔隗)와 혼인하여 조순(趙盾)을 낳았다. 문공이 재위에 오른 후 문공의 딸이자 조최의 정부인인 조희(趙姬)는 숙외와 그 아들 조순을 진(晉)으로 불러들여 자신의 세 아들이 있었음에도 재주가 많은 조순을 조최의 적자로 삼았다. 헌공의 혼인정책과 함께 12년에 걸친 중이의 적지(狄地) 망명 역시 진과 비주 세력 사이의 우호적 관계 정립에 크게 기여했을 것이다.

40) 《國語》 10.373쪽.

41) 《春秋左傳正義》 16.1827쪽; 17.1831쪽.

42) 문공의 아들 양공(627~621)은 627년 효(殽)에서 벌어진 진(秦)과의 전쟁에서 강융(姜戎)과 연합했지만, 같은 해에 백적(白狄)의 공격을 받고 기(箕)에서 격파한 바 있다(《春秋左傳正義》 17.1832~1833쪽). 成公(606~600) 5년 적적(赤狄)이 진의 향음(向陰)을 공격하여 곡식을 탈취했지만 다음해 백적과 동맹을 맺고 진(秦)을 공격했다.(《春秋左傳正義》 22.1873쪽)

하여 회맹을 아홉 차례나 주도하며 진국 패업을 확고히 완성했던 도공(悼公; 572~558)이 신하 위강(魏絳)에게 한 말은 인용할 가치가 있다.

> 당신이 과인에게 모든 戎狄과 화합하라고 가르쳐서 (이를 따라) 諸華를 다스릴 수 있었다. 과인은 지난 8년 간 9차례 제후들을 불러 會盟을 가졌다. 음악의 조화같이 화합하지 않은 이가 없었다.[44)]

도공은 진이 패업을 유지하는 중요한 동력으로 융적과 우호 관계 유지를 들고 있다. 위강 또한 "융적과의 화합은 나라의 복"이라고 화답하고 있어서, 이들이 융적과 원활한 관계를 얼마나 중시하고 있었는지 알 수 있다.

그러므로 헌공으로부터 시작된 비주 세력과 화전 양면정책이 이후 진의 역량을 증진시켜 진 문공의 패업에 크게 공헌했음에 틀림없다.

4. 영토의 확장 _ 주 왕실 잔재의 일소

중앙집권화와 융적(戎狄)과 관계 정립에 성공한 다음, 헌공은 진(晉)의 영토를 확장하기 시작했다. 비록 문후(文侯)와 무공(武公) 재위기에 희성(姬姓) 제후국인 한(韓; 陝西省 韓城 또는 山西省 河津)과 순(荀; 山西省 新絳)을 각각 정복하였지만,[45)] 진은 헌공이 재위할 당시까지 다만 오늘날의 후마(侯馬; 新絳과 曲沃, 翼城 지역 포함) 지역에서 남쪽으로 문희(聞喜)에 이르는 반경 50킬로미터 내외의 영역을 차지하고 있었을 뿐이다.(지도 1)

그렇다면 당시까지 산서성의 상황은 어떠했을까? 사실 서주시기부터 헌공대에 이르기까지 산서성의 정치 상황을 전해 주는 직접적인 자료는 거의

---

43) 《春秋左傳正義》22.1876쪽; 24.1886~1888쪽. 이들 적적(赤狄) 집단은 오늘날의 로성(潞城), 둔류(屯留) 지역에 위치했던 것으로 보인다.(《春秋左傳注》, 758, 767~768쪽)
44) 《春秋左傳正義》31.1951쪽.
45) 程勃軻, 《春秋左氏傳地名圖考》, 臺北: 廣文書局, 1967, 120쪽.

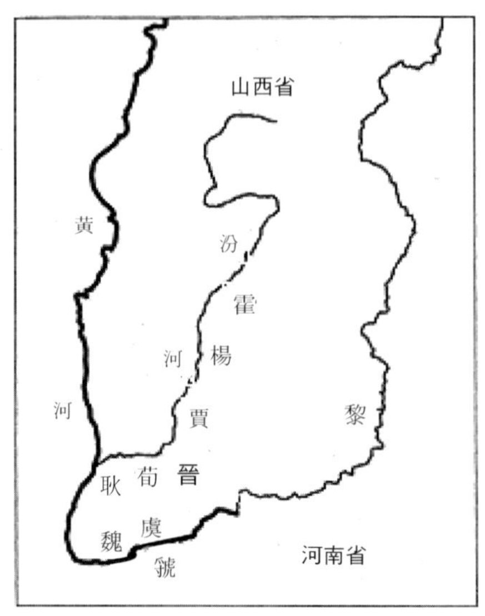

진(晉)이 정복한 제후국 위치 추정도

없다. 그저 단편적인 자료들을 토대로 재구성된 다른 제후국들의 존재로 당시의 상황을 간접적으로 유추할 수 있을 뿐이다. 고동고(顧棟高; 1679~1759)가 재구성한 '춘추 열국 작성과 존멸표'(春秋列國爵姓及存滅表)를 토대로46) 필자는 다음의 표 1과 같이 서주시대부터 춘추 초까지 산서성에 위치했던 진 이외의 9개 제후국을 찾을 수 있었다.

표 1에 나타난 제후국들은 거의 춘추 초 이후에 진에게 멸망당했으므로, 서주시대 이래로 산서성에 많은 희성(姬姓) 제후국들이 존재했음을 알 수 있다. 근래 산서성의 고고학 성과 또한 이를 뒷받침하는데, 홍동(洪洞) 영응보(永凝堡)와 예성(芮城) 성시촌(城柴村) 발굴로 나타난 이들 두 지역의 청동기를 비롯한 물질문화는, 양(楊)과 위(魏) 역시 진(晉)의 경우와 마찬가지로47) 섬서성 주(周)의 중심지 문화의 강한 영향 아래에 있었음을 보여준

---

46) 《春秋大事表》, 中華書局, 1993, 563~608쪽.
47) 沈載勳, 앞의 글(2003), 1~43쪽.

표 1. 서주~춘추 초 산서성의 제후국

國名	姓	위치	멸 망
楊	姬	洪洞	晉에 의해 멸망, 연대 미상
魏	姬	芮城	晉에 의해 661년 멸망
荀	姬	新絳	晉에 의해 武公 시기 멸망[48]
郇	姬	臨晉	晉에 의해 멸망, 연대 미상
賈	姬	襄汾[49]	晉에 의해 武公 시기 멸망[50]
虞	姬	平陸	晉에 의해 655년 멸망
耿	姬	河津	晉에 의해 661년 멸망
霍	姬	霍州	晉에 의해 661년 멸망
黎	미상	黎城	狄에 의해 594년 멸망, 晉이 복구

다.[51] 곡옥 소종의 근거지였던 문희(聞喜) 상곽촌(上郭村)에서 출토된 서주 후기의 전형적 청동기인 순후이(荀侯匜)와 가자이(賈子匜)는 진이 순(荀)과 가(賈)를 멸망시킨 뒤 얻은 전리품이었을 가능성이 크다.[52] 나아가 1979년 노성(潞城) 노하촌(潞河村)에서 발견된 우후정호(虞侯正壺)는 서주 후기 오늘날의 산서성에 우국(虞國)이 존재했음을 입증한다.[53]

이러한 산서성의 제후국들이 유일한 비희성이었던 여(黎)를 제외하고는 모두 분하(汾河) 유역과 서남단에 위치한 것이 흥미롭다.(지도 1) 이러한 제후국들의 분봉시점에 관한 기록은 거의 없지만, 서주의 왕들이 산서성 서

48) 陳槃, 《春秋大事表列國爵姓及存滅表譔異》, 臺北: 中央研究員歷史語言研究所, 1969, 228쪽.

49) 고동고(顧棟高)는 가(賈)를 섬서성 포성(蒲城)에 위치시켰지만, 가(賈)가 진(晉)에 멸망 당했기 때문에 정발인(程勃軔)의 견해를 따른 것이다.(《春秋左氏傳地名圖考》, 120쪽)

50) 陳槃, 앞의 책, 229쪽.

51) 山西省考古研究所, 《山西考古四十年》, 太原: 山西人民出版社, 1994, 143~144쪽; 戴尊德·劉岱瑜, 〈山西芮城柴出土的西周銅器〉, 《考古》 1989-10, 906~909쪽.

52) 李學勤, 《東周與秦代文明》, 北京: 文物出版社, 1984, 63쪽; 朱華, 〈聞喜上郭村古墓 群試掘〉, 《三晋考古》 1, 1994, 105쪽.

53) 張姬舜 編, 《山西文物館藏珍品》, 太原: 山西人民出版社, 1995, 62쪽, 명문은 130쪽.

남부에 희성 제후국을 집중적으로 세운 사실은, 이 지역이 주원(周原)으로
이주 전 주족(周族)의 근거지였다는 가설을 되돌아보게 한다.54) 나아가 주
왕실이 이러한 희성의 분봉을 통해 섬서성과 지리적으로 인접한 이 지역
을 자신들의 중심부와 마찬가지로 직접 통치했을 가능성을 제기하게 한다.
서주 후기 선왕 시기 산서성 북부에서 일어난 천무(千畝)나 조(條)와의 전
쟁에서 비록 진 목후(穆侯)가 큰 공을 세우기는 했어도, 그 전쟁의 주체는
여전히 주 왕실이었다는 사실 또한 이를 뒷받침한다.55) 진 문후(文侯) 사후
67년 동안의 내전에서 곡옥 소종이 압도적인 우위를 차지하고 있었음에도
주 왕실의 공식적 승인을 받을 때까지 제후위를 차지할 수 없었다는 사실
또한 이와 일맥상통한다.56) 따라서 서주 후기 또는 춘추 초기까지도 진은
주의 강한 영향권 아래 있었던 산서성 서남부 여러 제후국들 가운데 하나
에 지나지 않았던 것이다.57)

이렇듯 산서성 서남부에 주의 영향력이 강하게 남아 있었기 때문에 헌
공의 희성 제후국들에 대한 정복은 진의 역사에서 지대한 의의를 지닐 수
밖에 없다. 진의 주변 세력 정벌에 대한 위문선(衛文選)의 연구에 따르면
진의 병합은 희성과 비희성을 포함한 제후국들과 비주 세력으로 나눌 수
있다.58)

《좌전》(閔公 2년)에 따르면, 헌공은 661년에 군대를 이군(二軍)으로 증강
한 뒤에 희성 제후국 세 나라, 즉 위(魏)59)와 곽(霍), 경(耿)을 정복했다.60)

---

54) 錢穆, 〈周初地理考〉, 《古史地理論叢》, 臺北: 東大圖書公司, 1982, 28~42쪽(원 논문
   은 1931년 《燕京學報》 10호 출간); 鄒衡, 〈論先周文化〉, 《夏商周考古學論文集》, 北
   京: 文物出版社, 1980, 297~355쪽; 沈載勳, 앞의 글(1999), 20~22쪽.
55) 沈載勳, 앞의 글(2000), 32쪽.
56) 沈載勳, 앞의 글(2004), 7쪽.
57) 필자는 서주시대 산서성 서남부가 왕기(王畿)의 일부였을 가능성까지 제기한 바 있
   다.(Jae-hoon Shim, op. cit., pp.124~125)
58) 衛文選, 〈晉國滅國略考〉, 《晉陽學刊》 6, 1982, 97쪽.
59) 산서성의 고고학자들은 예성(芮城)과 우왕고성(禹王古城)에 있는 동주시대 위(魏)의
   성벽을 발견한 바 있다.(Weld, op. cit, pp.257~266 참고)

이 세 나라에 대한 정복 이전에 다른 두 희성 제후국인 양(楊)[61]과 가(賈)가 진에 정복된 것으로 전한다.[62] 따라서 661년까지 진은 분하 유역의 거의 모든 희성 제후국을 정복한 것으로 보인다.[63] 이러한 정복 가운데 중조산맥(中條山脈) 이남 산서성 서남단의 위 정복은 뒤에서 언급될 655년 괵(虢)과 우(虞)의 정복과 마찬가지로 진이 중원의 중심부로 진출할 수 있는 중요한 교두보를 마련해 주었을 것이다. 순을 정복하여 비공족(非公族) 대부인 원씨암(原氏黯)에게 하사했던 부친 무공과 마찬가지로, 헌공도 정복지들을 비공족 귀족들에게 사여했다. 즉 양은 양설대부(羊舌大夫)가, 경은 조숙(趙夙)이, 위는 필만(畢萬)이, 가는 극예(郤芮)가 각각 하사받았다.[64] 이러한 비공족 귀족들은 강력한 세력으로 성장하여 이어지는 진의 발전에 중추 역할을 수행했다.

이렇듯 661년까지의 정벌로 분하 유역을 완전히 장악한 헌공은, 다시 남쪽으로 눈을 돌려 중원 지역으로 진출을 꾀했다. 《춘추》와 《좌전》 모두 헌공이 658년 중조산맥을 넘어서 우와 연합하여 괵국의 도읍 하양(下陽; 河南省 三門峽 근처, 지도 1)을 공격했다고 기록하고 있다.[65] 그러나 하양을 함락시켰음에도 헌공은 괵을 완전히 정복하는 데 3년을 더 기다려야 했다.

---

60) 《春秋左傳正義》 11.1786쪽.
61) 양(楊)의 성벽 역시 오늘날 홍동(洪洞) 지역에서 고고학적으로 확인되었다.(Weld, op. cit., pp.266~281 참고)
62) 衛文選, 앞의 글, 98쪽.
63) 위문선(衛文選)은 또한 655년 이전 진(晉)에 정복된 하진현(河津縣) 동쪽의 기(冀)에 대해서도 주목하고 있다. 그러나 기의 성은 알려지지 않고 있다
64) 사토 미치오(左藤三千夫)는 이러한 진의 강력한 귀족집단들이 희성에 뿌리를 두었을 가능성을 제기한 바 있다.(左藤三千夫, 〈晉の文公卽位めぐって―とくに三軍成立との關連において〉, 《白山史學》 17, 1973, 90~97쪽) 그러나 사토가 이용한 대부분의 문헌이 《좌전》이나 《국어》의 주석, 또는 《통지》(通志)의 〈씨족략〉(氏族略) 같은 후대의 자료라는 점이 고려되어야 한다. 기원전 6세기에 진의 통치권을 차지하기 위해 경쟁했던 세력들이 자신들의 통치력을 정당화하기 위해 가계(家系)를 조작했을 가능성이 있기 때문이다.(Weld, op. cit., pp.145~146)
65) 《春秋左傳正義》 12.1790~1791쪽.

그 무렵 국내에서 여희가 주도한 내란이 일어났기 때문이다.

《좌전》(僖公 4년, 656)에 따르면, 헌공의 총애를 받았던 여희는 자신의 아들인 해제(奚齊)를 진의 다음 통치자로 세우고자 했다. 따라서 그녀는 헌공과 세·아들 신생(申生), 중이(重耳), 이오(夷吾)를 이간시켜 진 통치가를 내분에 휩싸이게 함으로써 태자 신생을 자결케 하고, 중이와 이오를 망명하게 했다.[66] 헌공은 655년 봄까지 이 내분을 진정시킨 뒤 같은 해 겨울 괵에 대한 2차 군사원정을 감행했다. 우를 거쳐 괵에 이르는 루트를 다시 이용하여 헌공은 괵의 또 다른 도읍 상양(上陽; 陝縣)을 포위함으로써 주의 주요 희성 제후국인 괵을 급기야 멸망시켰다. 뿐만 아니라 괵으로부터 귀환하는 도중에 괵 정벌의 루트를 제공했던 또 다른 희성 제후국인 우까지 정복했다.[67] 따라서 655년까지 진은 산서성 서남부에 남아 있던 주의 세력 기반을 모두 제거했던 것이다.

헌공이 정복한 희성 제후국들 가운데 산서성과 하남성의 경계지역에 위치했던 괵의 정복은 이후 진의 발전에 중대한 의미를 지닌다. 최근 삼문협 상촌령(三門峽 上村嶺)의 괵국 묘지 발굴로 그 면모가 드러나고 있는 괵국이, 서주 후기 이래로 중원의 정치에서 주요 역할을 수행했음은 알려진 사실이다.[68] 무엇보다 괵국은 67년 동안 진의 내란 당시 곡옥 소종이 아닌 익의 종실을 지원했고, 혜왕 재위기(676~652)에는 왕실의 실질적인 후견자 역할을 담당했다.[69] 따라서 자신의 도읍 함락 이후 괵공 추(醜)가 주의 도읍으로 망명한 것은 오히려 자연스러운 일이었다.

---

66) 《春秋左傳正義》12.1793~1794쪽.

67) 《春秋左傳正義》12.1795~1796쪽.

68) 王斌 主編,《虢國墓地的發現與研究》, 北京: 社會科學文獻出版社, 2000.

69) 吉本道雅,〈春秋齊覇考〉,《史林》73-2, 1990, 109쪽. 괵(虢)은 혜왕(惠王)의 혼인에 직접 관여한 것 말고도 674년에 왕자 퇴(頹)의 반란과 664년에 번피(樊皮)의 난을 진압하는 등 왕실을 위해 중대한 역할을 수행했다.(《春秋左傳正義》9.1772~1774쪽; 10.1782쪽) 주와 제 사이의 관계 변화를 분석하면서 요시모토(吉本)은 또한 괵이 멸망한 이후에야 제가 왕실의 사무에 더 적극 관여하기 시작했음을 주목하고 있다.

그러므로 산서성의 희성 제후국들은 말할 것도 없고, 주와 가장 밀접한 관계를 유지했던 괵의 멸망을 속수무책으로 바라볼 수밖에 없었던 주 왕실 입장으로 미루어, 이제 주 왕실은 더 이상 진의 팽창을 저지할 수 없게 되었음을 알 수 있다.[70] 진의 역량은 헌공대 이미 왕의 권위를 뛰어넘을 정도로 급격히 신장했던 것이다. 또한 괵의 정복은 진이 중원으로 진출할 수 있는 확실한 전력 거점을 확보한 점에서도 큰 의미를 지닌다.

괵의 정복과 관련하여 주목할 만한 또 하나 중요한 사실은, 동방 노(魯)나라의 연대기 《춘추》가 658년(僖公 2년) 진이 우의 군대와 연합하여 괵을 정벌한 사건을 진에 관한 최초의 기사로 싣고 있다는 점이다.[71] 물론 《춘추》의 주석서로의 성격을 지닌 《좌전》에 춘추 초 진에 관한 상당한 기록이 남겨 있고, 이 글 또한 상당 부분 《좌전》의 이러한 기록들에 의존하고 있다. 그러나 《좌전》의 성격에 대해서는 아직까지 논란이 끊이지 않고 있기 때문에,[72] 춘추시대 당대의 자료임에 의심의 여지가 없는 《춘추》에 수록된 최초의 진에 관한 기사는 주목할 가치가 있다.

필자는 비록 《좌전》이 《춘추》와 같은 계통의 사서(史書)가 아니라는 점

---

70) 춘추 초 주의 최측근 세력으로서 괵의 역할에 주목하며, 일부 학자들은 괵의 영토가 왕기의 일부였을 것으로 추정하기도 한다.(吉本道雅, 〈春秋晉覇考〉, 《史林》 76-3, 1993, 76쪽; Lothar von Falkenhausen, "The Waning of the Bronze Age," *The Cambridge History of Ancient China*, pp.476~477)

71) 《春秋左傳正義》 12.1791쪽.

72) 이와 관련하여 최근 구미에서 출간된 《좌전》에 관한 두 권의 책은 주목을 끈다. 데이비드 스카버그는 《좌전》을 기원전 4세기까지 구전된 일화나 언설을 당시 일부 집단의 사상가들이 모아 엮은 것으로 파악하기 때문에, 이를 춘추시대의 연구에 이용할 때는 신중히 부차적으로 취급해야 한다고 본다.(David Schaberg, *A Patterned Past: Form and Thought in Early Chinese Historiography*, Cambridge: Harvard University Asia Center, 2001, pp.315~324) 반면에 유리 파인스는 《좌전》의 주요 부분을 이루는 정치가들의 언설이 춘추시대 조정의 사관들에 의해 간독(簡牘)에 기록된 것을 토대로 재구성된 것이기 때문에 이 책이 춘추시대 지성사의 연구에 손색없는 자료로 파악한다.(Yuri Pines, *Foundation of Chunqiu Thought*, Honolulu: University of Hawaii Press, 2002, pp.13~54)

은 인정한다고 해도, 이 글에서 이용한 《좌전》의 춘추 초 진에 관한 기사들의 신빙성을 부인하지는 않기에, 《좌전》의 사료적 가치에 대한 논쟁에 뛰어들지는 않을 것이다. 그러나 왜 하필 노나라의 사관(史官)들이 곽의 정벌시점부터 진을 자신들 연대기의 주요 관심대상에 포함시켰는지는 진의 성장과 관련하여 중요한 실마리를 제공해 준다.

춘추시대 산동성에 위치한 노나라의 연대기 《춘추》에는 722년부터 노의 대외 관계에 관한 많은 기록이 담겨 있다. 초기의 기록은 주로 주(周)와 정(鄭), 송(宋), 진(陳), 채(蔡), 위(衛), 조(曹), 제(齊)와 같은 중원의 나라와 거(莒), 등(滕), 기(杞), 기(紀) 등과 같은 현재 산동성 지역의 소국들과의 관계에 집중되어 있어서, 당시 강대국으로 성장하고 있던 초(楚)와 진(晉), 진(秦)의 세 나라는 노나라 사람들의 관심대상이 아니었다. 그러나 684년(莊公 10년) 형(荊)으로 기록된 초가 중원의 나라인 채(蔡)의 군대를 패배시킨 사건을 계기로 《춘추》에 처음 등장한 다음 꾸준히 《춘추》에 나타나는 것은 의미심장하다.[73]

마찬가지로 진(晉)이 주의 최측근 곽을 정복한 사건 역시 노나라 사람들에게 강한 인상을 심어주었을 것임에 틀림없다. 이 사건에 뒤이어 진은 노나라 연대기 《춘추》에 꾸준히 주요 관심대상으로 등장하기 시작한다.[74] 따라서 곽의 정복을 통한 진의 《춘추》 등장은 진이 중원의 국가들로부터 강대국으로 주목을 받으며 그 대열에 합류하기 시작했음을 의미한다.[75]

한편, 헌공은 많은 주의 제후국을 정복한 것 말고도 융적 지역으로까지

---

73) 《春秋左傳正義》 8.1766. 물론 진의 경우와 마찬가지로 《좌전》에는 초에 관한 기사가 710년(桓公 2년)부터 나타나기 시작한다.

74) 최초의 기사 3년 후(僖公 5년, 665년) 《춘추》는 진의 태자 신생(申生)의 죽음과 우공의 생포에 대해 기록하고 있다. 662년에는 적(狄)의 진(晉) 침략이, 그 다음 해에는 헌공의 죽음과 그의 아들 해제의 암살을 주요 기사로 다루고 있다.(《春秋左傳正義》 12.1794쪽; 13.1799쪽; 13.1800쪽).

75) 또 다른 서방의 강대국 진(秦)이 최초로 《춘추》에 등장한 시점은 632년(僖公 28년) 성복전(城濮戰) 당시다.

영토를 확장했다. 특히 헌공이 두 아들 중이와 이오를 포(蒲)와 굴(屈) 지역에 각각 세운 것은, 분하 서쪽 여량산맥(呂梁山脈) 너머의 융적 지역으로까지 진의 영토를 확장시켰다는 점에서 중요한 의미를 지닌다.76) 따라서 사마천은 헌공 재위 말까지 진의 영토가 분하 중류까지 산서성 서남부의 모든 지역과 섬서성과 하남성의 일부까지 포함시킬 정도로 확장되었던 것으로 파악했다.77) 따라서 이미 강대한 지역국가로 성장한 진이 《춘추》에 주요 관심대상으로 등장한 것은 오히려 자연스러워 보인다.

그러므로 헌공대부터 진은 산서성 서남부에서 주의 잔재를 모두 제거하고 자원을 독점하며 자신들의 역량을 배가시켰고, 이는 20여 년 뒤 문공 패업의 주요 토대가 되었음이 분명하다. 이러한 측면에서 《좌전》과 《국어》에 모두 기록된 헌공 재위 말년, 진의 상황을 묘사한 주의 재상 재공(宰孔)과 관련된 언설은 음미해볼 가치가 있다.

산서성 서남부를 확실히 장악하고 중원에 이르는 교두보를 확보한 후 651년 헌공은 최초로 채구(蔡丘; 河南省 考城縣)에서 열린 송(宋)과 위(衛), 정(鄭), 허(許), 조(曹) 등이 참여한 제 환공 주도의 회맹에 합류하고자 했다. 등극한 지 얼마 되지 않은 양왕 역시 제 환공의 패자로서의 지위를 보증하기 위해 자신의 신하인 재상 재공을 파견했다. 재공은 회맹을 마치고 돌아오는 길에 병 때문에 채구 도착이 지연된 헌공을 만났다. 회맹 당시 제 환공의 부도덕한 태도에 실망한 재공은 헌공에게, 제 환공이 주도하는 회맹에 참여하지 말 것을 권유했다. 《좌전》에 따르면, 재공은 그 대신 헌공에게 제가 서쪽(晉을 의미)으로는 아무것도 할 수 없을 것이라고 말하며, 진의 내분을 수습하라고 충고했다.78) 그래서 헌공은 진으로 돌아갔다.

---

76) 《春秋左傳正義》10.1781쪽; 《國語》7.270쪽; 《史記》39.1461쪽. 포(蒲)는 오늘날의 습현(隰縣), 굴(屈)은 길현(吉縣)으로 추정된다.(《春秋左傳注》, 240쪽)

77) 《史記》39.1648쪽; 李隆獻, 앞의 책, 42~43쪽.

78) 《春秋左傳正義》12.1800쪽. 양백준(楊伯峻)은 서쪽은 진(晉)을 의미하는 것으로 파악하고 있다.(《春秋左傳注》, 327쪽). 〈진세가〉에도 유사한 언설이 수록되어 있다.(《史記》39.1648쪽) 여기서의 내분은 여희가 주도한 이전의 군위계승투쟁을 회고한

한편 이와 비슷한 내용을 《국어》는 조금 다르게 전하고 있다. 헌공을 만난 뒤 재공은 자신의 마부(馬夫)에게 산과 강 그리고 융적에 둘러싸인 진이 난공불락이라고 얘기하며, 헌공이 자신의 역량을 과소평가하고 제 환공이 주도한 회맹에 참여하려 했음을 안타까워하고 있다.[79]

위의 언설이 사료로서의 가치를 지닐 수 있는 것이라면, 주의 재상 재공은 진이 헌공대에 급격히 성장하여 이미 제와 맞설 만한 역량을 갖추었음을 간파했음을 알 수 있다. 따라서 진이 제 환공이 주도하는 회맹에 굳이 참여할 필요가 없음을 피력했던 것이다. 이 언설은 지금까지 필자가 살펴본 헌공 재위기 진의 급격한 성장을 입증해 준다.

5. 맺음말

헌공 재위기 진(晉)의 발전을 살펴보면서, 헌공은 발상의 전환 능력뿐만 아니라 이를 실행하는 뛰어난 추진력까지 갖추었음을 알 수 있었다. 무엇보다 공족(公族)의 정치 참여를 단호히 배제하고, 주의 주요 희성(姬姓) 제후국으로서 경원시해야 할 융적(戎狄)과 관계를 개선하기 위해 혼인정책을 편 것은 당시로서는 파격적이었음에 틀림없다. 당시 진은 헌공이 주도한 이러한 새로운 정책을 성공적으로 수행하며, 산서성의 주요 희성 제후국을 완전히 정복함으로써 역량을 배가시킬 수 있었던 것이다. 물론 이러한 헌공 재위기의 급격한 발전은 곡옥(曲沃) 소종(小宗)의 찬탈 이후 주의 영향력에서 자유로워진 것과도 무관하지 않을 것이다. 그럼에도 군위(君位) 찬탈 이후 길지 않은 시간 안에 진(晉)을 확고한 영역을 가진 지역국가로 성장시킨 헌공의 탁월한 역량은 주목받아야 마땅하고, 당시 진의 발전이

것이다.

79) 《國語》 8.300~301쪽.

문공 패업의 실질적 토대가 되었음은 부인하기 어려울 것이다.

뛰어난 지략가이자 정력가였던 헌공은 26년의 재위 후 651년 사망했다. 여희(驪姬)의 아들 해제(奚齊)가 뒤를 이어 잠시 등극했으나 유력 귀족이었던 이극(里克)에 의해 주살되고, 이오(夷吾; 惠公)가 진의 통치자가 되어 14년 동안 다스렸다. 이 글에서 다루지 않은 혜공(惠公)의 통치기에 대한 자료는 그다지 많지 않아, 학자들이 이 시기를 진의 쇠퇴기로 파악하고 있음은 앞에서 이미 언급한 바 있다.

그러나 필자는 혜공 시기 역시 문공 패업의 토대로서 재조명받을 여지가 있음을 발견하였다. 우선 여희의 난으로 중이(重耳)와 마찬가지로 망명을 떠났지만 중이보다 앞서 귀국하여 군위를 차지한 혜공의 역량을 무시할 수는 없을 것이다. 헌공이 혼인정책으로 융적과 화합한 것과 마찬가지로, 혜공 역시 진(秦)에 핍박받은 융에게 변경의 땅을 제공하며 은전을 베풀었다고 전한다.80) 그는 또한 649년 양왕(襄王)이 동생 대(帶)의 난에 직면했을 때, 진(秦) 목공(穆公)과 함께 왕실을 방어하고 이어지는 협상에까지 개입하는 등, 중원의 정치에서 주도권을 장악하려는 시도도 했다.81)

비록 혜공이 645년 진(秦)과 한원(韓原)에서 벌인 전투에서 패하여 오점을 남겼지만,82) 패배 이후 실시했다고 전해지는 전제(田制)와 군제(軍制)의 개혁인 이른바 원전(爰田)과 주병(州兵)은 주목을 끌 만하다.83) 원전은 국가가 평민들에게 국유지를 나누어준 최초의 제도로서, 당시 새로운 징병제도인 주병과도 밀접하게 연관되어 있었다.

마크 루이스는 《좌전》에 나타나는 주(州)의 거주민들을 도읍 지역 거주가 허용되지 않는 피정복민으로 파악한 바 있다. 따라서 그는 주병의 도입으로 진(晉)이 피정복민과 오지의 농민들까지 군사 의무를 지는 대가로 토

---

80) 《春秋左傳正義》 32.1956쪽.
81) 《春秋左傳正義》 13.1802쪽. 그러나 이 난의 사후처리는 제 환공이 실제로 주도했다.
82) 《春秋左傳正義》 14.1808쪽.
83) 《春秋左傳正義 》14.1806쪽; 《國語》 9.330쪽.

지를 지급함으로써 국가 구조에 편입시킬 수 있었다고 주장한다. 나아가 이러한 개혁을 바탕으로 문공이 몇 년 안에 자신의 군대를 세 배(三軍)로 확장시킬 수 있었다고 한다.[84]

따라서 새로운 정책의 추진으로 진(晉)의 역량을 배가시켰던 헌공과 마찬가지로 혜공 역시 헌공의 치적을 이어받아 진을 지속적으로 성장시키는 데 일조했을 것이다. 문공의 빼어난 능력을 폄하할 생각은 없지만, 19년 동안의 망명생활을 끝내고 돌아와 보좌에 오른 그가, 앞선 두 통치자가 이룩한 탄탄한 기반 없이 4년 만에 진을 최강국으로 세우기란 상식적으로 불가능한 일이다. 그럼에도 이미 영웅화되어버린 거대한 문공에 가려 이들의 치적이 평가 절하되어 왔음을 인식해야 할 것이다.[85]

그러므로 헌공과 혜공의 재위기를 문공 패업의 실질적 토대로 새롭게 자리매김하여, 이들을 문공의 그늘에서 벗어나게 함으로써 문공 패업의 불가사의와 논리적 모순을 비로소 해결할 수 있을 것이다.

---

84) Mark Lewis, *Sanctioned Violence in Early China*, Albany: State University of New York, 1991, pp.57~58.
85) 헌공의 경우, 특히 하상주(夏商周)를 멸망에 빠뜨린 마지막 왕들의 결혼과 비유되었던 여희와의 결혼과, 여희가 주도한 난에서 자신의 아들들보다 (부도덕한?) 여희를 지지한 사실 때문에 후대의 유학자들로부터 호평을 받기는 어려웠을 것이다.

한대(漢代) 변경지역의 인구 유입과 사회 변화
― 하서(河西) 지역을 중심으로―

김 경 호
_성균관대 동아시아학술원

1. 머리말

한(漢) 제국의 기본 통치체계인 중앙집권적인 군현제도의 확립은 중앙에서 지방에 이르는 통치지역 안에서 국가권력의 의지대로 모든 사안들이 철저하게 수행됨을 뜻한다. 즉 제국의 철저한 호구(戶口), 간전(墾田)의 파악과 조세(租稅), 요역(徭役)의 관리는 이것을 관철하기 위한 제도였다. 그런데 한대 변경지역의 한 부분인 하서(河西)[1] 지역은 무제(武帝)에 의해 군현지배가 관철되기 전까지는 문화적 배경을 달리하는 이민족이 거주하던 지역이었다. 더욱이 이곳은 '땅은 넓고 사람은 드문'(地曠人稀) 지역으로서, 한인(漢人)들에게는 '불모의 땅'으로 인식되었다.

또한 하서 지역은 이민족의 침입에 따른 수도 장안을 비롯한 기보(畿輔) 지방의 안위와 밀접한 관련을 맺고 있으며, 서역에서 들어오는 군마(軍馬)를 비롯한 다양한 '변군(邊郡)의 이(利)'[2]도 결코 소홀히 할 수 없는 지역이

---

1) 필자의 조사에 따르면 《사기》, 《한서》, 《후한서》에서 '하서'라는 지역에 관해 기사는 무려 82회나 보인다. 그러나 사서에 표현된 '하서' 지역은 시대에 따라 그 위치가 변함을 알 수 있는데, 이 글에서는 진한(秦漢) 이래로 영토확장에 따라 사용된 위치, 즉 감숙성(甘肅省)을 서남에서 동북으로 가로지르는 황하 서쪽 지역을 서술 대상으로 삼고자 한다.

2) 《鹽鐵論》(《鹽鐵論校注》, 中華書局, 1992) 권3 〈未通〉 190쪽: "孝武皇帝平百越以爲園圃 卻羌・胡以爲苑囿 是以珍怪異物 充於後宮……邊郡之利亦饒矣."

었다. 따라서 무제기 이후 하서 변군(邊郡)의 개척과 강화는 당시의 현실적 요구를 반영한 것이었다.

변경지역의 개척이 단순히 치소(治所)의 건립만 의미하는 것이 아니라면, 변경의 개척은 자연스럽게 중원 지역에서 시행된 제도와 문화의 유입과 관련이 있다.3) 중원 지역의 여러 문화가 변경지역으로 유입되는 것이 이 지역으로 인구가 유입되는 것과 밀접한 관련이 있다면, 제국의 인구 이동을 통한 변군의 군현통치 질서를 이해할 수 있을 것이다. 그런데 한대 인구와 관련한 기왕의 연구 성과들을 검토해 보면, 호적제도(戶籍制度)4)나 인구통계5)와 관련한 연구, 지역별 인구이동,6) 인구의 증감,7) 그리고 관중 지역에 대한 사민(徙民)8) 등으로 크게 나누어져, 인구문제를 가지고 국가의 통치질서를 깊이 이해하기에는 한계가 있다. 무엇보다 기왕의 연구 성과는 그 서술 공간이 군현질서가 이미 확립 정비된 제국 질서를 중심으로 고찰하였기 때문에, 무제기 이후 지배영역의 확대에 따른 변군의 설치,9)

---

3) 邵台新,《漢代河西四郡的拓展》, 臺灣商務印書館, 1988, 제4장 經濟社會之變遷與文化融合을 참조.

4) 越智重明,〈漢時代の戶と家－主として戶籍制度面から見た〉,《史學雜誌》78-8, 1969; 錢劍夫,〈漢代"案比"制度的淵源及其流演〉,《歷史研究》 1988-3; 宋昌斌,《中國古代戶籍制度史稿》, 三秦出版社, 1991 등을 참조.

5) 佐藤武敏,〈漢代の戶口調査〉,《集刊東洋學》18, 1967;〈前漢の戶口統計ついて〉《東洋史研究》43-1;〈後漢の戶口統計ついて〉,《中國古代史研究》6, 1989; 管東貴,〈戰國至秦漢初的人口變遷〉,《中央研究院歷史語言研究所集刊》50-4, 1979 등 참조.

6) 肥後政紀,〈前漢後半期における地域別の人口移動〉,《堀敏一先生古稀記念 中國古代の國家と民衆》, 汲古書院, 1995.

7) 葛劍雄,〈西漢人口考〉,《中國史研究》1981-2에 따르면 전한의 인구변화를 3단계로 나누어 설명하고 있다. 한초~무제 초(B.C. 206~B.C. 134), 무제 중·후기(B.C. 133~B.C. 90), 무제 말년~평제 원시 2년(B.C. 89~A.D. 2)이다.

8) 閔斗基,〈前漢의 陵邑徙民策－彊幹弱枝으로서의 그 具體的 內容에 對한 試考〉,《歷史學報》9, 1957;〈前漢의 京畿統治策〉,《東洋史學研究》3, 1969; 葛劍雄,〈西漢關中的人口遷移〉,《文史集林》제1집, 1985 등을 참조.

9)《한서》(이하 정사류는 中華書局標點校勘本에 의거함) 권28〈지리지〉관련 기사에 따르면 무제 연간 서북변의 옛 흉노 지역에 9개, 서남이 지역에 7개, 남방의 옛 월(越) 지역에 10개, 동북변 동이 거주지역에 4개 등 31개의 변군을 설치하고 있다.

그리고 변군으로의 인구 이동 등을 비롯한 사회변화를 설명하기에는 부족한 듯하다.

필자가 변경지역의 인구 유입에 주목하는 까닭도 바로 여기에 있다. 이 글에서는 변경지역으로 인구가 유입되고 중원 지역의 인구는 유출되는 주요 요인, 사민의 대상이 된 주요 계층, 그리고 인구 이동에 따른 사회질서의 변화 등을 검토함으로써, 한 제국 통치질서의 성격을 밝히고자 한다.

2. 인구 유입의 주요 계층

1) 사민(徙民), 요역(徭役), 피난(避難)

하서 지역으로의 인구 유입, 즉 사민(徙民)의 전반적인 내용은 《한서》(漢書) 권28 〈지리지 하〉의 기사("其民或以關東下貧 或以報怨過當 或以誅逆亡道 家屬徙焉, p.1645)로 알 수 있다. 이 기사에 따르면 사민의 주요 대상자는 관동(關東) 지역의 빈민, 죄인과 그 가속(家屬)들로 구분할 수 있다. 그러나 기사의 내용이 아주 제한적이고 단편적이어서 구체적 사실을 명확히 규명하는 것은 한계가 있다. 그렇지만 관련 기사들을 검토함으로써 한대 변경지역에 대한 인구 유입의 상황을 이해할 수 있을 것이다.

먼저 관동 지역의 빈민과 관련한 아래의 기사를 검토해 보자.

(元狩) 4年 겨울 有司가 말하길 關東(지역의) 빈민을 隴西・北地・西河・上郡・會稽지역으로 徙民시킨 자가 72만 5천 口이다.[10]

위의 기사에서 알 수 있듯이 관동의 빈민들이 하서를 비롯한 변경지역의 주요 사민 대상자가 되고 있음이 주목된다. 그런데 원수(元狩) 4년(B.C.

---

10) 《漢書》 권6 〈武帝紀〉, 178쪽.

119) 이후의 관동 지역의 사정은 "(元鼎二年; B.C. 115) 三月 大雨雪. 夏 大水 關東餓死者以千數", "(元鼎三年; B.C. 114) 夏四月 雨雹 關東郡國十餘飢 人相食"[11] 등과 같이, 자연재해로 인해 빈곤의 문제가 심각한 지경이었다. 더욱이 원봉 4년(B.C. 107)에는 관동 지역의 유민(流民)이 200만 명이나 되었고, 호적이 없는 자는 40만 명이나 발생하였다. 이에 공경(公卿)들이 유민들을 변경으로 이주시키고자 논의한 사실은,[12] 무제 이래로 자연재해로 인한 재민(災民)의 발생과, 그에 따른 인구의 유동이 커다란 사회문제로 대두하였음을 짐작할 수 있다.

재민이 발생하여 국가가 이들에게 식량을 제공하지 못할 경우, 국가는 식량이 있는 곳으로 재민을 이주시키는 이른바 '취식'(就食)을 허용하기도 하였다.[13] 원수 4년에 시행된 무제의 변경정책은 이러한 사회적 모순을 해결할 수 있는 방안이기도 하였다. 즉 무제는 원수 2년·4년에 곽거병(霍去病)과 위청(衛靑)으로 하여금 흉노를 공격하여 하서 지역에서 그 세력을 축출한 후,[14] 중원 지역 인구의 변경지역 유입, 즉 사민을 통한 변경의 방비와 개발에 중점을 두었다. 먼저 사민과 관련하여 "이에 무위(武威)·주천군(酒泉郡) 지역을 분할하여 장액(張掖)·돈황군(敦煌郡)을 설치하고 백성들을 이주시켜 이 지역의 내실을 (도모하였다)"[15]는 기사는, 하서 지역에서 군현의 설치와 함께 사민이 시행되었음을 뒷받침하는 내용이다. 또한 이 기사 내용과 관련하여 《사기》 권30 〈평준서〉(平準書, p.1439)에는 아래와 같이 서술하고 있다.

---

11) 《漢書》 권6 〈武帝紀〉, 182~183쪽.

12) 《漢書》 권46 〈萬石君列傳〉, 2197쪽: "元封四年 關東流民二百萬口 無名數者四十萬 公卿議欲請徙流民於邊以適之."

13) 산동 지역에 재해가 발생하자 이 지역 기민(飢民)들에게 강회(江淮) 지역에서 식량을 구하게 한 것은 그 좋은 예이다.(《漢書》 권24 〈食貨志·下〉 1172쪽: "是時山東被河災……天子憐之 令飢民得流就食江淮間 欲留 留處.")

14) 《漢書》 권94 〈匈奴傳〉, 3770쪽: "是後匈奴遠遁 而漠南無王庭."

15) 《漢書》 권6 〈武帝紀〉, 189쪽: "乃分武威·酒泉地置張掖·敦煌郡 徙民以實之."

처음(注引에 의하면 "徐廣曰……'元鼎六年'") 張掖·酒泉郡(인용자: 아마
도 敦煌일 것이다), 그리고 上郡·朔方·西河·河西 지역에 田官을 개설하
고 塞候와 斥卒 60만 명으로 하여금 이곳에서 戌·田에 종사시켰다.[16]

인용한 기사의 내용을 검토하여 보면, 60만 명의 '출신'과 '이곳'의 정확
한 위치 규명이 문제로 대두된다. 왜냐하면 출신지역이 명확하게 규명되
면 변경지역으로의 인구 유입의 성격을 알 수 있기 때문이다. '이곳'에서
60만 명이 수(戌), 전(田)에 종사한 것으로 보아, 그 위치는 한과 흉노가 대
치하는 접점지역이었을 것이다. 즉 관련 기사에 따르면, 한의 흉노 침략에
대비한 방어선은 대략 영거(令居)에서 장액(張掖)·주천(酒泉)[17] 및 주천 서
쪽에서 옥문(玉門)에 이르는 지역[18]과 거연택(居延澤)[19]을 중심으로 형성된
지역이었다. 이와 같은 방어선의 구축은 이민족의 연합, 강(羌)과 흉노의
모의를 단절하는 것이었다. 이러한 내용은 "처음으로 하서 지역을 개척하
고 4군을 설치하여 도로가 옥문까지 통하니 강(羌), 호(胡)를 단절시키고 남
북으로 왕래할 수 없게 하였다"[20]는 기사에서 확인할 수 있듯이, 영거에서
주천, 주천에서 옥문, 그리고 거연택을 중심으로 한 군사방어선[21]을 한이
확보함에 따라 이 지역으로 백성들을 이주시킬 수 있게 되었다.[22]

---

16) 오시마(大島利一)는 이 기사를 "개전관(開田官)과 척·새졸(斥·塞卒) 60만 명이 상
　　군(上郡)·삭방(朔方)·서하(西河)·하서 각 군에서 왔다"고 해석하고 있으나 동의하
　　기 어렵다.(〈屯田と代田〉, 《東洋史研究》 14-1·2, 1955)

17) 《史記》 권30 〈平準書〉, 1439쪽: "又數萬人渡河築令居 初置張掖·酒泉郡"; 권123
　　〈大宛列傳〉, 3170쪽: "而漢始築令居以西 初置酒泉郡以通西北國."

18) 《史記》 권123 〈大宛列傳〉, 3172쪽: "封(王)恢爲浩侯 於是酒泉列亭障至玉門矣."

19) 《史記》 권110 〈匈奴列傳〉, 2916쪽: "……而使遊擊將軍韓說 長平侯衛伉屯其旁 使
　　彊弩都尉路博德築居延澤上."

20) 《後漢書》 권87 〈西羌傳〉, 2876쪽.

21) 居延甘肅考古隊, 〈居延漢代遺址的發掘和新出土的簡冊文物〉, 《文物》 1978-1. 특히
　　액제납하(額濟納河) 유역에서 집중적으로 발견된 봉수(烽燧)유적은 한대 거연 지역이
　　군사적으로 중요한 지역이었음을 뒷받침해 주고 있다.(陳夢家, 〈漢簡所見居延邊塞與
　　防禦組織〉, 《漢簡綴述》, 中華書局, 1980)

22) 《後漢書》 권87 〈西羌傳〉, 2877쪽: "漢遂因山爲塞 河西地空 稍徙人以實之."

앞서 인용한 '이곳'이란 아마도 흉노와 강족의 침입을 막고 서역과 교통하기 위하여 하투(河套) 지역 서쪽에서 돈황(敦煌) 지역에 이르기까지 견고한 방어선을 구축한 지역일 것이다. 그렇다면 방어선 구축과 이 지역으로 인구 유입은 어떠한 관계가 있는가? 우선 지적할 수 있는 것은 변새(邊塞)를 건설하는 주요 노동력은 둔전(屯田)에 복무하는 졸(卒)이라는 점이다. 《한서》 권94 〈흉노전 하〉 "起塞以來百有餘年……卒徒築治 功費久遠 不可勝計"(p.3804)의 '졸'이란 의심할 여지없이 둔전에 복무한 졸이다. 또한 변새를 수위(守衛)하는 주요 계층 역시 둔전에 복무하는 '졸'이었다. 무엇보다 거연지역23)은 다른 변경지역보다 이러한 내용을 비교적 상세히 보여주고 있다.

무제는 태초(太初) 3년 수전졸 18만 명을 거연과 휴도(休屠) 지역에 파견하여 농경과 방어에 진력시켰다.24) 이것은 거연에서 둔전의 실시가 태초 연간에 이루어졌음을 의미한다. 거연은 감숙(甘肅) 북부의 액제납하(額濟納河) 유역에 위치하여, 동서 양측은 파단길림(巴丹吉林) 사막과 북산산맥(北山山脈)으로 차단되어 있기 때문에 액제납하(額濟納河) 유역은 북으로는 흉노의 용성(龍城), 남으로는 주천·장액으로 통하는 유일한 통로였다. 따라서 태초 3년에 파견한 수전졸 18만 명은 아마도 이 일대에서 간전식곡(墾田殖穀)에 종사하였을 것으로 추측된다.25) 현재 이 둔전의 규모에 대해서는 거의 알려져 있지 않지만, 소제(昭帝) 시원(始元) 2년(B.C. 85) 성마전관(騂馬田官) 지역의 관개(灌漑), 수거(水渠), 수축(修築)과 관련한 《한간》(漢簡; 303.15, 513.17)의 기사에 따르면 1,500명이 이 공사에 참가하였음을 알 수 있다.

그렇다면 태초 3년에 파견된 수·전졸 18만 명과 성마전관(騂馬田官) 소

---

23) 거연의 지리적 위치와 성격에 대해서는 陳夢家, 〈漢居延考〉, 《漢簡綴述》, 中華書局, 1980, 221~228쪽 참고.

24) 《史記》 권123 〈大宛列傳〉, 3176쪽 및 《漢書》 권61 〈李廣利傳〉, 2700쪽: "益發戍甲卒十八萬酒泉·張掖北 置居延·休屠以衛酒泉……."

25) 거연둔전은 두 지역으로 구분되는데, 북부의 갑거후(甲渠候), 삽정색(卅井塞)과 거연택(居延澤)으로 둘러싸인 거연둔전과, 남부의 견수(肩水) 동서색(東西塞)으로 둘러싸인 성마둔전(騂馬屯田)으로 구분된다.(陳夢家, 앞의 책, 4쪽)

속 지역의 관개공사에 참여한 1,500명이라는 노동력은 어느 지역에서 동원된 것일까? 우선 주목되는 것은 둔전에 종사한 노동력의 대부분이 《한간》 "田卒淮陽新平常昌里上造柳道年卅三"(11·2)의 기사처럼 중원 지역 출신 전졸이나 수졸이 대부분을 차지한다는 점이다. 무엇보다 《한간》의 기사 가운데, 명적(名籍) 관련 기사를 조사하여 보면 대부분 관동(關東) 지역 출신임을 알 수 있다. 더욱이 명적간(名籍簡)은 전졸과 수졸의 명적이 다수를 차지하고 있는데, 이 명적의 양식을 살펴보면 대체로 '전(수)졸, 출신 군국, 현·리명, 작위, 성명, 연령' 등의 순으로 기록되어 있어 이들의 신상을 파악할 수 있다.[26]

전졸과 관련한 내용을 먼저 검토해 보면, 다음과 같은 사실을 알 수 있다. 조사된 전졸의 수는 58명이며, 이들의 출신지는 대체로 황하 중·하류의 관동 지역에 집중되어 있다. 그 분포를 살펴보면 회양군(淮陽郡) 19명, 대하군(大河郡) 7명, 창읍국(昌邑國) 14명, 동군(東郡) 2명, 위군(魏郡) 4명, 여남군(汝南郡) 8명, 제음군(濟陰郡) 2명, 하남군(河南郡) 1명, 평간국(平干國) 1명 등이다. 수졸 또한 77명에 이르는데, 이들의 출신지는 대체로 회양군 8명, 거록군(鉅鹿郡) 2명, 동군 6명, 여남군 3명, 업국(鄴國) 1명, 남양군(南陽郡) 4명, 영천군(潁川郡) 2명, 위군 11명, 하동군(河東郡) 5명, 진유군(陳留郡) 4명, 조국(趙國) 3명, 양국(梁國) 5명, 장액군(張掖郡) 10명, 제음군(濟陰郡) 4명, 창읍국(昌邑國) 3명, 역득현(轢得縣) 1명의 명적을 확인할 수 있다. 이러한 사실로부터 전·수졸 135명은 명적에 보이는 졸수 189명의 3분의 2 정도를 차지하며,[27] 이들 가운데 상당수는 관동 지역 출신으로서 하서 지역에서 복무하였음을 알 수 있다.(부록 표 참조)

이러한 관동 지역 인구의 하서 변경지역으로 유입 사실은 돈황현천치한

---

26) 이러한 양식과 일치하는 것으로 고졸(庫卒), 하거졸(河渠卒), 정졸(亭卒), 장졸(鄣卒), 수졸(隧卒) 등도 보이나, 이 글에서는 전졸(田卒)과 수졸(戍卒)만 주요 대상으로 삼았다.

27) 尾形 勇, 앞의 글, 1~15쪽; 薛英群, 《居延漢簡通論》, 甘肅敎育出版社, 1991, 6장 經濟措施 제19절 "屯田與屯田機構," 339쪽 참조.

간(敦煌懸泉置漢簡)의 내용에서도 확인할 수 있다.

① 神爵四年十一月癸未　　　　　　　② 酒泉郡因迎罷卒送致河東南陽穎川東＝
　　丞相史李尊送護神爵六年戌卒河東南＝　　郡魏郡淮陽國幷督死卒傳兼
　　陽穎川上黨東郡濟陰魏郡淮陽國詣＝　　　爲駕一封蛪傳
　　敦煌郡　　　　　　　　　　　　　　　御史大夫望之謂高陵以次爲駕當舍
　　　　　　　　　　　　　　　　　　　　傳舍如律令28)

①의 내용은 선제(宣帝) 신작(神爵) 4년(B.C. 58)에 승상사(丞相史) 이준(李尊)이 하동(河東), 남양(南陽), 영천(穎川), 상당(上黨), 동군(東郡), 제음(濟陰), 위군(魏郡), 회양국(淮陽國)에서 징발된 수졸을 데리고 돈황군으로 가는 내용이다. 반면에 ②의 내용은 주천군(酒泉郡)에서 군역을 담당한 수졸들이 임기를 마치고(罷) 본군인 하동·남양·영천·동군·위군·회양국으로 돌아가는 내용이다.29) 즉 수졸의 징집대상은 관동 지역의 민이며, 이들의 목적지는 하서 변경지역임을 알 수 있다.

따라서 앞서 인용한 새후(塞候)와 척졸(斥卒) 60만 명의 출신지역은, 아마도 《한간》이나 돈황현천치한간에 보이는 내용과 거의 차이가 없음을 알 수 있다. 이러한 사실은 농경에 익숙한 중원 지역 출신자들이 하서 지역으로 상당수 유입되었음을 의미하는 것이며, 동시에 이들을 통해 '지광인희'의 척박한 하서 변경지역을 '한토화'(漢土化)하여 중원문화를 유입하였음을 예상할 수 있다.30)

---

28) 甘肅省文物考古研究所, 〈敦煌懸泉漢簡釋文選〉, 《文物》2000-5, 34쪽, 90DXT0309③:237. 서술의 편의상 ①, ②로 구분하였음을 밝혀둔다.

29) 이성원(李晟遠)은 2004년 3월 13일(서울대학교)에 개최된 선진진한사학회에서 '2003년 거연(居延)고고학술연토회 참관보고'인 〈한제국의 서북단 거연유지(居延遺址)의 탐방〉을 발표를 하였다. 발표 내용을 종합하여 보면, 이 지역의 험준함 때문에 동원된 인력들이 출신지역으로 돌아가는 것은 결코 쉬워 보이질 않았다.

30) 葛劍雄, 〈中央集權と人口控制〉(第1回中國史學國際會研究報告集 《中國の歷史世界— 統合のシステムと多元的發展》, 東京都立大學出版會, 2002, 467쪽)에서는 무제가 징

그렇지만 당시 하서 변경지역은 '파수'(頗殊)로 인식되어 천사자(遷徙者)에게는 심리적 중압감이 상당하였을 것이다. 더욱이 조조(鼂錯)가 진말(秦末) 수졸들이 변경으로 가는 것을 "기시형(棄市刑)에 끌려가는 것처럼"[31] 기피하였다고 언급한 것은, 변경지역에 대한 일반민들의 사민이 결코 쉽지는 않았음을 시사하는 것이다. 이러한 까닭에 사민의 실질적인 주요 대상자는 파탄한 빈민과 죄인들이었다. 따라서 《한서》〈지리지〉에 인용된 하서 지역으로의 사민자들 가운데에는, 관동 빈민이나 요역자(徭役者)들과 이른바 '보원과당'(報怨過當) 또는 '패역망도'(誖逆亡道)라 불리는 '죄인'들도 포함되어 있었다. 이들 상당수는 성격상 국가로부터 유배된 이른바 '천형'(遷刑)을 받은 자들로서, 그 대상지는 돈황을 비롯한 변경지역이었다.[32] 더구나 후대 문헌에 보이는 한대의 색씨(索氏), 범씨(氾氏)의 경우도 각각 거록(鉅鹿)과 제북(濟北)에서 돈황으로 유배되고 있다.[33] 이처럼 하서 지역은 중원 지역에서 정치적 문화적으로 격리된 유배지로 인식되어, 상당수의 천사자들이 이 지역으로 유입된 것이다. 또한 하서 지역으로의 사민 대상자는 빈민과 죄인 말고 그 가속들이 포함되어 있었다. 앞에 인용한 《한서》 권28 〈지리지 하〉의 기사에 보이는 "가속사언"(家屬徙焉)으로, 이들이

발, 사민한 인구는 100만 명을 넘으며, 총 인구의 50%에 이르렀다고 보고 있다. 하서와 하투 지역으로 보내진 이들은 몇 년 안에 신속히 정착농민으로 전화되어 이 지역 식량 자급을 가능케 했다고 본다.

31) 《漢書》 권49 〈鼂錯傳〉, 2284쪽: "秦之戍卒不能其水土 戍者死於邊 輸者僨於道. 秦民見行 如往棄市 因以謫之 名曰謫戍."

32) 《漢書》 권66 〈劉屈氂傳〉, 2882쪽: "吏士劫略者 皆徙敦煌郡."; 권66 〈楊敞傳〉, 2898쪽: "廷尉當惲大逆無道 要斬. 妻子徙酒泉郡."; 권75 〈李尋傳〉, 3193~3194쪽: "…… 當賀良等執左道 亂朝政 傾覆國家 誣罔主上 不道 賀良等皆伏誅 尋及解光減死一等 徙敦煌郡."

33) 〈敦煌名族志殘卷·伯二六二五〉와 〈敦煌氾氏家傳殘卷·斯一八八九〉(《敦煌社會經濟文獻眞蹟釋錄(一)》, 書目文獻出判社, 1986), 그리고 색(索)씨의 경우 鄭炳林, 〈敦煌名族志 伯2625號〉, 《敦煌地理志文書滙輯校注》, 甘宿敎育出版社, 1989, 112~117쪽; 범(氾)씨의 경우 王仲犖, 〈《敦煌氾氏人物傳》考釋〉, 《敦煌石室地志殘卷考釋》, 上海古籍出版社, 1993, 177~183쪽을 각각 참조.

구체적으로 어떤 계층의 가속인지는 명확하지 않다. 그러나 "관동군도(關東群盜)의 처자(妻子)로서 변경으로 천사된 자 가운데 군졸의 처첩이 되었다"34)는 기사는, 가속 또한 하서를 비롯한 변경지역으로 복무하러 가는 수졸 가운데 이러한 계층의 처자들과 혼인하여 복무지에서 정착하였을 가능성이 매우 높음을 의미한다.35)

하서 지역으로 인구가 유입되는 현상은 전한(前漢) 말기에도 있었음이 확인된다. 왕망(王莽) 정권의 전반적인 실정과 패망, 계속된 한발과 황재(蝗災) 등의 자연재해, 적미집단(赤眉集團)을 비롯한 여러 지역에서의 봉기, 갱시정권(更始政權)의 붕괴 등, 1세기 초의 중원사회는 광무제(光武帝)가 중원을 평정할 때까지 혼란이 계속되었다. 그렇다면 이미 왕조체제가 붕괴된 상황 아래서의 《후한서》 권23 〈두융전〉(竇融傳)의 "안정, 북지(北地), 상군(上郡)으로부터 병란(兵亂)과 기근을 피하여 하서 지역으로 모여든 사람들이 끊이지 않았다"36)는 기사로 볼 때, 중원의 유민들이 하서 지역으로 모여들고 있다는 사실은 지극히 자연스러운 현상이었다.37) 즉 양한교체기라는 혼란한 상황 아래서는 전한 시기처럼 국가권력의 강제 아래 하서 지역으로 사민이 이루어진 것이 아니라, 백성들 스스로가 난을 피하여 하서 지역으로 모여든 것이다.

---

34) 《漢書》 권54 〈李陵傳〉, 2453쪽: "關東群盜妻子徙邊者隨軍爲卒妻婦."

35) 더욱이 《한간》의 기사 가운데, 수졸의 늠식(廩食)과 관련 있는 간(簡)을 조사하여 보면 부모와 처자뿐만 아니라 형제·누이 등의 존재도 확인됨을 볼 때, 이들의 정착 가능성은 매우 농후함을 알 수 있다.[《漢簡》(203·12), (203·19), (203·23), (203·27) 등을 참조.] 아울러 늠식간에 대해서는 森 鹿三, 〈居延出土の卒家屬廩名籍について〉, 《東洋學研究》(居延漢簡篇), 東朋舍, 1975를 참고.

36) 《後漢書》 권23 〈竇融傳〉, 797쪽: "其後匈奴懲义 稀復侵寇 而保塞羌胡皆震服親附 安定·北地·上郡流人避凶飢者 歸之不絶."

37) 松田壽男, 〈漢魏時代に於ける西北支那の開發〉, 《東亞論叢》3, 1940, 66쪽. 이와 관련하여 마쓰다는 무제 시기에 행해진 관동빈민(關東貧民)의 사민을 변경의 강화보다는 유민방지책으로 이해하고 있다.(64쪽) 또한 마에다는 하서로 이주, 특히 무위(武威) 방면으로 이주는 지리적 관계에서 필연적인 것으로 이해하고 있다.(前田正名, 〈後漢書に現われた1世紀前半期の河西〉, 《立正史學》31, 1967, 43쪽)

양한교체기에 하서 지역으로 난을 피해 이주한 사람들은 단순한 군현민 뿐만 아니라 일정한 지위와 세력을 가진 자들도 포함되었다. 이들이 하서 지역으로 이주한 까닭은, 무엇보다도 내지(內地)의 혼란함에 비해 무제 이래로 하서 지역에 대한 일련의 군현화에 따른 상대적 안정과, 경제적으로도 풍요로워[38] 종족(宗族)을 보존할 수 있는 지역이라고[39] 인식하였기 때문이다. 이와 같이 정치적 사회적으로 안정된 하서 지역은 양한교체기 이래로 후한 초기까지 상당수의 관중 지역민이 하서 지역으로 유입된 결과, 이 지역에서의 내지 군현민의 증가는 쉽게 예상할 수 있었다. 후한 시기 이 지역에서 호족(豪族)의 출현은 이러한 인구 유입과 그에 따른 중원문화의 영향에 기인한다고 할 수 있다.[40]

2) 이민족의 내항(來降)

한은 흉노와 군사 충돌하는 과정에서 발생한 흉노의 항인(降人)들 가운데 일정한 지위가 있는 자들은 후(侯)로 봉하여 내지에 안치하였다.[41]《한서》권16〈고혜고후문공신표〉(高惠高后文功臣表)와 권17〈경무소선원성공신표〉(景武昭宣元成功臣表)의 기사에 따르면, 이에 해당하는 흉노인은 34명에 이른다. 또한 무제가 흉노를 정벌한 이래로 내항자 수는 더욱 증가하

---

38) 《後漢書》권23〈竇融傳〉, 807쪽: "及隴·蜀平 詔融與五郡太守奏事京師 官屬賓客 相隨 駕乘千餘兩 馬牛羊被野."; 권31〈孔奮傳〉, 1098쪽: "時天下擾亂 唯河西獨安 而 姑臧稱爲富邑 通貨羌胡 市日四合 每居縣者 不盈數月輒致豊積";《全後漢文》(《全 上古三代秦漢三國六朝文》, 中華書局, 1958) 권2〈光武帝條〉, 484쪽: "倉庫有蓄 民庶 殷富 外則折挫羌胡 內則百姓蒙福" 등의 기사는 하서 지역의 경제적 사회적 안정을 반영하는 것이다.

39) 《後漢書》권23〈竇融傳〉, 796쪽: "天下安危未可知 河西殷富 帶河爲固 張掖屬國精 兵 萬騎 一旦緩急 杜絶河津 足以自守 此遺宗處也."

40) 金慶浩,〈漢代 河西地域 豪族의 形成과 그 性格〉,《東洋史學研究》75, 2001 참조.

41) 葛劍雄,《西漢人口地理》, 人民出版社, 1986, 第9章 西北地區的人口遷移, 172~173 쪽의 "匈奴降人封侯內徙例表" 참조.

였다. 더욱이 원수(元狩) 2년(B.C. 121) 이전에 내항한 흉노인과 포로의 수는 대략 2만~3만 명에 이르고 있지만,[42] 원수 2년 곤야왕(昆邪王)이 4만여 명을 이끌고 내항한 이후[43] 흉노인들의 내항은 지속적으로 증가하고 있었다. 또한 위청(衛靑)이 흉노와 일곱 차례에 걸친 원정에서 "斬捕首虜五萬餘級"[44]과 같은 전과는, 하서 지역에서 흉노인의 비중이 점차로 커지고 있음을 반영하는 것이다.

이러한 현상은 후한 시기에도 계속되었는데, 건무(建武) 24년(48) 흉노가 남·북으로 분열되어 남흉노의 호한야선우(呼韓邪單于)가 후한에게 투항하였으며, 건무 26년(50) 중랑장(中郎將) 단침(段郴)과 부교위(副校尉) 왕욱(王郁)을 보내 남선우(南單于)로 하여금 오원새(五原塞)에서 80리 떨어진 곳에서 왕정(王庭)을 세우게 하였다.[45] 이처럼 남선우가 내항한 이래 소속 제부(諸部)는 북지(北地), 삭방군(朔方郡)을 비롯한 변경지대에 흩어져 한이 이민족을 막는 데 일정한 역할을 수행하였던 것이다. 즉 한씨골도후(韓氏骨都侯)는 북지(北地)에서, 우현왕(右賢王)은 삭방(朔方) 지역에서, 당간골도후(當干骨都侯)는 오원(五原)에서, 호연골도후(呼衍骨都侯)는 운중(雲中)에서, 낭씨골도후(郎氏骨都侯)는 정양(定襄) 지역에서 각각 주둔한 것이다.[46] 또한 원초(元初) 4년·5년에 등준(鄧遵)의 주청(奏請)에 따라 내항한 봉후(逢侯)를 영천군(潁川郡)으로 사민한 경우[47]를 제외하면, 후한 시기에 내항한

---

42) 《漢書》 권6 〈武帝紀〉, 169~171쪽: "(元朔元年) 獲首虜數千級…(元朔2年) 獲首虜數千級…(元朔5年) 獲首虜萬五千級."

43) 《漢書》 권6 〈武帝紀〉, 176쪽: "(元狩2年)秋 匈奴昆邪王殺休屠王 幷將其衆合四萬餘人來降 置五屬國以處之. 以其地爲武威·酒泉郡."

44) 《漢書》 권55 〈衛靑·霍去病傳〉, 2490쪽.

45) 《後漢書》 권89 〈南匈奴傳〉, 2942~2943쪽: "二十四年春 八部大人共議立比爲呼韓邪單于 以其大父嘗依漢得安 故欲襲其號……二十六年 遣中郎將段郴·副校尉王郁 使南單于 立其庭 去五原西部塞八十里."

46) 《後漢書》 권89 〈南匈奴傳〉, 2945쪽.

47) 《後漢書》 권89 〈南匈奴傳〉, 2958쪽: "(元初)四年 逢侯爲鮮卑所破 部衆分散 皆歸北虜. 五年春 逢侯將百餘騎亡還 詣朔方塞降 鄧遵奏徙於潁川郡."

흉노의 대부분은 변경지역에 머물고 있었다. 이를 정리하여 보면 대체로
아래의 표 1과 같다.

표 1. 후한 시기 북흉노의 주요 내항 기사

연 도	내항 중심인물	내항자 수	내항 지역
永平 2年(59)	護于丘	1천여 명	미상
建初 元年(76)		3~4천명	미상
建初 8年(84)	三木樓訾 大人稽留斯	3만 8천명, 馬 2천필, 牛羊 10여 만	五原
元和 2年(85)	大人 車利·涿兵	73명	미상
元和 2年(85)		수천 명	미상
章和 元年(87)	屈蘭·儲卑·胡都 須 등 58部	20만명, 勝兵 8천명	雲中·五原·朔 方·北地
章和 2年(88)		降者不斷(蝗災)	미상
永元 元年(89)		首虜 20여만명	朔方
永元 2年(90)		生虜 수천명	미상
永元 6年(94)	逢侯	1만여 명	美稷
永元 8年(96)	烏居戰	2만여 명	安定·北地
元初 5年(118)	逢侯		潁川郡

출전: 《後漢書》 권89 〈南匈奴傳〉, 2948~2958쪽.

흉노의 주요 거주지역은 하서와 하투(河套) 지역이 중심지였다. 이들은
유목민족이기 때문에 속국에 편입되었을지라도 곧바로 한인과 같은 공간
에서 거주하지는 않았다. 더욱이 내사한 흉노인의 인구성장률은 그다지
높지 않으며,48) 대부분이 장성 밖, 즉 무제가 개척하기 전 그들의 고토에
살면서 속국의 통제를 받았기 때문에 한인과는 격절되어 있었다. 그러나
내사한 흉노와 한인이 접촉하는 기회가 늘어나고, 따라서 한인의 선진문

---

48) 葛劍雄,《西漢人口地理》, 人民出版社, 1986, 第9章 西北地區的人口遷移, 176쪽에
　　서 흉노의 인구 출생률은 증가할 수 없고, 만약 평균 성장률을 2/1000로 계산한다면
　　원시 2년 내사한 흉노인의 20만 정도일 것이라 보고 있다.

화가 흉노에 미치는 영향력의 심화 등은 한인과 흉노를 비롯한 이민족의 교류 융합을 더욱 신속히 추진하면서 변경지역에서 새로운 문제를 불러일으켰다.

한편 강족(羌族)의 경우를 살펴보면, 전한 경제(景帝) 시기 연종(研種) 유하(留何)가 종인(種人)을 이끌고 내항하여 농서군(隴西郡)으로 사민한 이래로, 한은 강인의 내항과 침입에 대응하기 위한 조치의 일환으로서 임강현(臨羌縣) 지역에 호강교위(護羌校尉)를 설치하였고,49) 소제(昭帝) 시원(始元) 6년(B.C. 81)에는 금성군(金城郡)을 설치하였다.50) 이러한 사실은 강족이 금성군으로 편입된 것을 의미하며, 천수군(天水郡) 한견현(罕开縣)도 강족의 투항자를 거주시킨 뒤에 그 명칭을 삼은 사실로 보아, 이러한 지역에서는 상당수의 강족이 거주하였음을 짐작할 수 있다.51) 더욱이 왕망(王莽) 집정시 설치한 서해군(西海郡)이 왕망정권의 몰락과 함께 강족이 곧 탈회(奪回)하였다는 사실로써도 이 지역이 강족의 근거지였음을 추측할 수 있다. 이러한 사실은 건무 9년(23) 외효(隗囂)가 멸망했을 때, 강족이 이미 양주(凉州) 각지에 분포하여 한인과 함께 거주하였다는52) 데서도 잘 입증된다.

이와 더불어 왕망정권이 몰락한 후 "衆羌遂還據西海爲寇" 또는 "今凉州部皆有降羌"였다는 사실은53) 하서 지역에 많은 강족이 거주하고 있음을 시사한다. 게다가 상술하였듯이 건무 24년 흉노 내분 결과 일축왕(日逐王) 비(比)는 4만~5만 명을 이끌고 한에 복속할 것을 맹세하는 등, 후한 시기에 들어오면서 하서 지역에는 많은 이민족이 존재하였음을 알 수 있다.

---

49) 《後漢書》 권87 〈西羌傳〉, 2876~2977쪽: "景帝時 研種 留何率種人求守隴西塞 於是徙留何等於狄道·安故 至臨洮·氐道·羌道縣.……始置護羌校尉 持節統領焉."

50) 《漢書》 권7 〈昭帝紀〉, 224쪽: "(始元六年) 秋七月 以邊塞闊遠 取天水·隴西·張掖郡各二縣 置金城郡."

51) 《漢書》 권28 〈地理志·下〉 天水郡 罕开縣條, 1612쪽: 師古注 "本破罕开之羌處其人於此 因以名之"

52) 《後漢書》 권87 〈西羌傳〉, 2878쪽: "與漢人雜處".

53) 《後漢書》 권87 〈西羌傳〉, 2878쪽.

3. 서로 다른 문화의 공존

하서 변경지역으로 사민된 자들의 주요 출신지역은 앞에서 《한서》〈지리지〉와 《한간》, 그리고 '돈황현천치한간' 관련 기사를 보아 관동 지역임을 알 수 있었다. 이 가운데도 하동·남양·영천·상당·동군·제음·위군·회양국 등과 같은 군국이 주요 대상지였다. 또한 양한교체기에 병란을 피하여 하서 지역으로 이주한 자들의 출신지역도 대부분 우부풍(右扶風) 지역임을 확인하였다. 《한서》〈지리지〉 가운데 군국의 호구(戶口) 관련 기사에 따르면, 이들 지역은 20만 호가 넘는 대군(大郡)에 속한다.54) 더구나 관중 지역은 지리적으로 황하 중·하류와 그 인근지역에 위치하여 경제적으로도 풍요로웠다. 뿐만 아니라 이 지역은 전통적으로 선왕(先王)의 유풍(遺風)이 존재한 곳55)으로, 전국시대 이래 이민족과의 종족적 문화적 차별의식이 강한 지역이기도 하였고, 전한의 3공(三公) 9경(九卿)과 《한서》〈열전〉, 〈부전〉(附傳)에 보이는 상당수 인물들의 출신지역이었다.56) 이 지역은 중원의 다른 지역에 비해 경제적 문화적으로도 우수한 선진지

---

54) 《한서》 권28 〈지리지 상〉에 보이는 관련 군국의 호구수를 정리하면 다음과 같다.
　　河東郡：戶236,896　口962,912　　　南陽郡：戶359,316　口·1,942,051
　　穎川郡：戶432,491　口2,210,973　　東　郡：戶401,297　口1,659,028
　　濟陰郡：戶292,015　口1,386,278　　魏　郡：戶212,849　口909,655
　　淮陽國：戶135,544　口981,423.
　　회양국의 경우 호가 20만을 넘지 못하고 있지만 《한서》 권14 〈제후왕표〉(諸侯王表) 회양헌왕흠조(淮陽憲王欽條), 420쪽에 따르면 "宣帝子, 元康年四月丙子立, 三十六年薨."라 하여 선제 아들 흠(欽)이 봉해지기까지는 군급의 행정단위로서 국보다는 그 규모가 컸을 것이다. 이러한 사실은 구수(口數)가 20만 호가 넘는 다른 군에 비해서 결코 적지 않음과도 관련이 있는 듯하다.
55) 《史記》 권129 〈貨殖列傳〉, 3269쪽: "穎川·南陽 夏人之居也. 夏人政尙忠朴 猶有先王之遺風."
56) 陳正祥 編著, 《中國歷史·文化地理圖冊》, 東京: 原書房, 1982, 31쪽의 〈前漢の三公と九卿の出生地〉와 32쪽의 〈漢書列傳及び附傳の人物〉 참조.

역이었다. 따라서 이 지역 출신들이 하서 변경지역으로 유입되는 것은 단순한 내군 인구의 유입만이 아닌 중원문화의 유입이기도 하였다.

반면에 하서 지역은 한에 편입되기 이전부터 한과는 문화가 다른 이민족들이 거주한 공간이었다. 따라서 하서 지역에 거주하고 있던 이민족들의 습속은 한인들에게는 낯설게 여겨졌다. 《사기》 권110 〈흉노열전〉의 관련 기사나, 《한서》 권28 〈지리지 하〉의 "몹시 단절되다"(頗殊; p.1645)나 "그 민들은 비루하고 천박하며 예의를 (그다지) 알지 못하고 수렵을 좋아한다"(其民鄙朴 少禮義 好射獵; p.1656)의 기사 내용처럼 인식된 이민족의 문화는 예교문화를 향유한 한족들에게는 결코 받아들일 수 없는 미개하고 야만스러운 문화로 치부되었을 것이다. 따라서 후한 시기 돈황군(敦煌郡) 출신으로 이민족의 습속에도 비교적 정통한 장환(張奐)이 하서 지역의 풍속 가운데 "2월과 5월에 출생한 아이와 부모와 같은 달에 태어난 아이들은 모두 죽인다는 풍속을 기괴한 것"57)으로 인식한 것은, 하서 지역의 풍습에 대한 한인들의 인식을 잘 보여준다.

그렇지만 이 지역을 효율적으로 통치하기 위해서는 두융(竇融)의 경우에서 확인할 수 있듯이, 이 지역의 토착세력으로 추정되는 '웅걸'(雄傑)과의 긴밀한 협력이 우선시되었다. 이러한 사실은 아래의 관련 기사로 확인할 수 있다.

> (두융은) 하서에 도착하자 (우선) A) 雄傑들과 교분을 쌓고 (아울러) B) 羌虜와도 화합하자 그 지역에서 환심을 얻을 수 있었다. (이에) 河西는 두융에게 귀속되었다.

위 기사에서도 알 수 있듯이, 두융은 하서 지역을 안정시키기 위해서 임지에 도착하자 곧바로 이 지역의 토착세력들과 강노(羌虜)의 교분을 중요

---

57) 《後漢書》 권65 〈張奐傳〉, 2139쪽: "其俗多妖忌 凡二月·五月産子及與父母同月生者 悉殺之."

시하고 있음을 알 수 있다. 즉 이민족과의 관계를 도모함으로써 비로소 안정된 통치를 수행할 수 있었던 것이다.

이처럼 하서 지역은 한인을 비롯한 강·흉노 등과 같은 이민족이 함께 거주하고 있는 두 민족과 문화의 접점지역이었다. 따라서 사회조직, 전통적인 문화·생활습속·경제활동 등 여러 방면에서 이질적 성격을 가진 한·호가 한데 섞인 하서 지역에서는 두 민족 사이의 갈등과 대립,[58] 또는 이와는 달리 밀접한 친분관계나 교류가 전개되었던 것이다.

한인과 이민족 사이의 대표적인 밀접한 관계는 통혼 사실로도 확인할 수 있다. 즉 마원(馬援)의 후손, 자석(子碩)이 강족의 여자를 아내로 맞이하여 등(騰)을 낳았다[59]는 사실은, 하서 지역의 실질적인 주민 구성은 한인과 이민족뿐만 아니라 마등(馬騰)과 같은 두 민족의 혼합에 따라서 발생한 혼혈적 존재도 찾아볼 수 있을 정도로 복잡한 양상을 띠었음을 말해준다. 이러한 예는 선선왕(鄯善王) 우환(尤還)이 한인의 외손이라는 사실에서도[60] 두 민족 사이의 혼혈적인 모습을 엿볼 수 있다. 이와는 달리 동탁(董卓)의 경우, 강족의 호수(豪帥)들과 밀접한 교류관계를 형성하고 있음을 아래의 기사에서 확인할 수 있다.

> 젊었을 때 羌中에 있었는데 豪帥와 함께 결탁하였다. 후에 돌아와 들에서 밭을 경작하는데 諸豪帥 중 來從하는 者가 있자 동탁은 耕牛를 잡아 함께 연회를 베풀었다. 豪帥들은 그 뜻에 감화되어 돌아가서 雜畜 千餘頭를 모아 동탁에게 보내었다. 이 일로 인하여 (동탁은) 健俠으로 이름이 알려졌다. 州의 兵馬掾이 되어 항상 塞下를 순찰하며 지키었다.[61]

---

58) 趙明,〈東漢對西羌長期作戰的原因與敎訓〉(《中國史研究》 1994-1)에서는 동한(東漢)이 서강(西羌)과 오랜 전쟁을 하게 된 원인을 이민족 지배방식의 전환, 즉 속국통치에서 군현통치로 전환에 따른 두 민족 사이에 발생한 모순으로 이해하고 있다.

59) 《三國志》 권36〈蜀書·馬超傳〉, 945쪽: 注引.《典略》.

60) 《後漢書》 권47〈班勇傳〉, 1588쪽: "今鄯善王尤還 漢人外孫."

61) 《後漢書》 권72〈董卓傳〉, 2319쪽.

즉 동탁이 강중에 있으면서 교류를 맺은 호수(豪帥)들이란 강족의 실력자를 지칭하는 것으로, 이들은 이민족들 사이에서 상당한 영향력을 행사하는 존재다. 따라서 이들이 동탁에게 내종하고자 한 사실은 하서 지역의 일부 한인들과 이민족들 사이에는 형식적인 교류 이상의 밀접한 개인적 친분관계를 유지하고 있는 듯하다. 이런 까닭에 하서 지역에서 이민족과 한인의 잡거는 기이한 현상이 아닌 일반적 현상으로 이해하여도 큰 무리는 아닐 듯하다.

그러나 사회조직, 전통적인 문화·생활습속·경제활동 등 여러 방면에서 성격을 달리하는 민족 사이의 갈등과 대립은 늘 예견된 상황이었다. 이러한 갈등과 대립에 대해서 먼저 《후한서》 권87 〈서강전〉(西羌傳)의 기사 내용을 검토해 보자.

> ① (羌人은) 漢人과 雜居하니 習俗이 다르고 言語 또한 通하지 않으니 자주 小吏와 黠人들에게 侵奪당하여 궁지에 빠지고 원한이 쌓였으며 의지할 곳 없다. 이런 까닭에 (이들이) 反叛을 일으키는 것이다. 따라서 蠻夷의 寇亂은 모두 여기에서 기인한 것이다.(p.2878)
> ② 당시 來降한 諸 羌人은 郡縣에 분포하였는데 모두 官吏나 豪佑들의 徭役에 종사하여 愁怨이 쌓였다.(p.2886)

위 기사는 군현에 거주하는 강인들의 고유한 습속이나 전통은 전혀 존중됨이 없이, 지방관이나 호우(豪佑)들에게 침탈당하는 내용이다. 이러한 갈등은 변경지역에 대한 두 민족의 서로 다른 견해 차이에서 비롯된 듯하다. 비록 왕망(王莽) 시기의 기사이긴 하지만, 왕망은 '4해 안'(四海之內)이라는 천하의 관념에 입각하여, 서해군(西海郡)이 없기 때문에 새외의 강족 양원(良願)이 내속으로 바친 땅을 서해군으로 만들고자 하였다. 이에 서강(西羌), 방념(龐恬), 부번(傅幡) 등은 이를 원망하여 서해태수 정영(程永)을 공격한 내용62)은, 천하를 직접 관장하고자 하는 한과, 비록 현실적으로 한의 질서에 편입되었지만 자신들의 독자적 세계를 추구하고자 하는 이민족과 기본 인식에서 차이가 있었던 것이다.

사민과 내항으로 대변되는 변경지역의 복잡한 주민구성은, 비록 한이 하서 지역을 지배영역으로 포함하고 있을지라도 일률적인 군현지배만으로는 그 통치에 한계가 있음을 의미하는 것이다. 하서 지역에서의 효율적 통치란 이민족의 습속을 염두에 둔 통치조직이 확립되어야 함을 의미하는 것이다.

4. 변경지역의 통치방식 _속국을 중심으로

왕망이 서해군을 설치한 거섭(居攝) 원년(6)의 조처는 강족의 강력한 반발을 불러일으켰음은 이미 서술하였다. 그런데 후한 시기에도 이 지역에 서해군을 설치하고자 하는 논의가 계속 진행되고 있었음을 알 수 있다. 한의 이러한 조치에 강족이 영초(永初) 연간 강력히 반발하자, 한은 곧 서해군을 폐지하였다.63) 이것은 내군과는 달리 변경지역에서 군현통치의 한계를 의미하는 것이다.

한의 이민족 통치는 《한서》 권24 〈식화지(食貨志) 하〉의 기록이나 《후한서》 권76 〈위삽전〉(衛颯傳) 기사에서 알 수 있듯이, 해당 지역이 안정될 때까지 그 지역의 습속에 따라 다스리고 부세나 전조를 징수하지 않았음을 원칙으로 하고 있다.64) 이러한 사실은 습속이 다른 변경지역에 대해서는 비록 군현체계가 정비되었다 하더라도 내항한 이민족에 대해서는 이를 통한 물리적 강제를 시행하지 않았음을 의미한다.65)

---

62) 《漢書》 권99 〈王莽傳·上〉, 4077~4078쪽.

63) 《後漢書》 권87 〈西羌傳〉, 2885쪽: "至永初中 諸羌叛 乃罷."

64) 《漢書》 권24 〈食貨志·下〉, 1174쪽: "漢連出兵三歲 誅羌 滅兩粵 番禺以西至蜀南 者置初郡十七 且以其故俗治 無賦稅.";《後漢書》 권76 〈衛颯傳〉, 2459쪽: "武帝平之 內屬桂陽 民居深山 濱溪谷 習其風土 不出田租."

65) 田繼周, 〈秦漢王朝的民族政策〉,《中國歷代民族政策研究》, 靑海人民出版社, 1993;

이처럼 변경지역에서는 해당지역 고유의 습속에 따른 이민족 지배와 군현지배에 의한 통치방식이 섞여 있음을 알 수 있다. 더욱이 변경지역은 선진시기 이래로 이민족 고유의 독자적인 문화를 강하게 지니고 있었던 지역이었기 때문에, 이 지역 거주자들은 비록 한에 예속되었을지라도 이들의 전통적 자율적인 통치를 쉽사리 부정할 수는 없었을 것이다. 이러한 사정은 하서 지역에서도 비슷하게 전개된 것 같다.

원래 이민족이 거주하였던 하서 지역을 점령한 한은 이 지역을 효율적으로 통치하기 위해서 이 지역으로 사민시킨 군현민뿐만 아니라 내항한 이민족 역시 중요한 통치대상이었다. 이런 까닭에 이민족의 특성을 고려한 통치조직의 확립은 변경 질서 안정에 중요한 기능을 담당하였다. 즉 중원 지역과는 달리 속국·부 등이 변경의 군현지역 안에 광범위하게 분포되어 있어 중원 지역과는 다른 변경지역의 군현 통치방식을 보여주고 있다. 속국의 설치에 대해서는 《한서》 권6 〈무제기〉(武帝紀; p.176)에 따르면, “(원수 2년) 가을, 흉노의 곤야왕(昆邪王)은 휴도왕(休屠王)을 살해하였다. (그리고) 무리 4만여 명을 이끌고 내항하자 5개의 속국을 두어 이에 대처하였다”고 서술하고 있다. 그런데 이와 관련하여 《한서》 권19 〈백관공경표(百官公卿表) 상〉(p.735)에서는 “전속국(典屬國)은 진대(秦代)의 관직으로 내항한 만이(蠻夷)를 관장하였다. 무제 원수 3년 곤야왕이 내항하자 다시 속국을 증치하여[復增屬國] 도위(都尉), 승(丞), 후(候), 천인(千人)을 두었다”는 내용으로 볼 때, 속국은 원수 3년(B.C. 120) 이전에도 존재하였음을 알 수 있다.

여기에서 위의 〈무제기〉 기사와 〈백관공경표 하〉의 기사를 종합해 보면, 원수 3년 이래로 흉노에서 내항한 자들이 급증하자, 이에 대처하기 위하여 속국을 설치하고, 속국도위(屬國都尉)로 하여금 이들을 다스리게 한

山田勝芳, 《秦漢財政收入の硏究》, 汲古書院, 1993에서는 한화(漢化) 정도의 차이에 따라서 한인에 비하여 낮은 세를 부과하고 만이에 대한 우대조치뿐만 아니라 회유정책의 일환이었다고 보고 있다.

것이다.66) 즉 무제 시기 장액(張掖)속국의 건치(建置)라든지67) 선제(宣帝) 신작(神爵) 2년(B.C. 60) 제택(弟澤), 양조(陽雕), 양아(良兒), 미망(靡忘) 등의 강족들이 대규모로 내항함에 따라 금성(金城)속국을 초치(初置)하고 있다.68) 더욱이 《한서》 권28 〈지리지 하〉의 속국 관련 기사는 전한 시기에 변경지역에 상당수의 속국이 설치되었음을 시사해 주고 있다.69)

《한서》〈지리지〉에 속국도위 관련기사가 기재되었다는 의미는, 〈지리지〉의 기사가 평제(平帝) 원시 2년(2)의 통계를 기준으로 작성한 것임을 고려한다면, 적어도 앞에서 말한 장액·금성속국을 비롯한 상당수의 속국이 존재하였음을 짐작할 수 있다. 그런데 속국도위는 앞의 기사에서도 알 수 있듯이 변경지역 군현 안에서 독자적인 치소(治所)를 가지고 있으며, 동시에 승·후·천인과 같은 속관을 두어 내항한 이민족을 통치하고 있다. 환언하면 군태수(郡太守) 하부에는 몇 개의 현부(縣府)가 있지만, 속국의 영역 안에는 현부와 같은 하급조직은 없고, 다만 도위부(都尉府)만 설치되었던 것이다. 따라서 속국도위관(屬國都尉官)이란 내항한 이민족들을 군현민처럼 개별적으로 통치하였다기보다는 이들을 영호(領護)하였을 것이다. 이러한 사실은 아래의 기사에서도 확인할 수 있다.

얼마 후, 투항한 (흉노인들을) 北邊의 5郡지역 즉 예전의 塞外지역에 나누

---

66) 《漢書》 권69 〈趙充國傳〉, 2993쪽, "初置金城屬國以處降羌."; 한편 속국에 대해서는 鎌田重雄, 《秦漢政治制度の研究》(日本學術振興會, 1962), 제2편 제7장 屬國都尉; 陳夢家, 《漢簡綴述》(中華書局, 1980), 〈西漢都尉考〉; 工藤元男, 〈睡虎地秦墓竹簡の屬邦律をめぐって〉, 《東洋史研究》 43-1, 1984; 孫言誠, 〈秦漢的屬邦和屬國〉, 《史學月刊》 1987-2 등 참고.

67) 《後漢書》〈郡國·五〉, 3521쪽: "張掖屬國 武帝置屬國都尉 以主蠻夷降者."

68) 《漢書》 권69 〈趙充國傳〉, 2993쪽: "及諸豪弟澤·陽雕·良兒·靡忘皆帥前羿·黃羝之屬四千餘人降漢……初置金城屬國以處降羌."

69) ① 天水郡 ; 勇士縣 屬國都尉治滿福(1612쪽), ② 安定郡 ; 三水縣 屬國都尉治(1615쪽), ③ 上郡 ; 龜茲縣 屬國都尉治(1617쪽), ④ 西河郡 ; 美稷縣 屬國都尉治(1618쪽), ⑤ 五原郡 ; 蒲澤縣 屬國都尉置(1619쪽)

어 이주시켰다. 이들은 모두 河南지역에 (거주하면서) 그들의 옛 풍속을 (그대로 유지하면서 漢의) 屬國이 되었다.[70]

위 기사에서 알 수 있듯이, 내항한 흉노들이 그들의 풍속[故俗]을 그대로 유지하였다는 사실은 단순히 영토상으로만 한에 편입되었음을 의미한다. 더욱이 당(唐)의 장수절(張守節)은 위 기사의 속국에 대해 "各依本國之俗而屬於漢 故言屬國"이라고 주해를 하여 속국의 의미를 더 분명히 하고 있다. 여기에서 속국의 성격과 관련한 기사를 정리해 보면 다음과 같다.

① 대체로 屬國을 말하는 것은 國號를 존속하면서 漢朝에 귀속하는 것이다. 그러므로 屬國이라 일컫는다.[71]
② 본국의 風俗을 바꾸지 않고 漢에게 귀속하는 것을 屬國이라고 부른다.[72]
③ 屬國은 여러 外國들이 漢에게 귀속하는 것을 이른다.[73]

위 기사에서 속국의 특성은, 한에게 귀속되어도 자신들의 풍속을 그대로 유지하며, 나아가 국호(國號)까지도 보존하고 있다는 점이다. 즉 형식적으로는 한에게 귀속되었을지라도 실제적으로는 자신들의 독립성 내지는 자율성을 그대로 보유한 것이다. 따라서 변경지역 군현의 상황은 두 개의 모순된 존재가 공존하고 있었던 것이다. 즉 민족적 문화적으로 이질적인 한인과 이민족의 잡거(雜居) 현상이었다. 이러한 현상은 비록 이민족들의 내항에 대처하기 위하여 속국을 설치한 것이지만, 이들에 대한 지배가 간접적이었다는 사실은 언제든지 이민족들이 자신들의 본토로 돌아가거나 변경지역을 침입할 가능성은 매우 높았음을 의미한다.

---

70) 《史記》 권111 〈霍去病傳〉, 2934쪽.
71) 《漢書》 권6 〈武帝紀〉, 176쪽.
72) 《漢書》 권55 〈衛靑傳〉, 2483쪽.
73) 《漢書》 권96 〈西域傳·上〉, 3876쪽.

이와 같은 성격의 속국 사정은 후한 시기에도 존속되었다. 후한 시기의 속국과 관련한 기사는 먼저 《후한서》〈군국(郡國) 5〉에 따르면 ① 광한(廣漢)속국, ② 촉군(蜀郡)속국, ③ 건위(犍爲)속국, ④ 장액(張掖)속국, ⑤ 장액거연(張掖居延)속국, ⑥ 요동(遼東)속국 등 6개의 속국 설치를 확인할 수 있다. 이 밖에도 돈황태수 장당(張璫)의 상서 내용 가운데 "今以酒泉屬國吏士二千餘人集昆侖山"[74]이란 기사에서 주천속국을 확인할 수 있으며, 화제(和帝) 영원 2년(90)의 기사 가운데 "己亥 復置西河·上郡屬國都尉官"[75]이라 하여 서하(西河)와 상군(上郡) 지역에도 다시 속국이 설치되고 있다. 또한 장환(張奐)은 환제(桓帝) 영수(永壽) 원년(155)에 안정속국도위(安定屬國都尉)에 임명되어 남흉노를 토벌하고 있는 사실에서 안정속국도위을 확인할 수 있다.[76] 이처럼 〈군국지〉의 기사에 보이는 6개의 속국 말고도 다수의 속국이 있음을 알 수 있다. 더욱이 전한 시기부터 존속한 속국은 장액(張掖), 서하(西河), 상군(上郡), 안정(安定) 4개에 지나지 않는다. 이러한 사실은 후한 시기의 속국은 전한 시기처럼 서북 방향에 편재되어 있는 것이 아니라, 서남 그리고 요동 지역에까지 확대되고 있음을 알 수 있다.

위에 인용한 《후한서》〈군국 5〉의 속국 관련기사에 따르면, 후한시대 속국의 특징은 기존의 부도위(部都尉)에 속해 있던 지역이 대거 속국으로 바뀌고 있는 점이다. 부도위란 변군 지역을 동서남북중(東西南北中) 등의 5개 부분으로 구분하여, 각 부의 통치권을 도위가 태수로부터 위임받아 그 효율성을 높이고자 설치한 제도다.[77] 이처럼 부도위의 관할지역이 속국으로 전환할 수 있었던 까닭은, 부도위의 통치영역이 이민족을 대상으로 한 지역이었음을 짐작하게 한다. 그런데 부도위는 군태수의 하급 행정기구였

---

74) 《後漢書》 권88 〈西域傳〉, 2911쪽.

75) 《後漢書》 권3 〈和帝紀〉, 170쪽.

76) 《後漢書》 권7 〈桓帝紀〉, 302쪽; 권65 〈張奐傳〉, 2138쪽.

77) 嚴耕望, 《中國地方行政制度史》(上編) 第3章 郡尉, 中央研究院歷史語言研究所, 1961, 160~162쪽 참고.

기 때문에, 이들이 통치한 지역에 거주하고 있는 이민족들은 아마도 자신들의 옛 풍속을 그대로 유지하기는 사실상 어려웠을 것이다.[78] 따라서 부도위의 관할 아래 있던 지역이 속국으로 전환되었다는 사실은, 후한 시기에 들어서 변경에 대한 군현지배의 약화를 의미하는 것이라고 할 수 있다.

또 다른 특징으로 지적할 수 있는 것은, 안제(安帝) 이후 속국은 군(郡)과 대등한 행정단위로 독립하여 여러 개의 속현을 따로 거느렸던[別領] 것이다.[79] 이러한 사실은 《한서》〈지리지〉에서는 속국의 수를 군국의 수에 포함시키지 않았지만, 《후한서》〈군국지〉(郡國志)에서는 위의 6개 속국을 모두 포함시키고 있는 점에서도 알 수 있다. 이와 같은 안제 이후의 속국의 변화상에 대해서는 《후한서》〈백관(百官) 5〉의 다음 기사로 확인할 수 있다.

> ① 屬國은 郡에서 멀리 떨어져 있는 縣에 대해서 分設하였다. 만약 郡(과의 거리가) 差가 작으면 本郡과 (같은) 명칭으로 설치하였다.(p.3619)
> ② (邊郡에는) 屬國都尉를 두어 來降한 蠻夷를 담당케 하였다.……邊郡에만 都尉 및 屬國都尉를 두었으며 또한 점차로 縣을 분리하여 郡과 대등하게 民을 다스렸다.(p.3621)

옛 부도위의 관할지역이 속국으로 전환되고 아울러 별령되었다는 사실은, 안제 시기 이후에 이르러서는 변경지역 군현에 대한 통치력은 상대적으로 약화되었음을 의미하는 것이다. 그럼에도 후한이 속국체제를 유지시킨 것은 통치체계상 군현민으로 조직된 군사력과는 명백한 한계가 있었을지라도, 속국도위의 통령(統領) 아래에 있는 속국의 병력은 새외의 이민족을 정벌하는 데 주요한 병력이었기 때문이다. 또한 한은 이민족과의 전쟁에서 이들의 세력을 약화시키려고 가능한 한 많은 내항자를 불러들여야

---

78) 한대 변군의 부도위에 성격에 대해서는 權五重,〈漢代 邊郡의 部都尉〉,《東洋史學研究》 88, 2004 참조.
79)《後漢書》〈郡國・五〉, 3533쪽: "安帝又命屬國別領比郡者六."

했을 것이다. 왜냐하면 비록 이러한 정책이 하서 지역을 비롯한 변경지역에서 한인과 이민족이 잡거하는 현상을 몰고 와 둘 사이의 갈등을 불러일으켰을지라도, 이민족의 침공에 따른 충격을 완화시킬 공간이 필요하였기 때문이다.

따라서 하서 지역에서 설치된 장액속국·장액거연속국·주천속국 등의 성격도 안제 이후에 설치된 하서 지역 외의 속국과 그 성격에 커다란 차이가 없었을 것이다. 이러한 속국의 설치는 변경지역에서의 군현지배와 더불어 이민족 고유의 질서가 존속되고 있었음을 반영하는 것이다. 동시에 중원 지역 군현민의 사민과 이민족의 내항에서 야기된 변경지역의 '이중적'인 사회성격과 통치질서를 잘 보여주고 있다.

5. 맺음말

전통적으로 중국인들은 '천하'를 '내'(＝華), '외'(＝夷)로 구분하여,[80] '왕자'(王者)에 귀속하지 못한 지역과 주민에 대해서 자신들의 우월성과 지배의 정당화를 강조하였다. 그러므로 화·이 사이에 보이는 언어·풍속·관습·외모·생활양식 등의 차이와 관련하여, 한인들은 주로 이적(夷狄)의 야만적이고 낙후된 생활상을 강조하였다.[81] 따라서 한과 이민족 사이의

---

80) 이와 관련하여 왕부지(王夫之)는 '중국'의 영토를 "北阻沙漠 西北界河皇 西隔大川 南窮炎海 自合浦而北至於碣石"이라 하여 경계를 분명히 하고 있으며, 이 지역은 풍기·생질·성정이 상호 어울리는 동류적 생활권이라고 지적하고 있다.(水之所繞 山之所蟠 合爲一區 民氣卽能以相感 中國之形 …… 皆海之所環也 形勢合則風氣相爲噓吸 風氣相爲噓吸 則人之生質相爲儔類 生質相爲儔類 則性情相屬 而感以必通) 즉 철저한 화이론자인 그의 주장대로라면 '중국'의 공간적 범위는 전국 7웅의 영역과 일치한다고 보아도 잘못은 없을 것이다.(《讀通鑑論》 권3 〈武帝條〉, 中華書局, 1975, 51쪽)

81) 《禮記》[《漢文大系》(增補版), 東京: 富山房, 1972] 〈王制篇〉: "中國夷狄 五方之民 皆有性也. 不可推移 東方曰夷 被髮文身 有不火食者矣. 南方曰蠻 雕題交趾 有不火食者矣. 西方曰戎 被髮衣皮 有不粒食者矣. 北方曰狄 衣羽毛穴居 有不粒食者矣.……

변경지역인 하서(河西) 지역에서는 방어·정복·약탈·통합과 같은 정치적으로 민감한 문제가 필연적으로 발생할 수밖에 없었다. 이러한 상황에서 무제(武帝) 시기에 하서 지역에 군현(郡縣)을 설치하였다는 사실은 곧 하서 지역이 한의 제국 질서체제로 편입됨을 의미한다.

'땅은 넓고 사람은 드믄'(地曠人稀) 하서 지역의 군현화를 충실히 하기 위해서는, 이 지역에 대한 중원 지역의 인구 유입이 우선되어야 했다. 유입된 자들 대부분은 관동 지역 출신으로 사민이나 요역에 징발당하여 하서 지역으로 들어온 자들이었다. 또한 죄인이나 가속(家屬)들, 그리고 양한 교체기에 병란을 피하여 하서로 들어온 자들도 있었다. 이들은 아마도 이민족과 주요 접점지역인 방어선이 구축된 지역에서 거주하였을 것이다. 한편 무제 연간 이래로 한에 내항한 흉노를 비롯한 이민족들의 수가 점차 증가하였다. 따라서 하서 지역은 서로 다른 문화적 기반에서 성장한 사민된 한인과 내항한 이민족들이 공존하는 공간으로 변모하였다.

하서 지역에서 서로 다른 두 문화의 공존이란 통혼(通婚)이나 교역, 그리고 이민족과 밀접한 교분관계의 수립 등과 같은 교류의 진행과, 두 민족 사이에 상대를 인정하지 않는 '통합'82) 내지는 '침략'83)이 진행되었음을 의미한다. 이와 같은 서로 다른 문화의 공존이 하서 지역에서 가능했던 것은 무제 이래로 이 지역으로 사민된 한인과 내항한 이민족으로 이루어진 복잡한 주민구성에서 비롯된 것이다. 따라서 한은 이 지역을 통치하고 있을지라도 일률적인 군현지배만으로는 통치에 한계가 있었다. 즉 하서 지역에서의 효율적 통치란, 사민과 내항으로 대변되는 인구 유입에 따른 복

五方之民 言語不通 嗜欲不同."

82) 池田雄一, 〈漢武帝の外征をめぐって〉, 《中央評論》 24-2, 1972; 小林惣八, 〈武帝の 對外政策—衛靑·霍去病の匈奴對策〉, 《駒澤史學》 19, 1972 등 참고.

83) 根本 誠, 〈北方民族はなぜ中國に進出したか〉; 鴛淵 一, 〈何故に北方民族は中國に 侵入したか〉; 愛宕松男, 〈北方民族はなぜ中國に進出したか—モンゴリア遊牧民の場 合〉(모두 《歷史敎育》 18-2, 1970에 수록) 등은 북방민족의 중원에 대한 침입을 두 민 족의 문화적 차이가 원인이라고 설명한다.

잡한 주민구성을 포괄한, 무엇보다 이민족의 습속과 그들의 자율적 질서, 즉 독립성과 자율성을 고려한 통치조직이 확립되어야 함을 의미한다. 따라서 속국의 설치는 변경지역에 두 개의 질서와 문화가 존속하고 있음을 반영하는 것이다. 또한 변경지역이 한의 제국질서 체제로 편입되었더라도 내지와 같은 일방적 군현통치로는 한계가 있음을 보여준 것이다. 동시에 사민으로 야기된 변경지역의 '이중적' 사회성격과 통치질서를 반증하는 것이기도 하다.

[부록 표] 《居延漢簡》에 보이는 田·戍卒 名籍簿

漢簡番號	役種	出身地域	年齡	爵位	漢簡番號	役種	出身地域	年齡	爵位
7·24	戍卒	淮陽郡			7·31	戍卒	鉅鹿郡		
11·2	田卒	淮陽郡	30	上造	11·18	田卒	大河郡		公士
13·6	戍卒	東郡			13·9	미상	齊陰郡		大夫
14·2	亭卒	東郡			15·6	미상	河東郡	26	
15·14	미상	魏郡	40	大夫	15·22	戍卒	汝南郡	25	公乘
19·20	미상	漢中郡			19·36	田卒	昌邑國	32	公士
19·40	田卒	淮陽郡	27	公士	19·41	田卒	淮陽郡		
28·10	戍卒	鄴			28·14	戍卒	南陽郡		
32·17	戍卒	潁川郡	32		34·14	戍卒	魏郡		
35·23	戍卒	河東郡	26		37·38	田卒	東郡	24	
38·40	戍卒	魏郡			42·22	戍卒	東郡		
43·7	미상	河南郡	32	公乘	43·16, 18	미상	河南郡	28	公乘
43·24	田卒	東郡	28	大夫	44·28	戍卒	河東郡		
45·27	戍卒	陳留郡			48·19	戍卒	魏郡		
49·32	戍卒	南陽郡	25	公乘	50·15	戍卒	趙國	35	士伍
50·16	戍卒	梁國	30	公乘	50·29	戍卒	梁國	30	公乘
55·6	戍卒	張掖郡	23	上造	65·1	戍卒	淮陽郡	27	公士
67·5	戍卒	魏郡			67·24	戍卒	陳留郡		
67·25	戍卒	陳留郡			78·3	戍卒	張掖郡		
82·9	田卒	魏郡	50		82·10	戍卒	魏郡		
83·2	戍卒	魏郡			90·14	미상	昌邑國		
90·18, 70	미상	漢中郡			90·25, 513·26	미상	漢中郡		
90·29	미상	漢中郡			90·53	田卒	昌邑國		
90·63	미상	昌邑國			90·66	미상	漢中郡		
90·76	미상	漢中郡			100·1	戍卒	東郡		
101·34	戍卒	南陽郡			112·27	戍卒	魏郡		
113·1	田卒	魏郡			118·18	戍卒	東郡		
118·29	戍卒	鉅鹿郡			119·1	田卒	魏郡		
120·25	田卒	汝南郡			120·32	田卒	汝南郡		
121·29	田卒	魏郡			126·27	戍卒	齊陰郡		
127·14	戍卒	魏郡			133·9	戍卒	張掖郡	45	大夫
137·2	戍卒	張掖郡	30	大夫	137·14	戍卒	張掖郡		大夫
140·3	戍卒	梁國	26	公乘	140·15	河渠卒	河東郡	25	公乘
146·3	戍卒	東郡		公乘	146·31	戍卒	미상		
149·9	戍卒	淮陽郡			149·46	戍卒	汝南郡		
149·60	戍卒	昌邑國			149·64	戍卒	淮陽郡		
159·1	戍卒	陳留郡			159·4	戍卒	魏郡		
173·29	戍卒	魏郡			182·40	田卒	淮陽郡		
188·15	戍卒	張掖郡			188·32	戍卒	張掖郡	22	上造

漢簡番號	役種	出身地域	年齡	爵位	漢簡番號	役種	出身地域	年齡	爵位
194·18	戍卒	張掖郡	30	公士	198·18	戍卒	魏郡		
198·21	戍卒	魏郡		公乘	210·26	戍卒	河東郡		
212·104	戍卒	汝南郡		公乘	218·13	田卒	河南郡		公乘
224·28	戍卒	張掖郡			236·17	戍卒	齊陰郡		
242·35	戍卒	齊陰郡			273·21	미상	淮陽郡		
283·12	戍卒	淮陽郡			285·25	戍卒	河東郡		
286·14	戍卒	張掖郡	23	簪裊	287·24	戍卒	미상		
293·5	田卒	平干國	37		293·7	田卒	淮陽郡		
299·28	田卒	淮陽郡			303·6	戍卒	梁國		
303·13	田卒	大河郡	30	公士	303·34	田卒	淮陽郡	29	公士
303·40	田卒	昌邑國	23	公士	303·46	田卒	淮陽郡	30	公士
303·47	田卒	昌邑國	24	公士	311·12	戍卒	魏郡		
311·20	戍卒	魏郡			336·44	戍卒	汝南郡		
341·14	戍卒	魏郡			346·1	戍卒	趙國		
346·5	戍卒	趙國		公乘	349·24	戍卒	淮陽郡		
418·2	戍卒	魏郡			484·47	戍卒	潁川郡		
491·3	戍卒	淮陽郡			497·21	田卒	大河郡	24	公士
498·11	田卒	大河郡	38		498·14	田卒	淮陽郡		上造
501·1	田卒	昌邑國	24	士伍	504·6	田卒	汝南郡		
504·8	田卒	淮陽郡	25	公士	509·1	田卒	大河郡	34	公士
509·2	田卒	淮陽郡	23	公士	509·6	田卒	淮陽郡	23	公士
509·7	田卒	淮陽郡	30	公士	509·10	田卒	淮陽郡	30	公士
509·18	田卒	淮陽郡	25	士伍	509·26	戍卒	齊陰郡		
509·27	田卒	淮陽郡	30	公士	509·30	田卒	昌邑國		公士
510·29	田卒	昌邑國			511·12	戍卒	梁國		
511·33	田卒	齊陰郡			511·37	田卒	昌邑國		
512·4	田卒	汝南郡			512·24	戍卒	昌邑國		
513·8, 41	田卒	昌邑國		公士	513·20	田卒	昌邑國		
513·28, 34, 30	田卒	淮陰郡	23	公士	513·31	田卒	昌邑國		公士
513·35	田卒	昌邑國	24	公士	514·31	田卒	淮陽郡	27	公士
514·42	田卒	昌邑國			514·38	田卒	大河郡		
515·23	田卒	昌邑國			515·25	田卒	淮陽郡		
515·42	田卒	大河郡			515·50, 514·40	田卒	淮陽郡	25	公士
516·12	田卒	汝南郡			517·15	田卒	齊陰郡		
520·3	田卒	齊陰郡	25		521·26	田卒	미상		
522·21	戍卒	昌邑國			523·10	田卒	汝南郡		
523·11	田卒	汝南郡			533·2	戍卒	河東郡	20	上造
540·6	戍卒	淮陽郡	22	公士	562·16	戍卒	東郡		
565·5	田卒	미상			576·1	戍卒	南陽郡		

출전: 《居延漢簡》(謝桂華·李均明·朱焥國, 《居延漢簡釋文合校》, 文物出版社, 1987)

중국 전통시대 여주(女主)의 역사
-그 이미지와 실제-

김 인 숙
_프리랜서

1. 머리말

중국 역사에서 여주(女主)는 두 가지 의미로 쓰인다. 하나는 가정의 여주인, 곧 안주인을 의미하는 것이고, 또 하나는 군주와 유사한 권력을 가지고 정치적 영향력을 행사했던 왕실 또는 황실의 여성을 가리킨다. 여주의 역사는 바로 이러한 여성들의 역사다. 이런 여성들을 역사 연구의 중요한 대상으로 하는 것이 여성사 연구다.

초기 중국 여성사 연구는 근대사학의 흥기와 함께 출발한다. 20세기 초에 중국이 제국주의 열강의 영토 분할과 경제적 침탈이란 위기에 직면하자, 개혁운동을 주도했던 중국의 지식인들은 사회문제의 일환으로 여성문제를 인식하기 시작하였다. 그들은 여성운동에 계몽적인 영향을 주는 한편, 역사상 여성의 역할에 대해서 새로운 의미를 부여하기 시작했다. 이것은 새로운 역사[新史學] 연구의 주창과 밀접한 관련이 있다. 이후 역사 연구에 새로운 방법론과 이론이 도입되면서 여성사 연구는 눈부신 성과를 이루었다.

다음으로 여성사 연구에 가장 큰 영향을 미친 것은, 1960년대에 일기 시작한 서구 페미니즘 이론이다. 서구 페미니즘은 초기에 성적 억압이나 정치적 실천 등, 여권을 주장하는 여성해방론에서 다양하고 복잡한 페미니즘 이론 연구로 발전[1]하였다. 서구 페미니즘 이론은 인문학 전반에 큰 영향을 미쳤고, 여성사 연구도 이러한 연구동향에 직·간접으로 영향을 받아서 연구과제가 다양하게 확대되어 나갔다.[2]

이 글은 먼저 여성사 연구의 쟁점 가운데 하나인 여성성을 규정하는 이론적 기초, 즉 중국 전통의 여성관을 살피고자 한다. 이것은 중국 전통사회의 여성의 역할과 지위를 규정하는 이론적 토대이기 때문이다. 다음은 이러한 이론적 토대로 중국 역사에서 왕실이나 황실에서 권력을 행사했던 여주를 어떻게 형상화하였으며, 그러한 형상화의 이면에 가려졌던 여주의 실제 모습은 어떠했는지 고찰하고자 한다. 이 작업을 함으로써 전통사회에서 적극적이고 주도적이었던 여성의 역할을 조명하고, 격변하는 시대에 새롭게 요구되는 여성의 역할에 대해 되새겨보고자 한다.

2. 여성성에 대한 이론적 기초[3]

중국 전통사회 여주의 이미지는 중국의 전통적인 여성관에 근본을 둔다. 전통적인 여성관은 바로 유교의 여성관에서 비롯된 것이다. 유교의 여성관에서는 '남녀유별'(男女有別)을 강조하였다. 남녀유별이란 남녀는 다름(차이)이 있다는 것이다. 남녀의 차이에 따라서 남녀의 역할과 지위를 규정한 것으로 음양론에 근거한 것이다. 구체적인 이념은 '남외여내'(男外女內)와 '남존여비'(男尊女卑)로 집약할 수 있다.

남외여내는 남녀의 서로 다른 생활공간에 대한 규정이자, 여성은 안[內]을 다스리고 남성은 밖[外]을 주관한다는 분업·분담의 의미를 갖는다. 남

---

1) 우리나라에서 페미니즘의 의미도 이 같은 변화에 맞추어 '여성해방론'에서 '여성주의'로 달라지고 있다.(고갑희, 〈여성주의적 주체 생산을 위한 이론 1〉, 《여성이론》 1, 1999, 18쪽 참조)
2) 김인숙, 〈중국여성사연구 100년〉, 《중국사연구》 7, 1999, 207~234쪽 참조.
3) 여성성에 대한 이론적 기초는 김인숙, 〈위진시대 유교의 여성관〉, 《사학지》 28, 1995, 637~657쪽 참조.

외여내의 이념은 기본적으로 '남녀칠세부동석'에서 출발하여 엄격한 내외법(內外法)으로 발전한다. 전한(前漢) 제국을 멸망시키고 신(新)을 건국한 왕망(王莽: B.C. 45~A.D. 23)은 '남녀이로법'(男女異路法)까지 제정하였다.[4] 엄격한 남녀의 내외구별은 남녀끼리 문란해지는 것을 방지하기 위한 것이 목적이었다.[5] 남녀 사이의 내외 구별은 한울타리 안에 살고 있는 가장 가까운 가족에서부터 출발한 것으로, 이것은 고대 중국의 가옥구조와 밀접한 관련이 있다. 따라서 내외 구별의 연원은 궁궐이나 일반 가옥구조의 공간 개념에서 시작되어, 그와 같은 거주습관이 사회적 의미인 윤리관으로 발전한 것으로 보인다.[6]

이러한 유교적 윤리관은 구체적으로 어떻게 발전하였는가? 유교의 주요 경전인 《예기》(禮記)에서 "남자는 안을 말하지 않고 여자는 밖을 말하지 않는다"[7]고 하여, 남외여내의 구분이 바로 남녀의 역할 분담이라는 것을 말하고 있다. 이것은 겉으로 보면 여자는 안를 다스리고 남자는 밖을 주관한다는 남녀의 분업과 분담의 원칙으로, 남녀가 서로 다른 영역에서 역량을 발휘하도록 하는 것이나, 그 이면을 보면 여성의 역할을 가정 안으로 제한하는 것이다.

이와 같은 남외여내 이념을 기초로 하여 남녀의 의무와 역할에 대한 실제적이고 구체적인 규범이 형성되어갔다. 여성이 가정 안에서 해야 할 의무와 역할에 대한 유교 경전의 규범을 분석해 보면, 결혼 전의 여성의 역할이란 가사를 배우고 도우며 부모를 공경하는 것인데, 이것은 결혼을 위한 준비단계이다. 결혼과 함께 여성은 며느리와 아내로서의 역할이 주류

---

4) 《漢書》 卷99上 〈王莽傳〉, 4076~4077쪽: "男女異路之制, 犯者象刑."; 卷99下 〈王莽傳〉, 4164쪽: "出見男女異路者, 尊自下車, 以象刑赭幡汙染其衣."(이하 중국 정사는 모두 臺北 鼎文書局 표점본에서 인용하였다)

5) 《禮記》(13經注疏本, 臺北 藝文印書館) 卷2 〈曲禮上〉, 37쪽. 鄭玄注.

6) 杜正勝, 〈宮室－禮制與倫理〉, 《古代社會與國家》, 臺北: 允晨文化出版, 1992, 777~778쪽.

7) 《禮記》 卷27, 〈內則〉, 520쪽: "男不言內, 女不言外."

를 이룬다.

또 하나의 중요한 유교 경전인 《주역》(周易) 가인괘(家人卦)에서도

> 여성의 올바른 위치는 안[女正位乎內]이고 남성의 올바른 위치는 밖[男正位乎外]으로 남녀(의 위치)가 올바른 것이 천하의 대의(大義)다.…… 남편은 남편답고 아내는 아내다울 때 가도(家道)가 올바르다. 가정이 올바른 연후에 천하가 안정된다."8)

하였다. 이것은 바로 남외여내(男外女內)의 원칙에 따라서 올바르게 가정이 다스려질 때 윤리질서가 혼란하지 않게 되고, 가도(家道)가 올바르게 되며, 이는 사회는 물론 국가질서에 영향을 미치게 된다는 것이다.

남존여비(男尊女卑)는 남녀의 지위를 규정하는 이념이다. 남존여비 이념이 정형화되고 여성을 남성의 부속물로 전락시키게 된 것은 음양론(陰陽論)과 결합하면서이다. 음양이란 우주에 존재하는 상반되고 다시 상생하는 두 가지의 기본 원소(氣라고 칭함)나 에너지이다. 이것으로 우주의 여러 현상과 변화의 법칙, 또 그 근원을 설명하는 것이 음양론인데, 상당히 오랜 시간을 거쳐서 발전해 온 것이다. 춘추시대에 이미 음양 관념이 구체화되면서 음양으로 남녀를 상징하기 시작하는데, 이것은 이후 음양론의 발전에 상당한 의미를 지니게 된다.9)

음양론의 결정적인 변화는 《주역》과 연계되면서이다. 《주역》에서는 우주만물의 특성과 인간사의 관계를 논하여 우주와 인간사회의 질서를 세우고 있다. 그 가운데 핵심 사상은 우주만물의 구성 성질을 음양이원론으로 설명한 것이다. 《주역》의 논리는 효(爻)와 괘(卦)로 표현된다. 효가 모여서 괘가 되고, 8괘가 발전하여 64괘가 된 것이다. 첫 번째와 두 번째의 건괘

---

8) 《周易》(13經注疏本, 臺北: 藝文印書館), 〈家人卦〉, 89쪽.
9) 徐復觀, 〈陰陽五行及其有關文獻的研究〉, 《中國人性論史 - 先秦篇》, 臺北: 商務印書館, 1982, 509~575쪽 참조.

(乾卦)와 곤괘(坤卦)를 기본으로 몇 개의 괘에서 남녀의 지위와 역할에 대해 규정하는 설명이 있는데, 이것이 양강음유(陽剛陰柔)에서 양존음비(陽尊陰卑), 곧 남존여비의 관념으로 발전하게 된다.10)

초기 유가에서는 음양의 조화와 인간사의 관계를 논하고 있을 뿐이지 양존음비의 관념은 보이지 않는다. 그러나 전국시대 음양가의 흥기를 시작으로 한대에 이르러서는 음양론은 더욱 체계화되어, 사상적으로 커다란 영향을 끼치게 된다.11) 전한(前漢)의 동중서(董仲舒; B.C. 179~104)는 선진(先秦) 음양오행설을 확대하여 천(天)과 인(人)의 관계를 더욱 구체화하고 천인감응설(天人感應說 또는 天人相關說)을 내세우고 있다. 천인관계는 인륜도덕으로 연계되어 인간이 하늘과 동체(同體)가 되는 것이다. 자연계는 물론 인간사까지 모두 양이 주체이지 음은 주체가 될 없다고 하였다. 양은 자연계의 주인으로서 만물의 흥왕성쇠가 양에 의한 것이고 음에 의한 것이 아니며, 음은 양의 보조역할을 할 뿐이므로 양존음비는 천도(天道)라고 하였다.12) 그러므로 음(陰)인 처(妻)의 도리, 즉 음도(陰道)는 자주적이고 독립적으로 행동할 수 없다고 했다.13) 따라서 "남자가 비록 (지위가) 천하다 할지라도 모두 양(陽)이고, 부인이 비록 (지위가) 귀하다 할지라도 모두 음(陰)이다"14) 하였다.

이러한 해석은 《주역》의 "一陰一陽之謂道"15)라든가 "立天之道, 曰陰與陽"16)이라고 한 음양이 각각 천도(天道)의 일면으로 선악의 구분이나 양을 숭상하거나 음을 깎아 내리는 뜻이 없는 음양 대등의 의미와는 큰 차이가

---

10) 黃毓秀, 〈易經的陽剛陰柔之說與兩性正位〉, 《婦女新知》54, 1986, 11쪽.
11) 鮑家麟, 〈陰陽學說與婦女地位〉, 《中國婦女史論集續集》, 臺北: 稻鄕出版社, 1991, 37~38쪽; 徐復觀, 앞의 글, 575~584쪽 참조.
12) 賴炎元, 《春秋繁露今註今譯》(臺灣 商務印書館, 1987) 卷11, 〈天辨在人〉, 303쪽.
13) 《春秋繁露今註今譯》 卷12, 〈其義〉, 320~321쪽.
14) 《春秋繁露今註今譯》 卷11, 〈陽尊陰卑〉, 287쪽.
15) 《周易》, 〈繫辭上〉, 148쪽.
16) 《周易》, 〈說卦傳〉, 183쪽.

있다. 이처럼 《주역》에서 양존음비 관념은 본래 두드러지지 않았는데, 동중서에 이르러서는 특별히 이 점을 강조하고 있다. 동중서는 인간관계를 음양에 투사시켜서 인륜관계의 근거로 삼고 양귀음천(陽貴陰賤), 양존음비(陽尊陰卑), 양선음악(陽善陰惡)이 천도라고 하였다.[17] 이것은 음양론의 해석을 상대적 윤리관계에서 절대적인 윤리관계로 전환시켰음을 의미한다.[18]

이어서 후한시대에 유학자들은 남존여비의 당위성을 더욱 공고히 하는 음양론을 전개한다. 반고(班固; 32~92)도 《백호통의》(白虎通義)에서 "음은 비천하여 자전(自專)할 수 없으며 양으로써 이루어지게 할 따름이다. 전(傳)에 이르기를 양창음화(陽倡陰和)하여 남자는 행하고 여자는 따른다고 했다"[19] 하여, 여성을 독립적이지 못하고 남성에게 순종해야 하는 존재로 규정하고 있다. 순상(荀爽; 128~190)도 비록 요(堯) 임금의 딸이라도 순(舜)에게 시집갔으면 몸을 굽혀서 (자신을) 낮추어 부도(婦道)에 힘써야 하는 것으로, 양존음비(陽尊陰卑)는 모두 천성(天性)[20]이라고 하였다.

그러나 후한 제국의 붕괴로 분열의 시대가 시작되면서 유교는 새로운 사상과 종교의 도전을 받게 된다. 비록 한대 이후 새로운 종교나 사상의 영향을 받았다 할지라도, 중국 역대 왕조는 여전히 유교 경전에 대한 이념을 전파하고 유교사상을 공고히 해나갔다. 따라서 유교적 여성관은 더욱 이론적으로 강화되어 여성을 억압하는 이념을 지속적으로 제공한다.

예를 들어 위진시대 현학가의 대표인물인 왕필(王弼; 226~249)은 《주역》연구의 새로운 방향을 제시하여 주역학의 일대 혁명을 가져온 인물로 평가된다. 왕필의 《주역》 주(注)에서 여성성에 대해 어떻게 인식하고 있는지 살펴보자.

---

17) 徐復觀, 앞의 글, 579~580쪽.
18) 徐復觀, 《兩漢思想史》, 臺北: 學生書局, 1979, 374~376쪽.
19) 班固撰·陳立疏證, 《白虎通義 下》(長沙: 商務印書館, 1930), 〈嫁娶〉, 379~380쪽.
20) 范曄, 《後漢書》 卷62, 〈荀爽傳〉, 2053쪽.

《주역》21)에서 건괘(乾卦)와 곤괘(坤卦)가 천지(天地), 음양(陰陽), 남녀(男女)를 상징하고 있는 것은 주지하는 사실이다. 곤괘(坤卦)는 순음괘(純陰卦)인데, 지(地)와 빈마(牝馬)로 상징되며, 지(地)는 비약(卑弱), 유순(柔順), 어둠을 특성으로 한다. 곤괘에 대한 왕필의 주석은 다음과 같다. "음(陰)이 빈마(牝馬)로 상징되는 까닭은 말은 아래에서 행하고 빈(牝)이라는 것은 순종하여 이른다는 의미이기 때문이다. 따라서 지(地)가 최고 경지에 이르는 것은 곧 비순(卑順)으로 행할 때이다"22) 하였다. 《주역》 곤괘 원문에서는 "음(陰)은 바로 지도(地道)요 처도(妻道)이고 신도(臣道)"23)임을 명백히 밝히고 있으므로, 왕필의 이와 같은 해석은 기존의 유교적인 남존여비관을 더욱 공고히 하는 부연 설명이라 하겠다. 계속해서 왕필은 "곤(坤)은 지(地)처럼 스스로를 낮추고 유순해야지 앞서고자 한다면 반드시 다툼이 일어나고 주인이 둘인 형상으로 위태롭다"24)고 하며, 처도(妻道)의 근본이 유순, 비약임을 주지시키고 있다. 이와 같이 신도와 처도는 자기를 낮추고 순종하는 것이 도리이지 스스로 주도권을 잡고 적극적인 양성(陽性)을 띠는 것에 대해서 부정적으로 해석하였다.

《주역》 곤괘 원문에서도 "음(陰)이 극성하여 양(陽)인가 의심스러울 정도가 되면 반드시 다툼이 일어난다"25)고 하였다. 그런데 곤괘 상사(象辭)에 따르면, "만물을 생성하는 대지(大地)의 무한한 생명력과 포용력을 보고 군자는 스스로 후덕하게 하여 만민(萬民)을 포용한다"26)고 하여, 순음괘(純陰

---

21) 《주역》의 괘를 구성하는 효는 양효(陽爻)와 음효(陰爻)로 나누어진다. 표시는 양효는 '―', 음효는 '――'로 한다. 효의 위치에 따라서 아래에서부터 차례로 초효(初爻), 이효(二爻), 삼효(三爻), 사효(四爻), 오효(五爻), 상효(上爻)라고 부른다. 《주역》의 원문에서는 양효는 9로, 음효는 6으로 표시하고, 그 양음 6개의 효를 아래로부터 차례대로(初九·初六, 九二·六二, 九三·六三, 九四·六四, 九五·六五, 上九·上六) 표시했다

22) 《周易》〈坤卦〉, 18쪽. 王弼注.

23) 《周易》〈坤卦〉, 21쪽.

24) 《周易》〈坤卦〉, 18쪽. 王弼注.

25) 《周易》〈坤卦〉, 21쪽: "陰疑於陽必戰."

卦)의 가장 우수한 점도 결국은 남성과 결합하면 긍정적이고 우수한 면모를 나타내게 된다는 논지를 펴고 있다. 이것은 바로 남성은 음도(陰道)의 장점과 결합할 수 있지만, 여성이 양을 나타내서는 안 되고, 오직 음의 특성인 비약과 열등한 점을 가져야만 한다는 남성 중심의 논리체계라고 하겠다.27) 이러한 논리는 구괘(姤卦)에서도 마찬가지다.

구괘는 1개 음효(陰爻)와 5개 양효(陽爻)로 이루어져 있는데, 이런 형상의 구괘에 대해 "女壯, 勿用取女"라고 하였다. 왕필은 이것은 한 여자가 다섯 남자를 만나는 상으로 그 힘이 장대해서 취해서는 안 된다고 해석하고 있다. 효사(爻辭)의 해석에서는 음효(陰爻)는 유(柔)한 것으로 반드시 견제를 해야만 하고 신첩(臣妾)의 도리는 정(貞)해야만 하는데, 부정(不貞)한 음(陰)이 그 견제하는 바를 잃으면 음란하고 추악함이 마른 돼지가 날뛰는 것과 같다28)고 했다.

왕필이 주역학의 새로운 방향을 제시하였다고는 하지만, 어떤 면으로 보면 오히려 유교적 여성관을 더욱 심화시키고 있음을 알 수 있다. 그는 여성이 적극적이고 활동적인 양성을 띠면 안 되고, 자신의 재능까지도 속에 두고 남편을 소리 없이 돕는 내조자로 머물러야만 한다고 했다.29)

한대 이후부터 청대까지 유교사상은 국가권력의 적극적인 개입과 유학자들의 부단한 유교 경전에 대한 주석으로 영향력을 확대해 나갔고 일반화되어 갔다. 그러므로 유교적 여성관의 전파는 유교사상이 일반화되는 경로와 같은 길을 걷게 된다.30) 무엇보다 한대에는 유교적 이념을 기초로 한 여성 교육서가 출간된다. 대표적인 여성 교육서의 하나는 유교 경전에 흩어져 있던 여성들만의 전기(傳記)를 집대성한 (전한) 유향(劉向; B.C. 77~

---

26) 《周易》〈坤卦〉, 19쪽: "君子以厚德載物."
27) 黃毓秀, 앞의 글(1986), 11쪽.
28) 《周易》〈姤卦〉, 104~105쪽. 王弼注.
29) 《周易》〈坤卦〉, 21쪽: "文言曰, 陰雖有美含之, 以從王事, 弗敢成道也, 地道也, 妻道也, 臣道也."
30) 杜芳琴, 《女性觀念的衍變》, 河南: 人民出版社, 1988, 30쪽.

6)의 《열녀전》(列女傳)이다. 《열녀전》은 역사에서 중요한 역할(긍정적인 면과 부정적인 면을 모두 포함)을 한 여성들의 전기를 통해서 교훈을 주려는 이야기형의 여훈서(女訓書)이다. 다음은 (후한) 반소(班昭; 49~120)의 《여계》(女誡)인데, 이 책은 여성의 본분과 역할의 도리, 이른바 부도(婦道)에 대해 이론적으로 설명해 주는 설교형의 여훈서다.

한대 이후 이 두 유형의 여훈서를 근간으로 하여 유사한 여훈서가 청대까지 지속적으로 저술되고 간행되어 여성 교육서로서 중요한 역할을 했다.31) 유교사상의 전파와 여훈서의 전파로 남녀유별론에 근거한 유교적 여성관은 남녀차별을 정당화하는 보편적인 관념으로 교육되었다.

3. 여주의 이미지

남녀유별을 기본으로 한 유교적 윤리관을 지키지 않으면 어떻게 되는가? 남외여내의 윤리질서가 무너지면 가정은 물론 나라까지도 흔들리게 된다고 강조하였다. 유교의 경전에서 "암탉이 울면(새벽을 알리면) 집안이 망한다"32)는 윤리관은 보편적 관념으로 전파되었다.

한대에는 여성의 역할을 경계하고 부정적으로 형상화하는 '여화론'(女禍論)이 등장한다. '여화'(女禍)는 여인의 미색이 뛰어나거나 권력을 사용하게 되면 화를 부른다는 관념이다. 여화라는 용어는 《춘추공양전》(春秋公羊傳) 희공 19년조에 노(魯)나라 사람이 희생이 된 기사가 있는데, 이에 대한 (후한) 하휴(何休; 129~182)의 주석에 처음 나온다. 이 기사는 노나라가 여자를 올바르게 다스리지 못하여 벌어진 사건으로, 그 여화를 비통해하면서

---

31) 山崎純一, 《敎育からみた中國女性史資料の硏究》, 東京: 明治書院, 1986, 24~45쪽. 〈中國女訓書刊行槪況一覽表試稿〉 참조.

32) 王照圓, 《列女傳補注》(臺灣商務印書館, 1976) 卷7, 〈孼嬖傳 殷紂妲己〉, 127쪽: "書曰, 牝鷄之晨, 惟家之索."

스스로 자책해야 함을 밝힌 것이라고 하휴는 해석하였다.[33)

　그러나 여화에 대한 관념은 여화라는 용어가 출현하기 이전부터 있었
다. 유향(劉向)《열녀전》(列女傳)의 〈얼폐전〉(孼嬖傳)은 나라를 망친 여인
들의 전기다.[34) 여기에는 유교 경전에 흩어져 있던 하나라부터 전국시대
까지, 빼어난 미모로 군주의 마음을 사로잡고 음란한 행실로 군주를 미혹
시켰거나, 후계자 문제에 개입하여 나라를 망하게 하는 재앙을 초래한 대
표적인 궁중의 여인 15명의 이야기를 엮은 것이다. 유향은 여화의 대표적
인 사례를 들어서 교훈으로 삼고자 한 것이다.

　한대에 유행했던 천인상관설은 하늘[天]과 사람[人]의 관계는 인륜도덕
으로 연계되어 하늘과 사람이 동체(同體)가 된다는 것이다. 그러므로 자연
의 상서(祥瑞), 또는 재난과 이변을 통치자의 치도(治道)와 관련시켰다. 그
런데 한대에 이르러 이러한 자연재해가 여자 때문이라는 사상이 크게 유
행한다. 여성 때문에 빚어진 화는 단순히 인재(人災)만이 아닌 천재지변을
불러온다고까지 생각했다.[35)

　한대 이전의 역사서에 기록된 자연재해에 대해서도 한대의 유학자들은
여성 때문으로 해석하였다.《한서》(漢書)와《후한서》(後漢書)〈오행지〉(五
行志) 기록을 살펴보면, 한대와 한대 이전에 발생했던 천재지변이나 이변
사례에 대해 여성과 관련시켜 해석하고 있다.[36) 예를 들어 춘추전국시대
화재·홍수·가뭄 등을 당시 군주의 부인이나 처첩이 음란했기 때문이라

---

33)《春秋公羊傳注疏》(13經注疏本)　卷11,〈僖公19年〉, 142쪽: "魯不能防正其女, 以至
　　於此, 明當痛其女禍而自責之."
34) 현존하는《열녀전》은 8권으로 되어 있는데, 유향이 지은《고열녀전》7권에 유향 이
　　후 후대인이 지은 것으로 보이는《속열녀전》1권이 더해진 것이다.(김염자,〈고대중
　　국여성윤리관〉,《이대사원》6, 1966)
35) 劉詠聰,〈中國古代的'女禍'史觀〉,《女性與歷史》, 臺灣商務印書館, 1995, 13~26쪽
　　참조.
36) 劉詠聰,〈漢代之婦人災異論〉, 鮑家麟 編著,《中國婦女史論集 4集》, 臺灣: 稻鄕出
　　版社, 1995, 5~12쪽에서《한서》와《후한서》〈오행지〉에 한대 이전의 사례 표 1, 한
　　대의 사례 표 2, 후한대의 사례 표 3을 도표화하였다.

고 해석했다. 제(齊) 환공 8년 8월에 눈비가 내렸다. 유향은 이 기사에 대해서 부인의 음행(淫行) 때문이라고 했고, 동중서는 부인이 전횡을 하고 음기가 너무 성했기 때문이라고 해석했다.[37] 위(魏)나라 양공(襄公) 때에 여자가 남자로 변하는 이변이 있었는데, 《주역》의 설명을 빌려, 음이 너무 성하고, 여자가 정치를 행해서 그렇게 된 것이라고 했다.[38] 한대의 문헌기록을 보면 우박, 겨울의 우레, 지진, 태풍, 일식, 소의 전염병, 기괴한 동물이나 식물의 출현 등, 다양한 자연재해나 이변을 여화론으로 해석하는 사례가 압도적으로 증가한다.

한대에 조성된 이러한 여화관은 후대까지 그대로 이어진다. 《후한서》 이후의 정사(正史) 〈천문지〉나 〈오행지〉에 보면, 자연재해와 이변 등 괴이한 현상이 여성 때문이라는 해석이 상당히 많다. 이는 대개는 한대의 관념을 근거로 하고 있다. 예를 들어 당대(唐代)에 궁중 여인들의 복장이 요란해지고 노출이 심해지는 이변은 여자들이 바깥일에 간여했기 때문에 나타난 현상이라고 본 것이다.[39] 원대(元代) 이후에는 자연재해와 이변을 인사(人事)와 연결시키는 기록이 정사에서는 거의 사라지지만,[40] 여화에 대한 관념은 오히려 일반화되어 간다.

한대까지 여화의 주인공들은 대개가 제후의 부인이나 처첩, 아니면 황제의 후비들이다. 이때는 주로 정치적인 역할에 대한 여화를 논한 것이라면, 한대 이후에는 여화론이 점차 일반화되어 간다는 특징을 보인다. 당송시대에 여화의 관념이 일반화되면서, 여성을 가리키는 용어로 '화수'(禍水; 禍根이라는 의미)가 출현한다. 특히 미색이 뛰어난 여자인 '우물'(尤物)이 화를 초래한다는 관념이 성행한다. 이른바 '우물화수관'(尤物禍水觀)이다. '우물'은 나라에 화를 불러올 뿐만 아니라 한 가정과 한 개인에게도 화를

---

37) 《漢書》 卷27, 〈五行志〉, 1423쪽.
38) 《漢書》 卷27, 〈五行志〉, 1472쪽.
39) 《新唐書》 卷34, 〈五行志〉, 876쪽.
40) 劉詠聰, 〈漢代之婦人災異論〉, 12~22쪽.

몰고 온다는 것이다.[41)]

송대에 사학이 발달하면서 관(官)에서는 물론, 개인이 역사서를 많이 편찬하였다. 이들 역사서에서도 여화에 대해 상세하게 다루고 있다. 구양수(歐陽修; 1007~1072) 등이 편찬한 《신당서》(新唐書)에서 당대의 여화에 대해 다음과 같이 쓰고 있다.

> 여자가 사람에게 화를 미치는 것이 실로 심하구나! (당)고조부터 (당)중종에 이르기까지 수십 년간 다시 여화를 만난 당나라가 천자의 자리가 끊어졌다가 다시 계속되었으니 중종이 책임을 면할 수가 없고, 위후(韋后)가 마침내 멸족을 했다. (당)현종이 마침내 그 난을 친히 평정했으니 귀감이라고 할 수 있었으나, 또 다시 여자 때문에 패하였다.[42)]

이 내용은 바로 당 황실의 여주들에 대한 비판이다. 당나라 천자의 자리가 끊어졌다가 다시 이어졌다는 것은 측천무후(則天武后)가 황제의 자리에 올랐던 것을 말한다. 태종의 후궁으로 들어갔다가 태종 사후에 아들인 고종의 황후가 되었던 측천무후가 아들인 중종과 예종을 차례대로 즉위시켰다가 폐위시키고, 690년에 국호를 주(周)로 고쳐서 스스로 황제가 되었다. 705년에 측천무후가 병이 들자 아들 중종이 다시 제위에 올랐는데, 이때부터 중종의 황후인 위후(韋后)가 무씨(武氏) 일가와 손을 잡고 권력을 장악하였다.

예종의 셋째 아들 이융기(李隆基)가 거사를 일으켜 위후를 제거하여 예종이 다시 제위에 올랐다. 이융기는 바로 뒷날의 현종이다. 현종은 역사상 '개원의 치'(開元之治)라는 업적을 남겼지만, 결국 양귀비(楊貴妃)에게 빠져 양씨의 전횡과 안록산(安祿山)의 난을 초래하여 당제국의 쇠퇴를 몰고 오게 되었다는 것이다. 이러한 해석은 당제국의 쇠퇴와 멸망이 여자 때문이

---

41) 劉詠聰, 〈唐宋以來尤物禍國敗家思想的發展〉, 29~48쪽 참조.
42) 《新唐書》 卷5, 〈玄宗本紀〉, 154쪽.

라는 사관이다. 이것은 여주의 정치 참여에 대한 비판이기도 하다.

그리고 구양수는 《신오대사》(新五代史)도 편찬하였는데, 여기에서도

> 여색(女色)이 능히 사람을 패하게 하는구나! 자고로 여화가 큰 것은 나라를 망하게 하고[亡天下] 그 다음은 집을 망하게 하며[亡家], 그 다음은 자신을 망하게 한다[亡身]. 자신이 잠시 피할 수 있었다고 해도 오히려 그 자손에게 미치게 되는 것이니 비록 느리고 빠르냐가 다를 뿐이지 화를 당하지 않은 사람은 없다.43)

하여, 여색으로 능히 망천하, 망가, 망신한다고 하였다. 구양수가 여화론을 국가는 물론 한 개인에게까지 일반화시키고 있음을 알 수 있다.

여화론은 역사서의 기록에서뿐만 아니라 점성술, 점복술이나 관상술에서도 나타난다. 당대(唐代) 점술을 집대성한 점서(占書)인 《을사점》(乙巳占)과 《개원점경》(開元占經) 등에 투영되어 있다. 관상술에서는 아내 관상의 귀천이 남편의 운에 영향을 미친다고 논하면서, 남자(또는 남편)에게 화가 되거나 방해가 되는 여자의 흉상(凶相), 악상(惡相) 등에 대해 상론하고 있다.44)

또 문학작품 속에서 역사상 절세미인을 여화의 주인공으로 다시 형상화하고 있다. 예를 들어 이백(李白)이나 두보(杜甫), 백거이(白居易) 등 당나라 시인들은 역사 속의 미인들을 그들의 작품에서 여화의 주인공으로 형상화하고 있다. 소설 속에서도 '美女不好, 好女不美'라는 관념을 일반화시키면서, 여색으로 망한 나라가 많았고, 미인은 나라는 물론 만민에게 재앙을 초래한다고 표현하였다. 이런 여인들은 살아서는 물론 죽어서도 요망한 여우가 되어 무덤 속에서 나와 사람들을 미혹시킨다고 하였다. 여성을 이름하여 '호리정'(狐狸精)으로 형상화하였던 것이다.45)

---

43) 《新五代史》 卷13, 〈梁家人傳〉, 127쪽.
44) 劉詠聰, 〈漢代之婦人災異論〉, 23쪽.
45) 劉詠聰, 〈唐宋以來尤物禍國敗家思想的發展〉, 32~33쪽.

이런 경향은 20세기에 들어와 개혁운동을 주도하며 신사학에 영향을 받아 새로운 역사 서술을 시도했던 지식인의 여성사 논저에서도 여전히 나타난다. 20세기 초에 양계초(梁啓超)는 구사학(舊史學)과 결별을 선언하고 신사학(新史學)의 필요성을 제창하면서, 역사학의 혁명을 주장하였다.(〈新史學〉, 1902) 그는 역사 연구는 인류가 공동으로 경험하고 성취한 것이 탐구의 대상이 되어야 하고, 인류의 상호 연관성을 고찰해야 한다고 하면서, 여성도 역사 연구의 대상임을 시사하였다.[46]

양계초의 영향을 받은 서천소(徐天嘯)는 역사상 소홀히 다루어지거나 별로 취급하지 않았던 걸출한 여성들의 사적(事迹)을 수집하여 단행본 여성사 《신주여자신사정속편》(神州女子新史正續編; 上海神州圖書局, 1913)을 출판했다. 서천소는 신문이나 잡지에 소개된 뛰어난 서양 여성들의 활동을 보고, 여성이 인류발전과 한 민족의 흥망성쇠와 절대적인 관계가 있음을 알았다고 한다. 그리고 중국 역사에도 뛰어난 여성들이 적지 않았으므로, 이 책의 저술로 당시 이상도 꿈도 없이 의존적인 중국 여성들의 각성과 분발을 촉구하였다.[47]

그런데 당시로서는 상당히 진보적이었던 서천소도 여전히 책 속에서 여화 사상을 유지하고 있다. 그는 나라가 망한 이유가 비록 한 가지는 아닐지라도, 하나라는 말희(末喜 또는 妹喜) 때문에 망했고, 상나라는 달기(妲己) 때문에 망했으니, 여화는 족히 나라를 멸망시키는 위험한 것으로 경계해야만 한다고 했다.[48] 또 명나라가 망하고 이민족의 손에 들어간 것도 모두가 여화가 원인이었다고 하였다. 다만 우물(尤物)로 태어났다고 할지라도 배우자가 없이 어떻게 능히 나라에 화를 미칠 수 있었겠는가 반문하면서, 여자의 배우자에게도 책임이 있음을 지적했다는 차이가 있다.[49]

---

46) 梁啓超, 〈新史學〉, 《飮冰室文集(9)》, 中華書局, 1960, 7쪽.
47) 徐天嘯, 《神州女子新史正續編》, 臺灣: 食貨出版社 영인본, 1978, 1~5쪽. 序論 참조.
48) 위의 책, 18~19쪽.
49) 위의 책, 8쪽.

비록 여화론이나 우물화수관(尤物禍水觀)이 시대의 변화에 따라서 점차 옅어져가고 있지만, 근·현대까지 통속적인 이야기 속이나 일반인들의 의식 속에 여전히 유행하고 있다. 우물화국(尤物禍國)의 여성을 경국지색(傾國之色), 요비(妖妃), 요희(妖姬) 등으로 표현하고 있다. 우물화국의 관념이 우물패가(尤物敗家)로 발전하면서, 가훈이나 여훈서에서도 여성들에게 이러한 여화의 고사를 예로 들어, 마땅히 남자의 보조자로서 머물러야만 비로소 화를 부르지 않는다고 강조한다. 그리고 가정이 편안하지 못한 것, 예를 들어 부모에게 불효하는 것, 형제끼리 반목하는 것, 자식이 불초(不肖)한 것, 절도 없이 사치하는 것을 대부분 여성의 책임으로 전가하고 있다.50)

4. 여주의 실제

남녀유별을 강조했던 전통 중국사회에서 여성들의 대외적인 활동은 당연히 제약을 받았다. 여성의 올바른 위치가 가정 안이고, 여성의 역할을 가사(家事)로 한정짓고 있지만, 과연 가사의 내외를 어떻게 엄격하게 구분지울 수 있을까? 일상생활에서 내외의 업무를 엄격하게 구분한다는 것은 현실적으로 어렵다. 내사(內事)와 외사(外事)의 뚜렷한 경계가 과연 무엇이며 어디인가? 부인이 밖의 일에 관여하지 않고 오로지 올바른 위치인 가정 안[正位於內]이란 유교적 이념과 명분과는 다르게 적극적인 삶을 영위한 여성들도 있다. 물론 그 정도는 시대와 지역 또는 신분이나 지위에 따라서 상당한 차이가 있지만 정치·경제·사회 활동에 적극 참여하였다.

여주에 관한 가장 이른 기록은 《순자》(荀子)에 나온다. 정치를 문란하게 하는 삼난(三難)이 여주(女主), 사신(詐臣), 탐관오리(貪官汚吏)라 하였다.51)

---

50) 劉詠聰, 〈唐宋以來尤物禍國敗家思想的發展〉, 38~40쪽.

정치를 문란하게 하는 삼난의 첫 번째로 든 것이 바로 여주다. 이것은 여주의 정치참여를 경계하는 우려이지만, 거꾸로 보면 여주의 정치참여가 그만큼 많았고 영향력을 미쳤다는 의미다. 일반적으로 여주의 정치참여를 지칭하기를 섭정(攝政) 또는 수렴청정(垂簾聽政)이라고 한다. 여주는 군주의 모(母后 또는 太后), 처와 첩(后妃), 딸, 유모 등으로 직·간접으로 정치에 참여하여 영향력을 행사했던 인물이다. 그 가운데 태후와 후비의 정치참여가 가장 많았다.[52]

대개는 어린 군주를 대신하여 태후가 섭정을 했지만, 군주가 질병에 걸려 정사를 돌볼 수 없을 때나, 군주가 죽으면서 유조(遺詔)를 남겼을 때에도 섭정이 행해졌다. 중국 역사에서 여주의 섭정은 하나의 제도였다.[53] 그렇다면 섭정태후는 황제와 같은 역할을 담당한 것일까?

한 고조의 황후인 여후(呂后)는 고조를 도와 한 제국을 건국하였다. 고조가 죽고 아들 혜제가 제위에 올랐으나 정치는 그녀의 손에서 움직였고, 혜제가 죽고 어린 태자가 즉위하자 여태후가 '임조칭제'(臨朝稱制)를 하였다.[54] 사서의 편제에서 본기(本紀)는 제왕의 사적을 기록한 것인데, 여후의 통치시대를 《사기》나 《한서》에서 본기에 편제한 것으로 보면, 그녀가 황제와 같이 조정에서 조령(詔令)을 반포했고 직접적인 통치행위를 했다는 의미이다. 그러므로 하버드대 교수였던 양연승(楊聯陞)은, 임조칭제는 바로 여주가 황제의 권력을 얻었을 때 실제 국가 영수로서의 통치행위를 했음을 의미한다고 해석했다.[55]

---

51) 《荀子》(諸子集成本 2, 臺灣: 世界書局), 〈强國篇〉, 197쪽.

52) 杜芳琴, 〈中國歷代女主與女主政治略論〉, 《中國婦女史論集》 4集, 臺灣: 稻鄕出版社, 1995, 35~36쪽.

53) 趙鳳喈, 《中國婦女在法律上之地位 附補篇》, 臺灣: 稻鄕出版社 영인본, 1993, 113~114쪽.

54) 《漢書》 卷 3 〈高后本紀〉, 95쪽.

55) 楊聯陞, 〈國史上的女主〉, 《國史探微》, 臺灣: 聯經出版社, 1983, 99~100쪽. 원래 "Female Rulers in Imperial China," Lien-sheng Yang, *Excursions in Sinology*, Harvard-Yenching Studies XXIV, 1969에 실린 것으로, 필자는 중국어판 책에 재수록된 논문을 인용하였다.

전한 후기 원제(元帝; 재위 B.C. 48~33)의 황후 왕씨(王氏)의 경우, 아들 성제(成帝; 재위 B.C. 33~7)와 성제 사후에 어린 나이에 제위에 오른 손자 애제(哀帝; 재위 B.C. 7~1)와 평제(平帝; B.C. 1~A.D. 5)를 대신해 통치를 했고, 이로써 외척이 득세하여 마침내 왕망이 정권을 장악하게 된다.

후한시대에는 태후의 섭정이 더욱 빈번해진다. 대부분 어린 황제가 옹립되면서 실권은 태후와 그 외척에게 넘어갔다. 등후(鄧后) 같은 경우는 화제(和帝; 재위 88~105)가 죽자 100여 일밖에 안 된 상제(殤帝)를 즉위(105)시켜 정치실권을 장악한다. 즉위 다음 해에 상제가 죽자, 등후는 형제들과 의논하여 화제의 조카 안제(安帝; 재위 106~125)를 황제위에 앉히고 실질적인 통치를 하였다.56) 《후한서》에 후비(后妃)가 열전이 아닌 본기에 편제되었다는 것으로도 이 시대 후비의 역할을 짐작할 수 있다.

중국 역사에서 태후의 섭정은 당대(當代)는 물론 후대에도 끊임없는 비판을 받았고, 때에 따라서 태후섭정을 법으로 금지하기도 했지만, 청나라 말기까지 지속적으로 행해졌다. 태후의 섭정은 후한시대에 이르러 제도화되기 시작하면서 태후의 섭정 의식도 형식을 갖추기 시작한다. 조정에서 태후가 동면(東面)을 하고, 어린 황제가 서면(西面)을 하면 신하들이 양쪽으로 문서를 올렸다.57)

중국 역사에서 섭정태후의 면면을 보면, 대개는 황후일 때 이미 황제의 막후에서 드러나게 또는 드러나지 않게 그 정치력을 발휘하였다가 황제 사후에 모후로서 정치의 전면에 나서고 있다. 이른바 황후로서 정치에 간여하는 간정(干政)에서 태후섭정은 정치의 최고 통치자로서의 역할을 전면에서 담당하게 되는 것이다.58)

이 논문은 중국 여성사 연구에 새로운 방향을 제시한 것으로, 이후 중국 역사에서 모권(母權) 연구가 활발하게 이루어졌는데, 대표적인 저술로 下見隆雄, 《儒教社會の母性》(東京: 硏文出版, 1994)을 들 수 있다.

56) 《後漢書》 卷10, 〈和熹鄧皇后本紀〉 참조.

57) 《後漢書》 卷10, 〈安思蔡閣邕皇后本紀〉, 436쪽 주석 참조.

58) 劉靜貞, 〈從皇后干政到太后攝政〉, 鮑家麟 編著, 《中國婦女史論集》 續集, 臺灣: 稻

태후섭정 의식의 변천은 바로 수렴청정(垂簾聽政)의 형태이다. 수렴(垂簾)이란 용어는 당 무후(武后) 때 비로소 나온다. 고종 상원(上元) 2년(675)에 병으로 정사를 돌볼 수 없게 되자, 무후가 어좌(御座)의 뒤쪽에 발을 내리고 크고 작은 정사에 참여했다고 한다.[59] 무후는 태후가 되기 이전에 이미 그 정치력을 막후에서 발휘하고 있었고, 고종 사후에 태후섭정으로 만족하지 못하고 스스로 황제가 되었던 중국 역사에서 유일한 여황제이다.

송대에 이르러 태후섭정에서 수렴청정 의식이 더욱 정밀해지고 제도적으로 완비된다. 송 진종(眞宗)이 거란족과의 전쟁에서 굴욕적인 평화협정(澶淵의 맹약)을 맺고, 국내외 정치에 지속적인 스트레스를 받으며 쌓인 피로로 질병을 앓으면서 정치력을 제대로 발휘하지 못했다. 유(劉) 황후는 진종의 지지 아래 권력을 서서히 장악해 나간다. 진종이 죽자 유후는 선제(先制)의 유명(遺命)에 따라서 어린 황제 인종(仁宗)과 함께 조정에 나아가 국정을 운영했다. 대신들이 태후에게 별전(別殿)에서 정무를 보시라고 청하였으나, 유태후가 황제가 정무를 볼 때 마땅히 조석으로 옆에 있어야 하는데 별전으로 나갈 이유가 없다고 단호하게 거절하였다. 마침내 황제와 태후가 5일 동안 함께 승명전(承明殿)에서 정무를 돌보는 것으로 하였으며, 이때 황제는 왼쪽에, 태후는 오른쪽에 앉도록 하고, 태후 앞에는 발이 드리워졌다.[60]

송대에는 유태후 말고도 7명의 태후가 섭정을 하였다. 송대 태후섭정은 이전의 태후섭정과 근본적인 차이가 있다. 우선 송대에는 태후섭정으로 말미암은 외척의 전횡이나 유혈 군사정변이 발생하지 않았다는 점이다. 송대 태후섭정은 대개 선황제의 유지가 있었고, 황제에 오른 새 황제와 대신들의 요청으로 이루어졌다. 그 가운데 고(高) 태후는 어린 철종이 즉위하자 조모로서 섭정을 하였는데, 여인 가운데 요순(堯舜)이라고 칭송되었던

鄕出版社, 1991, 123~161쪽 참조.

59) 《舊唐書》卷5, 〈高宗本紀〉, 100쪽.

60) 《宋史》卷242, 〈列傳〉 后妃上, 章獻明肅劉皇后, 8613쪽.

인물이다.61)

　이때 황태후와 황제의 관계는 어떻게 규정되는 것일까? 아래 표를 근거
로 관계를 보자.

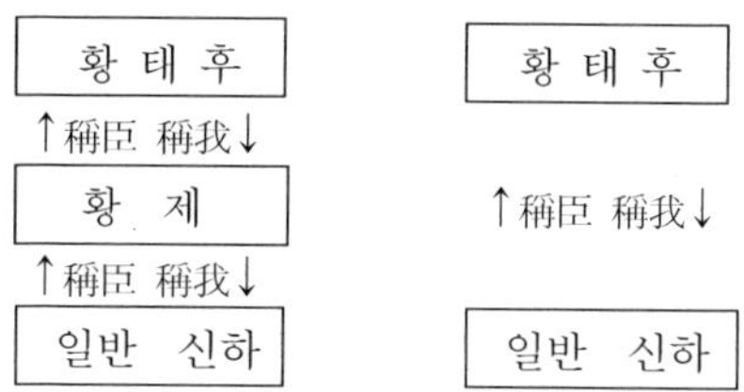

　황제제도 아래서 황제는 최고의 권력자다. 하지만 칭신(稱臣)이란 형식
으로 볼 때 위 표를 보면 황태후는 통치체제의 정점에 있으며, 황제도 황
태후에게는 반드시 칭신을 해야만 했다. 그렇다고 해서 모든 황태후가 정
치권력을 행사할 수 있었던 것은 아니고, 임조칭제 때에만 비로소 황제와
같은 권력을 행사할 수 있었다.62)

　그러나 여주의 섭정은 어디까지나 긴급한 상황을 위한 임시방책일 뿐이
었다. 그러므로 황제가 무능하거나 어린 황제가 등극했을 경우에 여주의
섭정이 이루어졌다. 그렇다면 몇 살까지를 어린 나이, 즉 미성년으로 본
것일까? 병역과 세금을 부담하거나, 관례(冠禮)를 치렀던 기준으로 볼 때
대략 16세를 넘으면 더 이상 어린 나이가 아닌 것으로 보았다.63) 황제가
성인이 되었을 경우 당연히 권력은 황제에게 환원(또는 還政)되었다. 하지
만 때에 따라서 야심이 컸던 여주 가운데에는 황제가 성인이 되었을 때도
권력을 놓지 않고, 경우에 따라서 황제를 독살하거나 교체하는 등의 극단
적인 방법이나 황제를 무력화시키는 방법으로 여전히 섭정을 하였다.

　청나라 말기 내우외환의 시기에 전권을 휘둘렀던 서태후(西太后)의 경우

---

61) 《宋史》 卷242, 〈列傳〉 后妃上, 宣仁聖烈高皇后, 8627쪽.
62) 劉靜貞, 앞의 글, 135쪽.
63) 楊聯陞, 앞의 글, 105쪽.

를 보자. 서태후는 원래 함풍제(咸豊帝)의 후궁이었다. 함풍 6년(1856)에 황자(皇子)를 낳아 의귀비(懿貴妃)에 봉해진다. 함풍제의 황후에게 아들이 없어 의귀비 소생인 6세의 어린 아들이 황제[同治帝]가 되자 의귀비는 (서)태후가 된다. 그녀는 함풍제의 동생 공친왕(恭親王)과 공모하여 반대파를 제거하고, 함풍제의 황후였던 동태후와 함께 섭정을 하였다. 동치제가 후사가 없이 젊은 나이로 죽자 함풍제의 동생 순현친왕(醇賢親王)의 어린 아들(4세)을 옹립하였는데, 그가 광서제(光緒帝)이다. 계속해서 동태후와 함께 서태후는 수렴청정을 하는데, 1881년(광서 7) 동태후가 죽자 서태후가 전권을 휘둘렀다.

광서제가 성인이 되자, 비록 수렴청정은 거두었지만 실권은 서태후에게 있었다. 1894년 청일전쟁에 패하자 성인이 된 광서제는 개혁파를 등용하여 개혁을 시도했지만, 실권을 가진 서태후 중심의 보수파에 의해 개혁은 실패로 끝나고 광서제는 궁중에 10년 동안 유폐당하였다가 1908년 죽었다. 일설에는 동태후와 광서제가 서태후에 의해 살해당했다고 한다. 광서제가 죽자 서태후의 뜻에 따라서 광서제의 동생 순친왕(醇親王)의 어린 아들(3세)을 옹립했는데, 바로 그가 마지막 황제 선통제(宣統帝)이다.[64]

중국 역사에서 비록 여주의 섭정이나 간정에 대해 비판이 끊이지 않았지만, 무능한 황제나 어린 황제가 즉위하게 되면 여주가 섭정하는 것이 통치제도의 한 형식이었음은 역사적인 사실이다. 청대에 이르러서 '수렴청정'이 행정법전인 《대청회전》(大淸會典)의 한 항목으로 들어간 것을 보면, 결국 여주의 섭정이라는 역사적 사실이 법규로서 명문화된 것이다.[65]

황실의 여주가 섭정이란 형식으로 정치권력을 행사했다면, 일반 가정의 여주들은 어떠했을까? 부인의 올바른 위치는 가정 안[正位於內]이라는 유교적 이념과 명분과는 다르게, 시대와 지역 또는 신분이나 지위에 따라서

---

64) 楊世鐸, 〈禍國殃民的慈禧太后〉, 安作璋 編, 《中國歷代后妃》 下, 河南出版社, 1996, 355~384쪽 참조.

65) 《大淸會典》, 商務印書館 影印本, 〈凡例〉, 1쪽.

상당한 차이가 있지만, 여성이 적극적으로 사회활동에 참여하기도 했다.

남북분열이라는 혼란의 시대에 남북조에서 관직을 두루 거쳤던 안지추(安之推; 약 531～603)는 자신의 체험과 생각을 정리해 자손들에게 《안씨가훈》(顔氏家訓)을 남겼는데, 이 책에서 남북조 여성의 대조적인 활동에 대해 흥미로운 비교를 하였다.

남조 강남(江南) 지역 여성들은 거의 사회활동이 없는 데 비해, 북조의 업하(鄴下) 지역 여성들은 적극적으로 사회활동을 하였다. 북조 여성들은 집안의 대소사를 관장할 뿐만 아니라 송사(訟事)에도 관여하였고, 남편과 자식의 출세를 위해서 치맛바람을 날리며 관청과 관사를 드나들며 청탁을 하였다.66) 안지추는 북조의 이러한 풍속은 유목민족의 영향을 받아서 그렇다고 했지만, 삼국시대 말에서 서진(西晉) 초기에 이미 중국 여성들의 활발했던 사회활동에 관한 기록이 보인다.67)

일부다처제 아래에서 여성의 투기는 악덕으로 금기시되었지만, 당대(唐代) 여성들은 남편의 축첩에 대해 당당히 저항하기도 하였다. 따라서 아내의 투기가 무서워 감히 축첩을 못하는 공처가도 생겨났다. 축첩은 다양한 형태로 이루어졌는데, 전쟁 포로나 범죄자 가운데에서 부녀자를 황제가 신하에게 하사품으로 주기도 하였다.68)

당나라 관국공(管國公) 임괴(任瓌)는 태종이 시녀를 하사하였는데, 아내가 무서워 받지 못하겠다고 사양하였다. 그러자 태종은 임괴의 처를 불러서 부인의 투기는 칠거지악으로, 그 버릇을 고치지 않겠다면 자신이 주는 술[毒酒]을 마셔야 한다고 했다. 임괴의 처는 자신은 투기를 하지 않을 수 없으니 술을 마시겠다며 마침내 마셔버렸다. 집으로 돌아온 그녀는 자신이 곧 죽을 것이라고 생각하고 임종 전에 가족들과 작별을 고하였다. 그런데 다음날까지 아무 일도 일어나지 않았다. 알고 보니 태종은 그녀의 투기

---

66) 安之推 撰·王利器 集解, 《顔氏家訓集解》 卷1, 〈治家〉, 臺北: 明文書局, 1982, 60쪽.
67) 김인숙, 《중국 중세 사대부와 술·약 그리고 여자》, 서경문화사, 1998, 13～14쪽.
68) 위의 책, 104～105쪽.

버릇을 고치려 한 것으로, 독주가 아닌 식초를 마시게 한 것이었다. 중국어 가운데 질투한다는 의미의 '츠추'(吃醋)의 어원은 이 이야기에서 시작되었다고 한다. 당나라의 유명한 재상이었던 방현령(房玄齡)의 부인 역시 태종이 미인(美人)을 방현령에게 하사하는 것을 받지 못하게 하기 위해서 "차라리 투기하여 죽을지언정 투기 안 하며 살고 싶지 않다" 하였다.[69]

이와 같이 여성의 목숨을 건 투기는 여러 가지 의미로 해석할 수 있겠지만, 필자는 어떠한 악조건 아래서도 자신의 주장을 펴고, 소신을 버리지 않은 여성의 용기라고 말하고 싶다.

그러나 치맛바람을 날리고 돌아다니며 밖의 일을 관장하거나, 당당하게 투기를 부릴 수 있는 여성은 일부 상류층에서나 가능한 일이었을 것이다. 밖의 일을 관여하지 않고 집안 일만 관장하고, 가족을 화목하게 이끌고 현명하게 처신해야 한다는 유교 덕목을 실천할 수 있는 여성 또한 일정한 경제수준을 유지하고, 밖의 일도 노비를 시킬 수 있는 있는 부유층에서나 실천이 가능한 일이었을 것이다.

부귀를 세습할 수 있었던 문벌귀족시대를 지나고, 송대에 이르러 과거제도가 활성화되면서 일반 평민들도 과거(科擧)를 통해 신진관료로 진출할 수 있었다. 따라서 과거를 준비하는 동안 가정경제를 책임지고 적극적인 내조로써 남편이나 자식을 출세시킨 여성들에 대한 미담이 기록되었다. 그런데 이런 여성들을 기록하면서, 여자가 할 수 없는 일을 해냈다거나, 그 결단력과 비범함이 남자와 같다고 묘사하였다.[70] 비록 여성이 이루어낸 성과를 칭송할지라도 그것은 여성스러운 것이 아닌 남성적인 것이라고 표현한 것은 여전히 유교적 여성관으로 여성의 위치와 지위를 구속하려는 의도로 보인다. 또한 노비를 거느릴 수 없는 대부분의 일반 서민층 여성이나, 남편이 생계를 책임지지 못하거나 과부로서 스스로 생계를 책임져야

---

69) 朱志平, 〈唐代妬婦述論〉, 鮑家麟 編著, 《中國婦女史論集》續集, 臺灣: 稻鄕出版社, 1991, 55~56쪽.

70) 劉靜貞, 〈女無外事〉, 《婦女與中兩性學國刊》 4, 1993, 21~34쪽 참조.

만 하는 빈곤층 여성들이 과연 가정 안에서만 생활할 수 있었을까?

남녀유별이란 유교 이념으로 포장되었던 중국 전통사회의 이상과, 현실의 속의 여주의 실제 모습에는 괴리가 있었을 것이다. 역사 속에서 적극적이었고 주동적이었던 여성들의 역사를 발굴해내서 역사무대에서 조명을 비출 때, 비로소 묻혀 있던 여주의 역사가 무덤 속에서 의미 있는 부활을 하게 될 것이다.

5. 맺음말

중국 전통사회에서 여성의 지위와 역할을 규정했던 것은 남녀에 다름(차이)이 있음[男女有別]을 강조하는 유교 이념이었다. 남녀유별은 남외여내와 남존여비라는 관계로 구체화되면서 남녀차별로 발전하였다.

과거에는 남녀무별(男女無別)이면 가정뿐 아니라 나라가 망한다고 하였다. 이와 같은 전통사회의 유교 이념에 의한 남녀차별은 생물학적인 성(biological sex)의 차이에 따른 것이 아니라 사회심리적인 성별((psychosocial gender traits)에서 비롯된다는 주장이 제기되었다.[71] 이제 현대사회에서는 남녀무별, 즉 남녀평등이 가정과 사회에서 이념적으로나 법적으로 제도적 장치를 만들어 실천해야만 할 화두가 되었다.

그런데 한편에서는 또 다시 남녀유별을 주장하고 있으니, 역사는 물레방아처럼 돌고 돈다. 남자 아이와 여자 아이는 정서적 사회적으로 서로 매우 다른 성장 과정을 겪는다는 것이다. 그러므로 남아와 여아의 차이점을 인정하고 받아들여야 한다는 주장과, 남녀평등교육 때문에 빚어지는 문제점을 제기하는 학자들도 있다.[72]

---

71) Roger T. Ames, "Taoism and the Androgynoous Ideal," ed. Richard W. Guisso and Stanley Johannesen, *Women in China*(Youngstown, N.Y.:Philo Press, 1981), p.22.

72) 《뉴스위크》(*Newsweek*) 한국어판, 1998년 5월 13일자, 14~26쪽: 〈사내아이는 사내아

심리학자인 존 그레이(John Gray)는 자신의 책 《화성에서 온 남자와 금성에서 온 여자》73)에서, 여자와 남자는 인생의 모든 영역에서 어떤 차이점을 보이는지 설명하였다. 남녀의 가치관(제2장), 사용 언어(제5장), 욕구(제6장), 정서(제7장) 등이 서로 다르다는 것이다. 남녀(부부)가 서로를 다른 별에서 온 사람처럼 자신과 다르다는 것을 기억한다면, 그들을 변화시키려고 애쓰거나 맞서려고 하는 대신 그 차이를 편하게 받아들이고, 그래야 더불어 잘 지낼 수 있다는 주장이다.

하지만 현대 동아시아 사회에서는 전통의 유교 이념으로부터 자유로울 수 없는 유산이 여전히 여성의 삶에 그림자처럼 드리우고 있다. 반면에 격변하는 시대에 여성은 새로운 역할을 강요받고 있다. 중화권에서는 이제 약한 여성인 아닌 안팎에서 능력 있는 여강인(女强人)을 원한다. 오늘날 우리 사회는 어떠한가? 우리 사회에서도 남녀평등이란 이념이 일반화되면서 여성의 권익을 주장하는 목소리가 높아지고, 남녀관계를 변화시키고 가족관계조차도 변화시키고 있다.

이러한 변화 속에서 여성은 새로운 역할을 요구하고 받고 있으니, 바로 슈퍼우먼 신드롬(superwoman syndrome)이다. 이제 여성에게 가정[內]은 물론 사회[外]에서 모두 유능할 것을 요구한다. 여성이 안팎으로 유능하지 못하면 현대판 여화(女禍)가 되는 것이다. 이러한 현상은 여성에게 변형된 형태의 또 다른 이데올로기를 강요하는 신종 차별은 아닐까?

이로 키워라〉, 〈사내아이 기를 꺾지 말라〉.

73) 존 그레이 / 김경숙 옮김, 《화성에서 온 여자 금성에서 온 남자》, 친구미디어, 2000년 개정판.

송대 전황(錢荒)의 배경
- 화폐유통과 관련하여 -

김 영 제
_단국대 역사학 전공

1. 머리말

중국에서 주조화폐는 춘추전국기부터 발행되었다. 그리고 진(秦)이 중국을 통일한 이후 반량전(半兩錢)을 발행하였고, 한대(漢代)에는 오수전(五銖錢)을 발행하였다. 이 반량전과 오수전은 화폐가 지니고 있는 금속의 무게(半兩 또는 五銖)를 가치로 나타낸 것이다. 그리고 당대(唐代)에 발행된 개원통보전(開元通寶錢)부터는 1문(文)이라고 하는 매수를 화폐가치로 나타내고 있었으나, 10문은 1량(兩)이라고 하는 무게를 표준으로 삼고 있었다.[1] 다시 말해 1매의 화폐를 표시하는 단위는 비록 달라졌지만, 소재인 금속의 가치를 기준으로 하고 있었다는 점에서는 그 이전과 아무런 차이가 없었다. 그리고 송대(宋代)에 발행한 여러 종류의 연호전(年號錢)도 기본적으로는 개원전과 같은 가치기준을 삼고 있었다.

중국사에서 당송변혁기(唐宋變革期)라 알려진 당대부터 화폐경제가 발달하기 시작하였다. 그리고 북송 중기 신종조(神宗朝) 원풍(元豐) 연간에 이르면 매년 500만 관(1貫은 1000文)이란 양의 금속화폐가 발행되었다. 이처럼 화폐경제가 발달하고 많은 금속화폐가 주조되었음에도 당대와 송대에는 곧잘 화폐부족 현상이 나타났다. 사료에서는 이를 전황(錢荒)이라 칭하

---

1) 宮崎市定, 《五代宋初の通貨問題》, 星野書店, 1943, 8쪽.

고 있다.

이처럼 전황은 화폐경제가 발달하는 과정에서 발생하였으므로 어쩌면 당연한 것인지 모른다. 즉 화폐수요에 비해서 공급이 부족했기 때문에 전황이 발생했다고 간단히 해석해 버릴 수가 있다. 그러나 북송의 원풍 연간처럼 사상 최고의 주조량을 자랑할 때 전황이 발생했다는 것은 단순히 공급부족만으로 그것을 설명할 수는 없을 것 같다. 그리고 이 시기에 다른 한편에서는 동전을 녹이는 소전(銷錢) 행위가 출현하기도 하였다. 즉 한쪽에서는 사람들이 화폐 부족에 목말라 있는 반면, 다른 한쪽에서는 사람들이 화폐를 녹여 다른 기물을 만들고 있는 것이다. 이처럼 기묘하고도 모순되는 상황이 전개되고 있었음에도, 전황에 대한 이제까지의 연구에서는 이를 명쾌하게 설명하지 않고 있다.

필자는 지금까지 당송시대 화폐 문제와 관련해서 몇 가지 연구를 한 바 있다. 먼저 당대의 사주전(私鑄錢),[2] 당말과 오대의 소전(銷錢),[3] 그리고 북송대의 전황[4]에 관한 연구에서, 이 시대 화폐유통에 대해서 각각 고찰하였다. 첫번째, 당대의 사주전 문제에서는 이 시대 민간경제가 성장하여 많은 화폐수요가 있었음에도, 정부에서 공급하는 화폐량이 부족하자, 강남 지역에서 사주전을 만들어 공급함으로써, 이 지역 또는 화북 지역에서도 그것이 사용되었음을 밝혔다. 두 번째, 당말과 오대의 소전 연구에서는 동가(銅價)의 상승으로 동전의 소재가치가 상승하자, 이제는 민간에서 동전을 녹여 기물을 만들거나 축장(蓄藏)하는 행위가 이 시대에 빈번히 나타났음을 다루었다. 세 번째, 북송의 전황 연구에서는, 전황의 연구사 정리와 더불어, 신종대(神宗代)에 유가증권의 하나인 염초(鹽鈔)의 가치가 폭락하고, 동시에 동전의 소재가치가 상승하자, 민간에서 동전을 녹이거나 동전

---

2) 김영제, 〈唐代의 私鑄錢과 貨幣需要에 對하여〉, 《春史卞麟錫敎授 停年紀念論叢》, 2000.
3) 김영제, 〈唐末・五代의 貨幣問題 ― 銷錢을 端緖로 하여〉, 《中國史硏究》 8, 2000.
4) 김영제, 〈北宋의 錢荒에 對하여〉, 《宋遼金元史硏究》 4, 2000.

을 축장하는 행위가 빈번히 일어나, 이것이 전황의 한 요인이 되었음을 밝혔다. 그리고 송대의 물가 문제를 다룬 최근의 글에서는, 북송 신종대 물가가 하락하지 않았다는 점을 통해서, 종래 주장된 것처럼 면역전(免役錢) 징수가 전황을 발생시켜 그로써 물가가 하락하였다는 것을 부정하였다. 다시 말해 북송 신종대에 전황이 발생한 것은 재정적 원인에 있었던 것이 아니었음을 주장하였다.[5]

이 글에서는 지금까지 행한 필자의 연구결과를 토대로 전황의 배경을 재검토함과 동시에 송대 화폐유통의 실상을 엿보고자 한다. 필자는 먼저 두 가지 가설을 제시한 뒤, 이에 근거해 본론을 펼쳐 나가기로 하겠다.

첫째, 진대(秦代)부터 송대에 이르기까지 기본적으로 화폐는 그 무게를 가치로 나타내고 있었다. 그렇기 때문에 만일 동전의 소재가치가 동전의 액면가를 넘어설 때 다음과 같은 문제가 발생할 수 있다. 즉 금속의 소재가치를 중시하는 관행이 전면에 나타나, 1문의 동전이 정당한 가치를 부여받을 때까지 사용이 중지되거나, 아니면 그것을 녹여 다른 물건으로 만들어 가치를 제대로 평가받으려는 상황이 발생할 수 있다.

둘째, 화폐가 어느 정도 생산되었다고 하더라도, 경제의 선진지역과 중진지역, 나아가 후진지역 등이 병존할 경우, 화폐가 집중하는 곳과 그렇지 않은 곳이 생길 수 있다. 이럴 경우 중진지역이나 후진지역의 경우는 화폐수요에 비해서 공급이 부족할 가능성이 생긴다.

그래서 필자는 전황을 위의 두 가지 원인에서 검토하고자 한다. 필자는 이 글에서 전황의 배경 문제를 통해서 송대 화폐 유통의 실상에 대해서 검토하고자 한다.

---

5) 김영제, 〈宋代의 物價와 兩稅負擔〉,《東洋史學硏究》 91, 2005.

2. 축장(蓄藏)에 의한 전황

먼저 동전의 소재가치가 그 액면가를 넘어설 때 전황이 발생하는 경우를 살펴보자. 통설에 따르면 북송 중기 신종대에 전황이 발생했다고 한다. 그런데 당시 동전의 액면가는 소재인 구리에 비해 낮게 평가되었다. 예컨대 삼사사(三司使)를 지내기도 했던 장방평(張方平)이란 사람의 말에 따르면, "10전을 녹이면 정동(精銅) 1량을 얻을 수 있고, 이로써 기용(器用)을 만들면 5배의 이익을 얻을 수 있다"고 하였다.6) 이 말로 당시의 동전은 소재인 구리의 가치에 비해서 낮게 평가되었음을 알 수 있다. 그리고 희령(熙寧) 10년(1077) 당시 권삼사사(權三司使)였던 심괄(沈括)은 다음과 같이 말하고 있다.

오늘날 天下의 人口가 해마다 增加하니, 公私의 費用도 날로 늘어가, 이로써 날로 늘어가는 費用을 增加하는 人口가 奉養하니, 錢幣가 不足한 것은 족히 怪異할 것이 없습니다.…… 銅禁이 이미 열리니, 銷錢으로써 器物을 만드는 者의 利益이 十倍에 이르는 즉, 있는 銅錢도 얼마가지 않아 器物이 될 것입니다. 臣이 생각하기로 銅을 禁하지 않으면, 銅錢이 더욱 다하여 없어질 뿐만 아니라, 異日에, 富家가 盜賊에 對備하든지, 洪水나 火災를 물리칠 수도 없게 될 것입니다. (이전에는) 오로지 鹽鈔를 蓄積하였고, 그래서 銅錢을 꿰어 蓄藏하는 것이 不利하였으니, 民間에 있던 鈔가 千萬을 헤아렸습니다. (그러나) 오늘날에는 鈔法이 수차례 바뀌면서, 民間에서 (이를) 굳게 信用하지 않게 되어, 不得已하게 鈔를 購入한 자는 아침에 얻으면 곧 저녁에 이를 팔아버리게 되었으니, 이런 緣故로 鈔가 머무르지 않고, 그래서 銅錢이 더욱 나오지 않게 되었습니다.7)

---

6) 《宋史》 食貨志 下二, 錢幣, 元豊年間의 張方平의 上疏: "銷鎔十錢, 得精銅一兩, 造作器用, 獲利五倍."

7) 《續資治通鑑長編》(이하 《長編》이라 약칭함) 卷283, 熙寧十年, 六月, 壬寅條에서 인용하는 "沈括自誌」云, "今天下生齒歲蕃, 公私之用日蔓, 以日蔓之費奉歲蕃之民, 錢

이 사료에서 심괄은 다음 두 가지에 대해서 말하고 있다. 첫번째는 당시 동전의 액면가가 구리의 가치에 비해 낮게 평가되어 있었기 때문에, 동금(銅禁)의 해제를 방치한다면 동전들이 녹여져 언젠가 고갈되어 버릴 수 있다는 사실을 지적하고 있다. 두 번째는 민간에서 염초(鹽鈔)를 불신하고 있음을 지적하고 있다. 무엇보다 염초의 불신으로 동전이 축장되어 밖으로 나오지 않는다는 것을 말하고 있다.

그렇다면 여기서 심괄이 말하는 첫번째 우려, 곧 동전을 녹여 기물을 만드는 것[銷錢]에 대해 살펴보자. 소전 행위가 나타나는 배경으로는 동전의 제조비용과 관련이 있다. 희령 연간보다 약간 늦은 철종(哲宗) 소성(紹聖) 3년(1096)의 사료에 따르면, 당시 1근의 관매동가(官買銅價)가 250문으로, 1관의 동전에 포함된 구리 가격만 해도 900문이었다고 한다.[8] 당시는 구리를 재정전매하고 있었기 때문에, 관청에서 매입하는 구리 가격은 시세가 아니라 자의적인 것이었다. 그런데 심괄이나 장방평의 말에 따르면, 동전을 녹여 기물을 만들어도 몇 배의 이익이 난다고 하였다. 따라서 희령 연간 당시 구리의 시세는 관에서 수매하는 가격보다 훨씬 높았던 것으로 추정된다. 그래서 동전의 소재가치가 액면가보다 높았던 것이다.

이처럼 소재인 구리의 가격상승으로 인한 소전 행위는 당대 후반기부터 있었다. 여기서 그 몇 가지 사례를 소개하면 다음과 같다.

貞元 9年(793) 正月에 張滂이 諸州府公私諸色鑄造銅器雜物等에 관해 上奏를 하였다. 엎드려 살피건대 國家에 돈이 적어, 여러 방면에 損失이 많습니다. 興販의 무리들은 몰래 錢一千을 銷鑄하여 銅六斤으로 삼아, 器物을 造寫하면 곧 1斤値가 六百餘錢이 되어, 이익에 심히 두터움이 있습니다. 銷鑄

___

幣不足, 此無足怪,…… 銅禁旣開, 銷錢以爲器者利至于十倍, 則錢之在者幾何其不爲器也, 臣以謂銅不禁, 錢且盡, 不獨耗而已, 異日, 富家備寇·攘水火之敗, 惟蓄鹽鈔, 而以藏鏹爲不利, 鈔之在民以千萬計, 今鈔法數易, 民不堅信, 不得已而售鈔者, 朝得則夕貿之, 故鈔不留, 而錢益不出."
8) 高聰明, 《宋代貨幣與貨幣流通硏究》, 河北大學出版社, 2000, 38쪽.

가 마침내 많아져, 江淮之間에는 錢이 實로 減耗하게 되었습니다. 엎드려 바라오건대 從前의 敕文에 準하여, 鑄鏡을 除外하고는 一切 禁斷하게 하옵소서.9)

이를 보면 당시 동전 1천 개를 녹이면 구리 6근을 얻을 수 있고, 이로써 구리 그릇을 제조하면 1근당 600전에 팔 수 있어 세 배 반의 이익이 있었으므로, 강회(江淮) 지역을 중심으로 소전 행위가 빈번히 행해졌음을 나타내고 있다. 그리고 이후에도 소전 행위는 있었다.

그때(大和 8年, 834)에 비록 銅으로써 器物을 만드는 것을 금하였다고는 하나, 江淮나 嶺南에서는 상점들이 줄지어 이를 팔고 있는데, 千錢을 녹여 器物을 만들어 數倍의 이익을 내며 팔고 있다.

이를 보면 대화 8년(834)에도 강회와 영남 지역에서는 소전으로 동기(銅器)를 만들고, 이로써 몇 배의 이익을 챙기고 있었다.10)

그런데 이보다 전인 보력(寶曆) 초(825년 무렵)에 하남윤(河南尹) 왕기(王起)가 동전을 녹여 불상을 제조하는 것을 도주전(盜鑄錢)으로 논죄하자고 주청하고 있다.11) 즉 소전과 도주전(사주전을 만드는 것)을 동일한 범죄로 규정하는 것이다. 그리고 대화 3년(829)에 이르러서는 불상을 납[鉛], 주석[錫], 흙[土], 나무[木]로만 만들게 하고, 그 밖에 일부의 경우에 한해서 구리를 쓸 수 있도록 하는 것 외에 모두 금지하였으며, 도주의 경우는 사죄(死罪)를 적용하였다.12) 이처럼 소전과 도주전을 동일시하고 그 행위에 대

---

9)《舊唐書》食貨志 上: “貞元九年正月, 張滂奏, 諸州府公私諸色鑄造銅器雜物等, 伏以
國家錢少, 損失多門, 興販之徒, 潛將銷鑄, 錢一千爲銅六斤, 造寫器物, 則斤直六百餘,
有利旣厚, 銷鑄逾多, 江淮之間, 錢實減耗, 伏請準從前敕文, 除鑄鏡外, 一切禁斷.”
10)《新唐書》食貨志 4: “(大和八年), 時雖禁銅爲器, 而江淮·嶺南列肆鬻之, 鑄千錢爲
器, 售利數倍.”
11)《新唐書》食貨志 4: “寶曆初, 河南尹王起請銷錢爲佛像者以盜鑄錢論.”
12)《新唐書》食貨志 4: “大和三年, 詔佛像以鉛·錫·土·木爲之, 飾帶以金銀·鍮石·

해서 사죄를 적용하였으나, 법령이 나온 뒤에도 강회 이남 지역에서는 공공연히 행해지고 있었다.

그런데 당시에는 소전뿐만 아니라 축전(蓄錢)도 행해지고 있었다. 다음의 사료는 축전을 금지하는 내용을 담고 있다.

> (元和 3年) 그해 6월에 詔에서 말하기를, 泉貨의 法은 그 뜻이 通流함에 있으니, 만약 錢에 막히는 바가 있으면, 物貨가 益賤하게 될 것이다. 때문에 錢을 모아두고 있는 者는 다른 사람의 급함을 이용하게 되고, 物貨를 두는 者는 반드시 그 資産에 손해를 보게 될 것이다. 지금 錢令를 만들어 이로써 滯藏을 내게 하고, 鼓鑄를 더하여서 流布에 도움을 주고자 하노니, 商旅로 하여금 그 禁을 알게 하고, 農桑으로 하여금 便安함을 얻게 하고자 한다. 그 뜻은 삼가 時弊를 救함이고, 그 情은 欲利에 있지 않으니, 만약 이를 고침에 있어 천천히 하지 않는다면, 사람들에게 혹시 서로 놀라게 하지 않을까 두렵다. 天下의 여러 商賈로서 앞서 見錢을 저장한 者는 所在의 長吏로 하여금 貨物을 收市케 하고, 官府는 期限이 있다 하여 곧장 商人을 逼迫하지 말고, 그 貨易에 맡겨 이로써 便利를 구하도록 하며, 周藏(만 일 년)를 기다린 다음, 이 법을 두루 행하도록 하는데, 朕이 따로 新規를 세워 蓄錢의 禁을 두고자 하노라.[13]

이를 보면 원화 3년(808) 당시에 화폐 유통이 잘 이루어지지 않았음을 알 수 있다. 이로써 정부는 그로 인한 물가하락을 우려하고 있다. 따라서 물가하락을 막기 위해 퇴장된 동전을 시장으로 끌어내려고 부유한 상인으로 하여금 물건을 사도록 권고하고 있다. 또 이를 법으로 뒷받침하기 위해 축전을 금하고 있다.

烏油・藍鐵, 唯鑑・磬・釘・鐶・鈕得用銅, 餘皆禁之, 盜鑄者死."

13) 《舊唐書》 食貨志 上: "(元和三年)其年六月, 詔曰, 泉貨之法, 義在通流, 若錢有所壅, 貨當益賤, 故藏錢者得承人之急, 居貨者必損己之資, 今欲著錢令以出滯藏, 加鼓鑄以資流布, 使商旅知禁, 農桑獲安, 義切救時. 情非欲利, 若革之無漸, 恐人或相驚, 應天下商賈先蓄見錢者, 委所在長吏, 令收市貨物, 官中不得輒有程限, 逼迫商人, 任其貨易, 以求便利, 計周藏之後, 此法遍行, 朕當別立新規, 設蓄錢之禁."

여기서 우리는 다음과 같은 사정을 엿볼 수 있다. 당시 동전의 소재가치가 액면가보다 높았기 때문에, 한편에서는 소전이 행해지고 있었고, 다른 한편에서는 동전의 축장이 행해지고 있었다.

그러나 당대 후반기에는 정부가 동전의 축장을 금지했음에도, 그다지 실효성이 없었던 것 같다. 왜냐하면 회창(會昌) 연간(841~846)에 들어와서는 정부가 나서서 동전의 주조를 늘리고 있기 때문이다. 이때 만들어진 동전은 그 연호를 따서 회창전(會昌錢)이라 부른다. 이 회창전은 회창 6년(846)에 이르러 그 유명한 폐불(廢佛)과 더불어 불상 등을 녹여서까지 주전하였던 것이다. 만약 당시에 축장 금지가 어느 정도 실효성이 있었다면 정부가 불상을 녹이기까지 하면서 동전의 주조를 늘리지 않았을 것으로 판단되기 때문이다.

이 같은 현상은 북송 중기에도 나타났다. 앞서 장방평의 말에서 보았던 바와 같이, 동전을 녹여 기물을 만드는 소전 행위가 나타났고, 또 심괄의 말에서처럼 동전의 축장도 나타났다. 여기서는 북송대에 나타났던 동전의 축장에 대해서 좀더 자세히 살펴보자. 당시 상인이나 부자들은 염초를 팔고 동전을 축장하였다.

염초(鹽鈔)는 인종대(仁宗代)인 경력(慶曆) 8년(1048) 범상(范祥)에 의해 초법(鈔法)이 실시되면서 발행되었다. 그 이전에는 염교인제(鹽交引制)를 실시하였는데, 이는 상인을 이용한 연변입중(沿邊入中)으로, 군량을 납입한 상인에게 그 대가로 염교인(鹽交引)을 지급하였다. 이때 군량 납입을 장려하기 위해 가효(加饒) 또는 가대(加擡)라 불리는 상당한 프리미엄을 덧붙여 주었다. 그러나 이것이 소금의 가격폭락을 부추겼기 때문에, 초법으로 전환시킨 것이다.

초법은 상인으로 하여금 연변주군(沿邊州軍)에 현물 대신에 화폐를 납입하게 하고, 상인에게 염초인을 지급하는 것이다. 이 같은 염초인제는 해염(解鹽)에서 비롯되어 신종대에 와서는 회절염(淮浙鹽)이나 복건염(福建鹽)에도 적용되었다. 당시 염초는 공급량에 따라 그 가격이 높아지거나 낮아지

기도 하였다. 특히 희령 연간의 경우 서하(西夏)와 관계 악화, 그리고 희하
개변(熙河開邊)에 따라 정부가 그 발행량을 늘였는데, 이로써 염초의 가격
이 폭락하였다.14)

　이처럼 염초란 정부가 소금의 지급을 보장하는 일종의 유가증권이었다.
그런데 앞서 심괄의 말에서도 엿볼 수 있는 것처럼, 상인과 부자들은 이를
재산축적의 수단으로 삼기도 하였다. 그러나 초법이 여러 차례 바뀌면서
그 가치가 하락하자 상인과 부자들이 이를 방출한 것이다.

　여기서 염초가 당시에 축장 수단으로서 기능했음을 확인할 수 있다. 북
송대 지폐인 교자(交子)의 경우 사천(四川)에서 먼저 유통되었고, 희령 2년
(1069)에는 하동로(河東路)에서도 유통이 허용되었다. 그 밖의 지역은 휘종
(徽宗)의 숭녕(崇寧) 4년(1105)에 이르러 전인(錢引)이라 개명되어, 그 이듬해
부터 전국적으로 유통되기에 이르렀다.15) 따라서 희령 연간 무렵 사천과
하동로를 제외한 지역에서는 염초가 지폐와 같은 성격을 띠면서 재산축장
의 수단으로 기능하고 있었던 것이다.

　그런데 염초의 가치가 폭락하자, 상인과 부자들은 그 대신에 소재가치
가 상승하고 있던 동전을 택한 것이다. 이처럼 동전 쪽으로 선호가 바뀌어
동전이 축장됨으로써 돈이 돌지 않게 된 것이다. 따라서 당시의 전황은 화
폐유통의 이상으로 발생한 것이다.

　당대와 마찬가지로 북송대에도 상인과 부자들이 동전을 축장하는 것에
대해서 정부도 어찌할 도리가 없었던 것 같다. 당 후반기 무종(武宗)의 회
창전 발행과 마찬가지로, 북송 신종의 원풍 연간에 이르러서도 동전의 대
량 주조를 꾀하게 된다. 종래의 연구에서는 원풍 연간에 이루어진 동전의
대량 주조를 신법 실시와 맞물린 것으로 파악하였다. 즉 청묘법(靑苗法)이
나 시역법(市易法), 그리고 면역법(免役法)의 실시와 더불어 화폐수요가 늘

---

14) 戴裔煊, 《宋代鈔鹽制硏究》, 中華書局, 1957(1981年 改定版), 117~121쪽.
15) 彭信威, 《中國貨幣史》, 上海人民出版社, 1965(第2版), 432~433쪽.

어났기 때문이라고 하였다. 물론 이것도 한 요인이 될 수는 있겠다. 그러나 당시 동전의 대량공급 원인이 축장으로 인한 동전 부족에 있었다는 측면도 결코 지나쳐서는 안 될 것이다.

화폐의 축장으로 인한 전황은 남송시대에도 있었다. 남송 초기에 해당하는 소흥(紹興) 29년(1159)에 정부는 화폐유통을 촉진시키기 위해 관호(官戶)와 민호(民戶)의 축전량을 제한하는 조치를 내렸다. 즉 관호의 경우는 2만 관, 일반민의 경우는 1만 관까지만 축전을 허용하고, 나머지는 금은으로 바꾸거나, 아니면 차(茶), 염(鹽), 향(香), 반(礬) 등의 초인을 구입하도록 하였다.16) 즉 정부가 축장액에 한도를 정하고, 나머지로 금은이나 유가증권을 구입하도록 유도함으로써 동전을 방출하도록 하였다.

송대 농촌에서는 소수의 대지주가 토지의 대부분을 차지하였으며, 또 도시에서도 소수의 대상인이 부를 독점하였다고 추정된다. 그리고 위의 사료(주 13)에 따른다면 관호도 그에 못지않게 많은 부를 소유하였던 것 같다. 따라서 이들이 동전의 상당량을 축장 수단으로 소유하였을 뿐만 아니라, 이들의 축장이 화폐유통을 지체시킬 정도였다. 다시 말하면 이들의 축장 때문에 화폐유통에 이상이 생겼던 것이다.

남송대에 들어와서는 동전과 더불어 지폐(紙幣)가 사용되었다. 남송대에 금나라와 전쟁하면서 정부가 재정 지출할 동전이 모자라자, 소흥(紹興) 31년(1161)에 회자(會子)를 발행하였다. 어쩌면 소흥 29년의 동전축장제한조치는 회자의 발행과 맞물려 있다고도 볼 수 있지 않을까? 다시 말해 축장을 제한했음에도 실효성에 한계가 있자, 정부가 화폐 부족을 타개하기 위해 어쩔 수 없이 회자를 발행하게 되었다고 보고자 한다.

당 후반기의 축장과 회창전의 발행, 북송기의 축장과 원풍 연간의 동전의 대량주조, 남송 초기의 축장제한조치와 회자의 발행이라는 반복적인

---

16) 《文獻通考》卷9, 錢幣二: "(紹興)二十九年, 立爲限制, 命官之家, 存留見錢二萬貫, 民庶半之, 餘限二年聽變轉金銀算請茶鹽香礬鈔引之類, 越數隱寄許人告."

과정은 다음과 같은 사정을 시사한다. 즉 당시 민간의 화폐 축장이 상당량에 이르렀고, 화폐축장이 지나치게 이루어지면 화폐의 흐름에 지장이 생길 수 있다. 그리고 축장에 대한 정부의 금령이나 제한조치는 실효성이 없고, 다만 화폐의 공급량을 증가시켰을 때만 문제가 해결되었다.

동전과 더불어 지폐가 발행됨으로써 화폐유통은 지금까지와는 다른 변화가 생긴다. 북송대까지만 하더라도 동전이 기준통화였기 때문에, 동전의 축장은 전황을 불러일으켜 화폐유통에 문제를 낳았다. 그러나 남송대에는 동전과 지폐라는 서로 다른 종류의 화폐가 함께 유통됨으로써, 비록 어느 한쪽이 축장되더라도 사회 전체의 화폐 흐름에는 융통성을 발휘할 수 있게 하였다.

남송대의 사료에서는 가끔 동전을 녹이거나 해외유출로 동전 부족이 생겼다고 기록하고 있다. 남송 중기 개희(開禧) 2년(1206)의 사료에서는 갱호(坑戶)로 하여금 동전을 녹여 구리 만드는 것을 금지하고,[17] 가정(嘉定) 4년(1211)의 사료에는 회자(會子)의 성행으로 구리돈(銅貨)이 쌓여 쓰이지 않아 날로 새나간다고 기록되어 있다.[18] 이처럼 동전을 녹여 기물로 만들거나 아니면 외부로 유출되는 현상은, 마치 북송 신종대에 동전이 녹여지거나, 동금(銅禁)의 해제로 동전이 주변국으로 유출되어 전황이 발생하였던 사실과 비슷하다. 그래서 종래 연구자들은 남송대에도 전황이 발생하였다고도 보았다.

그런데 남송 중기까지만 해도 지폐의 가치는 비교적 안정되어 있었다. 그렇기 때문에 당시 사람들은 지폐를 선호하였다. 그래서 이 시대 동전의 부족은 지폐의 사용 증가로 동전이 유통영역에서 퇴출된 데 원인이 있었다. 따라서 비록 소전 행위나 동전의 해외유출이 있었다고 하더라도 사회

---

17)《續編兩朝綱目備要》卷之九, 開禧二年 春正月, 辛亥: "禁毀錢爲銅, 詔, 坑戶毀錢爲銅"
18)《續編兩朝綱目備要》卷之十二, 嘉定四年 十二月, 癸未. "紹興初, 東南餉軍止用見
　　緡,…… 自紹興末年, 錢良臣胊行在會子, 于時王珏亦用之於湖北諸州, 今未六十年, 而
　　公私之見緡存者至少, 蓋楮劵盛行, 而銅貨積而不用, 是以日泄而日耗也."

전체의 화폐유통, 즉 자금의 흐름에는 아무런 문제가 없었던 것이다.

개희용병(開禧用兵) 이후에 정부는 재정적자를 메우기 위해서 회자의 발행량을 늘였고, 따라서 회자의 가치가 하락하였다. 또 가정 연간(1208~1224)부터는 '전회중반'(錢會中牛)도 흔들리게 되었다. 나아가 순우(淳祐) 7년(1247)에는 3년 1계(界)라는 유통기간을 뜻하는 계제(界制)도 폐지하기에 이르렀다.19)

이처럼 회자는 남송 후기로 갈수록 발행량과 유통량이 많아졌다. 이로써 민간에서 회자의 가치는 갈수록 하락하였다. 따라서 동전이 다시금 재산축장의 수단으로 주목받게 되었다. 그렇지만 화폐유통의 측면에서 볼 때는 악화가 양화를 몰아내었을 뿐, 북송대의 전황처럼 화폐 부족으로 말미암은 사회문제를 유발하지는 않았다.

이상의 사례로 동전의 소재가치가 액면가치를 넘어설 때 소전이나 축장이 나타났고, 그 결과 전황이란 현상이 발생하였음을 확인하였다. 전황이 발생했을 경우 정부는 두 가지 조치를 내리고 있다. 한편으로는 소전을 금지하고 처벌하는 명령을 내렸고, 다른 한편으로는 축장금지의 명령을 내리고 있다. 그러나 소전은 정부의 행정력이 미치지 못하는 지역에서 이루어지고 있었으므로 그다지 실효성이 없었다. 축장도 그러하였다. 그래서 이 문제를 해결하기 위한 방안은 동전의 추가공급밖에 없었다. 때문에 정부는 재정적자를 감수하면서 동전의 공급을 늘였고, 그 결과 전황은 해소되었다. 따라서 송대 축장에 의한 전황은 사회에 그다지 심각한 영향을 미치지 않았다는 것이 필자의 생각이다.

---

19) 高橋弘臣,〈南宋江南の貨幣 ― 元朝貨幣政策との關聯をめぐる考察〉,《史學雜誌》 105-1, 1996.

3. 동전의 지역 편재에 따른 전황

동전의 지역 편재에 따른 전황의 사례는 남송 초 소흥 11년(1141)에 확인
된다.

　　荊湖 이남에서는 지금 米斗의 가격이 百餘錢으로, 穀價가 저렴하기로는
　지금과 같은 때가 없었다. 오늘날 錢荒의 폐단은 湖南보다 심한 곳이 없는
　데, 兼倂之家는 창고에 곡식을 쌓아두고 凶荒이 오기만을 기다리는 지경이
　다. 보통 사람들이 생산해 소득을 기대하는 것이라고는 오로지 토지인데, 곡
　식이 비록 많으나 사는 사람이 적다. 그래서 돈이 더욱 돌지 않아 百姓들이
　날로 困窮해지고 있다.[20]

이를 보면 남송 초 형호남로(荊湖南路) 지역에서는 미곡이 팔리지 않아
곡가가 하락하고 있었고, 이는 전황, 곧 화폐 부족으로 말미암은 것이라고
하였다. 다시 말해 화폐가 부족하였기 때문에 미곡을 매매할 수 없고, 이
로써 곡가가 하락하였던 것이다. 이처럼 생산자의 경우는 곡물이 팔리지
않아 소득이 감소하였고, 소비자는 화폐가 없어 곡물을 살 수도 없었다.
이 밖에도 소흥 26년(1156)에는 회남 지역에서도 화폐 부족으로 미가(米
價)가 매우 저렴하였다는 기록이 있고,[21] 소흥 28년(1158) 강서에서도 전황
으로 미가가 저렴하였다는 기록이 있다.[22] 이로써 볼 때 남송 초기에 회남
로, 형호남북로, 강서로 등지에서는 화폐가 부족하여 곡물의 매매가 잘 이
루어지지 않았고, 이로써 곡가가 저렴하였다.

---

20) 《宋會要》食貨40-24: "荊湖之南卽今米斗百餘錢, 穀價之賤未有如此時者, 今日錢荒
　　之弊無甚于湖南, 兼倂之家積穀于廩以待凶荒, 中人之産仰給者惟田, 而穀雖多, 市者
　　少, 則錢益荒而民日益困矣."
21) 《宋會要輯稿》(이하 《宋會要》라 약칭함) 食貨40-29: "訪聞淮上米價甚平, 民間絶難
　　得錢."
22) 《宋會要》食貨70-48: "比年江西米賤錢荒."

그렇다면 송대에 지역에 따라 화폐 부족현상이 나타나게 된 배경은 어디에 있었을까? 송대에 금속화폐는 남중국의 사주전감(四鑄錢監)에서 제조되었다. 주전감에서 생산된 화폐는 북송 중기 희령 연간 이전에는 주로 화북 지역에, 그리고 희령 연간 이후부터는 동남 지역에 더 많이 공급되었다.23) 따라서 북송 중기까지 화폐는 중앙정부의 지시로 호부(戶部) 좌장고(左藏庫)나 내장고(內藏庫)에 보내졌고, 여기서 다시 경사(京師)나 전운사(轉運司)를 통해 화북의 각 지역이나 연변지역으로 보내졌다. 그리고 북송 중기 이후부터는 호부의 지시로 주전감에서 직접 강남 지방의 전운사에게 보내기도 하였다. 이처럼 정부가 획득한 화폐는 각 관청의 재정지출을 통해서 전달되었다. 그리고 재정지출 과정에서 전달된 화폐는 다시 상인을 통해서 여러 지역 또는 여러 형태의 시장으로 퍼져 나갔다.

이처럼 송대의 화폐유통은 재정운용과 표리 관계에 있던 상업과 밀접한 관련을 맺고 있었다. 그리고 이것이 다시 세재정, 특히 염차(鹽茶), 주세(酒稅)와 상세(商稅) 수입과 같은 과리수입(課利收入)으로 일부분이 환수되었다. 또 나머지는 상품교환의 발달로 민간경제 부분에 흡수되기도 하였다. 그래서 상업이 상대적으로 발달하지 못한 곳은 화폐의 방출로 자연히 그것이 부족하였다. 그래서 교환수단인 화폐 부족으로 이러한 지역은 물가가 상대적으로 저렴하였다.

이처럼 화폐의 공급은 상업 발달과 연동하면서 자연히 이루어지는 것이다. 그런데 앞서 살펴본 남송 초기의 회남로, 형호남북로, 강서로는 그렇지 못하였다. 이곳은 송대에 이른바 후진 또는 중진에 해당하는 지역이어서, 이 지역에는 화폐의 수요가 있었음에도 공급이 충분하지 않았다.

여기서 화폐수요가 있음에도 화폐공급이 충분하지 못할 때는 여러 문제가 생긴다. 첫째, 사회적으로 교환수단이 부족하여 상품을 거래하는 데 불

---

23) 日野開三郎,〈銅鐵錢の需給について〉,《東洋史學論集》 第六卷(宋代の貨幣と金融 上), 三一書房.

편을 가져올 수 있다. 둘째, 화폐가 부족한 지역의 상품은 그렇지 않은 지역의 상품에 비해 가치가 지나치게 낮게 평가될 우려도 있다.

당송대에는 관주전('官鑄錢)과 사주전(鑄錢)이 존재하였다. 말할 나위도 없이 전자는 정부의 주전감(鑄錢監)에 의해, 후자는 불법적으로 민간에서 각각 제조한 것이다. 사주전의 발생을 보면 대략 두 가지 요인으로 정리할 수 있다.

하나는, 정부가 대전(大錢)을 발행했을 경우이다. 정부가 금속의 소재가치보다 큰 액면가치의 금속화폐를 발행했을 경우, 민간에서는 그 차익을 노려 사주전을 제조하기도 하였다. 예컨대 인종대에 섬서(陝西) 지역에서 발행된 당십(當十)의 대전이나, 휘종대 전국적으로 발행된 당십전(當十錢)으로 생겨난 사주전이 그것이다. 그리고 이 같은 사주전은 정부가 당십전의 발행을 취소하고 당이전(當二錢)이나 당삼전(當三錢)으로 대전의 가치를 폄하함으로써 소멸하였다. 이는 당대 중기 안사란(安史亂) 이후 발행된 건원중보(乾元重寶)와 같은 대전의 경우에도 마찬가지였다.[24] 따라서 대전 발행과 맞물린 사주전 출현은 일시적인 것으로, 이는 당시 화폐유통의 특징을 살피는 데에는 그리 중요하지 않다.

다른 하나는, 위와 같이 지역적으로 화폐가 부족할 경우, 역내의 화폐로서 주조된 것이다. 이 두 번째 사주전은 거의 송대 전 시기에 걸쳐 존재하였다. 따라서 송대의 화폐유통에서 중요한 것은 바로 이 사주전이었다.

이 같은 성격의 사주전 유통은 이미 당대부터 있었다. 당대의 사주전은 강남 지역에서 제조되어 사용되고 있었다. 이는 고종대부터 조금씩 출현하기 시작해, 특히 측천무후 집정기 말기부터 현종의 개원과 천보 연간에 이르는 동안에는 화북(華北) 지역에까지 흘러들어가 통용되고 있었다. 당 후반기에는 화북 지역에서 관주전인 동전의 보급 증가와 더불어 사주전에 대한 강력한 단속으로, 주로 강남 지역을 중심으로 사주전이 제조되어 사

---

24) 彭信威, 《中國貨幣史》, 上海人民出版社, 1965年 2版, 338~339쪽.

용되었다.25) 그리고 오대(五代)에도 화북 지역에서 관주전이 부족하여 강남의 연석전(鉛錫錢)이 가끔 화북으로 흘러들어와 사용되어 문제가 되기도 하였다.26) 따라서 사주전은 관주전의 부족을 메우기 위한 수단으로 사용되었다. 그리고 사주전은 북송 초기에도 있었다.

> 詔를 내려 말하기를, 江南 百姓의 私鑄鉛錫 및 輕小錢이 심히 禁法을 어지럽히니, 지금부터 公私에 쓰이는 바는 千錢마다 반드시 四斤에 미치도록 하고, 앞서 蓄積된 것은 모두 送官토록 하라고 하였다.27)

이를 보면 태평흥국(太平興國) 7년(982) 당시 강남에서는 사주전인 연석전(鉛錫錢)과 경소전(輕小錢)이 사용되고 있었음을 알 수 있다. 그래서 시중에서 사용하는 동전의 중량을 1000문 당 4근 이상으로 규정하고 있다.

그리고 옹희(雍熙) 초(984)의 사료에서도 민간에서 악전(惡錢)이 아직도 많다고 하는데, 이 또한 사주전으로 추정된다.28) 또 영남 지방의 민간에서는 사주의 삼등전(三等錢)이 있었다고 하며,29) 형호와 영남 지방에서는 관주전을 대전, 사주전을 소전이라 칭하였다.30) 이처럼 당시 광의의 강남 지역에서는 꽤 많은 사주전이 유통되고 있었다.

나아가 강북 지방에서도 사주전이 행해지고 있었던 것 같은데, 상태가 매우 열악하지 않으면 신구대소(新舊大小)를 모두 겸용했다고 하며, 강남에서는 순화 4년(993)에 1관 당 4근 이상이 되고, 관감(官監)의 자호(字號)가

---

25) 김영제, 〈唐代의 私鑄錢과 貨幣需要에 對하여〉.

26) 김영제, 〈唐末·五代의 貨幣問題 — 銷錢을 端緒로 하여〉.

27) 《長編》 卷23, 太平興國七年, 四月己丑: "詔, 江南民私鑄鉛錫及輕小錢, 頗亂禁法, 自今公私所用, 每千錢須及四斤, 先蓄者悉送官."

28) 《宋史》 食貨下二, 錢幣: "雍熙初, …… 民間惡錢尚多, 復申乾德之禁, 稍峻其法."

29) 《宋史》 食貨下二, 錢幣: "端拱元年, 內侍蕭延皓使嶺南還, 以民間私鑄三等錢來上, 且言多與蠻人貿易, 侵敗其法."

30) 《宋史》 食貨下二, 錢幣: "荊湖·嶺南民輸稅須大錢, 民以小錢二或三易大錢一, 官屬以奉錢易於民以規利."

있는 것은 신구를 나누지 않고 모두 허용했다고 한다.[31]

이처럼 송초 태조대에 동전 통용의 방침을 정하고 사주전을 금지했음[32]에도 태종대에 이르기까지 꽤 많이 유통되었다. 추측하건대 사주전은 지역마다 다양한 형태가 있었던 것 같고, 그 무게도 일정하지 않았던 것 같다. 이 같은 사주전에 대해 송 정부는 구리의 함량보다는 일정한 무게만 충족되면 사용하게 하는 관용적 태도를 취하고 있다.

역대 왕조와 마찬가지로 송 정부도 법으로는 사주전에 대해서 극형에 처하는 방침을 세우고 있었다.[33] 그렇지만 관주전의 공급이 불충분한 상태에서 그것을 막을 명분이 없었기에 방임할 수밖에 없었다. 그래서 어느 정도 무게만 충족되면 그것을 허용하였다. 이처럼 송 초의 사주전은 관주전의 공급이 부족한 상황에서 민간의 사람들이 그들의 화폐수요를 채우기 위해 만들었다. 또 사주전을 막기 위해서는 금령만으로는 안 되고, 관주전의 공급을 증가시킬 수밖에 없었다는 것도 알 수 있다.

한편 북송 중기에도 지역에 따라 사주전이 존재하였던 것 같다. 예컨대 북송대 희령 10년(1077) 복건(福建)과 광동(廣東) 지역에서는 무뢰배들이 소금 밀매와 사주전 제조를 업으로 삼고 있었다고 하는 기록에서 짐작할 수 있다.[34] 북송시기 복건과 광동 지역은 양절(兩浙) 등지보다 상대적으로 낙후된 지역으로 자연히 동전 공급이 적었던 것으로 판단된다. 예를 들어 북송 초 인종대 경우(景祐) 2년(1035)의 사료를 보면 다음과 같다.

---

31) 《宋史》 食貨下二, 錢幣: "江北諸州所用錢非甚薄惡者, 新舊大小兼用, 江南雖用舊大錢, 淳化四年, 乃詔每貫及前詔斤數, 有官監字號者皆許用, 不分新舊."

32) 《宋史》 食貨下二, 錢幣: "太祖初鑄錢, 文曰宋通元寶, 凡諸州輕小惡錢及鐵鑞錢悉禁之."

33) 中嶋敏, 〈中國貨幣史における錢に關する禁令〉, 《東洋史學論集》, 汲古書院, 1988.

34) 《長編》 卷284, 熙寧十年八月, 丙午의 條, 權御使中丞鄧潤甫言: "然臣竊聞閩·粤之地, 山林險阻, 連互數十里, 無賴桀黠, 輕死冒利之人, 比於他路爲多, 大抵以販鹽·鑄錢爲業."

上封者가 말하기를, "諸路에서 每年 緡錢을 京師에 輸納하여, 이로써 四方에 錢重貨輕을 가져오게 하였습니다"고 하였다. 丁卯에 詔를 내리기를, "江東 5萬緡은 지금부터 紬·絹·綿을 아울러 사게 하고, 福建과 廣東의 各 10萬 및 廣西의 8萬은 銀을 사서 上供케 하며, 淮南과 湖北의 各 5萬 및 兩浙 5萬 5千은 예전과 같이 緡錢을 輸納케 하라"고 하였다.[35]

이를 보면 강남동로(江南東路), 복건로(福建路)와 광남동서로(廣南東西路) 지역에서 매년 동전으로 조세를 경사(京師)에 보낸 결과, '전중화경'(錢重貨輕) 현상이 나타났다고 한다. '전중화경'이란 동전의 부족으로 물가가 상대적으로 하락하는 상황을 일컫는다. 당대 후반기에도 이 같은 '전중화경' 현상이 나타났는데, 연구자들은 이를 전황으로 해석하고 있다. 아무튼 이때 전황 때문에 강동로·복건로·광동로에 대해서는 더 이상 동전을 보내지 말고, 비단이나 은으로 바꾸어 상공(上供)하도록 하며, 회남로·호북로·양절로는 종전처럼 동전을 상공하도록 하였다. 따라서 이 당시 강동로·복건로·광동로 등에서는 특히 화폐부족이 심했던 것 같다. 바로 이 같은 화폐부족을 채우기 위해 앞서 살핀 사료에서 나타난 것처럼 신종의 희령 연간(1068~1077)에도 복건과 광동 지역에서는 무뢰배들이 사주전을 제조하고 있었던 것이다.

그리고 남송 초에 강서로에서도 사주전은 광범위하게 통용되고 있었다.

江西州縣에서는 私錢을 많이 쓰는데, 舊錢 100개 무게가 11兩이라면, 新錢 100개의 무게는 5兩 가량이다. 만약 舊錢 (1,000개를) 녹여 鉛錫을 섞어 넣는다면, 가히 2,500개를 주조할 수 있어, 贛州와 吉州 等地에서는 私鑄를 하는 집들이 널려 있다.[36]

---

35) 《長編》卷117, 景祐二年, 冬十月, 甲子의 條: "上封者言, 諸路歲以緡錢輸京師, 致四方錢重而貨輕, 丁卯詔, 江東五萬緡, 自今竝市紬·絹·綿, 福建·廣東各十萬, 廣西八萬, 竝市銀上供, 淮南·湖北各五萬, 兩浙五萬五千, 輸緡錢如故."

36) 《建炎以來繫年要錄》卷180, 紹興二十八年九月戊寅: "江西州縣多用私錢, 舊錢百重十一兩, 新錢百重五兩有奇, 若毀舊錢以鉛錫雜之, 則可鑄二千五百, 是以贛吉等州比

여기에 대해서 가토 시게시(加藤繁)의 연구에 따르면, 구전(舊錢) 100개 무게가 11량이라고 할 때의 이 구전은 관주전이 아니라 사주전이라고 한다.[37] 그렇다면 이곳에서는 남송 초 이전부터 존재하던 사주전을 다시 녹여 더 많은 사주전을 만들고 있었던 것이다.

그리고 효종(孝宗) 순희(淳熙) 9년(1182)에도 강서로에서는 사주전이 유통되고 있었다.

> 臣이 근래에 江西路에서 가만히 살펴보면 사람들이 沙毛錢을 많이 사용한다. 대체로 游民이나 無賴輩들이 山谷에 모여 崇寧大錢 하나를 훼손하여 沙毛 20개를 模鑄하는데, 毛錢은 약하고 가벼워 쉽게 파괴된다.…… 數十年以來 이 돈을 매우 많이 사용하였는데, 대부분 金銀鋪戶와 여러 庫戶들이 見錢 600文을 沙毛 1貫으로 바꾸어 사사로이 서로 貿易을 하는데, 千萬緡이나 되는 돈이 움직이고 있다.[38]

이를 보면 숭령대전(崇寧大錢), 곧 북송 말 휘종대에 발행된 당십전에 값싼 금속을 섞어 사모전(沙毛錢)이란 사주전을 다량으로 만들고 있었다. 그리고 관주전 600문과 사모전 1관이 서로 교환되고 있었다고 하므로, 시중에서는 관주전과 사주전의 교환비율도 마련되어 있었다.

이상의 사례로써, 송대에는 전 시기에 걸쳐 사주전이 지역적으로 존재하였다. 북송 초기의 경우에는 강남 지역, 그리고 북송 중기에는 복건로와 광남 동서로, 나아가 남송 초기와 중기에 걸쳐 회남로, 형호 남북로, 강서로와 같은 지역에서 사주전이 존재하였다.

그런데 사주전의 출현과 전황은 동일한 맥락이다. 정부에서 공급하는

屋私鑄."

37) 加藤繁, 《中國貨幣史研究》, 東洋文庫, 1992, 438~439쪽.

38) 《群書考索》卷60, 財用門, 銅錢類, 孝宗淳熙九年臣僚箚子: "臣近從江西一路切見人間多是沙毛, 盖緣游民無賴之道, 群聚山谷, 銷毀崇寧大錢之一模鑄沙毛二十, 毛錢脆薄易於破懷, 十數年來此錢甚行, 多是金銀鋪戶及諸色庫戶, 以見錢六百換易沙毛一貫, 私相交易, 動以千萬緡計."

동전이 부족했기 때문에 전황이 나타났고, 이를 해결하기 위해 사주전을 제조하여 사용했던 것이다. 대표적인 것이 북송 초기 강남의 경우다. 앞서 지적한 것처럼 북송대 원풍 연간 이전에는 정부에서 제조한 동전을 화북 지역에 우선 공급하였다. 그렇기 때문에 북송 초기 강남 지역은 동전이 부족하였고, 그래서 사주전을 사용하였던 것이다.

나아가 이를 좀더 구체적으로 보자. 선진지역이 아닌 곳에서는 사주전이 주로 통용되었다. 동전 공급이 한정적이라고 할 때, 이는 대체로 선진지역에 집중되게 마련이다. 그래서 선진지역이 아닌 곳에서는 상대적으로 동전 부족에 시달린다. 예컨대 강서로에서 남송 초기부터 중기에 걸쳐 줄곧 사주전이 통용되었다는 것은 이 같은 사정을 증명해 준다. 이처럼 전황의 한 배경에는 후진지역에 대한 교환수단인 화폐공급의 부족, 즉 관주전의 공급부족에 따른 것이다. 그래서 후진지역에서는 사주전의 유통이 많았다.

사주전은 다른 한편으로 가격수준과도 관련이 있다. 즉 화폐가 부족하면 가격수준이 하락한다. 그리고 이는 상인이나 생산자 모두에게 소득 감소로 이어진다. 따라서 사회적으로는 가격수준을 유지하는 것이 매우 중요하고, 이를 위해서는 사주전이 필요하였다.

예컨대 신종대 희령 연간에 왕안석이 신법의 하나로 상평면역법(常平免役法)을 실시하면서 면역전을 징수하였다. 당시 소철(蘇轍)은 면역전 징수로 민간의 관주전이 소진되자 시중에서는 사주전을 사용하였다고 한다.39) 여기서도 민간에서 화폐부족이 생기면 곧 사주전을 사용하였음을 알 수 있다.

그런데 종래의 해석에 따르면, 신법 시기에 면역전 징수 등으로 전황이 발생하여 물가가 하락하였다고 하였다.40) 그러나 실제로 물가가 하락하였

---

39) 《長編》卷377, 元祐元年五月, 乙丑의 條: "右司諫蘇轍言,……自熙寧以來民間出錢免役, 又出常平息錢, 官庫之錢貫朽而不可較, 民間官錢搜索殆盡, 市井所用多私鑄小錢."
40) 全漢昇, 〈北宋物價的變動〉, 《歷史語言研究所集刊》11, 1943.

다는 사실은 확인되지 않는다.[41] 이는 곧 다음과 같은 사정이 배후에 작용하고 있었음을 암시한다. 당시 상인과 생산자들은 화폐부족으로 상품의 가치가 하락할 우려가 있자, 현재의 가격수준을 유지하기 위해서 사주전이라는 화폐를 필요로 했다. 따라서 관주전이 모자라면 민간에서는 사주전으로 그 모자라는 부분을 채웠기 때문에, 가격수준은 떨어지지 않고 그대로 유지되었던 것이다.

위에서 본 남송대 강서로는 인구가 적었던 다른 후진지역과 달리 개발이 한창 진행되던 곳이었다. 그리고 남송 중기에 이곳의 물가는 당시 선진지역이었던 양절로와 비교해서 거의 비슷하거나 약간 낮은 수준이었다.[42] 그러나 당시 상업의 발달 정도에서는 강서로와 양절로는 차이가 있었다. 그렇기 때문에 강서로의 경우는 화폐부족이 훨씬 심각했을 것으로 짐작된다. 다시 말해서 가격수준에 비하여 관주전의 공급량이 모자랐던 것이다. 그래서 이곳의 사주업자는 불법적으로 사주전을 만들었고, 한편으로 화폐부족 때문에 가격수준을 유지하는 데 곤란을 겪고 있던 민간에서는 이를 환영했던 것이다. 또 지방의 관청으로서는 그것이 불법인 줄 알면서도 지역의 이익과 밀접히 관련되어 있기 때문에 이를 방임하지 않을 수 없었던 것이다.

이상의 사례를 정리하면 다음과 같다. 첫째, 전황은 민간의 화폐수요에 비해 관주전의 공급이 부족하여 발생하였다. 둘째, 전황은 비록 관주전이 어느 정도 공급되었다고 하나, 화폐가 주로 경제의 선진지역에 유통되었기 때문에, 상대적으로 중·후진지역에서는 그것이 부족하여 발생하기도 하였다.

한편 화폐의 수요보다 관주전의 공급이 부족하여 발생한 전황은 민간에서 사주전을 제조함으로써 해결하였다. 즉 사주전은 역내 교환수단의 부

---

41) 김영제, 〈宋代의 物價와 兩稅負擔〉.
42) 汪聖鐸, 《兩宋貨幣史》 上冊, 社會科學文獻出版社, 2003, 444~447쪽.

족을 해결하기 위해 만들어진 것이다. 그리고 사주전은 역내의 가격수준을 유지하기 위해서 필요로 했던 측면도 있다. 그래서 관주전이 부족한 지역의 민간에서는, 교환수단을 확보하려는 측면뿐만 아니라 가격수준을 유지하기 위해서 항상 사주전을 제조하여 거기에 곧장 대처하였던 것이다. 따라서 송대 화폐유통에서 중요한 특색은, 지역적으로 관주전이 부족하여, 지역민들은 이를 타개하기 위해 사주전을 만들어 사용하였다는 점이라고 할 수 있겠다.

4. 전황 문제로 본 송대 화폐유통의 특징

지금까지 주로 송대에 전황이 일어나게 된 직접 배경에 대해서 살펴보았다. 즉 두 가지 가설로 전황의 배경을 검증해 보았다. 첫째, 전황은 송초와 같이 정부가 화북에 동전을 우선적으로 공급함으로써 그것이 상대적으로 부족한 강남 지역에 나타나기도 하였다. 둘째, 전황은 북송 중기와 같이 동전의 소재가치 상승과 유가증권 등의 가치하락으로 동전이 축장되어 일어나기도 하였다. 셋째, 전황은 상업이 발달한 선진지역에 화폐가 집중하여 유통됨으로써, 중·후진지역에서는 화폐수요에 비해 공급이 상대적으로 부족하여 나타나기도 하였다. 그리고 전황은 관주전의 공급증가나 사주전의 출현으로 문제가 해결되었다.

그렇다면 송대 민간에서 화폐유통이 이루어지고 있던 실상을 살펴보고, 이로써 전황의 근본 배경에 대해서 검토해 보자. 북송 중기의 사람인 장방평(張方平)은 다음과 같이 당시 화폐유통을 기술하고 있다.

窮鄕이나 荒野의 下戶 細民은 冬至 섣달에 땔감이나 마른 풀을 짊어지고 數十里를 往復하면서 城市에 들어가, 50文～70文을 받아서 파, 야채, 소금, 식초 등을 사서 어른 아이가 함께 맛보는데, 平日에는 한 닢의 銅錢도 구경

할 수가 없다.[43]

이를 보면, 당시 소농민들이 보잘것없는 것들을 가지고 도시에 가서 생활용품을 구입해 오는 모습을 나타내고 있다. 당시 정부는 신법을 실시하면서 소농민들로부터도 면역전을 징수하였다. 장방평은 바로 그것을 비판하고자 소농민들이 화폐를 구하기 어렵다는 것을 이야기하고 있다. 즉 장방평은 소농민들의 가난한 모습을 통해서 당시 농촌에서는 화폐를 구하기 어렵고, 성시(城市)에서나 겨우 볼 수 있었음을 강조하는 것이다.

그리고 남송 후기의 사람인 방회(方回)는 강남 수향(水郷)인 가흥부(嘉興府; 秀州) 위당진(魏塘鎭)의 농민생활에 대해 다음과 같이 기술하고 있다.

佃戶가 30畝의 토지를 경작하여 평균 1畝當 2石 가량을 수확한다고 할 때, 30石을 地主에게 바치고 나머지 30石으로써 다섯 식구를 먹여 살린다. 한사람이 하루에 1升씩을 먹는다고 친다면 1년의 식비로 18石을 지출하고, 다시 나머지 12石을 가지고 생활을 한다. 이들은 매번 1斗 내지는 5升~7升 또는 3升~4升씩을 내어 시장에 팔아 香燭이나 종이, 기름과 소금, 간장과 식초, 음료와 풀, 밀가루와 국수, 산초와 생강, 약품 등을 구입하는데 모두 미곡으로써 교환한다. (상인은) 하루 종일 물건을 팔아서 수십 석을 모으면, 100石 단위로 배에 실어 杭州나 秀州, 그리고 南潯이나 蘇州에 이르러 쌀을 팔고, 그 돈으로 다시 물건을 사서 돌아와 되판다.[44]

이를 보면 당시 선진지역이었던 절서로(浙西路)의 한 진시(鎭市)에서는

---

43) 張方平,《樂全集》卷25, 論免役錢箚子: "窮鄕荒野下戶細民, 冬至節臘荷薪芻入城市, 往來數十里得五七十錢, 買蔥茹鹽醯, 老稚以爲甘美, 平日何嘗識一錢."

44) 方回,《古今考續考》卷18, 附論班固計井田百畝歲出歲入: "一農可耕今田三十畝, 假如畝收米三石或二石, 姑以二石爲中, 畝以一石還主家, 莊幹量石五以上, 且曰納主三十石, 佃戶自得三十石, 五口之家, 人日食一升, 一年食十八石, 有十二石之餘, 予見佃戶携米, 或一斗, 或五七三四升, 至其肆易香燭·紙馬·油鹽·醬醯·漿粉·麩麵·椒薑·藥餌之屬不一, 皆以米準之, 整日得米數十石, 每一百石舟運至杭·至秀·至南潯·至姑蘇, 糴錢復買物歸售, 水鄕佃戶如此."

향촌의 전호(佃戶)가 잉여미를 조금씩 가져가 이곳에서 일상생활용품과 교환하고 있는 모습을 나타내고 있다. 앞서 말한 북송대 장방평의 언급과는 달리, 여기서는 화폐를 매개하지 않고 미곡과 생필품이 곧바로 물물교환 형태로 이루어지고 있다.

한편 북송시대에 절동로(浙東路) 태주(台州)의 사람들이 사관(寺觀)에 기부한 액수를 분석한 연구에 따르면, 보통 200문에서 300문, 또는 500문 가량이 가장 많았다고 한다.45) 그리고 남송대 순희 6년(1179) 소주(蘇州) 오현(吳縣) 길리교(吉利橋) 부근의 도로 포장 때 이 지역 사람들이 낸 기부금을 보면, 대체로 1관에서 30관까지 분포되어 있으나 가장 많은 분포대가 2관 가량이었다.46)

나아가 남송 말 개경(開慶) 연간과 보우(寶祐) 연간 절동로(浙東路) 경원부(慶元府)의 주세(酒稅) 수입을 보면, 먼저 고무(庫務)들의 식전(息錢) 수입 총액이 217만 6,302관회, 방장(坊場) 수입 합계가 50만 4,931관회였다. 이들은 대부분 동전 수입이며, 회자 수입이 차지하는 비율은 매우 낮다.47)

이상의 여러 사례로써 우리는 다음 사실을 확인할 수 있다.

첫째, 송대에 화폐는 주로 도시에서 유통되고 있었던 것으로 판단된다. 앞서 장방평의 말에서는 소농들이 땔감 등을 가지고 가서 생필품과 교환하는 장소가 성시(城市)라고 되어 있으나, 방회의 말에 나타나는 교환장소는 진시(鎭市)라고 하는 것에 주목할 필요가 있다. 중국사에서는 일관되게 진시는 도시의 범주에 들어가지 않고, 성시만 도시로 인식되었다.48) 따라서 화폐는 주로 도시의 시장에서 교환수단으로 기능하였던 것 같다.

둘째, 전호(佃戶)나 궁핍한 소농들에게는 화폐소득이 없거나, 있다고 해

---

45) 伊原弘, 〈宋代台州臨海縣における庶民の經濟力と社會〉, 《禪研究所年報》 7, 駒澤大學禪研究所, 1996.

46) 伊原弘, 〈宋代社會と錢 — 庶民の資産力をめぐって〉, 《アジア遊學》 18, 2000.

47) 김영제, 〈南宋 中後期 地方財政의 一側面 — 慶元府의 酒稅收入과 '府'財政의 擴大過程을 中心으로〉, 《東洋史學研究》 85, 2003.

48) 斯波義信, 《中國都市史》, 東京大學出版會, 2002, 295~298쪽.

도 매우 적었음을 알 수 있다. 그렇기 때문에 이들에게 화폐는 주로 거래 동기로 작용하여 시장에서 획득된 뒤 생필품 구입으로 곧 방출되었다.

셋째, 북송대 태주나 남송대 소주 오현의 기부액에서 알 수 있듯이, 어느 정도 화폐소득을 가진 계층들도 분명히 존재하였다. 이들은 일정한 화폐소득을 축장하고 있다가 필요할 때 기부도 하였다. 따라서 이들에게 화폐는 축장의 동기로도 작용하고 있었다.

넷째, 남송대 경원부(慶元府)의 사례에서는 더 많은 것을 알 수 있다. 당시 경원부는 해외무역으로 성황을 이루던 도시였다. 그리고 경원부에는 황실의 종실이나 기거하는 고위관료도 거주하고 있었다.[49] 따라서 이러한 도시에서는 이들뿐만 아니라 대지주, 대상인 등도 거주하면서 많은 부를 축적하고 있었다. 그리고 이들은 경원부의 주점(酒店)에서 사치스런 소비를 하였던 것으로 추정된다. 또 주세 수입 하나가 이 정도였다는 것은, 술 말고도 다른 부분에서 많은 소비가 이루어지고 있었음도 짐작하게 한다. 따라서 경원부와 같은 도시에서는 화폐경제가 발달하였고, 화폐가 축장의 수단뿐만 아니라 소비의 수단으로도 사용되고 있었음을 알 수 있다.

결국 이상의 사례로써 송대의 화폐 축장은 오늘날과 마찬가지로 많은 편차를 지니고 있었다고 보아야 할 것이다. 당시 소수의 지주가 다수의 토지를 소유하였기 때문에 부의 분배가 계층적으로 한쪽에 치우쳐 있었다. 또 위의 사례에서 알 수 있는 것은 부가 지역적으로는 선진지역, 공간적으로는 향촌보다는 도시에 집중되어 있었다는 것이다. 그렇기 때문에 이들에 의한 동전의 축장이 경우에 따라서 화폐유통에 지장을 가져올 수 있었다. 다시 말해 동전 소재가치의 상승이나 유가증권의 가치하락이 있어서 이들이 동전 축장을 강행할 경우, 화폐의 흐름을 경색시킬 수도 있었다.

---

49) 《寶慶四明志》卷第6, 郡志卷第6, 敍賦下, 鹽課: "證得本府經常所入有限, 而支用日增, 只如寄居官及宗室官月俸一項, 前此各立三十員爲額, 昨因寶賞覃恩二次宗室出官人數頓添目, 卽額外各已添放數十員"이라 하여, 종실이나 고위관료들이 경원부에 거주하고 있었음을 나타내고 있다.

또 선진지역에 화폐가 집중해 있었기 때문에 중진이나 후진지역에서는 화
폐가 부족하였던 것이다.

5. 맺음말

필자는 다음과 같은 두 가지 배경에서 송대에 전황이 발생했다고 보고
자 한다. 첫째, 전황은 동전 소재가치의 상승이나 유가증권의 가치하락에
따라 소수의 사람들이 동전을 축장함으로써 발생하였다. 둘째, 전황은 동
전이 선진지역에 편중된 결과, 중진이나 후진지역에서는 그것이 부족하여
발생하였다.

축장에 의한 전황은 정부에서 동전을 추가 공급함으로써 해결되었다.
반면 중진이나 후진지역에서 발생한 전황은 좀더 구조적 모순에 따른 것
으로, 이들 지역은 동전이 선진지역에 편재하였기 때문에 장기적으로 화
폐 부족이라는 문제에 직면하고 있었다.

축장 때문이든 화폐의 지역적 편재 때문이든, 당시 전황이 발생하면 곧
사주전이 출현하였다. 사주전이 출현한 배경에는 두 가지 이유가 있다. 하
나는 교환수단의 부족을 해결하기 위한 것이었고, 다른 하나는 가격수준
을 유지하기 위한 것이었다.

특히 사주전이 출현하게 된 내면적 이유는 가격수준의 유지와 관련이
있다. 왜냐하면 화폐의 부족은 가격수준을 하락시켜 상인이나 생산자의
소득을 감소시킬 수 있었다. 그래서 그들은 가격수준을 유지하기 위해서
사주전을 필요로 하였다. 특히 중진지역이나 후진지역에서 장기적으로 사
주전이 존재하였던 것은 이 같은 이유에서였다.

전황의 해결책은 정부가 동전의 공급을 늘리는 것이었다. 공급량의 증
대는 동전이 가지고 있는 소재가치의 상승을 막을 수 있었고, 이것이 축장
의 빗장을 열 수 있는 유일한 수단이었다. 나아가 공급량의 증대는 동전의

지역적 편재도 해결할 수 있다. 그러나 동전의 무제한 공급은 한계가 있었고, 비록 그것이 가능하다고 해도 동전의 편재를 막을 수는 없었다. 왜냐하면 동전의 지역적 편재는 경제의 지역편차를 반영하고 있기 때문에, 공급하면 할수록 그것이 가중될 뿐이었다.

동전의 지역적 편재라는 문제에 대해서는 정부가 해결할 수단이 없었다. 그래서 이는 지역민들이 자체적으로 사주전을 제조함으로써 해결하였다. 사주전은 정부 입장에서 보면 불법이었지만, 역내(域內)의 입장에서 보면 필요불가결한 통화였던 것이다. 당시 정부는 사주전의 제조에 대해서 교형(絞刑)이라는 원칙을 세워놓고 있었다. 그러나 지방관은 이 같은 역내의 사정 때문에 사주전 처벌을 방임할 수밖에 없는 형편이었다.

지금까지는 송대에 들어와 화폐경제가 발달하고 동전이 대량으로 주조되었다는 점이 주로 강조되었다. 또 송대의 전황에 대해서는 최근 재정적 측면에서 해석하는 경향이 강하다. 즉 정부가 행하는 동전의 수급 여하, 즉 공급과 흡수에 따라서 전황이 발생하였다고 보았다. 예컨대 송초 강남의 전황과 같은 것은 정부의 수급에 따라서 발생하였다. 즉 연변 지역이나 화북 지역에 배분의 우선순위를 둔 정부의 재정적 의도에 따라서 발생한 측면이 분명히 있다.

그러나 필자는 사회의 수요에 견주어 동전의 공급이 제한되어 있었던 점을 중요시하고 싶다. 동전이라고 하는 재화가 제한되어 있었기 때문에, 경제의 계층적 지역적 우열순위에 따라서 그것이 편중되어 송대에 전황이 발생하였던 측면을 강조하고 싶다. 다시 말해 동전이라고 하는 한정된 자원을 둘러싼 대립 속에서, 계층적 독점, 지역적 편재 등으로 전황이 종종 발생하였던 것이다.

전황이 넓은 의미에서 화폐부족 현상을 뜻하는 것이라면, 사주전은 전황과 깊은 관계가 있다. 사주전은 기본적으로 교환수단의 부족을 타개하기, 즉 가격수준에 견주어 교환수단이 부족하여 출현하였다. 그러나 이 또한 그 출현배경에는 두 가지 사정이 있었다. 첫째는 동전의 양이 한정되어서 정부가 행하는 배분의 우선순위에서 밀려났기 때문에 지역 내부의 화폐로서 출현하였다. 둘째는 경제의 지역차 때문에 후진지역에서는 정부가 공급하는 동전을 충분히 소유할 수 없어서 사용되기도 하였다.

‘중재재판’(左博)과 ‘다수의 명령’(多分仰)의 자치적 기능
— 계약장·치문·압서장을 중심으로 —

김 보 한

_고려대 일본학연구센터

1. 머리말

가마쿠라(鎌倉)막부 말기에 규슈의 소송제도에서 ‘검단사타’(檢斷沙汰), ‘잡무사타’(雜務沙汰)는 슈고(守護)가 관장하고, ‘소무사타’(所務沙汰)는 진서탐제(鎭西探題)가 관할하고 있었다. 다만 히젠국(肥前國)의 소송처리 방법은 약간의 차이가 있었는데, 진서탐제가 슈고의 직무를 겸임하고 있었기 때문에 ‘잡무사타’의 재판권마저도 탐제가 일괄 처리하는 것을 원칙으로 삼고 있었다.

그런데 정치적 사회적 변혁기라고 할 수 있는 남북조 내란기에 마츠우라(松浦) 지역의 소영주들은, 상호간에 발생한 문제를 진서관령(鎭西管領)에 의한 재판 이전에 스스로 문제를 해결할 수 있는 독자적인 질서를 만들어 나가고 있었다. 이를테면 공적(公的) 권력체의 기능을 대신하는 하나의 사회적 영역을 자율적으로 만들어 나가고 있었던 것이다.

남북조 내란이 한참 진행되고 있는 1371년, 이마가와 료슌(今川了俊)가 막부의 명령을 받고 규슈에 내려온 다음부터 히젠국의 시모마츠우라(下松浦)를 중심으로 다수의 ‘이키(一揆) 계약장’이 만들어진다. 이제까지의 연구에서 이 ‘이키 계약장’의 성립 배경에 대해서 권력에 의한 타율적 요인으로 파악하는 경향이 우세하였다.[1] 그러나 시모마츠우라 지역에서는 료슌이 규슈에 내려오기 훨씬 이전부터 다수의 ‘계약장’과 ‘연서 압서장’(連署

押署狀)이 존재한다. 이것은 일상생활에 관련된 재지(在地) 무사들이 소령(所領) 분쟁을 해결하기 위한 목적으로 만들어진 계약장이었다. 즉 자치적이고 자율적인 의지로 계약을 맺고, 다함께 이키에서 결의한 규약을 상호 준수하도록 약속하는 것이었다. 따라서 이것들은 '중재재판'(左博)과[2] '다수의 명령'(多分仰)을 통해서 빈발하는 문제를 평화적으로 해결하는 데 목적이 있었다.

이런 관점에서 당시 재지 영주들이 여러 일상 문제를 해결하는 수단으로 다양하게 이용한 '계약장', '치문'(置文), '좌박장'(左博狀), 그리고 '압서장' 등이 주목된다. 이 같은 문서들이 남북조 내란기에 접어들면서 나타나기 시작하는데, 남북조 합체(1392) 이전에는 7건이 있고, 이후에는 11건이 나타난다. 따라서 이 글에서는 계약장·치문·좌박장·압서장 등의 내용을 보면서 '중재재판'과 '다수의 명령' 관념 성립에는 어떤 조건과 단서가 전제되어야 하는지를 살펴보도록 하겠다.

2. '계약장'과 소령의 경계

규슈 마츠우라군(松浦郡) 고토열도(五島列島) 안의 재지 무사들은 여러 가지 일상과 관련된 문제를 해결하는 수단으로 계약장, 치문, 그리고 압서장 등을 이용하였다. 따라서 남북조 합체 이전 고에이(康永) 3년(1344)부터 에이토쿠(永德) 3년(1383)까지 총 7건의 계약장·치문·압서장이 있다. 마찬가지로 남북조 합체 이후에는 오에이(應永) 2년(1395)부터 에이쿄(永享) 12년(1440)까지 고토열도의 포구(浦)를 중심으로 아지로(網代; 어망, 어살)의

---

1) 瀬野精一郎, 〈松浦黨の一揆契約について— 未組職軍事力の組職化工作〉,《九州史學》10, 1958;《鎭西御家人の研究》, 吉川弘文館, 1974.
2) '좌박'(左博 또는 佐博; 사바쿠)은 일본어의 '裁(さば)ぐ'라는 음독을 한자로 표기한 것이다. 그 의미는 계약장의 내용에서 '중재재판'으로 해석할 수 있다.

분할에 관련된 모두 11편의 좌박장(左博狀)과 압서장이 지속적으로 나타나고 있다.

남북조 합체 전후의 계약장·치문·압서장·좌박장의 결성 연대와 문서의 종류는 표 1, 표 2와 같다.

표 1. 남북조 합체 이전 계약장·치문·압서장[3]

	연 도	연 서 자	문 서 명
㉠	고에이(康永) 3년(1344) 5월 24일	孫鬼丸·沙彌圓心	연서 계약장
㉡	간노(觀應) 3년(1352) 10월 25일	靑方氏·松浦理	계약장
㉢	쇼헤이(正平) 21년(1366) 8월 22일	宇久·有河 住人 7名	연서 치문
㉣	오안(應安) 7년(1374) 5월 28일	稱·頓阿	연서 압서장
㉤	오안 8년(1375) 6월 19일	松熊丸·滿·榮俊	〃
㉥	에이토쿠(永德) 3년(1383) 7월 13일	與·滿·續	〃
㉦	〃	安·重·覺	〃

표 2. 남북조 합체 이전 좌박장·압서장[4]

	연 도	연 서 자	문 서 명
㉠	오에이(應永) 2年(1395) 12月 18日	穩阿 等 16名	연서 좌박장
㉡	오에이 5年(1398) 7月 6日	穩阿 等 10名	연서 압서장
㉢	오에이 7年(1400) 2月 9日	篤 等 9名	〃
㉣	〃	篤 等 6名	〃
㉤	오에이 17年(1410) 6月 14日	(下有河)重 等 10名	〃
㉥	오에이 19年(1412) 1月 29日	(下有河)重 等 8名	연서 압서장
㉦	오에이 19年(1412) 7月 28日	道機 等 8名	〃
㉧	오에이 21年(1414) 10月 21日	讚 等 5名	연서 압서장
㉨	오에이 29年(1422) 5月 13日	道機 等 19名	연서 압서장
㉩	에이쿄(永享) 2年(1430) 4月 12日	源某 等 8名	〃
㉪	에이쿄 12年(1440) 2月 11日	固 等 7名	〃

---

3) 이 표는 《아오카타 문서》(靑方文書)와 《마츠우라야마시로 문서》(松浦山代文書)를 참고로 작성하였다.

4) 이 표는 《아오카타 문서》를 참고로 작성하였다.

　먼저 표 1에서 보는 바와 같이, 시모마츠우라 지역에서 가장 빨리 성립된 계약장은 시로이오 시게루(白魚繁)와 사미엔신(沙彌圓心)이 소령 경계에 대해 소송하는 것으로, 고에이 3년(1344)의 〈시게루(白魚繁)·사미엔신(沙彌圓心) 연서 계약장〉이 있다. 그 내용을 살펴보면 다음과 같다.

　　[白魚繁·沙彌圓心 連署 契約狀]
　　肥前國의 五嶋 西浦內에서 白魚가 지배하도록 계약함에 따라, 아와치(あわち)浦에서부터, 또 奈良尾의 우에쿠리(うえくひ)에서부터 下佐尾崎에 이르기까지로 한다. 그 경계의 내에서는 조금이라도 분쟁이 있어서는 안 된다. 그 경계(堺)의 바깥쪽에서도 조금이라도 분쟁이 있어서는 안 된다. 이와 같은 계약은 모두 신중하게 받아들여야만 한다. 앞으로의 증거로 삼기 위한 契約狀, 이와 같음.

康永 3년 5월 24일　(白魚繁) 孫鬼丸
沙彌圓心[5]

　이것은 시로이오 시게루와 사미엔신 둘 사이에서 체결된 연서 계약장이다. 즉 고토열도의 니시우라(西浦) 안에서의 시로이오 시게루 소령의 경계를 지정하고, 그 지역 안에서의 소령 사타권을 결정하는 계약장인 것이다. 즉 상호간에 소무권(所務權)의 경계를 자율적으로 결정하여 탐제권(探題權)에 의존하지 않고 상호 조정하는 형식을 빌리고 있는 것이다. 또 "조금이라도 분쟁이 있어서는 안 된다"는 내용으로 보아, 똑같은 문제로 다시 반복될지도 모르는 분쟁을 예방하려는 목적도 있었음을 알 수 있다.

---

5) 《靑方文書》 康永(1344) 3年 5月 24日.(《南北朝遺文》 九州編 2卷 2015)
　　ひせんのくに五嶋にしうらへの內しろいをのきたの事ニ付けいやく申候ニ依, あわちのうらよりならをのうへくひより, しもさおさきにいたるまて, さりまいらせ候, 此さかいのうちに, いささかいろい申すましく候, このさかいよりほかに, いささか御いろいあるましく候, かやうにけやく申候うえハ, これの大事ハそれの大事, それの大事ハこれの大事とそんちすへく候, 依しやうらいきけいのためニ, けいやく 狀如件.

康永三年五月廿四日　 (白魚繁) 孫鬼丸
沙彌圓心

한편 간노(觀應) 3년(1352)에도 다음과 같은 계약장이 있다.

　[松浦理 契約狀]
　　契約한다.
　　肥前國 御廚庄내의 西浦目의 일. 대대로 점유하고 있었지만, 宇久入道(實)殿와 연(緣)이 있는 관계로 상호간에 一大事를 상담하여 수년 전의 訴訟을 그만 두고 양측의 知行分으로 나누는 바이다. 경계가 동쪽은 比多尾, 남쪽은 三日雄岳(三王山)로부터 續浦의 초입(입구), 濱浦의 우에쿠이(うえくひ)를 훨씬 지나고, 서쪽은 바다의 柏瀬戸에서 그 앞 바다로 연결하고, 북쪽의 枕崎 그 안의 庶子分과 함께 섬들을 덧붙여서 이후에는 靑方가 上知行해야 한다. 잔여분은 (松浦)理가 知行하도록 한다. 이 경계를 넘어서는 상호간에 어떤 異議도 제기할 수 없다. 이에 후에 증거를 위한 書狀. 이와 같음.
　　　　　　　　　　　　　　觀應 3년 10월 25일　　(松浦)源理 (花押影)[6]

이 계약장에서 보면, 마츠우라 오사무(松浦里)가 니시우라메(西浦目)를 대대로 지행하고 있었음을 알 수 있다. 그리고 언제부터인가 아오카타(靑方)씨와 소송이 일어났는데, 우구(宇久)씨의 중재로 이제까지 계속되었던 소송을 중지하고 마츠우라(松浦), 아오카타(靑方)씨 양측이 합의하여 니시우라메를 각각의 지행분(知行分)으로 나누고 있다. 또한 앞으로 서로 마찰이 없도록 바다뿐만 아니라 내륙의 경계를 구분하는 내용도 포함하고 다. 그런데 양측이 과거부터 우구씨와 혈연적인 인연으로, 우구씨가 중재

---

6)《靑方文書》觀應 3年(1352) 10月 25日.(《南北朝遺文》九州編 3卷 3478)
　けいやく
　　ひせんの國御廚庄にし浦目事, 代代つかい申候といえとも, うくの入道殿そえんニよて, あいたかひニ一大事を申たんし候うえニ, 年來のそせうおさしおきて, りやうはうちきやうふんお別申候ところなり, さかいハ, ひんかしハひたを, ミなミミかの御たけよりつきの浦の浦かしらおはまの浦のうえくひおふミこえて, にしハうミかしはのせとおおきニとをして, きたまくらさき, このうちのそしふんならひニしましまおくわえて, いかうあを方はうえちきやうあるへく候, のこりふんハおさむちきやうすへく候, このさかひおこえて, あいたかひニいささかいきを申ましく候, よてこうせうのためニ狀如件
　　　　　　　　　　　　　　觀應三年十月十五日　　(松浦)源理 (花押影)

의 구심점이 되어 계약이 성사되고 있음을 알 수 있다. 즉 이 계약 합의의 계기가 권력체의 강제력에 따른 것보다는 일족이라는 혈연적 의식에 기초한 중재에 있었음을 확인할 수 있는 대목이다

이 계약이 성립한 시기는 아시카가 다다후유(足利直冬)가 규슈에 내려옴으로써 정국이 천하삼분(天下三分)의 상황으로 치닫고, 삼파전의 긴장감이 고조되었던 때였다. 다다후유가 세력의 확대를 위해서 재지 영주들에게 준 장군의 문서 양식으로 '안도조'(安堵狀), '오코타이조'(宛行狀) 등을 발급하면서 자신의 세력 확장에 진력할 때였다. 이런 관계로 이 지역의 마츠우라 일족은 내부의 분열을 경험하게 되었고, 혼란 상황에서 자구책의 일환으로 소영주들이 자발적으로 계약장을 만들어 문제해결을 도모하는 상황에서 이와 같은 계약장이 출현하게 된 것이었다.

3. '평등' 원리와 추방 규정

재지에서 발생한 소령 소송 가운데 중재자들이 주관하는 재판을 통해서 문제를 해결하는 것으로, 쇼헤이(正平) 21년(1366) 〈우구(宇久)·아유카와(有河) 주인 등 연서 치문〉이 있다.

[宇久·有河 住人 等 連署 置文][7]
　　靑方覺性(高繼)의 '沽券狀'등에 관해서 (鮎河)直·進과 (靑方)重·(神崎)能阿가 소송한 赤濱의 網代의 일, 약간은 各論이 있어서 宇久·有河가 중재재판(左博. 佐博)하여 서로 상담케 하고 양측의 道理에 맞고 어긋남(理非)을 기준으로 해결한 결정, 直·進측에서 赤濱의 세 번째 網代 및 那摩內의 波解

---

7) '치문'은 ① 소령 양도 때 자손에게 유언·유명(遺命)을 기록하는 문서와 ② 소령(所領)의 양도와는 직접 관계없이 사원 등에서 앞으로 오래도록 준수할 사항을 열거해 놓은 문서 등 두 가지 의미에서 사용되었다.(石井進 編,《中世政治社會思想》上, 日本思想大系 21, 岩波書店, 1972, 525쪽 참조)

崎의 崎網代·救(祝)家의 앞 倉網代 등을 모두 강제집행(沙汰付)하도록 한
다. 단 赤濱에서는 또한 여섯 번째도 直·進 측의 것으로 한다. 그 다음에는
向後에 있어서 一味同心의 마음을 이루어야 한다. 만일 도리에 맞지 않는(非
分) 일로서 다시 異論에 이르고 一揆가 결정한 취지를 배반하여 계약을 어
기는 일 있으면, '請文'의 '事書'의 뜻에 따라 범법자들을 宇久·有河內에서
영원히 추방하는 書狀. 이와 같음.

正平 21年 8월 22일 孔子　授 (花押影)

次第　(有河)全 (花押影)

高 (花押影)

答 (花押影)

(宇久)覺 (花押影)

常阿 (花押影)

實 (花押影)[8]

　　이것은 고토열도 내의 추츠시마(中通島)에서 아지로의 소유와 관련된 분
쟁을 해결하는 계약장이다. 내용을 보면 아오카타 가쿠세이(靑方覺性)가
소유한 아지로를 놓고 아유카와 나오스(鮎河直), 스스무(進)와 가쿠세이(覺
性)의 후손인 아오카타 시게루(靑方重), 간자키 노아(神崎能阿) 등이 두 편
으로 나뉘어 소송을 제기하고 있다. 여기에서는 과거에 매각했던 아지로

---

8)《靑方文書》正平 21年(1366) 8月 22日.(《南北朝遺文》九州編 4卷 4640)
　　就靑方覺性沽券狀等, 直(鮎河)·進與重(靑方)·能阿(神崎)相論赤濱網代事, 聊及
(霍)論之間, 宇久·有河爲左博令談合, 兩方理非於以和談之儀, 直·進方仁建赤濱參
番網代幷那摩內波解崎之崎網代·救家之前倉網代等一圓仁沙汰付畢, 但赤濱者, 又
六番母可爲直·進方, 此上者, 於向後可被成一味同心之思也, 若以非分之儀, 重及異
論, (背)一揆之治定之旨, 有違篇之儀者, 任請文事書旨, 違犯人人於宇久·有河中於
永可檳出之狀如件.

正平廿一年八月廿二日 孔子　　授(花押影)

次第　(有河)全(花押影)

高(花押影)

答(花押影)

(宇久)覺(花押影)

常阿(花押影)

實(花押影)

를 대상으로 제기된 소송을 중재한 결과로서, 그 대상물의 점유를 명확하게 구분하여 명시하고 있다. 그런데 일곱 명의 연서자 가운데 성씨를 분명하게 알 수 있는 것은 아유카와 도노(有河殿)와 우구노 가쿠(宇久覺) 두 명뿐이지만, 이들은 대체로 혈연적으로 연결성을 갖고 있었다.9) 이들이 제삼자로서 주체적으로 이키를 만들고 그 중지를 모아 소송 당사자들을 화해시키려고 작성한 판결장이 바로 이 연서 치문이다.

이 가운데에서 특히 주목되는 것은 연서의 순번을 제비뽑기로 결정하는 '공자차제'(孔子次第)라는 문구이다. 이 공자차제는 다수의 연서인들이 이 계약에서만큼은 일 대 일의 상호 대등한 평등관계에 있었음을 의미하는 것이다. 다시 말하면, 상호결합에서 재지 무사들이 서로 횡적 관계를 자치적으로 유지하고 있었음을 시사하는 것이다. 이미 가마쿠라시대의 막부법에 고케닌(御家人)들 사이에는 신분적으로 동등함을 명시하고 있다. 그러나 이 계약의 구성원에는 우구노 가쿠와 같이 과거의 고케닌 신분을 계승한 후손도 있지만, 그렇지 못한 소영주(小領主) 또는 주인(住人) 계층도 공존한다. 따라서 이 계약은 재지 영주들 세력의 강약에 따른 예속적 관계를 벗어나서 평등의 원리를 스스로 창출해 내고 있다.

그러나 이 내용에서 알 수 있듯이 우구노 가쿠와 아유카와 도노에 의해 주도적으로 계약이 성립되고 있으므로, 횡적인 관계를 조건으로 하는 평등 원리의 보편적인 확산은 시기적으로 이른 감이 없지 않다. 왜냐하면 이 계약들은 〈시모마츠우라 이키 계약〉에서 보이는 평화의 문제, 판결[沙汰]의 문제, '무연'(無緣)의 문제, 다수 결정(多分之儀)10) 등을 포함하는 좀 더 포괄적이고 세세한 규정으로 발전하지는 못했기 때문에, 아직은 초기적인 전제조건만 갖춘 미성숙한 계약이라고 이해할 수 있다.

또한 처벌조항에서 이치에 맞지 않는 일로 이의를 제기하거나 이키의

---

9) 村井章介, 〈在地領主法の誕生 － 肥前松浦一揆〉, 《歷史學硏究》 419, 1975, 20쪽.
10) 김보한, 〈일본 중세 사회의 '多分之儀'와 '平等'의 원리〉, 《文化史學》 21, 2004 참조.

취지를 배반하면, 우구·아유카와에서 영원히 추방한다고 하는 단호한 결의가 주목된다. 이것은 오안(應安) 6년(1373) 〈고시마(五島) 주인 등 계약장〉 제(4)조에 “구성원 가운데에서 ‘다수의 결정’(多分之儀)을 지키지 않는 자들에게는, 앞으로 이 구성원에서 영원히 추방시켜야만 한다’는[11] 처벌 내용과도 일치하고 있다. 따라서 평등의 원리나 추방은 우구·아유카와 지역에만 국한된 내용이 아니었다. 따라서 특정한 좁은 지역에서만 일상 생활에 관련된 중재재판이나 엄격한 법령준수가 적용된 것으로 이해해서는 안 된다. 다시 말해서 이후에 나타나는 더 광범위한 지역의 공동성, 또는 혈연성에 기초하는 시모마츠우라 전 지역을 포괄하는 ‘이키 계약장’과의 연결선 위에서 이해해야 할 것이다.

4. ‘중재재판’(左博)과 ‘다수의 명령’(多分仰)

한편 재지 주변에서 발생하는 일상적인 소령분쟁 이후에, 그 해결의 결과로 오안(應安) 8년(1375) 〈우구(宇久)·마츠쿠마마루(松熊丸) 연서 압서장〉이 작성되고 있다.

> [宇久 松熊丸 連署 押書狀][12]
> 中浦目내의 宿浦의 일. 志佐측이 所□ 知行하고 있는 곳에 屋敷三□(지명. 別紙에 있음). 一圓 知行에 대해서 有河殿 지시를 받았지만 따르지 않고 先□ 조사받는 것에 대해서 難儀에 이르렀기 때문에 우선 宇久 松熊殿가 中途

---

11) 《靑方文書》 應安 6年(1373) 5月 6日.(《南北朝遺文》 九州編 5卷 5031)
   “一. 此人數於多分之儀違背輩者, 於向後此人數中於永可被檳出者也矣.”
12) 압서장은 《사타미련서》(沙汰未練書)에 따르면, 어떤 가정의 조건을 실현하는 경우에 완수할 사항을 서약하는 계약서이다.(“押書卜八未成事兼入置狀也”) 즉 장래의 일을 미리 보증해 두는 것을 의미하는데, 매매계약의 보증, 공납청부(貢納請負), 분쟁화해 이후의 계약 준수를 내용으로 하는 계약장의 일종이다.(石井良助, 《中世武家不動産訴訟 法の硏究》, 弘文堂書房, 1938, 362~366쪽 참조; 石井進 編, 앞의 책, 443쪽)

에서 □□□하게 하였다. 도리에 맞는지 어긋나는지(理非)의 사정응 추후에
志佐□가 담판을 짓고서 결정을 내려야만 한다.

만일 이 條를 어기면 八幡大菩薩의 벌을 받아야 마땅하다. 이에 押書狀
이와 같음.

應安 8년 6월 19일 (宇久)松熊丸
滿 (花押影)
榮俊 (花押影)[13]

이 압서장의 내용에서 보면, 고토열도 내의 나카우라메 슈쿠우라(中浦目
宿浦; 현재 中通島)의 서해안, 시로이오무라(白魚村)의 북쪽 슈쿠노우라(宿
ノ浦)의 시사(志佐)씨가 야시키(屋敷)의 지행지(知行地)에 대해서, 아유카와
(有河)씨의 지시에 따르지 않고 소란을 일으켰기 때문에 마츠쿠마마루(松
熊丸)의 중재로 시사씨와 담판하여 평결을 내리도록 한다는 결정을 규약으
로 남기고 있다. 이전의 계약에서와 마찬가지로, 여기에서 중재자로 등장
하는 인물이 우구씨다. 따라서 이 시기의 고토열도 대표자를 우구씨로 추
측해 볼 수 있고, 앞으로 이 우구씨의 발전이 주목된다고 하겠다.

이후에도 슈쿠우라에서 소령의 지행에 관련된 소송이 계속되는 내용이
에이토쿠(永德) 3년(1383)의 〈요(與) 등 연서 압서장〉에 잘 나타나고 있다.

[與 等 連署 押書狀]
宿浦 幸阿彌か의 옛 땅(跡)에 대하여 有河·靑方의 住人(人人)들을 중재
재판(さばく)하여 겨우 판결을 내렸지만, 여전히 납득하기 어려운 異論의 조

---

13) 《靑方文書》 應安 8年(1375) 6月 19日.(《南北朝遺文》 九州編 5卷 5205)
中浦目內宿浦事, 志佐方所□知行御事に候之處ニ, 屋敷三□ 名付有別紙 一圓知行
候によて, 有河殿申され候といえとも, 無承引, 先□令糺給候ニよて, 及難儀候間, 先
宇久松熊殿中途□□□され候, 理非の事ハ, 追志佐□申被談候て, 可有落居候, 若此
條僞申候者, 八幡大菩薩御罰於可蒙羅候, 仍押書狀如件.
應安八年六月十九日 (宇久)松熊丸
滿(花押影)
榮俊(花押影)

목들 때문에 재차 當浦에 간청하며 그 異論을 애원하였다. 宇久殿·奈留殿에게 요청해서 중재재판(さばく)하고 그 다수의 명령(多分仰)에 따르도록 한다. 단 もとまろ라고 하는 배(一段)의 일, 바로 재판(沙汰)해야 하는 이유를 승낙 받고서 재차 판결(沙汰)을 기다려야만 한다. 결국 向後에 있어서는 어떠한 유감이 남아있을지라도 각각 중재재판(さばく)하는 측에게 속사정을 말하지 않고 자신만의 생각대로 처리하는 일 있어서는 안 된다. 이에 그 날을 위한 押書狀. 이와 같음.

永德 3년 7월 13일　與 在判
滿 在判
續 在判[14]

　　이 압서장은 슈쿠우라 고우아미(幸阿彌)의 옛 땅[跡]에 대해서 아리카와(有河), 아오카타(靑方) 쪽 주인들에게 중재재판하여 결정을 내렸지만, 이의를 신청하여 다시 우구(宇久), 나유(奈留)씨가 중재재판하고, 다수의 명령에 따를 것을 지시하는 계약장이다. 즉 과거에 아리카와(有河), 아오카타(靑方) 쪽 주인들 모두 중재재판 결과에 대해 서로 불만을 갖게 되었고, 다시 이것을 우구(宇久), 나유(奈留)씨에게 의뢰하는 형식을 취하고 있는 것이다. 또 앞으로 문제가 발생하면 자기 생각대로 처신하지 말고 먼저 중재재판하는 쪽에 속사정을 알려야 한다고 결정하고 있다.

　　여기에서 주목되는 것은 중재재판에서 판결의 결정이 '다수의 명령'을

---

14)《靑方文書》永德 3年(1383) 7月 13日.(《南北朝遺文》九州編 5卷 5781).
　　宿浦かう阿ミかあとの事によて, 有河·あを方の御人人の御さはくとして, せうせうらきよ候といへとも, なおもて心えかたきしさいら 條條候之間, かさねてたう浦にまかりこえ, しさいなけき申候ところに, 宇久殿·奈るとのめんめん御こえ候て, 御さはくとんいた, たふんおほせにしたかい候ぬ, たたしもとまろと申候ふね一たんの事ハ, おて御さたあるへきよしうけ給候あいた, かさねての御さたを待申候へく候, 所詮, かやうこうにおきてハ, いかなるむねんのきり候といふとも, めんめんの御さはく方へあんないを申入候ハて, かいにまかせ候事あるましく候, 仍こ日のために押書狀如件.

永德三年七月十三日　　與 在判
滿 在判
續 在判

채택하는 방식이라는 점이다. 이것은 〈시모마츠우라(下松浦) 이키 계약장〉에서 평등의 원리를 전제하는 '다수의 결정'에[15] 따른 의사결정 방식과 유사성이 있다고 하겠다.

그러나 '다수의 명령'(多分仰)과 '다수의 결정'(多分之儀)은 의사결정의 전제조건에서 차이가 있어 보인다. 연서 압서장에서 '다수의 명령'의 전제조건에는 우구(宇久)씨와 나유(奈留)씨의 등장이 눈에 띈다고 하겠다. 즉 연서자 3인(與·滿·續) 외에 중재재판의 담당자로 우구씨와 나유씨가 존재하는 것이다. 이 두 성씨가 슈쿠우라 지역에서 지도자적인 위치를 차지하고 있었음은 전후의 계약장과 압서장에서 파악된다. 따라서 '다수의 명령'이 다수에 의한 의사결정 방식이라고 볼 수도 있지만, 그 이면에는 특정 권력에 의해 의사결정이 유도되는 형상이었음을 유추해 볼 수가 있다. 따라서 〈시모마츠우라 이키 계약장〉에서 '다수의 결정'의 전제조건이라고 할 수 있는 평등의 보편적 원리를 아직 이곳에서는 찾기 어려워 보인다. 그러나 이 두 가지가 중재재판의 방식과 다수의 의견을 고려하여 의사를 결정한다는 면에서 공통점이 있다고 하겠다.

또 에이토쿠(永德) 3년(1383)의 〈요(與) 등 연서 압서장〉과 같은 날에 에이토쿠(永德) 3년(1383) 〈우구노 가쿠(宇久覺) 등 연서 압서장〉이 만들어진다. 이것은 내용으로 볼 때 슈쿠우라의 문제에 관련해서 이전의 오안(應安) 8년(1375) 〈우구(宇久)·마츠쿠마마루(松熊丸) 연서 압서장〉의 연장선에서 이해할 수 있다.

[宇久覺 等 連署 押書狀]
宿浦에 돌출한 屋敷 및 그 앞의 屋敷 등의 일. 이번에 마침 회합을 갖고 이전에 중재재판(さばく)의 취지에 따라 판결(沙汰)을 내리고 志佐씨에게 독촉해서 道理에 맞게 강제 집행하도록 하였지만, 公私에 혼란함이 있었다. 이후 한두 달 안에 그 구성원들이 모여 신중하게 판결(沙汰)을 내리고 빨리 강

---

15) 김보한, 앞의 글, 1160쪽 참조.

제 집행하도록 해야만 한다. 이에 後日을 위한 押書狀. 이와 같음.

永德 3년 7월13일　　安(花押影)
重(花押影)

西浦目人人御中　　(宇久)覺(花押影)16)

이 압서장에서는 슈쿠우라 안의 야시키(屋敷)와 관련해서 중재재판에 의한 판결이 내려졌지만, 이를 따르지 않아 집행에 어려움이 있었다고 설명하고 있다. 그리고 이전에 야시키의 지배자는 시사씨였는데, 그 역할을 다하지 못한 것으로 되어 있다. 그래서 돌출한 야시키에 대해서 한두 달 안에 다시 회합을 갖고 그 문제를 판결하겠다고 약속하고 있다.

한편 수신자명(宛名)이 '니시우라메 주인(住人) 귀중'(西浦目人人御中)으로 되어 있는데, 지명에 해당되는 '니시우라메'(西浦目)는 '니시우라부'(西浦部)와 같은 곳이며,17) 아오카타·아리카와·시로이오(白魚)씨 등이 세력기반으로 삼고 있는 현재의 추츠시마(中通島)를 가리킨다. 또 '니시우라메 주인'은 니시우라부에서 생활의 터전을 삼고 있는 주인(住人)들을 의미한다고 하겠다. 따라서 압서장 형식으로 3명(安·重·覺)이 연서자로서 결정된 사실을 니시우라메의 주인들에게 널리 통보하는 것임을 알 수 있다.

이것은 남북조 내란기에 북조의 진서관령(鎭西管領)과 남조의 가네요시

---

16)《靑方文書》永德 3年(1383) 7月 13日.(《南北朝遺文》九州編 5卷 5782)
　　宿浦の突出の屋敷幷その前のやしき以下事, 今度たまたまさんくわひ候間, 先さは
　　くのむねにまかせて, そのさた□きわめ, しさ方にさいそくせしめ, りうむのままさた
　　しつけ申へく候處ニ, 公私とり亂す時分にて候, 以後一兩月中ニ此人數參會候て□底
　　さたをきわめ, きつそくニしつけ申へく候也, 仍爲後日押書狀如件

永德三年七月十三日　　安(花押影)
重 (花押影)

　　　　　　　　　　　西浦目人人御中　　(宇久)覺 (花押影)

17)《靑方文書》建武 元年(1334) 7月 日.(《南北朝遺文》九州編 1卷 100); 同年 8月 6
　　日.(《南北朝遺文》九 州編 1卷 106) 이 두 개의 '청방고직(靑方高直) 신장'의 '고토
　　가키'(事書)에 각각 "肥前國 五嶋 西浦部 靑方孫四郎 高直……"와 "肥前國 五嶋 西
　　浦目 靑方孫四郎 高直……"로 되어 있어, 고토열도 안의 '니시우라부'(西浦部)와 '니
　　시우 라메'(西浦目)는 같은 지명임을 알 수 있다.

친왕(懷良親王)의 하달문서에서 단체 기명의 방식으로 채택하고 있는 '마츠우라 아오카타 주인'(松浦靑方人人), '마츠우라 주인 귀중'(松浦人人中), '아오카타 주인 귀중'(靑方人人御中), '시모마츠우라 일족 귀중'(下松浦一族中) 등과 유사한 단체 기명의 표기방법임을 알 수 있다.[18] 결국 중재재판을 통해 결정된 내용을 추츠시마 안의 주인층에게도 널리 알리는 형식을 취하고 있다. 이 방식은 판결 내려진 내용을 널리 공포해서 그 효과를 기대하려는 목적이 있었다고 짐작할 수 있다.

지금까지 살펴본 세 편의 압서장은 모두 슈쿠우라(宿浦) 안에서 소령지행에 관련된 중재재판 내용을 담고 있다. 그런데 이 문서들은 이곳의 야시키(屋敷)나 옛 땅에 관한 소송에서 근처의 재지 영주 세력인 우구씨를 중심으로 나유씨와 아리카와씨도 소송 중재자로서 등장하고 있음을 보여준다. 따라서 이 시기가 되면 두 성씨들도 이 지역을 통제하고 관할하는 기반을 갖춘 유력한 가(家)에 든 것으로 파악할 만한 단서를 제공하고 있다.

5. '포구 안'(浦內)과 생활공간의 성립

남북조 합체 이후에 처음으로 고토열도 추츠시마의 우라우치(浦內)에서 아지로(網代)의 매매와 관련해서는 오에이(應永) 2년(1395)의 〈온아(穩阿) 등 연서 좌박장〉이 주목된다. 그 내용을 보면 다음과 같다.

> [穩阿 等 連署 左博狀][19]
> (靑方)高繼와 堺深兵衛四郎殿에게 網한 張, 장소를 가리지 않고 펼칠 수

---

18) 김보한, 〈松浦黨 一揆의 再考〉, 《史學志》30, 1997, 253~254쪽 참조.

19) 이 문서는 세노세이이치로(瀨野精一郎)가 《靑方文書》(史料纂集 古文書編)에서 '압서장'이라고 명명하였다. 문서상 '압서장'으로 볼 수도 있겠으나, 후렴문구에 " '좌박장' 이와 같음(きはくしやうくたんのことし)"으로 보아 '좌박장'으로 볼 수 있다.

있도록 양도해 주기로 하였던바, 靑方殿와 鮎河殿의 所務에 번거로움이 있
다고 하여 浦內의 사람들이 만나서 중재재판(さばく)하였다. 영원히 두 번으
로 나누어서 四十八貫文에 파는 것으로 한다.

　一. 鮎河殿의 자손으로서 어떠한 소란을 일으켜서는 안 된다. 만일 소란
을 일으키더라도, 이 書狀으로서 자자손손에까지 知行한다. 이에 後證을 위
한 左博狀 이와 같음.

應永 2년 12월 18일　(穩阿) お ん 阿 (花押影)

(中野讚) ほ む る (花押影)

(勇) い さ む (花押影)

(道覺) た う か く (花押影)

(存覺) そ ん か く (花押影)

(了阿) れ う 阿 (花押影)[20]

　　이 문서에서는 아오카타씨가 소무관계의 마찰을 피하기 위해서 인접한
아유카와(鮎河)씨로부터 48관문으로 어장을 매입하고 있다. 아오카타씨와
아유카와씨 사이에 소송에 관한 문건은 겐오(元應) 2년(1320)의 〈아오카타
다카츠쿠(靑方高繼)・다카나오(高直) 연서 고각장(沽却狀)〉과[21] 쇼헤이(正

---

20)《靑方文書》應永 2年(1395) 12月 18日.
　　たかつくのさかいのひやうへ四らうとのにあみゝいちてうところおきらハすひかれ候へとさ
り申されて候ところに, あお方とのとあゆかわとのと, そむのわつらいになり候ほとに, う
らうちの人すよりあい申候て, さはくつかまつり候て, りつすゆものこさす, えいたいおか
きてにとに四十八くわんもんにうらせ申候いおハん
　　一. あゆかわとののしそんとして, いささかいらんわつらい申され候ましく候, もしいら
んわつらい申され候ハんときハ, このしやうおもて, ししそんそんにいたるまて, 御ちきや
う候へく候, よてこうせうのためにさはくしやうくたんのことし.
おうえい二ねん

十二月十八日　（穩阿) お ん 阿 (花押影)

(中野讚) ほ む る (花押影)

(勇) い さ む (花押影)

(道覺) た う か く (花押影)

(存覺) そ ん か く (花押影)

(了阿) れ う 阿 (花押影)

21)《靑方文書》元應 2年(1320) 7月 10日.

平) 21년(1366) 〈우구·아유카와 주인 등 연서 치문〉에서도[22] 나타난다. 앞의 겐오 2년(1320), 쇼헤이 21년(1366), 오에이 2년(1395)의 세 문서를 살펴보면 공통점이 나타난다.

내용을 정리해 보면 겐오 2년(1320) 아오카타씨가 아유카와씨에게 소령과 아지로를 매각하여, 이 시기에 아유카와씨가 아오카타의 앞바다에서 조업에 참가할 수 있는 권리를 취득하게 되었던 것으로 추측해 볼 수 있다. 그런데 문제가 발생하여 쇼헤이 21년(1366) 중재재판으로 문제를 해결해 나간다. 그리고 다시 오에이 2년(1395)에 48관문에 아지로를 매매할 것을 결정하는 좌박장을 만들고 있다.

처음에 바다는 육지의 땅처럼 정확히 분할하는 것이 곤란하므로 아오카타씨와 공동으로 이용하고 있었던 것으로 보인다. 그러나 해상의 어업권이 육상의 소유권과 별개로 인식되면서, 결국 고각장의 내용이 아오카타씨와 아유카와씨 사이에 분쟁 역할을 하게 된 것이다. 바꾸어 말하면, 종래의 지토시키(地頭職)와 그 소령에 속해 있는 어업권이 이 시기에 와서는 지토시키와 분리되어 독립적인 권리로 변화되었다고 할 수 있다.[23]

오에이 2년(1395)의 〈온아(穩阿) 등 연서 좌박장〉과 같은 날에 작성된 오에이 2년(1395) 〈아유카와도엔(鮎河道圓)·아우카와지츠(鮎河眤) 연서 고각장〉에서는 "일전에 23관문으로 매도했다. 또한 나머지 반도 소무의 번거로움이 있다고 하여 포구 내의 중재재판(さばく)으로 25관문에 매도한다.……"[24]고 기록하고 있다. 따라서 오에이 2년(1395)의 〈온아(穩阿) 등 연서 좌박장〉과 〈아유카와도엔(鮎河道圓)·아우카와지츠(鮎河眤) 연서 고각장〉의 내용을 비교하여 보았을 때, 두 문서가 서로 총 48관문으로 어업권

---

22) 《靑方文書》正平 21年(1366) 8月 22日.(《南北朝遺文》九州編 4卷 4640).

23) 白水智,〈肥前靑方氏の生業と諸氏結合〉,《中央史學》10, 1987, 50쪽.

24) 《靑方文書》應永 2年(1395) 12月 18日: "せん日二十三くわんにうりわたし申候ぬ, のこるふんも, これもそむのわつらいになり申候ほとに, うらのうちのさはくとして二十五くわんにうりわたし申候."

의 매매가 성사되었음을 똑같이 기록하고 있다.

그러나 아지로의 매매가 끝난 다음에도 사소한 분쟁이 끊이질 않았던 것 같다. 오에이 5년(1398) 〈온아(穩阿) 등 연서 압서장〉이 이것을 잘 설명해 주고 있다.

[穩阿等 連署 押書狀]

先日 靑方殿・鮎河殿의 小網에 불만이 있다고 하여, 有河 자신들의 浦內에서 만나 중재재판(さばく)을 하였는바 浮魚의 소송(論)이 있으므로 결국 경계를 지정하였다. 靑方殿의 측에서는 고키테(こきて)崎 안에서 浮魚를 잡아야만 한다.

(1) 一. 그 밖에 순번교대(番立)의 網代의 일은 전날의 순번대로 잡아야 한다. 끝까지 불만이 있어서는 안 된다. 이에 後日을 위한 押書狀 이와 같음.

應永 5년 7월 6일　(穩阿) おん阿 (花押影)

(知) しらる (花押影)

(勇) いさる (花押影)

(了圓) りやうえる (花押影)

(2) 一. 순번교대의 일은 물고기가 많은
경우에는 일일 교대로 잡아야 한다.
또 물고기가 보이지 않으면　二日 간격
으로 잡아야 한다.

(道覺) たうかく (花押影)

(存覺) そんかく

(中野讚) ほむる

(定) さたむ

(覺阿) かく阿

(了阿) れう阿 (花押影)[25]

---

25)《靑方文書》應永 5年(1398) 7月 7日.
　　せん日あをかたとのあゆかわとのこあミの御ろん御ほとに，　ありかわわれらかうらのうちよりあい申候てさはく申候ところに，　うきうおの御ろん候あいた，　しよせんさかいおさし申候，あをかたとのの御方ハ，こきてさきのうちおうきうおお御ひき候へく候.
　　一. ほかのはんたてのあしろの事ハ、せん日のはんたてのまま御ひきあるへく候，　すえかすえまて御ろんあるましく候，よて御日のたて二あつしよしやうくたんのことし.

おうえい五ねん七月六日　(穩阿) おん阿(花押影)

(知) しらる(花押影)

(勇) いさる(花押影)

(了圓) りやうえる(花押影)

마찬가지로 이 문서를 살펴보면 예전에 아오카타씨와 아유카와씨의 소송이 있었고, 이미 그에 대한 재판 결정이 난 다음에도 어업권과 관련된 분쟁이 끊임없이 계속되고 있음을 시사한다. 이렇게 어업분쟁이 지속적으로 일어났던 이유는 농업보다는 어업이 중요한 생계수단이었음이[26] 하나의 원인이었다. 또 대체로 물고기는 특정의 서식장소와 회유경로가 있기 때문에 어느 해상에서나 어로활동이 이루어지는 것은 아니었다. 당연히 어장을 둘러싼 싸움이 일어날 수밖에 없었다. 이 싸움은 어업의 기술이 발달하면 할수록 확대되는 경향이었다.[27]

이러한 어업권의 상호침입을 효과적으로 저지시키고, 소송을 무마하기 위해서 새로운 대책이 필요하였을 것이다. 그리고 그 대책은 어장이 농지와는 달리, 1년 교대는 물론이고 1일 교대로 어업활동이 가능하다는 특성에서 찾았다. 이 방법을 적용시켜서 소영주끼리의 상호 대립을 완화시키고 효율적으로 상호이용이 가능하게 하였다. 결국 오에이 5년(1398) 〈온아(穩阿) 등 연서 압서장〉의 성립으로 어로활동의 1일 교대 또는 2일 교대가 성문화되기에 이른 것이다.

한편 어업권에서 상호분쟁은 하루 이틀이라는 아주 짧은 기간을 서로 교대함으로써 해결하기도 하였지만, 오에이 7년(1400)의 〈도쿠(篤) 등 연서 압서장〉에서처럼 1년 교대의 어업권도 있었다.

一. はんたての事ハ, うお候ハハ, ひか
わしに候ひき候へく候、又うお
ミえす候ハハ、二日はさなに御ひ
き候へく候、

(道覺) たうかく(花押影)
(存覺) そんかく
(中野讚) ほむる
(定) さたむ
(覺阿) かく阿
(了阿) れう阿(花押影)

26) 宮本常一,《日本中世の殘存》, 宮本常一著作集 11, 未來社, 1973, 142쪽 참조.
27) 白水智, 앞의 글, 53쪽 참조.

[篤 等 連署 押書狀]

　이 두 개의 網代의 일은 每年 교대로 바꾸어 가며 잡아야 한다. 篤(花押影)·江袋鰤 網代의 일. 한 곳은 浦 한 곳은 두 개의 강변(河原), 이 두 網代의 일은 매년 어려움이 있었다. 끝까지 번거로움이 없어야만 하기 때문에 일년 교대로 浦와 두 개의 강변(河原)의 網代를 하나씩 언제까지라도 펼쳐 놓도록 한다. 번거로움이 있어서는 안 되기 때문에 兩方에게 押書를 적어 올린다. 단 시타키(したき)의 아래는 浦의 網代에 덧붙이는 것으로 한다. 이에 後日을 위한 押書狀. 이와 같음.

應永 7년 2월 9일　　篤(花押影)28)
靑方殿　　(이하 連署者 5명 생략)

　이 사료에서는 아지로와 관련한 분쟁을 해결하는 방법으로, 두 곳의 아지로를 1년씩 교대로 바꾸어 가면서 작업하게 했다. 어로기간이 오에이 5년(1398) 〈온아(穩阿) 등 연서 압서장〉에서 1, 2일 교대보다 비교적 장기로 바뀌고 있다는 점이 특징이다. 교대기간의 장기화는 어로를 둘러싼 마찰이 완화되어 비교적 안정된 어로작업이 가능해진 것으로 이해할 수 있겠다.

　앞에서 살펴본 바와 같이 남북조 합체 이전의 계약장이나 압서장은 중재재판의 결과를 문서로 남겨놓은 증거서류의 성격이 강하였다. 그러나 남북조 합체 이후에는 1일 또는 1년 교대로 어업권의 통제가 변화하고 있

---

28)《靑方文書》應永 7年(1400) 2月 9日.
　　次ふたつのあしろの事ハ, まいねんうらかえかえ御ひき候へし, 篤(花押影)えふくろかますあしろの事, 一所浦, 一所ふたつかわら, 此りやうあしろの事, まいねん事むつかしく候間, すえまてわつらひあるましく候ハんために, 一ねんかわしに, うら・ふたつかわらのあしろを一つつ, いつまても御ひき候ハんに, わつらいあるましく候ために, りやうはうにあつしよをしたためしんし候, たたしたきのしたハ, うらのあしろにくわえ候也, よて爲後あつしよのしやう如件.

應永七年二月九日　　篤(花押影)
(鮎河) 昵(花押影)
(三ケ崎) 覺源(花押影)
穩河(花押影)
禪源(花押影)
靑方殿　成重(花押影)

기 때문에, 이제는 중재재판의 증거보존의 성격에서 벗어나 점차 타협과 절충을 중시하는 계약장으로 성격이 변하고 있음을 알 수 있다.

그리고 앞의 문서에서 보이는 순번교대의 아지로가 설치되는 장소나 어로활동의 중심지는 바로 포구였다. 따라서 여기에서 '포구 안'(浦の內)이라는 용어의 등장이 주목된다. 이것은 남북조 합체 이전의 계약장·압서장에는 없었던 용어지만, 이후는 거의 모든 문서에서 보이기 시작한다.

이러한 변화에는 몇 가지 주목할 만한 점이 있다. 즉 종래에는 중재재판이 소송 당사자나 이들과 혈연관계에 있는 자들이 중심이 되어 이루어졌다. 그러나 남북조 합체 이후는 아지로의 매매(沽却)나 중재재판(左博)에서 '포구 안' 사람 가운데 영향력을 가진 자가 보증인이 되어 좌박장·압서장 등의 연서자로 참여하는 것이 보인다. 이런 경향은 소영주들이 나름대로 생활공동권에서 소규모 결합체로 전환하여 상호 공존하는 시대의 적응성을 보여주고 있는 것이다. 즉 소영주 계층이 공동으로 귀속해 있는 '포구 안'이라는 생활공간을 계약의 공동체로 끌어들인 결과인 것이다.

6. 맺음말

규슈의 서북쪽 고토열도의 시모마츠우라에서는 우구씨와 아오카타씨 주변에서 소영주들이 소무에 관련된 분쟁을 타협하고 조정하기 위해 '치문', '계약장', '좌박장', '압서장' 등의 문서를 만든다.

이 문서의 내용은 세 가지 점에서 주목된다고 할 수 있다. 첫째, 진서탐제(鎭西探題)의 관할이었던 소무사타에 관련된 문제를 소영주가 스스로 '중재재판'(左博)과 '다수의 명령'(多分仰)이라는 평화로운 해결방법으로 자치적으로 해결했다는 점이다. 둘째, 재판을 일으키는 주요 대상이 야시키(屋敷)나 아지로(網代), 그리고 바다의 경계에 관련된 일상생활로 제한되어 있다는 점이다. 셋째, 고토열도 안의 중재재판 담당자로 우구씨가 부각되면서, 일상생활과 밀접히 관련된 문제에서 제한적으로 중재재판을 담당하고 있었다는 점이다.

이 외에도 이 문서들은 ‘포구 안’(浦ノ內)이라는 생활공간에서 일상생활의 문제를 해결할 목적으로 자율적으로 만든 규약이라는 점이 특징이다. 여기에서는 계약이 적용되는 지역 범위를 ‘포구 안’라는 기본 단위를 설정하고 있는 점이 특이하다고 하겠다. 즉 포구 안이라는 구체적인 공동생활권을 설정하고, 그 지역 범위 안에서 효력을 갖는 규약이었다.

물론 이 계약은 포구의 공동생활권 안에서 생계활동이 서로 겹치는 여러 성씨들이 결합하는 형식을 취하였다. 이런 경향은 나름대로 공동생활권을 중심으로 결합하여 점차 소규모 결합체로 전환하는 시대적 적응성을 보여준 것이다. 즉 소영주 계층이 공동으로 귀속되어 있는 ‘포구 안’이라는 생활공간을 공동체 의식 속으로 수용한 것이다. 이곳은 공동의 공간일 뿐만 아니라 지역화 의식을 강화하는 이상적인 공간이었다. 당연히 생활공간에서 지역화를 추구하고 결속력을 강화시켜 나가는 현상은 계약장의 존재가치를 효율적으로 증폭시킬 수밖에 없었다. 자율적 의지에 따른 효율성의 공유가 계약의 존속을 뒷받침하는 근본일 수밖에 없었다.

따라서 남북조 내란기에 진서관령에 의해 이루어지는 소송을 대신해서, 소영주들이 생활공간 안에서 소령의 경계나 점유 문제를 스스로 해결해 나가는 독자적인 질서를 만들어 나가고 있었다. 즉 공적 권력의 기능을 대신하는 ‘자력구제’(自力救濟)의 자치적 기능을 강화시켜서 독창적인 영역을 자율적으로 운영해 나가고 있었다.

4부

국가권력과 지역사회

청말(淸末) 국가권력과 지역 엘리트

－1870～1880년대 관신(官紳)·관상(官商) 관계의 변화를 중심으로－

최 희 재

_단국대 사학전공

1. 머리말

명대(明代)에 대두한 신사층(紳士層)은 이후 지역 엘리트를 대표하며 향촌에서 영향력을 확대하고 있었으며, 그들과 국가권력 사이에서는 기본적으로 협조관계가 유지되었다. 하지만 그들의 사회경제적 역할이 점차 증대되는 가운데, 때에 따라서는 상호 대립과 갈등이 크게 증폭되기도 하였다. 청대(淸代)에 들어서도 국가권력과 신사층은 상호 갈등의 소지를 내포하면서도 삼번(三藩)의 난 이후에는 일정한 수준에서 협조관계를 유지하고 있었다.[1)]

그런데 태평천국운동(太平天國運動) 이후 시기에는 지배체제의 동요가 심화되면서 여러 방면에서 체제정비의 수요가 크게 증대됨에 따라 상호관계 변화의 가능성도 대두하였다. 인구증가와 사회발전이 있었음에도, 공식적인 관료기구의 규모는 이전 수준이 유지되는 상황에서 내부 문제가 심화되면서 통치능력의 저하가 크게 부각되었다. 이는 기존 질서가 모두 무너질 위기가 닥쳐옴에 따라 신사층의 정치 참여와 사회 활동이 이전 시기보다 크게 확대되었기 때문이다.

---

1) 오금성, 〈明·淸시대의 국가권력과 신사〉, 서울대 동양사학연구실 편,《강좌중국사》IV, 지식산업사, 1989, 228～232쪽.

 신사층의 정치·사회적 영향력 확대는 무엇보다 태평천국을 비롯한 대규모 반란과 토비 진압을 목표로 한 단련(團練)의 편성과 확대를 축으로 하여 전개되었으며, 일단 그 목표가 이루어진 뒤에는 전후(戰後) 복구를 위한 선후(善後)사업을 통해 지속되었다. 즉 공식적인 관료기구가 감당할 수 없었던 군사적 행정적 역할을 더 적극적으로 수행함으로써 그들 세력이 크게 강화되었을 뿐만 아니라, 뒤에서 검토할 신상층의 의진(義賑)활동에서 볼 수 있듯이 그들의 '자율성'이 의식적으로 강조되는 경향도 대두하고 있었다. 따라서 그러한 면을 일부 논자들은 이른바 '공공영역'(public sphere)의 대두라는 시각에서 중시하기도 하였다.

 하지만 그러한 측면을 인정한다 해도 향촌 신사와 도시 신상(紳商)을 포함하는 지역 엘리트들의 자율활동이 이후 꾸준히 확대되고 있었는가 하는 점은 좀더 세밀히 검토할 여지가 있다. 신상들의 활동이 더욱 조직적으로 펼쳐진 1900년대에 들어서도, 지역 엘리트들이 국가권력에 예속되는 성향은 일반적으로 강대하였던 것으로 보이기 때문이다.[2] 따라서 이 글에서는 여러 방면에서 체제정비가 시도되었던 1870~1980년대 지역 엘리트 활동 확대의 새로운 면을 재검토해 보고, 그러한 측면이 어떻게 변화해 가는가 하는 점을 살펴보고자 한다.

2. 신사(紳士)와 신상층(紳商層)의 활동영역 확대

1) 신사층의 향촌 지배력 강화와 신상층의 양무(洋務)사업 참여

 1860년대 중반 태평천국운동에 이어 염군(捻軍) 반란도 진압됨에 따라 그 동안 크게 흔들렸던 집권적 지배체제를 재건, 강화하려는 노력이 활발

---

2) 虞和平, 《商會與中國早期現代化》, 上海人民出版社, 1993, 84~92쪽.

하게 전개되기 시작하였다. 광서(光緒) 초에 들어서는 그러한 노력이 확대되면서 눈에 띄는 성과가 나타나기도 하였다. 그러나 그럼에도 사회 저변의 기본 문제들이 해결되지 못한 상황에서 기층사회의 불안과 동요는 지속되고 있었다. 흔히 동치기(同治期) 선정의 대표적인 예로 거론되는 강남 소송(蘇松) 지역의 감부(減賦)조치도 감조(減租)를 수반하지 못하여 그 혜택은 제한적일 뿐이었다. 일부 지역에서는 오히려 신사·지주·상인들의 토지 겸병이 확대되면서 전농(佃農) 비율이 증가하고, 그들의 빈곤이 심화되는 양상도 나타나고 있었다.3) 그 결과 왕조중흥의 기운이 대두하고 있었음에도, 전농들의 지조(地租) 미납 문제는 계속되었던바, 그에 대한 대응과정에서 그간 권력이 강화된 신사·지주들의 다분히 폭력적이고 자의적인 수조활동도 확대되었다.

전농들의 지조납부 거부는 태평천국운동의 여파로 함풍(咸豊)·동치기에 폭넓게 확대되고 있었다. 국가로서도 세량징수에 부정적인 영향을 미칠 수밖에 없는 결조(缺租)와 항조(抗租) 문제를 지나칠 수 없었던바, 한편에서는 수조과정에 대한 국가의 개입이 확대되기 시작하였다. 무엇보다 장강(長江) 하류 등지의 경우 관원들의 지조징수 과정에 대한 직접적 개입이 확대되면서 구래의 관행을 무시한 관헌·지주 일체의 새로운 수조기구가 등장, 소작농에 대한 지배 강화가 추진되기도 하였다.4) 예컨대 소주부(蘇州府)에서는 1863년에 호신(豪紳)지주들의 요구에 따라 지주를 위해 수조 업무를 대신해 줄 관방의 전문기구로 수조국(收租局)이 설치되었으며, 이후 이웃 지역에서도 비슷한 기구가 설립, 확대되었다.5) 상숙현(常熟縣)의 경우 1864년 최조국(催租局)을 설립, 현에서 수조유단(收租由單)을 발행하고 위원(委員)을 파견하여 결조전농에 대한 추비(追批)를 담당하도록 하였다. 여타 지역에서도 지주의 결조전인(缺租佃人)에 대한 '송관구치'(送官究

---

3) 李文治 編,《中國近代農業史資料》第1輯, 1840~1911, 三聯書店, 1957, 175~179쪽.
4) 鈴木智夫,《近代中國の地主制－租賦の研究譯註》, 及古書院, 1977, 7쪽.
5) 嚴中平 主編,《中國近代經濟史》 1840~1894 下冊, 人民出版社, 1989, 885~886쪽.

治), '품관구치'(稟官究治)가 크게 늘어나고, 이른바 수조국·최조국 등의 설립이 확산되면서 지주의 사적인 수조활동에 대한 관부의 직접 개입이 본격화되었던 것이다.[6]

하지만 점차 주요한 반란들이 평정됨에 따라 권의(權宜)의 조치로 도입되었던 관원들의 수조 개입 문제를 해결하려는 시도도 확대되었다. 그 과정에서 먼저 부각된 것은 신사·지주들이 자신들의 독자적인 수조기구를 조직, 강화하려는 흐름이었다. 예컨대 태평천국 실패 후 소주의 호신(豪紳) 지주들은 다투어 종래의 조잔(租棧)을 복구하거나 새로운 조잔을 설립하여, 더 이상 수조국을 거치지 않고 스스로 수조 업무를 수행하고자 하였다. 그러한 발전 결과 이전의 수조국도 최조국 또는 추조국(追租局)으로 개칭되었다.[7]

그에 따라 신사·지주층의 권한이 강화되면서 그들 조직이 독자적 폭력수단을 보유하는 현상도 나타나게 되었다. 태평천국 후에 확대된 소주 조잔의 경우, 장부정리를 담당한 장방(帳房)과 하향하여 최조(催租)업무를 수행하는 최갑(催甲) 등을 고용하였을 뿐 아니라, 현 아문에서 파견하였거나 스스로 고용한 차역(差役)도 보유하고 있었다. 본래 청대율례(淸代律例)에서는 사사로이 판곤(板棍)을 설치하고 전호를 치죄하는 것이 금지되어 있었음에도, 각종 명목의 형구(刑具)와 뇌방(牢房)까지 확보하고 있어 마치 관부아문과 같았다고도 한다.[8]

즉 관부와 결탁하여, 또는 그 비호 아래 신사·지주들의 영향력이 증대되고 있었다는 것인데, 이 같은 추세는 광서 초에 확대되어, 전조(佃租)의 징수문제뿐만 아니라 일반 지방행정에 대한 신사의 직간접적인 개입과 간

---

6) 위의 책, 883~891쪽.

7) 위의 책, 886쪽. 최조국(催租局)은 일종의 상설기구로, 원래 지주의 일상 수조 사무를 대행하던 것이었는데, 나중에는 결조전농(缺租佃農)에 대한 형신(刑訊) 특권을 갖고 차역(差役)을 파견하여 지주를 위해 늑조(勒租)활동을 전개하였다.

8) 위의 책, 876, 878쪽. 조잔(租棧)의 소작료 징수절차 등에 대해서는 村松祐次, 《近代江南の租棧 — 中國地主制度の硏究》, 東京大出版會, 1972, 383~384쪽 참조.

여가 계속되면서, 한편에서는 일부 주현의 경우 지방 호신(豪紳)이 완전히 실권을 장악하여 '관비신존'(官卑紳尊)의 현상이 거론되기도 하였다.9)

뿐만 아니라 단련(團練)과 보갑(保甲) 운영과 관련하여서도 신사층의 영향력 확대는 1870년대에 계속되고 있었다. 무엇보다 대만(臺灣)사건 이후 청프전쟁 사이 기간에는 이리(伊犁)와 유구(琉球) 문제를 둘러싼 대외적 긴장 고조를 배경으로 광동(廣東), 복건(福建), 절강(浙江), 강소(江蘇), 직예(直隷) 등지에 단련강화 지시가 거듭 내려짐에 따라, 단련을 축으로 한 신사의 정치 사회적 영향력 확대 추세는 계속되었다.10)

섬서(陝西), 산서(山西), 하남(河南), 호북(湖北), 귀주(貴州) 등지에서도 단련과 함께 보갑(保甲)의 정돈과 강화가 활발하게 추진되었는데, 그 주도자는 염명신기(廉明紳耆), 공정신사(公正紳士) 또는 유력가로 지칭된 지주호신들이었다.11) 무엇보다 보갑의 경우, 원래의 규정에 따르면 신사는 그 의무가 면제되고 있었는데, 이제는 오히려 '현신(賢紳)을 선발하여' 보갑을 주도하게 하였다.12) 이미 1863년 순천부(順天府) 지부가 신기(紳耆)의 보갑 지도를 허용하도록 상주를 하기도 하였지만, 광서 초에는 상무(湘撫) 변보제(卞寶第)가 신사의 도움으로 보갑을 활성화시키기도 하는 가운데, 신사가 보갑의 지도적 역할을 자임하는 경향도 등장하고 있음이 주목된다는 것이다.13)

이 같이 태평천국운동 이후 신사들의 향촌지배력이 강화되는 동안, 도시 지역에서는 특히 1870년대 들어 양무운동(洋務運動)의 발전에 따라 신사 상인들의 양무활동 참여가 본격화되었다. 자강을 위해서는 국부(國富) 신장이 무엇보다 긴요하다는 인식이 확산되며, 점차 상무(商務) 진흥의 중

---

9) 위의 책, 764쪽.

10) 위의 책, 681쪽.

11) 위의 책, 681~682쪽.

12) 《淸史稿校註》(臺北: 國史館, 1986~1991), 列傳 卷266, 循吏4, 方大植條, 10957쪽.

13) Kung-chuan Hsiao, *Rural China: Imperial Control in the Nineteenth Century*, Seattle: University of Washington Press, 1960, p.70.

요성을 강조하는 이른바 '경제적 민족주의' 또는 중상주의적 사조가 발전하고 있었기 때문이다. 그 과정에서 점차 상인들이 연납(捐納)으로 신사 신분을 취득하기도 하고, 신사들 가운데 상업활동에 적극 참여하는 사람들도 늘어나면서, 이들을 신상(紳商) 또는 상신(商紳)이라는 용어로 지칭하게 되었다.14)

기실 청조체제의 동요가 확대되는 과정에서도 상인세력은 독자적인 성장을 하고 있었다. 1·2차 아편전쟁 후 서양 상인들의 진출 확대로 활동에 큰 타격을 받게 되었지만, 다른 한편에서는 새롭게 발흥하는 중서간 교역에 종사하며 경제적 안목을 넓혀가는 매판상인의 성장도 진행되고 있었다. 뿐만 아니라 해외에 진출한 화상(華商)들의 역량도 서서히 증대되고 있었던바, 국가의 집권적인 지배체제가 흔들리는 상황에서 이들의 활동영역이 확대되고 사회적 영향력도 점차 증대되기 시작하였다. 따라서 지배체제를 새롭게 강화하려는 노력이 본격화되는 단계에서는, 이홍장(李鴻章) 등 유력 지방관들이 양무기업의 확대·운영에 그들 역량을 적극적으로 동원하고자 하면서 새로운 관상(官商) 관계의 틀을 모색하기 시작하였다.

그 과정에서 먼저 주요한 제도적 틀로 정착하게 된 것이 관독상판제(官督商辦制)였다. 그것이 1872년 설립된 윤선초상국(輪船招商局)의 운영체제로 확정되었기 때문이다. 강남제조국(江南製造局), 복건선정국(福建船政局) 등 1860년대에 설립된 군수용 양무기업은 대개 지방관들이 관본(官本)을 투자하여 발전시킨 것이었다. 그런데 동치말·광서초에 들어 윤선초상국 말고도 광무국(鑛務局), 전보국(電報局), 직포국(織布局) 등 민용성(民用性) 기업의 발전이 절실하게 요구되었으나 자본 확보가 쉽지 않았던 까닭에 상인들의 자본을 유치하기 위한 방안으로서 관독상판제가 도입 확대되었던 것이다.15)

---

14) 馬敏, 《商人精神的嬗變 － 近代中國商人觀念研究》, 華中師範大學出版社, 2001, 118~126쪽.

15) 波多野善大, 《中國近代工業史の硏究》, 東洋史硏究會, 1961, 226쪽.

애초 열강에게 빼앗겼던 해운이권(海運利權)을 되찾을 목표로 이홍장이 추진을 주도한 윤선초상국의 주비단계에서는 관독상판과 아울러 관판 및 관상합판의 방안이 고려되고 있었다. 진해관도(津海關道) 임사지(林士志), 이홍장의 막료 성선회(盛宣懷) 등은 관독상판 방식을 제안하였지만, 처음 그 주비책임을 맡았던 주기앙(朱其昻)이 1872년 8월 마련한 장정(章程)에서는 관상합판 형식을 지향하고 있었다. 따라서 10월에 설국초상(設局招商)을 시작할 때는 그 명칭을 윤선초상공국(輪船招商公局)이라고 하였다. 그러나 12월 이홍장이 최종적으로 그 운영형태를 확정하는 단계에서, 출자할 정부 자금이나 상선(商船)이 없다는 이유로 관독상판 방식을 채택, 정부 쪽에서는 그 대강을 총괄하며 지원 독려하고, 출자한 상인들로 하여금 실제 운영을 맡기기로 결정하였던 것이다.[16]

따라서 초상국 설립 직후 총서(總署)에서도 그것을 관독상판 형식의 상동지국(商董之局)임을 인정하였으며, 동치 12년 6월에 총판이 된 월적(粵籍)의 매판상인 당정추(唐廷樞)와 회판 서윤(徐潤) 등도 그것이 관(官)과는 관계가 없는 상판(商辦)기구임을 언명하기도 했다.[17] 관독(官督)의 내용이 다소 애매한 상태에서 정부로부터 차관을 받기도 하고 조량(漕糧)운송의 특권을 부여받은 외에 인사천거 등에서도 정부 쪽 개입이 많아 관국(官局)으로 오해되는 일도 있었지만, 초기에는 상인들의 경영권이 폭넓게 인정되었다.[18] 즉 정부의 지원 아래서 일면에서나마 상인들의 양무사업 참여가 본격화되고, 그들이 경영을 주도적으로 이끌어 나가는 체제가 발전하게 되었다는 것이다.

---

16) 黎志剛, 〈輪船招商局國有問題, 1878~1881〉, 《中央研究院近代史研究所輯刊》 17-上, 1988, 18쪽; 黎志剛, 〈輪船招商局經營管理問題, 1872~1901〉, 《中央研究院近代史研究所輯刊》 19, 1990, 69~70쪽.

17) 黎志剛, 〈輪船招商局國有問題〉, 18쪽.

18) 黎志剛, 〈輪船招商局經營管理問題〉, 96쪽. 때문에 같은 관독상판의 형태를 취하고 있었다고 해도 1885년 이전과 이후는 그 내용면에서 각각 '상승'(商承)과 '관독'(官督)의 요소가 두드러지게 부각되는 등의 상당한 차이가 있다고 강조되기도 한다.

2) 신상층 재해구휼활동의 확대와 체계화

국가체제가 붕괴 위기에 직면했다 재건되는 과정에서, 1870년대 중반 긴급한 국가적 과제로 새롭게 등장한 것은 재해구휼문제였다. 동치 말 이후 기보(畿輔) 지역을 비롯한 각지에서 한해(旱害)와 수재(水災)가 빈발하는 가운데, 광서 초에 들어서는 1천만 명 이상의 사망자를 기록했다고 하는 '수백년래 미증유'의 대한재(大旱災)가 발생하여, 안정을 되찾고 있던 체제의 근간을 뒤흔들고 있었기 때문이다.

하지만 아직도 재정기반이 취약했던 중앙정부가 그 과제를 감당하기에는 역부족이었던바, 곧 관료기구 외연의 구재활동이 새롭게 확대되기 시작하였다. 기근으로 인한 '인상식'(人相食)의 참상이 신문 보도로 널리 알려지는 가운데, 외국인 선교사와 외교관들의 구휼활동이 본격적으로 전개되고, 다른 한편에서는 중국 신사·상신들의 자율적인 구휼활동도 괄목할 만한 발전을 보이게 되었던 것이다. 그 가운데 상해(上海)를 중심으로 한 장강 하류지역 신상들이 '자발적이고 조직적'인 구휼활동을 전개하였다는 점은 이전에는 볼 수 없었던 새로운 발전이라고 다카하시(高橋孝助), 랜킨 등이 강조한 바 있다.[19]

자연재해는 역사상 끊이지 않고 계속되어 왔으며, 중흥(中興)의식이 확산되던 동치 말기에도 직예 등지에서 비교적 규모가 큰 재해가 빈발하고 있었다. 1867년 이래 기보(畿輔) 5대하(大河)의 하나인 영정하(永定河)의 범람이 거듭되는 가운데, 1871년에는 '수십년래 소미유' 또는 '수백년래 한견재'(數百年來罕見災)라고 하는 대수재가 발생, 직예 지역의 87주현이 피해를 겪는 등 재황이 확대되고 있었다.[20] 그 때문에 경사(京師) 인근을 비롯

---

19) Frederic Wakeman et. al., "Symposium: 'Public Sphere'/'Civil Society' in China?," *Modern Asian Studies* 19-2, 1993; 高橋孝助, 〈光緒初年の華北大旱災救濟活動における上海〉, 《宮城教育大學紀要》 21-1, 1989; Mary Rankin, *Elite Activism and Political Transformation in China, Zhejiang Province, 1865~1911*, Stanford University Press, 1986 등 참조.

한 각지에서 사회적 긴장이 다시 고조되었는데, 광서기에 들어서는 화북의 한재와 강남의 수재가 확산되면서 국가 차원에서 대책을 마련하지 않으면 안 될 심각한 위기국면이 대두하였다.

광서 1년 봄 경사 지역 대한이 시작되는 가운데, 2년 봄에는 한재가 확대되어 직예에서만 피해지역이 곧 63주현으로 늘어나고, 맥추(麥秋)의 수확도 예년의 반에 지나지 않았다. 강남 지역의 경우 남창(南昌), 임강(臨江), 길안(吉安), 항주(杭州), 요주(饒州), 남강(南康), 구강(九江) 등지에서 대수(大水)가 발생한 후 절강(浙江), 강서(江西), 안휘(安徽), 복건(福建) 등지에서도 수재가 확대되었다. 그 같은 재해 확산으로 민심이 크게 동요하고, 비밀결사 세력들의 활동도 강화되었던바, 심보정(沈葆楨)을 비롯한 당해지역 지방관뿐만 아니라 보정(寶廷) 등 중앙관료들도 심각한 우려를 표명하였다. 그러나 다행스럽게도 강남의 수재로 인한 민심 동요는 관신(官紳)들의 활발한 구휼사업과 요언(妖言) 통제를 위한 노력의 결과 더 확대되지 않고 수습될 수 있었던 듯하다.

하지만 화북에서의 상황은 달랐다. 광서 3년 이후 한재의 규모와 피해지역이 늘어나며 '수백년래 유례가 없었던 대재해'로 확전(擴展)되고 있었던 것이다. 이에 따라 산동·직예·산서·섬서·하남을 포함한 화북 전역에서 양가(糧價)의 폭등과 더불어 기민·유리민의 급증 등 엄중한 사회적 위기가 대두하게 되었다.[21] 비가 거의 내리지 않아 최소한의 식수와 양식마저 확보하지 못해 '부자상식, 모녀상식, 역자이식'(父子相食, 母女相食, 易子以食)으로 묘사된 참상도 여기저기서 대두하고, 그것이 상해를 비롯한 개항장 지역 신문에 상세하게 보도됨에 따라, 국내외의 관심과 우려가 증

---

20) 李文海·周源, 《災荒與饑饉, 1840~1919》, 高等敎育出版社, 1991, 114~115쪽.

21) 何漢威, 《光緒初年(1876~1879)華北的大旱災》, 中文大學出版社, 15~43쪽. 무엇보다 산서와 하남의 재황이 심하게 확대되었는데, 산서의 경우 피해지역이 1878년에 78개 주현에 이르렀으며, 하남에서는 전체 성 면적의 70%에 이르렀다.(《災荒與饑饉》, 136쪽)

폭되고 있었다.

따라서 곧 다각적인 구휼활동이 전개되는데, 그 과정에서 시대의 변화와 관련, 이전에는 없었던 새로운 측면들도 부각되었다. 그 가운데 먼저 주목할 만한 점은 선교사와 외교관 등 외국인들이 다분히 조직적으로 중국의 재해구휼에 나서게 되었다는 것이다.[22] 무엇보다 영국 침례교선교회 소속의 리처드(Timothy Richard)의 구휼활동은 일찍부터 주목의 대상이 되어 온 터다. 그는 1876년 산동의 청주(靑州)에서 한해(旱害)의 참상을 목격하고, 먼저 지부(芝罘) 등지에 거주하는 외국인들을 대상으로 모금을 시작하면서 다른 선교사나 외교관들과 협력을 강화, 그들과 함께 상해의《북화첩보》(北華捷報; *North China Herald*)와《신보》(申報) 등을 통해 외국인들의 한재 구휼참여를 호소하였던바, 이후 서구인의 구재(救災)활동이 조직적으로 전개되었다.[23]

1877년 3월에는 상해에서 버처(Charles Butcher) 목사 등이 산동구재위원(山東救災委員)을 결성하여, 중국·일본·싱가포르 등지 외국인으로부터 모금을 시작하였는데, 이어 네비우스(John Navius) 박사, 존스(Alfred Johns) 목사 등도 산동 지역의 구휼에 나서게 되었다.[24] 기근지역이 산동·직예에서 하남·섬서·산서로 확대됨에 따라, 1878년 1월에는 산동구재위원회를 모태로, 상인인 웨트모어(Wetmore)를 위원장으로 한 중국재해구휼기금(中國災害救恤基金)이 설치되어 영국·미국 등지에서 모금활동을 추진한 결과, 영국, 유럽 및 동아시아의 외국인 사회에서 20만 냥 이상이 모금되기도 했다. 1878년 2월에는 주중(駐中) 영국공사 웨이드(Thomas Wade), 전 공사 올콕(Rutherford Alcock) 등이 중국재해구휼기금의 런던위원회를 구성하고,《중국

---

22) Paul Richard Bohr, *Famine in China and the Missionary: Timothy Richard as Relief Administrator and Advocate of National Reform 1876~1884*, East Asian Research Center, Harvard Univsersity, 1972, 서문, pp.15~16.

23) Ibid., pp.83~85, 87.

24) Ibid., pp.90~91.

에서의 재해》라는 책자를 발간하며, 모금활동을 전개하였다.25) 1878년부
터 1879년 사이에 중국재해구휼위원회의 감독 아래 11명의 미국 목사, 15
명의 영국 목사를 포함함 외국인 30명이 직접 기금을 배부하는 구재활동
에 참여하였으며, 그 조직과는 별도로 천주교 쪽에서도 최소한 40명이 산
서·산동·직예에서 구휼활동에 참여하였다고 한다.26)

　때문에 당시 중국 쪽에서 그 같은 외국인들의 활동을 긍정적으로 평가
하는 경향도 나타났다. 산서순무(山西巡撫) 증국전(曾國荃)과 총서대신(總署
大臣)들이 영국인의 구휼활동에 사의를 표명하였으며, 이홍장은 이재민들
대다수가 외국의 지원에 감사하고 있다고 강조하기도 하였다.27) 따라서
그것이 일면적으로는 중국인들의 배외감정을 덜어주는 작용을 했음을 부
정할 수 없다. 그러나 그것은 결국 중국인의 뿌리 깊은 자존심과 민족적
우월감에 상처를 줄 수도 있는 것이었던바, 한편에서는 그에 대한 반감과
우려도 대두하면서 외국인들이 구휼활동을 빌미로 부녀들을 유괴 출양(出
洋)시켜 인신매매를 하려 한다는 소문이 떠돌기도 하였다.

　이 같은 외국인들의 구휼활동에 대한 이중적인 감정을 배경으로 개항장
지역 신상층이 이제 좀더 체계적으로 구휼활동을 전개하기 시작하였다.
무엇보다 서구인모금활동의 중심지였던 상해에서는《북화첩보》를 비롯한
서자보(西字報)에 선교사들의 현지 구휼활동과 모금 진행상황 등을 상세하
게 보도하였다.《신보》에서도 그 같은 서자보의 뉴스를 번역 소개하며, 중
국인들의 구휼활동 확대를 촉구함에 따라 유력 신상들의 조직적인 모금·
구재활동이 펼쳐지게 되었던 것이다.

　예컨대《신보》는 광서 3년 1월 26일자에서 재미슨(Jamison) 목사의 권연
(勸捐)호소문을 소개하면서 '서인(西人)이 호선불권(好善不倦)하는데 하물며
동예판도(同隷版圖)의 중인(中人)이 편재(遍災)를 목격하고도 어찌 진월(秦

---

25) Ibid., pp.94~95.

26) Ibid., p.114.

27) Ibid., pp.122~123.

越)을 보듯이 외면하겠는가' 하며 다소 도발적인 해석을 덧붙여 중국 신상들의 참여를 호소하였다. 또 1월 30일자에서는 이화(怡和)양행 매판 출신으로 당시 윤선초상국 총판직에 있던 당정추(唐廷樞)가 산동 구제와 관련하여 신상의 참여를 호소한 〈권판연진각동사공계〉(勸辦捐賑各董事公啓)를 실었다.28) 당정추는 그 공계(公啓)에서 관신선사(官紳善士)들이 주머니를 털어 구제에 나서고 있으나 한계가 있다는 점을 강조하며, 그 단점과 부족을 보충하며 재려(災黎)의 구휼을 기하기 위한 상해 지역 신사·상인들의 구휼 참여를 간청하였다.

그 결과 상해 지역에서의 민간 차원 구제활동이 개별적 의연금 출연 단계에서 동사(董事)가 연명으로 모금을 호소하는 단계에 진입하게 되었다. 이와 관련, 상해 지역 유력 선당(善堂)의 하나인 과육당(果育堂)도, 곧 신상들의 구휼 참여를 촉구하는 포고를 내고, 공개적으로 의연금 접수활동을 시작하였다.29) 광서 3년 4월 23일자《신보》에 실린 〈의설법연진제산동기민관견〉(擬設法捐賑濟山東饑民管見)에서는 수십만에 이르는 상해 주민을 대상으로 상등(上等)의 경우는 1인당 200문, 중등(中等)은 100문, 하등(下等)은 50문을 기준으로 정하고, 각자의 능력에 따라 의연금을 납부토록 독려하는 방안이 제시되기도 하였다.30)

1877년 여름부터는 산동보다 더 극심한 산서의 참상이 소개되며 그 구휼의 긴급성이《신보》등의 매체를 통해 거듭 강조되고, 리처드도 활동의 근거지를 태원(太原)으로 옮긴 가운데, 중국 신상들의 구제활동 범위도 점차 화북 전역으로 확대되기 시작하였다. 3년 6월 4일자《신보》에는, 전년 산동의 기근 때 상해 신사들의 출대자(出貸者)가 적지 않았지만 구제에 참여하지 않았던 사람도 있었다는 점을 지적하며, 좀더 적극적인 모금활동

---

28)《申報》광서 3년 1월 26일자, 1월 30일자; 高橋孝助,〈光緖初年の華北大旱災救濟
    活動における上海〉,《宮城敎育大學紀要》21-1, 137쪽.
29) 高橋孝助, 위의 책, 137쪽.
30)《申報》광서 3년 4월 23일자.

필요성을 거론하였다. 이와 관련 종래의 자발적인 '취연대진'(取捐代賑) 방식에서 탈피 다분히 강제력을 지닌 '파연조진'(派捐助賑) 방식을 동원하자는 의견도 제기되었다.[31]

산서에 이어 하남 한재도 심각함이 부각됨에 따라, 광서 4년 1월에는 경원선(經元善), 도성걸(屠成杰), 우음생(于蔭生), 이옥서(李玉書) 등이 상해공제동인회(上海公濟同人會)를 결성, 과육당을 통해 그 내용을 포고하고 하남 구재활동에 착수하였다. 그 과정에서 이옥서(李玉書) 등은 직접 모금된 의연금을 갖고 피해지역으로 가서 진휼활동을 전개하였다. 연말에는 그들이 각 선당(善堂)과 회합을 갖고 강소(江蘇) 이외 지역 부주현(府州縣)의 신사·선당과도 연락하여 상해조진공소(上海助賑公所)를 발족시켰다. 그 공소에는 앞서의 공제회(公濟會) 성원들 외에 정관응(鄭觀應), 왕승기(王承基), 서윤(徐潤), 심선경(沈善經), 성선회(盛宣懷), 시선창(施善昌), 이금용(李金鏞), 진후원(陳煦元) 등이 참여하고 있었는데, 이 기구를 중심으로 이제 상해 신상들의 구휼활동이 체계적으로 확대되어 갔다.[32]

조진공소의 활동과는 별개로 과육당, 동인보전당(同仁輔傳堂), 보영국(保嬰局), 동인보안당(同仁輔安堂) 등 상해의 주요 선당 운영에 참여한 신상들이 가두모금활동을 펴기도 하고, 한재의 참상을 생생히 호소하기 위해 〈하남기황철루도〉(河南奇荒鐵淚圖)를 제작 배포하면서 모금활동을 폈다. 다카하시 고스케(高橋孝助)의 연구에 따르면 광서 3년 8월부터 5년 2월까지 이들 상해 지역에서 모금하여 산서·직예·하남·섬서 지역으로 송금한 액수는 27만 냥을 웃돌았다.[33]

상해뿐만 아니라 소주를 비롯한 인근 장강 하류지역 신사·상신들의 구휼활동도 활발하게 진행되었다. 《협조예진징신록》(協助豫賑徵信錄)의 〈강절민광조진기〉(江浙閩廣助賑記)에 따르면 소주의 웅기영(熊其英), 양주의

---

31) 《申報》 광서 3년 6월 4일자; 高橋孝助, 앞의 책, 139~140쪽.
32) 高橋孝助, 위의 책, 141~142쪽.
33) 위의 책, p.143쪽.

이배송(李培松), 이배정(李培楨), 절강(항주)의 추인부(鄒仁溥) 등이 각각 하남(河南) 구제를 목표로, 의연금 모집을 위한 공국(公局)을 설립하여 개별적으로 모금활동을 전개하고, 상해의 선사(善士)들과 함께 여러 명의 인사를 직접 재구(災區)에 파견하여 구재활동을 펴게 하였다. 특히 하남 지역의 한재구휼을 목표로 전개된 이들 강남선사들의 활동 결과, 백금 42만 냥이 모금되어 80만 명이 혜택을 받는 대선거(大善擧)가 이루어졌다고 한다.[34]

이 같은 강남선사들의 구재활동은 규모나 전개방식에서 유례가 없는 괄목할 만한 것이었다. 특히 광서 5년 6월에 활동이 일단 종결된 뒤 강소순무 오원병(吳元炳)이 포상하려고 하자, 그 활동이 민연민판(民捐民辦)의 원칙에서 전개되었음을 강조하며 고사했다는 데서[35] 볼 수 있듯이, 그들이 자신들의 자율적인 활동에 강한 자부심을 갖고 조직적인 활동을 전개하였다는 점은 무엇보다 주목된다. 그 같은 점은 황정(荒政)에서 관료기구의 역할이 크게 확대되고 체계화되었던 18세기의 상황[36]과는 대조적이었다. 물론 종래에도 신사층의 자발적이고 독자적인 구재활동 참여가 없었던 것은 아니다. 그러나 그 경우는 주로 지역적인 수준의 활동에 머물렀던 데 비해, 광서 초년 강남선사들의 화북 한재 구휼활동은 외국인들의 조직적인 구휼활동과 재해의 참상을 적나라하게 전해주는 근대적인 언론보도의 영향을 배경으로, 지역적인 한계를 넘어서 비교적 체계적으로 전개되었다는 점은 분명히 새로운 면이었다.

때문에 랜킨은 그 활동의 자율성과 조직적인 전개 등에 주목하면서, 그것을 서구 근대사회에서의 '공공영역'(public sphere)의 발전과 같은 맥락에서 이해하려 하였다. 또 다카하시는 그것이 도시화가 진행되는 과정에서 부각된 전통적 행정력의 한계를 메우기 위한, 즉 '도시적 상황의 전개'에

---

34) 위의 책, 144～146쪽.
35) 위의 책, 146쪽.
36) P. E. Will/정철웅 역,《18세기 중국의 관료제도와 자연재해》, 민음사, 1995, 361～368쪽 참조.

대응하기 위한 노력이었다는 점을 강조하기도 한다.37) 그리하여 한편에서
는 그 새로움의 의미가 지나치게 강조되는 경향도 대두하고 있다고 생각
된다. 하지만 그렇다면 왜 이후 그러한 측면이 본격적으로 확대될 수 없었
는가 하는 점이 의문으로 남는다. 따라서 필자는 이러한 흐름이 부각되는
시기 직후에 진행된 국가권력과 신사·신상층의 관계 재조정 문제를 구체
적으로 재검토해 보고자 한다.

3. 관신(官紳)·관상(官商) 관계의 재조정

1) 신사의 향촌지배력 억제 요구와 시도

앞서 살핀 바와 같이 신사·지주들의 향촌 내 영향력이 강화되면서 '관
비신존'(官卑紳尊) 현상이 나타나기도 하는 가운데, 광서 초에 들어서는 체
제정비가 폭넓게 논의되는 과정에서 그 문제점에 대한 지적과 해결책 모
색이 확대되기 시작하였다.38)

예컨대 1881년 소주부(蘇州府)의 장주(長州), 오현(吳縣), 원화(元和) 3현에
서는, 호신(豪紳)지주의 전농(佃農)에 대한 압박과 그들에 대한 소송안건의
과다문제를 해결하기 위해, 그 해 겨울부터는 조잔(租棧)의 최갑(催甲)을 대
신하여 각도(各圖)의 전무(田務)를 전담한 경조(經造; 地保)로 하여금 지조
납부를 독려하도록 하기로 결정하였다. 그러자 호신지주들은 그들의 지조
징수 권한이 위축될 것을 우려하여 포정사(布政使)아문에 연명상서를 제출
하며 극력 반대하였으며, 관부에서도 호신들의 위세를 무시할 수 없어 결
국 그 결정을 철회하였다.39)

---

37) 高橋孝助, 〈近代初期の上海における善堂 ― その'都市'的狀況への對應の側面につい
　　て〉, 《宮城敎育大學紀要》 18, 1986; Mary Rankin, op. cit. 등.
38) 嚴中平, 앞의 책, 763쪽 참조.

1885년에는 강소포정사(江蘇布政使)가 지주들이 전호를 현아문에 압왕(押往)하여 추비(追批)하기 전에 가끔 사사로이 고문하는 것과 관련, 각 현 관원들에게 금령을 내리고 문제가 있을 경우 전호를 직접 현아문에 보내 추비할 수 있게 하라고 재차 지시하였으나, 소주 호신들은 포정사 및 안찰사(按察使) 아문에 연명상서를 제출하며 반대의 뜻을 나타내었다. 이에 포정사, 안찰사 아문과 소주부서에서는 지주들에게 사압전호(私押佃戶)를 금지토록 알리라는 지시를 바꾸어, 각 현에 결조전농(缺租佃農)을 엄히 징판토록 하라고 통지하기도 하였다.[40]

즉 태평천국운동 후 지주의 징조권(徵租權)에 대한 관아의 보호가 두드러지게 강화되는 가운데, 신사·지주 쪽의 지나친 권한행사 문제가 부각되기도 하면서, 그 해결을 지향하는 노력이 비록 성공하지는 못하였지만 꾸준히 전개되었다는 것이다.

뿐만 아니라 다른 한편에서 농촌문제 해결을 위해서는 기본적으로 중조(重租) 문제의 해결이 이루어지지 않으면 안 된다는 주장도 대두하고 있었다. 대표적인 예를 1884년에 고본(稿本)이 완성된 도후(陶煦)의 《조핵》(租覈)에서 확인할 수 있다.

도후는 소주부 원화현의 지주·독서인으로, 일찍이 단련조직에도 참여하였으며, 지현 수준의 관헌과 향촌 신사들과 교유하는 가운데, 풍계분(馮桂芬)이 총찬(總纂)을 맡았던 《소주부지》(蘇州府志)의 편찬에 참여하기도 하였고, 청류의 일원으로 간주되는 오대징(吳大澂)과 풍계분의 제자 섭창치(葉昌熾)와도 교분을 맺고 있었다.[41] 곧 관신층과 폭넓은 관계를 유지하면서 향촌지도층으로서의 역할을 적극적으로 수행하였음을 알 수 있다. 그럼에도 도후 자신은 결코 상층 신사 대열에 속하지도 않았고 경제적으

---

39) 《益聞錄》 101호, 광서 7년 4월 24일자; 嚴中平, 위의 책, 878쪽에서 재인용.

40) 嚴中平, 위의 책, 879쪽 참조.

41) 《蘇州府志》 敍, 馮桂芬 撰, 1882; 鈴木智夫, 《近代中國の地主制－租覈の硏究譯註》, 及古書院, 1977, 20쪽.

로도 대지주라기보다는 재향의 중소지주에 지나지 않았다. 따라서 그 같은 입장에서 비교적 냉정하게 현실문제를 분석할 수도 있었던바, 농촌문제의 근원이 되는 중조(重租)문제의 심각성을 지적하며 해결책 모색을 요구하게 되었던 것이다.

도후는 먼저 강소 지방의 전호가 전농민의 90퍼센트나 차지하고 있다는 점을 중시하며, 동치 초년에 3분의 1 감부(減賦)조치를 실시하였음에도, 이후 소주사회의 현실이 나아지기는커녕 문제가 오히려 심화되어 파국적 단계에 이르게 되었다고 주장하였다. 그 원인으로는 감부와 함께 감조(減租)가 병행되지 않아 그 혜택이 일부에게만 미치게 되었고, 이후 신사지주와 관부의 결합이 진전, 수조과정에 관권이 직접 개입하게 되면서 신사지주와 관원의 수탈과 학민(虐民)이 심화되었다는 점을 강조하였다.[42] 즉 도후는 재지지주의 입장에서 지주층의 자기절제 방안으로서 감조를 통해 지주적 지배질서 해체의 위기를 극복해야 한다고 주장하였던 것인데, 논자에 따라서는 그 같은 도후의 주장이 당시 지주계급 내부 분열·대립의 심화를 반영하고 있다고 보기도 한다.[43]

필자로서는 도후의 주장만으로 지주계급 내부의 분열·대립문제를 확언할 수 있을지 자신이 없지만, 적어도 그가 관신(官紳)관계의 밀착과 신권(紳權)강화가 진행되는 과정에서 발생한 문제 해결방안으로서 감조와 '정당한 관료적 통제'의 강화를 강조했다는 점은 주목받아야 한다고 생각한다. 그러나 동시에 도후가 관신관계 자체의 해체나 신사 참여의 억제를 지향했던 것이 아니라, 다만 체제정비 요구의 증대를 배경으로 그러한 문제 해결의 필요성을 강조했던 것이라는 점도 간과해서는 안 된다. 도후의 주장이 당시에 바로 공간되어 큰 반응을 불러일으켰던 것은 아니지만, 그가 평소 경세의 학에 뜻을 두고 있었다는 점이 강조되기도 하고, 순리(循吏)로

---

42) 鈴木智夫, 위의 책, 22~26쪽.
43) 위의 책, 47쪽.

평이 났던 원화(元和)지현 이초경(李超瓊), 강소포정사 황팽년(黃彭年), 소주
지부 왕인감(王仁堪), 하동하도총독(河東河道總督) 오대징(吳大澂), 그 외 소
주 출신 관료 독서인들이 그의 주장에 이해와 찬동을 표명하였던 데서 볼
수 있듯이,44) 그 주장은 당시 폭넓게 체제정비를 지향하고 있던 신사층 공
론(公論)의 일면을 반영하고 있으며, 그 지지를 받고 있었던 것으로 이해할
수 있기 때문이다.

2) 양무사업에서 관상 관계의 재조정

앞서 살핀 바와 같이 관신체제의 틀 속에서 지역 엘리트들의 정치·사
회적 참여가 증대되면서, 수리사업 등의 분야에서도 관신(官紳)·관민(官
民)간 협력관계의 확대와 재조정 필요성이 새롭게 강조되고 있었다.45) 특
히 1880년대에 들어서는 양무사업에 참여한 상인들에 대한 정부의 통제를
강화하려는 노력이 본격화되었다.

이미 지적한 대로 1870년대 관독상판제(官督商辦制) 도입으로 상인들의
양무기업 참여가 적극 권장되고, 윤선초상국 등 주요 양무기업의 운영에
서 상인들의 주도권이 폭넓게 인정되고 있었다. 그러나 이들 양무기업의
관관(官款) 차입이 점차 늘어남에 따라,46) 초상국의 예에서 볼 수 있듯이
차용 관관의 처리문제와 관련, 그 운영 면에서 관 쪽의 영향력과 역할을
증대시켜야 한다는 요구가 제기되면서 국유화 주장도 대두하였다. 초상국

---

44) 위의 책, 48쪽.
45) 이홍장은 1884년 여름 제방 수축을 위해 관독민수장정의 제정을 촉구하기도 하였는
   데(《淸實錄》光緒朝 3, 권 181, 中華書局, 1987, 529쪽), 증대되는 사회적 과제의 해
   결을 위해 관민합판, 관독민판 등의 문제가 새롭게 제기되었던 것으로 볼 수 있다.
46) 張國輝,《洋務運動與中國近代企業》, 中國社會科學出版社, 1979, 168~69쪽. 초상
   국의 경우 설립 당초인 1873~1874년의 총 자본은 59만 9023냥으로, 그 가운데 상인
   의 고본(股本)이 47만 6천 냥이고 나머지 12만 3023냥이 관관(官款)에서 빌린 것이었
   는데, 이후 자본의 지속적인 증가에 따라 1876~1877년 이후에는 관관의 차입분이
   186만 6979냥으로 대폭 늘어나게 되었다.

에 투자한 관관을 관본(官本)으로 전환하여 그것을 관국(官局)체제로 재편하고자 하는 흐름은 《신보》등의 보도에서 확인할 수 있듯이, 이미 1877년 여름부터 부각되고 있었다.[47] 그에 따라 다른 한편에서는 어사 동준한(董儁翰)의 상주에서 볼 수 있듯이, 곧 초상국의 '용인태람'(用人太濫) 문제를 인정하면서도 상판(商辦) 형식을 관판으로 바꾸게 될 경우 부비(浮費)와 간섭이 늘어나므로 상국(商局)체제를 유지하는 것이 바람직하다는 반론도 제기되었다. 성선회(盛宣懷)와 총세무사 하트(Robert Hart) 등도 초상국의 정돈 방안에 관해 독자적 의견을 제시하였다.[48]

초상국 체제의 개편은 앞서 기창윤선공사(旗昌輪船公司) 인수를 추진할 때 양강총독 심보정(沈葆楨)이 관방의 차관을 초상국의 고본(股本)으로 전환할 것을 주장하면서 이미 제기되었다. 그러나 이홍장이 관상일체(官商一體)를 위해 초상(招商)체제를 유지하면서 차입관관(借入官款)의 처리 문제는 추후에 논의하자고 주장하여 실현되지 못한 바 있었다.[49] 그런데 1878년 여름 주기앙(朱其昻)의 뒤를 이어 초상국 회판(會辦)이 된 섭정권(葉廷眷)이 이전의 초상국 개조 주장에 대한 논의들을 자세히 읽고 나름대로 그 재정상황을 분석한 후, 상고(商股) 부족 문제로 생긴 위기를 타개하려면 국유화가 필요하다고 주장하면서 논의가 다시 시작되었으나 별 성과는 없었다.[50]

그런데 초상국이 안정된 궤도에 진입, 이른바 황금시기를 구가하게 된 1880년대 초에 운영체제 변통 요구가 새롭게 제기되기 시작하였다.[51] 6년

---

47) 《신보》 1877년 7월 9일자에서는 조정에서 이홍장이 초상국에 대여한 70만 냥과 각 해관에서 대여한 은 100만 냥을 관관으로 전환시키고자 하고 있으며, 그럴 경우 상국이 관국이 될 것이라는 《노스 차이나 데일리 뉴스》(*North China Daily News*)의 보도를 번역 소개하였다.

48) 《海防檔》《購買船砲》, 臺北, 1957, 974쪽; 黎志剛, 〈輪船招商局經營管理問題〉, 86쪽.

49) 黎志剛, 위의 책, 24쪽.

50) 위의 책, 86쪽.

51) 논쟁의 상세한 내용은 박혁순, 〈1880~81년 招商局運營方針論爭〉, 《東洋史學硏究》 23, 1986 참조.

10월 국자감제주(國子監祭酒) 왕선겸(王先謙)은 이홍장이 초상국 공관(公款)의 상환을 주청한 것과 관련, 당정추(唐廷樞), 성선회(盛宣懷) 등이 고탕(庫帑)을 영사비낭(營私肥囊)에 이용하고 있다며, 그 실상에 대해 남양대신 유곤일(劉坤一)로 하여금 조사케 하여 정돈을 기할 것을 요청하였다.[52] 그는 아울러 그 수입은 마땅히 귀공(歸公)되어야 한다는 점을 강조하였던바, 비록 명백하게 관고 설치나 국유화를 주장하지는 않았지만, 관료적 통제를 강화함으로써 문제를 해결해야 한다는 입장을 분명히 하고 있었다.[53]

유곤일은 7년 1월의 《복진해방사의접》(覆陳海防事宜摺)에서, 초상국 규모가 아직 크다고 할 수 없는데, 공관을 상환한다면 다시 확충하기가 쉽지 않을 것이라며 거탕(巨帑)을 제공하고 '힘 있는 자'(一大力者)를 초상국에 주재시켜 국무(局務)를 총괄하도록 해야 한다고 건의하였다.[54] 유곤일은 1주일 뒤 다른 상주에서는 한 단계 더 나아가 초상국에 관고를 설치할 것을 주장하였다.[55] 하지만 그는 완전한 국유화에는 반대하였다. 그에 따르면, 관국화(官局化)할 경우 여러 가지 제약이 많아질 것이므로 운영은 상인들에게 맡기고 관부에서는 원신(員紳)의 용사(用捨)와 장목(帳目)의 계사(稽査)를 맡아 유지하는 역할만 해야 한다는 것이었다.[56]

그러한 주장에 대해 실무를 책임지고 있던 서윤(徐潤), 당정추(唐廷樞) 등이 관권 강화를 우려하여 강경하게 반발하는 하는 가운데, 그들 의견을 중시하지 않을 수 없었던 이홍장과 서양강총독(署兩江總督) 오원병(吳元炳) 등도 기존 초상(招商)체제의 유지를 지지하였으나, 유곤일은 7년 3월에 재

---

52) 《洋務運動文獻彙編》 1, 39쪽.
53) 黎志剛, 앞의 책, 30쪽.
54) 劉坤一, 《劉忠誠公遺集》 권 17, 文海出版社, 1968, 3~4쪽.
55) 위의 책, 권 17, 17쪽. 앞서 섭정권의 경우 초상국의 재정문제 해결의 방도로 관고 설치를 주장했던 데 비해, 유곤일은 초상국이 호황을 맞은 상황에서 국가도 마땅히 그 이윤을 분향(分享)해야 한다는 입장에서 그것을 주장했다는 점에서 기본 입장의 차이가 나타나고 있었다.(같은 책, 30~31쪽)
56) 위의 책, 권 17, 15~16쪽.

차 초상국에 투자한 관본과 그 이자를 관고화(官股化)하여야 한다고 주장하였다. 유곤일은 거듭 외양윤선(外洋輪船)의 이익은 관과 민이 공유하여야 할 것이라는 점을 강조하며, 초상국이 공탕(公帑)을 사용하여 이루어졌으므로, 만일 그 원금과 이익을 관고로 전환하여 상고(商股)와 마찬가지로 처리한다면 탁지(度支)에도 도움이 될 것이라고 하였다.[57]

하지만 결국 총서(總署)에서 그 업무에 관한 이홍장의 연고권을 인정하며, 이홍장이 그 문제 처리에서 주도권을 행사해야 한다는 의견을 제시하여, 관고 설치나 국유화 주장은 결실을 맺지 못하고 초상국의 '상승'(商承) 체제가 당분간 더 유지되었다.

그 같은 관고 설치를 둘러싼 이홍장과 유곤일의 대립 배경에는 해방(海防) 건설 방침을 둘러싼 상(湘)·회(淮)의 갈등과 경쟁이 자리 잡고 있었다는 점은 여지강(黎志剛)이 이미 지적한 터다.[58] 필자는 아울러 유곤일 등의 관고 설치 주장이 관상 관계 확대에 따르는 문제의 표출에 따라 그 정비와 조정을 요구하는 공론을 배경으로 제기되었다는 점에 주목하고자 한다. 즉 광서 초에 어사·언관들의 주도로 폭넓게 체제의 정비를 요구하는 주장이 확대되는 흐름의 연장선에서 그러한 노력이 이루어진 것으로 볼 수 있다는 것이다.

따라서 언제라도 다시 그 같은 요구가 제기될 수 있었던바, 실제로 1883년 상해의 금융공황과 각지에서 빈발한 재해 등으로 초상국 운영이 어려워지자, 광서 9년 12월 여사이(余思詒)가 초상국 고분(股分)을 수매, 관고화하여야 한다는 주장을 전개하였다. 즉 관방 역할의 증대 요구가 새롭게 다시 제기되게 된 것인데, 이러한 흐름을 배경으로 해서 결국 초상국의 운영 체제가 관독상판의 틀을 유지하면서도 내용면에서는 이전과는 달리 관권의 간섭과 개입이 강화되는 방향으로 변하였다.

---

57) 위의 책, 권 17, 64~65쪽.
58) 黎志剛, 앞의 책, 34쪽.

기실 초상국은 그간 당정추(唐廷樞), 서윤(徐潤)체제에서 척우(戚友) 등 사인(私人)관계를 통한 인사 임용이 확대되면서, 뒷날 '掛名分肥, 營私舞弊, 帳目不淸, 置船過多' 등으로 비판되는 내부 문제가 축적되고 있었다. 상해의 금융공황과 청프전쟁을 거치면서 경제 상태도 다시 악화되어 새로운 대책의 필요성이 대두하고 있었다. 이에 1884년에는 성선회(盛宣懷)와 마건충(馬建忠)이 이홍장의 위임을 받아 정돈작업에 나서는데, 그 과정에서 성선회는 상판체제가 아니면 그 이익을 도모하기가 어렵고, 관독체제가 아니면 폐를 막기가 어렵다는 점을 강조하였지만, 실제로는 이전에 비해 관독의 요소를 강화하고자 하였다. 그리하여 결국 1885년 여름에는 총판 당정추(唐廷樞)가 개평매광무국(開坪煤鑛務局)으로 전임되고, 대신 성선회가 초상국의 독판으로 임명되어 초상국 체제가 '상승'(商承)제에서 '독판'제로 바뀌게 되었다.59) 이후 성선회는 초상국의 재무(財務)에 관한 한 사소한 문제에까지도 재결을 받도록 요구하는 등 독판의 통제권을 확립 강화하려는 노력을 지속한 결과, 이후 초상국 운영의 관료화가 현저하게 진행되고, 그것 때문에 새로운 문제들이 대두하였다.

뿐만 아니라 호부(戶部) 재정권 강화 문제와 관련하여 중앙정부의 초상국에 대한 간섭과 통제도 점차 확대되었다. 예컨대 광서 12년 3월의 상주에서 호부는 광서 2년 초상국이 관관(官款)을 차용하여 기창공사(旗昌公司)를 인수한 지 10년이 되었으나, 관본의 영휴(盈虧), 상정(商情)의 쇠왕(衰旺) 등에 대해 보고한 바가 없어 그 내역을 알 수가 없다고 주장하며, 초상국에 대한 통제 강화의 필요성을 강조하였다. 그 상주는 초상국이 관관을 사용하고 있을 뿐 아니라 조량운송과 화세(貨稅)감면의 특권을 부여받고 있다는 점을 이유로 세입세출 내역을 정부에서 계사(稽査)하고, 초상국으로 하여금 매년 운항선척의 수, 행강윤선(行江輪船)과 마두(碼頭)의 수, 선척의 이름 등에 대해 상세하게 보고토록 해야 한다고 주장하였다.60) 그리하여

---

59) 위의 책, 96~98쪽.

호부의 초상국에 대한 간섭과 통제가 강화된바, 13년 2월 11일자《신보》의 한 기사는, 그런즉 장차 상인자본이 관사(官事)로 변화하고 일체의 박힐경장(駁詰更張)에 대해 관부에서 그 권한을 행사하고, 상인은 예문(預聞)할 수 없게 될 것이라는 우려를 표명하기도 하였다.[61]

즉 정부 쪽 재력의 한계를 보완하기 위한 방편으로서 관독상판제가 등장하였는데, 그 뒤 상인 쪽 역할이 증대되는 과정에서 여러 가지 문제가 대두하자, 관권 증강으로 문제를 해결하려는 시도가 전개되었다는 것이다. 그 결과 관독상판의 틀이 유지되면서도 그 속에서 이전에는 상판의 요소가 더 강했던 것과는 달리, 이제 관독의 요소가 더 크게 강화되는 방향으로 변화가 진행되었다.

지금까지 주로 윤선초상국을 중심으로 관독상판제의 등장과 변모에 대해 살펴보았는데, 곧이어 출현한 개평광무국(開坪鑛務局), 상해기기직포국(上海機器織布局), 전보국(電報局) 등의 경우에도 관독상판제로 상인의 참여를 유도하려는 노력이 계속되었다. 또 화폐제의 정돈 문제와 관련, 그 필요성이 절실하게 대두하고 있던 운남동광(雲南銅鑛)의 재개발을 위해 관상병판(官商竝辦)의 방법이 적극 검토되기도 했다.[62] 그 과정에서 상신층의 주도권 행사에 따른 '영사'(營私) 문제가 부각되자, 그 정돈을 요구하는 공론을 등에 업고 정부 쪽에서는 점차 관독의 강화를 추진하게 되었다. 이에 따라 초기에는 상인의 참여 확대를 위해 그 자율적 운영의 필요성을 강조하던 이홍장도, 초상국 개조에서 볼 수 있듯이 청프전쟁 이후에는 오히려 성선회를 통해 관독을 강화하는 방향으로 돌아서게 되었다. 이로써 그간 모색의 과정을 거쳐 온 관상 관계가 관독을 강조하는 방향으로 정착되었다. 따라서 이후 상인층의 참여는 결과적으로 위축될 수밖에 없었다.

---

60) 聶寶璋編,《中國近代航運史資料》1輯 1840~1895 下, 上海人民出版社, 1985, 825~
  828쪽.
61)《申報》광서 13년 2월 11일자.
62) 朱壽朋纂修,《光緒朝東華錄》3, 大東書局, 三貴文化史影印本, 1471쪽.

여기서 주목되는 점은, 물론 곧 한계에 직면하기는 하지만, 관 쪽과 신사·상신 세력의 협조관계가 확대되면서 집권적 관료국가체제를 비판하기보다는 오히려 그것을 강화하려는 방향에서 제도적 재정립이 추진되었다는 사실이다.

명말청초 황종희(黃宗羲)가《명이대방록》(明夷待訪錄)에서 체제위기의 근원으로 지나친 군권 확대를 비판한 이래, 겉으로 크게 드러나지는 않았지만 집권적 관료제에 대한 비판 흐름이 이어지면서 때로는 문자옥(文字獄)이 일어나기도 하였고, 또 봉건제와 절충하여 그 경직성을 보완하자는 논의도 단속적으로나마 계속되어 왔다.63) 따라서 심각한 국가적 위기 상황에서는 그러한 포괄적인 체제개혁 요구가 제기될 가능성이 늘 있었으며, 실제로 (비록 당시에 바로 간행될 수 있었던 것은 아니지만) 1860년에 완성된 풍계분(馮桂芬)의《교빈려항의》(校邠廬抗議)에서는 향직(鄕職)의 설치 등으로 체제의 폭넓은 개혁을 추진하자는 주장도 대두하였다.

그러나 기시모토 미오(岸本美緒)가 중조론(重租論)을 제시한 도후의 입장을 풍계분의 주장과 비교하며, 광서기에 들어서는 오히려 국가와 신사 사이에 긴장·갈등이 약화된 것으로 파악한 바와 같이,64) 동치말·광서초의 체제재건기에는 신사층의 참여 확대 요구가 강화되기보다, 정당한 관권의 통제 확보를 통한 관신 협조의 강화를 도모하려는 지향이 더 크게 부각되었다는 점이 간과되어서는 안 된다. 물론 동시에 관료기구의 정돈이 중시되며, 그 방법의 일환으로 지방행정 집행 때 서역(胥役)에 의존하기보다는 신사의 참여와 협조를 증대시켜야 한다는 주장들이 거듭 제기되고 있었지만, 그것이 곧 일방적인 신사층 참여 확대의 제도화를 통해 집권적 체제의 폭넓은 개혁을 지향하는 노력으로 발전할 수는 없었다는 것이다.

하지만 그것이 체제문제에 대한 관심의 소멸을 의미하는 것은 결코 아

---

63) 閔斗基,〈중국의 전통적 정치상－封建·郡縣 논의를 중심으로〉,《중국근대사연구》, 일조각, 1973, 170~227쪽 참조.

64) 岸本美緒,〈租覈の土地所有論〉,《中國－社會と文化》1, 東大中國學會, 1986, 71쪽.

니었다. 오히려 반대로 관신의 공론을 자처한 청의(淸議)의 활성화 과정에서 체제문제에 관한 관심도 점차 커지고 있었다. 그리하여 한편에서는 아직 소수에 제한된 것이기는 했으나 의회제를 포함한 서구제도에 대한 긍정적인 관심이 대두 확산되고, 그와 관련하여 중국 정제(政制) 변통 요구도 점차 분명하게 대두하기 시작하였다.

그럼에도 관신 관계에서 대립을 강조하고 신사 역할의 대폭적인 확대로 집권적 기구를 견제하려는 지향이 본격적으로 발전하기보다는, 국가 위기에 대한 의식을 배경으로 우선 신사층의 자기절제와 내적인 규제를 수반한 관신 관계의 재조정으로 새로운 위기에 빠진 국가기구를 강화하고자 하는 노력이 활발하게 전개되었다는 점이 주목된다는 것이다.

3) 재해구휼에서 관신·관상 관계 재조정

앞서 본 대로 화북 지역 한재가 확대됨에 따라, 외국인들과 신사, 상인들의 자발적이고 체계적인 구재활동이 확대되는 한편에서는, 물론 중앙정부와 재구(災區) 당국의 일상적 구휼조치도 곧 실시되었다. 중앙에서는 전 공부시랑(工部侍郞) 염경명(閻敬銘)으로 하여금 산서, 섬서진무(賑務)를 계찰(稽察)토록 하고, 형부좌시랑(刑部左侍郞) 원보항(袁保恒)에게는 하남진무(河南賑務)를 독책(督責)토록 지시하였으며, 재구 당국에서는 기민의 구재를 위해 창저(倉儲)에 쌓인 곡식을 개방하는 외에, 각지에 죽창(鬻倉)과 보영국(保嬰局) 등을 설치하고, 평조(平糶)를 통한 곡가의 안정과 전량(錢糧)의 감면을 요청하는 등 다양한 구재방안을 강구하였다.[65] 그러나 재구는 계속 확대되며 이재민이 급속히 늘어나는 데 비해 중앙과 지방재정의 궁핍 현상이 해소되기는커녕 더 심화되고 있었기 때문에, 그 같은 구재활동이 일반적으로는 형식적이고 의례적인 수준에 머물러 안무재민(安撫災民)의

---

65) 何漢威, 《光緖初年(1876~1879)華北的大旱災》, 香港: 中文大學出版社, 45~65쪽.

내실을 기하기에는 역부족이었다. 때문에 외국인들과 신상층의 자율적인 구휼활동이 확산되었던 것이다. 그 점은 이미 충분히 지적된 터인데, 필자는 그와 함께 정부 쪽에서도 관진(官賑)의 한계를 인정하고 그 보완 방도를 모색하게 되었다는 데 주목할 필요가 있다고 생각한다.

관진의 한계를 보완하고자 할 경우 신사의 참여와 협조를 유도하는 문제는 이전부터 중시되어 온 터이지만, 사회발전의 가속화로 행정력의 한계와 공백이 확대되는 상황에서 신사·상인들은 나름대로 활동영역을 넓혀 가며 어느 정도의 자율성도 강화시켜 가고 있었던바, 이제 그들의 역량을 더 적극적으로 동원하고 활용하는 것이 절실하게 요청되었다. 따라서 신사·상신 역량의 동원을 확대하면서도 관신 관계를 강화하여, 그들에 대해 관료적 통제를 강화하려는 노력이 활발하게 진행되게 되었으며, 그 과정에서 '관신합판'의 논리가 새롭게 강조되었다.

특히 구휼의 1차적 책임을 지고 있던 재구 지방관들은 중앙의 실제적 지원 결여와 지방재정 부족 및 행정력의 취약성을 인정한 위에서 현실적인 대책을 긴급하게 모색하지 않을 수 없었다. 따라서 대체로 서리(胥吏)들의 발호를 통제하면서 해당 지역 신사들에게 진무를 주지(主持)하도록 적극 권유하는 등 신사층의 동원을 확대하려는 경향을 드러내고 있었다. 예컨대 산서순무 증국전(曾國荃)은 "신사는 관민간의 추뉴(樞紐)이고 상하의 관건으로서 관과 민 사이는 엄격한데 신사와 민의 관계는 친밀하고, 관과 민은 수시로 서로 볼 수 없으나 신과 민은 늘 상규(相糾)할 수 있는 까닭에 민의 신사에 대한 신뢰가 관에 대한 신뢰보다 강하다"면서 구휼을 위해 신사를 활용하지 않으면 안 된다는 점을 강조하였다.66) 좌종당(左宗棠)도 신사에게 진사를 맡기면 반드시 기꺼이 마음을 다하여, 말리(末吏)가 많은 것보다 낫다고 하면서 구휼 때에는 마땅히 신사를 적극 활용하여야 한다고 주장하였다.67)

---

66)《曾忠襄公全集》撫晉批牘 권3, 文海出版社, 1979, 48~49쪽.

그러한 주장과 관련 한편에서는 일부 지방관과 서리들이 긴급한 구휼 과제를 외면하거나 구재(救災)를 명목으로 자기 주머니 채우기에 급급해 하는 현상에 대한 비판적인 여론도 대두하며, 그에 따른 언관(言官)들의 탄핵활동도 부각되기 시작하고 있었다. 예컨대 광서 3년 10월의 상유에 따르면 어사 양경선(梁景先) 등이 섬서 한재 때 주현관의 '불휼민명'(不恤民命)을 탄핵하였다. 섬서의 신사들이 항한(亢旱)이 생겼는데도 무번(撫藩)들이 직무를 태만히 하고 있다고 규탄하는 상주를 올리기도 하였다.[68] 청류(淸流)의 건장 장패륜(張佩綸)은 그 같은 섬서 신사의 연명정소(聯名呈疏)를 근거로 순무 담종린(譚鍾麟)의 구휼을 위한 처치에 착오가 있었다고 탄핵하기도 하였다.[69]

따라서 이러한 공론을 배경으로 신사·상신 및 일반 부민(富民)의 역량을 동원, 활용하려는 노력이 확대되었다. 예컨대 직예의 재황대책에 관한 광서 4년 3월의 상유에서는 강소의 조미(漕米) 12만 석과 강북의 조미 4만 석을 발급, 이홍장으로 하여금 재구에 분발토록 하고, 공정원신(公正員紳)들을 통해 사호산방(査戶散放)토록 지시하였다. 같은 해 4월 국자감사업(國子監司業) 보정(寶廷)은 분대지법(分貸之法)으로 관상부호에게서 빌린 구휼기금을 모두 공정부신(公正富紳)에게 관리토록 하고 이서(吏胥)의 손에 맡기지 말아야 한다고 주장하였다.[70]

정부 쪽에서 신부(紳富)의 역량을 동원하여 구휼기금을 확보하기 위한 방안으로 먼저 중시했던 것은 관례에 따른 연납(捐納)의 확대였다. 먼저 직예에서 진연장정(賑捐章程)을 마련하여 연납 확대를 꾀한 결과, 광서 2~3년에 37만여 냥을 확보할 수 있었는데, 이후 산서·하남 등지에서도 적극적으로 연납 확대를 추진하였다. 그 과정에서 주목되는 점은 본성(本省) 안

---

67) 《左文襄公全集》 書牘 권19, 文海出版社, 1979, 18쪽: 〈與譚文卿〉.
68) 《光緒朝東華錄》 1, 473쪽.
69) 《光緒朝東華錄》 1, 482쪽.
70) 《光緒朝東華錄》 1, 559, 563쪽.

에서뿐 아니라 전국 각지로 연수(捐輸) 실시지역이 확대되었다는 점이다.
예컨대 산서순무 증국전은 연납을 권유하는데, 정부에서 발급한 집조(執
照)가 없으면 신뢰성을 확보하기가 어렵다며 직예의 장정에 따라 실직(實
職), 허함(虛銜), 봉전(封典) 등의 집조(執照) 2천 장을 발급하여 그 가운데
600장을 본성 안에서 사용하고, 나머지는 다른 성으로 인원을 파견하여 권
연활동을 펴도록 허락해 줄 것을 주청하고, 3년 8월에는 하남순무 이경고
(李慶翶)도 귀주(貴州)에 연수분국(捐輸分局)의 설치를 주청하는 등, 다른 성
에서의 권연이 적극 추진되었다.[71]

그리하여 산서성의 구재기금을 모으기 위한 연국이 직예·강소·안휘
등 10개 성에 설치되었다. 광서 4년 4월에는 서하남순무(署河南巡撫) 이학
년(李鶴年)이 예진연수(豫賑捐輸)를 확대하기 위해 안휘·강소 등 5성에 하
남진연분국(河南賑捐分局)의 설치를 주청하였고, 섬서 구휼을 위해서는 사
천·산동·광동 등지에서 권연활동이 전개되었다.[72] 진연관항(賑捐款項)
의 주요한 내역은 이세(釐稅)의 가수(加收), 관리의 창렴(倡廉), 관함(官銜)과
실직(實職)의 수여를 전제로 한 연납과 자발적인 헌금 등을 포괄하였던 것
으로 생각되는데, 그 구성 면에서 지역에 따른 차이도 크게 나타나고 있었
다.[73] 절강의 경우는 순무 매계조(梅啓照)의 권유로 각 전상(典商)들이 자본
20만 관(串) 이상의 경우는 200냥, 15만 관 이상은 150냥, 5만 관 이상은
100냥, 3만 관 이상은 50냥씩을 기부하기로 의정하기도 하였다.[74]

이같이 구휼기금 확보 노력이 확대되는 과정에서 무엇보다 주목되는 점
은, 이홍장을 비롯한 유력 지방관들이 개인적인 친분관계를 통해 연해지
역 신상층의 구휼 참여를 유도하고자 노력하였다는 것이다. 특히 이홍장

---

71) 《曾忠襄公全集》奏議 권 5, 文海出版社, 1979, 39쪽;《淸實錄》光緖朝 권 56, 13쪽,
    광서 3년 8월 신해조.
72) 何漢威,《光緖初年(1876~1879)華北的大旱災》, 69, 77쪽;《曾忠襄公全集》奏議 권
    7, 26쪽;《光緖朝東華錄》1, 581쪽;《譚文勤公奏稿》5, 17쪽,〈米捐請仍展限摺〉등.
73) 何漢威, 위의 책, 69쪽.
74)《申報》1877년 12월 29일자,〈捐賑續文〉.

의 경우 직예총독으로서 기보(畿輔) 지역의 치안과 행정을 책임지고 있으면서 북양해군(北洋海軍)의 주비작업도 맡고 있었다. 그런데 화북 한재가 확산되자 무엇보다 그 문제부터 해결하지 않을 수 없는 상황에서 우선 해방(海防)예산이라도 전용, 차용해야 한다는 압력도 받고 있었던바,[75] 상해를 비롯한 연해지역 신상들의 진휼 참여를 적극 권유하게 되었다.

광서 3년 말 이홍장은 재황(災況)이 악화된 산서의 순무 증국전 등이 거듭하여 진휼 지원을 요청하자, 천진(天津), 상해(上海), 한구(漢口), 영파(寧波) 등 상고폭주(商賈輻輳) 지구에서 권연활동을 독려하며, 더 나아가 청가재적중(請暇在籍中)이던 전 복건순무 정일창(丁日昌)에게도 광동 지역의 신상들을 대상으로 모금을 전개하도록 간청하기도 하였다.[76] 그에 따라 곧 정일창이 조주(潮州)·홍콩 일대의 신상들을 대상으로 권연에 착수, 복건 후보지부(福建候補知府) 곽정집(郭廷集) 등의 협력으로 광동에서뿐만 아니라 싱가포르, 안남(安南), 섬라(暹羅) 등지에 진출한 상인들을 대상으로 모금활동을 벌인 결과, 총 100만 원 이상의 구휼기금이 모이기도 하였다.[77]

증국전뿐만 아니라 염경명(閻敬銘), 원보항(袁保恒), 이학년(李鶴年) 등으로부터도 진휼 지원을 요청받고 있던 이홍장은, 진예(晉豫)의 재해는 '수십 백년 소근견'(數十百年所僅見)으로 진역(畛域)을 따질 수 없는 상황이라는 점을 강조하였다.[78] 1878년 봄에는 천진(天津)에 구휼을 위한 지원기구를 설치하고, 개인적으로 긴밀한 관계를 유지하고 있던 윤선초상국의 동사(董事), 도대(道臺) 및 기타 유력 신상들을 통하여 상해를 주요 대상지역으로 한 모금활동을 전개하도록 한 결과, 한 달도 채 안 되는 기간에 10만 냥이

---

75) 이홍장은 광서 4년 3월에는 진휼을 위해 북양해방경비와 천진기기국의 전관(專款)을 또다시 차용하기가 곤란하다고 강조하였으며, 곧이어 파척(罷擲)을 자청하기도 하였다.(雷祿慶,《李鴻章年譜》, 臺灣商務印書館, 1977, 258~259쪽;《李文忠公全集》奏稿 권 31, 文海出版社, 1969, 10~13쪽 등)
76)《光緒朝東華錄》1, 489~490, 581쪽.
77)《光緒朝東華錄》1, 581쪽.
78)《李文忠公全集》朋僚函稿 권18, 1쪽:〈致丁寶楨書〉.

모금되기도 하였다.[79]

그 해 7월 중순까지는 항주, 영파, 소흥, 호주(湖州) 등지에서도 5만 냥 이상이 모금되어 곧 윤선초상국을 통해 천진으로 송금되었다. 앞서 보았듯이 당시 상해 신상들의 자율적인 구휼활동이 확대되는 동안, 다른 한편에서는 이홍장을 비롯한 대관료의 요청과 권고를 배경으로 한 신상층의 또 다른 구휼활동도 확대되고 있었다는 것이다. 광서 초에 이홍장과 밀접한 관련 속에서 구휼활동에 참여했던 주요 인물로 소주의 주진성(周振聲), 상해의 진후원(陳煦元), 시선창(施善昌) 등이 거론되는데, 그들은 주로 이홍장의 개인적인 요청에 따라서 활동하였다는 점이 강조되기도 한다.[80]

강소 출신으로 이전부터 진무에 각별한 관심을 갖고 있던 오대징(吳大澂)은 1871년 기보 지역에 재해가 발생했을 때 강절(江浙) 출신 관신의 도움으로 구휼활동을 전개하기도 했던바, 광서 4년에도 구휼활동의 긴급성을 의식한 이홍장이 다시 오대징에게도 협조를 요청하여 오대징과 동향의 하동선(夏同善)이 중심이 된 재경(在京) 강소 출신 관신이 주도한 별도의 구재활동도 전개되었다.[81] 그 해 2월 이홍장의 요청을 받은 오대징은 휴가를 내고 천진을 거쳐 하간(河間) 등 재해의 참상이 극심한 곳을 시찰하며, 역시 이홍장과 긴밀한 협조 속에 활동하고 있던 성선회(盛宣懷), 이금용(李金鏞) 등과도 연락 협력하며 진휼활동을 전개하였다. 그들의 활동도 공관을 이용한 진재와는 구별되는 것이었다는 점이 강조된다.[82]

즉 일부 유력 지방관의 권유와 지원을 배경으로, 관신층의 사적인 관계

---

79) Mary B. Rankin, op.cit., p.143; *North China Daily News* 1878년 3월 25일자 및《中報》 5월 21일자.

80) Yuen-sang Leung, *The Shanghai Taotai, Linkage Man in a Changing Society, 1843~90*, University of Hawaii Press, 1990, p.116. 1883년 이홍장이 모친상을 당하여 직독직에서 사퇴하게 되었을 때, 소주·상해 연국(捐局)의 동사(董事)들이 이홍장이 회임할 때까지 활동을 중단한다고 발표하기도 하였다는 점이 주목되기도 한다.(《中報》 1880년 8월 9일자 및《李文忠公全集》 奏稿 권67, 7쪽 등 참조)

81) 顧廷龍,《吳大澂年譜》, 文海出版社, 1934, 65, 68쪽.

82) 위의 책, 69쪽.

망을 통한 진휼활동이 공식적인 관료기구를 통한 관진과는 별도로 전개되었다는 점이 주목된다는 것인데, 다른 한편에서는 앞서 살펴본 바와 같이 일부 강남의 신상세력이 주도하고 스스로의 자발성을 강조했던 본격적인 의진활동도 발전하고 있었다. 그 과정에서 상해신상의 구휼활동을 이끈 경원선(經元善)이 "관진의 경우 재민의 실상에 대한 세밀한 조사가 쉽지 않고, 자칫하면 격성사단(激成事端)의 우려가 있는 데 비해, 의진의 경우는 그런 문제가 없고 진휼의 효과가 높다"는 점을 강조하였던 데서 볼 수 있듯이,83) 관의 영향력을 의식적으로 배제하려고 하며 자부심을 갖고 의진활동을 확대하려는 경향도 대두하였다. 그리고 화북 한재 구휼활동이 일단 종결되고 나서, 1880년대 초에 직예·강소·안휘·산동 등지에서 재해가 다시 발생하자, 그들 가운데 일부가 또 구휼활동을 적극 전개하였던 데서 볼 수 있듯이, 한편에서는 자발적이고 전국적인 민간 주도의 구휼활동으로서 정체성을 유지하려는 노력이 지속되었음을 부정할 수는 없다.84)

그러나 아울러 필자가 강조하고 싶은 점은 그 같은 신상들의 활동을 관쪽에서 장려하고, 더 나아가는 적극 포섭, 이용하려는 노력이 강화되고 있었다는 것이다. 먼저 그 1차적 수단으로 사용된 것은 신상층의 구휼활동에 대한 장서(獎敍)를 지방관들이 조정에 요청하는 것이었다. 예컨대 광서 4년 4월 양강총독 좌종당(左宗棠)은 절강재적 신사인 포정사함강서보용도(布政使銜江西補用道) 호광용(胡光墉)이 백미, 면의(綿衣), 은량(銀兩) 등을 포함하여 20만 냥에 상당하는 의연금품을 조달하였음을 거론하며 장서(獎敍)를 요청하였으며, 이홍장도 정일창(丁日昌)의 권유로 100만 냥 이상을 모금한 광동 조주(潮州) 출신 신상들에 대한 표창을 요구하여, 복건 신사 후선도(侯選道) 임유원(林維源)에게 3품경함(卿銜)과 1품봉전(封典)의 은상(恩賞)이 수여되기도 하였다.85) 7년 10월에는 이홍장이 직예 등지에서의 진휼활동

---

83) 經元善, 《居易初集》 권3, 上海同文社, 1903, 9~10쪽: 〈籌賑通論〉.
84) Mary B. Rankin, op. cit., p.147.
85) 《光緒朝東華錄》 1, 570, 581, 755, 759쪽 등.

을 이유로 역시 강소생원(江蘇生員) 사가복(謝家福), 늠생(廩生) 엄작림(嚴作霖)에 대한 장서를 요청하여 각각 국자감학정함(國子監學正銜)과 국자감조교함(國子監助教銜)이 수여되었다.[86]

그 과정에서 일부 유력 지방관들과 의진활동을 편 신상들의 관계가 새롭게 발전하게 되었다는 점도 주목할 만하다. 특히 이홍장의 경우 그러한 면이 두드러지게 나타난다. 예컨대 그는 1860년대 이래 강절 출신 관신과의 관계를 자신의 세력 유지의 방편으로 중시해온 터이지만, 1880년대 들어서는 정관응(鄭觀應), 경원선(經元善) 등 화북 한재 구휼과정에서 부각된 새로운 강절 출신 신상과 관계를 강화하고 있음을 볼 수 있다.

화북 한재 구휼활동의 전개과정에서, 경원선이 종전에는 상호 면식이 없었던 엄작림(嚴作霖)과 서신으로 구휼협력 문제를 논의했다[87]는 등의 예에서 볼 수 있듯이, 연해지역 유력 상신·신사들의 상호 교류가 확대되고 있었으며, 이전부터 이홍장과 긴밀한 관계를 맺고 있던 성선회와 그들의 접촉도 확대되고 있었다. 게다가 신문보도로 그 주도자들의 활약상이 널리 알려지게 되었던바, 양무기업의 추진과 관련 신상세력의 포섭에 큰 관심을 기울이고 있던 이홍장도 그들을 주목하게 되었던 것으로 보인다. 따라서 이홍장은 곧 정관응에게 천진으로 와서 직예의 제공진무(堤工賑務)를 도와주도록 요청하기도 했으며, 1880년에는 성선회의 요청으로 주비 중이던 상해직포국(上海織布局)의 양판(襄辦)으로 정관응이 참여하게 되었다. 또 1881년에는 이홍장이 정관응의 호선사적(好善事蹟)을 표창하도록 요청하는 상주를 올리기도 했다.[88] 이후 정관응은 상해전보분국의 총판, 윤선초상국의 방판(幇辦) 등을 맡아 이홍장이 주도한 양무사업 확대과정에서 중요한 역할을 담당하게 되었다.

화북 한재 진휼과정에서 정관응과 의형제 관계를 맺기도 했던 경원선도

---

86) 《光緖朝東華錄》 2, 1208쪽.
87) 經元善, 《居易初集》 권 2, 41쪽.
88) 夏東元, 《鄭觀應傳》, 華東師範大學出版社, 1985, 37~38쪽.

비슷한 시기에 이홍장과 성선회가 추진한 양무사업 확대에 참여하게 되었다. 즉 양무기업을 매개로 하여 구휼활동에서 자율성을 강조해온 유력 상해 신상인 경원선·정관응 등과, 이홍장을 중심으로 한 양무관료 세력의 협력관계가 발전하게 되었다는 것이다. 따라서 한편으로는 경원선이 스스로 인정했듯이 의도적으로 관측의 영향과 간섭을 배제하며, 독자적이고 자율적인 의진활동을 추진하고자 했던 신상세력의 노력이 이후 시기에는 점차 약화되는 경향도 나타났던 것으로 보인다.[89]

경원선에 따르면, 이후에는 우재성(遇災省)에서 관료들이 장서(獎敍)의 수단을 이용하며 권연활동을 펴면서, 한편으로는 의진의 방법을 모방하여 진휼활동을 전개한 결과, 종전에는 의진공소(義賑公所)에 맡겨졌던 부실거관(富室巨款)이나 각 성의 협진(協賑)이 모두 관연으로 흡수되고 있었다고 한다.[90] 또 경원선은 1880년대 초의 산동과 절강 수재 때 관료들이 재적신사와 회동하여 진휼활동을 전개, "관진과 의진이 합하여 하나가 되어 의미법량(意美法良)의 형국이 이루어지기도 했다"고 하는바, 관신합판의 틀 속에서 관료 쪽의 주도권이 다시 강화되면서, 새롭게 부각되기 시작하고 있던 신상세력 자율성의 확대는 억제되었던 것으로 볼 수 있을 것이다.

주가미(周家楣)는 재해구휼을 위해서는 관진 확대 필요성이 절실하지만, 지방관 업무과다 등의 이유 때문에 재황이 심각한 지역에서는 반드시 호선(好善)신사에 의지하지 않을 수 없다며, 산동 수재 때 강절 출신의 거인(擧人) 반민표(潘民表), 직예후보도(直隷候補道) 성선회, 조교(助敎) 엄작림(嚴作霖), 보용도(補用道) 김복증(金福曾) 등이 관진과는 별도로 구휼활동을 전개하였음을 거론하며, 그들에 대한 장서(獎敍)를 요청하였다.[91] 그는 더 나아가 강절선신(江浙善紳)을 비롯한 타지의 원신(員紳)들이 구휼을 위한 호구조사를 진행하는 과정에서 현지인들의 방해를 받아 곤경에 빠진 사례

---

89) 經元善, 《居易初集》 권3, 9~10쪽.

90) 위의 책, 10쪽.

91) 周家楣, 《期不負齋政書》, 文海出版社, 418쪽.

들이 있다는 점을 거론하며, 효율적인 구휼을 위해서는 '관신합판'을 강화해야 한다고 주장하였다.92) 그는 또 재해가 발생하면 먼저 관진으로 응급조치를 하고, 다음에 극빈호구를 확실히 조사하여 신진(紳賑)을 실시하는 것이 완전히 관판에 의거한 구래의 방식보다 훨씬 좋은 방법이라고 역설하였다.93)

결국, 심각한 재해가 확대되어 관관에 의한 구휼활동만으로는 그 문제를 해결할 수 없는 상황에서 외국인과 신상층의 자발적인 진휼활동이 괄목할 정도로 전개되었으나, 다른 한편으로는 관료들이 그러한 상황에서 신상들의 활동을 적극 독려 이용하고자 하면서 관신합판의 논리가 새삼스럽게 강조되었다는 점이 주목된다는 것이다.

뿐만 아니라 사창(社倉), 의창(義倉) 등 구휼기구의 설립과 운영에서도 정부 쪽 지원과 개입이 확대되었다. 청대의 주요한 재해구휼기구로서는 본래 관창격인 상평창(常平倉), 관부의 지도 아래 있어서 준관창의 성격을 띤 사창, 주로 종족조직이 주도하여 자치적인 성격이 강한 의창 등이 병립, 상호 보완적인 활동을 수행하며 발전하고 있었다. 그런데 18세기 말 19세기 초에 부각되기 시작한 체제이완 과정에서는 그 폐이(廢弛)가 현저하게 진행되었다. 특히 함풍기와 동치 초 내란의 확대과정에서, 물론 지역적인 차이를 무시할 수는 없지만 대체로 상평창뿐만 아니라 사창·의창조차도 실제적인 운영 면에서는 괴멸적 상황에 놓이게 되었으며, 그 수도 뚜렷이 감소되었다.94)

하지만 동치 말 이후에는 사창과 의창을 중심으로 이들 폐이된 구휼기구를 복구 재건하려는 노력이 활발하게 전개되었다. 특히 광서 초에 들어서는 앞서 본 대로 각지에서 재해가 확산되자, 구휼기구 정돈 필요성이 더

---

92) 위의 책, 695~700쪽.
93) 위의 책, 823쪽.
94) 星斌夫, 《中國社會福祉政策史 — 淸代の賑濟倉を中心に》, 國書刊行會, 1985, 297, 384쪽.

욱 강조되면서, 지역에 따라서는 간과할 수 없는 구휼기구 재건 노력이 펼쳐졌다. 광서 4년 2월에는 급사중(給事中) 최목지(崔穆之)의 창곡(倉穀) 정돈 요구 상주와 관련, 각 성의 독무·부윤 등에게 상평창·사창·의창 등 기존의 각종 창좌(倉座)에 대한 실태를 조사하여, 필요에 따라 그 정돈·수복을 확대하도록 지시하는 상유가 내렸다.95) 광서 5년 7월 무자조(戊子條)의 상유는 각 성 독무들에게 상평과 사창의 본래 취지에 비추어 풍작을 이룬 지방에서는 민연민판(民捐民辦)의 구휼원칙에 따라 그 운영을 은실지호(殷實之戶)에 맡기고, 서리의 개입을 배제할 것을 강조하였다. 어사 장내여(章乃畲)의 사창·사학(社學) 정돈 요구 상주와 관련된 같은 해 12월 신유조(申酉條)의 상유에서도 각 성 독무들에게 각 주현으로 하여금 구장(舊章)에 비추어 페이된 사창·사학을 일률적으로 흥수(興修)하도록 하되, 경비는 민력(民力)에 의지하거나 공항(公項)을 사용하여서라도 확보할 것을 재차 지시하였다.96)

여기서는 특히 사창의 운영에서 민력뿐만 아니라 공항의 지출도 기록하고 있는 점이 주목되는데, 성빈부(星斌夫)에 따르면 그 점과 관련하여 정부 쪽의 적극적인 요구와 지원을 배경으로 사창 부흥의 노력이 광서 4~5년 무렵에 이르러 적어도 하남이나 섬서 등 일부 지역에서는 본격화되어 상당한 성과를 거두었다고 한다.97)

사창뿐만 아니라 의창의 경우에서도 비슷한 경향을 확인할 수 있다. 이미 동치기에 그다지 큰 성과는 없었다 해도 의창 부흥의 요구가 대두하고 있었는데, 그 연장선에서 광서 초에는 실제 노력이 점차 확대되었다. 광서 2년 8월 정유조(丁酉條)의 상유에서는 포원심(鮑源深)이 사창 부흥의 움직임과 관련, 이전 강남에서 실시된 풍비창(豊備倉)의 예에 따라 지방관의 개입이 배제된, 자치적인 창의 설립을 추진한 사실을 거론하며, 각 독무들에

---

95) 《光緒朝東華錄》 1, 535~536쪽
96) 《光緒朝東華錄》 2, 764, 834~835쪽.
97) 星斌夫, 앞의 책, 294쪽.

게 관할지역의 정황을 살펴 방행(仿行)토록 할 것을 지시하였다. 같은 해 11월 갑신조(甲申條)의 상유에서는 동치 연간에 설립된 소주부의 풍비의창(豊備義倉) 운영과 관련하여 당해 지역의 심보정(沈葆楨)에게 관신 협력의 중요성을 강조하기도 하였다[98] 따라서 이후 풍비의창의 경우도 광서 초에 들어서 관신의 역할이 증대되었다는 점이 강조되기도 한다.[99]

앞서 거론한 광서 4년 2월 신축조(辛丑條)의 상유에서도 사창과 함께 의창의 신속한 수복을 강조하였다. 같은 해 3월 무오조(戊午條)와 8월 을사조(乙巳條) 강소순무 오원병(吳元炳)의 상주 등에 따르면 강소 지방에서는 광서 초에 풍비의창 부흥 노력이 확대되었음이 확인된다.[100] 10년 6월 계유조(癸酉條)의 상유에서는 위의 상유와 어사 오순하(吳純瑕)의 적곡비황(積穀備荒) 주장과 관련, 창저(倉儲) 운영 때 이서(吏胥)의 개입을 배제한 민연민판(民捐民辦)의 중요성을 강조했던 5년 7월의 상유 등에 대해서도 언급하면서, 의창 재정비 필요성을 재차 강조하고 각 독무들에 효율적인 운영을 위한 장정을 마련하도록 지시하였던바, 성빈부(星斌夫)는 특히 광서 10년은 의창 등 각종 창저의 부흥에서 획기적인 해였다고 주장하기도 하였다.[101]

광서 초년에 의창 부흥에 대한 요구와 관심이 증대되고 있었다는 것인데, 청말의 지방지 등에 따르면 강북 창현(滄縣)의 경우 14개의 의창 가운데 7개가 광서 6년에 한꺼번에 창설되었으며, 풍윤현(豊潤縣)에서는 13개의 의창이 건륭 연간에 설립되었으나, 그 후 오랫동안 쇠미해졌다가 광서 7년에 총독의 명으로 성(城), 관(關), 진(鎮) 등에서 부흥이 이루어지고 있었다.[102] 광서 초 이 같은 의창 부흥의 흐름 가운데 무엇보다 주목되는 점은,

---

98) 《光緖朝東華錄》 1, 256, 313쪽.

99) 星斌夫, 앞의 책, 386쪽.

100) 《光緖朝東華錄》 1, 552~553, 611~612쪽.

101) 《光緖朝東華錄》 3, 1725~1726쪽; 星斌夫, 앞의 책, 389~390쪽.

102) 星斌夫, 위의 책, 394, 401쪽; 《滄縣志》 권 17, 建置·倉役; 《豊潤縣志》 권 1, 倉儲 등.

적어도 직예를 중심으로 한 강북 지역의 경우, 그것이 지현(知縣), 총독(總督) 등의 지령에 따라 실현된 것이 많고, 지역주민의 자발적 움직임에 의한 것은 그다지 많지 않으며, 연납자(捐納者)도 부호(富戶)보다는 관리, 신상, 전당상(典當商) 등이 많고, 운영 면에서도 창정(倉正)·창부(倉副) 등의 역할이 감소, 그 운영이나 기능면에서 자치적인 성격이 뚜렷이 약해졌다는 것인데,[103] 이도 관신합판 확대의 한 측면으로 이해할 수 있지 않을까 생각된다.

5. 맺음말

이 글에서는 청말 국가권력과 지방 엘리트 관계 변화의 일면을 1870~1880년대에 초점을 맞추어 살펴보았다. 이 시기는 신상층(紳商層)이 지역 엘리트로서 새롭게 부상하는 가운데, 전통적인 향촌신사와 함께 그들이 활동영역을 확대하며 사회적 영향력을 증대시켜 가는 한편에서, 집권적인 국가체제를 재건 강화하려는 노력도 폭넓게 전개되고 있었기 때문이다.

검토과정에서, 먼저 재지 신사들의 향촌 지배력이, 단련(團練)의 설립과 운영, 그리고 독자적인 수조(收租)기구의 설립 등에서 볼 수 있듯이 강화되고 있었으며, 양무운동의 확대 발전과정에서 국부(國富) 신장과 상무 진흥의 중요성이 깊이 인식되고, 상인들의 양무활동 참여가 확대되면서, 그들이 주요 양무기업 운영을 주도하는 상황도 출현하였음을 살펴보았다.

특히 광서 초, 즉 1870년대 후반 화북 지역에서 대한재(大旱災)가 발생하자 상해 등지 신상(紳商)들이 적극적으로 구휼활동에 나서는 가운데, 전통적인 선당(善堂) 등을 연결고리로 하여 광역적인 구재(救災)조직을 결성하기도 하였으며, 그들은 스스로 그러한 활동의 자발성과 독자성을 강조하

---

103) 星斌夫, 위의 책, 402~403쪽.

기도 하였다. 이는 분명히 주목할 만한 현상으로, 일부 논자들은 이 점과 관련하여 중국에서의 '공공영역'의 출현, 도시적 상황에 대처하기 위한 신상들의 새로운 활동무대의 발전 등의 문제를 거론하기도 하였다.

그러나 동시에 그러한 측면이 일부 제한된 경우를 제외하고 이후 시기에 일반적으로 크게 확대 발전하지 못했다는 점도 간과할 수 없다. 직후의 시기에 일부 신상들이 관료적 통제가 강화되었음을 비판하기도 하였을 뿐만 아니라, 1900년대 상인들의 조직화가 상회(商會) 설립으로 본격화하는 단계에서도 그들에 대한 관의 영향력이 강하였음도 부정할 수 없다.

이러한 문제의식에서 이어 직후 시기, 특히 1880년대를 중심으로 국가권력과 지역 엘리트 관계의 재조정 측면을 구체적으로 살펴보면, 대체로 그 동안 활동영역이 확대된 도시 신상을 중심으로 한 지역 엘리트에 대한 권력 쪽의 접근과 통제가 폭넓게 진행되었음을 확인하였다. 이러한 움직임은 광서 초의 다방면에 걸친 집권적 체제정비 노력과 연관된 것으로 생각되는데, 일부 논자들은 감조(減租) 등으로 신사·지주층의 자기 절제를 확대하고, 아울러 그들에 대한 정당한 관료적 통제의 강화를 요구하기도 하였음을 볼 수 있었다.

뿐만 아니라 윤선초상국(輪船招商局) 등 양무기업에 참여한 유력 신상층이 인력충원이나 경영과정에서 '용인태람'(用人太濫) 등의 문제를 야기하자, 그들 기업에 대한 관료적 통제의 강화를 요구하는 주장이 확산되었으며, 결국 주요 양무기업에서 관권의 간섭·통제가 1880년대 중반 이후 크게 강화되었다. 따라서 그 동안 상판(商辦)에 중점이 있었던 관독상판제가 이후에는 독판(督辦)에 의한 감독을 강화하는 방향으로 변질되었으며, 주요 양무기업에서 상인들의 역할이 크게 축소될 수밖에 없었다.

재해구휼의 측면에서도 이홍장(李鴻章) 등 유력 지방관들이 의진(義賑)활동에 앞장선 유력 신상들에 접근, 장서(奬敍) 등으로 포섭해 들이며, 그들의 활동은 관진과 연관시키고자 하는 가운데, 재해구휼에서 관신합판의 필요성이 새삼스럽게 강조되기도 하였다. 그 과정에서 화북 진재 때 주도적 역할을 했던 경원선(經元善)과 정관응(鄭觀應) 등이 이홍장에 의해 양무 기업의 경영자로 발탁되면서, 이후 독자적이고 자율적으로 의진활동을 추진하려는 노력도 점차 약화되었다. 관료들이 장서의 수단으로 권연(勸捐) 활동을 펴며, 한편으로는 의진의 방법을 모방, 진휼활동을 펴기도 하여 구재에서 관신합판이 강조되는 가운데, 관료들의 주도권이 강화되면서 새롭게 부각되던 신상층 자율성 확대는 상당한 정도로 억제되었던 점이 주목된다는 것이다.

요컨대 청조의 집권적인 지배체제가 19세기 중반 대내외적인 위기를 맞아 크게 흔들리는 가운데 신사·상인·지주 등 지역 엘리트들의 활동영역이 확대되고 사회적인 영향력이 증대되며, 일시적으로나마 그들의 자율성이 강화되는 경향이 나타나기도 했으나, 1880년대에 들어서는 국가 지배체제의 정비가 폭넓게 확대되는 가운데, 그러한 흐름이 지속되기보다는 오히려 국가권력의 통제와 간섭이 강화되는 방향으로 관신·관상 관계의 재조정이 진행되었다는 것이다.

남경(南京)국민정부시기(1927~1937)의 향촌교육운동
─ 정책과 운동의 상이성을 중심으로 ─

이 재 령
_ 단국대 교양학부

1. 머리말

20세기 초기 신문화운동과 5·4운동을 거치면서 중국의 지식인들은 농촌사회가 이미 파탄지경에 이른 것으로 판단하였다. 1920년대 중국 교육계에서는 농촌현실에 관한 비판적 인식과 더불어 그 원인 및 해결책을 놓고 다양한 논의가 이루어졌다. 주로 국내외의 정치·경제·군사 요인이 지적되었는데, 농촌경제의 파탄에 따른 사회혼란과 교육위기를 심각하게 인식하였다. 중국 농촌이 제국주의와 군벌·관료·토호열신 등의 이중 핍박으로 파산되었으므로, 이러한 세력들이 없어진 뒤에야 새로운 경제기초를 세울 수 있고, 농민의 생계도 활기를 되찾을 수 있다고 보았다.[1] 요컨대 중국 교육계는 반제(反帝)·반봉건투쟁(反封建鬪爭)이란 정치적 혁명운동으로부터 농촌경제의 파탄과 그에 따른 교육위기를 해결할 수 있는 방안을 찾은 것이다.

또한 경제적으로 중국 농촌은 인구과밀, 경지부족, 조세가중, 재해빈발, 낮은 수준의 농산물 생산, 부업의 침체, 매매의 불공정, 고용비용의 과다, 빈약한 농업자본 등의 열악한 조건 때문에 민생문제가 자주 발생하였다. 이러한 영향으로 농업생산력은 감소되고, 생계마저 곤란해지면서 농민실

---

1) 丘學訓, 〈論評 ─ 中國農村敎育的危機〉, 《敎育雜誌》 第22卷 第2號, 1930. 2, 34341쪽.

업이 급증하여 농촌경제가 파산상태에 이르렀고, 이를 극복하기 위한 새로운 농촌교육의 필요성이 강하게 제기되었다.[2]

중국의 농촌문제는 정치·경제요인 말고도 문화요인도 큰 비중을 차지하였다. 신유가(新儒家)로 알려진 양수명(梁漱溟)은 거의 100년 동안 계속되는 중화민족 부진의 원인을 문화의 실패에서 찾았다. 19세기 중반 이후 서구열강과 부딪히면서 중국이 새로운 환경에 적극 대응하지 못했기 때문으로 본 것이다. 물론 아편전쟁 이후 양무운동(洋務運動), 변법자강운동(變法自強運動), 신문화운동(新文化運動) 등을 통하여 시대의 변화에 적응하려는 노력도 있었지만, 고유의 가치와 문화만 파괴되었을 뿐이다.[3] 이런 가운데 중국 교육의 외국화 현상이 심해졌는데, 무엇보다 미국 중심의 모방교육이 큰 문제점이었다. 왜냐하면 개인주의나 공리주의(功利主義)와 같은 서구 사조의 영향이 정치·경제·사회 분야뿐만 아니라 교육계까지 미치면서, 중국 사회 전체가 가치관의 혼란에 빠진 것이다.[4] 급속한 서구사상의 유입이 중국의 윤리도덕과 전통문화와 충돌할 수밖에 없었고, 그 과정에서 야기된 가치관의 상실을 중국의 근본 위기로 인식한 것이다.

이렇듯 1920년대 중국 농촌에 대한 위기의식이 팽배해지면서 다양한 극복책이 모색되었다. 그런 가운데 교육구국론에 의한 사회개조운동이 부각되었다. 이것이 곧 향촌교육운동으로, 농촌교육과 경제생활을 개선시켜 사회 안정을 도모하는 민족자구운동(民族自救運動)이었다. 이 운동은 중국인 대다수가 거주하던 농촌을 중국 사회의 기초이자 모든 문제의 출발점으로 인식하고, 국가를 구하려면 먼저 농촌을 구제해야 하고, 중국을 건설하려면 우선 농촌을 건설해야 한다는 향촌운동론에 근거하였다. 이 운동의 실천수단은 교육활동으로, 중국의 정치적 경제적 위기상황과 지리적 환경,

---

2) 陳耿光, 〈論評 — 中國農村與教育改造〉, 《教育雜誌》 第22卷 第11號, 1930. 11, 35771~35776쪽.

3) 唐現之, 〈鄉村建設運動中的幾個基本問題〉, 《中華教育界》 第22卷 第4期, 1934, 51쪽.

4) 李璜, 〈本國化的教育與外國化的教育〉, 《中華教育界》 第14卷 第7期, 1926, 1쪽.

고유의 민족성, 사회조직 등을 토대로 향촌교육운동이 제기되었다.

전통적으로 중국인들은 교육입국을 중시하여 교육의 사명이 국가발전에 있다고 믿었다. 그런데 수천 년 동안 지속된 유교이념과 전통교육이 서구의 거센 도전에 점차 약해져 소멸될 위기에 놓였다. 그 결과 중국인들은 고유의 윤리도덕을 잃고, 정신적 감응마저 일으키지 못한 채 시기와 알력만 넘쳐났다.[5] 특히 근대의 서구사상이 들어오면서 오직 개인만 존재할 뿐 국가란 구성체는 유치하게 조작된 허명(虛名)일 뿐이었다. 곧 개인의 개성 발전, 자유의 진작, 풍부한 인생 추구 등 서구사상이 지닌 긍정적 측면만 부각된 것이다. 이렇듯 황폐해진 교육현실에서 제기된 교육구국론은, 서구 지향의 교육을 극복하고, 새로운 향촌교육으로 시대 요구에 부응하려는 것이었다. 그런 주장들은 남경정부의 농촌교육정책과 민간의 향촌교육운동으로 실행에 옮겨졌고, 성격상 '개인'이 아닌 '국민'을 육성해야 한다는 국가주의교육[6]이나 교육공동체운동 양상을 띠었다.[7] 그 실천무대는 광범위한 향촌이었고, 정규·비정규 학교는 물론 다양한 사회기관들을 통하여 민간 차원의 운동으로 전개되었다.

그 동안 중국의 향촌교육운동 연구는 크게 세 방향으로 이루어졌다. 첫째는 근현대 교육사와 교육사상사에 관한 통론적(通論的) 연구로서, 사회교육·민중교육·평민교육과 관련지어 농촌운동의 이론과 활동, 역사적 사회적 배경과 성과들을 체계적이며 종합적으로 정리하였다.[8] 둘째는

---

5) 余家菊,〈敎育建國論發微〉,《中華敎育界》第14卷 第7期, 1926, 1~2쪽.

6) 李璜,〈本國化的敎育與外國化的敎育〉,《中華敎育界》第14卷 第7期, 1926, 2~5쪽. 훈정시기 국민당의 당치교육방침이나, 각종 교육정책과 교육활동은 민주적 소양과 자질을 갖춘 '개인'보다 삼민주의에 충실한 '국민'을 기르는 데 초점을 맞춘 국가주의교육이었다.(이재령,《현대중국과 지식인－남경국민정부의 교육·언론정책과 지식인의 대응》, 신서원, 2003, 49~78쪽 참조)

7) 예컨대 양수명의 향촌건설운동은 남경정부시기 향촌교육공동체의 대표적 사례로 들 수 있다.(이재령,〈20세기 초반 中國鄕村敎育運動의 사상적 모색－儒敎理念의 持續과 變容〉,《東洋史學硏究》91, 2005 참조)

8) 주요 연구서로는 高奇,《中國高等敎育思想史》, 北京: 人民敎育出版社, 2001과《中國

1920년대 후반 이후 각종 농촌교육운동에 초점을 맞추어 중화평민교육촉
진회(中華平民敎育促進會), 중화직업교육사(中華職業敎育社), 중화교육개진
사(中華敎育改進社), 산동향촌건설연구원(山東鄕村建設硏究院) 등이 추진한
활동을 실증적으로 파악하여, 개별운동의 실상과 특징, 상호 관련성을 규
명하였다.9) 셋째는 농촌교육운동을 이끈 안양초(晏陽初), 황염배(黃炎培),
도행지(陶行知), 양수명(梁漱溟) 등의 교육이론과 사상 및 활동상을 중심으
로 인물의 개별연구와 상호 비교분석이 활발하였다.10) 기존 연구는 훈정
시기에 이루어진 향촌교육운동의 실상과 주체들에 관한 개괄적 이해를 가
능하게 했다. 또한 서구사상이나 전통가치에 근거한 향촌교육을 민족자구

現代敎育史〉, 北京師範大學出版社, 1985; 郭齊家,《中國敎育思想史》, 臺北: 五南圖書
出版公司, 1990; 敎育部 主編,《中華民國建國史》第三篇, 統一與建設 3, 臺北: 國立編
繹館, 1989; 孫培靑,《中國敎育史》, 上海: 華東師範大學出版社, 2000; 孫培靑·李國
鈞,《中國敎育思想史》第3卷, 上海: 華東師範大學出版社, 1995; 王建軍,《中國敎育史
新編》, 廣州: 廣東高等敎育出版社, 2003; 王炳照·閻國華 主編,《中國敎育思想通
史》第7卷, 湖南敎育出版社, 1994; 熊明安,《中華民國敎育史》, 重慶出版社, 1997; 熊
明安·周洪宇,《中國近現代敎育實驗史》, 濟南: 山東敎育出版社, 2000; 李桂林,《中
國現代敎育史》, 長春: 吉林敎育出版社, 1991; 李華興,《民國敎育史》, 上海敎育出版
社, 1997; 張惠芬·金忠明 編著,《中國敎育簡史》, 上海: 華東師範大學出版社, 2001;
鄭世興,《中國現代敎育史》, 臺北: 三民書局, 1981; 馮開文,《中華民國敎育史》, 北京:
人民出版社, 1994; 何國華,《民國時期的敎育》, 韶關: 廣東人民出版社, 1996; 華東師範
大學敎育系 編,《中國現代敎育史》, 上海: 華東師範大學出版社, 1983 등이 있다.

 9) 李炳株,《知識人과 社會改革 － 중국현대대중교육운동》, 경산: 영남대학교출판부,
1996; 小林善文,〈鄕村建設運動と中華職業敎育社〉,《硏究紀要》11, 明石短大, 1982;
森紀子,〈1920年代の思潮と〈鄕村建設理論〉の形成〉,《文化學年報》18, 神戶大學大
學院, 1999. 3; 中央文化工作會,《中國國民黨與文化敎育》, 臺北: 正中書局, 1984와《中
國國民黨與社會建設》, 臺北: 正中書局, 1984; 鄭大華,《民國鄕村建設運動》, 北京: 社
會科學文獻出版社, 2000.

10) 菊池貴晴,〈黃炎培と中華職業敎育派について(上) － 中國民族資本革命化の一過
程〉,《福大史學》第31卷, 福島大, 1982; 河田悌一,〈傳統から近代への模索 － 梁漱溟
と毛澤東〉, 小島晋治 編,《現代中國 － 歷史と近代化》第4卷, 岩波書店, 1989; 沈灌群·
毛禮銳,《中國敎育家評傳》, 上海敎育出版社, 1989; 張曉唯,《蔡元培與胡適 1917～
1937 － 中國文化人與自由主義》, 中國人民大學出版社, 2003; 楊承彬·鄭大華·戴景
賢,《胡適·梁漱溟·錢穆》, 臺北: 臺灣商務印書館, 1978; 汪東林,《梁漱溟與毛澤東》,
湖北人民出版社, 2003.

운동의 차원에서 분석하여 공산당의 농촌혁명근거지운동과 구별되는 남경정부의 농촌개량운동에 관한 연구 지평을 넓혔다.

훈정시기의 중국 교육은 정책이나 실제 활동에서 국민당의 관리와 통제를 벗어날 수 없었다. 그러므로 남경정부의 농촌교육방침과 농촌교육 및 민간 주도로 이루어진 향촌교육운동 사이의 간극을 정확히 파악할 필요가 있다. 곧 향촌교육을 둘러싼 정부정책과 민간운동의 이론과 사상적 모색, 실천과정 등을 서로 관련지어서 그 실효성을 검토해야 한다. 왜냐하면 국민당 정부의 농촌교육정책이 민간운동에 얼마나 영향을 주었고, 교육현장에서 어떻게 수용되고 이행되었는지를 파악하는 것이 공산당과 다른 방향으로 전개된 농촌운동의 실체를 밝힐 수 있는 관건이기 때문이다. 또한 남경정부의 농촌교육정책과 향촌교육운동을 분석함으로써, 그 동안 공산당 위주로만 논의된 1930년대 중국 농촌운동의 전체상(全體像)을 이해할 수 있다.

2. 중국국민당의 농촌교육정책

근대 이후 중국 교육의 변천을 서구의 영향과 관련지어 살펴보면, 동치(同治) 원년(1862)부터는 언어적 모방시기, 광서(光緖) 11년(1885)부터는 군사적 모방시기, 광서 21년(1895)부터는 과학기술적 모방시기, 무술변법(戊戌變法)시기는 정치법률적 모방시기, 청말(淸末)부터 5·4운동까지는 군국민교육시기, 5·4운동부터는 민본주의와 실용주의교육시기, 1928년 북벌(北伐) 완료 이후는 당화교육(黨化敎育) 또는 삼민주의(三民主義)교육시기, 그리고 민족주의교육시기로 구분할 수 있다. 사실상 근대교육이 본격화된 군국민교육시기의 교육취지 5대 강령은 '충군(忠君)·존공(尊孔)·상공(尙公)·상무(尙武)·상실(尙實)'이었다. 이 시기에 중소학당(中小學堂)의 각종 교과서는 군국민주의를 필수로 국문·역사·지리 등의 공통과목과 군사실무·

음악·시가(詩歌) 등을 가르쳤다. 얼마 뒤인 중화민국 원년(1912)에 교육부
는 "도덕교육을 중시하여 실리교육과 군국민교육으로써 이를 보완하며,
미감교육으로 도덕을 완성한다"고 하는 내용의 교육종지(敎育宗旨)를 발표
하였다. 또한 원세개(袁世凱)가 내세운 교육이념은, 나라를 사랑하고, 무예
를 숭상하며, 실질을 좇고, 공맹(孔孟)을 본받으며, 가치를 중히 여기고, 탐
쟁(貪爭)을 삼가며, 승진욕을 경계한다는 내용이었다.[11] 이처럼 중화민국
초기까지의 교육은 청말 중체서용론(中體西用論)의 연속으로 복고주의 성
향이 강하였다.

1915년 《신청년》(新靑年) 창간을 계기로 불붙기 시작한 신문화운동은
'민주'와 '과학'을 내걸고 전면 교육개혁을 주장하였다. 그 방향은 크게 두
가지로, 전통교육의 이념 토대인 유교에 대한 비판과 아울러 현대교육체
제의 확립이었다. 이 과정에서 두각을 나타낸 교육사상이 평민주의교육이
었다. 이 교육사상은 '민중이 주인이고 정부는 공복(公僕)'인 민주국가를
실현하기 위해 민중에게 각종 권력을 부여해야 하는데, 그 안에 교육권까
지 포함시킨 것이다.[12] 그러므로 넓은 의미에서 본다면 평민교육은 모든
봉건제 교육을 반대한 것이지만, '평민'의 의미나 교육 내용과 목적에서는
차이가 컸다. 예컨대 공산주의자들은 평민교육을 계급투쟁의 유효한 수단
으로 인식한 반면, 안양초(晏陽初), 도행지(陶行知) 등은 교육운동에 의한
사회개량의 한 방법으로 실천하였다.

때마침 1920년을 전후로 2년여 동안 중국에 머물렀던 존 듀이의 영향으
로 중국 교육계에서 민본주의와 실용주의가 크게 유행하였다. 형식면에서
도 서구 지향의 교육체제와 교학방법이 급속히 확산되어 갔다.[13] 무엇보
다도 듀이의 사회개량론은 중국 지식인들에게 교육구국의 필요성과 가능

---

11) 朱賓昌, 〈從對中國過去敎育之批判說到今後鄕村師範敎育之使命及前途〉, 《鄕村建
　　設半月刊》 第6卷 第7期, 1936. 11. 16, 1~4쪽.
12) 李華興, 《民國敎育史》, 上海敎育出版社, 1997, 331~332쪽.
13) 熊明安, 《中華民國敎育史》, 重慶出版社, 1997, 84~90쪽.

성을 확실히 제시하였다. 그 결과 중화평민교육촉진회(中華平民教育促進會), 중화직업교육사(中華職業教育社), 중화교육개진사(中華教育改進社) 등이 조직되었고, 서구사조를 향촌사회에 이식시키는 방식으로 교육구국운동이 진행되었다.[14]

1928년 6월 북벌을 끝낸 남경정부는 훈정(訓政)을 시작하면서 당화교육(黨化教育), 삼민주의교육(三民主義教育), 민족주의교육(民族主義教育)을 적극 추진하였는데, 이 시기에 농공교육(農工教育)도 본격화되었다. 그 이유는 국민혁명의 목적이 전민해방(全民解放)이었고, 농공해방이 그 관건으로, 중국인의 85퍼센트 이상이 농민·공인이었기 때문이다.[15] 남경정부의 교육정책은 '이당치국'(以黨治國)이란 훈정지침이 그대로 적용되어 '이당치교'(以黨治教)를 원칙으로 모든 교육활동에서 당의 이념과 정책이 우선 반영되었다. 따라서 농공교육은 농민·공인들로 하여금 국민당의 이념과 정책을 올바로 이해하고 실천하며, 아울러 근대국가의 공민으로서 자질을 갖추는 데 주력하였다. 그 가운데 가장 중점을 둔 교육내용이 문맹퇴치, 곧 식자(識字)교육으로, 농민·공인들에게 글을 가르쳐 책을 볼 수 있도록 만드는 데 정책적 관심이 집중되었다.[16] 국민당은 훈정을 시작하면서 시급한 교육과제로 민중지식의 계발을 들었고, 그 가운데서도 식자교육이 최우선이었다. 당시 전국의 문맹률을 조사했는데, 총인구의 70퍼센트, 곧 2억 8천만 명 이상이 글을 읽고 쓰지 못하였다. 이 때문에 남경정부는 각 성과 특별시 단위로 식자운동선전위원회(識字運動宣傳委員會)를 조직하고 온갖 방법을 동원하여 문맹퇴치에 적극 나섰다.[17]

---

14) 朱寶昌,〈從對中國過去教育之批判說到今後鄉村師範教育之使命及前途〉,《鄉村建設半月刊》第6卷 第7期, 1936. 11. 16, 5쪽.

15) 顧克彬,〈農工教育實施計畫大綱〉,《中華教育界》第17卷 第1期, 1929, 1쪽.

16) 徐錫齡,〈中國之文盲問題〉, 中國國民黨中央委員會 黨史思料編纂委員會 編,《革命文獻 第55輯: 抗戰前教育概況與檢討》, 中央文物供應社, 1971, 392~416쪽.

17)〈教育部公布識字運動宣傳計劃大綱〉, 中國第二歷史檔案館 編,《中華民國史檔案資料滙編》第五輯 第一編, 江蘇古籍出版社, 1994(이하《檔案資料》약칭), 694~698쪽.

이 밖에 농민·공인으로 하여금 최저한도의 상식과 능력을 갖추고, 단체를 조직할 수 있도록 하며, 자위(自衛)를 위한 무장과 경제개선을 스스로 도모할 수 있도록 가르쳤다.18) 훈정시기에 가장 필요한 공민의 자질은 완전한 지방자치능력과 공공의식을 토대로 한 정치훈련이었다. 국민당은 그 기초 작업으로 식자교육과 아울러 사회교육에 주의한 것이다. 사회교육의 내용은 다양했지만 개인보다 단체와 국가를 소중히 여기며, 공공성과 헌신성을 높이는 데 초점이 맞추어졌다.19) 이처럼 국민당의 농공교육정책과 실제 교육과정에서 가장 두드려진 점은 당성(黨性)과 공공성(公共性)을 갖추는 것이었다.

농공교육을 직접 주관한 민중학교는 12세부터 50세 이하의 남녀 무학자(無學者)를 대상으로 최소 3개월 동안 매주 12시간의 수업을 실시하였다. 수업방식은 교재학습 이외에 강연·전람회·영화·오락 등의 방식으로 진행되었다. 교과과정은 식자·삼민주의·상식·주산 및 필산(筆算)·음악을 기본과목으로, 역사·지리·자연·위생 등에 관한 교재와 지역실정에 알맞은 농업이나 공업·상업 과목이 개설되었다. 민중학교는 개인이나 단체에 의해 설립되었지만, 반드시 해당 현·시 교육행정기관의 허가를 받아야 했고, 운용과정에서도 지속적으로 관리 감독을 받았다.20)

농공교육의 방법은 크게 세 가지로, 학교교육·사회교육·행정조직에 의해 진행되었다. 가장 큰 비중을 차지한 학교교육은 평민교육의 형식으로, 각 지역의 소학교나 기타 공공장소를 빌려서 사용했다. 교육대상은 농민·공인들 가운데 배울 시기를 놓쳐 버린 성인들로, 16세 이상부터 50세 이하까지 강제로 입학시켰고, 50세 이상의 청강은 본인의 자유의사에 맡겼다. 수업기한은 매일 오전 1시간씩 6개월간 학습한 후 졸업이 가능하였다. 여기서 교사자질이 매우 중요하였는데, 교육과정 가운데 국민당의 이

---

18) 趙晃,〈農工政策下之農工敎育〉,《中華敎育界》第17卷 第1期, 1929, 2~3쪽.
19)〈國民黨中央秘書處轉送〈各級黨部辦理社會敎育計劃大綱〉函〉,《檔案資料》, 699쪽.
20)〈敎育部公布民衆學校辦法大綱〉,《檔案資料》, 693쪽.

넘과 정책 등을 체계적이며 효율적으로 가르쳐야 했기 때문이다. 농공교사의 자격조건은 삼민주의를 충실히 따르며, 농민·공인에 대해 깊은 애정이 있고, 이들과 늘 고난을 함께할 수 있으며, 특수한 기능훈련을 받은 자로 제한되었다.[21]

남경정부의 〈농공교육실시계획대강〉을 살펴보면 모두 23개의 조례로 되어 있다. 주요 내용은 "농촌에 적합한 농민보습학교(農民補習學校)를 세워 농민의 생활지식과 기능을 증진시킨다. 농공구락부를 조직하여 단체생활을 훈련하고 농공대연합을 도모한다. 농공대학을 설립하여 농공보습학교의 발전을 도와준다. 농공교육관을 설립하여 일반 농공들에게 상식을 주입시킨다. 농공문제연구소를 조직하여 농공교육문제를 연구한다. 평민교육의 확충에 노력하며 향촌교육의 보급을 도모한다. 각 향촌사범학교로부터 향촌소학에 이르기까지 모두 국민당의 당의(黨義)를 선전하고 농민·공인이 삼민주의를 철저히 이해하도록 만든다. 향촌사범학교를 확충하여 소학교사를 양성하고, 이들에 의해 농민교육의 보급을 도모한다" 등으로, 교육기관을 통한 농공기술과 정치이념 교육이 주류였다. 그런데 농공교육의 최종 목적은 "혁명화의 교육역량으로 민족주의를 발양하고, 평민화의 교육역량으로 민권주의를 완성하며, 과학화의 교육역량으로 민생주의를 실현하는 것"이었다.[22] 요컨대 농민·공인의 '국민'으로서 자질을 향상시키고 삼민주의를 실천함으로써 훈정을 공고히 하는 것이 농공교육의 완성이었다.[23]

---

21) 趙冕, 앞의 글, 4쪽.

22) 顧克彬, 앞의 글, 1~2쪽.

23) 농공교육의 목표실현 여부는 《건국대강》 제16조 "한 성의 전체 현이 모두 완전 자치에 도달하였을 때 헌정을 개시하는 시기이다"와 제8조 "자치의 도달은 한 현의 인민이 아래의 일곱 가지 조건을 갖추었을 때이다"라는 규정에 따르는데, 제8조의 일곱 가지 조건은 전현(全縣)을 대상으로 "정확한 인구조사, 토지측량 완료, 경위대책 완비, 사방도로의 축조 완성, 4권운용의 훈련 완료, 국민의 의무 완수, 혁명이념의 결의 및 실행"이었다.(趙冕, 앞의 글, 12~13쪽)

따라서 국민당이 북벌을 마친 후 가장 먼저 실시한 교육정책은 농공교육으로 삼민주의교육의 강화, 평민교육과 향촌교육의 보급을 통한 훈정체제의 확립을 추진하였다. 구체적 교육내용은, 훈정에 따른 당화교육(黨化敎育)과 더불어 식자교육, 단체생활화, 농촌생활교육, 삼민주의교육 등이었다. 이러한 농공교육과정은 학습대상이나 교학내용에서 민중교육·평민교육·사회교육과 별다른 구분 없이 함께 진행되었다.

사회교육과 관련하여 1929년 남경정부가 공포한 〈중화민국 교육종지 및 실시방침〉에 포함된 사회교육조항을 살펴보면, "사회교육은 반드시 인민들로 하여금 국제정황을 인식하도록 만들고, 민족주의를 이해하며, 근대도시와 농촌생활의 상식을 구비하고, 가정경제를 개선시킬 수 있는 기능을 닦으며, 공민자치에 필요한 자격을 갖추고, 공공사업 및 산림녹지를 보호하는 습관을 기르며, 양로·구휼·방재의 상부상조하는 미덕을 갖추도록 한다"는 내용이었다. 따라서 사회교육의 목표는 근대국가의 공민, 곧 '국민'으로서 반드시 갖추어야 될 자질과 능력을 기르는 데 있었다.[24]

사회교육을 주관한 기관은 다양하였는데, 크게 학교식과 사회식으로 구분된다. 전자는 민중학교·민중식자처·농업보습학교·부녀보습학교·체육전습소·상업보습학교·공업보습학교와 같이, 사회교육의 범위에 속한 교육기관이었다. 후자는 민중문자(民衆問字) 및 대필처(代筆處)·통속강연소(通俗講演所)·도서관·공공체육장·교육관·공원·극장·고물보존소·박물관 등 학교 이외의 사회기관과 각종 시설들이 총망라되었다.[25] 교육내용은, 정규교육을 받지 못한 성인을 중심으로 식자교육·공민의식·당의교육 과정을 통해 근대 공민으로서의 자질을 갖추도록 했다. 이와 같이 비정규의 다양한 형식으로 진행된 사회교육이라 할지라도 당치교

---

24) 얼마 뒤 교육부 교육방안위원회가 제정한 사회교육의 목표는 일곱 가지로 공민교육·농공상보습교육·식자교육·건강교육·미화교육·특수교육·가정교육으로 나누어 전개되었다.(鄭世興, 《中國現代敎育史》, 臺北: 三民書局, 2000, 246~248쪽)
25) 위의 책, 249쪽.

육방침은 그대로 적용되어, 모든 교육계획과 활동에 대해 국민당이 엄격히 지도 감독하였다.[26] 한 예로 국민당 중앙은 각종 사회교육기관에서 당의교육정신을 위반하지 못하도록 특별법을 제정 공포하였다. 그 내용을 보면 "당의교육의 취지와 정신을 위반한 자, 각급 당부 및 교육행정기관의 규정을 준수하지 않은 자, 국기(國旗)와 당기(黨旗), 총리(總理; 孫文)의 초상·저서·유촉(遺囑) 등을 고의로 모욕한 자" 등 단속대상이 매우 광범위하였다.[27] 이처럼 포괄적인 규제와 간섭 때문에 사회교육은 농촌생활 속에서 자연스럽게 이루어지는 식자운동(識字運動)이나 단체훈련이 아닌 국가권력에 의해 강요된 교육활동으로 왜곡되었다. 그러므로 사회교육은 다른 당의교육·공민교육·군사교육과 마찬가지로 훈정을 강화시키려는 수단으로 인식될 뿐이었다. 실제 교육과정에서도 당의 지도와 감독이 일상화되었기 때문에, 본래 취지와는 다르게 의식교육과 통제의 방향으로 변질되었다.

국민당의 민중교육은 본래 손문 유촉 가운데 '환기민중'(喚起民衆)이란 구절에 근거한 것으로, 교육적 의미를 중시하였다. 남경정부 초기에 실시된 평민식자운동이나 공민교육·생계교육·평민교육 등은 모두 혁명적 민중교육의 범위에 포함된 것으로, 학교교육이 아닌 사회교육의 범주에 속하였다. 내용면에서는 식자교육을 중심으로, 배우지 못한 성인들에게 최저한도의 국민교육을 실시하여 삼민주의를 완성하는 것이 교육의 기본 취지였다. 민중교육의 목표는 크게 민족주의·민권주의·민생주의로 나뉘었는데, 모두 77가지의 세부 항목이 있었다. 대략 민족주의의 목표는 올바른 현실인식과 고유의 윤리도덕 및 자신감 회복, 문자교육 등이었고, 민권

---

26) 남경정부는 1929년에 전국의 사회교육행정을 관장하기 위해 교육부 안에 사회교육사(社會敎育司)를 두고, 지방은 각 현시 교육국에 사회교육과를 설치하여 중앙·성(시)·현(시)의 3단계 관리체계를 갖추었다.(위의 책, 242쪽)
27) 〈國民黨中央執行委員會抄送〈取締各種社會敎育機關違背黨義敎育精神通則〉致國民政府函〉, 《檔案資料》, 691~692쪽.

주의는 국민당의 역사와 이념, 각종 민권보장과 주권의식, 무장자위 등이 포함되었다. 민생주의의 교육목표는 경제활동과 생활교육, 직업교육, 의식주 개선 등이었다.[28] 이처럼 민중교육은 식자교육에 의한 문맹퇴치를 기본활동으로, 민중을 조직하고 훈련시키며, 각 지역의 자치·위생·보위·방역·소방·제방축조·도로보수·조림 및 농업생산개선 등을 통하여 공공사업을 발전시키는 데 주력하였다.

요컨대 국민당의 농촌교육정책은 중국인의 대부분을 차지한 향촌 농민이 주요 대상이었고, 평민교육·농공교육·사회교육·민중교육의 형태로 전개되었다. 각각의 교육내용은 식자와 공민 교육을 공통으로, 당의(三民主義)교육과 단체훈련의 비중이 높았고, 농촌생활개선에 관한 활동도 포함되었다. 국민당이 무엇보다 적극적이었던 식자교육과 삼민주의교육은 장기 지속적으로 추진된 농공·민중·사회 교육의 기본과정이자 농촌교육정책의 핵심이었다. 이런 점에서 농촌교육의 정책목표는 훈정(訓政)과 헌정(憲政)에 필요한 자질을 갖춘 '국민'을 양성하는 데 있었다.[29]

3. 향촌교육운동의 모색

1920년대 들어서 총체적 위기에 빠진 중국은 새로운 사회개조운동을 펼쳤다. 이 운동은 농촌에서 시작되었는데, 중국인 대다수가 농촌에 살고 있었고, 대부분 지역이 향촌에 속한 농업국가로서 농업의 소재지였기 때문이다. 또한 제국주의의 경제침략이 전국으로 확산되었지만, 도시와 비교할 때 향촌이 영향을 덜 받았고, 도시에 비하여 구제도 쉬웠다.[30] 따라서 위

---

28) 〈國民黨中央訓練部擬訂的〈三民主義民衆教育具備的目標〉〉, 《檔案資料》, 700~705쪽.
29) 張炯, 〈三年來之中國民衆教育〉, 《革命文獻 第55輯: 抗戰前教育槪況與檢討》, 422쪽.
30) 陳禮江, 〈鄕村教育與鄕村運動〉, 《中華教育界: 鄕村運動與鄕村教育專號》 第22卷 第4期, 1934, 23쪽.

기에 빠진 중국을 구하려면 먼저 농촌을 구제해야 하고, 중국을 건설하려
면 반드시 향촌을 먼저 건설해야 했다. 그러므로 향촌이 중국 사회의 기초
이며 모든 문제의 근원이라는 점에서 향촌운동은 민족부흥의 출발점으로
인식되었다.

　향촌운동은 농촌을 구제하고 개조하려는 것으로, 농업보급·농촌합
작·향촌자치·향촌위생·향촌교육 등과 같이 다양한 형태로 전개되었
다. 각 운동은 사상배경과 활동내용에 따라 실천방법이 달랐지만, 모두 향
촌 개선을 지향하였다. 또한 대외적으로는 무력침략의 방어, 불평등조약의
취소, 수입관세의 인상, 외국인 투자 제한, 아편수입 금지 등 반제(反帝)를
내세웠고, 대내적으로는 인민부담의 감소, 지나친 이윤착취의 엄금, 토호
열신의 제거, 토지제도의 개선, 군벌전쟁의 취소 등 반봉건(反封建)의 색채
를 띠었다. 활동내용에서는 지권이익(地權利益)의 평균화, 병농정책의 실
행, 지방자치의 실시, 교량도로의 건설, 농민조직의 격려, 실업자의 구제
등 '정치건설'과, 교육사업, 위생사업과 풍속개량, 미신타파, 사교촉진, 예
절연구 등의 '예속사업'과, 농업개량, 황무지 개간, 조림(造林), 합작사 조
직, 수리(水利) 개선, 부업 제창, 재난 방비 등의 '경제건설'을 동시에 추진
하였다.31)

　향촌운동은 개인과 단체에 의해 여러 가지 방식으로 진행되었는데, 대
략 10여 종으로 나눌 수 있다. 먼저 국민당이 관리한 농민운동은 손문의
지권평균(地權平均)과 경자유전(耕者有田)을 근거로 이오감조(二五減租)를
시행하면서 민중조직을 운용하고 민중역량을 일깨우는 데 주력하였다. 양
수명(梁漱溟)의 촌치파(村治派)는 고유의 윤리도덕을 토대로 정치와 교육을
일치시키고, 합작사(合作社) 위주의 경제활동을 통한 향촌건설을 도모하였
다. 효장파(曉莊派)의 조숙우(趙叔愚)는 교육권의 대중화와 더불어 농민의
지식·조직·경제 교육에 치중하였고, 도행지(陶行知)는 공학단(工學團),

---

31) 傅葆琛, 〈鄕村運動中之鄕村敎育〉, 《中華敎育界》 第22卷 第4期, 1934, 15~17쪽.

농학단(農學團), 소선생제(小先生制)의 생활교육방식으로 사회개선과 농민구제에 앞장섰다. 안양초(晏陽初)가 이끈 평민교육회파는 가난·어리석음·나약함·사사로움을 사회병리현상으로 보고, 현을 단위로 농촌교육과 경제개량 활동을 폈다. 왕조명(汪兆銘)이 주도한 농촌부흥위원회는 농업건설을 위주로 군사·정치·교통 건설을 병행하였다. 강문어(江問漁), 황염배(黃炎培) 등의 중화직업교육개진사(中華職業敎育改進社)는 농촌의 교육·경제·정치 개선을 목표로 직업교육을 실시하였다. 고양(高陽)의 무석교육학원(無錫敎育學院)은 교육역량에 의한 향촌건설을 전개하고 민중조직을 중심으로 정치와 교육의 일치를 꾀하였다. 이 밖에 풍화법(馮和法)의 사회주의교육과 뇌패홍(雷沛鴻)의 국민기초교육, 그리고 장최고(莊崔古), 양개도(楊開道), 천가구(千家駒) 등 대학교수들이 주도한 개별적 향촌교육운동이 있었다. 이러한 운동은 농촌파산의 원인을 경제적 요인보다 제국주의와 봉건세력에 의한 정치적 산물로 보는 인식이 강하여, 반제·반봉건의 정치투쟁이 빈궁을 벗어나기 위한 선결조건이라고 인식하였다.[32]

향촌운동을 주요 활동으로 구분해 보면, 중화평민교육촉진회의 정현(定縣)실험구는 평민교육, 중화직업교육사의 서공교(徐公橋)실험구는 생계(생산)교육, 강소교육학원(江蘇敎育學院)의 북하(北夏)·혜북(惠北)실험구는 민중교육이 중심이었다. 또한 산동향촌건설연구원의 추평(鄒平)·하택(荷澤)실험구는 향촌건설, 북평(北平)사범대학의 온천신장(溫泉辛莊)실험구는 사범교육, 강소 의무교육연합판사처(義務敎育聯合辦事處)의 중냉촌(中冷村)실험구는 소학교육 등 각 실험구마다 주요 활동내용이 달랐다. 그러나 교육활동이 핵심역량이었던 점에서 모두 일치하며, 각종 향촌운동을 추진, 연계시켜 주는 중심고리 역할을 하였다. 그러므로 향촌운동은 향촌교육·향촌개진·농촌개진·농민교육·향촌건설·농촌부흥 등으로 불렸지만, 사실상 향촌교육운동으로 농촌교육활동이 그 중심에 있었다.

---

32) 姜琦, 〈鄕村敎育的動向〉, 《敎育雜誌》 第25卷 第11號, 1934, 40947~40948쪽.

향촌운동은 농촌실험구의 각종 학교와 사회기관 등을 통해 진행되었는데, 추진주체에 따라 실행방식이 달랐다. 첫째는 가장 대표적 방식인 개인이나 단체가 경비를 모아 전문인력을 특파하고, 지정된 구역 안의 지도자와 연계된 것으로, 중화직업교육사의 서공교향촌개진구(徐公橋鄕村改進區), 중화평민교육촉진회의 정현평민교육실험구(定縣平民敎育實驗區) 등이 여기에 속하였다. 둘째는 지역인사들을 중심으로 단체가 조직 운영되는 방식인데, 하남(河南) 안양현(安陽縣) 중산촌(中山村)의 자치사(自治社), 강소(江蘇) 태창현(太倉縣)의 장경교향촌개진사(長涇橋鄕村改進社) 등이 있었다. 셋째는 학교 부근의 농민을 대상으로 교육기관이 개선활동을 폈는데, 각 지역의 향촌사범학교와 향촌소학에서 시행하는 방식으로 연경대학(燕京大學) 사회학계(社會學系)의 청하시험구(淸河試驗區)가 대표적이었다. 넷째는 농민교육관이나 향촌민중교육관 등에서 운영하는 것으로, 각 지역기관들에 의해 농촌교육사업이 활발히 펼쳐졌다. 다섯째는 각 성의 행정기관에서 주관하는 형식으로, 농촌에서 활동할 인재를 훈련시킨 후 각 지역에 분산시켜 민중학교를 조직하고, 그곳을 중심으로 개선활동을 폈는데, 산동향촌건설연구원(山東鄕村建設硏究院)이 그런 예이다. 여섯째는 정부가 직접 재원과 인력을 보내어 운영하는 것으로, 경제위원회 강서판사처(江西辦事處)가 임천현(臨川縣)에서 실시되었다. 일곱째는 종교 부설 단체가 주관하는 것으로, 소주기독교육청년회(蘇州基督敎育靑年會) 부설 유정산향촌복무구(唯亭山鄕村服務區)에 있었다. 여덟째는 농업교육기관이 농작물의 우량종자와 새로운 농사방법을 보급하는 방식으로, 금릉대학(金陵大學) 농과에서 안휘(安徽) 오강추광구(烏江推廣區)를 운영하였다. 아홉째는 향촌보위를 담당한 기관에서 추진하는 것으로, 하남 진평현(鎭平縣)이 본보기였다.[33]

향촌교육은 사회운동의 하나로 추진주체가 성공의 관건이었다. 기존 향촌운동을 이끌던 유학생 출신, 유학자(儒學者), 기독교인, 지방 신사층, 지

---

33) 江問漁, 〈農村改進與農村敎育〉, 《中華敎育界》 第22卷 第4期, 1934, 7쪽.

식인, 정치와 경제지도자, 농공합작사, 토호열신, 학교선생, 대학교수, 관료, 대학·사범학교 졸업생 등을 대신하여, 세계 흐름을 파악하는 원대한 통찰력과 강인한 정신 및 관용을 가진 향촌지도자가 요구되었다.[34] 이 때문에 도시지식인을 혁명적 지식인으로 바꾸고, 이들을 다시 향촌민으로 변화시키는 것이 필요하였다. 이런 과정을 거쳐 둘 사이에 차이가 없어졌을 때 중국 문제는 해결될 수 있었다.[35] 그러므로 향촌운동은 공산당의 농촌혁명근거지처럼 정치적 경제적 계급투쟁이 아닌 교육적 수단으로 가능하며, 그 핵심은 향촌인재의 양성에 있었다.

그런데 향촌운동지도자들은 교육의 목표·내용·형식에서 조금씩 차이가 있었다. 예컨대 고매(古楳)는 민족주의의 발전, 애향과 자치능력의 배양, 민권신장, 사회문화수준의 향상 등을 목표로 삼았다. 곽인전(郭人全)은 중국현대화와 농촌현대화를 목표로, 생산적 지능, 과학적 두뇌, 노동의식, 건전한 심신, 단결호혜의 정신 등을 기르는 데 주력했다. 서신성(舒新城)은 새로운 교육방향으로 경제독립을 위한 생산교육, 자위(自衛)를 위한 군사교육, 민중이 국사를 책임지는 민치교육, 교육보급을 위한 교사시험제 등을 제시하였다. 양수명(梁漱溟)은 농촌개진방안으로 사회 중심의 교육과 자치를 주장하였는데, 촌학·향학·향농학교를 통해 윤리본위의 향촌건설운동을 전개하였다. 도행지(陶行知)는 향촌의 생활교육을 '교학주합일'(敎學做合一) 방식으로 실천하였고, 안양초(晏陽初)는 '문맹을 없애고, 신민(新民)을 만드는 것'을 교육이상으로 삼아 4대 교육을 실시하였다.[36] 이 밖에 조숙우(趙叔愚)는 농민교육을 기본·정치·생산 훈련으로 나누었는데, 기본훈련이란 상식과 일상의 능력을 기르는 것이고, 정치훈련은 조직을 갖추어 민권을 획득할 수 있도록 가르치는 것이며, 생산훈련은 농민의 생

---

34) 여러 향촌운동에서 사범교육이 무엇보다 강조된 이유가 바로 여기에 있었다.(張宗麟, 〈鄕村運動與鄕村敎育的人才問題〉, 《中華敎育界》 第22卷 第4期, 1934, 35~37쪽)
35) 唐現之, 〈鄕村建設運動中的幾個基本問題〉, 《中華敎育界》 第22卷 第4期, 1934, 52쪽.
36) 劉伯英, 〈中國農村敎育改造之途俓〉, 《中華敎育界》 第22卷 4期, 1934, 82쪽.

산을 늘릴 수 있도록 만드는 것이었다. 이러한 교육들은 국민당의 교육정책에 근거한 것으로 향촌운동과정에서 농촌개진회를 중심으로 자치를 추진하였는데, 전국 규모의 자치실현이 훈정의 끝이자 삼민주의혁명의 완성을 의미하였다.[37]

향촌운동에서 자급·자립·자치는 곧 중국 농촌의 경제·교육·정치란 세 방면에서 추구하는 최종목표였다. 다만 비중에서 남경의 효장사범이나 무석(無錫)의 강소성립교육학원은 정치를 중시하였고, 산동의 추평(鄒平), 하남의 진평(鎭平) 등은 경제를 중심으로 하였다.[38] 그러나 대다수 향촌운동은 농촌개진을 최우선 과제로 삼았고, 교육문화와 사회사업을 통해 공민교육과 식자운동, 직업교육에 주력하였다.[39] 실행방법은 생활교육방식으로 하여, 공학단·농학단·소선생제에서 볼 수 있듯이, '가르치는 것과 배우는 것과 행하는 것을 하나로' 일치시켰다. 이러한 방식은 최소의 경비로 다수의 교육사업을 펼 수 있었지만, 이미 지적하였듯이 각고의 인내심을 갖춘 지식인과 농민의 결합이 필수적이었다.[40]

향촌교육의 학습대상은 농촌의 남성·여성·유아·아동·청년·성인·노년 등이었다. 교육방식은 학교교육과 민중교육으로 구분되는데, 유치원·소학·중학·대학·사범학교 등이 전자에 속하였다. 민중교육은 두 종류로 초급과 고급의 민중학교, 민중직업학교, 민중강습학교 등이 학교식 교육이었고, 문자교육·생계교육·정치교육·건강교육·가사교육·오락교육·품격교육·예술교육·과학교육·사교교육 등은 사회식 교육이었다. 학습내용은 향촌구제와 향촌건설을 기본활동으로, 향촌민 스스로 인생에 필수적인 지식과 기능을 갖추어 자신들의 생활을 개선하며, 아름답고 원

---

37) 無名,〈農村改進經歷談〉,《中華敎育界》第22卷 第4期, 1934, 25쪽.

38) 沈光第,〈農村改進槪述〉,《中華敎育界》第22卷 第4期, 1934, 101쪽.

39) 盧作孚,〈四川嘉陵江三峽的鄉村運動〉,《中華敎育界》第22卷 第4期, 1934, 107~112쪽.

40) 沈光第,〈農村改進槪述〉,《中華敎育界》第22卷 第4期, 1934, 106쪽.

만한 삶을 추구하도록 이끌었다. 또한 향촌민의 타고난 재능을 계발시켜 지도자와 전문인재로 길렀다. 그 밖에 향촌의 특수한 환경을 이용하고, 고유의 미풍양속과 미덕을 잘 보존하며, 도시생활을 이해하고 도시민과 함께 사회발전을 도모할 수 있도록 가르쳤다.[41]

이와 같이 학습내용으로 볼 때 향촌교육은 향촌운동의 한 부분이었고, 실행방법도 향촌교육이 향촌운동의 진행을 돕는 실질적 도구였다.[42] 그러나 전체 과정을 살펴보면, 향촌교육과 향촌운동은 사실상 한 가지로, 구분이 어려웠다. 예컨대 생활교육을 실천한 남경의 효장사범학교는 길을 닦고, 나무를 심으며, 목공을 하는 등이 향촌개선활동이자 동시에 교육과정이었다. 또한 추평(鄒平)의 향촌건설에서 '건설'의 내용도 모두 향촌의 실제생활에서 이루어지는 교육활동이었다.[43] 이런 점에서 향촌교육운동은 전통적 농민교육이나 국민당의 농촌교육에 견주어 종합적이며 응용적이라고 할 수 있다.[44] 또한 향촌실험구에서 시행된 교육방법은 과거처럼 답습적 모방적 공상적이지 않고, 오히려 주도적 창조적 실질적인 민생 위주의 생활교육으로 전통적 가치를 부정하려는 경향이 짙었다.[45]

4. 향촌교육운동의 실상

1925년부터 미국 교육실험운동의 영향으로 중국에서도 농촌교육실험구가 잇달아 세워졌다. 이들의 전개방식이나 사상적 지향은 달랐지만, 서로 영향을 주고받으며 향촌교육운동이라는 큰 흐름을 형성하였다. 중국에서

---

41) 傅葆琛, 앞의 글, 20~21쪽.
42) 陳禮江, 〈鄕村敎育與鄕村運動〉, 《中華敎育界》 第22卷 第4期, 1934, 24~25쪽.
43) 楊效春, 〈鄕村敎育與鄕村建設〉, 《中華敎育界》 第22卷 第4期, 1934, 29~30쪽.
44) 王衍康, 〈中國鄕村敎育前途之展望〉, 《中華敎育界》 第22卷 第4期, 1934, 49쪽.
45) 徐國屛외 3인, 〈金家巷農村念二社實驗報告〉, 《中華敎育界》 第22卷 第4期, 1934, 131~137쪽.

가장 먼저 향촌교육실험을 모색한 곳은 중화직업교육사(中華職業敎育社)로, 황염배(黃炎培)가 1917년 5월 상해에서 설립하였다. 이 단체의 향촌교육은 직업교육과 실용교육을 위주로 농촌생활에 적합한 농공지식을 향상시키고, 농공 분야의 전문 인재와 교사를 기르는 데 주력하였다. 1925년 8월 황염배가 산서에서 향촌직업교육계획을 내놓았고, 1926년에는 중화직업교육사, 중화교육개진사(中華敎育改進社), 중화평민교육촉진회(中華平民敎育促進會)가 공동으로 농촌생활개선연합이사회를 조직하였다. 그 해 7월에는 곤산(崑山) 서공교(徐公橋)를 제1실험구로 삼아 양무청(楊懋靑)의 주도로 1934년까지 농촌교육운동을 전개하였다. 이 밖에 1928년 중화직업교육사는 진강(鎭江), 황허(黃墟)에 농촌개선시험구를 설립하였다.46)

중화직업교육사는 교육구국의 실천방안으로 직업교육을 통한 민족경제의 발전을 추진하였다. 황염배는 '선부후교'(先富後敎)에 의한 대직업교육주의를 주장하였는데, 농민문제와 관련하여 "가난이 첫째이고, 질병이 다음이며, 교육은 먹는 문제가 해결된 이후라면서 경제를 먼저 해결한 후에 가르쳐야 한다"는 논리였다.47) 이 때문에 농촌개선구는 식자운동을 비롯한 다양한 교육활동을 폈지만, 사실 경제활동이 최우선이었다. 그 대표적 기구인 곤산의 서공교 향촌개진위원회는 농촌건설과 경제 활성화에 비중을 두었는데, '경제와 교육의 일치'를 추진하였고, 자본주의의 경제발전과 사상경향을 띠었다. 주요 활동으로는 직업교육을 널리 보급하고, 기존의 학교와 기타 시설을 개량하여 직업보습교육을 실시하였으며, 아편과 도박의 근절, 위생연구, 교량수리, 도로축조, 양봉, 양잠, 양어, 신품종 재배, 신식농기구 사용법의 강습, 측후소 설치 및 기상예보, 공공창고의 건축, 농민의 양식창고 보조, 농민대출, 합작사 운영, 부녀조직의 수공예품 제작 등

---

46) 田正平, 〈黃炎培大事年表〉, 田正平·周志毅 編, 《黃炎培敎育思想硏究》, 遼寧敎育出版社, 1997, 350~372쪽.

47) 黃炎培, 〈我之農村工作經驗談〉, 《斷腸集》, 生活書店, 1936, 293쪽; 王炳照·閻國華 主編, 《中國敎育思想通史》 第7卷, 湖南敎育出版社, 1994, 77쪽 재인용.

농촌경제의 개선과 직결된 내용이었다. 이 밖에 민중야학교, 가정식자처(家庭識字處), 오락실 등을 운영하여 문화와 교육보급에 힘쓰고, 국가대사와 미풍양속에 관한 교육을 병행하였다.[48]

직업교육에 의한 향촌개량실험은 농촌의 교육·경제·토목·건설·치안·위생 분야에서 많은 변화를 가져왔다. 특히 서공교의 향촌개량시험에서 황염배가 "농민의 물품을 저당 잡는 것, 아편과 도박, 유민(遊民)과 걸식(乞食)"을 철저히 근절시켰다.[49] 이렇게 함으로써 향촌개량시험은 농민의 가난과 교육·문화의 낙후를 해결하고, 농촌의 면모를 새롭게 바꾸어 중국을 구제할 수 있다는 가능성을 보여주었다.

또 다른 교육단체로 중화평민교육촉진회(中華平民敎育促進會; 약칭 평교회)가 있는데, 1923년 8월 주기혜(朱其慧), 도행지(陶行知), 안양초(晏陽初) 등이 북경에서 조직하여 평민교육운동을 전개하였다. 평교회는 1926년 10월 화북성(華北省) 정현(定縣) 적성촌(翟城村)에 시범시험구를 처음으로 세웠고, 1928년에는 정현 동쪽의 62개 촌에서 평민교육을 실시하였다. 이 운동을 주도한 안양초는 평교회의 총간사로 취임한 후 "문맹을 없애고, 새로운 인민을 만든다"는 목표를 세우고, 평민교육의 중심을 도시에서 농촌으로 옮겼으며, 향촌교육을 향촌건설실험으로 확대하였다.[50]

안양초는 각종 사회조사자료를 근거로 수많은 농촌문제 가운데 우(愚), 빈(貧), 약(弱), 사(私)를 4대 기본문제로 제기하였다. 이러한 4대 문제를 해결하기 위해서 안양초는 문예교육·생계교육·위생교육·공민교육이 필요하다고 주장하였다.[51] 첫째, 문예교육이란 문자와 예술교육으로, 향촌민

---

48) 黃嘉樹, 《中華職業敎育社史稿》, 陝西人民敎育出版社, 1987, 95~96쪽.

49) 黃炎培, 〈從六十年半的徐公橋得到改進鄕村的小小經驗〉, 田正平·李笑賢 編, 《黃炎培敎育論著選》, 人民敎育出版社, 1993, 276쪽.

50) 안양초는 1920년 8월 미국유학에서 돌아와 상해청년회 평민교육과 과장으로 재직하면서 장사·연태·항주 등에서 평민교육을 실험하였고, 얼마 후 평교회로 총간사로 취임하였다.(鄭大華, 《民國鄕村建設運動》, 北京: 社會科學文獻出版社, 2000, 198쪽)

51) 여기서 어리석음이란 중국인의 80%가 문맹으로 지식이 결여되어 있다는 것이고, 가

에게 기본 문자와 다양한 지식을 가르쳐 어리석음을 해결하고 향촌건설을 담당할 수 있도록 준비시키는 것이었다. 둘째, 생계교육이란 생산력을 키워 가난을 해결하는 것으로, 농업생산·농촌경제·공업교육 등을 의미하는데, 농촌의 생산교육은 채전·원예·목축을 기본으로 농민에게 최소한의 농업과학지식을 가르쳤다. 셋째, 위생교육은 건강을 유지시켜 나약함을 없애는 것으로, 농민의 위생과 건강을 중시하며 농촌에 과학적 의료설비를 갖추는 것이었다. 넷째, 공민교육은 단결력을 키워 사사로움을 해결하는 것으로, 공공심과 합작정신을 기르고 민족정신과 도덕관념을 높이며, 농촌자치와 농민자위 및 군사훈련을 실시하는 것이었다.[52] 요컨대 4대 교육이란 중국인의 대다수를 차지한 향촌민을 지식력·생산력·건강력·단결력이 풍부한 인민으로 양성하여 국가의 위기를 해결할 수 있는 능력을 갖추도록 하는 것이었다.

이러한 4대 교육은 형식에서 학교식·가정식·사회식으로 나누어 운용되었다. 가장 핵심인 학교식 교육은 평민학교와 통일학교의 형태로 진행되었다. 평민학교는 고급·초급 두 종류로 나뉘었는데, 고급평민학교는 향촌건설지도자의 양성을 위해 사회·정치·경제(합작사)·농학·위생학 등의 교과과정이 개설되었다. 초급평민학교는 읽기·쓰기·말하기의 기본능력을 가르쳤다. 통일학교는 초급소학에 들어갈 연령의 아동들을 교육하는 곳으로 교과과정은 소학과 마찬가지로 문화·경제·위생·정치 네 방면의 건설계획에 맞추어졌다. 그 밖에 이동식 생계학교를 개설하여, 어느 곳에서나 농민들이 농업생산기술을 획득할 수 있도록 훈련시켰고, 평민전과학교·아동실험학교·유치원을 두어 학교식 교육을 실시하였다.[53]

난이란 대다수 인민이 최소한 생활마저 유지할 수 없다는 것이며, 나약함이란 대다수 인민들이 질병에 걸려도 생사를 천명에 맡길 수밖에 없다는 것이고, 사사로움이란 대다수 인민들이 단결하지 못한 채 도덕과 인격도야가 부족한 점을 말한다.(〈中華平民敎育促進會定縣工作大槪〉, 馬秋帆·熊明安 編, 《晏陽初敎育論著選》, 人民敎育出版社, 1993, 48~49쪽)

52) 〈中華平民敎育促進會定縣實驗工作報告〉, 《晏陽初敎育論著選》, 86~92쪽.

사회식 교육은 농민단체에 대한 4대 교육으로, 우선 문예교육은 독서회 조직, 연설경연, 연극,《농민주간》(農民週刊)의 열독 등이 있었다. 생계교육은 자조사(自助社), 합작사(合作社) 등의 조직을 만들고, 농산품전람회와 같은 행사를 통하여 생산을 장려하였다. 위생교육은 우두(牛痘) 접종, 주사방역, 아편금지운동, 무술활동 등이 있었으며, 공민교육은 도박금지, 교량수리, 도로보수, 식수, 자위 등이 주요 활동이었다. 이러한 사회식 교육은 향촌생활 자체를 교육대상으로 삼아 교학내용과 활동방식이 다양하였다. 가정식 교육이란 중국 사회 전체에서 가장 중요한 비중을 차지한 가정을 교육무대로 활용하는 것이다. 특히 농촌 청소년들은 가정에서 활동시간이 가장 길었는데, 가족끼리 서로 연계시켜 훈련함으로써 가정과 학교 사이의 모순을 해결하는 데 도움을 주었다.[54]

본래 평민교육의 목적은 '온전한 사람'을 기르는 것으로, 곧 지식력·생산력·공공의식을 갖춘 공민을 의미하였다. 이러한 전인교육은 문자교육으로 지식을 기르고, 생계교육으로 생산력을 높이며, 공민교육으로 공공심을 갖추도록 하는 것이었다. 이 가운데 공민교육은 가정·사회·국가·세계의 4단계로 나누어 각 단계마다 필요한 도덕과 지식, 기능을 가르쳤다.[55] 예컨대 '제가'(齊家)는 아동 중심의 가정교육으로, '치국'(治國)은 평민교육과 공화국가의 건설로, '평천하'(平天下)는 세계평화와 공공의식의 향상을 핵심내용으로 삼았다.[56]

여기서 알 수 있듯이 중국은 땅이 넓고 만물이 풍성한 나라로, 인구는

---

53) 위의 글, 95~101쪽.

54) 위의 글, 101~103쪽.

55) 공민교육은 중국 역사에서 교훈이 될 만한 사람을 모델로 공공의식과 단결력을 배양하는 데 목적이 있었다. 이를 위하여 공민의 실제생활 조사, 향토역사와 관련된 자료수집, 각국 공민교육의 비교연구, 공민생활의 문제토론, 각종 교학방법의 시험연구 등을 가르쳤다.(無名,〈河北定縣平民敎育實驗區考察記〉,《中華敎育界》第20卷 第8期, 1932, 129~130쪽)

56) 晏陽初,〈平民敎育槪論〉,《敎育雜誌》第19卷 第6號, 1927. 6, 29681~29686쪽.

세계의 4분의 1을 차지하지만 경제가 발전하지 못했는데, 민중지식의 저하와 생산력의 빈약, 공공의식의 결여 등이 문제로 지적되었다. 따라서 평민교육운동은 피교육자를 사회의 '온전한 개인'으로 양성하는 것, 곧 지식력·생산력·공공의식·덕성을 갖춘 개인을 양성하여 근대국가의 공민으로서 자질을 갖추는 데 목적이 있었다.[57] 이런 점에서 중화직업교육사와 중화평민교육촉진회가 실시한 향촌운동은 교육을 매개로 경제생활과 공민의식의 개선에 초점을 맞추었고, 사상적으로는 고유의 윤리도덕에 기초한 수신보다 서구의 실용성과 공공성을 중시한 치국·평천하에 비중을 둔 근대 향촌사회를 지향하였다.

이 시기에 미국에 유학하면서 존 듀이의 실용주의 영향을 강하게 받았던 도행지(陶行知)가 1926년부터 생활교육을 제창하며 향촌교육운동에 뛰어들었다.[58] 생활교육은 교육개혁운동이자 사회개조방안으로, 도행지는 국난상황에서 평민문화의 수준을 높이고, 사회개조를 추진하며, 국가를 구제하기 위해 교육의 역할을 강조하였는데, 그 중심무대가 향촌이었다.[59] 그는 과거 농촌교육의 문제점을 지적하면서 실제 생활에 적합한 '살아있는 교육'을 실시해야 한다고 주장하였다. 그 구체적 예로 "살아있는 향촌교육은 사람들에게 이익이 생기는 법을 가르치는데, 황무지에 산림이 우거지고, 메마른 땅에 오곡이 자라도록 하는 것이며, 사람들 모두 자립·자치·자위할 수 있도록 가르치는 것이고, 향촌을 천국의 낙원으로 바꾸는 것이며, 촌민들이 모두 쾌락을 즐기는 신선(神仙)으로 바꾸는 것"이라고 표

---

57) 정현의 평민교육운동은 민간단체에 의해 추진된 향촌교육실험으로서 상당한 성과를 거두어 국민당의 농공정책에 적극 반영되었는데, 1932년 안양초는 남경정부의 현정개혁방안을 초안하였고, 이듬해 정현의 향촌교육경험이 전국의 각 성에 모범사례로 소개 보급되었다.(晏陽初,〈平民教育概論〉,《教育雜誌》第19卷 第6號, 1927, 29687쪽)

58) 도행지는 1914~1917년 동안 미국 유학을 다녀온 후 남경고등사범학교, 동남대학 교무주임 겸 교수, 중화교육개진사 주임간사 등을 역임하였고 생활교육운동을 주도.하였다.(王炳照·閣國華 主編,《中國教育思想通史》第7卷, 湖南教育出版社, 1994, 79~80쪽)

59)〈師範教育之新趨勢〉,《陶行知教育論著選》, 人民教育出版社, 1991, 89쪽.

현하였다.[60]

이를 실현하기 위하여 도행지는 1927년 남경 화평문(和平門) 밖의 효장(曉庄)에 향촌사범학교를 세웠다. 이 학교는 1928년 8월에 효장학교로 개명하였고, 삼원암(三元庵), 흑묵영(黑墨營), 대상방(大象房), 만수암(萬壽庵) 등의 중심소학과 고루(鼓樓), 연자기(燕子磯), 효장유치원(曉庄幼稚園) 등 세 곳의 중심유치원을 운영하였다. 이 밖에 중심다원(中心茶園), 실험민중학교, 민중교육연구회, 《향교총신》(鄕敎叢訊) 반월간 편집부, 효장극사(曉庄劇社), 효장상점(曉庄商店) 등의 조직을 운영하였다.[61] 도행지의 향촌교육은 다른 교육운동과 마찬가지로 우선 식자교육에 역점을 두었다. 그는 문맹을 퇴치한 뒤에 농촌생산과 농민생활을 개선해야 한다는 신념으로 교육개혁에 착수하였다. 그 구체적 실행방법이 전통교육과 대립된 생활교육으로 '생활이 곧 교육'이란 실용주의에 근거하여, '가르치고 배우고 행하는 것을 하나로' 일치시켰다. 그리고 '농부의 기술을 배양하고, 신체와 정신을 건강하게 하며, 과학적 두뇌와 예술적 흥취와 사회개조의 정신을 기르는 것'을 목표로 삼았다.[62]

교육편제는 반급(班給)이나 상하과(上下課) 대신에 교학주(敎學做)란 조직을 두어 소학활동, 교무행정, 자연환경의 정복, 사회환경의 개선, 학생생활 등 다섯 교학주로 나누었다.[63] 이것은 책 대신에 생활 중심의 교육편제로, 학생과 교사가 함께 생활하는 가운데 일하면서 가르치고, 일하면서 배우는 교육공동체의 성격이 강하였다. 요컨대 향촌의 중심소학과 교사들이 생활 속에서 교육과정을 실행함으로써 교육계의 폭넓은 지지를 받았다. 그러나 효장학교의 생활교육실험은 국민당의 간섭과 탄압으로 결국 중단

---

60) 〈再論中國鄕村敎育之根本改造－在上海靑年會的講演〉,　華東師範學院敎育科學硏
　　究所 主編,《陶行知全集》第2卷, 湖南敎育出版社, 1984, 1쪽.
61) 熊明安・周洪宇,《中國近現代敎育實驗史》, 濟南: 山東敎育出版社, 2000, 416~423쪽.
62) 〈敎學做合一〉,《陶行知全集》第2卷, 42~43쪽.
63) 〈敎學做合一下之敎科書〉,《陶行知全集》第2卷, 288~303쪽.

되었다.

1932년 10월 도행지는 생활교육을 실천하기 위해 다시 산해공학단(山海工學團)을 설립하였는데, 정식 명칭이 산해실험향촌학교(山海實驗鄉村學校)였다. 여기서 두드러진 교육조직은 공학단으로, 하나의 작은 공장·학교·사회와 같았다. 이 조직은 일곱 가지 지도방침이 있었는데, "사회가곧 학교이다. 생활이 곧 교육이다. 서로 배우고 가르치며 깨달은 자는 가르치고, 깨닫지 못한 자는 남에게 배운다. 교사는 일하면서 가르치고 학생은 일하면서 배우며 가르치고 배우고 행하는 것을 하나로 한다. 노력하면서 노심(勞心)한다. 행하는 것이 아는 것의 시작이다. 대중과 함께 즐거움과 고통을 나누고 기쁨과 걱정도 함께 한다"는 것으로 사회·생활·교육을 더욱 철저히 일치시켰다.[64]

산해공학단 학생은 향촌민의 자제를 위주로 선발하였고, 최소 20명을 단위로 수업이 진행되었다. 수업은 보통과의 경우 오전에 국문·산술·자연·역사를 가르쳤고, 오후에는 생산노동에 참가하여 노동과 학습을 병행하였는데, 목공·채전·양어·양봉 등의 현장학습을 위주로 생산과 기술지도가 함께 이루어졌다. 그리고 매주 금요일이면 동악회(同樂會)를 거행하여 교사·학생·농민들이 한곳에 모여 오락과 문화활동을 즐겼다. 이곳에서 실시된 소선생제는 교육보급에 매우 효과적인 방법으로 '알면 곧 전한다'는 이론을 실천한 것이다. 그 후 도행지는 북신경(北新涇), 신경(晨更), 주가각(朱家角), 보동(報童) 등에도 공학단을 설립하였는데, 1937년 7·7사변을 맞이하여 산해공학단의 활동은 곧바로 중지되었다.[65]

도행지의 향촌교육은 과거의 귀족교육·형식교육·노예교육·서본교육·인습교육·고전교육에 반대하고, 대중교육·실용교육·주인교육·생활교육·창조교육·과학교육을 실천한 것이다. 또한 교사와 학생, 학교

---

64) 〈創立山海工學團的呈文〉,《陶行知全集》第2卷, 650쪽.
65) 熊明安·周洪宇, 앞의 책, 430~442쪽.

와 사회, 생활과 교과과정, 학생과 민중, 정신노동자와 육체노동자 사이의 구분을 없애고, 계급·정당·학파·민족의 한계도 깨뜨렸다.[66] 이렇듯 효장학교와 산해공학단 등을 통해 구체화된 생활교육은 실용주의를 중국 향촌에서 실현한 것으로 전통교육과 차이가 컸다. 따라서 생활교육은 보편적 시각으로 볼 때 교육혁명이자 전통교육에 대한 반란이었지만, 가장 실질적이며 효과적인 교육구국의 실천과정이었다.

한편 서구의 사상과 교학방법이 본격적으로 중국에 들어와 실험되면서, 유교 이념을 토대로 고유의 전통문화를 유지해 온 농촌에서는 가치관의 혼란에 따른 갈등과 대립이 심화되었다. 특히 농촌교육은 서구사상과 전통가치가 혼재된 채 다양한 실험이 시도되었다. 그 가운데 고유문화의 회복과 윤리본위의 향촌교육을 주장하는 향촌건설운동이 부각되었다.

이 운동을 주장한 양수명(梁漱溟)은 최근 100년간 중화민족의 실패가 모두 문화의 실패에 기인한 것으로 판단하고, 새로운 문화건설을 위해 향촌건설운동을 추진하였다. 그에 따르면 향촌건설이란 농촌에서 중국의 정치·경제와 기타 모든 문제의 실마리를 찾는 것으로, 새로운 사회조직구조를 통해 가능하다고 보았다. 따라서 향촌건설운동의 요점은 농촌에서 가장 간소한 조직을 만드는 것으로, 새로운 지식과 방법 및 각종 자료를 농촌에 유입시키는 데 간편한 조직이어야 했다. 이 조직은 농촌 안에서 쉽게 다수의 역량을 이끌어 내고, 점차 단체까지 형성할 수 있어야 했는데, 그것이 곧 촌학(村學), 향학(鄕學) 중심의 향촌건설운동이었다.[67]

양수명은 예로부터 중국 사회에 계급대립이 없었으며, 단지 윤리본위, 직업분립의 사회만 있었다고 보았다. 그러므로 중국 사회는 윤리로 유지되는 사회로서, 수천 년 동안 사회질서를 유지시켜 온 것은 무력통치가 아닌 교화(敎化)라고 인식하였다. 여기서 강조된 윤리, 교화는 다름 아닌 중

---

66) 楊效春, 〈從曉莊到鄒平〉, 《中華敎育界》 第22卷 第4期, 1934, 139~145쪽.
67) 無名, 〈由鄕村建設以復興民族〉, 《鄕村建設旬刊》 第3卷 第6期, 1933, 6쪽.

국의 전통가치인 유교 이념이었다. 양수명은 이것을 새롭게 실현할 주체로서 가정은 너무 작고, 국가는 너무 크기 때문에, 향촌이 윤리정의사회(倫理情誼社會)를 건설하는 데 가장 적절하다고 보았다. 따라서 그는 1929년 하남성 하남에 촌치학원(村治學院)을 개설하였고, 1931년에는 산동성 추평현(鄒平縣)에서 본격적으로 향촌건설운동을 실천하였다.[68]

산동성 추평현의 향촌건설연구원에서 양수명은 향촌자치와 향촌건설에 관한 모든 문제를 연구하고, 향촌인재를 배양하며, 산동 지역의 향촌건설을 지도 완성시키는 활동을 폈다. 또한 시험현구(試驗縣區), 향농학교(鄕農學校), 농장(農場) 등을 직접 운영하였는데, 향촌사회의 경제건설과 교육건설을 통합적으로 실현하는 데 목표를 두었고, 교육활동이 가장 중요하였다.[69] 말하자면 향촌건설은 향촌운동과 민중교육을 합친 향촌자구운동으로서 향촌을 무대로 한 민중 중심의 사회교육활동이었다.

향촌건설운동의 범위는 정치·경제·문화 영역을 모두 포함하였지만, 이들을 유기적으로 연결시켜주는 교육역량에 특별히 주의하였다. 그리고 중국 고유의 오륜(五倫)에 '단체와 개인 사이'의 상호 존중과 의무를 강조한 '단체윤리'를 추가하였다.[70] 이것이 곧 단체생활의 중요성과 이를 뒷받침할 사회윤리로서 정의예속(情義禮俗)과 효제(孝悌), 충의(忠義) 등을 가르쳐 향촌공동체의식을 높였다. 그러므로 향촌건설운동은 교육역량을 이용하여 향촌민의 자각을 촉진하고, 단체조직에 가입시켜 창조적 역량을 발휘하며, 사회개조와 민족부흥을 완성시키는 것이었다. 그러한 역할은 일반 기관이나 학교에서 감당할 수 없었기 때문에 향촌사회를 새롭게 개조할 교육개혁이 절실하였다. 따라서 향촌건설운동은 중국인 대부분이 거주하

---

68) 처음에 양수명은 주임이었고 1933년부터 원장으로 활동하였다.(鄭大華,《梁漱溟傳》, 人民出版社, 2001, 196쪽; 李淵庭·閻秉華 編著, 앞의 책, 95쪽)

69) 記者,〈實施─梁漱溟先生山東鄕村建設硏究院之工作〉,《中華敎育界》第20卷 第5期, 1932, 84쪽.

70) 梁漱溟,〈我的一段心事〉,《梁漱溟全集》第5卷, 537쪽.

는 농촌사회를 교육적 의미가 풍부한 단체로 만드는 것이며, 학교교육도 사회화, 생활화 교육으로 바꾸는 것으로, 1937년 7·7사변 직전까지 산동 지역에서 활발하게 전개되었다.

양수명은 중국 민족이 스스로 일어서려면 최후 각오로 두 가지 길을 가야 한다고 보았다. 제일보는 향촌의 중요성을 깨닫고, 향촌으로 들어가 방법을 생각해야 한다는 것이다. 곧 향촌교육운동이 민족부흥의 유일한 출구이며, 중국은 이미 이 점에 대해서 모두들 깨닫고 있었다. 다음으로는 민족정신의 특수성과 고유문화의 진정한 가치를 깨달아야 한다는 것이다. 중국인들이 바로 이 점을 깨달았을 때 진정으로 민족이 자각한 시기이고, 올바른 민족자구방안을 가질 수 있다고 보았다.[71] 이러한 인식의 토대 위에서 그는 스스로 윤리본위의 향촌교육과 단체와 개인의 상호 존재를 중시한 공동체운동을 실천한 것이다.[72]

5. 맺음말

남경정부는 국민당의 훈정과 당치(黨治)교육방침에 따라 이당치국(以黨治國)의 초석을 다지기 위한 여러 가지 교육정책을 실시하였다. 농촌교육에서는 당의(黨義)와 삼민주의(三民主義)를 철저히 가르친 당화교육의 비중이 컸으며, 원활한 지방자치 및 훈정과 헌정에 필수적인 식자교육·농촌실무교육·단체생활훈련 등이 중시되었다. 무엇보다도 농촌에서는 민중교육과 사회교육 방식을 통한 식자교육과 공민교육이 대표적이었다. 이러한 농촌교육정책은 국민당의 정치적 목적과 필요에 우선한 교육으로서, 훈정체제에 순응하는 '국민'을 양성하는 데 목적이 있었다.

---

71) 梁漱溟,〈中國文化的特徵在那裏?〉,《鄉村建設旬刊》第4卷 第25期, 1935, 10쪽.
72) 양수명의 향촌건설운동의 실체와 교육공동체적 성격은 이재령, 앞의 글(2005), 147~ 177쪽 참조.

중국 교육계는 신해혁명, 신문화운동, 5·4운동, 그리고 1920년대의 동서문화논전과 국민혁명운동 등을 거치면서 서구사상에 대한 인식의 폭이 넓어졌으며, 교육현장에서 여러 가지 형태로 실험되었다. 1920년대 이후 중국은 제국주의의 침략과 봉건세력의 핍박, 천재지변과 인재 등으로 피해가 컸다. 무엇보다 농촌에서는 사회경제의 붕괴와 더불어 교육위기론이 확산되었고, 이를 해결하려는 방안도 모색되었다. 그 가운데 교육구국론이 1930년대 중국 교육계에 깊은 영향을 끼쳤는데, 사회적 병리현상과 총체적·위기를 인정하고 교육역량으로 농촌을 개조시켜 민족부흥을 이루려는 것이었다. 이를 구체화시킨 향촌교육운동은 농촌을 무대로 개인과 민간단체에 의해 전개되었는데, 교육역량으로 농촌경제를 개선하고 민중을 조직화하며 유능하고 건전한 '공민'을 양성하는 데 목적이 있었다.

향촌교육운동은 1920년대 후반 이후 국민당과 정부, 공공기관, 민간단체, 개인 등이 주관하였다. 직접 운동에 참여한 실험구가 1천여 곳, 이론적으로 연구하는 학술단체와 교육기관이 600여 개에 이르렀다.[73] 이 가운데 황염배의 중화직업교육사나 안양초의 중화평민교육촉진회, 도행지의 효장학교·산해공학단 등이 운영한 교육실험구가 대표적이었다. 향촌교육운동은 추진 주체의 정치성향이나 사상에 따라 지향한 교육목표, 교학방법, 교과과정 등이 서로 달랐지만, 서구의 사상과 교육방법을 수용한 점에서는 대부분 일치하였다. 이러한 향촌교육운동은 강제적이며 서투른 서구사조의 모방으로 전통가치와 충돌을 피할 수 없었다. 따라서 중국 농촌에 적합하고, 고유의 민족정신과도 상호 모순되지 않는 향촌운동이 모색되었는데, 대표적 주창자가 양수명이었다. 그는 서구사상의 무분별한 도입으로 문화적 정신적 혼란에 빠진 중국 농촌을 바로잡으려면 윤리본위의 농촌사회를 회복하는 것이 급선무라면서 향촌건설운동을 실천하였다.

당시 향촌운동지도자들은 대부분 중국 문제를 해결하려면 교육 중심을

---

73) 姜琦, 〈鄉村敎育的動向〉, 《敎育雜誌》 第25卷 第11號, 1933, 40947~40948쪽.

‘도시에서 향촌으로’, ‘개인에게서 대중으로’ 옮겨야 한다고 인식하였다. 왜냐하면 중국 사회 전체가 농업사회이고, 대다수 중국인이 농민이므로, 향촌민 중심의 민중교육에 전력해야 한다는 것이다. 교육 중심이 향촌으로 옮겨지면 교육제도 또한 학교 중심에서 사회본위로 바뀌어야 한다고 보았다. 향촌교육의 실행방법은 생활 속에서 학습하고 생활 자체를 학습과정으로 삼았기 때문에 생활과정이 교육과정이요, 생활범위가 곧 교육범위였다. 또한 운동의 실행주체는 농촌지역에 실험적으로 세워진 각종 학교와 사회단체들이었다. 여기서 교육된 내용은 문맹퇴치를 위한 식자교육과 공민교육을 기본으로 농촌생활에 필요한 여러 가지 기능교육과 생산교육이 포함되었다.

이렇듯 중체서용(中體西用)의 교육개혁과 서양교육을 모방하는 데 급급했던 중국 교육계가, 1920년대 중반 이후 교육구국의 방법으로 향촌교육운동을 모색하였고, 평민교육·직업교육·향촌교육·생활교육 등 다양한 형태로 실행에 옮겼다. 그 동안 계속된 서구 중심의 착오에서 벗어나 중국 농촌의 현실에 알맞은 교육개혁이 필요했던 것이다. 요컨대 농촌을 무대로 민중들에게 고유의 전통윤리와 서구의 실용주의와 생활교육 등을 가르쳐 근대적 공민을 양성하려는 것이 향촌사회교육의 실체였다. 이로부터 중국의 교육은 형식상 외국을 모방한 도시 중심의 지식교육에서 전통가치와 농촌현실에 근거한 향촌교육으로 바뀌었다. 교육성격도 소수의 인재중심교육에서 식자와 공공의식을 중시한 평민교육·민중교육으로 전환되었다. 그리고 교육대상은 개인으로부터 사회단체 중심의 공동체교육으로 바뀌었다.[74] 이렇듯 남경정부의 향촌교육운동은 민족자구와 민족부흥을 목표로 내걸고 ‘도시에서 향촌으로’, ‘개인에게서 대중으로’의 성격을 띤 교육구국운동으로 근대적 ‘공민’ 양성이 최종 목표였다.

본래 향촌교육운동은 교육구국의 차원에서 각종 교육사상을 실천에 옮

---

74) 李憲武, 〈中國敎育之新動向〉, 《鄕村建設旬刊》 第3卷 第7期, 1933, 7쪽.

긴, 곧 사회의식의 실제화 과정이었다. 사회의식이 구현된 향촌교육운동은 정치·사회와 긴밀히 결합되어, 어떤 정치세력의 지배를 받지 않으면 반드시 또 다른 정치세력의 영향을 받게 된다. 이 때문에 교육과 정치는 불가분의 관계로서 향촌교육운동과 정치사회의 연계는 단절이 불가능하다. 이런 점에서 향촌교육운동은 당과 정부의 농공교육이나 개인과 민간 중심의 운동을 막론하고, 국민당의 정치·사회적 영향을 받을 수밖에 없었다. 그렇지만 향촌교육은 일종의 사회운동으로서, 학교 위주의 정규교육과 비교할 때 상대적으로 독자성과 자율성을 가지고 있었다. 무엇보다도 기존 교육의 병폐를 해결하면서 동시에 농촌부흥을 목표로 한 개혁성이 뚜렷하였고, 실질적이며 구체적인 교학방법으로 농촌개선에 접근하였다. 요컨대 기존의 교육병폐를 극복하기 위해 양적으로는 대중화를 지향하고, 질적으로는 생활화를 실천하며, 실질적인 농촌개선활동을 전개하였다. 또한 교학 내용도 생산노작·정신수양·과학훈련·단체생활훈련 등에서 볼 수 있듯이 농촌생활에 필요한 실용교육이자 근대국가의 공민의식을 기르는 교육이었다.

남경정부 시기의 향촌교육운동은 훈정과 삼민주의의 실현이란 국민당의 통치방향과 당치교육방침의 정책적 제한을 벗어날 수 없었다. 그러나 국민당의 농촌교육정책이 피동적인 '국가주의적 국민'을 양성하는 데 주력했다면, 민간 향촌교육운동은 '시민의식을 갖춘 공민'을 기르는 데 특징이 있었다. 이처럼 농촌교육을 둘러싼 정부정책과 민간운동 사이에 엄존한 상이성은, 국난을 능동적 포괄적 근원적으로 해결하려던 교육구국운동, 곧 향촌교육운동을 실패로 이끈 원인이 되었다. 반면 모택동을 중심으로 세력을 확대하고 있던 공산당의 농촌혁명근거지는 크게 부각되었다.

중국공산혁명시기의 농촌문제와 농민·토지 관계

─ 중국공산당의 농민정책을 중심으로 ─

박 명 희

_ 단국대 교양학부

1. 머리말

중국은 75퍼센트 이상의 인구가 농업에 종사하고 있는 전통적인 농업국가로 그 사회구조면에서 토지·농민의 관계는 매우 밀접하다. 따라서 농업정책에서 중심과제는 토지문제의 원만한 해결[1]에 초점이 맞추어져 있다.

중국 역사에서 농민문제는 중요한 위치를 차지하고 있으며, 근대 이래 중국의 농촌사회는 제국주의와 군벌·지주의 3중 압박을 받게 되므로 농촌이 파산하고 농민생활이 극도로 빈궁하여 폭동의 객관적 조건이 갖추어지게 되었다. 이러한 상황에서 농민생활을 개선하려면 반드시 토지문제가 해결되어야 했다. 역대왕조의 순환은 대부분 농민봉기로부터 시작되었다는 점을 반추해 볼 때 그들의 토지개혁 요구는 정치변혁의 일대 원동력이 되고 있음을 간과하지 않을 수 없다.[2] 농민은 대체로 상반되는 두 가지 성

---

[1] 손문은 농업문제의 장애물인 "토지문제를 해결하는 것은 국민생활의 문제를 반쯤 해결하는 것"이라고 강조하고 있는데, 이로써 중국에서 토지문제의 중요성을 간파할 수 있다.(孫文, 〈民生主義〉, 《國父全集》 第2冊, 臺北: 中國國民黨中央委員會黨史委員會編印, 1981, 188쪽)

[2] 모택동은 〈중국혁명과 중국공산당〉의 논문에서 "중국민족은 수천년 동안 지주와 귀족의 지배에 대항하는 크고 작은 무수한 농민봉기를 감행하였다. 그 결과 왕조의 변화를 가져왔다"고 지적하고 있다.(毛澤東, 〈中國革命和中國共産黨〉, 《毛澤東選集》 第2卷, 北京: 人民出版社, 1958, 586쪽)

격을 지니고 있는데, 하나는 기존 체제에 대하여 무조건 수긍하고 복종하며, 중국의 경제적 기초로서의 땅에만 묵묵히 얽매여 사는 근면·검약의 실천자라는 측면이 있다. 다른 하나는 때로 정치적 부패와 경제적 궁핍의 극한 상황에서 반란군으로 변하는 성질을 가진 집단이라는 분석도 있다.[3] 농민은 정부의 정치적 압박이나 경제적 착취에 대해서 인내심으로 일관하기도 하지만 때로는 농민의 전체생활과 생존에 직결되는 상황에 이르게 되면 사회동란을 야기시키기도 하였으므로, 역대정부는 농민문제 해결을 그 주요 임무로 삼았다. 농민문제의 본질은 토지문제라고 할 수 있는데, 이 문제의 핵심은 당시의 불합리한 토지점유제도를 변화시켜 무지(無地), 소지(小地) 농민의 토지요구를 만족시킴으로써 농민의 생산 적극성을 향상시키는 것이 관건이었다.

중국 농촌의 토지문제의 본질은 인구과밀에 따른 토지의 수급 불균형과 토지 분배의 불균형, 그리고 소작제도의 불공평 등으로 귀결된다. 그 가운데에서도 특히 인구와 토지수급의 불균형은 토지소유의 집중화, 고율의 지조와 고리대, 계속된 내전과 연이은 천재(天災)에 따른 황무지의 증가 등과 겹쳐 농민의 세농화(細農化)와 고농화(雇農化)를 가속시켰다.[4] 따라서 토지분배 상황을 해결하는 문제는 결국 중국의 국민생활을 해결하는 것으로 연결되어, 역대왕조는 이의 해결을 위해 노력했으나 효과적인 정책을 제시하지는 못했다. 이와 같이 토지의 분배는 국가경제와 국민생활에 끼치는 영향이 매우 중대하여,[5] 중국에는 서구와 같은 대지주가 나타나지는

---

3) Fredric Wakeman Jr. / 김의경 역,《중국제국의 몰락》, 예전사, 1990, 21~22쪽.

4)《中華民國開國五十年文獻附錄共匪禍國史料彙編》第4冊, 53~55쪽.

5) 중국의 인구와 토지문제는 농촌이 직면하고 있는 최대의 정치·경제·사회 문제로, 그 중요성 때문에 국내외 학계에서 적지 않은 연구가 축적되어 있다. 중국과 일본 학자들은 중국의 농촌문제를 대체적으로 사회·경제제도의 관점에서 파악하고 있는 반면, 서구 학계의 농촌문제에 대한 관점은 농업기술의 측면에 두고 있다.(李炳柱,〈中國農村狀況과 農民問題(1913~1937)－江蘇省을 中心으로〉,《東洋史學研究》8·9합집, 253~257쪽; Lloyd E. Eastman / 이승휘 역,《중국사회의 지속과 변화 1550-1949》, 돌베개, 2002, 120쪽)

않았지만 적지 않은 소지주가 있었고, 대다수 농민은 토지가 없거나 아주 적은 상황이어서 생활은 극도로 빈곤하였다. 이러한 현실에 대해 중국공산당은 혁명과정에서 중국 현실에 부합하는 농업정책을 제시하면서 소수인에 의한 토지집중을 부의 재분배라는 차원에서 토지개혁을 진행하여 농민의 적극적 지지와 참여를 획득하였고, 이로써 공산혁명을 성공시킬 수 있었다.

이 글은 전통적인 중국 농업사회의 구조적 특징을 분석하고, 여기에 기초하는 20세기 초 농촌사회의 실태를 파악하여 문제점을 도출해 보고, 이를 해결하기 위하여 중국공산당은 어떤 정책을 사용하였는가를 역사적 관점에서 검토해 보고자 한다.

2. 중국 농촌경제의 구조와 농가 위기의 실태

1) 농촌경제의 구조적 특징

중국의 인구는 청말(淸末) 광서(光緒) 34년에 대표선거를 위해 인구조사를 실시했으나 민초(民初) 이래로는 전국 규모의 조사를 실시한 기록이 없다. 전통사회의 통계자료에 대해서는 그 신빙성이 매우 의심스럽기는 하지만 금릉대학(金陵大學)의 조사에 따르면 "민초의 인구총수를 4억 5천만으로 추산하고 있으며, 그 가운데 농민숫자는 전국 총인구의 73퍼센트를 차지하는 3억 3천여 만 명"이라고 기록하고 있다.6)

중국에서 농업사회는 농민과 토지의 관계가 아주 밀접하여7) 농민의 전체 생활과 생존에 불가분의 관계가 있으며, 이로써 농민은 토지를 제2의

---

6) 王文甲, 《中國土地制度史》, 臺北: 正中書局, 1965, 374쪽.
7) 張乃旦, 《中國土地改革槪論》, 臺北: 中央文物供應社, 1963, 18쪽.

생명으로 여기는 것이 특징이다. 이러한 사실은 토지 말고는 다른 생활자원이 없기 때문이었다. 또한 토지의 영구적 고정적인 성질은 상대적으로 농민으로 하여금 토지를 중요시 여기게 하고 심한 애착을 갖게 하였으므로, 농민은 결코 그 땅을 떠나려 하지 않았다. 또한 중국의 전통적인 가족제도 안에서 균등상속제도는 후세로 하여금 모험이나 도전을 싫어하고 안일 위주의 생활을 영위하게 하여 안정성이 큰 토지에만 집착하게 하였던 것이다. 따라서 그들 선조의 땅이 후세 자손들 사이에 계속 분할 상속됨으로써 개인당 소유경지면적은 더욱 감소하였다.[8]

중국은 국토면적이 방대하므로 전국적 규모의 토지측량사업을 시행하는 것은 쉬운 일이 아니다. 역대 왕조들은 부세정돈(賦稅整頓)을 위해 토지측량의 필요성을 인정하면서도 백성을 교란시킬 수 없다는 이유로 줄곧 이 사업을 회피하였다.[9] 또한 엄격하고 철저한 측량사업은 문벌가의 토지 은닉과 탈세 가능성을 막아버리는 것이었으므로 기득권자의 방해를 받아 토지조사사업은 순조롭게 진행되지 못하였다.

중국은 양한(兩漢) 이후부터 개간된 토지를 인구의 변화에 따라 비율을 구하여 평균 경지면적을 결정하였다.[10] 대체로 당시의 경작면적은 노동력에 따라 결정된 것 같으며, 1인당 평균 경작능력은 대략 10무(畝) 정도였

---

8) 균등상속제는 중국 중부지역에서 널리 행해지는 것는데, 이는 재산소유주가 사망하면 그의 재산이 남자 자손들에게 고루 분배되는 제도를 말한다. 1926년 강소(江蘇)에서 실시한 한 조사에 따르면, 자경농의 소유토지 가운데 남통(南通)에서 86.5퍼센트가, 곤산(崑山)에서 85.2퍼센트가 상속에 의한 것이었다.(景文, 〈中國小地主特多之原因及其與土地利用之關係〉, 《新中華》第5期 第13卷, 95쪽; 李炳柱, 앞의 글, 271쪽 재인용)

9) 토지측량의 기록은 진시황 31년(B.C. 216)까지 소급되지만, 단지 백성에게 생산전지(生産田地)의 보고를 명령했을 뿐 실지측량은 시행하지 않았다. 진정한 토지실측은 동한(東漢) 광무제(光武帝) 건무(建武) 15년(39)에 보이고 있으며, 이후 동진(東晋) 성제(成帝) 함화(咸和) 5년(330)에 들어와서야 과세와 연결되고 있다. 수당 이래로 균전제가 전국적으로 시행되었으나 토지측량 기록은 보이지 않는다.(〈田制部·雜錄〉, 《中國歷代食貨典》第1冊 卷60, 臺北: 中華書局, 1970, 220쪽)

10) 張寄謙, 〈淸代的墾田與丁口的記錄〉, 《淸史論叢》第1輯, 112~113쪽.

다.11) 북송(北宋) 이전 시기까지 1인당 평균경작지는 10시무(市畝)를 유지하고 있었으나, 청 중엽에 이르러서는 인구과잉현상이 더욱 명확해졌으므로 평균경작지는 점차 감소하였다. 즉 1887년의 인구가 4억 3천만 명인 반면, 전국의 경작지는 12억 200만 무일 뿐이어서 1인당 평균경작지는 2.82무까지 감소하였다. 아래의 표12)로 추정해 볼 때 중화민국 이후의 상황은 더욱 심각해졌음을 알 수 있다.

역대 인구와 경지비율

경지		인구		1인당 평균면적
연 대	교정수 (백만무)	연 대	교정수 (백만인)	
西漢 2	506	西漢 2	59	8.57
東漢 105	535	東漢 105	53	10.09
東漢 146	506	東漢 146	47	10.76
北宋 967	255	北宋 961	32	7.96
北宋 1072	660	北宋 1109	121	5.45
明 1393	522	明 1391	60	8.70
明 1581	793	明 1592	200	3.96
淸 1662	713	淸 1662	83	8.59
淸 1784	989	淸 1776	268	3.69
淸 1812	1025	淸 1800	295	3.47
淸 1887	1202	淸 1848	426	2.82

상술한 바와 같이 한정된 경작지 안의 과밀한 인구압력은 가장 심각한 농촌문제 가운데 하나였고, 이 문제는 토지부족현상을 일으켜 농민의 생활곤란을 초래한 주요 원인이었다. 실제로 인구과밀화현상은 중국의 토지

---

11) 중국의 도량형 제도는 역대에 여러 차례 변화하였는데, 주대(周代)부터 토지단위로써 6척(尺)을 1보(步)로 하고 100보를 1무(畝)로 하였다. 진한(秦漢) 이후에 도량형이 대체적으로 통일되어 240보를 1무로 하여 1무는 240평방보로 정해졌다.(張維華, 〈試論曹魏屯田與西晋占田上的某些問題〉, 《中國歷代土地問題討論集》, · 146쪽)

12) 趙岡·陳鍾毅, 《中國農業經濟史》, 臺北: 幼獅文化事業公司, 1989, 63쪽.

소유관계에 영향을 미쳤을 뿐 아니라 농업생산력 발전에도 크게 작용하고 있다. 마크 앨빈(Mark Elvin)에 따르면 중국의 농촌경제는 인구의 압력으로 더 이상 발전할 수 없는 지점 즉 농촌에서 자본축적이 불가능하고 농업의 질적 향상이 한계에 이르렀다고 하며, 새로운 과학기술이나 자본의 집중적 투자 또는 농촌경제구조의 근본적인 변혁이 일어나지 않는 한 절대로 벗어날 수 없는 고도의 평형함정(high-level equilibrium trap)에 빠졌다고 주장한다.13) 사실 중국은 19세기 후반에 들어와 인구가 급격히 증가하였으므로 과학적인 기술과 자본의 투입으로 생산력의 변화를 실현하지 않고는 경지면적의 부족과 더불어 심각한 농촌경제위기가 초래될 수밖에 없었다. 이러한 인구과잉과 토지면적의 부족현상은 결과적으로 소수인에 의한 토지집중현상을 초래하게 되었는데, 중국에는 지주계층이 존재하여 토지분배면에서 상당히 불균형하였다. 전국에 약 10퍼센트의 지주·부농이 약 45~50퍼센트의 경작지를 장악하고 있었으며, 따라서 대부분의 농민은 무토지소유의 소작농이었고, 설사 약간의 토지를 소유하고 있다 해도 30무 이하의 토지를 소유하고 있을 뿐이어서 생활은 상당히 곤란하였다. 이와 같이 소수인에 의한 토지집중은 주로 소자경농의 희생으로 이루어졌다. 일반적으로 소자경농은 그들의 토지에서 생활에 필요한 산물을 충분히 얻을 수 없었기 때문에 쉽게 지주나 고리대업자로부터 차금(借金)하게 되고, 그 결과 토지를 양도할 수밖에 없어 소작농으로 전락하는 것이다. 이와 같은 상황 아래 영세농민은 지주의 토지를 임차하여 생계를 유지할 수밖에 없었으므로 소작제도가 출현하게 되었는데, 이는 농촌사회에서 극히 보편적으로 시행되었다. 소작제는 각 지역의 상황에 따라 종류와 형태·방법 면에서 매우 복잡하게 시행되고 있으며, 대체로 다음 세 종류로 나눌 수 있다.14)

---

13) Mark Elvin, *The Pattern of the Chinese Past*, Stanford: Stanford Univ. Press, 1973, Chap. Ⅲ 참고.

14) 王文甲, 앞의 책, 377~378쪽; Lloyd E. Eastman / 이승휘 역, 앞의 책, 114~117쪽 참고.

(1) 영구소작제: 지주가 토지소유권을 갖고 소작농은 영구적인 토지사용권을 갖는 것으로, 이러한 소작방법은 소작농에게 유리하다.

(2) 정기소작제: 정기소작제의 임차기간은 비교적 짧아서 대부분이 3년에서 10년이고 길게는 10년에서 20년 사이이다. 이러한 소작방법은 소작농에게는 영구소작제보다 유리하지 않지만 일정한 기한의 보장이 있다.

(3) 부정기소작제: 이 방법은 전국적으로 소작제도에서 차지하는 비율이 가장 높으며, 소작농에게는 가장 불리하다. 호남·강서·섬서에 가장 많고 소작호의 95퍼센트 이상을 차지한다.

1930년대를 전후한 중국 농촌에는 소작호(小作戶)를 보장할 수 있는 영구소작제와 정기소작제는 20퍼센트 정도에 지나지 않았고, 나머지 80퍼센트는 소작농에 불리한 단기 또는 부정기소작이었다.[15] 그러한 당시의 소작제도 아래 토지소유권의 분배에 따라 위치의 고저 차이가 있는 농업계단(agriculture ladder)현상이 나타나게 되었다.[16] 즉 토지소유권과 이용권이 없는 농민은 농업노동자의 위치로부터 시작하여, 노역을 통해 점차 소작농·반자경농·순자경농으로 상승하여 드디어 지주가 되는 것을 지칭하는 것이다. 이의 성공 여부와 그 정도 여하는 복잡한 요소로 결정되는데, 여기에는 정부의 토지정책과 조세제도의 우열, 농업임금과 농산품가격의 고저, 농업인구와 농업토지의 비율, 사회의 일반적 경제상황과 농민 자신의 성품과 생산능력 등등을 포함하고 있다.[17] 그러나 중국 농민은 대체로 지위가 고정되어 있어서 계층간의 상승이동은 매우 어려운 편이다. 1934년 하남·호북·안휘·강서 4성의 농촌경제조사에서 나타난 바에 따르면, 4성의 고농(雇農)은 21세부터 고용되어 농업노동에 종사하기 시작하여 10년 뒤인 31세까지 평균 100분의 7만이 소작농이 된다. 다시 10년 뒤인 41세에

---

15) 王文甲, 위의 책, 378~380쪽.
16) 張德粹, 《土地經濟學》, 臺北: 正中書局, 1969, 337쪽: Albert Feuerwerker / 林載爵 譯 《中國近百年經濟史 1870~1949》, 臺北: 華世出版社, 1978, 118~119쪽.
17) 張德粹, 위의 책, 339쪽.

반자경농이 된 사람은 평균 1000분의 19이며, 다시 8년 이후 순자경농이 된 사람은 1000분의 6일 뿐이어서,[18] 상승이동의 어려움을 쉽게 짐작할 수 있다. 바꾸어 말하면 고농 가운데 90퍼센트 이상은 평생을 고생하여도 여전히 고농인 셈이며, 비록 앞의 조사보고가 중국 전체의 현상을 대표하지 않는다는 점을 감안하고 보더라도 그 위치가 매우 고정적임을 부인할 수 없다.

이와 같이 중국 농촌에서 토지문제는 본질적으로 토지면적의 부족, 토지분배의 불균형, 소작제도의 불공평 등 요소에 귀결되는데, 그 가운데도 소작제도의 불공평이 가장 심각한 영향을 끼치고 있으며, 이러한 상황에서 소작농이 느끼는 경제적인 압박은 다음에서 찾아볼 수 있다.[19]

(1) 지세의 증가: 토지를 소유하고 있는 지주가 이윤을 극대화하기 위해 임의로 지세를 높인다.

(2) 전세보증금의 가중: 전호가 토지 임대차계약을 체결할 때 납부하는 보증금을 지주가 높게 책정하는 것으로, 지주로서는 지세 안전을 보장하는 것이므로 대부분의 지주는 이 방법을 취하였다. 농촌인구의 과잉으로 소작농의 숫자가 증가하여 전지 획득 경쟁을 하였으므로 지주는 이 기회를 이용하여 전호를 착취하였다.

(3) 예조제(預租制; 先付)의 발전: 지주는 천재(天災)로부터의 손실을 최소화하기 위해 전호소작에게서 예조(預租)를 받는다. 만약 천재일 경우 손실의 전부를 전호에게 부담시키고 지주는 책임을 부담하지 않았다.

(4) 전호의 지위 하락: 중국의 전호는 교육 정도가 낮고 생활수준이 낙후되어 있었으므로 평소 지주로부터 노예와 농업의 도구로 간주되었다.

(5) 중간계층의 수탈: 첫째, 도급소작농의 수탈…… 대소작호[包個戶]가 지주에게 토지를 임대한 후 다시 전호에게 전대하는 것이다.…… 둘째, 지

---

18) 위의 책, 342쪽.
19) 王文甲, 〈中國土地·人口·租稅制度之統計分析〉, 《中國經濟史料叢書》 第1輯, 臺北: 華世出版社, 1978, 138~143쪽.

주대리인의 수탈. 중국의 일부 지역에서 지주가 그 지역에 살지 않거나 거리가 멀 때 대리인에게 조세수취 업무를 위탁한다. 대리인은 이런 기회를 이용하여 소작농을 착취하는 것이다.

2) 중국 농가의 경제위기 실태

중국이 토지문제를 중시하는 이유는 농업사회에서 경제생활의 기반인 토지가 소수에 집중되어 있어, 절대다수를 차지하는 영세소작농민이 한 해 수확만으로는 지조납부조차도 부족한 과중한 소작료를 부담하는 상황에 주목하였기 때문이다. 소작농은 최소한의 생존문제마저도 보장받을 수 없는 상황 아래 노동의욕을 잃게 되어 생산이 크게 위축되었으므로, 이로써 국민경제의 발전은 크게 영향을 받게 되었던 것이다.

중화민국이 수립된 이후 정치체제 변혁의 문란과 서구 신흥경제세력의 영향으로 토지문제의 본질은 더욱 복잡해졌는데, 그 상황은 다음의 네 가지로 설명될 수 있다.[20]

(1) 신흥 경제세력이 상업·관료자본을 조성하여 일부 지역에서 다량으로 토지를 구매하므로…… 토지가 소수인에게 집중되었다.

(2) 외국의 자본주의적 경제세력은 각 대도시의 매판계급(買辦階級)과 내지의 상업결사조직을 통하여 자연경제상황을 파악하므로…… 도시에 대한 농촌의 의타성(依他性)을 조장하였다.

(3) 인구가 급증하고 농촌에도 정치적 불안요소가 많아지므로 농민이 충분한 경작지를 획득하지 못하게 되어 경작지 문제가 갈수록 절박해졌다.

(4) 지주와 관료매판이 서로 결탁하여 농촌의 특수세력을 이용, 소작농에 대한 수탈과 착취를 강화하므로 농민생활이 더욱 빈곤해졌다.

중국에는 역사적으로 토지위기가 반복 순환되는 경향을 보이고 있는데,

---

20) 張乃旦, 앞의 책, 39~40쪽.

청말민초 이래 중국 농촌의 경우 위기단계에 돌입하고, 여기에 제국주의 침략이 보태져서 농촌경제는 붕괴 국면에 직면하게 되었다.

전통적으로 중국의 농촌사회는 자급 위주의 자연경제사회로, 의식주에서 필요한 것을 스스로 공급하는 외에 가정부업과 가내수공업에 의지하는 경제구조를 형성하였다. 그러나 서구 열강의 중국 침략이 본격화된 청일전쟁 이후에는, 제국주의 상품이 중국 내지로까지 진출하여 중국은 열강의 상품시장과 자본수출 시장으로 전락하였다.[21] 따라서 농촌의 전통적인 가정부업과 수공업이 모두 파괴되었고, 외국자본이 중국시장에 들어와 중국의 현금을 흡수하였다.[22] 따라서 중국 농촌에서는 부업을 잃고 생계유지가 곤란해짐으로써 농민생활은 기본 생존권 이하로 전락, 극심한 곤궁상태가 되었다.

한편 중국 농촌경제에 또 다른 부담으로 작용한 것은 각 지역에 할거하고 있는 군벌(軍閥)이었다. 군벌의 지배는 농민에 대해서 불환지폐(不換紙幣) 발행에 따른 인플레이션, 세금의 사전징수, 군역(軍役)부과라는 3중의 고통을 안겨주었다.[23] 즉 군벌들은 각자의 세력확장을 위해 내전을 불사하였으므로, 방대한 군사력 유지를 세금으로 충당하였는데, 이런 비용들은 모두 직간접으로 가난한 농민에게 전가되었다.

각 지역의 군벌·관리가 설립한 은행·전장(錢莊) 등에서는 공채·어음·유통권(流通券)을 남발하여 현금을 대신하였는데, 이들 세력이 혼미한

---

21) 제국주의 침략으로 중국에 초래된 일체의 곤란에 대해서는 朴明熙,〈近代中國의 政治改革意識硏究〉,《史學志》 26, 230~235쪽 참고.

22) 한 예로, 당시 사회 일반에는 아편이 보편적으로 유행하였는데, 아편 수입의 증가는 중국의 은(銀)을 대량으로 국외로 유출시킴으로써 중국 내의 은가등귀(銀價騰貴)를 부채질하여, 중국 재정을 더욱 어렵게 하고, 농민부담을 가중시켰다. 1920년대와 1930년대에 발생한 경제공황 당시에도, 제국주의의 대중국무역과 관련된 동화와 은화의 환율은 계속 상승하여, 1922년 동 대 은의 비율이 2,300대 1이던 것이, 1931년에는 15,600대 1이 되었다.(Jean Chesneaux, *Peasant Revolts in China, 1840~1949*, London: Thames and Hudson Ltd., 1973, 79쪽)

23) Lioyd E. Eastman / 이승휘 역, 앞의 책, 134~137쪽.

정단(政壇)에서 일단 실세(失勢)하거나 파산하면 대체지폐는 휴지로 변하게 되었으므로 농민의 손실은 더욱 극심해졌다. 또한 문란한 화폐제도 아래에서 대차(貸借)는 정상적으로 진행될 수 없었는데, 지주·상인계층은 이 기회를 이용하여 궁핍한 농민을 상대로 고리대(高利貸)를 하여 대체로 30퍼센트 이상의 이식을 취하였으므로 빈궁한 농민생활은 더욱 곤궁하게 되었다.24)

이상에서와 같이 가내수공업의 쇠퇴와 군벌간 내전의 확대로 빈궁한 농민가정은 풍비박산되고 농촌에서 유리될 수밖에 없었다. 중세·병역·이자·소작료 등에 따른 무거운 부담에 얽매어 있는 무토지 농민들 가운데 다수는, 고향을 버리고 실업자가 되지 않을 수 없었다. 이 대량의 실업노동자는 군벌에 대해서 병사의 보급을 쉽게 하고 있었으며, 신병의 숫자가 늘어날수록 내전은 빈번해지게 되었다. 내지교통이 전쟁으로 두절되어 농촌상품의 도시운반에 차질을 빚게 되므로 가격폭이 크게 떨어졌으며, 도시의 공업생산품도 내지까지 운송되지 않아 농촌경제가 크게 영향을 받았다. 그 밖에도 중국의 농촌사회는 군벌의 패잔병·토비(土匪)에 대항하기 위해 지방자위대를 조직하여야 했으므로, 거액의 무기구매·건축공사 비용을 스스로 부담하여야 하였다. 이러한 액외(額外)의 부담으로 농민은 농사를 돌 볼 시간이 줄어들어 농촌은 더욱 피폐해지고, 이는 곧바로 생산량의 감소로 이어져 농촌 손실이 극대화되었다.25)

또한 중국에서는 자연재해가 가난한 농민의 처지를 더욱 악화시켰는데, 청말 이래 중국정부는 치수사업과 관개시설을 확충시키지 못해 그 결과로 1900년에서 1948년까지 42차례의 대홍수와 23차례의 한발을 겪어야 했다.26) 이와 같은 자연재해의 타격으로 중국 농촌사회에는 대량의 농민유

---

24) James Pinckney Harrison, *The Long March to Power: A History of the Chinese Communist Party, 1921~1972*, New York: Praeger Publishers, 1972, p.8.

25) 史誠之, 〈試論中共建黨的背景〉, 《明報月刊》 第30期, 1968年 6月號.

26) Elizabeth Perry, *Rebels and Revolutionaries in North China: 1845~1945*, Stanford: Stanford

망군(農民流亡群)이 발생하였는데[27] 이러한 유랑농민은 일부가 도시에 흡수된 것 말고는 대부분이 토비로 변하여 사회불안을 더욱 조성하였다.[28]

민국 이래 지주·제국주의·군벌의 수탈 아래 토지문제의 본질은 한층 첨예화되었으며, 이런 상황 아래 농민의 생활은 빈곤 정도가 더욱 극심해져 갔다. 중국 농촌의 토지분배상황은 당시의 정치상황과 조사요원, 측량기구 설비의 미비 등 여러 제약들로 전국 규모의 조사가 불가능했다. 그러나 1920년대의 북벌기간에 중국국민당 중앙농민부 토지위원회가 조사하여 만든 토지분배상황의 보고에 따르면, 토지를 소유한 농민(1畝를 가진 자에서부터 대지주까지를 포함함)은 1억 5천만 명으로 전체의 약 45퍼센트를 차지하고 있고, 토지가 없는 고농(雇農; 3천만 명)·유민·토비·병사·고정된 직업이 없는 농촌소상인(2천만 명) 및 소작농(1억 3600만 명)은 약 1억 8600만 명으로 전체의 약 55퍼센트를 차지하고 있다고 지적하였다.[29] 또한 그 보고에서는 토지를 소유한 농민 가운데 10무 이하의 빈농이 44.45퍼센트로 토지의 6.16퍼센트를 차지하며, 100무 이상의 대지주는 전체 소유 농민의 5.23퍼센트를 차지하는 반면, 전체 토지의 43퍼센트를 차지하는 것으로 분석하고 있다.[30]

그 외에 진한생(陳翰笙)은 1930년대의 중일전쟁시기에 중국 농촌의 토지분배상황에 대한 조사를 진행한 바 있다. 그에 따르면 전국의 총경작지 면적은 약 14억 무이며, 지주계급이 대략 농촌 총 호수의 4퍼센트를 차지하고 있으나 소유경작지는 전국 경작지 면적의 50퍼센트, 즉 지주가 소유한

Univ. Press, 1980, p.275.

27) 당시 내전과 천재로 타격을 받은 농민은 모두 5655만 9천 명이었으며, 이로써 발생한 유망군(流亡群)은 2천만 명 이상이다.(Chow Tse-tsung, *The May Fourth Movement: Intellectual Revolution in Modern China*, Cambridge: Harvard Univ. Press, 1964, p.382)

28) 史誠之, 앞의 글 참고.

29) 〈中國國民黨中央執行委員會農民部土地委員會報告 − 中國土地分配的調査〉, 《農民運動》第1卷 第1期, 3~4쪽.

30) 金一鴻, 《中國土改與中國土地問題》, 臺北: 自由出版社, 1950, 5쪽.

토지는 7억 무 정도라고 지적하였다. 또한 부농은 농촌 호수의 6퍼센트로 전국 경작지 면적의 15퍼센트인 2억 1천만 무 정도; 중농은 농촌 호수의 20퍼센트로 전국 경작지 면적의 20퍼센트인 2억 8천만 무 정도; 빈농·고농은 농촌인구의 70퍼센트를 차지하는데, 소유 토지가 15퍼센트인 2억 1천만 무 정도라고 분석하였다.[31] 그러나 이 조사는 사당(祠堂)과 공공단체를 일괄적으로 농호(農戶)로 계산하고 지주의 범위에 계산하였다는 오류를 범하고 있다.

이에 비해 오문휘(吳文揮)의 《현대 중국토지문제의 탐구》에 실린 〈지주와 농호 및 점유전지(占有田地) 면적표〉의 통계는 학계에서 가장 보편적으로 인용되고 있다. 오문휘의 조사에 따르면, 전국의 경작지와 관계된 호수가 6천만 호이고, 전국 경작지는 13억 무이나 사유경작지의 면적은 12억 무(전국의 사당 등 공유경작지 또는 집단지주소유의 경작지가 1억 무라고 가정함)라고 하여 전국의 토지분배 상황을 아래 표와 같이 제시하였다.[32]

종 류	호수(천호)	백분비(%)	占地數(백만무)	백분비(%)
지 주	1800	3	312	26
부 농	4200	7	324	27
중 농	13200	22	300	25
빈농·고농 및 기타	40800	68	264	22
합 계	60000	100	1200	100

31) 이 조사를 근거로, 1947년 9월 중국공산당은 전국토지회의를 개최하고, 중국토지법 대강결의안 〈눈앞의 형세와 우리의 임무〉(目前的形勢和我們的任務)를 통과시켰는데, 이 글에서 "중국의 토지제도는 매우 불합리하며, 일반적 상황으로 볼 때 농촌인구의 10퍼센트에 미치지 못하는 지주 부농이 70~80퍼센트의 토지를 차지하고, 잔혹하게 농민을 수탈한다. 그러나 농촌인구의 90퍼센트 이상을 차지하는 빈농·고농·중농 및 기타 인민은 모두 20~30퍼센트의 토지를 차지할 뿐이다"고 강조하였다.(金一鴻, 위의 책, 12쪽)

32) 위의 책, 13쪽.

이 표에 따르면 전국의 경작지와 관련된 총 호수 가운데 3퍼센트의 지주가 소유한 토지는 전국 사유지 총 면적의 26퍼센트를 차지하고, 7퍼센트를 차지하는 부농도 27퍼센트를 소유하고 있다. 반대로 총 호수 가운데 3분의 2(68퍼센트)를 차지하는 빈농·고농 등이 소유하는 토지는 총 면적의 5분의 1(22퍼센트)을 차지하고 있을 뿐이어서, 이로써 중국 농촌의 토지분배의 불균형 상태와 영세성을 설명할 수 있다.

이상의 조사결과로 볼 때 여기에는 서로 차이점이 있지만, 당시 토지집중현상이 아주 심각하고 또한 토지분배가 아주 불합리하였던 점이 공통적으로 나타나고 있어, 이 문제를 해결하는 것이 농촌문제에서 시급한 과제였음을 알 수 있다.

3. 중국공산당의 농촌개혁정책

1) 중공중앙(中共中央)의 농민책략의 변화

마르크스·엥겔스의 사회주의혁명이론은 자본주의가 발달한 국가상황에 맞추어 제기된 것으로, 무장(武裝)으로 정권을 탈취하는 과정에서 주로 무산계급의 역량에 의지하려 하였다. 따라서 그들의 이론에 대입해 본다면 농민문제는 결코 특별하게 중요한 위치를 차지하는 것은 아니었다. 그러나 사회주의혁명은 결코 자본주의가 발달한 나라에서보다는 대지주에 의한 토지소유제가 시행되는 국가에서 발발하였다. 그러므로 사회주의혁명 진행과정에서 무산계급은 자체 역량 이외에 농민의 광범위한 지지와 참여를 필요로 하였다. 이로 볼 때 낙후되고 빈곤한 미발달국가의 사회주의혁명은 농민문제가 특별히 중요한 위치를 차지함을 알 수 있다. 그러나 1921년 7월 중국공산당이 창당된 이후부터 1927년 7월 제1차 국공합작이 완전히 분열될 때까지 코민테른이나 중국공산당 지도부는 레닌주의에 입각하여 도시프롤레타리아를 혁명의 주도세력으로 삼고, 농민을 그 보조세력으로밖에 인정하지 않아 농촌상황에 크게 주목하지 않았다. 그리하여 사유재산 폐지를 주장하고 있는 1922년 7월 중국공산당 이전대회(二全大會)결의안[33] 이후 1927년 5월 오전대회(五全大會) 결의안에는 토지몰수를 규정한 더 자세한 농업강령[34]이 나오지만, 농민운동이나 토지혁명을 실천할 수 있는 구체적인 조치들을 결여하고 있어 형식적인 슬로건의 성격을 크게 벗어나지 못하는 실정이었다. 그러나 당시 중국 정세는 공산당에게 크게 불리하게 작용하여, 그 결과 국공합작이 결렬되고 과격한 맹동주의(盲動主義)가 등장함으로써 코민테른과 중국공산당은 책략노선의 전환을 꾀해야만 되었다.[35] 따라서 1928년 2월 제9차 코민테른 집행위원회 전체회의를 비롯하여, 같은 해 6월 모스크바에서 개최된 중국공산당 육전대회(六全大會)부터 소비에트 건설, 홍군의 조직, 농민운동, 토지혁명 등을 강조하는 농촌에 중점을 둔 혁명전략이 공식적으로 제기되었다.

이와 같이 당시 중국의 공산혁명은 농촌에 혁명근거지를 건립하고, 농촌에서 출발하여 점차 도시를 포위하고 마지막으로 도시를 탈취하는 방식으로 진행된 것이었으므로, 중국공산당으로 볼 때 농민문제는 그 중요성이 매우 컸다. 그러나 초기의 공산주의자들은 교조주의적인 사고방식 아래 도시에서의 노동운동을 공산혁명의 시발점으로 간주하여, 농민문제에 대해서는 대체로 무관심한 상태에 있었다. 당시 총서기였던 진독수(陳獨秀)의 경우만 보더라도, 농민은 중국혁명의 위대한 세력이고, 만약 국민혁

---

33) 王健民, 《中國共産黨史稿》第1篇, 臺北: 中文圖書供應社, 1974, 57~67쪽.

34) 위의 책, 378~379쪽.

35) 5전대회에서 6전대회까지의 거의 1년 동안 발생했던 사건들은 중국공산당사에서 매우 중요한 것으로, 남경청당(南京淸黨), 무한분공(武漢分共) 이후 중국공산당은 8·7 긴급회의를 개최하고, 토지혁명·무장폭동의 책략방침을 제기하여 폭동적인 맹동주의(盲動主義)를 일으켰다. 남경정부의 반공노선 견지로 공산당의 활동범위는 크게 축소되어 자연히 호남·호북의 두 성과 강서 일부에 한정되었다가, 무장폭동의 실패로 말미암아 도시에서의 발판을 잃고 강서 남부의 정강산(井崗山)에 들어가 할거하게 되었다.

명에 농민참가를 이끌어 낼 수 없다면 그것은 끝내 성공할 수 없을 것이라고 하여, 대다수의 대중을 이루고 있는 농민들의 지지는 혁명의 성패에 중요한 요인이 된다고 인정하고 있다. 그러면서도 당시의 농민은 보수주의와 비조직성이라는 결점을 갖고 있으므로, 농민운동은 민족혁명이 실현되고 공업발전으로 농촌프롤레타리아가 출현한 다음에야 필요하고 가능할 것이라는 인식을 가지고 있었다.36) 이러한 견해는 5·30운동 당시에도 중공중앙을 지배하고 있었으며, 따라서 국공분열시기에 호남성에서 나타난 농민운동의 급진화와 조직확대에도 반대하였던 것이다.

이와 같이 중국공산당 지도부의 통일되지 않은 대농민운동관은 농민의 혁명적 열기를 수렴하지 못하여, 과격하고 희생적인 도시폭동만 시도하며 공산혁명을 좌절로 몰고 가다가, 마침내 농민을 무산계급혁명의 동맹군으로 인정함으로써 농민대중을 사회주의혁명에 동원하였다.37) 또한 조직을 확대하기 위해서는 당시의 농촌상황에서 토지혁명을 효과적으로 수행할 것이 요구되었고, 토지정책은 중국혁명의 관건으로 대두되었다. 그러므로 모택동(毛澤東)은 호남성 농민조사에 근거하여 강경한 토지혁명을 단행하였는데, 그 방법은 지주와 전호 사이의 계급투쟁을 이용하는 것이었다.38)

---

36) 陳獨秀, 〈中國國民革命與社會各階級〉, 《前鋒月刊》 第2卷; Thomas C. Kuo / 권영빈 역, 《진독수와 중국 공산주의 운동》, 민음사, 1985, 146쪽 재인용.

37) 중국공산당의 창시자 가운데 한 사람인 이대조(李大釗)는 농민들 자신이 체내에 보유하고 있는 도덕적 정신에 입각한 "선천적인 자각적 능동성"으로 인해 혁명에 자발적으로 가담하게 된다고 하며, 농민을 무산계급혁명의 동맹군으로 인정하고 있다. 공산주의운동을 지지하는 새로운 대중적 기반을 농촌혁명의 힘에서 찾으려는 이대조의 시도는 〈토지와 농민〉(土地與農民), 〈노예섬 등 성에서의 홍창회〉(魯豫陜等省的紅槍會) 등의 논문에서 나타난다.[Mayrice Meisner / 권영빈 역, 《이대조평전》(*Li Ta-chao and the Origins of Chinese Marxism*), 서울: 지식산업사, 1992, 274~278, 284~293쪽]

38) 모택동에 따르면, 호남성에서 농민운동의 성장은 1926년 9월을 분기점으로 두 개의 시대로 분명히 구분된다고 한다. 그 제1단계는 조직화단계로 협회가 지하활동으로부터 공공연한 행동으로 옮겨지는 시기다. 제2단계에 들어서면서부터 농민운동은 혁명행동의 시기로 이행한다. 회원수도 제1단계에는 40만 명 이하였던 것이 1927년 초에는 200만 명 이상으로 비약적으로 증대하여, 정치투쟁·경제투쟁을 활발히 전개하였

즉 지주의 재산을 박탈하여 몰수한 토지를 무상으로 무지(無地)·소지(小地)의 농민에게 균분하여, 대부분의 빈농·고농을 중농으로 승격시켜 혁명의 주요 세력으로 간주하는 것이었다. 농민의 계급구분은 경작지 점유상황에 따라서 1920년대부터 중국공산당에 의해 다양한 방법으로 시도되어 왔는데, 그 기준은 토지소유의 정도나 실제 노동 여부 그리고 착취의 정도를 함께 고려하여 5대 계급으로 구분하고 있다.[39] 즉 토지를 소유하고는 있지만 전혀 노동에 종사하지 않고 생계수단을 타인의 노동에 대한 착취에 의존하고 있는 사람을 지주로 분류하는데, 이들은 주로 농민의 지대(地貸)를 착취한다. 부농의 경우에는 토지를 소유하고 자신도 노동에 종사하지만, 전체 소득 가운데 15퍼센트 이상을 타인의 노동착취에 의존하고 있다는 것이다. 중농은 기본적으로 자신의 노동력에 의존하여 자급자족을 하는 자작농으로, 이들은 착취 여부에서 비교적 자유롭다. 빈농의 경우는 소규모의 토지를 소유하고 있으나 생존을 위해 토지를 임대받아 경작하며 지대·고리대 및 한정된 고용노동의 형태로 타인에게 착취를 당하고 있다. 또한 고농은 노동력 이외에는 아무것도 가진 것이 없는 피착취계층이라는 것이다.

중국공산당 토지개혁의 기본원칙은, 착취계층인 지주와 부농의 토지를 몰수하여 이를 피착취계층인 빈농과 고농에 재분배하여 경자유기전(耕者有其田)을 실현하는 것이었다. 이 과정에서 토지몰수나 분배에 농민을 직접 참여시켰는데, 이것은 경제적으로 농민대중의 실질적 이익을 보장한다는 목적 이외에도, 농민대중의 동원과 교육의 효과를 통한 참여의식을 고취시켜 광범위한 지지를 얻기 위한 것이라는 점에서 정치적 의의가 매우 크다고 할 수 있다.

이러한 인식을 바탕으로 중국공산당은 소비에트 지역에서 토지분배 상

다고 공언하였다.(毛澤東,〈湖南農民運動考察報告〉,《毛澤東選集》第1卷, 北京: 人民出版社, 1952, 13～14쪽)
39) 毛澤東,〈怎樣分析農村階級〉, 위의 책, 113～115쪽.

황에 대한 여러 차례의 개별조사를 실시하였다.[40] 그 가운데 1930년 10월 말의 조사는 강서(江西) 홍국현(興國縣) 영풍구(永豊區)의 계급별 토지점유 상황을 밝히고 있는데, 지주는 인구의 1퍼센트와 토지의 40퍼센트(실제적으로 지주·부농이 공유하는 사당은 토지의 10퍼센트를 차지함), 부농은 인구의 5퍼센트와 토지의 30퍼센트, 중농은 인구의 20퍼센트와 토지의 15퍼센트, 빈농은 인구의 60퍼센트와 토지의 5퍼센트를 차지하고 있다고 분석하였다. 이는 지주와 부농은 그 지방인구의 6퍼센트를 차지하지만 토지의 80퍼센트를 차지하는 반면, 빈농과 중농은 인구의 80퍼센트를 차지하지만 토지의 20퍼센트만 차지하고 있음을 설명하는 것이다. 또한 1942년 3월 섬서(陝西) 미지현(米脂縣) 인두향(印斗鄕) 구보(九保)에서 조사된 계급별 토지점유상황을 분석해 보면, 지주가 농호의 2퍼센트와 토지의 63.69퍼센트, 부농은 농호의 3퍼센트와 토지의 11.86퍼센트, 부유중농은 농호의 4.6퍼센트와 토지의 6.5퍼센트, 중농은 10.9퍼센트에 7.2퍼센트, 빈농은 66.6퍼센트에 9.8퍼센트, 고농은 8.8퍼센트에 0.3퍼센트, 기타는 4.3퍼센트에 0.85퍼센트를 차지하고 있다. 섬서성의 조사에서는 지주·부농의 홋수가 5퍼센트를 차지하지만 토지소유는 75.55퍼센트를 차지했던 반면, 중농·빈농·고농 등의 호수는 95퍼센트를 차지하지만 토지소유는 24.45퍼센트를 차지했을 뿐임을 지적하고 있어서, 불균형한 토지분배의 단면을 보여주고 있다.

그 외에도 중국공산당이 토지개혁과정 중 농촌에서 진행된 조사결과에 따르면, 1930년대에 농민이 지주에게 납부하는 세액이 일반적으로 농업생산량의 50퍼센트 가량을 차지하는 반면, 일부 지역은 60~70퍼센트, 심지어는 80퍼센트 이상도 있음을 밝혀내고 있다.[41] 지세 이외에도 지주는 온

---

40) 杜敬, 〈土地改革中沒收和分配土地問題〉, 《中國社會科學》第1期, 1982, 140~141쪽.
41) 1950년 2월 4일 《호중일보》(湖中日報)에 실린 한 자료에 따르면, 지주의 수탈 솜씨는 120여 종이 넘는다. 그 가운데 비교적 보편적인 것은 소작에 대한 보증금 요구, 가짜 토지에 세금부과, 저울 속여 세금 징수하기, 지세를 미리 징수하기, 기일을 넘기면 이자 붙이기, 무상 노역, 명절에 선물 보내기 등이 있다.(위의 글, 141쪽)

갖 방법을 동원하여 교묘한 구실을 만들어 농민을 수탈하고 있다. 1947년 《중국경제연감》에 따르면, 농민이 지주에게 당하는 액외(額外)의 수탈은 보편적인 것이 20여 종으로, 그 총액은 종종 실제 지세액을 초과하기도 하여, 농민은 농산품의 대부분을 지주에게 납부하는 이외에도 토지의 부산품으로 부족분을 지주에게 납부하고 있음을 기록하고 있다.[42) 이 밖의 방법으로는 지주의 고리대금수탈이 있다.

이와 같은 상황들의 조사 결과를 분석해 볼 때, 여기에는 정황의 차이가 있지만 당시의 토지집중현상이 아주 심각하고, 토지의 분배가 아주 불합리하였다는 점, 그리고 당시의 농민은 지주의 불합리한 수탈을 받아 생활이 곤경에 빠지게 되었다는 점을 알 수 있다. 그러므로 중국의 토지분배의 불균형 및 조세제도의 결함과 지주의 전호 착취 등의 요소는 중국의 농민문제에서 시급히 개혁해야 할 부분이었고, 바로 이 문제는 중국공산당으로 하여금 토지개혁운동에 매달리게 하는 구실이 되었다.

2) 모택동의 농민정책

농민대중에 잠재하는 혁명성을 발견하고 그들을 조직하여 혁명운동에 참가시키는 상황을 구체적으로 실천한 사람은 모택동(毛澤東)이었다. 그가 중국공산당의 지도 아래 농촌근거지건설과 함께 농민대중을 조직하여 혁명행동기반을 조성하고, 이를 통하여 최후에는 도시를 탈취한다는 농촌혁명전략을 세우도록 한 것은 1927년 호남성에서 실시한 농촌조사이고,[43)

---

42) 위의 글, 141쪽.

43) 호남성이 북벌군의 지배에 들어가자, 모택동은 고향에 돌아가 9개월 동안(1926년 8월~1927년 5월) 농민 속에서 생활하며 혁명공작을 전개하였다. 모택동의 〈호남농민운동의 고찰보고〉(湖南農民運動考察報告)는 그가 호남성을 시찰하고 여행한 결과 생겨난 논문인데, 이는 국민당 잡지 《중앙부간》(中央副刊) 1927년 3월 15호에 발표되었다. 이 논문은 당시 코민테른 의장 부하린의 주의를 끌었고, 그로부터 격찬을 받기도 하였다. 부하린은 코민테른 집행위원회 제8회 전체회의에서, 이 논문을 가리켜 우

이를 토대로 중국혁명의 기초를 확립하였다. 모택동은 토지집중현상이 아주 심각하고, 토지분배 또한 매우 불합리하였던 당시의 농촌상황에 주목하여, 상술한 바와 같이 중국의 농촌인구를 지주·부농·중농·빈농 및 고농의 5대 계급으로 분류하여, 이들의 모순을 해소하려면 토지혁명을 전개해야 한다고 주장하였다. 또한 토지혁명과정에서 빈농·고농을 이용하여 중농과 연계한 후, 토지몰수의 방법으로 착취계급인 지주 등 사회지배계층을 제거하여 혁명의 장애요소를 제거하고자 하였다.

모택동의 농촌정책은 정강산(井崗山)에서 처음으로 시도되었다. 1928년에 실시된 정강산토지법은 중국공산당이 만든 최초의 토지법으로, 토지소유권은 소비에트정부에 속해 있어서 매매가 불가능하며, 사람수에 따른 균등한 분배방식의 토지혁명을 추진하였다.44) 그 방식은 무엇보다도 많은 사람들의 요구를 충족시키고, 간단 신속하게 토지를 분배할 수 있어 농민들으로 하여금 토지혁명에 적극 참여하려는 동기를 부여하였다. 이로써 모택동은 농촌근거지를 공고히 하고 공산세력을 확대시키는 방법으로 토지개혁을 이용하였고, 이는 농민들의 혁명에 대한 무관심을 극복하고 그들을 조직화하여 공산정권의 대중적 존립근거를 확립하고자 하는 데에 목적을 두었음을 알 수 있다. 당시 토지분배의 혜택을 받은 빈농과 중농은 전체 농민의 85퍼센트를 차지하였다.

그 밖에도 1929년 4월에 시행되었던 흥국토지법(興國土地法)은 모든 공공토지와 지주소유의 토지만을 몰수하여 부농에게 유리하게 하였으며, 노동력에 따라 분배한다는 규정을 두었다.45) 그러나 이러한 토지법들은 적용범위가 매우 제한되거나, 일시적인 슬로건 형태를 크게 벗어나지 않는

수하고 흥미있다고 평가했는데, 이 논문은 영역되어 《커뮤니스트 인터네셔널》지에 실렸다.

44) 〈井岡山土地法〉, 《毛澤東農村調査文集》, 北京: 人民出版社, 1983, 35~37쪽.

45) Tso-Liang Hsiao, *The Land Revolution in China 1930~1934: A Study of Documents*, Seattle: University of Washington Press, 1967, pp.291~295.

것들이었다. 또한 토지소유의 상한, 농민계급의 정의, 토지혁명의 성격과 방법 등에 대한 지도부의 인식이 정리되지 않은 상태에서 만들어진 것이기 때문에 여러 가지 문제점을 안고 있었다. 그러므로 여러 차례의 수정을 거쳐 1930년 5월 상해에서 이립삼(李立三)의 주도 아래 중화전국소비에트구역 제1차대표자대회에서 토지잠행법(土地暫行法), 즉 이립삼토지법(李立三土地法)을 채택하였다. 그것은 좌경적 색채가 농후하여, 자산계급 민주혁명단계에서 토지에 대한 농민의 사적 소유권을 인정하지 않고, 모든 토지를 몰수하여 국유화 또는 집단화하여 집체생산을 실행하며, 토지의 매매·전조·전압(典押)을 금지한다고 전제하였으므로,46) 당 내부에서도 중대한 노선상의 문제임이 지적되었다.

또한 1930년 2월 모택동의 영향력 아래 있던 중국혁명군사위원회가 모택동토지법을 선포하였는데, 이 토지법은 부농에게도 보통 농민들과 마찬가지로 토지를 분배했다고 하여, 당시의 당 지도부를 구성하고 있던 28인의 볼셰비키로부터 부농노선(富農路線)으로 비판을 받았다. 여기서 문제가 된 것은 추다보소(抽多補少; 많이 가지고 있는 자에게서 적게 가진 자에게로)·추비보척(抽肥補瘠; 비옥한 토지를 가지고 있는 자에게서 척박한 토지를 가진 자에게로)의 재분배원칙이었다.47) 당시 중국공산당의 내부 상황은, 도시노동자를 중심으로 혁명을 추진하려는 계파와, 기존 공산주의 운동의 실패 경험과 중국의 실정에 입각하여 농촌과 농민을 중심으로 혁명을 추진시키려는 계파가 대립하고 있었다.48) 전자는 이립삼, 후자는 모택동에 의해 대표되었다. 이립삼혁명노선49)의 골격은, 도시를 점령하고 도시소비

---

46) 王健民, 앞의 책, 360~361쪽.

47) 何幹之, 《中國現代革命史》上冊, 天津: 高等敎育出版社, 1957, 143쪽; 王健民, 《中國共産黨史稿》第2編, 357~358쪽; Tso-Liang Hsiao, *Power Relations within the Chinese Communist Movement, 1930~1934: A Study of Documents*, Seattle: University of Washington Press, 1961, p.18. 재분배법칙의 논쟁에 대해서는 Ibid., p.90, 101.

48) 張鉉杓, 〈중국소비에트 건설초기의 黨內 權力對立과 土地政策: 1928~1930〉, 《中蘇硏究》 제13권 제3호, 91쪽.

에트를 건설하여 프롤레타리아 지도 아래 중앙소비에트공화국을 건설하는 것이다. 이를 위해서 도시와 농촌에서 동시에 폭동을 일으켜야 하며, 점령은 하지 않고 공격하고 후퇴하는 게릴라 전술을 사용해서도 안 된다는 것이었다. 이에 반해 모택동혁명노선의 골격은, 중국 부르주아민주혁명에서 성공의 열쇠는 농민이 쥐고 있다고 전제한다. 즉 빈농과 중농이 동맹하여 농촌지역에 소비에트를 건설하여 홍군을 조직하고, 게릴라전을 전개하여 도시를 농촌소비에트로 포위함으로써 혁명을 완성한다는 것이다. 이로써 중국혁명은 산업노동자를 주체세력으로 하는 도시민중혁명의 성격으로부터 농민을 중심으로 하는 농촌혁명의 성격으로 전환되어, 중국혁명의 성격이 완전히 바뀌게 되었다.

한편 1931년 11월 강서 서금(瑞金)의 중화소비에트공화국 제1차 전국대회에서 채택된 중화소비에트토지법(총 14조)은 토지의 균등분배원칙에 입각한 통일된 정책을 제시했다는 점에 의미를 둘 수 있다. 이 토지법은 내용면에서 과거의 토지법과는 다소간의 차이점을 보이는데, 그 내용은 아래와 같다. 즉 첫째로는 봉건지주·호신·군벌·관료 및 대토지소유자들의 모든 토지를 무상몰수하며, 그 토지를 소비에트 정부가 빈농과 중농·홍군 병사에게 분배한다고 규정하여, 몰수대상을 혁명의 적대계급에 국한하였다. 이로써 토지소유권에 대하여 소비에트 정부에서 농민의 사적 소

---

49) 6전대회에서 조선공 출신의 향충발(向忠發)을 대신하여 실제적인 영도권을 장악한 자칭 "중국의 스탈린" 이립삼은, 1930년 5월 중원대전이 발발하자, 드디어 혁명의 고조기를 맞이했다고 인식하였다. 따라서 그 해 6월 11일 중공중앙정치국회의에서 저명한 결의안 〈새로운 혁명고조와 한 성 또는 여러 성에서의 우선 승리〉(新的革命高潮與一省或幾省的首先勝利)를 통과시켰는데, 이것이 립삼노선(立三路線)의 기본 문건이다. 또한 이립삼은 코민테른의 지시에 따라 각지의 공산당 조직에 행동위원회를 성립하여 총동맹파업과 무장폭동을 조직할 것, 그리고 홍군은 각 주요 도시를 공격할 것을 명령하였다. 이에 따라 곳곳에서 폭동을 일으켜 실로 구추백맹동주의(瞿秋白盲動主義)를 연장시켜 나갔다. 그 결과 모든 폭동은 실패로 돌아가고, 각지의 당 조직과 기관은 무참히 파괴되었으며, 상해에서의 피해는 더욱 극심하여, 중공중앙을 강서 서금(瑞金)으로 옮기지 않으면 안 되었으며, 여기에서 중앙소비에트정권이 수립하게 된다.(朴明熙, 〈建國以前의 黨代表大會硏究〉, 《季刊中國》 19, 60~70쪽)

유원칙을 인정하였으므로, 토지의 매매와 전당 및 추유(抽留)를 금지한다는 항목이 삭제된 것이다. 둘째로는, 지주의 모든 토지를 몰수하고, 토지재분배과정에서도 제외시키며, 부농에 대해서는 소유토지를 몰수하고 척박한 토지를 분배하도록 규정하는 견제정책을, 그리고 중농의 경우에는 공고한 단결을 원칙으로 하여 정책면에서 투쟁대상을 크게 완화하였음을 알 수 있다.[50] 이와 같은 토지법에 근거하여 지방정부와 당 조직을 중심으로 빈농단의 대중조직을 동원하여 토지혁명을 실시하였으나, 지주와 부농의 거센 반발과, 무엇보다 부농정책에서 지도부 내부의 혼선으로 실효를 거두지 못하였다. 그러므로 중국공산당은 1933년 3월부터 3개월에 걸쳐 사전운동(査田運動)을 강서성 서금을 비롯한 화남 지역에서 전개하였다. 이는 지주와 부농계급의 재산상황을 조사하여 실상을 파악함으로써, 토지혁명을 계속 확대하기 위해 실시했던 대중운동이었다. 즉 빈농에 의지하여 중농과 연합 부농을 약화시키고 지주를 소멸시키는 것으로, 그 결과 강서·복건·광동 3성에서 지주 6,988호, 부농 6,638호로부터 30만 7539담(擔)의 토지와 현금 600만 6916원(元)을 몰수하였다.[51]

이와 같이 강서시대의 토지정책은 농촌사회에서 다양한 계급의 광범위한 지지기반 창출을 강조하였다. 그러므로 모택동은 정치적 경제적 차원에서 부농에 대한 지나친 계급투쟁이 오히려 역효과를 가져온다는 입장을 지켜, 부농을 가혹하게 다루면 중농이 동요하고, 농촌사회에서 중농과 부농이 이탈하면 결국에는 혁명세력이 약해지는 것이라 주장하여 부농정책을 정당화하였다. 즉 중국의 농촌사회에 형성되어 있는 심각한 계급적 갈등요인을 해소하기 위해서, 빈농을 중심으로 하여 중농과 결합시키려는 것이 중국공산당의 토지혁명정책이었는데, 이것이 농민에게 지지를 받는 결정적 요인으로 작용했다.

---

50) 何幹之, 앞의 책, 143쪽; 黎明華, 《中共的土地鬪爭》, 臺北: 國際關係硏究中心, 1965, 87쪽.
51) 郭華倫, 《中共史論》 第2冊, 臺北: 國際關係硏究中心, 1973, 412쪽.

남경정부의 위초전(圍剿戰)에 맞서 서북의 오지인 연안(延安)에 정착한 중국공산당은, 중일전쟁 발발 이후의 농촌정책에서 강서시대의 무상몰수·무상분배방식을 지향하여 좀더 온건한 방법을 시행하게 되었다. 즉 중국공산당이 점령한 농촌소비에트지역에서의 감조감식정책(減租減息政策)이 그것으로, 이 정책의 시행은 당시 국내정세의 변화와도 상당히 관련이 깊다. 모택동은 나중에 발표한 〈눈앞의 형세와 우리의 임무〉(目前形勢和我們的任務)에서 "항일전쟁기간에는 국민당과 항일통일전선을 결성하고, 일본에 대항할 수 있는 모든 계급의 사람들과 단결하기 위해, 우리 당은 항일 이전 지주의 토지를 몰수하여 농민에게 분배하는 정책으로부터 감조감식정책으로 전환하였던 것은 필수적인 조처"[52]였다고 강조하여, 정책의 전환을 시인하였다.

이에 앞서 섬북(陝北)의 낙천(洛川)에서 중앙정치국확대회의를 개최하고, 〈항일구국10대강령〉(抗日救國十大綱領)을 통과시켰는데, 그 강령 제7조가 인민의 생활개선에 관한 조항으로, 여기에는 노동자·농민·항일군인의 대우를 개선하며, 가혹한 잡세를 폐지하고 감조감식을 실시한다고 규정하고 있어, 이것이 중일전쟁시기에 농민토지문제를 해결하는 기본원칙이 되었음을 알 수 있다. 감조의 방법은 25퍼센트 감소를 원칙으로 하였으며, 지조는 1000분의 375를 초과할 수 없도록 하였고, 감식은 부채의 이자율을 1.5퍼센트로 정하여, 농민의 부담을 크게 덜었다. 농민층을 지주로부터 보호하는 감조감식정책과 함께, 부농과 지주층의 이익을 확보하는 교조교식운동(交租交息運動)을 전개하여, 각 계층간의 단결을 도모하기도 하였다.[53] 이러한 정책은 토지소유지분에 변화를 가져오게 하였는데, 진찰기변구(晉察冀邊區)의 북악(北岳) 등 5개 지구를 대상으로 실시한 감조와 토지소유의 변화상황을 분석해 보면, 중일전쟁 때 중국공산당의 농촌정책으로 농민부

---

52) 毛澤東, 〈目前形勢和我們的任務〉, 《毛澤東選集》 第4卷, 1194쪽.
53) 〈中共中央關於抗日根據地土地政策的決定〉(1942.1.28 中共中央政治局通過), 《中共黨史敎學參考資料》 第3冊, 北京: 人民出版社, 1980, 13쪽.

담이 크게 줄었으므로 토지집중문제가 해결되었고, 무엇보다 중농화가 빠른 속도로 진행되고 있음을 보여주고 있다.54) 그러나 감조감식정책은 일부 지방에서만 시행되었고, 대부분의 지역에서는 선전·선언에 지나지 않는 결과를 가져오게 되어, 실제로 국민당과 일본군의 변구(邊區)에 대한 군사·경제봉쇄로 심각한 경제적 곤란을 겪었다. 이에 대하여 중국공산당은 군중동원전략에 기초한 자력갱생의 생산증대운동으로 이를 극복하고자 하였다.55)

1945년 중일전쟁이 끝난 후, 중국공산당은 국민당과의 내전에서 농민대중의 적극적 참여와 동원이 절대 필요했으므로, 농촌정책을 감조감식정책에서 토지몰수와 분배정책으로 전환하였다. 이에 앞서 모택동은 〈연합정부를 논함〉(論聯合政府)에서 토지문제에 대하여 언급하며, "일본 침략자를 소탕하고 신중국을 건설하기 위해 토지제도의 개혁을 실행해야 하는데, 손중산(孫中山) 선생의 '경자유기전'의 주장을 따라야 한다"56)고 천명함으로써, 토지정책의 강경선회를 시사하였다. 따라서 중공중앙은 1946년 5월 4일 〈토지문제에 관한 지시〉(關於土地問題的指示; 五四指示)를 발표하여, 해방구의 토지문제를 해결하는 것이야말로 중국공산당이 당면한 가장 역사적인 임무라고 선언하고, 1937년 이래의 감조감식정책을 끝내고 경자유

---

54) 張永泉,《中國土地改革史》, 武漢: 武漢大學出版社, 1985, 213쪽.

계급성분	호 수 (%)		점유토지 (%)	
	전쟁 전	전쟁 후	전쟁 전	전쟁 후
지 주	3.6	2.4	29.5	13.5
부 농	7.2	6.7	21	17.5
중 농	28.4	38	29.5	42.5
빈 농	54	47	19	22.5
고 농	5	2.5	0.8	0.6

55) 모택동에 따르면, 1943년 변구(邊區)지구의 모든 홍군 부대에 병사 1인당 평균 18무의 토지가 할당되어, 필요한 식량과 물자에 대한 자급률을 높이기 위한 생산투쟁을 전개하였다고 한다.(毛澤東, 〈組織起來〉,《毛澤東選集》第3卷, 883쪽)
56) 毛澤東, 〈論聯合政府〉,《毛澤東選集》第3卷, 1023쪽.

기전의 원칙을 완성하기 위해, 지주와 친일세력에 대한 토지몰수와 분배를 인정하였다. 그러나 방법 면에서 중국공산당은 대지주와 토호열신·악질분자들에 대한 토지몰수와 균등분배를 인정하면서도, 양심적인 지주를 포함한 중농과 부농의 보호를 주장하여, 농촌사회에서 통일전선의 확대와 유지를 강조하였다. 이로부터 지주의 토지몰수가 본격 시작되어, 1947년 2월까지 해방구에서는 이미 3분의 2의 토지가 개혁되어 농민의 토지소유가 가시화되었다. 이러한 분위기에서 중공중앙은 1947년 7월 17일에서 9월 13일까지 하북 평산현(平山縣) 서백파촌(西柏坡村)에서 중국공산당 전국토지회의를 개최하고 중국토지법대강(中國土地法大綱)을 공표하였다. 여기에서는 모든 지주의 토지소유권을 폐지하고, 모든 토지와 공공토지를 농민회에 귀속시키며, 농민회는 경자유기전 원칙에 입각하여 토지의 균등분배를 실현함으로써 농촌사회의 봉건구조를 철저히 청산할 것을 규정하였다. 또한 중국토지법대강은, 토지문제에 대해서 빈농과 고농의 이익을 우선 고려하였으며, 이를 실천하는 과정에서 부농과 중농의 토지까지도 무차별하게 몰수 분배하는 좌경주의적 경향을 드러내기도 하였다.[57] 그러나 국공내전이 심화되는 과정에서 중국공산당의 농촌정책은, 빈농과 고농의 적극적인 참여와 지지를 확보하였다는 점에서 중대한 의미를 지니며, 따라서 토지혁명은 내전에서 중국공산당의 승리를 담보한 핵심 정책이었다고 볼 수 있다.[58]

---

[57] 張永泉, 앞의 책, 240~242쪽.

[58] 힌튼은 산서(山西)의 한 농촌의 현지체험을 바탕으로, 중국공산당의 토지혁명에 대한 농촌사회의 반응을 관찰하고, 《번신》(Fanshen)을 저술하였다. 힌튼은 《번신》에서 "사태의 핵심은 토지문제에 있었다. 토지를 소유하게 된 농민들은 수십만 명씩 정규군 복무를 지원하기도 하고, 수송대나 연락대에 참가하여 전선지원에 나서기도 하였으며, 이들이 중심이 되어 해방구 곳곳에서 비정규 전투부대가 조직되었다. 토지소유권의 인정은 전선과 후방의 일반,병사와 농민들로 하여금 어떠한 힘으로도 깨뜨릴 수 없고 어떠한 역경에도 굴복하지 않는 결의를 가지게 하였다"고 증언하고 있다.(William Hinton, *Fanshen: A Documentary of Revolution in a Chinese Village*, New York: Random House, 1996, p.200)

이상에서와 같이 연안 시기의 중국공산당은, 농촌사회에서 계급투쟁보다는 계급연합에 기초하여 토지문제와 생산문제에 역점을 둔 온건한 농촌정책을 수행한 것이 특징이라고 할 수 있다.

4. 맺음말

중국에는 역대에 걸쳐 토지위기가 순환되고 있었는데, 여기에는 인구의 무절제한 증가, 경지면적의 개발 한계, 소수인에 의한 토지점유, 관료의 부패 및 수탈 등등이 원인으로 작용하고 있었으며, 결국 농민이 그 부담을 감당하지 못하게 되면 농촌위기가 발생하게 되는 것이다. 1920년대 중국농촌의 상황은 바로 이러한 위기단계로 돌입하였고, 여기에 제국주의와 군벌의 횡포, 그리고 가뭄·홍수 등 자연재해가 보태져 농민을 괴롭히는 만성적 빈곤이 악화되었으므로, 생계위기에 직면한 농민불만이 첨예화되기 시작하였다. 이러한 사회적 상황에 직면하여 중국공산당은, 1927년 이후 도시에서 농촌으로 퇴각하여 토지문제를 매개로 농민을 공산혁명의 추진세력으로 동원하기 시작하였다. 그러나 초기 공산주의자들의 경우, 농민·토지문제에 대하여 은강(隱强)의 노선대립이 심하게 표출되었다. 즉 중국혁명의 기본과제는 토지혁명이라는 점은 인정하면서도, 이를 위해 농민들의 혁명투쟁을 조직화하고, 토지문제에 대한 해결을 실현하는 데에는 일관된 정책을 이끌어내지 못했다. 그러나 농민문제는 모택동에 의해서 구체적으로 실천이 되는데, 모택동의 호남성농민조사(湖南省農民調査)가 그 계기가 된다. 모택동은 이 조사보고에 근거하여, 당시 토지집중 정도가 극심하여 중국 농촌의 고질적 병폐였던 지주와 소작인 사이의 계급격차를 계급투쟁으로 연결하여 과격한 토지혁명을 단행하였던 것이다. 중국의 남부지역은 대체적으로 소작률이 높아 지주와 부농에 대한 빈농의 불만이 최고조에 이르고 있었다. 따라서 중국공산당은 토지개혁을 매개로 계급간의 대립을 경제투쟁으로 유도하여 농촌경제를 활성화시킴과 동시에, 중국혁명에 대한 농민의 정치적 무관심을 극복하고 농민대중의 지지를 창출하고자 하였다. 이와 같이 중국의 농촌현실을 직시한 모택동의 초기 농촌혁명전략은, 도시 중심의 노동자혁명을 강조하는 중공중앙과 견해 차이를 드러내어 일관된 농민정책 시행에 실패하게 된다. 결국 중국공산당은 남경정부의 위초전(圍剿戰)에 맞서 대장정을 감행함으로써, 강서시대의 농촌정책은 끝을 맺게 되었다.

연안 지방으로 옮겨간 중국공산당은 좀 더 온건한 감조감식의 농촌정책을 시행하여 농민의 환영을 받았는데, 이 방식은 농민의 경제적 이익뿐만 아니라 사회적 정치적 지위 향상에도 효과가 있었다. 즉 경제적인 면에서는 부의 편중을 없애려고 소작료의 경감(減租), 고리대의 이율 저하(減息) 등을 실시하여, 비정상적인 차대(借貸)관계에서 궁핍한 농민을 일정 정도 벗어날 수 있게 하였다. 사회적으로는 착취계급인 지주를 없애고 부농을 견제하여, 그들로부터 몰수한 토지와 재산을 빈농·고농에게 균등분배함으로써 모든 계층의 중농화를 추구하여, 계급구조의 수평화를 이루도록 하였다. 또한 정치적인 면에서 지주·부농에 의한 정치적 독점을 지양하고, 빈농·고농을 주체세력으로 하는 새로운 정치제도를 등장시켰다는 점을 지적할 수 있다.59)

항전승리를 앞두고 개최되었던 7전대회(七全大會)에서 모택동은 〈연합정부를 논함〉(論聯合政府)의 보고에서, 중국공산당이 농민을 혁명의 주력으로 간주했던 이유를 설명했다. 모택동은 "농민은 중국노동자의 전신(前身)이며……, 중국공업시장의 주체이며……, 현 단계 중국민주정치의 주요한 역량이며……, 현 단계 중국문화운동의 주요한 대상이다.…… 3억 6천만 농민을 떠나서 (혁명은) 공염불일 수밖에 없다"60)고 천명하며, 중국혁

---

59) 趙熹星, 〈中國農民의 政治性向分析〉, 《中國學誌》 11, 99쪽.
60) 毛澤東, 〈論聯合政府〉, 《毛澤東選集》 第3卷, 1026~1027쪽.

명에서 농민 역할을 강조하였다.

이와 같이 중국공산당에 의해 주도된 토지개혁은 토지 재분배를 통한 농민의 지지확보라는 정치적 목적에서 추진되었다. 그러나 이는 중국 농촌의 전통적이고 고질적인 소작제를 폐지시키고 경자유기전원칙을 실시하여, 표면적으로는 농민 스스로가 토지의 주인이 되게 함으로써, 궁극적으로 중국혁명의 목표를 성공적으로 이루게 하였다.

5부

동아시아의 상호인식

제도의 안과 밖을 넘어서
- 동아시아 역사교과서와 교육의 재구성 -

백 영 서
_ 연세대 사학과

1. 머리말

올해(2005년)는 유난히 역사적 기념일의 주기(週期)가 몰려 있어 역사에 대한 관심이 그 어느 때보다 높다. 미래를 구상하는 상상력의 자원으로 삼기 위해 이 주기들을 어떻게 기념할지 생각하는 한편, 올해가 우리 역사 속에서 어떻게 기념되게 할지 함께 고구(考究)해야 한다.

필자는 계간 《창작과비평》 봄호의 〈권두언〉에서, 이 해가 한국 사회 내부의 평화와 동아시아 국가간의 평화를 정착시키는 '이중 프로젝트(工程)'가 착수되는 대전환의 원년으로 기억되기를 바랐다. 때마침 일본 《아사히(朝日)신문》의 1월 1일자 사설도, 올해를 '동아시아 공동체 원년'으로 삼자고 했다. 바야흐로 동아시아의 협력과 평화의 따뜻한 기운이 감도는 것 같았다. 실제로, 지난 해 11월 29일 아세안+3 정상들이 라오스 수도 비엔티엔(Vientiane)에 모여 아세안+3 체제를 한층 더 발전시키기 위해 '동아시아 정상회의'(East Asian Summit)를 올해 개최하기로 합의함으로써, 동아시아 공동체를 향한 논의는 더욱 더 활기를 띨 전망이다. 이미 동아시아연구그룹(EASG)의 최종보고서에서 제안된(2002. 11) 17개 단기사업이 시행되어, 동아시아 국가간 제도적 협력 구상 실현의 토대가 다져지고 있는 중이다. 이처럼 정부간은 물론이고 민간 차원에서도 다양한 문화적 교류와 연대운동이 축적되고 있는 것이 동아시아의 현실이다.

그러나 다른 한편으로, 한일에 이어 한중 사이에도 고구려사를 둘러싸고 '역사전쟁'이 일어날 정도로 국가간의 갈등이 엄존하는 것 또한 현실이다. 이 글을 준비하고 있는 현재, 특히 한일 사이에는 역사교과서 문제에다가 독도 영유권 문제까지 겹쳐져 갈등이 깊어만 가는 실정이다. '한일 우정의 해'란 표어가 빈말처럼 들린다. 민족주의를 견제할 지역주의로 평화와 화해의 동아시아를 실현해 가는 일이 쉽지 않음을 절감케 한다.

그렇다면 과연 21세기 동아시아에 어떤 지역 질서가 작동될 것인가. 이 물음이 냉전 이후(post-cold war) 질서를 구상하는 지금의 동아시아인에게 절박한 과제로 부각되어 있다. 그런데 새로운 질서를 전망하는 데에서 행위주체의 인식이나 의도 같은 요인을 중시한다면, 무엇보다 동아시아 지역에 사는 주민들이 서로에 대해 어떤 인식을 갖는가, 더 나아가 한 나라를 넘어 동아시아에 일체감을 갖는 동아시아적 아이덴티티를 형성할 수 있을 것인가가 각별한 의미를 갖는다.

사실 그 동안 동아시아에 사는 우리는 개별 국가에 대한 일체감, 즉 내셔널 아이덴티티에 길들여져 왔다. 그리고 그것을 형성, 유지하는 데 과거에 대한 국민의 집단적 기억을 생산하고 유통시키는 역사학이 아주 중요한 역할을 한 것은 잘 알고 있다. 일반적으로 역사학은 국민국가를 정당화하는 이념적 장치의 하나라고 이야기 된다. 특히 외압(外壓) 아래 한 세기 정도의 짧은 기간에 압축적으로 근대를 경험한 동아시아에서, 역사학의 이러한 기능은 특별히 강조되었다. 국민국가가 주권을 주장하기 위한 근거로 영토와 더불어 국민의 집단적 자의식이 요구될 때, 국민 통합을 위한 문화적 자산으로서 민족적 집단기억이 중시되었고, 그것을 생산, 재생산하는 것이 역사학의 주된 역할이었던 것이다. 따라서 역사교육이 국어·국문학 교육과 더불어 근대적 공교육의 중요 부분이 되는 것은 당연했다.

이 같은 역사교육과 국민국가의 관계 추이가 역사교과서에는 잘 반영되어 있다. 대체로 동아시아의 개별 국민국가에 의해 공식 허가 받는 절차─국가마다 다소간 제도적 차이는 있지만─를 거쳐 교육현장에 전달되는 역사교과서에 실린 내용은, 공식적인 지식으로서 사회체제의 유지와 밀접한 관련이 있는 것이다. 따라서 역사교과서는 한 사회의 전형적인 지배담론을 반영한다고 볼 수 있다. 뿐만 아니라 기성의 학문적 성과를 간추린 형태의 서술 방식을 취함으로써 제도권 학문의 주류적 견해를 반영하는 것이기도 하다.[1]

동아시아에서 근대적 교과서 제도가 도입된 이래, 역사교과서는 대체로 국사와 세계사의 이원체계를 유지하면서, 기본적으로 국민국가를 단위로 한 내셔널 히스토리, 내셔널 아이덴티티를 형성하고 유지하는 데 기여해왔다. 그렇다면 과연 지금 우리는 한 나라를 넘어 동아시아에 일체감을 갖는 동아시아 아이덴티티 형성의 계기를 역사 속에서 발견할 수는 없는 것일까.

이 물음에 대한 답을 찾아보기 위해 일련의 작업을 하고 있는 필자는,[2] 이 글에서 먼저 지금으로부터 60년 전인 8월 15일에 발생한 사건을 동아시아 여러 나라가 어떻게 각각 기억하는지를 비교해보려고 한다. 이를 통해 8·15에 대한 기억이 국가마다 차이가 나고, 그것은 기억이 고정된 것이 아니라 그것을 전유(專有)하려는 주체들에 의해 끊임없이 재구성되는 과정에 있기 때문임을 알게 될 것이다.

그렇다면 우리 동아시아인이 역사인식을 공유하는 것이 가능할까 묻지 않을 수 없다. 바로 이 점에서 볼 때, 최근 제도 안의 역사교과서의 한계를 느끼면서, 그 바깥에서 역사인식의 공유를 위해 대안적 교과서, 즉 동아시아 공통의 역사교과서를 편찬하려는 시민사회의 다양한 작업이 특별한 의

---

1) 이런 시각에서 동아시아 교과서를 비교한 시도는 백영서, 〈東アジアにおける教科書の作られ方〉,《アジア新世紀》第2卷 歷史篇, 岩波書店, 2002 참조.
2) 필자는 20세기 한국과 중국의 중등교육용 역사교과서에 각각 나타난 상호 인식(또는 동아시아 인식)을 비판적으로 분석해 본 적이 있다. 백영서, 〈20世紀の韓國歷史敎科書に見る東アジアの‘近代’像〉, 佐々木毅(外) 編,《東アジアにおける公共知の創出: 過去・現在・未來》, 東京大學出版會, 2003; 〈20세기 전반기 동아시아 역사교과서에 나타난 아시아 인식〉,《大東文化硏究》 제50집, 2005.

미를 갖는다. 그래서 필자는 두 번째로 한·중·일 3국 지식인들이 제작한 동아시아 공동의 역사 부교재《미래를 여는 역사》를 중점적으로 분석해, 공동의 역사교과서 자체가 대안으로서 갖는 가능성과 한계를 검토하려고 한다.

이것은 제도 밖에서 생산되지만 제도 안에서 유통되기를 바라는 특징이 있다. 이에 비해, 교육제도 밖에서 생산되고 유통되는 매스미디어에 의한 역사지식은 점차 그 영향력이 커지고 있다. 그래서 마지막으로, 매스미디어가 과연 역사교육 매체로서 창조적 기능을 할 수 있을지를 검토하면서, 무엇보다 일본인의 한류(韓流)에 대한 반응을 사례로 분석해 보려고 한다.

이와 같이 제도 안과 밖을 횡단하여 역사교과서와 교육 문제를 폭넓게 살펴보는 시각을 가짐으로써, 동아시아가 당면한 역사전쟁을 해소할 수 있는 한층 더 넓은 실천의 공간을 확보하는 데 조금이라도 보탬이 될 수 있기를 간절히 바란다.

2. 동아시아에서 분열된 8·15의 기억

1945년 8월 15일에 대한 동아시아인의 기억은 단일하지가 않다. 쉽게 예상할 수 있듯이, 한반도에서는 일제 식민지로부터 '해방'됨을 축하하고, 중국에서는 일제침략전쟁에서 '승리'함을 부각시키지만, 일본에서는 제2차 세계대전에서의 '패전'과 '종전'으로 기억한다.[3]

---

3) 이러한 차이는 그 날의 기억을 국가가 규정한 기념일 명칭에도 드러난다. 중국 대륙에서는 '항일전쟁승리기념일'이라 불리는데, 법정일은 9월 3일(2일이 일본이 동맹국과 항복문서를 체결한 날이기에 3일이 승리의 날로 정해짐)이다. 8월 15일은 민간이 중시하는 날짜에 지나지 않는다. 대만에서는 국민정부가 대만을 정식 접수한 10월 25일을 공휴일로 지정하고 광복절로 기념하다가 2001년부터 공휴일을 취소했다. 대만 독립 여론의 흥기와 관련이 있을 것이다. 한반도의 남쪽에서는 '광복절'로, 북쪽에서는 '해방기념일'로 불리고 있다.

그런데 좀더 자세히 들여다보면, 사정은 그렇게 간단하지 않다. 8월 15일에 대한 기억은 고정된 것이 아니라 여러 집단들이 그 기억을 둘러싸고 경쟁하는 과정에서 형성 변형되었고, 또 앞으로도 그럴 것이다. 이 점을 한반도에서의 사례를 살펴봄으로써 간단히 확인할 수 있다.

한반도에서는 해방 1주년을 맞은 1946년부터 8·15의 기억은 분열되기 시작했다. 좌·우파는 각각 따로 기념식을 열었다. 1947년에도 분열된 기념식이 재연되었다. 1948년에 남과 북에서 각각 별개의 정부가 수립되어 분단체제가 형성되면서, 8·15의 기억도 분단되었다. 그 뒤 오래 지속된 냉전질서 속에서 8·15 기억을 둘러싼 헤게모니 경쟁과 정통성 논쟁은 남북 사이에 되풀이되었다.

냉전시기에 북한이 8·15를 '민족해방기념일'이라 부르며 독자적인 이미지 체계를 형성하자, 남한은 '해방'이 '적화'(赤化)를 의미하는 것으로 간주하고 대체용어로 '광복'을 사용하기 시작해, '광복절'이 공식 명칭이 되었다. 남한에서 8·15는 광복절이자 남한단독정부 수립 기념일이기도 한데, 점차 단순한 의례로 지켜왔다. 그럼에도 남북한의 공통되는 유일한 기념일이기 때문에 고위 정치인들이 회담을 열거나 선언을 발표하는 기회로 활용되었다.

8·15가 정부의 의례적인 기념일로부터 남북한 민간교류의 날로 전환된 것은 동아시아에서도 냉전질서가 동요하던 1990년 8·15부터였다. 그때 남북을 아우르는 제1차 범민족대회가 열렸다. 그 뒤로 8·15는 주기적인 남북교류가 열리는 기회가 되었다. 이런 점에서 8·15는 일제로부터의 해방된 날이나 정부 수립을 기념하는 날일 뿐만 아니라, 남북교류와 통일 지향적 태도를 다지는(=가다듬어 굳게 하는) 날의 의미가 덧붙어졌다.

이와 같이 한국에서 8·15는 1945년 8월 15일을 기억하는 새로운 정치적 역사적 행위가 계속 이루어짐으로써 매우 복합적인 기억을 만들어내는 상징으로 작동되었다. 정근식(鄭根埴)이 적절히 표현했듯이, "한국의 8·15는 과거완료형의 닫힌 기념일이 아니라, 지속적으로 의미가 덧붙어지거나, 서로 다른 의미들이 경쟁하는 미래형성적 기념일이다.”[4]

한국이 8·15를 기억해 온 방식에서 시사하는 점은, 지금 우리는 미래의 동아시아를 위해 이것을 어떻게 기념해야 할 것인가를 자문해야 한다는 것이다. 중국 대륙에서는 경제의 세계화, 이익의 다원화, 가치의 다양화를 주장하는 언론매체들이 8·15를 기념할 때, 항일전쟁 승리의 경험을 총괄하여 민족의 응집력을 강화시키기를 바랄 수도 있다.[5] 또, 일본에서는 공습과 원자폭탄을 투하한 미국에 대한 피해자로서의 체험과 아시아 국가들에 대한 피해를 끼쳤다는 가해자로서의 자각, 이 둘을 어떻게 하나로 통합하여 이해할 수 있을 것인가라는 과제를 둘러싸고 논쟁을 벌일 수 있다. 그러나 정말로 중요한 것은 8·15를 어떻게 기억할 것인가란 질문을 어떤 미래를 만들 것인가란 질문으로 바꿔 자신의 삶의 과제로 삼는 개인들이 출현하는 것이다.

여기서, 1970년대 이후 국제적 사조로 정착한 여성 ‘개인’의 인권의식의 성장에 힘입어, 여성이 무권리상태에서 진실을 알 수 없을 때 침략전쟁에 가담하게 된다고 자각한 일본 여성운동가들을 우리는 상기할 필요가 있다. 그들에게 “‘전후 세대의 전쟁책임’이란 그저 사과하는 것이 아니라 ‘잊어버리지 않는 것’이라는 ‘발견’이었고, 그것이 ‘일본’이라는 나라의 명예나 신용을 위해서가 아니라 ‘나 자신의 가치’를 위해서라는 인식이었다.”[6]

바로 이 같은 자각을 한 개인들이 8·15의 기억을 국가에 전유당하지 않고 시민사회의 여러 영역에서 자유롭게 교류하면서 서로 다른 기억에 대한 이해를 높여 나갈 때, 21세기 평화의 동아시아화는 선취될 수 있을 것이다.

---

4) 鄭根埴, 〈記念館·記念日에 나타난 한국인의 8·15기억〉, 아시아 平和와 歷史敎育 連帶 편, 《한중일 3국의 8·15기억》, 역사비평사, 2005, 111쪽.
5) 孟國祥, 〈8·15의 역사적 의의에 대하여〉, 위의 책, 209~210쪽.
6) 米田佐代子, 〈젠더(gender)의 관점에서 본 8·15〉, 위의 책, 46쪽.

3. 동아시아 공동의 역사 부교재의 가능성과 한계

이런 관점에서 볼 때, 최근 동아시아에서 20세기 역사교과서와 교육의 한계를 넘어서 역사인식의 공유 가능성을 타진하는 다양한 시도들이 나타나는 것은 바람직한 일이 아닐 수 없다.[7] 무엇보다도 자국사와 세계사의 2과(科)체제를 문제로 삼으며, 새로운 동아시아 역사 구축의 필요성이 부상하고 있다. 예컨대, 나카무라(中村哲)는 "동북아시아의 역사교육이 자국사, 세계사의 2과체제로 되어 있기 때문에, 각국의 역사교과서는 자국의 이웃 지역인 동북아시아에 관한 기술이 양적으로 적고, 내용의 차이가 크다는 문제를 안고 있다"고 진단하고, "자국과 관계가 깊은 이웃 여러 나라나 지역의 역사를 중시하고, 더욱이 그것을 나라마다 따로따로가 아니라 지역 전체를 가능한 한 일체화해서 파악하도록" 해야 한다고 주장한다.[8]

그가 기대한 것이 일국사를 넘어선 동아시아 역사 교육이라면, 바로 그 꿈이 올해 실현될 단초가 보인다. 교과서를 주도하는 국가의 제도 밖에서 동아시아 '공통의 역사교과서'를 민간인들의 힘으로 잇따라 간행할 예정이란 소식이 들린다.[9] 그 가운데 한·중·일 공동의 대안적 역사교재 《미래를 여는 역사》는 한·중·일 세 나라에서 가장 먼저 간행되는 동아시아 공동 역사교과서라 '동아시아 평화공동체의 첫 걸음'으로서 벌써부터 기대를 모으고 있다.[10]

---

7) 이에 대한 반작용으로 역사 공동연구와 공통의 역사인식을 '넌센스(nonsence) 그 자체'로 보는 세력도 일본에는 있는 것 같다.(〈産經抄〉, 《産經新聞》 2004년 8월 26일자)

8) 中村哲, 〈歷史敎育の問題點とその改善策〉, 中村哲 編, 《東アジアの歷史敎科書はどう書かれているか》, 日本評論社, 2004, 231·232쪽.

9) 한국에서 간행될 순서로 보면, 韓日共通歷史敎材制作 팀, 《朝鮮通信使: 豊信秀吉의 조선침략과 友好의 조선통신사》(2005년 4월), 《미래를 여는 역사》(2005년 5월) 이외에, 한일교과서연구회가 펴낼 한일관계사를 다룬 책(8월 예정), 한일역사교육교류회가 펴낼 한일관계사를 다룬 책(2006년 중반 간행)이 있다. 대개 한국과 일본의 역사교사나 교수들에 의해 집필된 한일관계사이다.(《중앙일보》 2005년 3월 21일자)

세 나라 연구자, 교사 및 시민활동가들이 2002년 3월부터 준비해온 이 책은 후쇼샤(扶桑社)판 역사교과서로 상징되는 일본 우익의 역사왜곡에 항의하는 시민연대운동이 그 추동력이 되었다. 한국의 '아시아 평화와 역사교육연대'가 주동적 역할을 하여 '동아시아평화포럼'을 구성하였고, 이에 동조하는 각국 집필위원 54명이 실제 집필에 나섰다. 그들은 초안을 일어·중국어·한국어로 각각 집필하고, 이에 대한 검토의견서를 다시 번역해 이견을 조정하고 재집필하는 긴 과정의 작업을 되풀이하였는데, 그 동안 그들은 서로의 역사관과 역사기술 관행을 되돌아볼 수 있었다. 중국인 집필자 소지량(蘇智良; 쑤즈량)은 한국과 일본 참여자들의 건의를 받아들여 역사서술에서 '중국식 정치화'와 무미건조함을 줄이려 애썼고, 경제와 민중생활의 변화 같은 내용을 보충하는 데 힘썼다고 밝히고 있다. 이렇듯 공동작업을 하면서 그들은 서로 소통하는 '작은 학술공동체'를 실험한 것이다.11)

동아시아 공동의 역사교과서가 평화의 동아시아를 일궈내는 데 상징적 작용을 할 것임을 평소 강조해 온 필자는, 이 책이 편찬중이란 소식만 듣고도 그 동안 논의의 차원에만 머물렀던 것이 이제 가시화되는구나 싶어 크게 반겨마지 않았다. 이제 간행된 책의 내용을 보니 여러 참여자들의 공력이 곳곳에 스며 있어 믿음직한 느낌이 든다.

---

10) 세 나라 학자와 시민단체 대표들이 2002년 3월부터 준비해 온 이 책은 2005년 5월에 출간되었는데, 이것은 일본 문부성의 교과서 검정이 끝나는 시기에 맞춘 것이다. 이 일정에서 알 수 있듯이 후쇼샤판 역사교과서로 상징되는 일본 우익의 역사왜곡을 바로잡는 '평화교과서'로 위치하려는 의도가 강하다. 한국의 시민운동단체 '아시아 평화와 역사교육연대'(www. japantext. net)가 주동적 역할을 하는 '동아시아평화포럼'에 참여한 각국 집필위원들이 초안을 일어·중국어·한국어로 각각 집필하고, 이에 대한 검토의견서를 다시 번역해 공통 검토한 뒤 수정하는 작업을 되풀이하였다.(《한겨레신문》 2005년 1월 3일자) 한국어판은 5월 27일, 일본어판 《未來を開く 歷史》(高硏社)는 5월 28일, 중국어판 《東北亞三國近現代史》(中國社科文獻出版社)는 6월에 각각 출간되었다. 6월 현재 삼국 각각에서 이 책은 독자의 반응이 좋아 잘 팔리고 있다고 한다.(《한겨레신문》 2005년 6월 20일자)

11) 《亞洲週刊》 2005. 6. 26.

우선 책의 구성에서, 3국의 풍부한 사진과 그림, 간략한 사료 소개 및 '역사들여다보기'란 칼럼은 역사의 실상을 생생하게 느끼도록 배려한 부분이다. 그리고 서장 '개항 이전의 삼국', '개항과 근대화', '일본제국주의의 확장과 한·중 양국의 저항', '침략전쟁과 민중의 피해', '제2차세계대전 후의 동아시아' 및 마지막 장의 '동아시아의 평화로운 미래를 위하여'로 이어지는 내용에서는, 강자 중심의 역사가 아닌 밑으로부터의 역사를 서술하겠다는 집필진의 역사의식이 드러나 있다. 무엇보다도 일상생활 속의 민중의 삶을 재현한 각 장의 4절은 읽는 재미마저 안겨주고, 식민주의와 냉전질서가 결합되는 과정을 묘사한 4장은 오늘의 역사적 과제를 일깨워주어 주목된다.

여기서 이 책의 내용을 더 깊이 있게 짚어보는 것이야말로 그 소중한 성취에 대한 올바른 대접이요 그것을 한층 더 심화시키는 요체라 믿고, 주요한 특징을 추려내고 그에 대한 비평을 덧붙이고자 한다.

첫째, 일본 제국주의의 수탈과 그에 대한 한중인(韓中人)의 저항이 상세하게 다루어져 있다. 이 책의 제작을 추진하게 동기가 일본 우익이 주도한 후쇼샤판 역사교과서에 대한 대안을 제시하는 것이었기에, 수탈과 저항의 시각이 교과서 전면에 드러나 있다. 따라서 이 책이 앞으로 세 나라에서 각각 간행되어 교육현장에 보급될 때 일정한 교육적 효과가 있을 것으로 예상된다. 그런데 이 같은 역사서술의 특징이 세 나라의 독자에게 어떻게 수용될지 좀더 냉정하게 따져볼 필요가 있다. 이것이 한국과 중국(대륙)의 독자에게 일본이 동아시아에서 저지른 가해와, 그 때문에 빚어진 한중인의 많은 피해 사실을 좀더 많이 그리고 강력하게 전달하는 효과가 있을 것은 틀림없겠지만, 이런 서술이 한국과 중국의 기존 역사교과서에서 상당히 강조되어 있어 이미 익숙한 것이므로, 그 같은 인식의 틀이 독자의 역사인식의 지평을 넓혀 동아시아적 정체성을 갖게 하는 데 과연 얼마나 효과적일지 묻지 않을 수 없다. 이에 비해 일본의 젊은 독자에게는 당연히 충격적인 내용일 터이고, 비판적 역사의식을 자극하는 교육적 효과가 있지 않을까 예상된다. 그런데 일본 독자들이 이 책을 관통하는 수탈과 저항의 틀을 너무 단순한 것으로 생각하면서 '자학'(自虐)과 '자찬'(自讚)의 이분법을 넘어선 역사인식의 틀을 원하는 경향이 강하다면, 그 강한 만큼 일본 독자에게 미치는 영향은 제한되지 않을까.[12]

둘째로, 이 책은 동아시아적 관점에서 서술되어 있다. 우선 장절 구성에서 삼국의 이야기가 각각 균등하게 다루어진 특징이 눈에 뜨인다. 특히 동아시아 역사를 서술할 때 흔히 상대적으로 덜 중시하게 되는 한국 부분이 잘 드러나 있다. 한국을 비중 있게 다룬 것은, 한국인이 다른 두 나라의 인민에 비해 피해자의 역사 경험만 갖고 있기 때문에, 독자가 동아시아의 역사 현실을 비판적으로 인식하는 데 상당히 효과적일 것으로 보인다. 그런데 집필진의 동아시아적 관점은 삼국을 병렬한 것, 다시 말하면 각국별 역사를 병렬한 것이지 동아시아 지역 전체를 구조적으로 연관시켜 파악한다는 목표에는 미치지 못한다. 물론 각 장절의 끝 부분에 칼럼이란 난을 만들어 국경을 횡단하는 개인이나 사물을 소개하고 있어 그 한계를 보완하고 있지만, 기본적으로는 세 나라의 역사를 합친 '삼국지'(三國志)란 인상을 벗어나기 힘들다.

셋째, 바로 위의 지적에서 드러났듯이 이 책이 내세우는 동아시아사적 관점이 어떤 것인지 좀더 명료해질 필요가 있다. 이것은 '공통의 역사교과서'란 도대체 어떤 서술방식을 택해야 하는가 하는 근본적 물음으로 이어진다. 그 목표는 역사교과서의 제작과 유통을 공통으로 하는 것에서부터 시작해, 각국의 역사해석의 차이를 병렬 또는 조정하려는 것, 동아시아 국가간의 관계가 아닌 상호 연관된 지역 단위로서의 동아시아 역사를 서술

---

12) 실제로 일본측 한 집필자인 마츠모토(松本武祝) 교수는 일본 안의 대외팽창 정책 반대파(消極派)에 대한 평가와 일본 국민들의 전쟁 피해에 관한 내용을 넣고자 하는 일본측과 한국·중국측 집필자들 사이에 의견 차이가 있었다고 소개하고 있다.(《한겨레신문》 2005년 3월 25일자) '자학'과 '자찬'을 넘어선 역사인식에 대한 요구는 《中央公論》 2002년 9월호 특집 〈歷史教育を問い直す－'自虐' '自讚'を超えて〉 참조.

하는 것, 그리고 동아시아인의 역사인식의 공유를 기대하는 것까지 여러 층위가 있을 것이다. 물론 각각의 층위는 서로 연결되는 것이지만 간행 의도에 따라 그 성과가 다를 수 있다. 그런데 만일 간행의 궁극적 목적이 "상대국의 입장에서 역사적 사건을 복안적(複眼的)으로 이해한다든가 공감한다든가 하면서 자국을 상대화하고 분석하는 것"을 통해 공통의 역사인식을 형성하도록 이끄는 것이라면,[13] 삼국의 역사를 단순하게 비교하는 것을 넘어서 상호 연관의 역사를 서술하고, 더 나아가 국가 중심의 역사서술을 어느 정도는 견제할 수 있는 장치가 마련되지 않으면 안 된다. 이와 관련해 필자는 동아시아 안과 밖의 '이중적 주변의 눈', 즉 서구 중심의 세계사 전개에서 비주체화의 길을 강요당한 동아시아라는 주변의 눈과, 동아시아 내부의 위계질서에서 억압당한 또 하나의 주변의 눈이 다 필요하다고 강조하고 싶다. 이런 '눈'으로 동아시아의 역사를 다시 볼 때, 연대와 갈등의 동아시아 역사의 전모가 또렷이 드러날 것이다. 무엇보다 동아시아 질서의 역사에서 중국(제국) — 일본(제국) — 미국(제국과 그 하위 파트너 일본)으로 중심이 변화함에 따라, 그 각각에 대한 우리의 역사적 기억이 어떻게 변화하면서 중첩되기도 하는지가 복합적으로 서술될 것이다. 이런 기준에서 이 책을 평가하면, 기본적으로는 일본제국이란 중심의 수탈과 한국과 중국이란 주변의 저항에 치중한다는 점 때문에, 서구에 저항하는 동아시아 연대, 중심을 지향한 일본 때문에 빚어진 동아시아 분열, 중화제국의 변방이었다가 일본제국에 넘겨진 1895년 이래 일본과 중국 사이에서 정체성의 혼동을 겪는 대만인의 식민지 경험, 가해자이면서 피해자로 자처하는 일본인의 근대적 경험, 냉전기와 탈냉전기 미국의 역할에 대한 동아시아의 복잡한 반응 등이 잘 드러나지 못한다.

넷째, 이 책은 국가가 설정한 검인정 교과서 제도의 벽을 넘기 어려워

---

13) 岡田敏樹, 〈日本と韓國の歷史敎科書共同硏究の試み〉, 《世界》 제696호 別冊, 2001, 127쪽.

'교과서를 보조하는 수업용 공통의 역사 부독본(副讀本)' 형식을 취하고 있다. 그 때문에 간행된 뒤 학생 독자에게 유통되는 통로가 제한될 수밖에 없다. 물론 이 교재를 제작하는 3국의 시민운동단체 대표단은, 각 나라의 교육현장에서 이것을 갖고 시범수업을 벌이는 등 공동 역사교과서 채택 확산을 위한 본격적인 시민교육운동을 펼칠 계획이다.14) 무엇보다도 일본에서는 우익이 주도하는 왜곡 역사교과서 채택 공세에 대항하는 거점으로 삼을 것이라고 한다. 공동의 교과서 제작과 보급을 위한 사회운동의 의의는 충분히 인정하고 그에 연대감을 느낀다. 그러나 교사들이 교과서 선정 과정에서 완전히 배제되어 있는 일본이나, 교육이 당과 국가의 통제 아래 있어 교사 등의 자율영역이 아주 제한된 중국대륙에서 드러나듯이, 교과서운동이 국가가 주도하는 교과서 제도의 개혁, 더 나아가 교육 전체의 개혁 작업과 연계되어 사회적 합의를 얻어내지 못하면 그 효력이 제대로 발휘될 수 없을 것이다. 이 책의 간행이 바로 이 엄중한 사실을 실천 속에서 절감하는 계기를 가져다 줄 테니, 이것만으로도 그 의의가 크다.

4. 매스미디어와 새로운 역사교육의 가능성 _한류 팬 문화

제도 밖에서 제작되어 그 안에서 유통될 '공동 역사 부교재'라 해도 (제도 안에서 제작되는 역사교과서와 마찬가지로) 교과서의 틀을 유지하는 한, 독자의 역사인식 형성에 작용하는 역사교육의 효과 면에서 한계가 있지 않은가도 따져볼 필요가 있다. 나카무라(中村哲)는 일본의 역사교육에 대해서, "학교에서 배우는 역사의 과목은 암기물로 되어 생도는 역사에 대한 흥미를 잃어버린다. 이것이야말로 일본 역사교육의 최대 문제라 할 수 있

---

14) 이 책이 중국 대륙과 일본에서 비교적 잘 팔리는 데 비해 한국에서는 예상보다 덜 팔린다고 하는데, 그 이유에 대한 필자의 분석은 《창작과 비평》 2005년 가을호에 실린 필자의 서평 참조.

다. 일본인은 역사의식이 약하다고 하는데, 이러한 역사교육에 한 원인이 있다”고 지적하는데,[15] 사실 이것은 동아시아 여러 국가의 역사교육 현장에서 공통적으로 발견되는 문제라 하겠다. 그 심각한 예를, 한국의 한겨레신문사에서 올해 5월 한·중·일 3국의 중학생들에게 동아시아 근현대사 공동시험을 치른 결과에서 찾아볼 수 있다. 3국 학생들은 자국사 관련 질문에 대해서는 50퍼센트 이상의 정답률을 보였지만, 세 나라 관계사를 종합적으로 파악하고 있는지를 묻는 질문에서는 20~30퍼센트의 낮은 정답률을 보였다.[16] 바로 이런 교육현실 때문에 우리는 과거의 기억을 전달하는 데에 역사교과서(또는 부독본)와 다른 통로인 매스미디어에도 관심을 갖지 않을 수 없다.

여기서 뎃사 모리스 스즈키가 ‘해석으로서의 역사’와 구별하여 ‘일체화로서의 역사’를 강조한 발상은 음미해볼 가치가 있다. 둘 다 우리가 과거와 만나는 방식이지만, 전자는 과거의 원인이나 결과에 대한 지식이나 이해를 뜻하고, 후자는 상상력이나 공감에 의한 과거와의 만남을 뜻한다. 특히 과거에 산 사람들과의 공감적 관계를 맺는, 과거에 산 타자와의 일체화는 가끔 현재 우리의 아이덴티티를 돌아보는 기반이 된다. 일체화로서의 역사의 강력한 통로는 매스미디어이다. 매스미디어에는 과거의 사건에 대한 다양한 목소리나 이미지에 폭넓게 접근시키는 힘이 있다.[17] 이러한 미디어를 창조적으로 이용하고 국가간 경계를 넘어 역사를 전달하는 것이 지금의 시대에는 무엇보다 중요하다는 그녀의 지적에 필자는 동의한다.

이런 관점에 볼 때, 지금 동아시아에서 진행되고 있는 활발한 대중문화 교류는 새로운 의미를 갖는다. 소비주의와 전자통신 기술의 진보 덕분에 문화적으로 강하게 연결되어 가는 동아시아 나라에서 형성되는 대중문화

---

15) 中村哲, 앞의 책, 233쪽.
16) 《한겨레신문》 2005년 5월 16일자.
17) テッサ·モーリス-スズキ, 《過去は死なない―メディア·記憶·歷史》, 岩波書店, 2004, 36쪽.

를, 이 지역의 상호이해와 연대를 가져올 동아시아인의 정체성을 양성하면서 서양 발(發) 대중문화와 경쟁하는 것으로 볼 수는 없을까? 필자는 동아시아 발 대중문화의 출현이라는 복합적이고 역동적인 현상을 계기로, 동아시아인들이 기존의 국경과 이데올로기부터 상당히 벗어나 자신들의 문화공간을 확보하는 과정에서 '동아시아'적 정체성에 매력을 느끼고 새롭게 아시아를 상상할 길을 열어갈 수 있을 것으로 기대하는 편이다. 그런데 그렇게 되기 위해서는 무엇보다 동아시아에서 교류되는 대중문화 영역에서 부추겨지는 상업주의나 자민족중심주의에 대한 비판의식과 대중문화의 상상력이 결합되지 않으면 안 된다.

비판의식과 대중문화의 상상력이 결합될 수 있는 가능성과 한계를 지금 일본에서 한창 뜨거운 문화현상인 한국 드라마 〈겨울연가〉의 팬 문화에 대한 사례를 통해 점검해 보자.

〈겨울연가〉(冬のソナタ) 팬의 특징 가운데 하나로 능동적인 팬 의식을 지적하는 모리 요시타카(毛利嘉孝)의 발언은 눈길을 끈다. 즉 중노년 여성들이 다수인 그들은, 미디어에 놀아나는 단순한 수동적 소비자가 아니다. 그들은 잡지나 인터넷에서 정보를 수집한다든가, 인터넷에서 발신한다든가, 새로운 정보기술을 습득한다든가, 한국어의 공부를 시작한다든가, 한국에 여행한다든가, 그 여행의 보고회와 팬 미팅을 조직한다든가 등 여러 가지 형태로 텔레비전 시청을 자신의 능동적인 문화적 활동으로 다시 짜고 있는 것이다.[18]

그런데 그들로부터 과연 정치적인 가능성을 끌어낼 수 있을까. 모리 요시타카는 대중문화를 커다란 정치로부터 종종 배제되기 쉬운 여성들이 주체적으로 관여하는 작은 공간으로 간주한다. 그래서 〈겨울연가〉로 처음 전면에 나선 중년 여성이란 존재가 자신들의 사적인 언어로 한일관계나

---

18) 毛利嘉孝, 〈《冬のソナタ》とファンの能動的文化實踐〉, 毛利嘉孝 편, 《日式韓流》, せりか書房, 2005, 49쪽.

역사를 말하려고 한 것에 주목하고, 거기에서 다양한 정치적 가능성을 발견한다.[19] 즉 "그것은 일반적으로 유포되는 양심적 리버럴의 언어와도, 편협한 내셔널리즘의 언어와도 다른 것이지만, 사적인 언어이기 때문에 독특한 설득력을 갖고 있다"는 것이다. 그리고 한국에 대한 이 같은 이미지의 변화가 구체적으로는 개인의 사적인 기억이나 역사 인식을 동시에 새롭게 재구성해 갈 것으로 전망한다. "이러한 경험은 아주 사적인 것일지도 모르지만, 미디어를 매개로 확실히 넓이를 보이고 있다. 그것은 전통적인 의미의 이데올로기나 정치에서 보면 작은 실천이고 사적이어서 문화적으로 보일지도 모르지만, 바로 그렇기 때문에 확고한 실감을 주고 있다."[20]

물론 이에 대한 비판의 소리도 높다. 하나의 예를 들면, 이와부치 고이치(岩渕功一)는 일본 정부가 역사를 망각하는 대신에 한일의 새로운 시대를 향한 교류를 중시하고 그것을 더욱 발전시키려는 태도를 비판하고, 한류의 침투와 한일 문화교류의 진전이 무엇보다 재일한국인에 대해 긍정적인 형태로 영향을 미치는 한편으로, 그것과 표리일체를 이루듯이 부정적인 반북조선감정이 폭발하고 있는 사실을 날카롭게 지적한다.[21]

그럼에도, 그 또한 대중문화 교류가 일본·한국·재일한국인 사이에 새로운 관계를 구축하기 위한 상상력을 키우고 있다는 점을 인정한다. 필자는 한류를 비롯한 동아시아 대중문화의 상호교류 — 이것을 '아(시아)류'(亞

---

19) 일본에서 한국을 말하는 두 개의 공식적인 방식이 있는데, 하나는 비교적 리버럴한 또는 좌파 지식인에 공유되는 공적 언어로서, 식민지주의 역사를 정확히 인식하고 일본의 진지한 반성에 기반한 한일관계를 구축하려고 하는 것이라면, 다른 하나는 편협한 내셔널리즘과 역사에 대한 무반성에서 오는 차별적이고 편견으로 이루어진 언어로서, 공적인 미디어에서는 그다지 이야기되지 않지만 일상적 회화에서는 이 같은 'honne'(本音)가 종종 표출된다. 그런데 그들이 그 동안 입안에서 우물거린 이유는 이 둘 사이에서 자기 자신의 언어가 빠져 있다고 느꼈기 때문이다. 〈겨울연가〉가 결정적인 이유는 그러한 여성들에게 한국을 말하기 위한 어휘를 그들에게 처음으로 제공했기 때문이다.(위의 책, 44~45쪽)

20) 위의 책, 47~48쪽.

21) 岩渕功一, 〈韓流が〈在日韓國人〉と出會ったとき〉, 위의 책, 130~131쪽.

流)라고 부를 수 있지 않을까―가 동아시아 대중에게 일상적 삶에서 국경을 넘나드는 다문화 체험의 기회를 제공한다는 점에서 긍정적으로 보면서, 다만 과연 이 경험이 동아시아인 서로의 삶의 문제까지 마음을 쓰는 감수성 계발로 이어지기 위해서는 '비판적 지역의식'의 매개가 요구된다고 강조하는 편이다. 따라서 〈겨울연가〉 팬 문화에 대해서도 이 사적인 상상력을 비판적 역사인식과 결합시키고, 자기변혁·사회변혁이란 현실적인 프로젝트로 이어갈 것으로 낙관할 수 있을지, 또 그렇게 되도록 비판적 지식인이 개입할 틈이 있을지 몹시 궁금해 하고 있다. 현재 일본의 '새로운 역사교과서' 때문에 생긴 한일 사이의 역사인식의 갈등을 치유하는 데 그들의 새로운 '정치적 가능성'이 일정한 기여를 할 수 있다면, 역사교육의 새로운 가능성이 열리는 것이다.[22]

5. 맺음말

동아시아인이 당면한 역사인식의 갈등을 끝내기 위해서는 역사교과서와 교육을 재구성하는 작업이 일차적으로 필요하다. 그것은 국가의 교육제도 안과 밖의 영역에서 이루어지는 중층적 활동을 유기적으로 연결하는 유연한 발상으로 수행해야 한다. 그런데 제도 밖에서 제작되어 제도 안으로 진입하려는 공동의 역사 부교재는 물론이고, 제도 밖에서 제작 유통되는 매스미디어 프로그램 소비자의 문화활동도 역사교육의 새로운 영역으로서 우리가 좀더 적극적인 관심을 기울여야 마땅하지만, 그 효과가 학교 역사교육에 커다란 쓰나미(津波)를 일으키도록 힘을 모아야 한다. 왜냐하면 우리가 학교를 통해서 우리 자신의 공적 가치, 아이덴티티, 염원을 명

---

22) 그렇지 못할 때는, 일본의 한류 붐으로 한국에 대해 우호의 감정이 생겼는데, 왜 한국에서는 그에 상응하는 일본에 대한 좋은 감정이 안 생기고 오히려 양국간에 분쟁이 생기는지 실망하는 일본인도 나타날 수 있다.

료하게 표현하고 전달하는 현실을 무시할 수 없기 때문이다.

이미 역사교과서 문제를 포함한 역사 인식의 문제는 동아시아 국가간 역사전쟁의 쟁점이면서, 또한 개별 국가의 발전전략 방향을 둘러싼 한 나라 안 사회세력간의 역사전쟁의 쟁점으로서 상호 깊이 연결되어 있음은 우리가 지켜보는 바이다. 따라서 역사교과서 문제의 해결은 올해를 동아시아 개별 국가 내부의 평화와 국가간의 평화를 정착시키는 '이중 프로젝트'가 착수되는 대전환의 원년으로 기억되게끔 하는 중요한 실천 의제(agenda)가 될 것이다.

이 의제를 온전히 수행해 나가기 위해서는, 20세기 역사교과서를 지배해 온 역사관, 즉 국민국가를 역사발전의 보편적 추동력으로 설정하는 일국 중심의 발전단계론적 진보사관을 넘어서 새로운 역사관을 모색해야 한다. 그리하지 않으면 동아시아 역사전쟁의 휴전은 이루어지더라도 평화의 정착은 불가능하다. 이것은 구체적으로 개별 국가의 발전전략에 대한 성찰로부터 시작해 중장기적으로 도달할 목표라 하겠다. 한국과 일본, 그리고 양안(兩岸) 중국 모두 21세기 발전전략(grand design)을 둘러싼 논쟁에 직면해 있는 지금이야말로 성찰하기 가장 좋은 때이다.

끝으로, 역사전쟁을 끝내는 궁극적인 동력은 인간이 담긴 역사를 탐구하는 '진지함'에 있다는 점을 확인해 두고 싶다.[23] 역사적 해석이 사실에 맞느냐 맞지 않느냐를 둘러싼 불모(不毛)라고조차 생각되는 논쟁이나, 국가의 교과서제도를 핑계로 국가주의나 제국주의를 미화하는 역사교과서의 출현을 방조하는 행위를 떨쳐버리고, 억압하고 군림하는 것보다 평등하고 민주적인 인간관계가 얼마나 더 기쁜 것인지를 마음 깊은 곳에서 누구나 느끼도록 교육해야 한다. 이것은 인간에 대한 예의를 가르치는 것이다. '망각'의 반대말은 기억이 아니라 '정의'[24]임을 생활 속에서 몸으로 느

―――――――――――

23) 사람들이 과거의 의미를 창조하는 과정에의 '진지함'에 대한 논의는 テッサ・モーリス-スズキ, 앞의 책, 33~36쪽.

24) 유대인 역사학자 예루살미(Yosef Hayim Yerushalmi)가 1987년 프랑스에서 열린, '리용

끼게 되는 감수성의 변혁이야말로, 새로운 역사교과서와 교육을 재구성하는 데 필요불가결한 요건이다. 올해가 평화의 '이중 프로젝트'가 착수되는 원년이 될 것인가. 우리는 지금 결단을 요구받고 있다.

    * 이 글은 일본에서 발표된 필자의 〈制度の內と外を超えて〉,《現代思想》2005년 6월호와, 홍콩에서 발표된 〈東亞歷史敎科書和歷史敎育〉,《二十一世紀》2005년 8월호를 가필한 것이다.

(Lyons)의 도살자'라고 불린 나치당원 클라우스 바비(Klaus Barbie)의 재판을 회상하면서 한 말.(Harvey J. Kaye, *The Power of the Past: Reflections on the Crisis and the Promise of History*, University of Minnesota Press, 1991, p.159)

송(宋)·요(遼)의 고구려에 대한 인식

김 위 현
_명지대 사학과

1. 머리말

중국인들은 나라는 멸망시킬 수 있어도 그 역사는 멸망시킬 수 없다 하여, 그 뒤를 잇는 왕조가 전 왕조의 역사를 편찬하는 것을 당연한 관습으로 여겨 왔다. 그리하여 중국의 25사는 대개 그러한 절차를 밟아서 편찬되었다.

이는 전 왕조의 역사를 거울삼아 전철을 밟지 않겠다는 뜻도 내포되어 있다. 중국의 정사는 이렇게 하여 시기를 놓치지 않고 계속 편찬되었다. 그러나 중국의 사서 어디에도 '고구려사'를 정식으로 편찬한 예가 없고, 다만 권말(卷末)의 동이열전(東夷列傳)이나 북적열전(北狄列傳)에서 대충 다루었을 뿐이다.

그러나 우리나라에서는 고려 인종(1122~1146) 때 김부식이 《삼국사기》를 편찬하면서 고구려를 본기로 편입하였다. 이미 900년 전에 편찬되어 정사(正史)로 유일 최고의 사서로 내려오고 있다. 이런 남의 나라의 역사를 어느 날 자기 나라의 역사라고 논리를 편다는 것은 상식 밖의 일이다.

만약에 조공을 하였다는 이유로 자기 나라의 지방정권으로 본다는 논리라면, 청말(淸末) 서구 열강이 청나라를 상대할 때도 조공이라 하였다. 그렇다면 지금 서구의 여러 나라들도 지방정권 내지 중국사로 편입할 것인가.

또, 현재 중국의 영토에 편입된 곳의 역사를 자기 역사라고 주장한다면,

현재 몽골과의 관계, 터키와의 관계, 그리고 월남과의 관계를 어떻게 할 것인지 걱정스럽다. 책봉관계를 들어 종속관계를 논한다면, 고구려를 계승한 고려와 조선도 전대와 다를 바가 없다. 그러나 중국 정사라고 하는《구오대사》(舊五代史),《요사》(遼史),《송사》(宋史),《금사》(金史),《신원사》(新元史)에는 고려를 모두 '외국'(外國)으로 분류하였고,《명사》(明史)에도 조선을 역시 외국으로 분류하였다.

수십 년 전에도 개인적으로 고구려 역사를 중국사로 편입시켜야 한다는 주장을 하는 학자들이 간혹 있었다. 이는 어디까지나 학자들의 개인적 견해로 보아왔으나, 최근 중국사회과학원 산하기구인 변강사지연구중심에서 많은 인원과 예산으로 고구려사를 비롯한 고조선·부여·발해 등 우리의 상고사를 중국사에 편입시키기 위한 이른바 '동북공정'이라는 사업을 진행하고 있다.

과거에는 동이(東夷)니 북이(北夷)니 하며 새외(塞外)의 민족으로 취급하거나 구복(九服) 밖의 야만민족이라 하더니, 지금 와서는 모두 자기 역사라면 중국사가 곧 세계사가 되는 꼴이다.

이 글에서는 송과 요(거란)는 고구려에 대하여 어떻게 인식하고 있었는가를 정리해 보고자 한다.

2. 중국 역대왕조의 고구려에 대한 인식

중국 정사에서는 고구려를 어떻게 인식하고 있었는지, 분류하여 정리해 보고자 한다.

우선 고구려 시조 동명성왕의 고사에 대하여 살펴보고자 한다. 동명성왕의 고사가 처음 나오는 문헌은《후한서》(後漢書)〈부여국〉(夫餘國)조다. 그 내용을 보면, 처음에 북이(北夷) 색리국왕(索離國王)이 출행(出行)하였는데, 뒤따르던 시비(侍婢)가 임신하였다. 왕이 돌아와서 죽이고자 하였다. 시비가 말하기를 "하늘에 기운이 나타났는데 크기가 계란 만하였는데 저에게 내려와서 임신이 되었습니다" 하였다. 왕이 시비를 가두어 두었는데, 후에 아들을 낳았다. 왕이 돼지우리에 버렸으나 돼지가 입김을 불어서 죽지 않았다. 다시 마구간에 버렸으나 말도 또한 이같이 하였다. 왕은 신이라 생각하고 그 어미가 기르도록 하고 동명(東明)이라 이름하였다. 동명이 크면서 활을 잘 쏘았다. 왕이 그 용맹함을 싫어하여 다시 죽이고자 하였다. 이에 동명이 도망하여 남쪽의 엄사수(掩㴰水)에 이르렀다. 활로 물을 치니 물고기와 자라가 무리지어 물위로 떠올라서 동명이 밟고 건너서 부여에 이르러서 왕이 되었다고 하였다.[1] 결국 색리국에서 쫓기어 와서 부여국왕이 되었다는 것이다.

또《삼국지》(三國志)에서는 좀 달리 기술하고 있다.《삼국지》〈부여〉전에서는 그 말미에《위략》(魏略)을 인용하여, 구지(舊志)에 또 말하기를 하면서 "부여 땅의 왕이 되었다"[2] 하여, 앞의《후한서》에서는 부여왕이 되었다고 하였던 것을 여기서는 부여 땅의 왕이 되었다고 하였으니, 약간 변형되었다고 하겠다.

또《양서》(梁書) 〈고구려〉조에서는 "고구려는 그 선(先)이 동명에서 부터다. 동명은 본래 북이 고리왕의 아들"[3]이라 하고, 그 출생에 대한 고사는《후한서》〈부여국〉조의 내용을 거의 그대로 적고 있다. 다만《후한서》에는 북이 색리국이라 하였는데,《양서》에는 북이 고리국(槀離國)이라 한 것이 다를 뿐이다. 그러나 여기서도 고구려와 구려(句麗)에 대하여 명확하지 못하고 엇갈리는 부분이 있다. 우선 소제(小題)는 '고구려'(高句麗)라 하고 내용에는 '고구려'(高句驪)로 적고 있다. 뿐만 아니라 "고구려로 현을 삼아 부속시켰다"[4]라 쓰고, 바로 그 아래에 "구려, 지방이 2천 리나 된다"

1)《後漢書》卷85, 東夷列傳 第75, 〈夫餘國〉條
2)《三國志》卷30, 魏書 第30, 烏丸鮮卑東夷傳 第30, 〈夫餘傳〉
3)《梁書》卷54, 列傳 第48, 〈高句麗〉條.
4) 위와 같음

고 하였으니, 《후한서》에 〈고구려〉와 〈구려〉라 각각 입전하고 있음은 내용을 명확히 파악하지 못하고 있음이다.

그러나 《위서》(魏書) 〈고구려〉조에는 이제까지 나온 고구려 시조에 대한 고사가 바뀐다. 이제까지는 북이 색리국에서 이야기가 시작되었으나, 여기서는 부여에서 시작된다. 내용은 대충 다음과 같다.

고구려는 부여에서 나왔는데, 스스로 그 선조를 주몽(朱蒙)이라 한다. 주몽의 어머니는 하백(河伯)의 딸인데, 부여왕이 방에 가두었는데 햇빛이 비치어서 이를 피했으나 해그림자가 따라 다녔다. 임신을 했는데 알을 낳았다. 크기가 다섯 되나 되었다. 부여왕이 개에게 주었으나 먹지 않았고, 돼지에게 주었으나 역시 먹지 않았다. 길에 버렸더니 소와 말이 피하여 갔다. 뒤에 들에 버렸더니 새떼가 날아 와서 깃털로 덮었다. 부여왕이 알을 쪼개려 하였으나 깰 수 없어서 그 어미에게 돌려주었다. 그 어미가 포대기 속에 넣어서 따뜻한 곳에 두었더니 남자아이가 껍질을 깨고 나왔다. 커서 자를 주몽이라 하였다. 속언(俗言)에 주몽이라 함은 활을 잘 쏜다는 것이다. 부여 사람들이 주몽을 사람이 낳은 것이 아니라 하여 장차 다른 뜻이 있을 것이라 하여 제거하기를 청하였다. 그러나 왕이 듣지 않고 말을 먹이라 명하였다. 주몽이 혼자 시험하여 말 기르는 법을 터득하였다. 그래서 준마(駿馬)는 먹이를 덜 주어서 마르게 하고 노마(駑馬)는 잘 먹이여 살찌게 하였다. 부여왕이 살찐 말은 자기가 타고 마른 말은 주몽에게 주었다. 뒷날 사냥을 나갔는데 주몽이 활을 잘 쏜다 하여 화살을 조금 주었다. 주몽이 비록 화살은 적었으나 짐승은 매우 많이 잡았다. 부여의 신하들이 죽이고자 모의하였다. 주몽의 어머니가 그것을 알고 주몽에게 알리기를 '나라에서 장차 너를 해하려 하니 먼 곳으로 떠나거라' 하였다. 주몽이 오인(烏引)과 오위(烏違) 두 사람과 같이 부여를 떠나 동남쪽으로 갔다. 중도에 큰물을 만나서 건너고자 하였으나 다리가 없었다. 부여인들이 추격하여 와서 매우 급하였다. 주몽이 물에 말하기를 '나는 태양의 아들이요 하백의 외손이다. 지금 도주하는데 쫓아오는 군사가 따르고 있다. 어찌하면 건널까' 하였다. 이에 물고기와 자라가 물위로 떠올라서 다리가 되었다. 주몽이 건너자 물고기와 자라는 흩어져서 추격하던 군사들은 건너지 못하였다. 드디어 주몽이 흘승골성(紇升骨城)에 이르러 거처하였는데 고구려라 불렸으며, 이로 하여 씨(氏)로 삼았다[5] 하였다.

이 내용은 《삼국사기》의 〈시조동명성왕〉(始祖東明聖王)조에 나오는 고구려 시조설화와 일치한다.[6] 다만 금와(金蛙)나 해모수(解慕漱) 같은 인물이 추가되었을 뿐이다.

《주서》(周書)의 〈고려〉(高麗)조에서는, 서두에 고려는 그 선조가 부여에서 나왔다고 적고 《위서》〈고구려〉의 내용을 축약해서 싣고 있다.[7]

《북사》(北史) 〈고려〉조에서는 《위서》의 내용을 그대로 베끼고 있다.[8]

위의 내용을 다시 정리하면 《후한서》〈부여국〉, 《삼국지》〈부여〉, 《양서》〈고구려〉에서는 북이 색리국에서 시비가 하늘기운을 받아 임신하여 아들을 낳았는데 돼지나 말들도 보호해 주었다. 이가 동명인데 왕이 싫어하자 도망하여 물고기와 자라의 다리를 건너서 부여국왕이 되었다 하였다.

한편 《위서》〈고구려〉, 《주서》〈고려〉, 《북사》〈고려〉에서는 주몽의 어머니는 하백의 딸인데, 햇빛에 감응되어 임신을 하여 큰 알을 낳았는데 여기서 주몽이 태어났다. 커서 활을 잘 쏘아서 주몽이라 하였는데 부여인들의 투기로 도망하여 물고기와 자라의 다리를 건너서 흘승골성에 거처하면서 고구려라 하였다.

위와 같은 두 가지 출생설화가 있는데도, 고구려의 선조는 어디에서 나왔는가 하는 데는 거의가 부여에서 나왔다고 기술하고 있다.

다음에는, 고구려현에서 고구려가 나왔다는 기록에 관하여 살펴보고자 한다. 《후한서》〈고구려〉조에는 "무제가 조선을 멸망시키고 고구려로 현

---

5) 《魏書》 卷100, 列傳 第88, 〈高句麗〉條.
6) 《三國史記》 卷第13, 高句麗本紀 第1, 〈始祖東明聖王〉條.
7) 《周書》 卷49, 列傳 第41, 異域上, 〈高麗〉條.
8) 《北史》 卷94, 列傳 第82, 〈高麗〉條.

을 삼아 현토(玄菟)에 부속시켰다. 그리고 북과 피리 광대를 하사하였다"[9]고 하였다. 즉 한 무제가 조선을 멸망시키고 고구려를 현으로 삼았다고 하였다. 그러나 이 기사는 사리에 맞지 않는다. 무제는 기원전 87년에 죽었고, 고구려는 기원전 37년에 건국하였다. 그러므로 동명이 건국한 고구려국과 한 무제가 고구려를 현으로 삼았다는 것과는 무려 50년이나 차이가 난다. 그렇다면 이 고구려현은 고조선의 고구려현으로 동명의 고구려와는 별개의 것이다. 《양서》〈고구려〉조에는

> 동명이 타고 강을 건너서 부여에 도착하여 왕이 되었다. 그 후 별도로 갈려 나가서 구려종이 되었다. 그 나라는 한의 현토군이다.…… 한 무제 원봉 4년에 조선을 멸망시키고, 현토군을 설치하고 고구려로 현을 삼아 부속시켰다.[10]

하였다. 한 무제 원봉(元封) 4년은 곧 기원전 107년이다. 그렇다면 고구려 건국하고 70년이나 차이가 난다. 이와 꼭 같은 내용을 《북사》에서는 그대로 베껴 놓았다.

또 고구려의 내원(來源)에 대한 기록은, 거의 모든 정사가 그 선조가 부여에서 나왔다고 기록하였다. 《위서》에서는 "부여에서 나왔다. 스스로 말하기를 선조가 주몽이라 하였다"[11] 하였고, 《주서》에서는 "그 선(先)은 부여에서 나왔다"[12]고 하였고, 《북사》에서도 "그 선(先) 부여에서 나왔다" 하였고,[13] 《수서》에서도 "고려의 선(先)은 부여에서 나왔다"[14] 하여, 고구려는 부여에서 나왔다고 적고 있다.

---

9) 《後漢書》卷85, 東夷列傳 第75, 〈高句麗〉條.
10) 《梁書》卷54, 列傳 第48, 諸夷 〈高句麗〉條.
11) 《魏書》卷100, 列傳第88, 〈高句麗〉條.
12) 《周書》卷49, 列傳 第41, 異域上, 〈高句麗〉條.
13) 《北史》卷94, 列傳 第82, 〈高麗〉條.
14) 《隋書》卷81, 列傳 第46, 東夷, 〈高麗〉條.

그러나 또 다른 기록을 한 사서도 있다. 즉 고구려는 부여의 별종(別種)이라는 것이다. 《후한서》에는 "동이에서 이어내려온 부여의 별종이라 한다"[15] 하였고, 《양서》에는 "그 선(先)은 동명에서 나왔고, 그 뒤 별도로 갈라져 나가 구려종이 되었다"[16] 하였으며, 《구당서》에는 "부여의 별종에서 나왔다"[17] 하였고, 《당서》에는 "본래 부여 별종이다"[18] 하였다.

위에서 본 바와 같이 부여에서 나왔다는 기사와 부여별종(夫餘別種)이라는 기사가 있다. 그러나 오대(五代) 이후의 사서에는 모두 부여별종이라는 후자의 기록을 따르고 있다. 어떻든 두 종류의 사료가 일치하지 않고 있음이다.

또 도읍(都邑)도 크게 세 번 옮긴 것으로 적고 있다. 즉 흘승골성(紇升骨城), 환도(丸都), 평양(平壤)으로 천도한 것으로 기록하고 있다. 《위서》, 《북사》에는 흘승골성, 《삼국지》, 《양서》에는 환도 아래(丸都之下), 《주서》, 《수서》, 《구당서》, 《당서》, 《구오대사》, 《송사》, 《원사》, 《명사》에서는 모두 평양성이라 적고 있다. 다만 《주서》에 "평양성에 도읍을 하다.…… 그 밖에 국내성 및 한성이 있었는데, 또한 별도(別都)다"[19] 하여 도성으로 평양성이 있고 별도로 국내성(國內城)과 한성(漢城)이 있다고 하였다. 그러나 《수서》에는 "평양성에 도읍하였는데 또 장안성이라고도 하였다.…… 또 국내성과 한성이 있었는데, 도회지(都會地)이다. 국중(國中)에서는 삼경(三京)이라 불렀다"[20] 하여, 평양·국내성·한성을 3경이라 불렀다고 하였다. 《당서》에는 "임금이 평양성에 있었는데 또한 장안성이라 하였다.…… 평양·국내성과 한성이 있었는데 별도라 불렀다"[21] 하였다. 이는 《주서》와 《수서》의

---

15) 《後漢書》 卷85, 東夷列傳 第75, 〈高句麗〉條.
16) 《梁書》 卷54, 列傳 第48, 〈高句麗〉條.
17) 《舊唐書》 卷199上, 列傳第149, 東夷 〈高麗〉條.
18) 《唐書》 卷220, 列傳 第145, 東夷 〈高句麗〉條.
19) 《周書》 卷49, 列傳 第41, 異域上, 〈高麗〉條.
20) 《隋書》 卷81, 列傳 第46, 東夷, 〈高麗〉條.
21) 《唐書》 卷220, 列傳 第145, 東夷, 〈高麗〉條.

내용을 합해 놓은 것이다. 《당서》 이후에 나온 《구오대사》, 《송사》, 《원사》, 《명사》에는 국도가 평양이라는 것만 밝히고 있다.

고구려가 평양으로 천도한 것은 427년(長壽王 15)이다. 그런데 502년에 건국한 양(梁)의 역사인 《양서》에서 "그 왕이 환도성 아래에 도읍하였다"[22]고 했는데, 이는 잘못된 기록이다.

고구려의 시조 동명이 나왔다는 부여에 대해서 뚜렷한 족적 내원이 기록된 문헌은 없다. 다만 《후한서》에 "부여는 지방이 2천 리나 되는데, 본래 예(濊)의 땅이다" 하였고, 동명이 부여에 와서 왕이 되었다고 적고 있다. 또 《삼국지》에서도 "나라에 고성이 있는데 예성(濊城)이라 한다. 대개가 본래 예맥(穢貊)의 땅이다"고 하였고, 위략의 내용을 베끼면서 동명이 부여땅의 왕이 되었다고 하였다. 《진서》(晉書)에도 "그 왕의 인문(印文)에 예왕(濊王)의 인(印)이라 하였다. 나라 안에 예성(濊城)이 있었는데 본래 예맥성(穢貊城)이다"[23] 하였다. 그렇다면 부여는 내원이 불확실하지만 예(濊)로 이주해 온 민족일 것이다. 그러면 부여와 풍속·습관·언어 등이 유사한 민족은 없었을까? 《후한서》 각 조에는 다음과 같이 기술되어 있다. 동옥저(東沃沮)는 "언어·음식·거처·의복이 구려와 비슷하다"[24] 하였고, 〈읍루〉(挹婁)조에는 "사람 모양이 부여와 비슷하고 말은 각기 달랐다.…… 동이 부여의 음식은 비슷하며 모두 도마와 접시를 사용한다"[25] 하였고, 〈예〉조에는 "예 및 옥저, 구려는 본래 모두 조선땅이다"[26] 하였다.

또 《삼국지》 각 조에는 다음과 같이 기술하였다. 〈고구려〉조에는 "동이 옛말로 부여 별종이 된다. 언어와 모든 일이 부여와 많이 같다. 그 성격과 의복은 많이 다르다"[27] 하였고, 〈동옥저〉조에는 "그 언어는 구려와 대

---

22) 《梁書》卷54, 列傳 第48, 諸夷 〈高句麗〉條.
23) 《晉書》卷97, 列傳 第67, 四夷東夷, 〈夫餘國〉條.
24) 《後漢書》卷85, 東夷列傳 第75, 〈東沃沮〉條
25) 《後漢書》卷85, 東夷列傳 第75, 〈挹婁〉條.
26) 《後漢書》卷85, 東夷列傳 第75, 〈濊〉條.
27) 《三國志》卷30, 魏書 第30, 烏丸鮮卑東夷傳 第30, 〈高句麗〉條.

개 같고 때때로 조금 다르다"28) 하였으며, 〈읍루〉조에는 "그 사람들의 형상이 부여와 비슷하며 언어는 부여 구려와 같지 않다"29) 하였고, 〈예〉조에는 "노인들은 스스로 구려와 동종(同種)이라 하였다.…… 말과 풍속은 대개 구려와 같고 의복은 다르다"30) 하였다.

위의 《후한서》, 《삼국지》에 나오는 각국의 내용은 대개 다음과 같이 정리할 수 있을 것이다. 동옥저는 고구려와 같고, 예도 고구려와 같고, 고구려는 부여와 같으니 적어도 4국은 같은 언어와 법속을 같이 하는 나라라 하겠다. 또한 예・옥저・구려는 본래 조선땅이라 하였으니, 이 4국은 모두 오늘의 만주 중동부와 한반도 북부에 위치한 나라이기 때문에, 기자조선이나 위만조선과 관계없이 단군조선의 잔여국가로 존재했을 가능성을 조심스럽게 짐작해 볼 수 있겠다. 중요한 것은 부여에서 고구려가 나왔다는 사실은 명백히 하고 있음이다. 이렇게 이어온 고구려에 대하여 송과 거란은 어떻게 인식하고 있었을까?

3. 송의 고구려 인식

송은 고려와 관계가 매우 깊었다. 두 나라는 다같이 북방 거란의 압력을 받아오던 참이라서 그들의 침입을 완화시키기 위하여 서로가 관계강화를 필요로 하였다.

두 나라의 관계는 962년(建隆 3)부터 1126년(靖康 원년)까지 무려 165년 동안이나 된다. 그 동안 사행과 첩보관계 등으로 고려가 송에 사신을 파견한 것이 53차, 송이 고려에 사신을 파견한 것이 32차나 된다. 그간 모종의 문제가 생겨서 통교와 단교도 3차나 되었다.31) 어떻든 10세기에서 13세기

---

28) 《三國志》卷30, 魏書 第30, 烏丸鮮卑東夷傳 第30, 〈東沃沮〉條.
29) 《三國志》卷30, 魏書 第30, 烏丸鮮卑東夷傳 第30, 〈挹婁〉條.
30) 《三國志》卷30, 魏書 第30, 烏丸鮮卑東夷傳 第30, 〈濊〉條.

까지 고려와 가장 가까이 지냈던 나라는 송이었다. 이런 송이 고구려에 대하여 어떻게 인식하고 있었는가를 살펴보고자 한다.

송은 고구려가 오대(五代)시기까지 연속되어서 오다가 왕건(王建)에 의하여 성(姓)이 바뀐 것으로 이해하였거나, 또는 오대 초에 나라이름을 대봉(大封)이라 하였고, 그 왕은 고씨(高氏)였으며, 이름은 궁예(躬乂)라 하였는데, 해군통수 왕건에게 살해되고, 왕건이 자립하여 다시 고려라 하고, 개주(開州)를 동경(東京)으로 삼고, 평양(平壤)을 서경(西京)으로 삼았다고 하였다. 그러나 이 두 기록은 사실과 매우 다르다. 우선 정사인 《송사》에는

> 고려는 본래 고구려다. 禹王이 九州로 나눌 때 冀州에 속하는 땅이다. 周나라 때에는 箕子之國이 였다. 漢의 玄菟郡이다. 遼東에 있었으며 扶餘의 별종이고, 平壤城을 도읍으로 삼았다.…… 高宗이 李勣에게 정벌토록 명하여 드디어 그 성을 함락시키고 그 땅을 나누어 郡縣으로 삼았다. 唐末, 中原이 어지러워지자 드디어 스스로 君長을 세웠다. 훗날, 후당 同光, 天成때 그 왕 高氏가 여러 차례 職貢을 받아들였다. 長興때 權知國事 王建이 高氏의 왕위를 잇고 사신을 보내 조공하였다.[32]

하였다. 이 기사에서 오기(誤記)는 고려는 본래 고구려라 전제하고, 우(禹) 때 기주(冀州)에 속하였고, 주(周) 때의 기자국(箕子國)이라 하였는데, 이때는 아직 고구려가 건국하기 전인데, 흡사 고구려가 우와 주에 속했던 것처럼 기록한 점이 잘못되었고, 또 그때 그들의 영역이 과연 고구려까지 미쳤겠는가 하는 의문점이 남는다. 또 후당 때 그 임금이 고씨였고, 여러 차례 조공을 바쳐 왔는데 한 것은, 고씨의 고구려가 아니고 김씨(金氏)의 궁예정권(弓裔政權) 태봉을 잘못 알고 기록하였던 것이다. 왕건이 고씨위를 이었다는 것도 실은 김씨위를 이었다고 했어야 한다. 정사의 기록이 이러하기 때문에 사인찬술(私人撰述)은 더더욱 엇갈리는 부분이 많다. 사인찬술 가

---

31) 金渭顯,《高麗時代 對外關係史研究》, 경인문화사, 2004, 306쪽.
32) 《宋史》 卷481, 列傳 第246, 外國3,〈高麗〉條.

운데는 고구려 건국설화와 그 역년을 쓰고 오대시기까지도 왕의 성은 고씨였는데 장흥 3년(932)부터 그 왕이 왕건이라 적고 있다. 《책부원구》(冊府元龜)에는

> 고구려, 漢나라 초기에 그 왕 高朱蒙이 죽고 아들 如栗이 섰다.…… 後唐 同光, 天成때 그 왕의 성은 高氏였다. 長興 3년 그 왕은 王建이다. 後晉 開運 2年 아들 武가 왕위를 이었다.[33]

하여, 고구려가 후당(後唐)까지 지속된 것으로 적고 있다. 또《원풍유고》(元豊類藁)에는

> 고구려 그 先은 夫餘에서 나왔다. 왕이 河伯의 딸을 얻어 방에 가두어 두었는데 햇빛에 감응되어 아이를 배어서 朱蒙을 낳았다. 그가 크자 夫餘의 신하들이 죽이고자 하였다. 주몽이 도망가서 죽임을 면하고 紇升骨城에 거주하였다. 구고려라 부르고 高를 씨성으로 삼았다. 주몽이 죽고 아들 如栗이 왕이 되었다.…… 同光, 天成연간 高麗國王 고씨가 여러 차례 사신을 보내어 조공하였다. 고려국왕 왕건이 즉위하였다. 建이 죽고 아들 武가 왕위를 이었다.[34]

하여, 역시 고구려의 주몽설화를 간략히 적고 세차(世次)를 적은 뒤 오대 초까지 고구려가 유지되어 오다가 왕건이 고씨를 대신한 것으로 기술하고 있다. 또《석림연어》(石林燕語)에는

> 고려, 三國 이래 역사책에 보인다. 구려는 그 국호이며 고는 그 성이다. 隋나라 과거 '句'를 떼어 버렸다. 그래서 唐이래에 고려라고만 불렸다. 五代史記 後唐 同光元年에 韓申이 왔는데 그 왕의 성은 아직도 高氏이고 三國에서 五代에 이르기까지 한 성씨로 내려오다가 長興中에 비로소 權知國事 王

---

33) 王欽若,《冊府元龜》卷966, 外臣部11, 繼襲.
34) 曾鞏,《元豊類藁》卷31, 箚子,〈高麗世次〉.

建이라 하는 사람이 있어 王씨가 高씨를 대신하였다. 同光, 長興 사이에 그 역사를 잃어 버렸다.[35]

하였다. 이 사료에서도 고구려가 오대까지 이어져 내려온 것으로 알고 있다. 다만 동광(同光) 장흥(長興) 사이에 역사를 잃어버린 것으로 알고 있다. 또 《옥해》(玉海)에도

唐元和 말년 樂工을 바쳤는데 이후부터 다시 보이지 않았다. 五代 同光、天成間에 고씨가 다시 와서 조공하였다. 長興3年 왕건이 사신을 보내어 조공을 바쳤다.[36]

하여, 원화 말 악공(樂工)을 바친 후 사라졌다가 오대 때 고씨가 다시 조공하였는데, 장흥 3년에 왕건이 사신을 보내어 조공하였다고 하였으나, 같은 책 다른 조에는 "高麗國 後唐長興中 王建代高氏爲君長"[37]이라 하였다. 앞의 고씨가 다시 와서 조공하였다는 것이나, 왕건이 고씨를 대신하여 군장이 되었다는 것은 모두 태봉을 지칭하는 것이지만, 그 내용은 모르고 고구려의 연장으로 보았다. 《속자치통감장편》(續資治通鑑長編)에서는 사관수찬(史館修撰) 증공(曾鞏)의 말을 빌려 다음과 같이 기록하고 있다.

옛 역사를 살펴보면 고구려는 주몽으로부터 흘승골성에 살았다. 이름을 고구려라 하였는데 이로 인하여 고를 성으로 삼았다. 한을 지나 당 고종 때 이르러 그 왕 고장이 나라를 잃고 내지로 옮겨졌다. 성력 중 장의 아들 덕무가 안동도독이 되었는데 그 뒤 조금씩 자라나 스스로 나라를 일으켰다. 원화 말년 악공을 바쳤는데 이로부터 중국에는 다시 보이지 않았다. 오대 동광·천성 때 고려왕 고씨가 다시 조공하였으나 그 이름은 알지 못한다. 장흥 3년 권지국사라고 칭하는 왕건이 사신을 보내어 조공하므로 건을 왕으로 삼았

---

35) 葉夢得, 《石林燕語》 4.
36) 王應麟, 《玉海》 154, 朝貢 獻方物.
37) 王應麟, 《玉海》 154, 朝貢 錫予外夷.

다. 건의 아들 무…… 대개 주몽부터 장에 이르기까지 1성 900년 20왕까지 내려오다가 나라를 잃었음은 고증할 수 있다. 그 뒤 다시 나라를 세우고부터 그 이름이나 세차, 興廢의 本末은 왕건부터 시작되는 바이지만 모두 고증할 수 없다.…… 신라, 백제에 내란이 일어나서 왕건이 드디어 三韓을 통합하여 고씨 성이 바뀌었다.[38]

위의 내용을 다시 정리하면, ① 주몽의 건국과 국호, 도성, 씨성까지 알고 있었으며, 또 당 고종(668) 때 그 왕이 나라를 잃고 당내지로 옮겨졌고, ② 성력 연간(698~699) 고덕무가 안동도독이 되었는데, 그 뒤 조금씩 자라나 스스로 나라가 되었다. ③ 원화 말년(820)에 악공을 바쳤는데 이후에는 중국에 보이지 않았다. ④ 동광(923~925), 천성(926~929) 때 고려왕 고씨가 다시 조공을 하였으나, 그 이름은 알려지지 않았다. ⑤ 장흥 3년(932) 권지국사 왕건이 사신을 보내어 조공을 바쳐서 건을 왕으로 삼았다. ⑥ 주몽에서 보장왕까지 1성 900년 20왕까지 전해지고 망하였음은 고증할 수 있으나, 그 뒤 다시 나라를 세운 데 대한 이름이나 세차 등 흥폐본말은 왕건부터 시작된 바이나 모두 고증할 수 없다. 신라·백제에 내란이 일어나서 왕건이 드디어 삼한을 통합하고 고씨 성이 바뀌었다고 하는 정도로 알고 있었다. 어쨌든 고구려가 망하고 다시 나라를 세워서 고씨가 집권하다가, 왕건이 역성혁명을 한 것으로 보고 있다. 즉 고구려의 부흥 정도로 알고 있었다 하겠다. 또 손목(孫穆)의 《계림유사》(鷄林類事)에도 같은 내용이 전해지고 있다.[39] 그렇다면 일반적으로 송대의 고구려관은, 후당 동광까지는 고구려 고씨가 집권하다가, 장흥 3년에 왕건이 고씨를 대신하여 왕이 되었다고 보고 있는 것이다. 그런데 이를 좀 더 구체적으로 기술하고 있는 사료로 《보경사명지》(寶慶四明志)가 있다. 여기에는 다음과 같이 기록되어 있다.

---

38) 李燾, 《續資治通鑑長編》 卷323, 元豊5年 2月 丁卯條; 曾鞏, 《元豊類藁》 卷31, 箚子, 〈請訪問高麗〉條.

39) 孫穆 《鷄林類事》: "高麗王建, 自後唐長興中, 始代高氏爲君長"

고구려국, 당·오대 때에는 모두 전해지고 있었다. 본래 부여의 별종이며 고로써 성씨를 삼았다. 지금의 왕은 왕씨이다. 왕씨의 先은 건인데 고려의 대족이다. 고씨의 정령이 쇠퇴하자 국인이 건이 어질므로 그를 세워 군장이 되었다.[40]

역시 고구려의 왕통이 계속 이어져 왔으나, 고씨의 정치가 쇠하여지자 나라 사람들이 왕건이 어짊으로 그를 군장으로 세웠다고 하였다. 이는 위의 자료와 좀 다른 내용을 적고 있다. 또 태봉국(泰封國)에서 고려가 시작되었음을 기록한 사서도 있다.《자치통감》(資治通鑑)에

태봉국왕 궁예가 성품이 잔인하여 해군통수 왕건이 그를 죽이고 스스로 왕이 되어 다시 고려왕이라 칭하였다. 개주로써 동경을 삼고, 평양을 서경으로 삼았다. 왕건이 검약 관후하여 국인이 편하였다.[41]

하여, 태봉의 궁예가 성품이 잔인하여 해군통수 왕건이 죽이고 스스로 왕위에 올라 다시 고려왕이라 하였다고 하였다. 여기서 다시 고려왕이라 칭한 것은 태봉이 최초 국명을 고려라 하였기 때문이다.[42] 비교적 정확한 기록이라 하겠다. 또《육씨남당서》(陸氏南唐書)에도 이와 비슷한 기록이 나온다.

고려는 오대 초기에 이르러 나라 이름을 태봉이라 하고 그 왕은 고씨인데 이름을 궁예라 하였다. 궁예는 만년에 주살을 많이 하였다. 오 순의 2년, 해군통수 왕건에게서 죽임을 당하고 건이 스스로 왕이 되어 태봉 국호를 거두고 다시 고려라 하였다. 개주로 동경을 삼고 평양으로 서경을 삼았다.[43]

---

40) 羅濬,《寶慶四明志》6, 敍賦下, 市舶條.
41) 司馬光,《資治通鑑》卷270, 後梁紀 6, 均王下, 龍德 2年 12月條.
42) 一然,《三國遺事》卷1, 王曆 第1: “後高麗 弓乂 辛酉年(901)에 高麗라 일컬었다. 甲子年(904)에 國號를 고쳐 摩震이라 하고 年號를 武泰라 하였다.”
43) 陸游,《陸氏南唐書》卷18, 列傳15,〈高麗〉

다른 여러 사료에서는 고려 고씨의 정치가 쇠해지고 왕씨가 고려국권지
국사로써 조공을 바쳤고, 다시 고려국왕으로 봉작을 받았다고 적고 있지
만, 위의 두 사료는 태봉왕 궁예의 실체를 적고 왕건이 궁예를 살해하고
자립하여 태봉이 처음 썼던 국호 고려를 다시 쓰게 되었다는 것이다. 이는
고려의 건국 내력을 확실히 알고 기록한 것이라 하겠다. 그러나 궁예를 고
씨(高氏)로 적은 것은 오기라 하겠다.

어쨌든 고려가 고구려의 정통성을 이어왔음을 적고 있다. 그러나 이와
는 달리 고려의 별칭을 사용하기도 하였는데, 대개가 '삼한'이니 '신라'니
하였다. 이는 중국에서도 한나라 때인데도 '진'(秦)으로 부른 예가 있었다.
고려를 고구려의 연속으로 보면서, 별칭은 삼한이나 신라라 불렀다. 그 예
를 각 문헌에서 찾아보면 다음과 같다.

먼저 '삼한'이라고 칭한 예를 살펴보겠다. 《촉호집》(燭湖集)에는 "이 몸
이 삼한에 사신으로 가기를 청한다"44) 하였고, 《송명신주의》(宋名臣奏議)
에는 "홀로 고려가 굴복하지 않고 스스로 백이·숙제의 후손이라 말하는
데, 삼한의 옛 나라는 독서예의의 기풍이 있어 중국에서 사라지지 않았
다.…… 거란이 왕년에 아무 사단 없이 고려를 침공하여 삼한 땅에 지금
여러 차례 군사를 일으켜 깊숙이 쳐들어가 수없이 약탈을 자행하니 고려
는 매우 괴롭다"45) 하였으며, 《위략》에는 "왕경(王卿)이 나에게 삼한지(三
韓紙)를 증여하였다.…… 회계내사(會稽內史)가 삼한옹(三韓翁)이다"46) 하
였으며, 또 《건도사명도경》(乾道四明圖經)에는 "급사중(給事中) 부공(傅公)
묵경(墨卿)이 삼한의 사신으로 가는데, 사명(四明)으로 가는 길에 부쳤다"47)
하였고, 《가정진강지》(嘉定鎭江志)에는 "희령중(熙寧中), 삼한의 사신 박인
량(朴寅亮)이 금산시(金山詩)를 지었다"48) 하였고, 《제북조선생계륵집》(濟

---

44) 孫應時, 《燭湖集》 10, 跋, 〈跋傅給事諫吳應誠使三韓書〉.
45) 盧憲, 《嘉定鎭江志》 21, 雜錄文事.
46) 高似孫, 《緯略》.
47) 張津, 《乾道四明圖經》 11, 碑文, 〈延慶院圓照法師塔銘〉.

北晁先生鷄肋集)에서는 "꿈에 천상(天上)을 도는데 삼한의 표묘(縹緲)함을 가리키더라"[49] 했고, 《청파잡지》(淸波雜志)에는 "아득한 삼한국, 반짝거리는 이사(二使)의 별"[50]이라 하여 고려를 삼한이라 한 문장이 수없이 나온다. 그러나 여기서 삼한이란 진한·변한·마한이 아니라 신라·고구려·백제를 가리킨다.

신라로 기록한 곳도 간혹 나타난다. 예컨대 《완릉선생집》(宛陵先生集)에는 〈답조택지유신라묵〉(答祖擇之遺新羅墨)[51]이라는 제목이 나오며, 《동파문집》(東坡文集)에도 "그대가 가지고 있는 신라묵(新羅墨)은 매우 검으나 광택이 없다"[52] 하였고, 《황조유원》(皇朝類苑)에는 "천성중, 신라 사람들이 조공을 하였다.…… 신라는 기자의 나라로 지금 예의가 돈독하고 고풍이 있다"[53] 하여, 고려를 신라로 별칭한 것이다. 기원은 고구려에서 찾고, 별칭은 신라로 한 것이다.

또 일부 기록에는 계림(鷄林)으로 적은 곳도 있다. 《단양집》(丹陽集)에는 "일찍이 용각(龍閣)의 진장(珍藏)이니, 이에 계림의 비보(秘寶)가 된다"[54] 하였고, 《소축집》(小畜集)에도 "계림방물(鷄林方物)을 상궐(象闕)에 진열하였다"[55] 하였는데, 이 또한 고려의 별칭으로 쓰였다. 또 《능양집》(陵陽集)에서는 조선(朝鮮)이란 별칭을 쓰기도 하였다. 즉 "왕경이 나에게 삼한지(三韓紙)를 증여하였는데, 희기가 밝은 빛이 책상을 비치는 듯하고 전후(錢侯)가 이어서 조선묵을 주었는데, 먹이 검은 옷칠이 물에 뜬 듯하다"[56] 하

---

48) 盧憲, 《嘉定鎭江志》21, 雜錄文事.
49) 晁補之, 《濟北晁先生鷄肋集》57, 啓, 〈高麗人使回遠迎狀〉.
50) 周輝, 《淸波雜志》7.
51) 梅堯臣, 《宛陵先生集》31.
52) 蘇軾, 《東坡文集》70, 題跋, 〈書王君佐所蓄墨〉.
53) 江少虞, 《皇朝類苑》78, 安邊禦寇, 〈新羅: 松子髮〉.
54) 葛勝仲, 《丹陽集》2, 表, 〈代高麗王謝賜太平御覽表〉.
55) 王禹偁, 《小畜集》外集12, 代擬, 〈擬批答高麗國賀正表〉.
56) 韓駒, 《陵陽集》1, 古詩, 〈謝錢珣仲惠高麗墨〉.

기도 하였다.

그러나 대체로 고려를 고구려의 연속으로 인식하고 있었음이 송나라 사람들의 일반적인 견해라 하겠다.

4. 요(遼)의 고구려 인식

1) 고려의 고구려 계승에 대한 인식

요와 고려의 관계가 200여 년이나 지속되었고, 더구나 국경이 맞닿고 있을 뿐만 아니라 전쟁과 화친관계를 가장 많이 번복했던 나라로, 서로가 상대를 잘 알고 있었을 것이라 생각된다. 그러나 정사인 《요사》(遼史) 〈고려〉전에는 고려의 내원에 대한 기록이 생략되었다. 다만 "태조 황제 신책간(神冊間)부터, 고려가 사신을 보내어 보검을 바쳤다"[57]란 조항만이 고려의 내원에 대한 문제를 남긴다. 이 기사는 《고려사》에는 없고, 다만 《요사》 본기에 나오나 시간차가 있다. 《요사》 본기에는 요 태조 9년(915) 10월의 일로 되어 있으나, 외기(外記)에는 신책 연간(916~921)으로 되어 있다. 《요사》 본기의 915년은 고려 건국 이전의 일이다. 고려는 918년 6월 15일에 건국하였으므로, 이 해는 고려 건국 3년 전이다. 이로 보아 태봉(泰封)일 것이다. 태봉이 한때 고려로 호칭하였기 때문이다.

《요사》의 여러 곳에는 거란이 건국 이전부터 관계가 있음을 기록하고 있다. 북위(北魏) 효문제(孝文帝) 태화(太和) 3년(479), 고구려가 유유와 모의하여 지두우(地豆于)를 취하여 나누어 갖자, 거란이 두려워하여 1만여 인을 거느리고 북위에 내부하여 백낭수(白狼水) 동쪽에 살았다. [58] 또 북제(北齊)

---

57) 《遼史》 卷115, 列傳 第45, 二國外記, 〈高麗〉.
58) 《遼史》 卷62, 表 第1, 世表.

때에는 10여 만이 포로가 되어 북제의 제주(諸州)에 분치(分置)되었으며, 다시 돌궐(突厥)의 핍박을 받자 1만 가로 고려 경내에 기처(寄處)하기도 하였다.59) 수(隋) 개황(開皇) 6년(586)에는 별부(別部) 출복(出伏) 등이 고려를 등지고 무리를 거느리고 수나라에 내부하기도 하였다. 그러다가 당(唐) 태종 때에는 태종이 고구려를 정벌하자 거란과 해수령(奚首領)이 종군하기도 하였다.60)

《요사》〈지리지〉의 고주조(高州條)에 "개태(開泰) 중, 성종(聖宗)이 고려를 치고, 부호(俘戶)를 고주(高州)에 이치하였다" 하였고, 〈삼한현〉조에는 "진한이 부여(扶餘)가 되고, 변한이 신라가 되고, 마한이 고려가 되었다. 개태 중, 성종이 고려를 치고, 포로로 잡은 삼국의 유민으로 현을 설치하였는데 호수가 5천이다"61) 하여, 삼한 가운데 마한이 고려가 되었고, 개태 중에 성종이 고려를 쳐서 삼국인을 포로로 잡아다가 현을 설치하였다는 것이다. 사실과는 다르나 주몽의 고구려와 왕건의 고려를 구분하지 못하고, 고려를 고구려의 연속으로 인식하였기 때문이다.

《거란국지》(契丹國志)에는 아예 신라로 적고, 참고란에 "어느 책에는 고려라 하였다"62) 하였다. 같은 조의 후면에 "거란의 회사(回賜)에는 양(羊)을 제외하고 나머지는 신라국(고려라고도 함)에 주었는데, 오직 옥대(玉帶)는 금대(金帶)로 고치었고, 수고하는 무리에게는 또한 같이 주었다"63) 하여 역시 신라로 적고 있다. 그런데 같은 책 〈공제제국〉(控制諸國)조에는 〈요동로공액고려〉(遼東路控扼高麗)라 하면서도 〈사지인국지리원근〉(四至鄰國地理遠近) 조에서는 "동남으로는 신라국에 이른다", "동북…… 동쪽으로는 신라국에 이른다" 하면서, 이미 멸망한 신라국을 적고 있다. 이는 이 책의

---

59)《遼史》卷62, 表 第1, 世表.

60) 위와 같음.

61)《遼史》卷39, 志 第9, 地理志3, 中京道 高州,〈三韓縣〉條.

62) 葉隆禮,《契丹國志》卷21,〈外國貢進禮物〉條.

63) 위와 같음.

저자 섭융례(葉隆禮)[64]가 효종(孝宗)의 명을 받아 각종 자료를 이용하여 거란 관련 사실을 초(抄)하여 집필한 것인데, 저자의 지식과 자료의 한계성 때문에 나온 결과인 듯하다.

그리고 《요사》 본기에는 가끔 고려왕을 '삼한국공'(三韓國公)으로 봉한 일이 잦으며,[65] 심지어 삼한왕으로 기록하기까지 하였다. 《요사》에 "삼한왕 흠(欽)으로 계성군절도사(啓聖軍節度使)를 삼았다"[66] 하였다. 고려국왕을 절도사로 삼은 예가 없기는 하나, 《요사》 어디에도 삼한왕 흠이라는 다른 인물은 없다. 이 시기가 요는 성종(聖宗)의 치세이고 고려는 바로 덕종 흠의 치세이다. 《요사》의 오기일 가능성도 있지만 고려왕의 별칭으로 삼한왕이라 하였던 것이다.

2) 고구려 계승 논쟁

993년(성종 12, 統和 11) 10월 요의 장군 소항덕(蕭恒德; 《고려사》에는 遜寧이라 하였다. 그러나 손녕은 항덕의 자이다)이 대군을 거느리고 고려 북방에 있는 봉산군(逢山郡)에 쳐들어 왔다. 항덕은 고려의 군신이 진영에 나와서 항복하라고 협박을 하였다. 결국 양국의 대신이 만나서 담판하는 것으로 귀착이 되었다. 그리하여 고려는 내사시랑(內史侍郞) 서희(徐熙)가 요의

---

64) 섭융례(葉隆禮)는 남송 효종(孝宗), 이종(理宗) 때 인물로 자는 사칙(士則), 호는 어촌(漁村)이라 하였다. 1247년(淳祐 7) 진사 급제하여 임안소윤(臨安少尹), 지소흥부(知紹興府) 등을 역임하였다.

65) 《遼史》 卷24, 道宗 太康 9年 9月 己巳條: "以高麗王徽子三韓國公勳權知國事"; 大安 元年 11月 丙辰: "遣使冊三韓 國公正勳子運爲高麗國王"; 壽隆 6年 12月: "是歲, 封 高麗王顒爲三韓國公"; 同書 卷27, 天祚 乾統 5年 11月 丙辰: "高麗三韓國公王顒薨 子俁遣使來告"; 同 8年 4月 丙申: "封高麗國王俁爲三韓國公"; 《高麗史》 卷12, 肅宗 9年 4月 庚午: "耶律師傅張織이 와서 太子를 封冊하기를 '上柱國三韓國公'이라 하였다."

66) 《遼史》 卷17, 聖宗 太平 7年 11月 癸亥條. 그러나 태평 7년은 아직 왕위에 오르지 않고 태자로 있던 때이다. 태자를 절도사로 봉했을 것이다.

군영에 나아가 소항덕과 마주 앉아서 담판하기로 하였다. 항덕은 대뜸 서희에게 말하기를 "너희 나라는 신라땅에서 일어났다. 고구려는 우리 소유인데, 너희 나라가 이를 침식하고 있으며, 또 우리와 국경을 접하고 있음에도 바다 건너 송을 섬기니, 대국이 이 때문에 와서 치는 것이다. 지금 땅을 떼어 바치고 조빙(朝聘)을 한다면 아무 일이 없을 것이다"67) 하였다.

이에 서희가 말하기를 "아니다. 우리나라는 곧 옛 고구려를 계승한 나라다. 그런 까닭에 나라 이름을 '고려'라 하고 '평양'에 도읍을 정하였으니 만약 땅의 경계를 논한다면 상국(遼)의 동경도 모두 우리의 지경(地境)인데 어찌 우리가 침식했다고 하느냐. 더구나 압록강의 안팎은 또한 우리나라의 경내인데, 지금 여진이 그 사이에 점거하여 교활하고 변덕이 많아 길을 막아 통하지 못하게 하여, 바다를 건너는 것보다 더 어렵게 되었으니, 조빙을 통하지 못함은 여진의 까닭이다. 만약 여진을 쫓아 버리고, 우리의 옛 땅을 돌려주어, 성보(城堡)를 쌓고 도로를 통하게 한다면, 감히 조빙을 하지 않으리오. 장군이 나의 말을 귀국의 황제에게 알린다면, 어찌 딱하게 여겨 받아들이지 않겠느냐"68) 하였다.

그리하여 소항덕이 거란 황제에게 이런 사정을 아뢰자, 그는 고려에서 이미 화친하기를 청하니 마땅히 군사를 파할 것이다 하였다. 이는 고려가 고구려의 계승을 제의하여 확인받은 바라 하겠다. 어쨌든 이 담판으로 압록강 동쪽 280리 땅을 얻었으니, 싸움도 없이 중요한 북방영토를 얻은 것이다. 이는 어디까지나 고려가 고구려의 계승국이라는 논리에 승복한 결과이다. 그 뒤 서희가 성종에게 아뢴 것에서도 고려가 고구려의 계승임을 알 수 있다. 즉 "신이 소손녕과 약속하기를 여진을 소탕하여 평정하고 옛 땅을 수복한 후에 조빙을 통하겠다고 하였는데, 이제 겨우 압록강안만 수복하였으니, 청컨대 강 밖까지 수복함을 기다려 조빙하더라도 늦지 않을

---

67) 《高麗史節要》 第2卷 聖宗文懿大王 12年 10月條.
68) 위와 같음.

것입니다.[69]

위의 글 속에 "옛 땅을 수복한 후"라는 것은, 곧 고구려의 옛 땅 수복을 말하며 "겨우 압록강안만 수복하였으니 청컨대 강 밖까지 수복을 기다려"라 함도 역시 옛 고구려 땅 수복에 대한 의지를 나타낸 것이다.

5. 맺음말

송 이전의 중국 정사 각조대사(各朝代史)에는 크게 두 갈래의 고구려 건국설화가 나온다. 하나는 동명(東明)이란 이름의 설화이고, 하나는 주몽(朱蒙)이란 이름의 설화다. 줄거리는 거의 같으나 주변 인물이 다를 뿐이다. 그러나 송대의 사찬사료(私撰史料)에는 주몽설화를 택하고 있다.

그리고 고려에 관한 기록은 고주몽(高朱蒙)에서부터 시작하여 오대(五代) 동광(同光) 연간까지 고씨가 집권하다가, 장흥(長興) 중에 왕건(王建)이 권지국사(權知國事)를 칭하면서 왕씨가 고씨를 대신하게 되었다고 적고 있다. 그래서 고구려가 계속되는 것으로 보고 있다. 또 한 갈래의 기록은 태봉왕(泰封王) 궁예(弓裔)가 성품이 잔인하여 해군통수 왕건이 그를 죽이고 스스로 왕이 되어 다시 고려라 칭하였다는 것이다. 어쨌든 두 사료 모두가 고려를 고구려의 연속으로 보았다는 것이 특징이다.

그러면서도 또 한편으로는 고려를 삼한(三韓), 신라(新羅), 계림(鷄林) 등의 별칭을 쓰기도 하였다. 이는 고려가 고구려의 연장선에서 삼국을 통합하였기 때문이다.

《요사》에서는 그 조상이 한때 돌궐을 피해 고려 경내에 기처(寄處)하기도 하였다 하였고, 마한(馬韓)이 고려가 되었다고 하였으며, 성종(聖宗)이 고려를 정벌하고 삼국(扶餘, 新羅, 高麗)의 유인(遺人)들을 포로로 잡아다가

---

69) 위와 같음.

현을 설치하였다고 하였다. 이는 역사 사실을 전연 알지 못한 기록이라 하겠다. 그러나 역시 고려가 삼국을 통합한 통일국가로 본 것이다.

《거란국지》(契丹國志)에는 고려를 아예 신라로 기록하고 있다. 이는 저자가 남송대 사람이라는 한계성을 지녔다고는 하지만, 고려에 대한 사실을 전혀 알지 못하고 있었다고 하겠다.

또 《요사》에 따르면 고려왕을 삼한공(三韓公)에 봉하거나, 심지어 고려왕을 '삼한왕'으로 적기도 하였다. 그러나 이는 고려의 이칭으로 생각된다.

993년 거란이 침입하여 고려와 영토에 대한 논쟁을 할 때에도, 거란장군 소항덕이 고려는 신라땅에서 일어나서 우리 소유인 고구려 옛 땅을 침식하고 있다고 주장하자, 고려의 서희는 "우리가 옛 고구려를 계승한 나라다. 그래서 나라이름을 '고려'라 하고 도읍도 '평양'에 정하였다. 땅의 경계를 논한다면 귀국의 동경도 우리 경내"라고 대답하였다. 거란도 더 이상 반론을 펴지 못하였고, 그 뒤에도 고구려계승문제를 가지고 재론을 한 일이 없는 걸로 보아, 거란도 고려가 고구려의 계승국으로 여겨 왔음이라 하겠다.

고구려는 현도군의 한 현으로 성장한 고구려가 아니다. 부여의 설화로부터 시작한 별개의 내원을 가진 별도의 한 갈래였음을 중국사에서도 인식하고 있었다 하겠다.

메이지 5년 하나부사(花房)의 도한(渡韓) 복명(復命)

심 기 재
_단국대 일본어전공

1. 머리말

　메이지(明治) 신정부는 정권 수립 당시, 조선 외교에 대한 절대적인 무경험과 지식·정보 부재 상황에 놓여 있었다. 이러한 어려움 속에서 신정부는, 조선 외교의 지식과 오랜 경험을 무기로 조일(朝日) 교섭에서 주도권과, 조선으로부터 경제적 의존에 따른 '번신'(藩臣) 관계를 극복할 수 있는 재정 원조를 포함한 조선 외교·무역 관계의 전면 개혁을 요구하는 쓰시마(對馬)번에 대해, 우선 왕정복고 통고를 포함하여 국교 재수립 가능성의 타진을 위임하기에 이르렀다. 그러나 전 근대 동아시아 질서 속에서 유지되어 온 전통적인 '교린'(交隣) 외교관계의 틀을 깨고, 궁극적으로 근대적인 국제법(萬國公法)으로 일본 우위의 조약관계를 의도했던 신정부의 국교 재수립 노력은, 조선 정부의 반발과 일본에 대한 불신을 가져와, 쓰시마번에 위임했던 국교교섭은 암초에 부딪히게 되었다.

　이후 신정부(외무성)는 메이지 2년(1869) 후반기 이후, 조선 외교의 방침을 둘러싸고 쓰시마번1)과 갈등을 빚게 된다. 즉 무진(戊辰)전쟁의 종식과 판적봉환(版籍奉還)의 실현을 계기로, 조선 외교·무역 창구를 일원화시키

---

1) 쓰시마번은 판적봉환 이후 이즈하라번(嚴原藩)→이즈하라현(嚴原縣)→이마리현(伊万里縣) 등으로 바뀌나, 여기서는 '쓰시마번'으로 통일해서 표기한다.

려는 신정부(외무성)와, 장차 언젠가는 중앙정부에 의해 일원화되더라도 당분간 쓰시마번의 책임 아래 조선과 교섭이 이루어져야 한다고 주장하는 쓰시마번 사이의 대립상태가 적어도 폐번치현(廢藩置縣) 이전 단계까지 계속되었다.[2]

그러나 신정부(외무성)는 대조선 외교・무역권이 중앙정부로 급속히 회수되는 데 따른 쓰시마번 쪽의 반발과 무역 손실에 따른 재정보전의 부담 등을 고려하여, 당분간 쓰시마번 쪽의 반발을 무마하고, 또한 그들의 협조를 받으면서 대조선 외교・무역 일원화를 추진한다는 단계적인 방침을 결정하기에 이르렀다. 즉 메이지 2년(1869)의 사다(佐田) 조사단, 메이지 3년의 요시오카(吉岡) 사절단, 같은 해 12월의 종가(宗家) 사절 파견, 메이지 5년의 하나부사(花房) 파견[3]은 그 좋은 예라 할 것이다.

이 글은 이 가운데서 대조선 외교・무역 일원화의 마무리 과정의 일환으로서 이루어진 하나부사(花房) 일행의 내한(來韓) 전후의 과정과, 제출된 복명서를 분석하기 위한 연구이다. 논지 전개에서 먼저 내한 과정에 관해 간단히 언급하고,[4] 귀국 후에 하나부사가 제출한 복명서의 내용과, 거기에 나타난 쓰시마와 조선 인식, 그리고 그 복명이 갖는 의미를 중심으로 고찰하고자 한다. 이에 대한 고찰은 메이지 원년부터 메이지 6년(1873) 정한론

---

2) 이 대립은 도쿠가와 막부 말기, 대조선 외교・무역관계의 개혁이라는 공통인식을 공유하면서도 표면화되지 않았던 중앙정부와 쓰시마번 사이의 모순이 드러난 것이다. 그것은 구체적으로 정한외교(征韓外交) 속의 '2단계 조선교섭 전략론', 즉 설득・탐색에 의한 교섭(1단계), 조선의 교섭 거부에 대한 무력을 동반한 정부고위사절(皇使)의 파견(2단계)이란 점에서 공통된 인식을 공유하면서도, 1단계에서 대조선 외교를 누가 주도권을 가지고 추진할 것인가 하는 이른바 대조선 외교・무역관계의 주도권을 둘러싼 대립이었다.

3) 沈箕載, 〈版籍奉還前後の朝鮮政策と外務省(佐田)調査團の朝鮮派遣〉, 《史林》 79-6, 1996; 〈明治三年における吉岡使節團の朝鮮派遣と第一次宗重正起用渡韓運動〉, 《人文學報》 81, 1998. 이상은 沈箕載, 《幕末維新日朝外交史の硏究》, 臨川書店, 1997 所收; 沈箕載, 〈메이지 5년 하나부사(花房) 일행의 조선 파견〉, 《東洋學》 34, 2003.

4) 구체적인 도한과정에 대해서는 沈箕載, 〈메이지 5년 하나부사(花房) 일행의 조선 파견〉 참조.

정변(征韓論政變) 발생 직전까지의 조일(朝日) 외교 과정과 교섭 정체의 원인 등을 복명서를 통해 포괄적으로 살펴볼 수 있는 계기가 될 것이다.[5]

2. 하나부사의 도한

메이지 3년(1870) 10월, 조일 양국 정부간 직접 교섭을 추진하고자 조선으로 건너왔던 요시오카(吉岡) 약식 사절단의 파견이 별다른 성과 없이 실패로 돌아가자, 사절단 내부에서는 서계(書契) 수리를 거부하고 있는 조선을 설득하기 위해 소 요시아키라(宗義達; 쓰시마번 번주)의 조선 파견을 거듭 추진하려고 했다. 그러나 이것도 국내 사정[6]으로 실현되지 못하자, 차선책으로 종씨의 가신이었던 사가라 마사키(相良正樹; 差使)를 외무관원에 임명하여 종가사절로 파견할 것을 결정하고, 같은 해 12월 이를 실행에 옮겼다. 실행에 앞서, 이와 같은 외무성의 결정에 대해 부산 현지의 요시오카 사절단 내부에서는 조선 파견 사절에 대한 인지도와 비중으로 볼 때, 소 요시아키라를 파견할 경우보다 조일 교섭 성공 가능성이 매우 낮다고 판단하고, 이전부터 상정되어 왔던 왜관개혁을 본격적으로 실행에 옮길 필요가 있음을 본성에 건의했다. 이 건의는 외무성은 물론이고 태정관정

---

5) 여기에 대한 선행논문은 거의 없다. 조일 관계에 대한 전전(戰前)의 대표적 업적인 田保橋潔의 《近代日鮮關係の硏究》, 朝鮮總督府中樞院, 1940에서도 거론되지 않았으며, 다만 모리(毛利敏彦)의 언급(〈明治初期日朝國交不調原因論〉, 《法學雜誌》 38-3·4, 1992)이 있을 뿐이다. 그러나 모리는 메이지 원년 이래의 조일 국교 부조(不調)상태의 원인규명이란 시각에서, 그 주요 원인을 세견선 공무역의 이익 상실을 우려한 왜관 관리[代官]의 교섭 방해에 있었다고 지적했다. 그러나 여기에서는 필자가 고찰 대상으로 삼고 있는 하나부사 도한의 전후과정, 복명이 갖는 의미, 그리고 조선과 쓰시마 인식에 대한 구체적인 언급은 없었다.

6) 당시 이와쿠라(岩倉) 사절단의 구미 파견 이외의 모든 외교문제 취급의 동결이라는 정치상황의 변화와, 그것과 관련한 이와쿠라 사절단 외의 기타 대외 파견문제에 대해서는 가능한 한 지출을 억제하려고 하는 대장성(大藏省) 방침에 영향을 받고 있었다. (沈箕載, 앞의 책, 274·279쪽 참조)

원에도 받아들여져, 메이지 5년(1872) 5월 28일 조선과의 교제 및 표류민 취급, 그리고 왜관의 외무성 관할의 인정과 함께 불필요한 왜관 잔류인원의 철수 등이 결정되었다.[7]

이때 왜관개혁과 더불어 현안문제로 제기되고 있었던 것은 조선부채상환 문제였다. 쓰시마번이 이전 조선에 대하여 지고 있었던 부채에 대해, 조일 국교교섭에서 일본 쪽 입장 강화를 위해서는 신정부가 대신 청산해야 할 필요성이 요시오카 사절단 내부와 당사자인 소 요시아키라로부터 함께 제기된 후, 외무성 논의를 거쳐 태정관정원에서 조선부채청산 방침이 확정되었다.

이러한 과정을 거쳐 마침내 하나부사[8] 일행은 왜관개혁과 조선부채상환이라는 목적을 가지고 메이지 5년(1872) 8월 28일 군함 가스가(春日), 화륜선 유코마루(有功丸) 등에 나누어 승선하여 시나가와(品川)를 출발한 후, 9월 15일 부산 초량왜관에 도착했다. 하나부사는 소 요시아키라에 의해 임명된 왜관 관리를 전격 교체하고, 그 과정 속에서 드러난 조선 내통 관리[代官]들에 대해서도 불필요한 왜관 인원과 함께 귀국을 명하였다. 나아가 새로 임명된 왜관 관리에게 왜관 운용과 대조선 교섭 자세에 대한 주의사항과 특별지시를 내리고, 근무규정과 업무분장 등의 강도 높은 왜관개혁[9]

---

7) 《事務》 12. 여기서의 《사무》란 《조선사무서》(朝鮮事務書)를 가리키는 것으로, 게이오 3년(1867)부터 메이지 7년(1874)까지의 조일 외교교섭에 관한 일본 쪽 공식문서로서, 이하 《사무》로 약칭한다.

8) 하나부사 요시모토(花房義質)는 1842년 태생으로, 도쿠가와 막부 말기에는 오사카(大坂)번의 관리로서 해방(海方) 직무 및 공무합체(公武合體)의 실현에 힘썼다. 또한 약 1년 7개월 동안 프랑스로 건너가 파리만국박람회를 시찰하고, 이어 영국과 미국을 견문한 적도 있었다. 메이지 2년(1869) 4월 외국어용괘(外國御用掛)로 신정부에 발을 들여 놓은 후, 이듬해 7월에는 청일 국교교섭, 메이지 5년(1872) 8월에는 왜관개혁과 부채청산 목적으로, 메이지 9년(1876)에는 대리공사로서, 메이지 13년(1880)에는 변리(辨理)공사로서 각각 조선에 도한하거나 주재한 적이 있었던, 외무성 안에서 조선 사정에 밝은 대표적인 인물 가운데 한 사람이었다.

9) 대관 처리를 포함한 왜관개혁에 대해서는, 沈箕載, 〈明治政府의 對朝 外交·貿易 一元化 過程의 一考察－代官 처리를 중심으로〉, 《日語日文學研究》 48, 2004 참고.

을 실시함으로써, 조선의 의도와는 관계없이 왜관을 명실 공히 메이지 신
정부(외무성)에서 대조선 외교의 전초기지 역할을 할 수 있도록 토대를 마
련했다.

한편, 또 하나의 목적이었던 조선부채상환교섭은 난항을 거듭했다. 외
무성이 새로 임명한 대관들로 조선부채청산교섭을 주장하는 일본 쪽과,
신·구 관리 교체 등의 일방적인 왜관개혁의 부당성을 지적하며 구 대관
들과 부채청산교섭을 하겠다고 주장하는 조선 쪽 입장이 첨예하게 대립하
면서 이렇다 할 성과를 낳지 못했다. 이처럼 교섭에서 별다른 진척이 없자
하나부사는 일단 부산을 떠나 쓰시마의 이즈하라(嚴原)에서 교섭의 추이를
지켜보고자 했으나, 더 이상의 상황 진전을 기대할 수 없다고 판단하고 11
월 6일 도쿄로 귀국했다.

3. 하나부사의 복명

돌아온 그날, 하나부사는 소에지마 다네오미(副島種臣) 외무경을 방문하
여 귀국신고를 마친 다음, 10일에는 외무경과 함께 태정관정원의 참의(參
議)로 이듬해 정한론정변(征韓論政變) 주역의 한 사람이었던 이타가키 다
이스케(板垣退助)를 찾아가 구두로 도한 상황을 약식 복명한 후, 그 동안의
도한 경과를 상세히 정리한 관계서류를 제출했다.[10] 그러면 이때 제출된

---

10) 제출된 관계서류는, ① 〈복명서〉(復命書), ② 〈응접서〉(應接書), ③ 〈왕복서〉(往復書),
    ④ 〈심교상량삽체지연유략〉(尋交商量澁滯之緣由略), ⑤ 〈칙주급서〉(則周急書)로 구
    성되어 있다. 이 가운데 ①②③은 하나부사의 도한 과정을 언급한 복명서로, 여기에
    대 한 상세한 분석은 沈箕載, 〈메이지 5년 하나부사(花房) 일행의 조선 파견〉에서 이
    미 언급한 바 있어 생략하기로 하고, ⑤에 대해서는 다음 논문에서 별도로 다룰 예정
    이다. 따라서 이 글에서는 복명서의 가장 핵심 부분 가운데 하나인 ④와 그 부록(〈中
    古以來朝鮮交通沿革大略〉, 〈一新以來尋交手續略〉)을 중심으로 고찰하였음을 미리
    밝혀둔다.

서류 가운데 가장 핵심이 되는 〈심교상량삽체지연유략〉(尋交商量澁滯之緣由略)의 분석에 앞서, 그 부록에 해당하는 〈중고이래조선교통연혁대략〉(中古以來朝鮮交通沿革大略), 〈일신보지이래심교상량의수속개략〉(一新報知以來尋交商量ノ手續槪略)에 대해 간단히 언급하고자 한다.[11]

1) 〈中古以來朝鮮交通沿革大略〉에 나타난 조일 관계

〈중고이래조선교통연혁대략〉은 중세부터 근세에 이르는 조일 관계의 대강을 적은 기록이다. 이하 다음과 같은 내용으로 되어 있다.

ⓐ 쓰시마가 조선과 왕래 교통하여 정례로 함은 嘉吉 約定[12] 이래 어언 430년, 그 동안에 작은 변화가 있어서도 면면히 지금에 이르러서까지 끊어지지 않았다. 단 도요토미 히데요시의 조선침략의 일이 있은 후, 잠시 동안 단절했으나 도쿠가와 막부 초기에 빈번히 '好言'으로 유인하여 마침내 통신사를 초빙하여, 이로부터 '修聘'이 대대로 끊이지 않고 계속되었다. 쓰시마의 교제도 여기에 이르러 다시 시작되었다. 그러나 결국 (조선으로부터) '邊職'을 받아 '隣交'를 관장한다는 것으로, '一家'의 교제는 아니었다. 그렇지만 종래의 '私交' 풍습은 여전히 고쳐지지 못했다. 통신사 초청의 일은 매번 일본 쪽에서 독촉하여 맞아들여 에도에 보내 막부(장군)에 알현해 오던 것을, 明和 연도[13]에 오사카에서 접대하고, 文化 연도[14]에 이것을 쓰시마에서 접대한 이래로 등한히 해와, 지금에 이르러 60여 년간 끊어져 초청은 없었다. 아마도 天正 庚寅년[15]부터 文化 辛末년에 이르러 초청은 16회[16]를 하고서

---

11) 하나부사는 〈尋交商量澁滯之緣由略〉의 전제조건으로서 〈조선교통 종래의 상황 및 일신보지 이래의 수속〉(朝鮮交通從來之狀景及ヒ一新報知以來之手續)에 해당하는 부록(〈中古以來朝鮮交通沿革大略〉, 〈一新報知以來尋交商量ノ手續槪略〉)을 첨부했다. 하나부사는 총 5건의 복명서류를 다음날(11월 11일) 되돌려 받은 후, 메이지 6년(1873) 1월 13일, 태정관의 요구로 다음날 다시 제출했다.

12) 嘉吉 3년(1443).

13) 明和 원년(1764).

14) 文化 8년(1811).

15) 天正 18년(1590).

중지되었다. 이 밖에 宗氏의 경조사가 있을 때마다 역관사가 건너와 그 일을 논하는 것을 별도의 사례로 하고 있었으나, 지난 庚申년[17] 이래 요사이 10여 년간 폐지되어 재개되지 못하고, '年條送使', 표류민 송환 등의 일 외에는 '別使'의 왕래는 없었다.

ⓑ 그 후 慶應 2년(1866) 조선과 프랑스 군함과의 전투가 있은 후, 막부의 명령으로 이후 병기, 총포 등의 매매의 길을 열어야 할 것이라는 뜻을 쓰시마가 제안 교섭하여 조선 측에서도 호의를 가지고 있었으나, '先王의 法典'을 고쳐서는 옳지 않고, '金石의 約定'을 바꾸어서는 아니 되나, 다만 필요할 때에는 이것을 청할 것이다 하는 답변에 그쳤다. 그 후 미국 선박을 손상시키고 미국인을 죽여 미·프 연합군이 그 죄를 묻는다는 소문이 있어, 막부는 미·프 공사와 도모하여 분쟁조정의 목적으로 사절을 파견하고자 쓰시마로 하여금 그 뜻을 전하려 했으나, 조선 측은 막부 사절이 건너 온 전례가 없음을 들어 난색을 표명하고, 또한 이리 저리 말을 바꾸면서 시일을 지체하여 교섭이 미처 이루어지지 않은 가운데 막부의 정권반납이 이루어졌다. 이 논의는 다시는 일어나지 않았다. 그 후 정권교체 및 廢藩置縣의 통고, 歲遣船이 중지되어 지금의 상황에 이르렀다.

하나부사는 전반부(사료 ⓐ)에서 중·근세의 조일 양국관계에 대해, 1443년 이래 조선과 쓰시마의 왕래 교통이 정례화된 후, 도요토미 히데요시의 조선 침략으로 잠시 중단된 적이 있었으나, 도쿠가와 막부 초기에 쓰시마번을 매개로 한 양국 국교관계가 회복되어, 통신사의 초빙 등으로 대표되는 교린(交隣) 관계가 구축되었다. 그러나 매번 에도에서 맞아들이던 것을 1764년에 오사카에서 응대하고, 또한 1811년에 이르러서는 쓰시마에서 응대한 이후, 이를 소홀히 하여 60여 년 동안 중단된 상태에 있었으며, 아울러 양국관계를 중개하는 입장의 쓰시마 번주가 조선의 관직을 받는 등의 '사교'(私交) 상태에 놓여 있었음을 지적하고 있다. 나아가 후반부(사료 ⓑ)

---

16) 실제로는 도요토미 히데요시 시절에 2회, 도쿠가와 막부 시절 12회를 합한 14회다.
17) 萬延 원년(1860).

에서는 조선에서 병인양요, 미국 상선 셔면호 사건이 일어났을 때, 조선을 상대로 거중조정을 목적으로 하는 막부 사절의 파견을 쓰시마번을 통하여 조선 쪽에 타진했으나, '약정'상 전례가 없음을 이유로 거절당한 적이 있음을 밝히고 있다.

그러나 조일 관계의 사실 문제에서 하나부사가 잘못 이해하고 있는 점을 지적하지 않을 수 없다. 그것은 다름 아닌 조선에 대한 무기수출문제와 분쟁조정 목적의 막부 관리의 조선 파견 문제다. 전자는 조선 정부의 최종 의사가 확인되지 않는 가운데서 이루어진 일본 쪽의 일방적인 제안일 뿐이었다는 점이다. 그리고 후자의 경우도, 조선과 미·프 사이의 분쟁을 조정한다는 것이 최종 목적은 아니었다는 점이다.[18] 다시 말하면 조정 제안은 다분히 정략적인 성격을 띠고 있었다.

도쿠가와 막부는 애당초 분쟁 당사국으로부터 거중조정의 요청이 없는 가운데, 스스로 나서서 분쟁 당사국과 외교적 접촉을 하여 분쟁조정의 명분을 획득하려고 했다. 더구나 이러한 시도가 결국 실패로 돌아갔음에도, 사절 파견을 무리하게 강행하려고 했다. 조선에 대해서는 '인교(隣交)의 신의'에 의한 분쟁조정을 실현한다는 외교적 명분을 내세웠으나, 실제는 쓰시마번의 중개가 아닌 막부 관리의 직접 파견에 의한 조정교섭을 시도함으로써, 궁극적으로 조일 관계의 근대적 개편을 추구하려고 했다. 나아가 분쟁조정을 성공하게 되면 조선에 대한 영향력 확대는 물론이고, 불평등 조약 관계에 놓여 있는 일본의 국제적 지위 향상, 쇠퇴 일로의 막부(장군) 권위까지 회복할 수 있다는 것을 계산에 넣은 의도적인 외교정책이었다는 점에 유의할 필요가 있다.

---

18) 여기에 대해서는 沈箕載,〈幕末期の幕府の朝鮮政策と機構の變化〉,《史林》77-2, 1994 참조; 沈箕載, 앞의 책, 제1장에 수록.

2) 〈一新報知以來尋交商量의 手續概略〉에 나타난 쓰시마·조선 인식

〈일신보지(一新報知) 이래 심교상량(尋交商量)의 수속개략〉은 메이지 원년부터 메이지 4년(1871)까지 부산 초량왜관을 중심으로 조선과 일본 사이에 이루어진 외교교섭과정을 대략 언급한 것이다. 장문에 해당되나 사료로서 가치도 있어 검토해 보기로 한다.

ⓐ 戊辰년[19] 11월 소 요시아키라(宗義達; 쓰시마번 번주, 후에 宗重正으로 개명)로 하여금 大差使를 조선에 파견하여 '皇政一新'의 사실을 통보하게 했다. 서계 중에 '交隣' 이래로 이제껏 사용하지 않았던 '皇', '勅' 등의 문자가 있었고, 또한 '宥衛印章' 등의 관례에 어긋남을 이유로 받아들이지 않았다.

古來로 쓰시마로부터 요구가 있거나 혹은 변동 사안이 있을 때마다, 비록 그 일이 허사가 되더라도 움직임만 있으면 사절을 재차 거듭 파견해 해를 넘긴 적이 적지 않았다. 하물며 일본 국서를 받고 東西를 향해 '皇'을 칭하는 일로 되니, 경솔하게 받아들일 수 없음도 이상하게 여길 것은 없다.

ⓑ 己巳년[20] 5월, 소 요시아키라는 가신 오시마 도모노조(大島友之允)를 조선에 파견하여 교섭 상황의 실제를 탐색하게 했다. 오시마가 돌아와 진상을 말하고 아울러 보았던 바를 대략적으로 말하건대, 조선의 습속은 '深沈狡獰'하여 글과 말로는 다 표현하지 못하니, '寬猛'을 겸하여 시기를 보아 처리하지 않으면 성과를 기대할 수 없다고 한다.

오시마가 겉으로는 병력이 아니면 조선을 움직일 수 없을 것임을 말하여, 속으로는 어떤 마음을 가지고 있는지는 명확하게 헤아릴 수 없으나, 쓰시마 일반의 정서로서는 메이지 정부가 아무래도 '一刀兩斷'의 조치로 나오기는 어렵다고 보고 있고, 우선 이대로 조일무역의 이익을 상실하지 않으려고 할 뿐이다

ⓒ 같은 해 겨울, 외무성 관원 사다 하쿠호(佐田白茅), 모리야마 시게루(森

---

19) 메이지 원년(1868).
20) 메이지 2년(1869).

山茂) 등을 쓰시마인으로 위장 파견하여 조선의 실제 모습을 시찰하게 하였다. 다음해 庚午년[21] 2월, 이들은 조선에 도착했다. 이때 差使로부터 訓導에게 서계 수리 거부의 이유를 서면으로 제출해 주기를 희망했던바, 곧바로 그 이유를 적은 '短簡'을 보내왔다. 이쯤 해서 사다 일행은 돌아와서 근황을 전하며, 또한 쓸데없이 글과 말로 설전을 해보았자 성공을 기약할 수 없으므로, 오로지 병력을 사용하여 빨리 국교교섭을 매듭짓는 것이 좋다고 건의하였다.

ⓓ 같은 해 5월 종씨의 가신인 우라세 사이스케(浦瀬最助)를 파견하여 차사 서계접수의 방법을 은밀히 논의하게 했다. 때마침 독일군함이 부산포에 이르렀을 때, 외무관원과 쓰시마 통사가 그 배에 탑승해 있는 것을 보고서, 조선인들은 더욱더 일본을 서양과 관련시켜 그들에게 해를 끼치려고 도모하려는 것은 아닐까 하는 의심의 눈치로, 더 이상의 논의는 진척되지 못했다. 그러나 양 정부간 상호 대등한 책임자급의 접촉을 통하고, 서계상의 '皇', '勅' 등의 기피해야 할 문자는 피하여, 정말로 대등한 교제로 되면 성사되기 쉬울 것이라는 점에 대해, 조선 측의 훈도와 논의했음을 귀국하여 보고했다.

ⓔ 우라세의 귀국 후, 조선 쪽이 상인의 왜관출입을 금지시키고 시장을 폐쇄시키려는 움직임이 있었다. 이것은 우라세의 이야기 가운데, 일을 만일 방해하여 가로막으면 군사행동으로 이어질 것이라고 말한 것에 따른 대응조치로, 사실 우라세가 '虛言'을 전한 것으로 왜관 쪽은 크게 놀라 (관사 대리) 番高麗造가 해명하고 벌하여 그 일은 없었던 것으로 해서 평온하게 끝났다.

ⓕ 같은 해 겨울, 요시오카(吉岡), 모리야마(森山) 등은 외무경으로부터 조선 예조에, 외무대승으로부터 동래부사·부산첨사에게 보내는 서계를 휴대하고, 시기를 보아 전달할 예정으로 탐색차 조선으로 출발했다.

ⓖ 이때 우라세를 데리고 건너가려고 했는데, 이 자는 조선에 대해 심기를 불편하게 한 점도 있어 당장 도항시키기는 어렵다고 종씨가 거부했다. 미루어 그 이유를 물으니, 굳이 거부하지는 못하고, 오히려 다른 작은 죄를 들

---

21) 메이지 3년(1870).

먹이며 番高麗造를 물리치고 우라세가 이번 도한에 합류하는 것을 허락하였다. 따라서 다음 해 辛未(1871)년 정월, 요시오카 일행이 도한하여 동래·부산 양사에 면담을 희망하기에, 宗氏의 명령에 따른 관사 등의 소개로 성사시켜 보려 했으나 이루어지지 못했다. 간신히 훈도와 요시오카 일행의 면담도 시도해 볼까 했으나, 훈도는 단지 '新例'를 만들어서는 아니 됨을 주장하고, 또한 이후 모든 업무는 쓰시마의 중개에 의해 응접되는 것이 아니면 결코 받아들일 수 없다고 말하자, 쓰시마 관리도 여기에 호응하여 이 이상은 외무성의 '通信'이 중단되어야 마땅하다고 하면서 우라세도 같은 이야기를 주장해, 작년 '內談'의 수속은 아직 시작되지 않고 있다.

ⓗ 같은 해 3월, 종씨는 〈前書契〉를 동래·부산 양사에게 보내 면담을 촉구했다. 8월에 이르러 회답서가 보내져 왔다. 그 대략은 외무관원이 여기에 온 것은 전례에 없던 일이고, 따라서 면담의 이유가 있을 리 없다고 하여 끝내 면담을 거절했다.

앞서의 훈도와 '內談'할 때 답변 및 동래부사가 별도의 서계로 답했다는 뜻을 대관소 대관으로부터도 확실하게 '常例'를 벗어나는 일은 이루어져서는 아니 될 것이라고 들었다.

ⓘ 이로써 외무경·외무대승의 서계도 미처 건네지도 못한 채, 모리야마(森山), 히로즈(廣津)는 귀국하여 근황을 보고하고, 또한 종씨에게 몸소 도한토록 하는 명령이 내려지기를 건의했다.

이것은 종씨 스스로 도한하면 쓰시마 관리의 사리사욕도 일어나지 않고 또한 조선에서도 '先例'가 있음을 이유로 거절하지도 못하여, 반드시 양국관계가 성숙될 것이다. 비록 충분하지 못하더라도 또한 이것은 다음 단계로 한 걸음을 나아가게 하는 뜻에서 비롯된 것이다.

ⓙ 辛未(1871)년 여름, 미국 군함이 조선에 파견되어, 전년의 미국 국민을 살해한 죄를 묻고 또한 통상관계를 맺으려고 한다는 이야기를 듣고, 관사 등에게 알려 이 사실을 조선에 알리도록 하였으나, 조선쪽은 대답하기를 우호적 차원에서의 호의는 감사하나, 본래 이 사실은 없다고 했다.

ⓚ 같은 해 가을, 폐번치현(廢藩置縣)이 있은 후, 소 시게아키(宗重正; 쓰

시마번 번주)를 외무대승에 임명하여 도한을 명했으나, 얼마 되지 않아 도한
이 중지되어 소 시게아키의 대신에 종가사절을 파견하여 폐번치현 등의 개
혁을 알리고 또한 외무대승으로의 전직도 알리게 되었다. 모리야마·히로즈
는 그 해 12월, 도쿄을 출발하여 壬申(1872)년 정월, 사가라 마사키(相良正樹;
종가사절=差使)도 쓰시마에서 합류하여 함께 도한했다. 이 서계를 훈도가
미리 훑어본 다음 사본을 서울에 보고했으나, 논의를 거쳐 나중에 답변하겠
다는 것으로 답변의 기한은 정해지지 않았다. 따라서 여러 차례의 담판 끝에
차사는 무리하게 동래에 들어가 동래부사와의 면담을 청했다. 부사가 단호
하게 거절하며 응접하지 않자, 차사는 부득이하게 물러 나와 쓰시마로 돌아
온 뒤 그 사정을 이야기했다.

ⓛ 조선쪽은 이때 관사가 차사와 함께 동래에 들어간 일이 관사로서 취
해야 할 행동이 아니라는 이유로, '常例의 供饌'을 폐지하고 또한 은밀히 대
관들에게도 넌지시 말하여 귀국을 종용했다.

ⓜ 이때 동래·부산 양사로부터 '嚴命'이 있어, 왜관 안의 예식을 거행하
는 가옥 가운데, 낡아서 못 쓰게 된 건물 한 채를 갑자기 해체했다.

ⓝ 동래부에 들어갈 때, 주선하는 입장인 양쪽의 通詞가 협의하는 가운
데, 면담 때에는 '便服'으로 해야 마땅하다는 조선쪽의 이의제기에, '禮服'이
마땅하다고 왜관 쪽에서 대답하여 언쟁한 일이 있었다.

ⓞ 이때 차사·관사는 동래부사 면담에 오로지 최선을 다하여 진력했으
나, 대관소는 좌우간 남의 일처럼 행동하며, 조선에 대해서도 대관소는 '外
務'(메이지 정부의 외교업무ㅡ필자 주)와는 전혀 관계없는 것처럼 이야기하
고 있었다.

ⓟ 이때 주도적으로 주선한 조선 측 통사가 代官 가운데 각별히 친한 자
에게 한밤중 은밀히 사람을 보내 동래부 안의 논의가 제각각 분분하여 매우
어려움을 겪고 있다고 전하면서, 면담 여부에 대한 생각을 몰래 물으러 온
일이 있었다.

ⓠ 이와 같이 물으러 찾아왔을 때, 대관소는 이 면담이 중요하다는 취지를 진작부터 알고 있으면서도, 전혀 관계가 없는 일이므로 의견도 없다고 대답하여 '外務一致'가 아님을 나타냈다.

이때 부산 및 기타 논의가 구구각각인 끝에, 마침내 도중에 막힘없이 동래까지 버젓이 통과하여, 처음에 2, 3일간은 정중하게 대접 받고, 또한 면담 때에는 '便服'이 아니면 후일 부사의 잘못으로도 될 것이라는 논의에까지 이를 정도로, 통사가 한밤중에 몰래 대관소에 사람을 보내 논의가 분분하여 매우 곤혹스럽다는 사실을 이야기하며, 또한 면담 여부에 대한 대관소의 전망을 물으려 한 사실 등을 생각해볼 때, 부사가 처음부터 확고한 의사를 갖고 있었다고는 보이지 않는다. 만약 왜관 내부에 두 마음을 먹은 자가 없고, 봄 이래로 정중히 조선쪽을 설득하겠다는 생각을 가지고 대답했더라면, 틀림없이 부사 면담은 성사되었지 않았나 생각한다.

ⓡ 차사가 철수한 후, 양국 통사 사이의 비공식 이야기 가운데, 차사도 귀국했기 때문에 지금은 따로 중앙에서의 논의도 이루어지지 않고, 애당초 답변의 기일도 정할 필요도 없었다. 그러하기는 하지만, 차사가 宗氏 가신의 명분으로, 이번에 차사가 훈도에게 서신을 보내 3년 한도로 답신을 얻을 수 있도록 부탁해 오면, 그 3년 동안에 무역 등을 대략 옛 관례에 따라 실시하게 되어 쓰시마에도 이익이 있으며, 조선에도 경상도 수천 명의 생존을 유지할 수 있기 때문에, 타결되면 또한 모든 주선도 이루어질 수 있을 것이라는 논의가 있었다.

차사가 귀국한 후, 자연히 왜관 인원 모두의 철수는 어렵다고 하는 우려에서, 겉으로는 관사의 종자를 철수시키고, 또한 몰래 스스로 돌아가 줄 것을 넌지시 말하며, 또는 갑작스럽게 건물을 해체시키는 등은 조선인의 평상시의 모습이 아니다. 이것 또한 양쪽의 속된 무리들이 은밀히 이야기하여 옛 관례를 준수하는 무리를 이끌어 새로운 관례를 강구하려는 세력을 배척하려는 수단에서 나온 것이다. 때문에 8월 중에는 빈번하게 관사를 귀국시키려 하고, 대관들은 어디까지나 잔류시켜 둔다는 이야기가 왜관 내외에 파다했다. 3년 기한 운운한 것도 전원 철수를 염려한 깊은 속뜻임을 헤아릴 만하다.

ⓢ 이러한 논의와는 관계없이 세견선 중지, 부채물품 청산처리에 이르게 되었다. 훈도는 복직은 했으나, 대구에 가서 아직 돌아오지 않아, 돌아온 후에나 면담에 이르게 될 것이다.

부사·훈도의 파직이든 복직이든 간에 모두가 거짓으로, 훈도가 대구에 갔다는 것도 일정상의 사정이라 하더라도, 반드시 서울에 갔다 온 것이고, 이것 또한 그들의 낡은 관례라 할 것이다.

ⓣ 표류민 송환방법은 봄 이래 논의가 정리되는 듯하다. 이번은 절차를 생략해 간편하게 인수했다. 표류민 가운데 김학성이라는 자는 적잖이 이치를 깨우친 자로, 근래 조선의 일본에 대한 처리가 합당하지 않음을 알고, 귀국한 뒤에는 반드시 관리들에게 이야기하겠노라며 일찍이 왜관 통사들에게 말했다.

여기서는 하나부사의 쓰시마번에 대한 부정적인 인식의 일면을 엿볼 수가 있다. 즉 오시마가 조선쪽의 국교교섭 거부태도에 대해 '관맹'(寬猛)을 거론하나, 실은 조일(세견선) 무역에서 얻어지는 이익을 잃지 않으려는 속셈으로, 외무성에 의한 대조선 외교·무역 일원화 정책에 대해 번 상층부 및 왜관 관리까지 비판적인 생각을 가지고 저항하고 있음을 지적하였다. 특히 조일 교섭에서, 차사 및 외무관원과 조선쪽(동래부사·부산첨사) 사이에 적지 않은 접촉 기회를 만들 수 있었음에도 면담이 성사되지 못한 이면에는, 눈앞의 사리사욕에만 어두워 조선쪽과 내통까지 한 왜관 관리[代官]의 소극적인 태도 때문임을 밝히고 있다.

또한 하나부사는 '교린' 관계에서 전례가 없는 일본쪽 국서에 대한 조선쪽의 수리 거부 자세에 대해, 경솔하게 받아들일 수 없는 입장을 이해한다고 하면서도, 다른 한편에서는 여전히 쓰시마번의 중개에 의한 조일 관계 형식을 그대로 유지시키려는 조선정부에 대해 비판적 시각을 나타내는 등의 이중 인식을 보이고 있다. 무엇보다도 부패한 왜관 관리와 마찬가지로 사리사욕에 눈이 멀어 양국 교섭을 방해하는 훈도, 별차와 같은 조선쪽 실무관리를 다 함께 속된 무리[俗吏]로 간주했다.

3) 〈尋交商量澁滯之緣由略〉의 분석

ⓐ 조선 교통의 종래 모습 및 왕정복고 통고 이래의 수속을 가지고, 교섭이 정체한 '연유'를 생각하건대, 다음의 세 가지가 여기에 해당될 것이다.

첫째, 왕래 '聘問'을 등한시해 온 인순고식적인 관습에 있다.

둘째, 일본에게 '無限'의 욕망이 있고, 또한 서양인과 관련되어 있다고 하는 조선인의 의구심에 있다.

셋째, 갈 때는 가볍게 갔다가 돌아올 때는 가득 싣고 오는 세견선의 '贈酬'에 손해가 있을 것을 두려워하는 쓰시마 '吏人의 俗情'에 있다.

ⓑ 위 세 가지가 어떻게 하여 교섭의 정체를 발생시켰는가를 판단하기 위해서는, 우선 다음 사항의 '有無'를 고려하지 않으면 아니 된다.

첫째, 조선 정부가 일본을 거절, 배척할 결심이었냐 아니냐 여부다.

둘째, 조선인이 일본인의 왕래 교통을 꺼리느냐 꺼리지 않느냐 여부다.

셋째, 조선인이 일본인을 경멸하느냐 하지 않느냐 여부다.

ⓒ 무진(戊辰; 1868) 이래 여러 차례의 응답 속에서, 그들이 항상 주장하는 바는, 격식에 어긋나는 일은 받아들일 수 없으며, 또한 '金石의 조약'은 바꾸어서는 아니 되며, 그리고 언제나 '隣誼'를 손상시키는 일이 없도록 해야 한다는 뜻으로, 조금도 거절의 뜻은 없다. 기타 여러 응답 가운데에서 그 흔적을 의심할 만한 비슷한 것도, 甲을 물리쳐 乙에 접하고, 丙을 제거해 丁과 친하게 지내려는 식의 대응으로, 결코 일방적인 거절, 배척의 의사는 없다.

ⓓ 조선인은 '日用器具衣裝' 따위 가운데에서, 일본 쪽에서 보내는 '銅'과 '金巾'과 같은 것을 가장 필요한 물건으로 생각하고, 또한 일본과의 교제가 있음으로써 생계를 유지하고 일을 얻는 자가 수천 명에 이르니, 모두 다 양국 교통이 활발해지기를 바라는 사람들이다. 아직까지 한 사람도 양국의 '和平의 교통'을 꺼리는 자가 있다는 이야기를 듣지 못했다.

ⓔ 예로부터 지금까지 조선인은 일본인을 두려워한다. 근래 쓰시마인의 소행은 조선인들의 경멸을 초래하는 일이 없는 것은 아니다. 따라서 쓰시마인은 익숙해 타성에 젖어가고, 타인인 일본인은 소원해져 멀리 있는 것처럼 되어 있는 모습으로, 작년 여름 차사 일행이 왜관을 떠나 동래부사 면담을

시도할 때에도, 참으로 왜 관내에 '黨派'[22]가 있음을 알고서, 乙을 받아들여 甲을 배척하려고 하는, 즉 경멸하는 쪽을 받아들이고, 두려워하는 쪽을 멀리 하려고 했다. 그렇다면 경멸하는 곳은 쓰시마로, 일본에 대해서는 두려워하는 생각을 지금도 바꾸려 하지 않는다.

ⓕ 이것으로 본다면, 조선쪽에 이미 거절, 배척의 결심은 없고, 또한 교제를 꺼리는 의사도 없으며, 원래부터 경멸의 생각은 갖고 있지 않았다. 다만 60년 동안 '聘問'의 소홀함에서 오는 안이함에 익숙해지고, 또한 되살렸을 때의 번거로움을 싫어하며, 일본에게 무한의 욕망이 있고 또한 서양인과 관계를 맺고 있음을 의심하는 점에서, 왕래의 계기를 만들면 반드시 '凌辱'을 받기에 이를 것임을 두려워하여, 어쩐지 그 두려워하는 것 자체를 멀리하여 왕래의 실마리를 만들지 않으려고 하는 것이고, 구래의 세견선 무역을 미끼로 하여 암암리에 왜관 관리를 조종하니, 왜관 관리는 이 세견선의 이익을 상실할지도 모른다는 '俗情'에서, 마침내 조선의 술책에 말려 들어가, 오늘의 교섭정체에 이르게 되었다. 그럼에도 지금 이미 이 큰 폐단을 없앴으니, 나머지 두 가지의 경우도 바로잡는 데는 그리 어렵지 않을 것이다.

하나부사는 1811년 쓰시마에서 통신사를 접대한 이후 조일 양국의 통교정체와 신정부 성립 뒤 쓰시마번에 위임되어 온 국교 재교섭이 난항을 거듭하는 이유에 대해, 통신사 초빙을 등한시해 온 구태의연한 외교방식, '황'(皇), '칙(勅) 등이 담긴 서계를 받아들임으로써 장차 조선을 업신여길지도 모르는 일본의 '무한'한 욕망에 대한 두려움과, '왜양일체'(倭洋一 體)[23] 적인 조선인의 대일관, 종래 세견선 무역의 상실을 우려한 쓰시마섬 사람의 욕심에 있다고 보았다.

이와 같은 세 가지 전제조건이 조일 교섭의 정체를 가져왔는가를 판단하기 위해서는 조선인의 대일관을 좀 더 면밀하게 분석할 필요가 있다고 하면서, 조선인은 도요토미의 조선침략으로 얻어진 대일 경험뿐만 아니라,

---

22) 여기서는 사리사욕을 위해 조선 쪽과 내통하는 일부 왜관 관리[代官]를 가리킨다.
23) 독일군함에 일본인(왜관 통사)이 탑승한 사건 이후 조선 쪽의 일본에 대한 '왜양일체'관이 본격화되었다고 할 수 있다.

서양에 의해 개국된 일본이 '황', '칙'을 앞세워 조선을 능멸할지도 모르는 가능성에 대해서도 매우 우려하고는 있으나, 근본적으로 일본을 거절하거나 배척할 의사를 가지고 있지 않아 보이며, 더구나 일본인과의 왕래 교통을 꺼리거나 경멸하는 생각은 가지고 있지 않다고 보았다.

4. 맺음말

이상과 같은 인식을 가지고 있었던 하나부사는 조일 교섭 정체를 낳게 한 주요인을 어디서 찾았던 것일까? 하나부사는 궁극적으로 쓰시마번을 배제한 상태에서, 메이지 신정부(외무성)가 대조선 외교·무역 일원화 정책을 폄으로써 초래될 대조선 무역 상실을 우려하는 왜관 관리[代官]들의 거센 저항이, 교섭 정체의 직접 계기가 되었다고 결론짓고 있다.

왜 이와 같은 결론 도출이 가능했던 것일까? 그것은 하나부사의 조선파견 목적과 밀접한 관련이 있다고 하겠다. 앞에서도 언급되었던 것처럼 조선부채청산과 함께 왜관개혁은 하나부사가 조선으로 건너온 최대 목적이었다. 그 왜관개혁 가운데에서도 대관 처리는 해결해야 할 가장 중요한 현안이었다. 외무성이 대관에 관한 정보를 수집하기 시작한 것은 메이지 5년 (1872) 7월 무렵이었다. 앞서 귀국한 요시오카·모리에 이어 쓰시마의 이즈하라(嚴原)에 남아 있었던 히로즈는 대관에 관한 일련의 정보를 외무성에 보고하고 있었다.

즉 히로즈는 요시오카 일행에 의한 대조선 직접 교섭을바라보는 대관들의 부정적인 시각과 일련의 의심스러운 행동, 예를 들면 외무성이 주도하는 대조선 교섭에 대해 "유신을 빙자한 외무성 일각의 공명심이 빚어낸 일로 치부하며, 경멸의 눈길을 보내고 있다"고 전하면서, 세견선 무역으로 상징되는 종가(宗家)외교의 부활만이 조일 교섭을 성공시킬 수 있는 유일한 길로 생각하며, 조선 쪽과 내통하면서까지 사리사욕을 일삼는 대관들을 철수시키지 않으면 조일 수교는 끝내 이루어지기 어려울 것임을 보고하고 있었다. 이어 계속되는 보고에서도 일본 쪽의 동정을 가끔 조선 쪽에 흘려왔던 대관들이 일본 쪽의 동래부사 면담교섭 노력에 찬물을 끼얹는 구체적인 불법행위가 있었음을 지적하고, 이것에 대해 철저히 조사한 뒤에 적절한 책임추궁이 뒤따라야 할 필요가 있음을 지적하고 있었다.

당시 외무성에서는 조일 교섭이 지지부진한 가운데 왜관개혁의 성공, 즉 대조선 외교·무역 일원화 정책에 반발하는 쓰시마번 세력을 완전 제거하고, 외무성의 실질적인 왜관 장악으로 조일 교섭을 타개하려는 의지를 가지고 있었다. 이미 하나부사는 조선으로 오기에 앞서, 왜관 → 쓰시마 → 외무성 경유로 올라오는 정보보고에 기초하여, 어느 정도 대관들과 조선인 사이에 모종의 유착관계가 있음을 간파하고, 여기에 대한 철저한 조사가 따를 것임을 밝히고 있었다. 따라서 하나부사는 조일 교섭 정체의 최대 요인을 조선 쪽의 세견선 무역을 미끼로 한 조정 농간에 놀아나면서, 세견선의 이익을 상실할지도 모른다는 '속정'(俗情)에서 외무성의 대조선 외교·무역 일원화 정책에 저항한 대관들에 있다고 보고, 마침내 전면적인 인적 쇄신을 통한 왜관개혁과 함께 사법절차에 따른 철저한 책임추궁을 단행했던 것이다.

이상으로 메이지 5년(1872) 하나부사의 조선 도한과 복명에 이르는 과정을 살펴보았다. 이제까지 일본 쪽의 조선관에 견주어 보면 하나부사의 조선 인식은 얼핏 개선된 것처럼 보이나, 그 뒤 하나부사의 조선 관련 업무에서 나타난 행적 등을 보면 크게 달라진 것은 없다. 또한 메이지 정부의 대조선 외교·무역 일원화 정책에 반대하는 쓰시마번에 대한 인식도 이때 새로이 비판되고 강화된 것이 아닌, 메이지 초년의 쓰시마 인식의 연장선에 있었다.[24] 하나부사는 조일 교섭의 정체 원인으로서, 1차적 책임이 쓰

---

24) 메이지 2년 9월 25일자 태정관 제출 건의서에 나타난 "대조선 외교는 도쿠가와 막부 시절에 종가에 위임된 이후로 종가사교(宗家私交)화되어 그 본래의 기능을 발휘할 수 없게 되었을 뿐더러, 대조선 무역 면에서도 종가에 의해 농단독점(壟斷獨占)화되어

시마에 있음을 강조하면서, 조선에도 부분 책임이 있음을 언급하고 있으나, 무엇보다도 이제까지와는 형식과 내용에서 전혀 다른 쓰시마번에 의한 서계 작성을 추인하고, 나아가 근대적인 국제법 체제(만국공법) 아래서 일본 우위의 국교관계를 강제하려고 했던 일본 쪽에 좀 더 근본적인 책임이 있다는 점은 지나치고 있었다. 나아가 하나부사의 복명으로 메이지 정부의 대조선 외교·무역 일원화 정책 추진에서 최대의 장애물인 쓰시마번 세력의 완전 제거 선언과 함께 낙관적인 조일 관계 전망[25)]이 제시됨으로

사리사욕을 꾀하는 등 불합리한 점이 많다. 조선의 대일 정책도 종래대로 쓰시마번을 매개로 하는 것임과 동시에, 쓰시마번도 경제면에서 조선 의존도가 높은 사정 때문에 조선의 의도대로 움직이려고 하고 있다. 이것으로 판단해 보건대, 쓰시마번과 조선 정부는 메이지 정부에 의한 여러 제도의 개혁, 특히 대조선 외교개혁의 중요성을 전혀 깨닫지 못한 채, 고례묵수인순(古例墨守因循)의 사론(私論)만 주장할 뿐으로, 양쪽 모두 구습에 안주하려고 하고 있다. 전 세계가 문명개화의 시세에 이른 지금, 정부끼리 정식 조약을 맺지 않고, 애매한 종가사교에 의한 일개 번(쓰시마번―필자 주)의 말단 관리들에게 조일 외교를 맡겨 두어서는 황국 일본의 체면에도 관계할 뿐만 아니라, 만국공법에 의한 외교를 주창하는 서양 열강으로부터 비난을 받아도 변명의 여지가 없다. 게다가 신공황후(神功皇后)에 의한 삼한정벌의 예도 있고, 설령 일본의 식민지로 되지 않더라도 일본의 영향력이 미치는 지역으로 하지 않으면 아니 된다" 식의 대쓰시마, 대조선 인식이 메이지 초년 메이지 정부(외무성)의 기본 인식을 이루고 있었다.(《사무》 3; 《日本外交文書》 2-488; 《朝鮮交際始末》 第一卷, 외무성외교사료관 외무성기록문서번호 1·1·2·3-22; 《明治二年日韓尋交ノ爲森山茂, 佐田白茅一行渡韓 一件》, 외무성외교사료관 외무성기록문서번호 1·1·2·3-2).

25) 모리는 하나부사와 같은 당시 일본 외무성의 대조선 정책 실무 최고 책임자가 "조선 정부가 거절 배척의 결심이 없고, 교통을 꺼리는 의사도 없으며, 일본에 대해 본디 경멸의 생각을 가지고 있지 않았다"고 판단하고 있음을 이유로, 조선 정부의 대일 기본자세에서 적어도 관계수립에 부정적이지 않았다고 평가하고, 아울러 교섭의 앞날에 대해 낙관적인 전망을 내리고 있는 점을 들어, 당시 메이지 정부가 정한론적 발상에 기울고 있지 않았다고 주장했다.(毛利敏彦, 앞의 글, 729~731쪽) 그러나 하나부사가 파악한 당시 조선 쪽의 태도는, 도쿠가와 막부에서 메이지 정부로의 정권교체 여부에 관계없이, 어디까지나 종래와 같은 쓰시마번을 매개로 한 대등한 양국 관계가 계속되기를 전제한 것으로, 이후의 메이지 정부의 일련의 대조선 정책은 모리의 주장과는 달리 기본적으로 정한론적 발상에 토대를 두고 추진되었다고 할 수 있다. 따라서 조선 쪽의 대일 기본자세를 지나치게 강조 부각시키는 한편, 도한 이전부터 이미 쓰시마번 쪽에 조일 국교교섭의 정체 원인과 책임을 물으려고 했던 하나부사의 이중적 태도를 간과한 채, 메이지 정부의 대조선 외교·무역 일원화 정책에 저항하는 쓰

써, 순조롭게 진행될 것 같던 조일 국교교섭은, 메이지 정부의 〈만국공법〉에 기초한 일본 우위의 국교 수립 지향정책 등으로 우여곡절을 겪게 된다.

시마번 관리(대관 세력)를 제거하면 조일 복교(復交)가 실현될 수 있으며, 나아가 이러한 인식이 있는 상황에서는 정한론이 형성될 수 없음은 자명한 일이라고 단선적으로 파악한 모리의 분석은 잘못되었다고 본다.

광개토태왕 비문의 신묘년 기사 속
고구려인의 메시지

이 도 상
_ 한국청소년체험문화재단

1. 머리말

일본과 중국은 21세기 태평양시대를 맞이하여, 한국을 포함한 세 나라가 가장 긴밀한 협조를 필요로 하는 시점에서 역사왜곡으로 세 나라의 긴밀한 협조체제에 먹구름을 드리우고 있다. 분명한 것은, 일본과 중국의 그러한 행태들이 합리적인 역사인식에 기초한 것이 아니라, 정치적 목적으로 역사를 왜곡하고 있다는 점이다.

최근 한일 양국은 독도영유권문제와 일본역사교과서 왜곡 등으로 1965년 한일협약 이후 가장 심각한 갈등관계를 빚고 있다. 그것은 근본적으로 일본 우익의 잘못된 역사인식과 행태에 기인한다. 주한 일본대사 다카노 도시유키(高野紀元)가 서울 한복판에서 기자회견을 하면서, "다케시마는 역사적 국제법으로 일본의 고유영토"라고 주장하는가 하면, 시마네(島根)현은 조례로 '다케시마의 날'을 제정하였다. 또 2001년 후쇼샤(扶桑社)가 제작하여 검정 신청한 국사교과서를 일본의 문부과학성이 승인한 뒤, 역사교과서 왜곡문제는 더욱 심각한 방향으로 개악(改惡)되어 가고 있다.[1]

---

[1] 이에 대해 노무현 대통령은 "일본의 태도는 인류사회가 함께 추구해야 할 보편적 가치와 맞지 않는다.…… 침략과 가해의 과거를 영광으로 생각하는 사람들과 함께 산다는 것은 전 세계의 불행이다"고 강도 높게 비판했다. 이는 '독도가 누구의 땅이냐' 하는 문제의 차원을 넘어 '일본 군국주의 망령의 부활'에 대한 경고로 볼 수 있다.

일본은 진솔한 과거 반성으로 국제사회의 신뢰를 쌓아가고 있는 독일을 타산지석(他山之石)으로 삼아야 한다. 그리고 지금까지 숨겨왔던 군국주의 야욕을 털어내고, 역사의 진실 앞에 겸허히 다가서야 한다.[2] 그럼에도 그들의 비뚤어진 역사인식과 행태는 근래에 형성된 것이 아니라 매우 오랜 역사의 흐름 속에서 형성된 것으로서, 쉽게 바뀌지 않을 것이다. 따라서 우리는 좀더 확실하고 근원적인 대처가 필요하다.

한중 관계 또한 역사인식 면에서 심각한 기류가 흐르고 있다. 2001년 북한은 유네스코(UNESCO)에 고구려 고분군을 세계문화유산으로 등록 신청하였다. 중국은 이것이 받아들여질 경우, 고구려사를 중국사의 일부로 주장할 명분이 약해질 것을 우려하여 이를 적극 방해하는 한편, 2003년 집안시 주변 고구려 고분군을 세계문화유산으로 지정해 줄 것을 신청하였다. 그리고 사회과학원 직속 '변강사지연구센터'(邊疆史地研究中心) 주관으로 2002년 2월부터 5개년 계획의 '동북변강여현상계열연구공정'(東北邊疆與現狀系列硏究工程; 이하 '동북공정'으로 약칭) 프로젝트를 추진, 고구려사를 중국의 지방사로 편입시키는 작업을 추진하고 있다.[3]

---

2) 일본 《아사히(朝日)신문》의 와카미야 요시부미(若宮啓文) 논설주간은, 고이즈미 준이치로(小泉純一郎) 총리의 야스쿠니(靖國) 신사참배를 독일의 전후 반성과 비교해 '하수'라고 비판했다. 그는 2차대전 후 독일과 일본 지도층의 자세를 비교한 뒤, 1995년 무라야마 도미이치(村山富市) 총리의 '사과담화'가 (한국과 중국에) 먹혀들지 않는 것은 "그것을 부정하려는 국내의 잇따른 언동으로 효과가 사라져버렸기 때문"이라고 지적했다. 그는 대표적인 사례로 고이즈미 총리의 야스쿠니 참배를 들고 "군국주의 침략에 책임 있는, A급 전범으로 처형된 사람들에게도 참배한다면, 총리의 의도가 어떻든 독일과 정반대라는 인상"이라고 말했다. 따라서 "철저히 나치를 단죄한 독일의 방식이 훌륭했다면, 그에 비해 일본의 그것은 매우 하수"라고 비판했다(《조선일보》 2005년 4월 26일자. A2면)

3) 동북공정은 동북 3성 지역에 거주하는 조선족의 동요를 예방하고, 남북한이 통일된 이후 한국 민족주의가 고조되는 틈을 타 조선족이 고구려 역사를 근거로 만주 지역을 한국의 일부로 주장하면서, 중국으로부터 분리운동을 펼칠 사태에 대비하는 사전 포석이라는 견해가 지배적이다. 무엇보다 이는 간도의 영유권 문제와 맞물려 현실문제로 대두하고 있다.

중국은 최근까지도 고구려사를 중국의 역사로 보지 않았다.[4] 그러던 중국이 갑자기 고구려사를 중국의 지방사로 편입하려는 태도를 보이기 시작한 것은, 1989년 동유럽의 변화와 1991년 소비에트의 해체로 국경지방의 소수민족문제에 주목하지 않을 수 없게 된 데다, 1992년 한·중 수교 이후 불어 닥친 코리안 드림, 그리고 남북한의 통일문제가 현실적인 화두로 다가서면서 불법으로 점유하고 있는 간도 문제와, 미·중 사이의 완충지대로서 존재했던 북한의 해체라는 큰 정치적 상황들을 역사왜곡으로 차단하려는 의도라 볼 수 있겠다. 이는 손바닥으로 하늘을 가리려는 속임수에 지나지 않는 행태라 할 수 있겠다.

위와 같은 일본과 중국의 역사왜곡에 당당히 맞서야 하는 한국은, 조상들이 물려준 역사부터 바르게 해석하고 정리해야 한다. 이 같은 맥락에서 필자는 광개토태왕 비문의 신묘년 기사 속에 담긴 고구려인들의 역사적 메시지가 무엇인가를 살펴보고자 한다. 그것은 이 메시지가 누구에게 무엇을 전하려 한 것이며, 어떤 내용으로 구성되어 있는가를 밝히는 작업이야말로 고구려의 역사가 누구의 역사인가를 밝혀내는 일일 뿐만 아니라, 중국과 일본의 주장이 허구임을 증명하는 일이라 생각하기 때문이다.

2. 비문 발견과정과 일본의 진실왜곡 저의

광개토태왕 비를 처음 발견한 사람은 개간작업을 하던 농민이었다. 청조 말 봉금령이 거의 효력을 잃어가고 있을 때, 이곳에 이주한 농민이

---

4) 초급중학교 중국역사 제2권 '번성기의 수조(隋朝)'라는 지도에서, 고구려를 수나라 영역 밖에 표시하고 있으며, 세계역사교과서 제1권 '신라의 통일과 조선왕조의 건립'이라는 항목에서 "676년 신라가 한반도의 대부분을 통일하였다"고 서술하여, 고구려를 세계사에서 취급하고 있다. 이처럼 고구려를 세계사에서 언급하는 것은 고구려를 중국사의 일부로 보지 않고 한국사의 일부로 인식하고 있음을 말해 준다.

1880년에 비를 발견하여 지현(知縣; 지사)인 장월(章樾)에게 보고하였고, 보고를 받은 장월은 이듬해 금석학에 밝은 관월산(關月山)을 시켜 이를 조사시켰다. 관월산은 현지에 가서 앞면이 이끼와 넝쿨로 덮여 있는 비를 직접 보고, 읽을 수 있는 곳을 골라 몇 문자만 탁본해 가지고 와서 금석문 애호가들에게 나누어주었다. 이 가운데 하나가 이미생(李眉生)이라는 사람에 의해서 1885년 북경의 금석학자 반조음(潘祖蔭)에게 전해졌다.

그러나 일본군 참모본부는 이보다 2년이나 앞선 1883년에 이미 보고를 받은 걸로 알려졌다. 일본군 육군 포병장교 사코 가게아키(酒匂景信) 중위는 태왕 비의 존재와 비문 탁본 획득 사실을 보고하고, 이듬해에는 그가 비문 전체에 대한 탁본을 가지고 일본으로 돌아갔다.(비문은 1883년에 전해지고, 1884년에는 추가 자료를 가지고 귀국했을 가능성이 있다고 본다)

처음 북경에 전해진 비문은 30~40매의 종이에 베껴 만든 쌍구가묵본(雙鉤加墨本)이었기 때문에, 그것을 연결하여 전 비문을 판독한다는 것은 매우 힘든 일이었다. 그래서 1889년에 이운종(李雲從)을 집안으로 보내 정탁본(精拓本)을 만들게 했다. 그러나 일본에서는 이 해에 이미 해독을 마치고, 참모본부에서 비문의 해독본이 실린 《회여록》(會餘錄, 5집)을 출판하였던 것이다.[5] 이후 일본은 이를 한일관계사 왜곡에 집요하게 이용하고 있다.

왜 일본은 이처럼 태왕의 비문 해독에 집착하는 것일까? 식민주의사관을 정립하고, 이를 식민주의 사서로 편찬한 후, 식민지 교육으로 조선침략을 역사논리로 합리화하여 조선인의 의식을 지배하려던 일본에게 최대의 약점은, 역사논리를 뒷받침할 수 있는 사료의 부족이었다. 그들이 역사적 전거(典據)로 삼고 있던 《일본서기》(日本書紀)는 허구의 논리여서 설득력이 부족하였다. 따라서 그들이 제시할 수 있는 확실한 전거로서 태왕의 비문을 이용하려 했던 것이다.

이 비문은 《삼국사기》(三國史記)보다 무려 730여 년 전에 씌어진 것으로

---

5) 李進熙, 《廣開土王陵碑の硏究》, 吉川弘文館, 1982, 53~54쪽.

대단히 귀중한 사료적 가치를 갖고 있어서, 이를 정확히 해석할 경우 고대 한일관계를 밝힐 수 있는 열쇠가 될 수 있다. 그렇기 때문에 이 비가 발견된 이후 일본인들은 침략논리 합리화에 이를 이용하기 위하여 가능한 모든 방법을 동원하였다. 어떤 글자는 변조하고, 어떤 글자는 쪼아내어 없애고, 어떤 글자는 탁본을 수정하기도 하였다. 이렇게 하여 《일본서기》에 나오는 신공황후(神功皇后)의 신라정벌과 임나일본부를 통한 고대 일본의 한반도 지배가 역사적 사실임을 이 비의 내용이 증명한다는 자의적 해석을 이끌어내었다. 이것이 이른바 '일본 통설'이라는 태왕 훈적비문에 대한 그들의 해석이다.

따라서 일본의 태왕 훈적비문 해석은 식민주의사관과 그 맥을 같이한다. 그러므로 '일본 통설'이라는 것을 극복하지 못하면 식민주의사관을 극복하였다고 말할 수 없을 뿐 아니라, 비문 속에 담긴 고구려인들의 역사적 메시지를 잘못 받아들이고 있음을 뜻한다. 그럼에도 아직까지 한국의 역사학계에서는 이에 대한 인식이 부족한 편이며, 연구에 먼저 착수한 일본의 연구 결과에 대한 방어논리를 펴는 수준에서 크게 벗어나지 못하고 있다는 지적이 있다. 이에 필자는 태왕 훈적비가 세워진 배경과, 당시의 국제 정세, 비문의 특징, 고구려의 국가 및 군사 전략 등을 입체적으로 비교하면서, 기존의 연구 성과들을 아울러서 이 비문의 신묘년 기사가 전하고자 하는 고구려인의 메시지를 확인해 보고자 한다.6)

---

6) 이 비는 통상 '광개토왕릉비'로 불리고 있다. 그러나 정식 명칭은 비문에 '立碑銘記勳績以示後世焉其 辭曰'이라는 표현이 있으므로 '國岡上廣開土境平安好太王勳績碑'라고 해야 한다는 의견이 있다. 그리고 왕의 호칭도 '태왕' 또는 '호태왕'(好太王)으로 삼아야 한다는 의견이 많이 대두되고 있다. 필자는 왕호의 약칭은 '광개토태왕' 또는 '태왕'으로, 비의 약칭은 '태왕 훈적비' 또는 '태왕 비'로 해야 한다는 생각이다. 이는 비문(國岡上廣開土境平安好太王)과 모두루묘지(牟頭婁墓誌; 國岡上廣開土地好太聖王), 호우총(壺杅塚; 國岡上廣開土地好太王) 등에 나타난 호칭을 참작하고, 음의 편의성과 한·중·일의 명칭 통일 용이성을 고려한 때문이다. 따라서 이 글에서는 왕호를 '광개토태왕'(태왕)으로, 비는 '태왕 훈적비' 또는 '태왕 비'로 쓰고자 한다.(徐榮洙, 〈廣開土大王碑文의 연구사적 검토〉, 《高句麗研究》 1, 1995, 149쪽; 徐吉洙, 〈북한에

3. 일본의 비문 해석과 '왜'(倭)에 대한 논쟁

1) 이른바 '통설'이라는 일본의 비문 해석

비문 내용은 크게 세 부분으로 나누어진다. 전체 1,775자 가운데서 정복전쟁에 관한 내용이 897자에 이른다. 그 가운데 이른바 신묘년 기사는, 일본인들이 가장 많은 예를 들어가면서, 태왕 훈적비의 관련 기사야말로 고전연구에 나타난 조선 침략논리가 역사적으로 정당하다는 것을 입증하는 대표적인 금석문 사료라고 주장하는 부분이다. 신묘년 기사는 다음과 같이 모두 32글자로 구성되어 있다.

百殘新羅舊是屬民由☒朝貢而倭以辛卯年來渡☒破百殘□□□斤羅以爲臣民

위 문장은 어디에 구두점을 찍느냐, '☒'자와 '□□□斤'자를 무슨 글자로 판독하느냐, 그리고 동사의 주어가 되는 행위 주체를 누구로 보느냐에 따라 해석이 크게 달라질 수 있는 문장이다. 따라서 비를 세운 취지와 문장의 특징, 전후 문장 내용의 연계성, 당시 국제정세와 고구려의 전략 등을 고려하지 않고 단순히 문자 해석에만 매달릴 경우, 엉뚱한 결론에 이를 수 있다. 대표적인 예가 《회여록》(5집)에 실린 석문(釋文)인데, 지금까지도 일본인들이 진실처럼 받아들이고 있는 이른바 '통설'(通說)이라는 것이다.[7]

일본은 1884년(이진희와 이종학은 1883년 가을로 추정) 옛 일본군 육군참모본부의 사코 가게아키(酒勾景信) 포병 중위에 의해 비문의 쌍구본(雙鉤本)

서 광개토태왕비 탁본과 비문에 관한 연구〉, 《高句麗研究》 2, 1996, 212~213쪽)

7) 서영수는 지금까지 나와 있는 해석들을 일본구설, 중국구설, 한국구설, 비문 변조설, 일본신설, 한국신설, 중국신설 등 7가지로 크게 분류하고 있다. 이른바 '통설'이라는 것은 그 가운데 일본구설에 해당하는 것이다.(徐榮洙, 〈辛卯年 記事의 변상과 원상〉, 《高句麗研究》 2, 1996, 395~400쪽 참조)

이 전해진 바로 뒤부터 참모본부 편찬과원 겸 육군대학 교수인 요코이 추우지키(橫井忠直)가 중심이 되어 여러 학자들을 동원, 비밀리에 연구를 진행하였다. 그리하여 1889년 6월 비문연구 특집호로《회여록》제5집을 간행하였다. 거기서 해독한 신묘년 기사는 다음과 같다.

百殘新羅舊是屬民, 由(來)朝貢, 而倭以辛卯年來渡(海), 破百殘□□(新)羅以爲臣民; 백제와 신라는 옛 속민으로서 조공을 해왔다. 그리고 왜는 신묘년(391)에 바다를 건너와 백제, □□, 신라를 파하고 신민으로 삼았다.8)

요코이 추우지키 주도 아래 연구팀이 해독한 해석의 특징은 '由☑朝貢'의 의심되는 글자를 '來'자로, '而倭以辛卯年來渡☑'의 의심되는 글자는 '海'자로 보고, 파(破)의 주체인 왜(倭)가 주어가 되어 바다를 건너 왔다고 해석하고 있다는 점이다. 그리고 세 결자(缺字) 가운데 마지막 자인 '□斤'자를 '新'자로 봄으로써 왜가 백제와 '□□'와 신라를 파하여 신민으로 삼았다고 해석하고 있다. 이를 기초로 한 왜에 대한 그들의 논지를 종합해 보면 다음과 같다.

① 비문은 4세기 후반 일본세력의 한반도 진출을 분명히 하는 확실한 사료다.
② '신묘년' 부분은 왜를 주어로 하고 "而倭以辛卯年來渡海, 破百殘□□新羅, 以爲臣民"으로 판독하며, 왜가 백제·신라를 파하여 신민으로 복종시켰다고 한다.(임나일본부설의 근거)
③ 비문 가운데 왜는 일본, 야마토(大和) 조정, 일본군 등으로 일본의 통일군사력을 의미한다.
④ 이런 것을 전제로 야마토 조정에 의한 일본의 통일은 4세기 중엽으로 본다.9)

---

8) 橫井忠直, 〈高句麗古碑考〉,《會餘錄》5, 東京: 亞細亞協會, 1889, 50쪽; 李鐘學, 〈軍事的으로 본 碑文의 征服戰爭〉,《廣開土王碑文의 新硏究》, 서라벌군사연구소, 1999, 53쪽)

1993년 발간된 일본 문부성 검정필 고등학교 교과서 《상설 일본사》에는 이러한 해석이 반영된 다음과 같은 내용이 실려 있다.

> 고구려의 호태왕 비문에는 왜가 조선반도에 진출하여 고구려와 교전한 것이 기록되어 있다. 이것은 야마토 정권이 조선반도의 진보된 기술과 철(鐵) 자원을 획득하기 위해 가라(加羅; 任那)에 진출하여, 거기를 거점으로 해서 고구려의 세력과 대립했다는 것을 얘기하고 있다.10)

위와 같이 일본의 역사학계와 교과서에서는 태왕 비문의 신묘년 기사를 바탕으로 하여, 일본열도의 야마토 정권인 왜가 4세기에 통일국가를 건설하고, 고구려와 대립하면서 백제와 신라를 지배하였다는 신공황후(神功皇后)의 삼한정벌론(三韓征伐論)과 연결시켜 사실로 삼고 있다. 그런데 여기서는 왜가 어디서 왔으며, 어느 정도의 병력이었는지를 밝혀 놓지 않았기 때문에, 왜의 실체에 대한 한·일의 뜨거운 논쟁은 계속되고 있다.

2) 일본의 비문 해석에 대한 반론과 '왜'에 대한 논쟁

태왕의 정토(征討) 기사 가운데서 최대의 관심과 논쟁을 불러일으키고 있는 것이 '신묘년조'를 비롯하여 '왜'와 관련된 전쟁기사이다. 무엇보다 비문에 묘사된 한국 영토 안에서 왜의 군사적 활동은 너무나도 선명해, 종래 일본학계에서는 이른바 남한경영설, 즉 임나일본부설의 주요 방증사료로서 이를 중시해 왔다. 1884년 일본 참모본부의 밀정 사코에 의해 전래된 한 벌의 쌍구가묵본(雙鉤加墨本; 墨水廓塡本)으로부터 시작된 비문 연구는, 그 뒤 120여 년 동안 다양한 학설이 나와 대립 충돌하여 왔다.

---

9) 前澤和之, 〈廣開土王陵文をめぐる二·三の問題〉, 《續日本研究》 159, 1972, 13쪽; 井上光貞·笠原一男·兒玉幸多, 《詳說日本史》, 東京: 山川出版社, 1993 참조.
10) 井上光貞 外, 위의 책, 25쪽.

이런 가운데 원비(原碑), 원석(原石) 탁본을 조사 탐구하는 작업이 이루어져, 왕건군의 《호태왕비연구》(1984)와 다케다 사치오(武田幸男)의 《광개토왕비 원석탁본집성》(原石拓本集成, 1988)이 출간되기에 이르렀다. 뿐만 아니라 최근에 한·중·일 공동연구로, 북경에서 발견된 몇 종의 탁본은 석회가 발라지기 이전의 원석 탁본으로 인정됨에 따라, 바야흐로 비문 연구는 새로운 전기를 맞게 되었다.[11]

처음에 요코이 추우지키는 "신라는 원래 (고구려의) 속민으로서 조공해 왔다. 그런데 왜가 신묘년에 바다를 건너와서 백제, □□, 신라를 파하고 신민으로 하였다"고 해석하였다. 그 뒤 나카 미치요(那珂通世)가 결자 부분을 '임나'(任那) 또는 '가라'(加羅)로 추정하였고, 스에마츠 야스카즈(末松保和)가 다시 이를 제기함으로써 "이 해에 왜(일본)가 백제·임나(任那; 加羅)·신라에 미치는 광대한 지역에 출병해서 이들 제국의 고구려와의 종속관계를 타파하고 새로이 왜에 신속시켰다"는 의미로 파악하여, 이것이 '통설'로 굳어졌다.[12]

정인보(鄭寅普)는 이러한 해석에 반론을 제기하고, 다음과 같이 '고구려 주도형'의 새로운 해석을 내놓았다.

① 百殘新羅舊是屬民 ② 由□朝貢 ③ 而倭以辛卯年來 ④ 渡□破百殘□ □□羅 ⑥ 以爲臣民; 백잔(제)과 신라는 원래 (고구려의) 속민(屬民)이어서 조공을 바쳐왔다. 그런데 왜가 신묘년에 와서(백제와 연합하여 함께 저항함으로) (고구려가) 바다를 건너와 백제와 □□□羅를 파하여 신민으로 삼았다.[13]

---

11) 徐榮洙, 앞의 글(1996), 394쪽.

12) 이들은 신묘년 기사의 자의적 해석인 이른바 '통설'이란 것을 야마토 정권에 의한 남한경영론을 뒷받침하는 부동의 사료적 근거로 삼은 것이다.(연민수, 《고대한일관계사》, 혜안, 1998, 64~65쪽; 那珂通世遺書, 〈高句麗古碑考〉, 《外交繹史》, 岩波書店, 1958, 489쪽; 末松保和, 《任那興亡史》, 吉川弘文館, 1956, 37~38쪽)

13) 鄭寅普, 〈廣開土境平安好太王陵碑文釋略〉, 《薝齋白樂濬博士還甲紀念論叢》, 연세대, 1955 참조. 서영수의 분류에 따르면 이는 한국구설에 해당한다.[徐榮洙, 앞의 글

위 해석의 특징은 ②由□朝貢의 □을 函로, '而倭以辛卯年來渡□破百殘'의 □을 海자로 읽고 있다는 점에서 일본의 통설과 같은 입장이지만, 종래의 해석과는 구두점을 찍는 위치가 달라, ④의 주어가 왜(倭)가 아니라 고구려인데 문장에서 생략되었다고 보는 점이다. 이러한 고구려 주도형 해석은 이후 비문 연구에 커다란 영향을 미치게 되었다. 문정창(文定昌), 정두희(鄭杜熙), 김영만(金永萬), 김영하(金瑛河) 등 국내 학자들과, 박시형(朴時亨), 김석형(金錫亨) 등 북한 학계, 그리고 중국의 박진석(朴眞奭), 일본의 다카 간빈(高寬敏), 사에키 아리키요(佐伯有淸) 등이 고구려 주도형 해석을 지지하는 쪽에 섰다.

정인보의 뒤를 이어 박시형(朴時亨;《광개토왕릉비》, 1963)과 김석형(金錫亨;《조일관계사연구》, 1966)의 새로운 해석이 '삼한·삼국의 일본열도 내 분국설'로까지 발전하자, 고대 한일 관계는 근본적인 재검토가 불가피해졌고, 이진희가 제기한 '비문 변조설'이 충격적인 파문을 일으키게 되자, 1970년대는 비문 연구의 새로운 전기를 맞게 되었다.[14] 무엇보다 이진희의 비문 변조설은 국내외적으로 큰 반향을 일으키면서, 이에 기초한 연구가 잇달아 발표되었다.

비문 변조설의 중요한 쟁점 가운데 하나는 석회를 바른 사실인데, 참모본부가 처음부터 비밀리에 연구를 추진하였고, 연구 결과를 발표하면서 이 비가 땅 속에 묻혀 있었다는 등 허위 사실을 유포하여 세상을 속이려 하였다는 의혹을 받기에 충분한 행위를 한 것만은 틀림없다. 그리고 의도적이든 아니든 여러 차례에 걸쳐 비면에 석회를 바른 것도 사실이다. 일부

(1996), 397쪽 참조]

14) 이진희에 따르면 사코 가게아키(酒匂景信)의 묵수곽전본을 비롯하여 여러 종의 탁본·사진·석문을 기초로 상세히 분류, 편년을 행한 결과 ① 사코본은 그가 이것을 만들 때 비문의 일부를 변조하였고, ② 참모본부가 주내의 비문변조를 은폐하기 위하여 메이지 33년(1900) 전후에 석회도부작전을 행하였으며, ③ 그 후 참모본부는 석회도부작전 때 잘못 새긴 곳에 3차 가공을 행했다는 것이다.(李進熙,《廣開土王陵碑의 探究》, 일조각, 1982, 85~108쪽)

탁본에서 석회가루가 묻어 있는 흔적이 뚜렷하고, 비문에도 석회를 바른 흔적이 나타나고 있다.[15] 1913년에 현지를 조사한 이마니시와, 1918년 비를 조사한 구로이타 가츠미(黑板勝美)도 이를 인정하였다.[16]

왕건군(王健群)은 석회가 발라진 시기에 대하여 1900년대 초(대략 1903년 전후)에 태왕 훈적비 근처에서 탁본을 주업으로 삼고 있던 초천부(初天富) 부자가, 선명하지 않은 글자를 보충하여 탁본을 원활하게 하기 위해서였다고 설명하고 있다. 이러한 과정에서 많은 오류가 발생하게 되었다. 특히 이런 작업이 쌍구본에 의거하여 이루어졌기 때문에, 쌍구본에서 볼 수 있는 잘못된 글자들이 이후의 탁본에서 나타나게 되었다고 한다.[17]

4. 신묘년 기사 속의 메시지 검토

1) 신묘년 기사의 역사학적 의미 _ 태왕 비문의 역사적 진실을 읽어야 하는 이유

태왕 비문의 신묘년 기사야말로 4~5세기 동아시아의 국제관계를 생생하게 증언해 주는 1급 사료로서, 당시의 국제정세를 함축해서 보여주고 있

---

15) 池炳穆, 〈廣開土王碑文의 體裁와 文章〉, 《廣開土王碑文의 新硏究》, 서라벌군사연구소, 1999, 10쪽; 李進熙, 앞의 책(1982), 145~177쪽.

16) 이진희의 주장에 따르면 "1913년 현지를 조사한 이마니시 류(今西龍)은 '사면 모두 전면에 석회를 발라 자형만을 나타내고, 글자 외의 면의 조그만 凹凸을 메워 이를 평평하게 했다'고 증언하였다. 또 1918년 비를 조사한 구로이타 가츠미(黑板勝美)는 '탁본을 선명히 하기 위해 석회 반죽을 발랐다. 아울러 이 석회 반죽에 의해서 명확하게 된 문자가 과연 모두 원자 그대로인지, 이를 해결하기 위해서 비면을 닦아내고, 서양못으로 두들겨 석회반죽을 떼기 시작했으나, 일이 본디 쉽지 않으므로 먼저 의미에 의심이 가는 문자를 밝히기로 하고 석회반죽을 떼어냈던바 과연 재미난 발견을 할 수 있었다……종래 의미가 분명하지 않던 것을 술술 읽을 수 있다고 생각한다'고 증언하여 이를 뒷받침하고 있다"는 것이다.(李進熙, 위의 책, 36쪽)

17) 池炳穆, 앞의 글, 10쪽; 王健群, 《好太王碑硏究》, 吉林人民出版社, 1984, 21~24쪽; 徐榮洙, 앞의 글(1996), 413~414쪽.

다. 그런데 19세기 말 사코 가게아키에 의해 한 벌의 태왕 비문 탁본이 일본군 참모본부에 전해진 뒤, 일본인들은 황국사관의 유일한 전거인 《일본서기》의 수많은 모순을 극복하기 위한 방책으로, 신묘년 기사를 중심으로 비문의 핵심 글자를 변조하거나 쪼아낸 후 자의적인 해석을 내림으로써, 역사의 진실이 왜곡된 채 오늘에 이르렀다.

아직도 당시의 역사적 진실을 간직한 채 1600여 년 가까이 침묵을 지키고 있는 태왕비를, 불순한 목적으로 악용하려 했던 일본인들의 행위는 역사의 진실을 밝히려는 올바른 학문적 자세가 아니다. 더욱이 한국인들은 아직도 이 비문이 후손들에게 전하고자 하는 역사적 진실의 메시지를 밝히지 못한 채, 일본인들의 논리를 따르거나 방관하는 것은 후예로서의 도리가 아님을 반성해야 한다. 이제 한국의 역사학자들은 다음과 같은 이유로 비문이 전하는 역사적 진실의 메시지를 읽어내야 한다.

첫째, 태왕의 비문은 고구려인들이 후손들에게 전하는 역사적 사실의 메시지이다. 이를 스스로 읽어내지 못하고 남의 해석에 의존하거나, 그 결과를 놓고 뒤늦게 시비를 가리는 것 자체가 후손으로서 부끄러운 일이다. 더욱이 잘못된 해석으로 왜곡되는 역사를 방치하는 것은 후손들에게 같은 잘못을 저지르게 하는 결과를 낳는다.

둘째, 이 비문은 4~5세기 동아시아의 국제관계를 밝혀주는 1급 사료이다. 한국 고대사는 사료가 부족하다는 점과, 인위적인 조작과 인멸로 왜곡되어 있다는 점에서 많은 문제를 안고 있다. 그런데 이 비문은 부족한 사료를 보충하고, 왜곡된 부분을 바로 잡을 수 있다는 측면에서, 한국 고대사를 정리하는 데 매우 소중하다. 이와 같이 소중한 사료를 적극적으로 활용하지 않으면서 사료의 부족을 말하는 것은 이치에 맞지 않다.

셋째, 이 비문은 일본인들이 왜곡한 한국 고대사를 바로 잡을 수 있는 근거를 제공하고 있다. 일본인들은 삼국(고구려·백제·신라)이 고대국가체제를 갖춘 시기를 4세기 중반, 또는 빨라도 3세기 후반이라고 주장하고 있다. 한국의 역사학계에서도 이를 받아들여, 고고학계에서는 '원삼국시대'라는 용어까지 사용하고 있다. 그러나 태왕 비문 내용을 보면, 4세기 중반의 삼국은 수만 명의 군대를 동원하여 대규모 기마전투를 벌이고 있었음이 확인된다. 이는 삼국이 오래 전에 고대국가체제를 갖추고, 격변하는 국제정세 속에서 주도권을 잡기 위해 각축을 벌였음을 의미한다. 따라서 일본인들의 주장은 역사적 사실과 다름을 알 수 있다.

넷째, 일본의 황국사관이 안고 있는 모순을 극복하기 위해서 이 비문은 바르게 해석되어야 한다. 황국사관은 《일본서기》에 기초하여 고대 한일관계사를 일본 중심으로 해석하는 역사관이다. 즉 3세기 무렵에 신공황후가 삼한을 정벌하였고, 4~5세기 무렵에 일본이 '임나일본부'를 두어 남한을 경영하였다고 주장한다. 이로써 일본은 조선 지배를 역사의 복원이라는 논리로 비약시켰다.[18] 《일본서기》에 기초한 이러한 주장이 역사적 사실임을 증명할 수 있는 근거는 어디에도 없다. 따라서 일본인들은 태왕 비문을 조작하여 자의적 해석을 이끌어냄으로써 논리의 전거로 삼으려 한 것이다. 황국사관으로 왜곡된 고대 한일관계사를 바로 잡기 위하여, 비문에서 조작된 부분을 밝혀내야 한다.

다섯째, 이 비문은 《삼국사기》의 초기 기록이 정확한 역사적 사실의 반영임을 증명한다. 일본인들은 《삼국사기》 초기 기록은 믿을 수 없다고 주장하였다. 한국의 역사학계에서는 이러한 일본인들의 논리에 대해 적극적인 대응논리를 마련하지 못한 채 방관하거나 동조까지 하였다. 그러나 태왕 비문 내용이 《삼국사기》 기록과 일치함으로써 이러한 주장이 옳지 않았음을 말해주고 있다.

---

18) 구로이타 가츠미는 《일본서기》를 기초로 황국사관을 만들어냈고, 오타 료(太田亮)는 황국사관에 맞춰 한국고대사의 기년을 끌어내렸다. 쓰다 소키치(津田左右吉)는 《일본서기》가 역사서로서는 조작된 것이지만, 그 조작이 역사 이외의 시각에서는 가치가 있다고 하여 일본의 침략행위를 옹호하는 쪽에 섰다. 이케우치 히로시(池內宏)는 한국고대사를 마치 중국과 일본의 식민지로부터 출발한 것처럼 왜곡함으로써 한국사의 독자적인 발전을 부정하였다. 그리고 스에마츠 야스카즈(末松保和)에 이르면 임나일본부의 남한경영론으로 발전하게 된다.

2) 비문 변조에 대한 세 가지 입장과 '해'자의 비밀

태왕 훈적비의 변조에 대한 견해는 다음 세 가지로 크게 갈린다. 첫째는, 최초 탁본을 뜰 때부터 의도적인 변조가 이루어졌으며, 그 뒤에도 광범위하게 변조를 하였다는 주장으로, 이진희의 주장이 그것이다. 둘째는, 처음부터 석회를 바른 것이 아니고, 비문을 조작한 증거가 확실하지 않다는 이유로 비문 변조설에 의문을 갖는 입장인데, 일본의 통설을 지지하는 학자들과, 그에 대해 반론을 제기하는 학자들 가운데 사코본(酒匂本)에 기초하여 반론의 논거를 펴는 학자들이 대부분 이 편에 서 있다. 셋째는, 대대적인 변조는 아니더라도 매우 중요한 몇 글자의 변조와 삭제를 인정해야 한다는 주장으로, 서영수의 견해가 그것이다. 필자는 최초 탁본을 뜰 때부터 석회를 바른 것이 아니고, 대대적으로 비문을 조작한 증거가 확실하지 않더라도, 최소한 몇 글자의 변조만은 확실하고, 자의적 삭제 의혹이 있다는 서영수의 견해를 따른다.

서영수는 사코 탁본의 신묘년 기사에 나오는 '海'자를 대표적인 예로 들고 있다. 그의 주장처럼 비문 전체의 글자들이 위에서 아래로 질서정연하게 배열되어 있는데, 유독 '海'자만은 지나치게 왼쪽으로 치우쳐 있고, 원 탁본이 교란되어 있다.[19] 이는 본래의 어떤 글자 왼쪽에 'ㆍ'자가 추가되었음을 의미한다. 그리고 이 글자는 위치와 문맥으로 보아 비록 한 글자일 따름이나 비문 해석의 틀을 근본적으로 바꿔 놓을 수 있는 열쇠가 된다. 따라서 금석문으로서 태왕 훈적비의 사료적 가치를 살려 정확한 역사적 진실을 밝혀내기 위해서는, 변조되었다고 생각되는 이 글자의 올바른

---

19) 서영수는 "미즈다니본(水谷本)은 물론 최근에 소개된 초기 원석탁본의 경우에도 '來渡海破' 중 '海'자를 명확히 읽을 수 없는데, 사코 가게아키(酒匂景信) 탁본에서 명확히 읽을 수 있게 된 이유가, 사코에 의한 원비 손상의 결과인지, 원래의 쌍구본에는 명확하지 않았는데, 참모본부에 의해 의도적으로 만들어졌는지는 앞으로 연구에 의해 밝혀져야 할 것이다"고 지적하고 있다.[徐榮洙, 앞의 글(1996), 410쪽]

판독과 함께, 당시의 국제정세를 포함하여 비를 세운 배경과 비문의 특징을 입체적으로 고려해야 한다.[20]

서영수의 신묘년 기사에 대한 해석이 비교적 이에 가깝게 다가가고 있다고 생각되는 만큼 먼저 이를 살펴본 후, 비문이 전하고자 하는 역사적 메시지(진실)가 무엇인가 고찰하고자 한다. 서영수의 해석은 다음과 같다.

> ① 百殘新羅舊是(高句麗)屬民由□朝貢; 백잔(제)과 신라는 원래 고구려 속민이었는데도 아직 조공을 바치지 않고 있다.
> ② 而倭以辛卯年來渡; 또 왜가 신묘년부터 건너왔다.
> ③ 田破百殘□; (그러므로) 王은 백잔과 왜는 공파(攻破)하고
> ④ □□羅以爲臣民; (고구려에 귀의한) 신라는 신민으로 삼았다.

서영수의 해석을 정리해 보면, 요지는 다음과 같다.[21]

첫째, 신묘년 기사의 '來渡□破'라는 문장에서, □을 海로 보고 있는 경우인데, 사코본은 원석 탁본이나 후대의 석회 탁본보다 지나치게 왼쪽으로 치우쳐 있다. 최근에 소개된 원석 탁본에서는 □자가 원형을 알아볼 수 없을 정도로 몹시 교란되어 있다. 그런데 사코 탁본에서 명확히 海자로 읽을 수 있게 된 이유는, 사코에 의한 원비의 손상이거나, 또는 탁본이 반입된 뒤 참모본부가 의도적으로 수정하였을 가능성이 있다. 분명한 것은 '海'자가 아니었을 것이라는 사실이다.

둘째, '來渡' 다음의 문자는 연문(連文)일 가능성이 있으며, 이로 미루어 '破'의 주어가 와야 한다. 따라서 '來渡□'를 한 구(句)로 해석하여 '來渡'와 '破'의 주어를 '왜'(倭)로 본 견해는 성립할 수 없다.

셋째, 신묘년 기사는 태왕의 남진정책이 단순히 영토 확장에만 있었던 것이 아니라, 민족의식을 바탕으로 통일질서 구축에 있었던 고구려인들의

---

20) 池炳穆, 앞의 글, 13~16쪽; 李亨求, 〈廣開土王陵碑 碑文의 特徵〉, 《韓國史市民講座》 3, 1988 참조.
21) 徐榮洙, 앞의 글(1996) 참조.

천하관을 반영한 것인데, 일본 관학이 당연한 주어인 '왕'(王)과 그 목적어인 '왜'를 교묘히 변조 삭제함으로써 그들이 설정한 '임나일본부'라는 허구를 증명하고자 하였다.[22]

3) 메시지를 읽기 위해 풀어야 할 의문들

최근 한·중·일 삼국에서 발견된 석회 가공 이전의 원석 탁본이라 인정되는 자료를 토대로 비문의 구성을 분석하여, 이상과 같은 해석을 이끌어낸 서영수의 견해는 훌륭한 연구 산물로 보인다. 그러나 그의 견해는 당시의 국제정세와 입비(立碑) 배경, 고구려의 국가 및 군사전략 등과 일치하고 있는지 확인되어야 한다. 그러기 위해서는 다음과 같은 조건들이 충족되어야 할 것이다.

첫째, 당시의 국제정세 속에서 고구려가 백제와 신라를 속민으로 지칭할 만한 위치에 있어야 한다. 둘째, 고구려·신라 연합세력 대 백제·왜·가라 연합세력의 대결구도가 형성되어 있어야 한다. 셋째, 왜가 단독으로, 또는 왜의 주도로 백제나 가야와 연합하여 신라를 침공할 능력이 없었음이 증명되어야, 신묘년조의 문장에서 왜가 주어가 될 수 없음을 확인할 수 있다. 넷째, 고구려가 정토대상이 아닌 신라를 굳이 신민으로 삼은 문제가 합리적으로 설명되어야 한다. 다섯째, 비의 성격이 고구려의 백제·신라·왜에 대한 인식과 고구려의 천하관의 반영이라는 측면에서, 고구려의 국가·군사전략이 설명되어야 한다.

이상의 조건을 충족시킬 수 있는 논증을 통하여 현존하는 문자를 인위적으로 조작하지 않고 자연스럽게 전체 문맥과 연결된다면, 태왕 훈적비가 전하는 역사적 군사학적 진실을 파악할 수 있을 것이다. 이를 위해서는

---

22) 千寬宇, 〈廣開土王의 征服活動〉, 《韓國史市民講座》 3, 1988; 李鍾學, 앞의 글; 李亨求, 앞의 글; 金瑛河, 〈廣開土王陵碑와 倭 ─ 辛卯年記事의 缺字補入을 中心으로〉, 《弘益史學》 1, 1984; 池炳穆, 앞의 글; 徐榮洙, 앞의 글(1992) 참조.

다음과 같은 의문들이 해소되어야 할 것이다.

의문 1. 고구려가 백제와 신라를 속민이라 부름

고구려가 백제와 신라를 속민이라 부를 만한 위치에 있었느냐 하는 문제부터 살펴보자. 태왕 등장 이전까지 국제관계의 전략적 주도권은 근초고왕대인 백제가 잡고 있었다. 따라서 백제나 신라 어느 쪽도 고구려의 속민이었다거나 조공을 바쳤다는 사실 기록은 없다. 그런데 영락(永樂) 6년(396)을 계기로 주도권은 백제에서 고구려로 완전히 넘어갔다. 이후 태왕 재위기간인 412년까지 그의 정복전쟁이 정력적으로 추진되어, 결국 고구려는 동아시아 최대 군사강국으로 부상하게 되었다.

태왕 비는 태왕 사후에 이러한 부왕의 업적을 기림과 동시에, 고구려의 위엄을 높임으로써 인접 국가들의 복속을 기정사실화하고, 다시는 저항하지 못하도록 하기 위하여 장수왕이 동아시아 최대의 석조 기념비로 세운 것이다. 따라서 백제와 신라를 속민으로 보고 이를 비문에 담은 시기는 391년이 아니라 414년이다. 이 비는 20년 가까운 정복전쟁으로 동아시아 최대 군사강국으로 성장하면서 형성된 고구려인들의 기상과 고구려 중심의 천하관이 반영된 것으로 볼 수 있겠다. 따라서 '百殘新羅舊是屬民'은 과거의 역사적 사실에 대한 기록이라기보다는, 비를 세울 당시의 상황과 미래에 대한 기대의 반영으로 보아야 한다는 이종학의 견해가 자연스러운 해석으로 보인다.[23]

의문 2. 고구려 중심 연합세력 대 백제 중심 연합세력간 대결구도

두 번째 의문은 고구려가 중심이 된 고구려·신라의 연합세력과, 백제가 중심이 된 백제·가야·왜의 연합세력 사이에 대결구도가 형성되어 있었느냐 하는 문제다. 4세기 전반에는 최씨 낙랑국과 대방국이 멸망함으로써 고

---

23) 金瑛河, 앞의 글, 57~58쪽 참조.

구려와 백제 사이의 완충지대가 사라졌다. 따라서 국경을 맞댄 양국의 군사 대립이 시작되었다.

4세기 중엽에 이르면 정복군주 근초고왕(346~375)의 출현으로 백제는 크게 성장하게 된다. 따라서 동아시아의 국제관계가 재편되면서 백제와 고구려의 대결구도가 형성되었다. 근초고왕은 366년과 368년에 2차에 걸쳐 신라에 사신을 보내 동방에 대한 군사적 안전장치를 쌓은 다음, 369년에 북방의 치양(雉壤)전투에서 고구려군을 격퇴하였다. 이 전투에서 포로 5천을 획득하여 기세를 올린 근초고왕은, 371년에 다시 패하(浿河)전투에서 고구려군을 격파하고, 그 해 겨울에 태자 근구수와 함께 3만 정병으로 평양성을 공격하여 고구려의 고국원왕을 전사시키는 전과를 올렸다. 한편 남으로는 안라(安羅; 함안), 탁순(卓淳; 대구?), 임나(任那; 김해) 등24) 가야 제국과 통교하여 남부 가야 지역으로 진출함으로써 왜로 통하는 발판을 마련해 놓았다. 이러한 여세를 몰아 백제는 처음으로 동진과 통교하였다. 이로서 백제는 중국의 남조 - 가야 제국(가라) - 왜로 연결되는 동아시아 세계의 한 축을 구축하게 되었다. 이후 백제는 대고구려 전쟁에서 우위를 지키면서 유래 없는 전성기를 맞이하였다.

그러나 태왕이 백제에 대해 대대적인 보복전쟁을 일으킴으로써 상황은 뒤바뀌었다. 고구려는 396년에 백제의 왕도까지 쳐들어가 아신왕의 항복을 받고, 백제의 58성과 700촌을 빼앗은 후, 왕제와 대신 등 수많은 포로를 끌고 간다.25) 건국 이후 최대의 수난에 빠진 백제는, 외국의 군사 지원을

---

24) 김영하는 나카 미치요(那珂通世)의 〈加羅考〉, 《外交繹史》(佐伯有淸, 《廣開土王碑と參謀本部》, 吉川弘文館, 1976, 147쪽에서 재인용)에 근거하여 "임나는 광의와 협의의 두 가지 의미가 있다"고 전제하고, "광의로는 가라 제국 전체를 가리키는 용어이고, 협의로는 여러 가라 중에서 특정한 하나인 임나가라(지금의 김해 지방)를 지칭하는 용어이기도 하다. 비문에 보이는 임나가라는 가야의 하나였던 안라(지금의 함안)와 구별해서 쓰이고 있는 것으로 보아 가라 제국에 대한 범칭이라기보다는 협의의 임나가라를 지칭하는 것으로 보인다"고 하였다.(金瑛河, 앞의 글, 79쪽)

25) 태왕훈적비문 2면 5행 "於是得五十八城 村七百將殘主弟 幷大臣十人旋師還都……" 참조.

얻어 이를 만회하려고 왜와 외교를 펼치게 된다.

백제가 군사 지원을 얻을 수 있는 대상으로 가야 제국과 왜를 선택한 것은, 주변 여러 나라 가운데 지원 가능한 세력이 이들뿐이었기 때문으로 생각된다. 당시 신라는 381년에 고구려 사신의 안내로 전진에 사신을 파견한 이후, 392년 이찬 대서지의 아들 실성을 고구려에 인질로 보낸 사실에서도 알 수 있듯이, 고구려에 대한 예속이 심화되고 있었다. 따라서 백제가 신라에게 구원을 요청하기란 불가능한 상태였다. 백제가 동진에 구원을 요청하지 못한 것은, 동진의 지원이 현실적으로 불가능하다고 판단하였거나, 아니면 고구려 수군이 제해권을 장악하여 동진에 사신을 보낼 수 없었기 때문으로 보인다.

이러한 상황 속에서 백제가 군사 지원을 기대할 수 있는 대상은 가야 제국과 왜뿐이었다. 가야 제국은 근초고왕대에 백제와 친연관계를 맺고 있었고, 이 가운데 안라와 임나는 400년에 고구려에 대항해서 전투를 벌인 일이 있다. 따라서 특별히 외교적인 노력을 펼치지 않아도 되는 상황이었다.

그러나 왜에 대한 외교는 이와 같지 않다. 왜에 대한 외교는《삼국사기》아신왕 6년(397)조에 "왕이 왜국과 우호를 맺고 태자 전지를 볼모로 삼았다"는[26] 기록과, 태왕 훈적비문의 "백제가 맹세를 어기고 왜와 화통하였다"는[27] 양국 사이의 군사협력관계 포착 기록에서 확인된다. 그리고《일본서기》응신(應神)기 8년(396)조의《백제기》를 인용한 분주에는 "백제기운(百濟記云), 아화(阿花)가 왕이 되어……, 이에 왕자 직지를 천조에 보내 선왕의 수호를 닦았다"는[28] 내용이 보인다.

이는 전지가 군사 임무를 띠고 왜(대마도)에 파견된 기록을《일본서기》 편자가 자의적으로 인용한 것으로 볼 수도 있겠다. 그렇다 하더라도 이미

---

26)《삼국사기》권제25, 백제본기 제3, 阿莘王條. "夏五月 王與倭國結好 以太子腆支爲
　　質" 참조.
27) 태왕훈적비문의 영락 9년조 기사 "九年己亥百殘違誓與倭和通……" 참조.
28)《일본서기》권제10, 제15세 응신천황 8년 춘3월조, '百濟人 來朝' 기사 참조.

수십 년에 걸쳐 고구려와 군사적 항쟁을 벌이고 있던 백제가, 군사적 필요로 왜와 접촉하고 있음이 주목된다. 이는 현실적으로도 주변 여러 나라 가운데에서 신라와는 연합이 불가능했고, 이미 우위성을 확보하고 있던 가야 제국에 대해서는 기존의 외교관계가 유지되고 있었을 것이나, 왜와는 지속적인 관계 모색이 필요했을 것으로 보인다.

한편 왜 입장에서 보면, 백제와 군사적 관계를 맺는 것이 합법적인 한국 진출의 기회가 됨으로써, 식량문제를 해결할 수 있는 길이 열리리란 기대 속에서 백제의 군사 지원 요청에 적극 응했을 것으로 짐작할 수 있다.

의문 3. 왜의 실체와 그 능력

세 번째 의문은, 신묘년조의 왜가 주어가 되기 위해서는 왜가 단독으로, 또는 왜의 주도로 백제나 가야와 연합하여 신라를 침공할 능력이 있어야 하는데, 과연 왜의 실체는 무엇이며 능력 면에서 그것이 가능했는가 하는 점이다. 그와 연합이 가능한 세력들의 상황을 살펴보면, 백제는 396년 이후 국력이 급격히 쇠약해져서 고구려의 보호를 받고 있는 신라를 독자적으로 공격할 수 있는 능력과 의지가 없었다. 이는 태왕이 바다를 통해 공격하자 저항능력을 상실한 채 아신왕이 남녀 포로 1천 명과 세포 1천 필을 바치고 귀순하여, '지금부터 영원히 노객이 되겠다'고 맹서하였다는 비문의 내용이 말해 준다.29) 안나·탁순·임나 등 가야 제국은 백제의 영향권 아래 있던 나라들로서, 독자적인 군사행동을 할 능력을 갖고 있었다고 볼 만한 어떤 기록이나 근거를 찾아볼 수 없다. 이제 남은 것은 오직 왜뿐이다. 왜에 대한 지금까지의 해석은 실로 다양하다.

---

29) 태왕훈적비문 1면 9행부터 2면 4행까지, "以六年丙申 王躬率水軍 討伐殘國 軍分道 首攻取壹八城… (17城 名稱)…, …(37城 名稱)…其國城 賊不服氣 敢出百殘 王威赫怒 渡阿利水 遣刺迫城…(3城 名稱)…百殘主困逼 獻出男女生口一千人 細布千匹 歸王自 誓 從今以後 永爲奴客 太王恩赦 始迷之衛 錄其後順之誠 於是拔五十八城……."

① 왜는 특정 국가를 가리키는 말이 아니라 소수 불량집단에 대한 비칭(卑稱)이라는 견해
② 왜라는 호칭이 북으로부터 시대의 흐름에 따라 남하하여 일본열도에 이르렀다는 견해
③ 왜는 한국의 남쪽 해안지방에 있었다는 견해
④ 왜는 쓰시마섬과 북규슈 일대에 산재하면서 한국 해안에 출몰하여 노략질을 일삼던 해적집단이라는 견해
⑤ 일본열도의 지배권을 장악한 야마토 정권이 바로 왜라는 견해

위의 견해들은 모두 나름대로 타당한 근거를 갖고 있다. 다만 이 글의 중점이 왜를 분석하는 것이 아니므로 이에 대한 구체적인 논의는 삼가되, 왜를 지칭하는 대상이 시대에 따라 변하고 있음은 분명히 하고 싶다. 따라서 여기서 중요한 것은 신묘년(391) 당시의 왜는 누구를 지칭하느냐 하는 것일 터이다.

신묘년 기사 '而倭以辛卯年來渡②破百殘□□②羅以爲臣民' 가운데 왜를 '破'의 주어로 볼 경우, 위의 ①②③은 자동으로 제외되고 ④⑤만 남게 된다. 그런데 왜가 일본열도의 야마토 정권을 지칭하게 된 것은 5세기 이후며, 왜국은 5세기 초까지도 통일국가를 이룩하지 못했다. 5세기 초 이전에 1만 명 이상의 병력이 동원된 대규모 전투기록이 《일본서기》나 《고사기》에 전혀 보이지 않는 점 등을 고려한다면, ⑤도 제외된다.30) 무엇보다 4~5세기 일본열도는 아직 육로가 발달되지 않았기 때문에, 해상교통으로 병력과 물자를 수송해야 정복전쟁을 수행할 수 있었다. 그런데 고고학적 연구결과에 따르면, 당시의 것으로 추정되는 배로는 통나무배만 출토됨으로써, 당시 기나이(畿內)의 야마토 정권은 수송능력이 절대 부족하여 규슈는 물론이요 도카이(東海), 간토(關東) 지방에까지도 통치권이 미치지 못했을 것으로 판단된다. 따라서 야마토 정권은 통일국가를 형성하는 것뿐 아니라 한국 출병은 결정적으로 불가능하다.31) 이를 종합하면 결국 ④만 남

---

30) 李鍾學, 앞의 글, 57~59쪽.

게 되는데, ④의 왜는 북규슈와 쓰시마섬에 흩어진 왜를 지칭한다.

이 가운데 출동능력 면에서 ⑤와 같은 이유로 북규슈의 왜도 제외된다. 따라서 남는 것은 쓰시마의 왜뿐이다. 그렇다면 쓰시마는 어떤 곳인가.《위지》〈동이전〉에는

> 왜에 가려면 해안을 좇아 한국을 지나서…… 처음 바다를 한번 건너려면 천여 리가 되는데 바로 대해국(對海國, 대마도)에 이른다.…… 절도이지만 사방은 백여 리가 된다. 땅은 산이 험하고 숲이 많다. 길은 겨우 새가 기어 다니고 사슴이 걸어 다닐 만한 좁은 길이다. 1천여 호가 있고 좋은 논이 없으며 (사람들은) 해산물을 먹고 산다. 배를 타고 남쪽 북쪽으로 다니면서 식량을 구입한다.

고 하였다. 1천여 호라면 인구 4천~5천 명 정도로 볼 수 있고, 이들의 생존을 위해서 그 가운데 일부가 배를 타고 남북으로 식량을 구입하러 다닌다고 할 때, 1천여 명 정도의 군사력 동원이 가능했을 것이다. 실제로《삼국사기》에는

> 393년 5월에 왜인이 금성을 에워싸고 5일 동안 풀지 아니하니 장병들이 모두 나가서 싸우기를 청했다. 왕은 말하기를 "지금 적이 배에서 내려서 육지로 깊이 들어와서 사지에 있으므로 그 서슬을 당할 수 없다" 하고 이에 성문을 굳게 닫고 있었더니 적이 아무런 성과 없이 물러갔다. 왕이 날랜 기병 200명을 보내어 그들의 퇴로를 막고 또 보병 1천 명을 보내어 독산까지 추격해서 양쪽에서 협격하여 이를 크게 부수어 수없이 죽이고 잡고 하였다.32)

---

31) 사사키 다카오(佐々木孝男)는 "해상교통의 중요성은 적절한 병사, 물자 수송면의 고려 없이는 정복전 등은 생각할 수 없다.…… 동해, 관동 방면 출토의 통나무배(刳舟)로 보아, 이 지역의 이 시기에 대규모의 해상기동을 생각한다는 것은 대단히 무리가 있다고 생각한다.…… 대량의 병력 기동을 생각할 수 없는 이상, 4~5세기경에 기나이(畿內) 정권의 지배가 동해·관동까지 미쳤다고는, 나는 생각하지 않는다"고 말하고 있다.(佐々木孝男,〈古墳時代初期の船と航海について〉,《東アジアの古代文化》 29, 72~74쪽)

고 한 것으로 보아, 쓰시마섬에서 동원 가능한 병력은 1천여 명을 크게 넘지 않았을 것으로 보인다. 병력 수는 비록 1천여 명 안팎이라 하지만, 그들은 임의로 시간과 장소를 선택하여 기습작전을 할 수 있는 집단이므로 상당한 위력을 발휘할 수 있었을 것이다. 그러나 당시 수십 배로 추정되는 동아시아 최대 군사강국 고구려군과 독자적으로 정면 대결할 수 있는 전력으로는 볼 수 없다.

따라서 신묘년조에 보이는 왜는 '破'의 주어가 될 수 없고, 백제를 지원하기 위해서 온 보조군이거나 용병으로서, 고구려가 파한 대상 가운데 하나에 포함된다고 보는 것이 합리적이다. 더욱이 왜를 '파'의 주어로 할 경우 비문의 문맥상 왜가 연합국인 백제를 공격하여 신민으로 삼는 모순이 생긴다. 여기서 왜는 '而倭以辛卯年來渡'하여 '파'의 원인을 제공함으로써 '파'의 대상이 될 수밖에 없다는 해석이 가능해진다.

의문 4. '□斤'자를 '新'자로 볼 경우의 모순

고구려가 동맹관계에 있던 신라를 '破'할 이유가 없었는데도 왜 굳이 '신민으로 삼았다'고 하여 마치 정토의 대상인 것처럼 비치고 있는가 하는 점이 합리적으로 설명되어야 한다. 이는 고구려의 군사전략과도 관계가 있다. 신묘년 기사 가운데 '破百殘□□□斤羅以爲臣民'의 '□斤'자 우변을 '斤'으로 보아 이를 覇자로 보느냐, 아니면 覇자가 아니라고 보느냐에 따라 해석을 달리할 수 있다. 그리고 覇자 앞의 두 □□에 어떤 글자를 삽입하느냐에 따라 그 의미가 달라진다. 일본인들은 앞의 두 □□에 '任那'를 넣고 뒤의 '□斤'을 '新'으로 봄으로써 '破百殘任那新羅以爲臣民'(백제와 임나와 신라를 파하여 신민으로 하였다)고 해석하였다.[33] 이는 '왜'가 주어

---

32) 《三國史記》 3, 奈勿尼師今 38年條.

33) 那珂通世遺書, 〈高句麗古碑考〉, 《外交繹史》, 岩波書店, 1958, 489쪽; 末松保和, 《任那興亡史》, 吉川弘文館, 1956, 37~38쪽; 菅政友, 〈高句麗好太王碑銘考〉, 《史學雜誌》 2, 1891, 22~25쪽은 金瑛河의 앞의 글에서 재인용.

라는 전제 아래 백제와 임나와 신라를 한데 묶어 '파'의 목적어로 해석하며, 그 결과 이들을 모두 신민으로 삼게 되었다는 것이다.

이에 대해 '新'자로 볼 수 없다는 견해도 있다. 대표적으로 이를 주장한 학자가 김영하(金瑛河)다.[34] 그는 한문학적 금석학적 역사학적 입장에서 검토하여 3자의 결자 부분에 '任那加'를 넣어 '破百殘任那加羅以爲臣民'을 시론으로 제시함으로써 '고구려 주어 고유명사 보입형'을 취한다고 하였다. 그러면서 사코의 쌍구가묵본에 남아 있는 '斤'변의 판독문제 때문에 시론에 머물 수밖에 없는 한계를 토로하고 있다.[35] 그러나 현재로서는 '□斤'자의 '斤'변을 정확히 확인할 방법이 없다. 여기서 김영하의 주장은 백제·임나·가라가 모두 '破'의 목적어가 되며, 특히 전체 문맥과 상관없는 '임나'를 보입하고 있다는 점에서 일본인들과 같은 해석을 하고 있다. 한편 서영수는 '斤'변을 인정하든 인정하지 않든 전체 문맥으로 보아 마지막 결자는 '新'자여야 한다는 입장이다. 따라서 "百殘新羅舊是屬民 由困朝貢而倭以辛卯年來渡 田破百殘図 降(또는服)新羅以爲臣民"으로 판독하고, "백제와 신라는 옛 속민이었는데도 아직 조공을 바치지 않고, 왜는 신묘년부터 (대왕의 세력권에 함부로) 건너오기 시작하였다. 그러므로 왕은 (대왕과의 맹세를 어긴) 백제와 (그 동조자인) 왜를 공파하고, (대왕에 귀의한) 신

---

34) 신묘년 기사의 세 결자 부분 가운데 마지막 글자를 처음 '新'자로 판독한 것은 스가 마사토모(菅政友)로 알려져 있다. 최초로 일본에 탁본을 전한 사코 가게아키(酒匂景信)는 마지막 한 자에 대해 '斤'변을 남겨 놓았고, 이를 처음 연구한 요코이 추우지키(橫井忠直)도 '斤'변만 판독하였다. 그런데도 스가 마사토모는 이를 '新'으로 판독하여 왜가 백제와 신라를 격파하여 신민으로 삼은 듯이 해석하였으며, 이마니시 류(今西龍, 1915)와 미즈타니(水谷悌二郎, 1959)도 '新'자로 판독될 가능성을 제시하였다. 그리고 이는 일본 학계의 비문 해석의 주요 경향이 되어 왔다. 그러나 김영하는 "결자의 마지막 글자를 '新'자로 판독할 수 있는 근거는 어디에도 남아 있지 않을 뿐 아니라 '斤'변도 불명한 것이다. 금석학자인 임창순(任昌淳)은 그가 소장하고 있는 정탁본인 광서기축본(光緒己丑本, 1889)에도 3자는 모두 결자로 나타난다"고 하였다(金瑛河, 앞의 글, 77쪽; 菅政友, 〈高句麗好太王碑銘考〉, 《史學雜誌》 2, 1891, 22~25쪽은 金瑛河의 같은 글에서 재인용)
35) 金瑛河, 위의 글, 93~94쪽.

라는 복속시켜 신민으로 삼았다"고 해석한다.36)

　　의문 5. 가라의 누락과 고구려가 신라를 다시 신민으로 삼는 이유
　　　　　ー 항(降) 또는 복(服)자는 논리의 비약

　서영수의 판독과 해석은 고구려가 신라를 공파의 대상으로서가 아니라 단순히 복속의 대상으로 인정하였다는 점에서, 당시의 국제정세나 고구려의 대외정책과도 일치한다. 그러나 이 논리에는 두 가지 의문이 남는다. 하나는 가야 제국에 대한 언급이 빠져 있다는 점이다. 가라는 분명히 백제와 연합하였다는 사실만으로도 원인을 제공하였기 때문에 '破'의 대상이 됨이 마땅하다. 그런데 서영수의 논리에 따르면 가라가 끼어들 틈이 없어진다. 또 다른 의문은, 고구려가 연합국이며 이미 복속되어 있는 신라를 다시 신민으로 삼는다고 강조할 필요가 있겠는가 하는 점이다. 따라서 '田破百殘⊠降' 또는 '服新羅以爲臣民' 가운데 '降' 또는 '服'자의 삽입은 논리적으로 합리성이 없다. 즉 서영수의 "신묘년에 왜가 (대왕권 안으로) 왔다. 대왕은 백제와 왜는 공파하고, 신라는 신민으로 삼았다"고 한 해석은, 한반도 전체를 태왕의 세력권으로 간주한 고구려가, 왜의 '내도' 자체를 정토명분으로 삼았으면서도, 백제와 연합한 가야 제국에 대해서 왜 언급이 없을까 하는 의문과 함께, 이미 신복하고 있는 신라를 새롭게 신민으로

---

36) '왜'와 '신라' 사이에 들어가는 글자 ⊠는 백제·왜와 신라에 대한 고구려의 인식을 구분하는 말이 들어가야 한다. 그리고 이 경우 신묘년 기사의 주문은 고구려의 남진정책(정토)을 집약한 기술이므로 고구려의 남진경략의 최종결과를 표현한 동사가 들어가야 한다. 그런데 백제와 왜에 대한 동사가 '破'였다면 신라에 대한 동사는 '服' 또는 '降'이 자연스럽다. 그럴 경우 '降 또는 服新羅以爲臣民'이 '破百殘倭'와 대응되는 표현으로 생각된다. 따라서 신묘년 기사는 "百殘新羅舊是屬民 由田朝貢 而 倭以辛卯年來渡 田破百殘⊠ 降(또는服)新羅以爲臣民"으로 판독하고, "백제와 신라는 옛 속민이었는데도 아직 조공을 바치지 않고, 왜는 신묘년부터 (대왕의 세력권에 함부로) 건너오기 시작하였다. 그러므로 왕은 (대왕과의 맹세를 어긴) 백제와 (그 동조자인) 왜를 공파하고, (대왕에 귀의한) 신라는 복속시켜 신민으로 삼았다" 고 해석된다는 것이다.[徐榮洙, 앞의 글(1992) 참조]

삼는다고 강조하는 이유가 설명되지 않아, 논리의 비약이라는 지적을 피하기 어렵게 되었다.

의문 6. 고구려의 해상 수송능력

신묘년 기사에 나타난 고구려의 전략목표는, 적대적인 연합세력으로부터 신라를 구원하는 것뿐 아니라, 이들의 차후 적대행위를 근절시키는 것이었던바, 경자년에는 기병 5만을 파견하였다. 이에 대해 이종학은 5만 명의 병력은 고구려가 보유한 총 병력으로서, 주력은 서북 방면의 후연·거란과 남쪽 백제의 공격에 대비하여 본국에 주둔시켜둔 채 실제 신라를 구원하기 위하여 파병한 병력은 1만 5천 내외일 것이라고 추정하였다.[37]

이는 군사 전략적인 관점에서는 합리적인 견해라고 할 수 있겠지만 '보기 5만을 파견하였다'(敎遣步騎五萬)는[38] 비문 내용과 어긋나고, 371년 근초고왕이 평양성을 공격할 때 병력규모가 3만이었음을 고려하면, 태왕이 파견한 병력규모를 1만 5천으로 한정하는 것은 수용하기 어렵다. 다만 지금까지의 견해들과는 달리, 고구려군이 바다로 신라에 왔을 것이라는 그의 판단은 주목해 볼 만한 대목이다. 왜냐하면 고구려의 수도 집안이나 평양을 출발한 고구려군이, 백제연합군의 측·후방 공격을 무시하고 수많은 강과 산맥을 극복하면서, 적지인 백제의 영토를 종단하여 내륙으로 기동한다는 것은 전략적으로 맞지 않다는 그의 지적이 옳기 때문이다. 그리고 고구려의 대규모 해상 수송능력은 영락 6년(396)조에 태왕이 친히 수군을 지휘하여 백제를 침공, 58성과 700촌을 탈취한 사실에서 확인된다.

위에서 제기한 여러 가지 의문들은 다음과 같은 해석으로 어느 정도 해소가 가능할 것으로 보인다. 즉 "百殘新羅舊是屬民由來朝貢而倭以辛卯年來渡王破百殘倭寇加羅以爲臣民: 백제와 신라는 본래 고구려의 속민으로

---

37) 李鍾學, 앞의 글, 101쪽.
38) 태왕 비문 2면 8-9행: "十年庚子敎遣步騎五萬往求新羅從男居城至新羅城倭滿其中官軍方至倭賊退自倭背急 追任那加羅從拔城城卽歸服…… 倭寇大潰……."

서 조공을 해왔다. 그런데 신묘년에 왜가 와서 (왜를 불러들여 백제·가라·왜가 연합체제를 형성, 저항태세를 갖추었기 때문에) 태왕이 백제와 왜구와 가라를 격파하여 신민으로 삼았다"고 해석하면 큰 무리 없이 고구려의 전략목표와 천하관이 설명될 수 있겠다. 특히 신묘년 기사가 태왕의 정복기사를 집약한 대전제문이라는 차원에서, 이 비가 담고 있는 역사적 메시지가 바로 이러한 내용이 아니겠는가 생각한다.

또 여기서 고구려사는 중국사가 아닌 한국사임을 분명히 확인할 수 있다. 당시 중국은 위진남북조시대를 거쳐 수(隋)에 의해 중원이 통일될 때까지 사분오열되어 있었다. 이에 비해 우리 민족은 민족통합을 위한 부단한 노력을 기울이는 가운데 고구려 중심의 천하질서가 확립되어 가고 있었음을 이 비문의 기사가 말해 주기 때문이다.

5. 맺음말

태왕 비문의 신묘년 기사는 현존하는 문자를 인위적으로 조작하지 않고 해석할 경우, 위의 논증에서 보는 바와 같이 "신묘년에 왜가 와서 (백제·가라·왜가 연합체제를 형성, 저항태세를 갖추자) 태왕이 백제와 왜구와 가라를 격파하여 신민으로 삼았다"는 해석이 가능하며, 이는 당시 힘의 역학관계와 대결구도, 외교관계와 연합체제, 해상수송능력과 전략적 고려, 왜의 실체와 능력 등을 종합적으로 고려할 때 무리가 없다.

즉, 신묘년(391) 이후 상황은 고구려 우위의 고구려 대 백제 대결구도가 형성되어 있었고, 비를 세울 당시는 고구려가 동아시아 최강의 군사대국으로 팽창하던 시기였다. 태왕의 남진 경략 당시 신라는 고구려의 보호를 필요로 하여 고구려와 밀착하였다. 그러나 백제는 상황극복을 위하여 가라(加羅), 왜(倭)와 군사적 연합체제를 형성하였다. 이때 고구려의 전략은 집안이나 평양에서 적국인 백제영토의 육로 종단을 피하여 해상으로 남해

안까지 기동, 백제군과 왜구와 가라군의 연합세력을 공파하여 신민으로 삼고 신라를 구함으로써 고구려 주도체제 속의 천하평정을 달성하였다. 그리고 신묘년조에 등장하는 왜는, 몇 가지 사료를 근거로 쓰시마섬에서 백제에 파견된 1천여 명 내외의 용병이며, 주력이 아니라 보조 군사력임을 확인하였다. 따라서 왜구를 파견하여 '破'의 원인을 제공한 대상을 지칭할 때는 '왜'라는 호칭을 사용하다가, 왜로부터 파견되어 직접 무력행위를 하는 집단에게는 공파의 목표로서 '왜구'로 비하하여 호칭하는 것이 자연스러워 보인다.

이러한 상황들을 조명해 보면, 신묘년 기사에서 행위의 주체는 고구려임이 분명해지고, 주문의 주어는 '왕'이 되어야 하며, 빠진 석 자는 '倭·寇·加'로 채울 경우 전체 문맥 속에서 입체적인 상황을 파악하는 데 전혀 무리가 없다고 본다. 다만 실제로 결자가 '倭·寇·加'이었는지는 원형이 탈락되지 않은 상태의 탁본을 확인하기 전까지는 누구도 개연성의 한계를 벗어날 수 없겠다.

또 한 가지 분명한 것은, 고구려사는 중국사가 아니라 한국 민족사라는 사실이다. 고구려는 신라와 긴밀한 연합체제를 이루고 있었으며, 백제가 가라나 왜와 연합해서 저항태세를 갖춘 사실을 용납하지 않으면서도, 국가를 완전히 멸망시키지 않고 신속(臣屬)과 조공(朝貢)으로 만족하는 선에서 현상을 유지하려 했던 것은, 동족국가라는 의식이 작용한 것으로 볼 수 있겠다. 여기서 유추해 볼 수 있는, 태왕 비를 세울 당시 장수왕을 포함한 고구려인들이 후손들에게 전하고자 하는 메시지는, 고구려 중심의 천하질서 속에서 민족의 화해와 협력을 통한 공존공영의 강조가 아니겠는가 생각한다. 이는 뒷날 수(隋)와 당(唐)으로 이어지는 중국의 통일왕조들과 대립하면서, 천리장성을 쌓고 대수·대당전쟁을 벌이는 을지문덕(乙支文德)과 연개소문(淵蓋蘇文)이 활동하던 당시의 고구려 국가전략으로 이어진다고 할 수 있을 것이다.

상생윤리(相生倫理)의 체계론적 연구

배 영 기

_숭의여대 비서행정과

1. 머리말

현대사회는 대물관계(對物關係), 대인관계(對人關係), 대생관계(對生關係)가 점차 복잡하게 전개되고 있다. 즉, 일찍이 홉스의 정의대로 '만인에 대한 만인의 투쟁'의 이전투구(泥田鬪狗) 그대로이다. 진화론적으로도 약육강식(弱肉强食)과 적자생존(適者生存)의 법칙이 작용되어 상생(相生)하기보다는 상극(相剋)의 양상을 드러내고 있다. 이처럼 모든 생명의 존재 양식(良識)을 규정짓는 데서 원초적으로 고찰할 필요성이 제기되고 있다.

특히, 근래에 와서 사회의 전 영역에 걸쳐서 상생(相生; Natural life)은 회자되고 있다. 종래는 공생(共生), 공영(共營), 함께 잘살기, 더불어 살기 등의 용어를 사용한 데 비하여, '상생'은 그 개념을 한 차원 깊이 내포하고 있다. 즉, 상생은 동양적 삶과 사고 및 정서를 함의(含意)하고 있는 것으로 보면서, 공생과는 어떻게 차이점을 드러내고 있는지를 논구하고자 한다. 뒤에 자세히 논급되겠지만 상생은 순환적 조화적 삶의 장(場)인 데 비하여, 서구의 상호작용 또는 공생은 어디까지나 물리적 상호작용을 일컬을 뿐이라는 것이다.

'상생'이라는 용어를 해원상생(解怨相生)이라는 개념으로 처음 사용한 사람은 대순교(大巡敎)를 창도한 증산(甑山) 강일순(姜一淳)이다. 그러나 그 이전에 주역(周易)의 음양오행(陰陽五行)이나 천지인(天地人) 개념에서 상생

상극(相生相剋)의 의미가 어떻게 전개되어 왔는지를 선행연구를 통하여 개관하고자 한다. 이 글에서는 상생과 윤리를 합성하여 현대인의 삶과 신념의 지표로서의 '상생윤리'를 체계화함으로써, 상생윤리를 보편적 실천덕목으로 제시하는데 연구의 의의를 두고자 한다.

2. 상생윤리의 이론적 배경

1) 《역경》에서 본 상생관

《역경》(易經)의 상생관은 '☷'과 '☰'라는 부호를 근간으로 하여 64개의 괘(卦)를 이루어 우주만상의 변화와 조화를 설명하고 있다. 즉, '☷'과 '☰'는 음과 양의 상징부호로서 새로운 상생적 세계관을 제시하고 있다. 이와 같이 《역경》에서 모든 존재는 '☷'과 '☰'으로 상징되는 음과 양의 상호감응(感應)과 배합(配合)으로 변화와 생성을 끊임없이 반복하는 것이다. 여기서 음양의 기본구도에서 사상(四象)→팔괘(八卦)→육십사괘(六十四卦)라는 복잡한 과정을 전개하면서, 다시 64괘는 6개의 효(爻)를 구성함으로써 모두 148개 각각의 효를 가지게 된다. 이것으로 시간과 공간 속의 변화, 형이상학적인 도(道)의 세계와 형이하학적인 기(器)의 세계, 초월계의 신화(神話)의 세계와 경험계의 기화(氣化)의 세계에 내재되어 있는 상생(相生)과 상극(相剋) 관계를 절묘하게 구분하고 있다.[1]

음(陰)과 양(陽)의 절묘한 배합은 사물변화의 보편적 원칙이므로 이 원칙에 따라서 천지의 큰 공덕이 상생하며, 천지가 감동하여 만물이 생성하게 된다. 즉, 천지의 공덕이나 천지의 감동은 다 같이 음의 성질인 유(柔)와 양

---

[1] 한국역학회 편, 《주역의 현대적 조명》, 범양사, 1992, 224쪽: "形而上者 謂之道, 形而下者 謂之器(繫)."

의 성질인 강(剛)이 상호 추동하여 변화를 일으킬 때 상생의 진정한 도(道)가 나타난다고 하였다.[2]

따라서 《역경》에서 상생관은 일양일음(一陽一陰)의 상호작용 속에서 일어나는 생성과 변화야말로 생명의 궁극적 참조와 조화를 목적으로 하며, 이는 단순한 기계적 법칙이 아닌 생명(生命) 자체이기 때문이다. 즉, 생명의 본질은 상생의 본질이며, 상생의 본질은 생명의 본질인 것이다. 그러므로 생(生)하고, 또 생(生)하는 것이 역(易)이라고 하였다. 여기서 생생(生生)은 생명과 상생을 동일한 개념으로 보고 있다.[3] 이처럼 상생적 생명관은 우주 속에서 존재하는 모든 생명을 무한한 주체로 보기 때문에, 생명적 우주관 또는 우주적 생명관이라고 볼 수 있다. 따라서 우주와 생명은 분리되어 있지 않고 하나이면서 둘이고, 둘이면서 하나인 일즉상 상즉일(一卽相, 相卽一)을 배태하고 있다.

《역경》에서 인간의 위치는 천·인·지의 삼극지도(三極之道) 또는 삼재지도(三才之道)의 중간에 있는 존재이며, 우주만물 가운데 가장 중요한 정체(整體)라고 하였다. 《역경》의 설괘전(設卦傳)에 따르면, 천(天)의 원리는 음·양이고, 지(地)의 원리는 유·강이며, 인(人)의 도덕세계는 인(仁)·의(義)의 법칙으로 이루어져 있다. 즉, 천·지·인 3자가 서로 조화와 균형을 이루고 있다고 하였다.[4] 그러므로 인간은 천·지 사이에서 다른 사물과 대립이나 충돌 없이 화해의 상호관계를 유지하는 상관적 존재인 것이다.

하도(河圖)에서도 우주본체의 시원인 태극의 상생작용으로 수생목, 목생화, 화생토, 토생금, 금생수, 수생목의 순환성을 들고 있으며, 또한 낙서(洛書)에서는 우주본체의 통일작용인 10무극의 상극작용으로 수극화, 화극금, 금극목, 목극토, 토극수의 변환성을 설명하고 있다.[5]

---

2) "天地之大德曰生, 天地感而萬物化生, 剛柔相推而生."
3) "生生之 謂易, 生之生命, 生之."
4) 정병석, 《易經之人觀》, 범양사, 1992, 235쪽.
5) 문재곤, 《하도·낙서의 형성과 개탁》, 범양사, 1992, 247쪽.

이와 같이 《역경》의 상생작용은, 우주의 보편법칙인 음양법칙을 통하여 인간의 생명상생(生命相生)으로 이어지는 윤리적 가치를 도출하기 위해서, 괘(卦)와 효(爻)의 부호를 사용하여 무한한 창조성을 계승 실현하고 있다.

2) 증산도의 상생관

증산 강일순(甑山 姜一淳; 1871~1909)에 의하여 창도된 증산도(甑山道)는 상생(相生)이라는 특수한 개념을 보편적 가치로 전환시키며, 인류와 도덕의 최고덕목으로 모든 사람들을 신념화시킨 최초의 계기를 이룩하였다. 그러므로 상생 또는 해원상생(解寃相生)은 증산의 핵심적인 보편개념이자 생명존중의 궁극적 절대정신이 되고 있다.

증산에 따르면, 선천(先天)에는 상극지리(相剋之理)가 3계를 지배하여 많은 살생과 참혹함을 일으켰으나, 후천(後天)에 와서는 기필코 한(恨)과 원을 풀고 상생지리(相生之理)가 지배하는 선경세계(仙境世界)를 이룩하는 개벽시대가 열릴 것이라고 하였다.[6] 상생지리가 지배하는 선경세계를 개조공사(改造公事)하기 위해서 천지간에 가득 찬 것은 신(神)이므로, 풀잎 하나라도 신이 떠나면 죽게 되고, 흙발을 벽이라도 신이 떠나면 무너지고, 손톱 밑에 가시 하나 드는 것도 신이 들어서 되는 것이라고 하였다. 이처럼 상생에게 본 신관(神觀)은 천(天), 인(人), 지(地) 3계의 권능을 함께 주제하는 것이므로, 천·인·지는 같은 생명의 기운을 지니는 것이다. 따라서 상생은 생명의 근원이자 생명의 본질에 절대적으로 순종하는 길이며, 생명원리의 본질인 것이다.

상생은 천·인·지의 생명이 서로 살려주는 참생명(眞生命)이다. 참생명은 내가 있어야 네가 있는 것이 아니라, 네가 있으므로 내가 존재할 수밖에 없다는 당위적 귀납에 도달하게 된다. 즉, 네가 없으면 나 자신도 존재

---

6) 배영기, 〈증산의 상생관에 관한 일고〉, 《증산사상연구》 18, 1998, 321쪽.

해야 할 이유가 없을 뿐만 아니라 존재할 근거도 없다. 자기 존재의 부정(否定)을 뛰어넘어 변증법적 자기지양(自己止揚)의 존재가 상생이다. 상생은 우주자연의 이법(理法)에 따라 생명창조의 이상(理想)을 완성시켜주며, 나아가 통일시켜 준다.

증산은 상생의 방법으로 이덕보원(以德報怨)을 제시하였다. 즉, 원수 같은 사이일지라도 은인과 같이 사랑하면 덕이 되어 복을 이루게 된다. 그러므로 어떠한 경우에도 남과 척(戚)을 짓는 말이나 행위를 해서는 안 되며, 만약 척을 짓게 되면 신명(神明)이 먼저 알고 척이 되어 갚게 된다고 하였다.7) 따라서 척을 없애기 위해서 해원공사를 자연순리에 알맞게 도수(度數)의 틀을 만들어야 한다. 이 틀의 중요 내용으로 모순, 갈등, 대립, 투쟁을 없애기 위해서 평등, 박애, 무계급을 실현시킬 것이며, 적서, 반상, 빈부를 철폐할 것이며, 민중의 원통, 원한, 상극, 폭악, 탐심, 음탕, 분노와 같은 번뇌를 거치게 하고, 미물이나 곤충도 사람과 똑같이 잘 살게 하기 위해서 천덕(天德)과 지덕(地德)을 누릴 수 있도록 신명을 해원시켜 함께 상생의 도를 걷게 해야 한다. 이러한 상생의 이념이야말로 미래 인류사회의 환경윤리의 초석이 될 것으로 기대할 수 있다.8)

3) 기독교의 상생관

한국 기독교는 토착화 과정의 신학(神學)을 정립하는 데 내적 비판과 외적 도전 속에서 많은 한계를 넘어야 할 과제를 안고 있다. 토착화 신학의 첫째 과제는, 한국 민중의 풍속, 정서, 습속, 의례 등과 배타성을 배제한 한국 신학을 도출하는 데 많은 난관을 겪었다. 즉, 기독교적 복음의 씨앗이 한국의 전통적 토양문화에서 열매를 맺으려면 한국의 토착문화와 접목이

---

7) 배종호,〈홍익인간사상과 증산의 해원상생사상〉,《증산사상연구》14, 1992, 147쪽.
8)《대순전경》5-4, 4-49, 5-16, 3-5 참조.

불가피하기 때문이다. 그 접목의 대상이 여러 가지 전통문화 목록 가운데 그리스도 정신과 가장 가까운 것으로 상극(相剋)을 넘어 상생(相生)의 문화를 창출할 수 있었다.[9]

기독교의 한국적 토착신학으로 상생신학(相生神學)이야말로 한국 기독교의 미래의 과제인 동시에, 한국의 분단을 치유하여 통일문화를 열어가는 단서가 될 수 있다. 그러므로 상생신학은 생태학적으로 생명 자체의 위협으로부터 생존을 지켜내는 일이며, 나아가 서구의 과학기술문명에 대한 역기능을 극복하는 일이다. 그 동안 서구문화는 과학기술의 개발에는 힘을 쏟아왔으나, 과학기술이 가져다 준 피해를 예방하는 일에는 소홀하였다.

박종천은 서구의 과학기술과 이데올로기를 양(陽)으로 보았고, 상극과 갈등의 대립을 극복하려는 의식은 음(陰)으로 보면서, 이 음·양의 상생·조화·화해를 통한 평화와 통일을 지향하는 것이 상생신학의 요체라고 규정하였다. 그에 따르면, 상생신학이야말로 남성 중심의 서구 가부장적 신(神)의 상징을 여성 중심의 동양의 모성애적 민중적 언어로 재구성할 수 있으며, 나아가 한국 민중의 신화(神話), 전설(傳說), 제의(祭儀), 그리고 역사에 대한 새로운 민중적 여성 해방적으로 변환을 이끌어 낼 수 있다고 하였다. 또한 상생신학은 남북한의 이데올로기적 체제적 갈등과 대립을 해소시킬 수 있으며, 종래의 교리적 신 중심주의나, 배타적 역사주의에 입각한 그리스도 주의를 극복함으로써, 유기체 내에서 다원적 미래개방의 성령 중심의 신학을 정립하게 된다.[10]

기독교의 상생관은, 먼저 토착화 과정을 신학을 통하여 전통·역사·분단민중의 삶들에 배어 있는 고통(trauma)을 수용한 다음에 상생신학이 가능해졌을 때, 한국인에 의한 한국적 상생의 민중신학이 뿌리내리게 된다.

김지하는 하느님의 안식과 노동자의 노동과의 관계를 '일하는 하느님으

---

9) 박종천, 《상생의 신학》, 한국신학연구소, 1991, 17쪽.
10) 위의 책. 141쪽.

로서의 민중'이라고 이해를 전제한 다음, 하느님의 안식을 표상하는 제사(祭祀)와 인간노동을 표상하는 '밥'(食)은 하나이지 분리될 수 없다고 하였다.[11] 그러기에 역사와 세계에서의 하느님은 일하는 사람을 통해 일하며, 모든 근원적인 생명은 쉴 새 없이 변화 운동하며, 생명의 중생(衆生)을 통해서 시간과 공간 속에서 확대하고 지속하면서 움직이며 일한다. 따라서 민중을 일하는 하느님(Working God)으로 인식할 때에만 제사와 밥, 안식과 노동이 불이(不二)인 동시에 하느님 세계의 '상극'을 넘어서 '상생'으로의 창조론적 변환을 이룩할 수 있다.[12]

강증산의 해원상생은 민중 해방적이며 후천개벽의 우주적 창조적 새 창조를 의미한다. 선천시대의 인간과 인간, 인간과 자연, 인간과 하느님, 세계와 하느님 사이의 온갖 상극현상을, 신명이나 인간이 모두 원(寃)을 품고 있기에 상호소통이 막혔다고 보고 그것을 없애자는 것이다. 하느님 역시 노아의 홍수사건과 인간의 죄에 대한 선천시대의 참상을 후회하면서, 이를 상생의 축복과 생명으로 전환하기 위해서 개벽시대를 약속한 것은 상생의 창조적 역사를 시사하기 때문이다.[13]

3. 상생윤리의 구조론적 특성

1) 능·용·체(能用體)의 본질성

상생은 본성적으로 능성(能性), 용성(用性), 체성(體性)의 세 가지 요소를

---

11) 김지하, 《밥》, 분도출판사, 1984, 50쪽.
12) 위의 책, 55쪽.
13) 〈창세기〉 1~11장까지를 참조할 것이며, 특히 6장 6절에 하느님의 원(寃), 즉, 후회가 명백히 기록되어 있으므로 악의 선천시대를 벗어나 선의 개벽시대를 다시 세워야겠다는 신의 의지가 있다.

지니고 있다. 이는 어느 한 가지도 선후(先後)나 귀천(貴賤), 낮고 못함이 없이 언제나 함께 상호작용하면서, 모든 생명의 자활(自活), 자율(自律), 자력(自力)을 도우며 활동하는 기능을 하고 있다.

능성(能性)이란 늘 움직이는 역동성, 계속성, 시발성, 촉진성을 가지며, 모든 생명작용을 일으키는 기본 기능을 한다. 그러므로 생명의 능성은 언제나 항동(恒動), 항변(恒變), 항속(恒續)의 기능에 따라 함께 더불어 이웃하며 살아 숨쉬고, 미래의 창조적 역사를 이어 나가는 데 있다.

용성(用性)은 능성에 따라서 모든 상관관계를 적절히 맺어주는 역할을 한다. 용성의 내용으로는 모든 관계가 순서, 연결, 적응, 조절, 조화롭게 잘 이룩되었는지를 분별하여 성사되도록, 시공의 교차점에서 교통신호와 같은 상생 역할을 수행하는 것이다.

체성(體性)은 능성의 본질과 용성의 조정을 거쳐 조화된 상생관계를 실천하거나 표현하는 역할을 한다. 즉, 체성은 표현의 수단이며 현실성을 가지는 모든 사건의 결과로 나타나는 것으로 보고 있다. 이상의 능성, 용성, 체성의 3요소를 도표로 정리하면 다음과 같다.14)

능성 · 용성 · 체성 3요소의 역할표

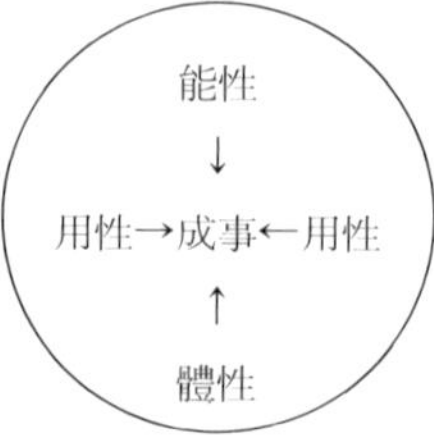

	역 할		
능 성	시발성	촉진성	연속성
용 성	순서성	조절성	연결성
체 성	표현성	실현성	결과성

14) 김선양, 〈상생원리에서 본 인간〉, 《교육의 이념과 실천》(안상원교수화갑논문집), 성우출판사, 1991, 31~35쪽.

특히, 체성은 최근 사회학에서 중요 관심대상으로 떠오르고 있다. 사회학에서는 체현(embodiment), 몸의 이론(theory of body)으로 불리며 연구되는데, 대체로 '체현'이라는 이름으로 연구되는 최근 경향을 보면 다음과 같다.[15]

마 음	정 신	몸
시동원천 역할	조절연결 역할	표현실천 역할
발상 역할	진행 역할	실현 역할
원인 역할	과정 역할	결과 역할
성품적 역할	질적 역할	양적 역할
목적 역할	방편 역할	실천 역할
지휘 감독 역할	보조 협력 역할	집행 역할
옳은 판단역할	나은 판단역할	좋은 판단역할
종적 역할	횡적 역할	표현 역할
뿌리 역할	가직 역할	열매 역할
원칙 역할	수단 역할	실행 역할
전체성 역할	상대성 역할	개체성 역할
사령관 역할	참모 역할	병정 역할

자연적인 몸, 성별화된 몸, 문명화된 몸, 자본화된 몸, 감정적인 몸, 죽음의 몸, 움직이고 관리되고 훈육되는 몸 등으로 개별 접근이 이루어져왔다. 그러나 최근에 몸에 대한 지식의 위기를 드러내면서 물질적인 몸, 의사소통의 몸, 소비적이고 의학적인 몸, 개인적이고 사회적인 몸, 화신(化身)으로서의 몸, 유형적인 몸, 육(肉)적인 몸 등의 연구가 체계적으로 이루어지고 있다. 이러한 체현의 과학적 접근방법은 상생윤리의 이론적 틀(frame)을 전개하는 데 매우 유익한 의미를 제공하게 될 것이다.

2) 의·수·호(義秀好)의 가치성

인간의 존재이유와 존재가치에 대한 하나의 정의를 내리기는 매우 어렵

---

15) Chris Shilling / 임인숙 역, 《몸의 사회학》, 나남출판사, 2000, 29~35쪽.

다. 왜냐하면 인간의 구조가 매우 복잡하기 때문이다. 그러함에도 인간의 마음·정신·몸에 관한 성(性), 질(質), 양(量)은, 대체로 우주자연의 구조를 닮았거나 유사한 요소를 지니고 있다는 것에 대해서 일반적으로 동의하고 있다.

상생윤리에서 본 가치성은, 모든 사물을 판단하매, 마음은 언제나 정의로운 판단을 하는 역할을 하며, 정신은 더 나은(秀) 판단을 하는 역할을 하고 있으며, 몸은 모든 사실을 좋게(好) 판단하는 역할을 한다. 이와 같은 가치판단의 기준으로 의(義), 수(秀), 호(好)의 세 가지 가치성에 따라 행동과 실천이 이루어진다.16)

한국인은 3원구조의 의식성향, 가치성향, 문화성향을 가지는 생활관습을 오래도록 지녀왔기에, 상생의 가치성도 역시 3원구조로 이루어진 의·수·호의 구조 속에서 판단이 결정되고 있다. 이러한 3원구조의 문화성향으로는, 단군신화의 환인·환웅·환검의 3신사상에서부터 《도덕경》의 삼생만물(三生萬物)에 이르기까지, 3수(數) 중심의 세계관으로 일관하고 있다.17)

이렇듯 마음은 정의만 추동하는 것이 아니라 일체유심조(一切唯心造)와 같이 모든 사상(事象)을 조성하는 발원이기도 하지만, 마음의 기본은 언제나 의·수·호의 가치관을 추구하고 있는 데 대해 김중(金重)은 다음과 같이 정리하였다. 이는 상생의 3원 구도를 이해하는 데 참고가 된다.18)

상생 마음은 계발·촉진·연속 등 능원 역할을 하고, 발상을 도출하는 역할을 하며, 품성을 나타내며, 모든 결과에 원인 역할을 하며, 마음은 성사의 목적 역할을 한다. 마음은 인체를 필요한 세계로 인도하는 하게 하는

---

16) 김선양, 앞의 글, 43쪽.

17) 우실하, 《전통문화의 구성원리》, 소나무, 1998, 13~134쪽. 3수문화의 세계관: 3태극, 3재론, 3신각, 3족오, 3성각, 3지창, 3파문, 3엽문, 3장론, 3칠일, 3일신고, 1즉3, 3일절, 3국사기 등 참조.

18) 김중, 《무문의 상생원리》, 상생운동본부, 1993, 118쪽.

역할을 하며, 마음은 옳은 것을 결정하는 역할을 하며, 마음은 종불절(縱不絶)을 위하여 횡불리(橫不離)하게 하는 역할을 하며, 원칙입장의 역할을 하며, 뿌리 역할을 한다. 마음은 우리 또는 전체 차원의 역할을 하며, 마음은 인간을 불식항동(不息恒動)하게 작용하는 역할을 하고, 인체를 지휘 명령하는 역할을 하며, 양심과 대화하는 역할을 하고, 선천적으로 불변절대 차원의 역할을 한다.19)

이렇듯 마음은 일체유심조(一切唯心造)라고 하듯이, 그 역할의 진폭과 영향력의 파고가 광대하여, 마음을 넓히면 천지를 감싸고도 남을 만큼 넉넉해져서, 너와 내가 화합되어 천하 만물과 더불어 살아갈 수 있게 된다. 이때 어디를 가나 필요한 존재가 되는 인생극치의 세계에 입문하게 되어, 문자 그대로 마음이 자유롭게 된다. 반대로 마음이 너와 이웃마저 의식할 수 없을 만큼 옹졸해지면, 어디를 가나 누구를 만나도 반겨주는 대상이 없어져서 마침내 설자리까지 없어지게 된다.

이렇듯 마음은 쓰기에 따라서 세상이 넓어 보이기도 하고, 좁아 보이기도 하듯이, 마음은 쓰임새에 따라 그 사람의 성품과 역량이 표출되어, 그가 누구인지 드러내준다. 그러므로 마음은 인간사의 발언적인 역할을 하는 선천적인 절대 가능의 능원자이다.

상생 정신은 모든 일을 되게끔 하는 논리성 역할을 하고, 정신은 마음의 발상을 진행하는 역할을 하며, 정신은 어떤 사건의 과정을 조화시키는 역할을 하고, 정신은 물건의 질에 하는 역할을 하며, 정신은 사건의 방편을 제시하는 역할을 하고, 마음의 지휘 감독을 보좌하여 일을 되게 하는 역할을 하며, 정신은 나은 것을 비교 판단하는 역할을 하고, 정신은 횡적인 역할을 조화시켜 종불절(縱不絶)하게 하는 역할을 한다. 정신은 뿌리와 가지 가운데 가지를 하고, 정신은 일이 되도록 하는 수단 역할을 하며, 정신은 마음이 전체성 영역이며, 상대성 영역의 역할을 하고, 정신은 지휘관인 마

---

19) 위의 책, 125쪽.

음의 참모 역할을 하며, 정신은 마음이 옳다고 정한 대로 몸에 전달하는 역할을 한다.[20]

이렇듯 정신은 무형인 용성(用性)이며, 이치를 가늠하는 판단 역할자로써 마음의 보좌 역할을 한다. 그러므로 정신을 우주구조 차원에서 볼 때 용성과 동의의 역할을 한다. 그러므로 용성인 정신은 능성 차원인 마음의 요청에 따라서 일이 되도록 하는 참모 역할자로서, 순서성과 조절성, 적응성, 연결성 등을 판별하여, 때의 곳에 맞추어주는 가면적 요소를 지닌 무형적인 존재로서, 유와 무, 전후좌우, 상하경중, 고저와 장단 등을 분별하고, 과거와 현재 및 미래의 가늠 측정 등을 비교 판단하여 모든 관계가 성립되도록 시공의 교차점에서 교통신호와 같은 역할을 담당한다.

그래서 정신은 인간이 태어나서 죽는 날까지 보고, 듣고, 느낀 모든 경험과 교육을 통하여 인지한 모든 상황과 사건들을 두뇌에 보관, 기억하였다가, 유사시 그 사건에 해당하는 것들을 발췌하여 나은 것과 되는 것을 가늠하여서 마음에 알린다. 그러면 마음은 이를 받아, 다시 옳으냐, 그르냐를 우주심인 양심에 물어서 재가를 받은 후에 실천 가부를 정신에 알리면, 정신은 이를 몸에서 행동여부를 지휘 명령한다. 이렇듯 정신은 마음과 몸 사이에서 만사가 성사되도록 음양과 역순 등의 여러 문제를 조절하고 조화하는 보좌역할을 하여, 인간사의 목적을 몸으로 하여금 실현하게 하는 역할을 한다.

그러므로 정신은 마음과 몸 사이의 교량적 역할을 하는 기관으로써 마음이 하고자 하는 일에 참여하여, 되고 안 되고, 낫고 못한 것을 결정하는 역할을 할 뿐, 옳고 그른 것을 결정할 수는 없다. 즉 마음은 원칙과 목적을 결정하는 역할을 하고, 정신은 과정과 방편을 하며, 몸은 결과적 또는 실천적 역할을 한다.

이를 다른 측면으로 이해하면, 정신은 논리 그리고 추리 등의 관리자가

---

20) 위의 책, 128쪽.

되어 모든 응용이용의 주동자로써 사리를 가늠하고 정리하여 매사가 성사되게끔 마음을 협조하는 후천성 보조기관일 뿐이다. 이 때문에 정신만이 교육되고, 선천적인 마음은 교육이 불가능하다. 그러므로 "인간이 해야 하느냐, 하지 말아야 하느냐"는 현상은, 마음의 작용과 정신의 작용이 뒤섞이며 가늠 못할 때나, 양심 사이의 갈등에서 일어나는 현상이다.

상생 몸은 물질계에서 가시적인 양의 역할을 하고, 몸은 인간계에서 마음의 지시에 따라 표현하는 역할을 하며, 몸은 생활계에서 나타나게 하는 실현적 역할을 하여, 몸은 권능계에서 실천권을 갖고 표현하는 역할을 하고, 몸은 가치계에서 1차원인 좋은 것을 결정하는 역할을 하여, 몸은 뿌리·가지·열매 가운데 열매의 역할을 하고, 몸은 군대조직에서 병정과 같은 역할을 한다.

이렇듯 몸은 마음의 의지에 따라 피동적으로 행동하여 인간의 목적을 실현하는 역할을 할 뿐, 몸이 자의 또는 자주적으로 행하는 것은 하나도 없다. 그러므로 몸으로 또는 힘으로 해결하고자 하는 자는 늘 끝자리 차지만 하다가 도태되기에 이른다. 인간을 비롯하여 모든 존재는 태어나는 순간부터 어디를 가나 어떤 곳에 반드시 예속되게 되어 있다. 우선 태어나면 가정에 예속되고, 생명의 유지되자면 그 환경과 직장에 예속되어야 하고, 불편 없는 삶을 살아가자면 사회와 국가에 예속되어야 하고, 나아가 자연계와 우주계에 예속되어야 한다.

그러므로 인생은 대소사를 막론하고, 그 권역인 전체와 관계되므로 반드시 전체의 말에 따라야 한다. 이 때문에 자율이 있을 뿐 자유는 본래부터 없다. 다만, 자유는 탄압이나 억압을 받을 때 이에 대응하기 위해 요구되는 의식일 뿐, 그 탄압이 해소되면 그때의 자유는 소멸되게 마련이다. 이러한 연유로 개체는 전체를 떠나서 잠시도 생명이 유지될 수 없고, 우주마저도 그 운행이 되어 영생할 수 없게 된다.

여기서 전체의(全體意) 또는 우주의(宇宙意)가 양심이 되어 개체의(個體意)인 마음이 가야 할 옳은 길잡이가 되어 준다. 그러나 양심이 아무리 정도의 길잡이가 되어 준다고 할지라도, 마음의 양심의 의도를 알지 못하면 양심은 쓸모없이 있으나 마나하게 된다. 뿐만 아니라 양심의 진부를 가리지 못하여 오히려 혼동과 갈등이 일어나는 경우를 흔히 볼 수 있다.

3) 너·나·우리의 관계성

상생(相生)은 기본적으로 독생(獨生)이 아니라 상대방의 존생(存生)을 전제로 하기에, 서로가 동등한 인격으로 존중해야 하며, 늘 역지사지(易地思之)하여 배려하는 것을 전제로 한다. 이는 '사람'을 '인간'(人間)이라고 부르는 데서 연유하고 있다. 인간은 사이적인 존재인 동시에 관계적인 존재이며, 또한 사회적인 존재로 심화 발전 확대해 가는 것이 상생적인 삶의 본질이기 때문이다. 그렇다면 인간관계의 유형으로 나와 너의 병립(竝立) 관계, 나와 우리의 동행(同行) 관계, 그리고 나와 우리와 자연은 다 같이 더불어 사는 여생(與生) 관계로 대별하여 볼 수 있다. 물론 병립·동행·여생의 관계성에 따라서 삶의 방식, 삶의 질, 삶의 양상, 삶의 깊이, 삶의 영역이 다양한 형태를 띠게 되는 것은 당연하다.

이를테면 어린이의 병(竝), 동(同), 여(與)의 관계성은 지극히 단순할 터이고, 어른의 관계성은 넓고 복잡할 터이며, 성자는 너무나 강렬하여 천지를 진동시킬 것이며, 정신분열자는 자기 자신 속으로 깊숙이 움츠려 들다 못해서 혼자 말하고, 혼자 웃고, 혼자 화내고, 그리고 혼자 걷다가 거울에 비친 자신의 모습을 보고 물끄러미 장시간 혼자서서 바라본다.

김중은 나와 네가 하나의 인격체로 병립할 때 인(仁)을 베풀며 의(義)를 실천하게 된다고 하였다. 이때 인은 세 가지 수수법칙(授受法則)에 따라서 베풀어지는데, 첫번째는 순서상으로 먼저 주어야 하는 선수의 법칙(先授法則), 두 번째는 시간상으로 항상 주어야 하는 항수의 법칙(恒授法則), 그리고 마지막은 장소상으로 어떤 경우에도 빈곳을 채워 주어야 한다는 공수의 법칙(空授法則)이다.[21]

이와 같은 인간관계의 기초인 나와 너의 병립, 나와 우리의 동행, 나와 자연과의 여생을 실천하는 상생의 3대 수수법칙은, 일찍이 조선시대의 유학의 인성론(人性論)에서 비롯한 사단칠정론(四端七情論)[22]에 바탕을 두고 있음에 주목할 필요가 있다. 나·너·우리의 역할에 대해서 다음과 같이 도표를 제시하였다.

나·너·우리의 역할

	나	너	우리
탄생	나는 너와 우리로부터	너는 나와 우리로부터	우리는 나와 너로부터
사건	나로부터 시작하고	너를 통해 조화되고	우리는 나와 너를 결실시킨다
성사	나는 기본이 되고	너는 合理작용을 하고	우리는 창조를 실천하다
생활	나는 너를 위해 살고	너는 나와 우리를 위해 살고	우리는 너와 나를 위해 산다
소임	나는 不息의 소임을 하고	너는 不同의 소임을 하고	우리는 不無의 소임을 한다
역할	나는 뿌리의 역할을 하고	너는 가지의 역할을 하며	우리는 매의 역할을 한다
위치	나는 먼저 주는 위치	너는 교량 역할의 위치	우리는 나에게 돌아오게 한다
윤리	나는 自主自立하고	너와 나는 하며	우리는 同行해야 한다
효율	나만을 생각하면 이기주의가 되어 不成한다	너를 먼저 생각하면 和合이 성숙된다	우리를 생각하면 미래가 열린다

4. 상생윤리의 실천적 과제

1) 생명 인식의 동등성

앞 장에서 상생의 요체가 항동성(恒動性), 항변성(恒性)에 있음을 언급한

---

21) 위의 책, 154~156쪽.
22) 인간본성에서 우러나오는 네 가지 마음씨, 즉 측은지심, 수호지심, 사양지심, 시비지심이며, 일곱 가지 감정(희·노·애·낙·애·오·욕)을 뜻한다. 이에 대해서 이황은 '사단이지발 칠정기지발'을 주장하였고, 율곡은 '기발이승일도설'로 이와 기를 하나로 보는 데서 영남학파와 기호학파로 갈라지게 되었다.

바 있듯이, 생태학에서 환경생명도 유전공학의 발전으로 생명의 온전한 유지가 심각한 위기에 빠짐으로써, 항속성에 대한 기형적 돌연변이가 돌출하기에 이르렀다. 여기서 개체적 생명은 독자적인 분화현상을 일으켜 좀더 고차적인 유기체적 생명을 계속 발전시켜 갈 수 있다. 그러나 어떠한 개체적인 생명의 분화·발전·형상도 태양과 지구 사이의 우주생명의 질서와 무관하게 존재할 수 없는 새로운 생명의 개념으로 온 생명(global life)과 구별 짓고 있다.23) 즉 물고기가 살 수 없는 폐수오염이나, 나무가 죽어가는 생태오염은 개별생명의 튀기라고 한다면, 지구 온난화 현상이나 대기오염, 오존층 파괴현상 등은 우주생태의 이별을 일으키는 온 생명의 위기라고 할 수 있다.

상생윤리적 입장에서 보면 개체생명을 둘러싸고 있는 온 생명과의 관계는 상호 불가분의 상생관계를 구성하고 있다. 그 가운데도 인간의 생명은 이 둘을 함께 함의하고 있는 특성을 지니고 있다. 즉 개개의 인간은 그 중추신경계를 이루는 신경세포들의 활동에 의해 몸 전체가 자신이라는 의식주체를 지닌 존재로서 개체적 생명인 반면, 여기에 그치지 않고 다시 개체적 생명을 바탕으로 서로의 관계를 정보적으로 연결하는 문화공동체를 이루고 있는 온 생명으로서의 확대된 주체가 복합적으로 존재하고 있어, 이를 '우리'라는 개념으로 사용하게 되었다.24)

따라서 상생원리에서 환경생명 및 환경원리의 초점은 '생명가치'의 기준을 어떻게 설정한 것인가에 따라서 큰 진폭이 나타난다. 인간은 누구나 본능적으로 1차적으로 '자신의 생명'에 각인되어 있음과 동시에, 다소 자신의 생명보다는 덜 소중하더라도 상대생명의 가치도 매우 소중하다는 것을 느낄 수 있도록 생명의 등가성을 보편적으로 인식하는 것이다. 생명의 동등성에 대한 인식의 간격을 좁혀 나가는 과정이야말로 인간 본능의 선

---

23) 장회익, 《삶과 온 생명》, 솔, 1998, 178~179쪽.
24) 위의 책, 240쪽.

의지(善意志)의 계발만큼이나 노력이 요구되며, 이를 반영하는 사회적 장치가 바로 상생윤리의 1차적 과제인 것이다.

생명의 등가성, 생명의 동등성, 생명의 보편성, 생명의 상관성을 나와 네가 서로 역지사지의 처지에서 이해를 공유함으로써 느끼고, 행동하고, 실천할 때, 상생윤리의 '황금률'은 정립되리라 본다.

2) 생태론적 환경생명

기독교의 생명관은 모든 생명은 하나님이 창조하였기에 누구도 어떠한 생명도 인위적으로 탄생하지 않았으므로 생명의 창조는 없고 다만 보전할 책임만 있을 뿐이다. 그러므로 생명의 주체 모형이 하나님을 닮고, 하나님 나라이고, 하나님 속에서 삶의 영역을 정하기 때문에 생명은 자의적일 수 없고 오직 하나님 주관 안에 속할 뿐이다. 이러한 기독교의 생명사상을 발전적으로 극복하기 위하여 좀 더 진보적 생명관을 제시한 틸리히(P. Tillich)는 생명의 '다차원적 통일성'을 들고 있다. 그에 따르면 생명에는 자기 통합의 기능, 자기 창조의 기능, 그리고 자기 추월의 세 가지 기능이 있다고 하였다. 이 세 가지 기능은 끊임없이 통합-분열, 창조-파괴, 초월-세속의 위협을 반복적으로 받으며 실존의 합일에 도달하게 된다고 하였다.[25]

이제 지구환경 생명의 문제는 이제까지의 서구 중심의 기능주의적 환경관, 기계론적 환경관, 과학분석적 환경관, 도구적 환경관, 환경개량주의, 환경기술주의로는 생태론적 환경생명이 안고 있는 전 지구적 환경위기 문제를 원천적으로 해결할 대안이 될 수 없다는 결론에 이르렀다. 따라서 환경 상생생명(相生生命) 윤리적 인식에 기초한 새로운 생명관이 문명사적으로 일대 변혁을 일으키지 않고는, 생명문화에 대한 새로운 가치관이나 생활양식이 소생하기 어렵게 되었다.

---

25) 맹용길, 《자연·생명·윤리》, 임마누엘, 1992, 85~86쪽.

이러한 반상생적 2분구도의 생명세계관으로부터 자연과 인간, 인간과 생명, 생명과 환경은 둘이 아니라 하나의 뿌리로 보는 이른바 인내천(人乃天), 천인지합일(天人地合一), 해원상생(解寃相生) 등의 동아시적 지혜를 터득하는 것이야말로 지구 환경생명의 위기를 극복할 수 있는 대안으로 제시한 것에 주목할 필요가 있다.[26]

또한 최근에 오그로스(R. Augros)는 환경생명에 대한 문명사적 새로운 패러다임의 요체로서 생명모델(life model)을 정립하면서, 서구 중심의 데카르트, 다윈, 뉴턴식 약육강식, 적자생존, 도태이론 등 생태론적 접근의 한계를 지적하고, 생물의 생명적 틀의 전환이 필요하다고 보아, 이를 동양식의 표현을 빌려 상생(相生), 화해(和解), 해원(解寃) 등의 물아일체론적(物我一體論的) 접근 모델을 제시하고 있다. [27]

여기서 인간중심적 생명사상을 비판하는 생태론적 환경생명사상을 올바로 이해하지 못하면 환경 파괴의 주범(主犯)인 인간을 옹호하고 마는 논리적 모순에 빠지게 된다. 만약 인간이 인간 스스로 탈인간주의 또는 반인간주의적 생명관을 지지하거나, 서구적 인간주의 생명관과 동양적 비인간주의 생명관(Non-Anthropocentric)을 극복하지 못하고 이를 대결적 구도로 보는 시각은, 또 하나의 반생명논리적 오류를 범할 우려를 가지고 있기 때문이다. 물론 이 둘이 조화를 이루기 위해서 생태학 쪽에서 방법을 모색하고 있으나, 두 관계의 불명료한 관계성의 한계로 말미암아 한꺼번에 극복하기는 어렵다고 하였다.

그러나 이 둘의 관계를 더 명료하게 극복하기 위해서 생태학적 근본주의(Deep Ecology)가 최근에 제시하는 여덟 가지 실천과제에 관심을 가질 필요가 있다. 즉 ① 생명의 독자성, ② 생명의 다양성, ③ 생명의 존엄성, ④

---

26) 김지하, 〈아시아의 지혜에서 배우자〉, 《지구촌 사회의 환경문제》, 환경과 생명을 위한 모임, 1994, 17쪽.

27) 오그로스/오인해 역, 《새로운 생물학 — 자연 속의 지혜의 발견》, 범양사, 1994, 75~76쪽.

생명의 균형성, ⑤ 생명의 위기성, ⑥ 생명의 절제성, ⑦ 생명의 경각성, ⑧ 생명의 의무성이다.[28]

3) 상생의식의 사회적 전환

상생은 시간적으로 과거·현재·미래, 공간적으로 거기·여기·저기, 그리고 존재적으로 나·너·우리에 걸쳐 범재론(汎在論)적으로 확산되어 가고 있다. 이러한 상생의 화두(key word)는, 최근 유네스코의 산하단체인 아시아 태평양 국제이해교육센터(APCEIU)에서 영문 계조지로《상생》(*SANG SAENG*)을 발간하면서, 부제로 '서로를 도우며 더불어 살아가기'(Living Together, Helping Each other)를 다는 데까지 이르고 있다.

카스트로(Castro)에 따르면, 상생을 위한 평화교육의 덕목으로 ① 비무장(Disarmament), ② 비폭력(Nonviolent), ③ 인권(Human Right), ④ 인간 유대(Human Solidarity), ⑤ 정의의 발전(Development Justice), ⑥ 민주화(Democritiga- tion), ⑦ 지속적 발전(Sustainable Develoment) 등을 들고 있다. 또한 평화교육의 발전을 위한 가치·태도의 내면화를 위해서 ① 자존(Self-Respect), ② 타인 존중(Respect for others), ③ 생명 존중(Respect for life), ④ 지구 사랑(Global concern), ⑤ 생태 사랑(Ecological concern), ⑥ 협동심(Cooperation), ⑦ 개방과 아량(Openess/ Tolerance), ⑧ 사회적 책임(Social Responsibility), ⑨ 긍정적 비전(Positive vision)을 들고 있다.[29]

동물의 세계도 얼핏 보기에는 약육강식과 적자생존으로 구축되어 있는 것 같지만, 좀 더 자세히 관찰하여 보면, 경쟁보다는 협동을 넘어 상생이 지배하는 구조를 이루고 있음을 알 수 있다. 이를테면 세포내 소화기관들이 세포를 이루고, 그 세포가 근육·신경·혈관 등의 조직을 형성하고, 조

---

28) 배영기, 〈생명윤리에 관한 생태문화적 연구〉, 《국민윤리연구》 37, 211쪽.

29) L. N. Castro, "A Holistic Frame Work For Peace Education", *Sang Saeng*(相生), APCEIU, 2001, 19~20쪽.

직이 심장·위 등의 기관을 이루고, 이 기관이 다시 순환기·소화기 등의 계통을 형성한다. 이 여러 계통들이 개체생명으로 통합되어 생태계를 형성하며, 개체생명은 생태계와 자신의 주위 환경에 서로 의존하지 않고서는 자신의 생명을 지탱할 수 없다. 따라서 모든 생명은 스스로 자족(自足)적으로 존재할 수 없으므로 전체 생명(holistic life)이 있음으로써 비로소 존재할 수 있다는 것이다.[30]

이제 상생윤리는 환경교육, 평화교육, 생물교육, 과학교육을 포함하여 세계화를 지향하는 직업윤리교육의 중요한 내용으로 자리매김하기 위해서 '상생직업윤리'로서의 규범을 제시한 바 있다.[31] 그리고 상생은 생명인 동시에 생명의 '살림살이'이기도 하기 때문에, 살림살이를 온전히 지탱하기 위해서 '살다—살리다—살려주다—서로 먼저 살려주다'로 생명의 발전이 전개되어야 한다. '살아가다'와 '사라지다'는 같은 어근이므로 함께 살다가 함께 사라지는 생명의 순리에 따라, 나부터 앓음—알음—아름의 모습을 보이며 생명의 본질인 비움—나눔—섬김에[32] 이를 때 참 상생의식은 천지간을 채우게 될 것이다.

5. 맺음말

'상생'이라는 단어는 국어사전의 풀이에 따르면 '오행(五行)의 운행에 금에서는 물이, 물에서는 나무가, 나무에서는 불이, 불에서는 흙이, 흙에서는 금이 남을 일컫는다'고 되어 있다.[33] 즉 '상극'의 대립어로 쓰고 있다. 그

---

30) 장회익, 앞의 책, 219쪽.
31) 배영기, 〈전문비서인의 직업윤리에 관한 연구〉, 《비서학논총》 9-2, 2002, 49쪽 이하 참조.
32) 이기상, 〈생명, 그 의미의 갈래와 얼개〉, 우리사상연구소 편, 《우리말 철학사전 2》, 지식산업사, 128쪽.
33) 이희승, 《국어사전》, 민중서림, 1988, 1034쪽.

러면 상극에 대해서는 '오행설에서 금은 목을, 목은 토를, 토는 수를, 수는 화를, 화는 금을 각각 이김을 이르는 말'이라고 씌어 있다.

상생이 최근에 와서 상생정치, 상생경제, 상생문화 등 널리 사용되고 있어 이를 이론적 배경, 구조론적 특성, 그리고 실천적 과제에 이르기까지 체계적으로 정리하여 보았다. 물론 상생을 종단의 교리화하여 가장 널리 사용한 것은 강증산이었다. 그런데 '상생'이 오늘날 이처럼 널리 정치·경제·사회·문화 전반에 걸쳐 회자되는 것은, 상생의 본래 의미와 함께 현대사회의 난마(亂麻)를 푸는 데 매우 적절한 '단어의 선택'이기 때문이다.

지금까지의 이원적 구도나, '전부 아니면 전무'(all or nothing)로는 상극과 상쇄만이 존재할 뿐, 상생이나 둘 다 이기기(win-win)는 기대하기 어려울 뿐이라는 절박한 한계상황에 도달하였음을 서로가 인식하게 되었기 때문이다. 인간은 파괴적 본능도 가지고 있지만(E. Fromm), 반대로 인간은 서로 도우면서 상생을 추구하는 속성을 지니고 있음을(R. Benedict) 밝히고 있다. 그 외에도 '자기실현적 인간'의 특성을 주장한(A. Maslow) 것을 비롯하여, 상생의 잠재의식을 개발만 하면 얼마든지 수준 높은 평화의 에너지를 유용할 수 있다(D. Hawhins)고 하였다.

특히 '홍익인간'의 건국이념, 사단칠정의 성리사상, 인내천의 동학사상, 천인지합일의 삼재사상, 유·불·선의 불이사상(不二思想) 등은 우리 생활정서에 널리, 깊이, 오래도록 남아 있는 정신문화이기도 하다.

21세기 인류·자연·모든 생명이 살아남기 위한 마음(survival mind)은 상생의 도(道)를 걷는 길만이 유일한 대안이 될 수 있다. 한일 월드컵의 4강처럼 경제 4강, 문화 4강, 도덕 4강으로 진입하기 위해서 상생윤리의 사회적 환산이 이루어지도록 상생교육을 기초부터 실시해야 한다. 남을 배려하는 마음(care mind), 남을 섬기는 마음(respect mind), 남과 함께 나눔의 마음(allocational mind)이 없이는 지구촌의 지구가족 구성원의 자격을 상실할 수 있다.

필자 소개(가나다순)

기수연(奇修延): 단국대 석주선기념박물관 학예연구원, 한중관계사
김경호(金慶浩): 성균관대 동아시아 학술원 연구교수, 중국고대사
김병모(金炳模): 단국대 역사학과 강사, 중국중세사와 미술사
김보한(金普漢): 고려대 일본학연구센터 연구조교수, 일본중세사
김영제(金榮濟): 단국대 인문대학 역사전공 교수, 중국송대사
김위현(金渭顯): 명지대 사학과 명예교수, 유목민족사
김인숙(金仁淑): 프리랜서, 중국중세사와 조선사
리 펑(Li Feng, 李峰): 미국 컬럼비아대 동아시아문화학과 교수, 중국고대사
박명희(朴明姬): 단국대 교양학부 교수, 중국현대사
박선희(朴仙姬): 상명대 사학과 교수, 동아시아비교사
배영기(裵泳基): 숭의여대 비서행정학과 교수, 윤리학
백영서(白永瑞): 연세대 사학과 교수, 중국현대사
복기대(卜箕大): 단국대 석주선기념박물관 학예연구원, 동북아시아 청동기시대
심기재(沈箕載): 단국대 어문학부 일본어전공 교수, 일본근대사
심재훈(沈載勳): 단국대 교양학부 교수, 중국고대사
에드워드 쇼우네시(Edward L. Shaughnessy): 미국 시카고대 동아시아언어문명학과
        교수, 중국고대사
왕립신(王立新): 중국 길림대 고고학과/변강고고연구중심 교수, 상주(商周)고고학
윤내현(尹乃鉉): 단국대 문과대학 사학전공 명예교수, 동아시아고대사
이도상(李島相): 한국청소년체험문화재단 회장, 한국사
이재령(李在鈴): 단국대 교양학부 교수, 동아시아현대사
이재원(李載元): 한국체육대 교양교직과정부 교수, 고전문학
정영훈(鄭榮薰): 한국학중앙연구원 한국학대학원 교수, 한국정치사상
최희재(崔熙在): 단국대 문과대학 사학전공 교수, 중국근현대사
하문식(河文植): 세종대 역사학과 교수, 선사고고학